www.ingramcontent.com/pod-product-compliance
Lightning Source LLC
Chambersburg PA
CBHW050327270326
41926CB00016B/3345
* 9 7 8 3 9 4 4 1 9 1 9 5 9 *

جنسیت X
تجربهٔ زیست هم‌جنس‌گرایان و ترنس‌جندرها در ایران

شادی امین

Iranian Lesbian &
Transgender Network
6Rang شش‌رنگ

Justice
For Iran عدالت برای ایران

جنسیت X

تجربه زیست هم‌جنس‌گرایان و ترنس‌جندرها در ایران

شادی امین

اردیبهشت ۱۳۹۴، آلمان

ویراست دوم: تیرماه ۱۳۹۴

طراحی جلد: منیرا

نقاشی روی جلد: ابرین باقری

صفحه آرایی: کتاب آیدا

ناشران: شش‌رنگ و عدالت برای ایران

www.justiceforiran.org
www.6rang.org

ISBN 978-3-944191-959

این کتاب، حاصل پروژه "نه بـه تغییـر جنـسیت تحمیلی" است که به عنوان یک پـروژه تحقیقـی مشترک میان "عدالت بـرای ایـران" و "شـبکه لزبین‌ها و ترنس‌جندرهای ایرانی (شش‌رنـگ)"، و با حمایت مالی "موسسه انـسان‌دوستانه بـرای همکاری در راه توسعه" به اجرا در آمده است.

نسخه انگلیسی نتـایج ایـن تحقیـق در تابـستان سال ۱۳۹۳ با نام:
Diagnosing Identities, Wounding-Bodies
توسط رها بحرینی تدوین و توسط عـدالت بـرای ایران و شش رنگ منتشر شده اسـت. مـا در ایـن کتاب نیز از بخشی از تحلیل حقوقی آن اسـتفاده کرده‌ایم.

درباره شبکه لزبین‌ها و ترنس‌جندرهای ایرانی (شش‌رنگ)

شبکه لزبین‌ها و ترنس‌جندرهای ایرانی (شش‌رنگ)، پس از نخستین گردهمایی لزبین‌ها و ترنس‌جندرهای ایرانی که در سال ۱۳۸۹ و در فرانکفورت برگزار شد، آغاز به کار کرد. فعالان شش‌رنگ در ایران، ترکیه و بسیاری از کشورهای اروپایی و آمریکای شمالی پراکنده هستند. هدف شش‌رنگ آگاهی رسانی پیرامون گرایش و هویت‌های جنسی و جنسیتی، حقوق جنسی، مقابله با هموفوبیا و ترنس‌فوبیا، نمایان کردن و به چالش کشیدن ساختار سرکوب و تبعیض علیه اقلیت‌های جنسی است.

شش‌رنگ برای دست‌یابی به هدف خود، علاوه بر تقویت شبکه ارتباطات گسترده خود با لزبین‌ها و ترنس‌جندرهای ایرانی، از روش‌هایی چون برگزاری کارگاه‌های آموزشی و سمینارهای روشنگرانه، فعالیت رسانه‌ای، تحقیق و مستندسازی، به کارگیری مکانیزم‌های بین‌المللی از قبیل سازمان ملل برای تاثیرگزاری بر سیاست‌گذاری‌های دولتی، همکاری با دیگر نهادهای مدافع حقوق بشر و سازمان‌های بین‌المللی ال. جی. بی. تی. بهره می‌جوید.

یکی از هدف‌های ویژه‌ای که شش‌رنگ در دستور کار خود گذاشته است، شناسایی و پاسخگو کردن ناقضان حقوق افراد متعلق به جامعه ال. جی. بی. تی.، چه در حوزه نهادهای قانونگذاری و نیروهای انتظامی، و چه در نهادهای آموزشی و نظام‌پزشکی است.

درباره عدالت برای ایران

عدالت برای ایران که در تیرماه ۱۳۸۹ کار خود را آغاز کرد، یک سازمان حقوق بشری غیردولتی غیرانتفاعی است. هدف عدالت برای ایران، پاسخگو کردن مقامات جمهوری اسلامی در برابر اعمال‌شان و مبارزه با مصونیتی است که در حال حاضر، مقامات جمهوری اسلامی را قادر به نقض گسترده حقوق شهروندان خود می‌کند.

عدالت برای ایران، در جست‌وجوی حقیقت و دستیابی به عدالت به خصوص در مورد اقلیت‌های ملیتی و مذهبی، هم‌جنس‌گرایان و ترنس‌جندرها، زنان، وکسانی که به دلیل عقاید سیاسی‌شان تحت تعقیب قرار می‌گیرند است.

برای تحقق این اهداف، عدالت برای ایران دست به مستندسازی و تحقیق می‌زند و علیه ناقضان حقوق بشر به طرح دعوی حقوقی می‌پردازد. هم‌چنین آگاه کردن افکار عمومی و نیز نهادهای بین‌المللی مانند سازمان ملل نیز یکی دیگر از فعالیت‌های این سازمان است.

تقدیم به:

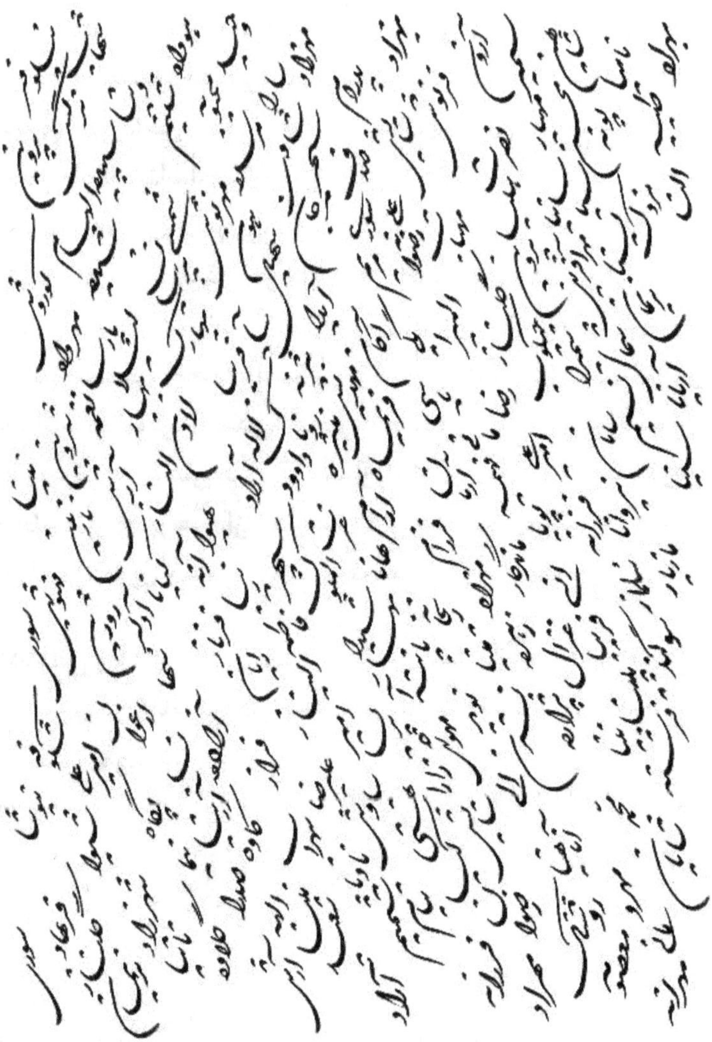

با تشکر از:

رها بحرینی برای نگارش کتاب انگلیسی این تحقیق، ویتا عثمانی، دستیار تحقیق، بهار امانی، دستیار تحقیق و ویراستار، آوا مجد برای انجام تحقیق حقوقی، الهام ملک‌پور برای انجام مصاحبه‌های حضوری در داخل ایران، صدرا اعتمادی برای بازخوانی بخش مربوط به روانشناسان و روانپزشکان، لیلا نبوی به خاطر مکتوب کردن مصاحبه‌های صوتی، یاسی نیک‌بخت برای انجام تدارکات برگزاری کارگاه تحقیقی در کایسری، نعیمه دوستدار برای تنظیم و تدوین شهادت‌ها، یاس آسمون برای تدقیق و تنظیم زیرنویس‌ها و منابع تحقیق، محمد آسمانی به دلیل همکاری برای تدقیق اطلاعات، مهرنوش احمدی، محبوبه کتیرایی، شمسی ریاستیان، آیدا امیرفلاح، سامان صدر و سلماز آزاد در تدارک و وصل کردن ارتباطات برای برخی از مصاحبه‌ها و همچنین همکاران عدالت برای ایران، مریم حسین خواه، طاهره دانش و لیلا معینی؛

و قدردانی ویژه از شادی صدر که بدون پشتیبانی و راهنمایی‌های ارزنده وی در تمام مراحل تحقیق و تدوین نتایج آن، انجام این کار ممکن نمی‌شد.

فهرست

سخن نخست

بدون درهم‌آمیزی تصاویر کلی زندگی یک محقق با موضوع تحقیقش، به‌ویژه زمانی که تحقیق از روایت زندگی انسان‌ها سرچشمه می‌گیرد و حیات می‌یابد، نمی‌توان رابطه لازم و ضروری را با موضوع تحقیق برقرار کرد. از چنین منظری است که بر آن شدم مختصری از چند گذرگاه زندگیم را برای شما بازگویم تا روایت نویسنده را نیز به عنوان سند درازنای تاریخی این موضوع، در پیش رو داشته باشید.

در خانواده‌ای پرجمعیت و به عنوان سومین دختر و چهارمین فرزند خانواده در یک روستای زیبا و پر از مهربانی به‌دنیا آمدم. اولین عشقم را در سن ۹ سالگی و زمانی که "شیربچه"[۱] بودم تجربه کردم. حسی غریب که از رفتار جنسی و کنش جنسی بیگانه بود. داستان این عشق سال‌ها قبل در یک کتاب فرانسوی منتشر شد.[2] عشق به معلم کلاس چهارم دبستانم را هنوز نمی‌توانم تفسیر و تحلیل کنم. شاید تجربه‌ای است که با بسیاری از همسالانم مشترک است. در شانزده سالگی عاشق دختری شدم و با هم رابطهٔ عاشقانه داشتیم. حضور و نزدیکی او احساس امنیتی به من می‌داد که تا سال‌ها بعد، انگیزه و توان مرا برای ادامهٔ راه و مواجهه با مشکلات تقویت می‌کرد. در تمام دورانی که به‌دلیل فعالیت سیاسی مجبور به فرار از خانه شدم و به‌صورت قاچاق از طریق مرز زمینی به پاکستان و سپس به ترکیه رفتم و در دوران پناهجویی در آلمان، یاد او انرژی بخشِ تحمل این دوران سخت از زندگیم بود.

---

۱ شیربچه به کودکان پیشاهنگ گفته می‌شد که رنگ لباسشان سرمه‌ای بود. سازمان پیشاهنگی می‌کوشید تا نوجوانان ایرانی را با مهارت‌های گوناگون آشنا کند از جمله نحوه اردو زدن، نکات بهداشتی، قوانین راهنمایی و رانندگی، کاردستی، بازی و نقاشی، حرکات ورزشی، کمک‌های اولیه، سرود و آداب معاشرت، شعر، دانستن درباره طناب، قدرت طناب، انواع گره‌ها، بستن دو چوب، ساخت مهار، قایق، پل، عرابه، برج و ماکت برای کسب نشان لیاقت.

2 «Qu'est-ce qu'elle me veut?» in: Attirances, lesbiennes fems, lesbiennes butchs (Collectif), Cy Jung, 2001, at: http://www.cyjung.com/spip.php?article17

همیشه در رؤیاهایم تصور می‌کردم در بالکن یک خانهٔ مشترک دست یکدیگر را گرفته‌ایم، به آسمان نگاه می‌کنیم و از با هم بودن لذت می‌بریم. تصویر این خانه را در یک فیلم تلویزیونی دیده بودم. صاحبان خانه زن و شوهری بودند که رابطهٔ عاشقانهٔ صمیمانه و زیبایی داشتند. نکتهٔ اصلی این بود که این دو نفر نه دو زن، که یک زن و یک مرد بودند. آیا معنایش این بود که یک چیزی باید در ما تغییر می‌کرد تا بتوانیم رویاهای خود را زندگی کنیم؟ چه چیزی باید تغییر می‌کرد؟ پاسخ من در آن زمان به این سوال چه بود؟

نگارنده در مدرسهٔ دخترانه (نفر اول، سمت راست)

من دوچرخه‌سوار ماهری بودم. دوچرخهٔ بچه‌های محل را تعمیر می‌کردم. بهترین شاگرد کلاس بودم. شهامتم زبانزد اطرافیان بود. مادرم پیش اعضای فامیل با غرور و افتخار از این ویژگی‌های من تعریف می‌کرد. لباس "پسرانه" می‌پوشیدم. در یازده سالگی رانندگی یاد گرفتم و اولین تصادف جدی‌ام در همان سال اتفاق افتاد. موتورسواری می‌کردم. اسب‌سواری می‌کردم و نسبت به دامن و موی بلند حس ناخوشایندی داشتم. یکی از درگیری‌های جدی من با خانواده بر سر لباس پوشیدنم بود. مادرم همیشه برای تشویق من به پوشیدن دامن و پیراهن دلیل جور می‌کرد و مثلا می‌گفت: "ببین، این دامن از آن شلواری که می‌خواهی بخری گران‌تر و زیباتر است؛ بیا دامن را بخریم". دائم

سعی می‌کردند مرا به پوشیدن دامن و بلند کردن موهایم تشویق کنند. در عین حال، مادرم مثل خیلی از مادرهای دیگر می‌گفت: "دخترم شیر است، مرد است، او را با صد تا مرد ول کنید با آنها همتایی می‌کند."

نگارنده در نوجوانی

من به خاطر داشتن ظاهر و رفتاری که "مردانه" تعریف می‌شد در بعضی موارد امتیازاتی می‌گرفتم و خانواده هم به وجودم افتخار می‌کردند[۳]. این واقعیتی است که در بیشتر مواقع برای دختران، این "مردانه" بودن امتیاز محسوب می‌شود، البته تا یک محدوده‌ای، امری که در مورد پسرانی که از هنجارهای تعریف‌شده خارج می‌شوند و ظاهر "زنانه" دارند لزوماً صدق نمی‌کند. زنانه بودن عامل تحقیر آنها و سقوط‌شان از مقام "برتر" مردانه به جایگاه "زیردست" زنانه می‌شود. موهایم را آقای واحدی که آرایشگر مردان محله بود اصلاح می‌کرد. پدرم می‌گفت تو با رفتن به آرایشگاه آقای واحدی و نشستن پیش یک

---

۳ من این واژه‌ها را با تعاریف کلیشه‌ای شده‌شان تنها برای روشن شدن بحثم به کار می‌گیرم و اعتقادی به چنین تقسیم‌بندی‌های جنسیتی ندارم.

عده لات و لوت آبروی ما را می‌بری. ولی آقای واحدی اصلاً نمی‌دانست که من دخترم! در محله با پسران در خیابان فوتبال بازی می‌کردم و آنها هیچ‌گاه بدون من بازی را شروع نمی‌کردند.

این ظاهر به اصطلاح "پسرانه" کمک می‌کرد تا بتوانم در کشوری که تحت حاکمیت نظام جمهوری اسلامی قرار گرفته بود، آزادانه و بدون حجاب تردد کنم. به رغم اجباری بودن حجاب، من سال‌ها بدون حجاب در خیابان می‌گشتم و بارها در گشت‌های خیابانی به خاطر این مسئله دستگیر شدم و ماجراهای تلخ و شیرینی پیش آمد که از حوصلهٔ این پیش‌گفتار خارج است. به هر روی پس از تمام این داستان‌ها، به کنش‌گری سیاسی روی آوردم و مارکسیست شدم. پس از یک دستگیری در خیابان توانستم از دست ماموران امنیتی بگریزم و پس از ماه‌ها زندگی مخفی، و در شرایطی که بسیاری از دوستانم یا درزندان بودند و یا اعدام شده بودند مجبور به ترک ایران و فرار از کشور شدم.

در آن دوران، هنوز مباحث مربوط به تغییر جنسیت در سطح عموم و در میان سیاستگذاران در ایران مطرح نشده بود. همیشه فکر می‌کردم برای این که من، "شادی" آن روز، بتواند در بالکن آن خانهٔ رؤیایی دست یارش را بگیرد و با او به آسمان بنگرد و از بودن با او لذت ببرد، حتماً باید "چیزی" عوض شود. ایراد را در خودم می‌یافتم. می‌دیدم دخترهایی که در مدرسه عاشقم می‌شوند، دوست دارند دستانم را بگیرند و مرا نوازش کنند و فکر می‌کردم باعث و بانی این احساسات و خواهش‌های ناکام من هستم. درک محدود من در آن زمان همهٔ این‌ها را مشکلاتی می‌دانست که باید رفع شوند. من هم البته عاشق می‌شدم و این احساسات فقط از سوی دیگران نبود. اما مسئله این بود که در هر حال فکر می‌کردم ایراد از من است و فقط من هستم که چنین "مشکلی" دارم. هنوز هم بسیاری از دختران هم‌جنس‌گرا در دوران نوجوانی و زمانی که متوجه گرایش‌شان می‌شوند و آن‌را مخفی می‌کنند همین دریافت را دارند. در آن زمان و با آموزش دوجنس‌گونه‌ای که همه ما را از خود متاثر کرده است و می‌کند رفتارهایم را "پسرانه" ارزیابی کرده و این ارزیابی باعث می‌شد باور کنم این من هستم که "متفاوت" هستم و به یک معنا "ایراد" دارم. در واقع و بر مبنای تعاریف و نشانه‌های جنسیتی موجود، من نه زن یا دختر کامل بودم و نه پسر یا مرد مطلوب. این در حالی بود که از نظر جسمی هیچ تفاوتی با دختران اطرافم

نداشتم و هیچ توجیه بیولوژیکی برای توضیح این حس "تفاوت" وجود نداشت. در چنین شرایطی، اگر گفتمان تغییر جنسیت در ایران در آن سال‌ها گفتمانی غالب و مطرح بود، قطعاً از میان من و کسی که دوستش داشتم، این من بودم که باید به عمل تغییر جنسیت تن می‌دادم. با توجه به رفتار، قیافه و ظاهرم طبیعتاً آن چه که به فکر اطرافیانم می‌رسید این بود که اگر من تغییر کنم و اندکی بیشتر "پسر" شوم، می‌توانم به‌عنوان یک مرد با دوست‌دخترم ازدواج کنم و با وی زندگی مشترک داشته باشم. آن سال‌ها هنوز ایران به "بهشت ترنس‌سکشوال‌ها" شهرت نیافته بود

سال‌ها گذشت و من به اجبار به تبعید و به کشور آلمان آمدم. زندگی در جامعه‌ای مبتنی بر پیش‌فرض‌هایی چون دوتایی جنسی (زن/ مرد)، اصالت دگرجنس‌گرایی، انحراف شمردن هم‌جنس‌گرایی، جامعه‌ای که فرد را مسئول حفظ آبروی خانواده می‌داند و در صورت عدول از مرزهای تعیین شده فرد را به حس گناه و عذاب وجدان دچار می‌کند، او را به مقابله با تفاوت‌هایش و آن چه هست می‌کشاند. در چنین شرایطی بدیهی است اگر بگویید، خب دیگر وقتش رسیده یک چیزهایی را تغییر بدهم، خسته شدم از این پنهان‌کاری، من هم باید مثل بقیه "طبیعی" زندگی کنم؛ مثل آدم‌های دیگر "نرمال" باشم. مفاهیمی چون "نرمال" و "طبیعی"، و تعریفی که از این‌ها ارائه شده است بر تمام زندگی شما سایه می‌افکند. نرمال شدن در این موقعیت یعنی همان چیزی که فوکو "همرنگ جماعت شدن" می‌داند، یعنی از این مسئله که دوباره به شکلی "ویژه" دیده شوید، می‌گریزید و در نتیجه ممکن است به شکلی از زندگی تن دهید که هیچ وقت نخواسته‌اید؛ یعنی روزگارتان را طوری سپری کنید که دیگران از شما توقع دارند. "دیگران" در این‌جا یعنی سازمان سیاسی‌ای که با آن کار می‌کنید، رفقا و همکاران‌تان، آدم‌هایی که دوست‌تان دارند، و به‌ویژه یعنی خانواده‌تان. بیشترین فشار در این رابطه از سوی نزدیکان‌تان به شما تحمیل می‌شود. برای شما مهم است که از سوی دوست، خواهر، برادر و یا افراد فامیل چگونه دیده می‌شوید. پس این تلاش برای "طبیعی شدن" در اغلب موارد ایده‌آلی است که نزدیک‌ترین کسان شما به شکل آگاهانه و ناآگاهانه به شما تحمیل می‌کنند و شما با پذیرفتن این ایده‌آل، همین فشار را برای دیگران، برای نسل بعد بازتولید می‌کنید. در واقع شما

مصلحت اندیشی می‌کنید و به اجباری نهان برای "طبیعی" شدن تن می‌دهید. برای تطبیق یافتن با "نُرم" زندگی پذیرفته شده از سوی دیگران یعنی تن دادن به رابطه دگرجنس-گرایانه و پذیرش و یا وانمود کردن به تعلق به گروه صاحب قدرت و امتیاز تصمیماتی می‌گیرید. آن‌گونه فکر می‌کنید و عمل می‌کنید که دیگران از شما انتظار دارند. برای من ازدواج و دوری جستن از دنیای هم‌جنس‌گرایانه‌ام یکی از مهم‌ترین و قابل رؤیت‌ترین اقداماتی بود که باید انجام می‌دادم تا کمی تلخی طعم دستگیری، فرار و فشارهایی که به خانواده‌ام رفته بود را جبران کنم. تا دختر "خوبی" باشم و بیش از این مایه آزار و رنجشان نشوم. نمی‌دانم چه اتفاقی درون آدم می‌افتد. فکر می‌کنی می‌خواهی "نرمال" باشی. یکی از مهم‌ترین ملاک‌های سنجش نرمال بودن، "دگرجنس‌گرا بودن" است. علاوه بر آن از پنهانکاری و دروغ گفتن خسته شده بودم. از اینکه عشقم محدود به خلوت و اتاقم باشد خسته شده بودم. نیازمند علنیت و فرار از فشار بودم. می‌خواستم "نرمال" باشم. از طرف دیگر فکر می‌کردم خانواده‌ام از عواقب فعالیت سیاسی و فرار من این همه سختی کشیده‌اند، حداقل در این مورد اذیتشان نکنم. تمام این فکرها تصمیمی را باعث شد که در ۳ سال اول زندگی مشترکم با همسرم به عشق و تجربیات هم‌جنس‌گرایانه‌ام حتی فکر هم نمی‌کردم. یک چیزی شبیه هیپنوتیزم. مثل مرتاض‌هایی که از روی آتش رد می‌شوند و نمی‌فهمند. برایم همه چیز "نرمال" بود و از آن لذت می‌بردم. و چون فکر می‌کردم من مشکل داشته‌ام، راضی بودم. انگار خودم، خودم را موقتاً درمان کرده بودم.[۴]

***

حدود چهار سال پیش برای تکمیل پژوهشی در رابطه با شکنجه و آزار جنسی زندانیان سیاسی زن در دهه‌های هفتاد و هشتاد به ترکیه رفتم تا با زندانیان سیاسی‌ای که به تازگی از ایران خارج شده بودند مصاحبه کنم.

آن‌جا با "آکان محمدپور" آشنا شدم. او برای من از خیلی جهات آینۀ تمام‌نمای خودم بود. "خود" جوانم بود. آکان بیست سال دارد، کُرد است، بی‌حجاب در

---

۴ توضیح بیشتر درباره تجربه آن سال‌ها را به زمان انتشار زندگی‌نامه‌ام که در حال نوشتن آن هستم وامی‌گذارم و به این مختصر بسنده می‌کنم.

آکان و شادی

خیابان می‌گردد و عاشق دخترها می‌شود. به خاطر شکلی از بودن که به بودن من شباهت داشت، بارها از پدرش کتک خورده و در خانه حبس شده است. هرچند ما تجربیات متفاوتی در خانواده داشته‌ایم، اما آکان مرا به دوران نوجوانی و جوانی‌ام می‌برد. او تکرار تلخ تجربهٔ زندگی اجتماعی من بود. به این فکر کردم که پس از گذشت چندین دهه هنوز هم جامعهٔ ما در این مورد "اندر خم یک کوچه است". به رغم رواج یافتن نسبی گفتمان‌های نوین جنسیتی در جامعهٔ روشنفکری ایران، هنوز هم زنان و مردان بسیاری زندگی‌های پنهان و تجربیاتی دردناک دارند.

آشفتگی ذهنی من در طی سالیان نوجوانی و جوانی و درگیری با موضوع مردانگی و زنانگی، سیّالیت درک من در دوره‌های گوناگون از خودم و جنسیت و هویت جنسی‌ام، همه و همه گویی در زندگی‌های دیگری و با بیانی گاه مشابه، تکرار می‌شوند. با این مختصر می‌خواهم تأکید کنم که این کتاب، نه فقط یک پژوهش که در عین حال، حاصل یک تجربه زیست هم‌جنس‌گرایانه است که با بیان جنسیتی متفاوت از چهارچوب‌های جنسیتی موجود (ترنس‌جندر) پیوند خورده است. بدین معنا محقق و موضوع تحقیق نه جدا از هم، بلکه درهم آمیخته‌اند. این درهم آمیختگی از نقاط قوت این تحقیق و تلاش‌گری آن برای یافتن پاسخ‌هایی است که تنها در پس آشنایی عمیق با حس‌ها و ترس‌های چنین زندگی و تحت چنین شرایطی می‌توان به آن رسید.

پرسش‌های اصلی من در این پژوهش این بود که چرا باید افرادی تن خود را به تیغ عمل جراحی تغییر جنسیت بسپارند؟ تا چه حد کسانی که خود را در جامعه امروز ما هم‌جنس‌گرا یا فراجنسیتی/ جنسی (ترنس‌جندر/ ترنس‌سکشوال)

تعریف می‌کنند، وارد روند تغییر جنسیت می‌شوند و حتی عمل جراحی انجام می‌دهند؟ هموفوبیای (هم‌جنس‌گراهراسی- ستیزی) درونی‌شده‌ای که با آن رشد کرده‌ایم و هنوز بر اذهان و فرهنگ جامعهٔ ایرانی حاکم است، چقدر در تصمیم افراد برای تن دادن به عمل‌های جراحی نقش دارد؟ به عبارت دیگر تا چه اندازه فکر می‌کنند هم‌جنس‌خواهی "چندش‌آور" و "کریه" است و این چقدر باعث می‌شود که خود را نه هم‌جنس‌گرا، بلکه ترنس‌سکشوال تعریف کنند؟ سخن کوتاه، پرسش من این بود که تصمیم افراد برای تغییر جنسیت تا چه اندازه آزادانه و واقعی است و شرایطی را که بر اتخاذ این تصمیم تأثیر می‌گذارد چقدر می‌شود نقد کرد؟

به بیان دقیق‌تر، اگر موفق شویم از جامعهٔ مردسالاری که بر تعاریف و معیارهای دوجنس‌انگار و "هترونرماتیو" یا "هنجارانگاری دگرجنس‌گرایی" بنا شده و در آن سرکوب هر گونه هویت جنسیتی و گرایش جنسی "دیگر" به امری عادی و روزمره بدل شده است گذر کنیم، آیا باز هم چنین خیل وسیعی از انسان‌ها وجود خواهند داشت که از جنسیت خود ناراضی بوده و از طریق عمل جراحی خواهان تغییر بدن خود و تغییر جنسیت‌شان باشند و یا با کاهش چنین روندی روبه‌رو خواهیم بود؟

قطعاً همیشه با آرزو یا اقدام به تغییر جنسیت، یعنی با "تبدل‌خواهی جنسی" یا "تغییر جنس‌خواهی" روبه‌رو خواهیم بود. این حقی است که در یک جامعهٔ انسانی باید برای همهٔ افراد محفوظ بماند و تمام استانداردهای پزشکی و اخلاقی باید در تحقق این آرزو رعایت شوند. اما این حق و این استانداردها در ایران امروز چقدر جدی گرفته می‌شوند؟ پرسش دیگر این است که اگر این افراد در شرایط دیگری بودند، آیا باز هم به همین "انتخاب" می‌رسیدند؟ برای نمونه، خروج از کشور که به معنای خروج از سلطهٔ گفتمان جنسیتی حاکم است، بر انتخاب این افراد چه تأثیری خواهد گذاشت؟ آیا اصولاً خروج از ایران یا افزایش آگاهی در مورد گرایشات متفاوت جنسی و امکان‌های متنوع زیست و یا بیان جنسی و جنسیتی می‌تواند در تصور فرد از خود و بدن و هویت جنسی‌اش تغییری ایجاد کند؟

زندگی و تجربه شخصی من انجام این تحقیق را تسهیل می‌کرد، چرا که می‌توانستم با این جامعه ارتباط برقرار کنم. می‌توانستم وقتی از فردی می‌شنوم که به خاطر علاقه جدی به فوتبال نتیجه گرفته که مشکلی دارد و بیشتر پسر است تا دختر، به او توضیح دهم که من هم همین وضعیت را داشتم. بعد می‌پرسید: واقعاً شادی تو هم همین جوری بودی؟ و به وضوح می‌دیدند که ما تاریخ مشترکی از سر گذرانده‌ایم. به مرور متوجه می‌شدند که موضوع تحقیق من نه امری ذهنی و انتزاعی، بلکه موضوع زندگی‌ام است.

به بیان دیگر من موضوع تحقیق‌ام، جامعه‌ای بیگانه با تجربه و زیست خودم نبود. این درست همان اعتمادی بود که ما برای انجام این گفت‌وگوهای عمیق به آن احتیاج داشتیم و کمک می‌کرد تا راویان بتوانند از رهگذر این گفت‌وگوها به بیان رنج‌هایی بپردازند که تا آن وقت برای کس دیگری مطرح نکرده بودند. با همین اعتماد است که افراد فجایعی را که زیر پوست جامعهٔ دوجنس‌گونه و اخلاقی- مذهبی و به اصطلاح پاک ما رخ می‌دهد، ترسیم می‌کنند. درست مثل مرجان اهورایی که از تجاوز دسته‌جمعی و شب‌نشینی‌های مردان "خانواده‌دار و متاهل" به خودش می‌گوید. این روایت‌های دردناک باید توجه و دقت هر کدام از ما را نسبت به فضای اطراف‌مان برانگیزاند تا ببینیم کجا کسی دارد واقعیت خود را سانسور و سرکوب می‌کند؛ این روایت‌ها به ما امکان می‌دهد از خود بپرسیم اندیشهٔ متفاوت‌مان چقدر به این افراد مجال می‌دهد که با ما سخن بگویند و بنا به خواست و ایده‌آل خود زندگی کنند.

غایت پژوهش ما این بود که تعاریف جنسیتی تازه‌ای در ذهن خود و دیگران بپرورانیم و راه را برای خلق یک گفتمان تازه هموار کنیم. برخلاف بسیاری از فعالیت‌های اکتیویستی که تا کنون در این زمینه انجام گرفته است، کوشیدیم تا برای بررسی عمل‌های تغییر جنسیت به تجربه‌های شخصی‌مان یا به آن‌چه در رسانه‌ها مطرح می‌شود بسنده نکنیم. حتماً شنیده‌اید که ایران بهشت ترنس‌سکشوال‌هاست. رسانه‌های غربی به شکل مداوم به این ادعا دامن می‌زنند و از یاد می‌برند که بسیاری از افراد ترنس‌سکشوال همچنان از بی‌حقوقی اجتماعی و از عوارض دردناک این جراحی‌ها رنج می‌برند. ما عمیقاً بر این باور بودیم که بدون انجام یک تحقیق جامع، هر گونه تلاشی برای تغییر شرایط خشونت‌بار فعلی به شکست می‌انجامد و در نهایت نخواهد توانست شرایط زندگی زنان لزبین،

مردان گِی و افراد ترنس یا اینترسکس را در ایران بهبود بخشد. آنچه پیش رو دارید، تلاشی است برای شناختن واقعیت و بازنمایی آن، همان‌گونه که هست.

شادی امین، آوریل ۲۰۱۵، اردیبهشت ۱۳۹۴

واژگان تحقیق

توضیحات ضروری

● هنگام نگارش این کتاب و بررسی روایت‌ها، متوجه درک‌های گوناگون از واژه‌های مرتبط با موضوعات جنسی و جنسیتی و وجود تنوع واژگانی شدیم که توسط جامعه مورد تحقیق به‌کار می‌رود و به همین دلیل برای درک بهتر خواننده، پیش از شروع، تعریف معانی و مفاهیم به کار رفته در متن را ضروری دانستیم.

● در این کتاب، برای یک مفهوم واحد، از واژه‌ها و اصطلاحات مختلف استفاده کرده‌ایم. یکی به این دلیل که مصاحبه‌شوندگان، خود از واژه‌های متفاوت و متنوعی استفاده کرده بودند و یا اینکه در ادبیات علمی و پزشکی فارسی، آن اصطلاحات کاربرد داشت، ولی در گفتمان رایج شناخته نشده بود. دلیل دیگر این بود که بر سر استفاده از برخی مفاهیم اجماعی وجود ندارد و ما نیز ارجحیتی در استفاده از کلمه خاصی را نداشته‌ایم و به همین دلیل در جاهای مختلف و بسته به ساختار موضوع، واژه مناسب را برگزیده‌ایم.

● در نگارش این کتاب خود را موظف به جست‌وجو یا ساخت واژه‌های جدید در این حوزه ندانسته‌ایم زیرا معتقدیم در بسیاری از موارد واژه‌ها و مفاهیم غیرفارسی می‌تواند نیاز پژوهشی ما را مرتفع سازد. برخی از این واژه‌ها چنان در زبان فارسی جا افتاده‌اند که تلاش برای تغییر آنها ممکن است بحث را از روند منطقی و آشنای خود خارج کند. این کلمات که در بستر جنبش‌های مشخص اجتماعی و تاریخی در کشورهای دیگر شکل گرفته و نهادینه شده‌اند، می‌توانند با ذکر توضیحاتی با ساختار اجتماعی ایران سازگاری یابند و تدقیق شوند. در مواردی که این امر ممکن نبوده است، توضیحات بیشتری به متن اضافه کرده‌ایم.

● در این متن از واژه **دگرباش** یا **دگرباش جنسی** که از سوی برخی مورد استفاده قرار می‌گیرد، عامداً دوری جسته‌ایم. چرا که نه تنها بر سر

این واژه اجماع وجود ندارد بلکه بسیاری از هم‌جنس‌گرایان آن را واژه‌ای تحقیرآمیز تلقی می‌کنند و بسیاری از ترنس‌ها نیز اساساً از استفاده از آن سرباز زده و خود را با آن تعریف نمی‌کنند. نقد مفصل این اصطلاح نوشته شده که بیان دوباره آن از حوصله این مختصر خارج است. نکته کلیدی‌ای که باعث می‌شود این واژه را نامناسب بدانیم این است که "دگرباشی جنسی" معلوم نمی‌کند که بر بستر بدن بیولوژیک ما تعریف ارائه می‌دهد یا بر بستر گرایش و جهت‌گیری جنسی ما؟ آنچه نظریه پردازان جنسیت بر آن تأکید می‌کنند، دوری جستن از باور به "جنس" و بدن بیولوژیک به‌عنوان عامل و یا پردازنده جنسیت است. این ابهام در تعریف و برداشت از این واژه باعث می‌شود که به سادگی گرایش جنسی، هویت جنسیتی و رفتار جنسی مخدوش شده و طرح صحیح و هدفمند موضوعات ناممکن شود. برای مثال دگرباش جنسی می‌تواند در توضیح رفتار جنسی نیز به‌کار آید مثلاً برای افراد سادومازوخیست یا برای طرفداران پولیاموری، یا آسکسوال‌ها و یا دوستداران سکس با حیوانات. همان‌گونه که برخی طرفداران این واژه آن را به ترجمه کوییر تعبیر می‌کنند و برخی دیگر آن را معادل واژه گِی می‌دانند، و برخی دیگر معادل ال‌جی‌بی‌تی.

اگر در روزهایی که مطالعات جنسیت تا این حد عمیق نشده بود، می‌شد برای تثبیت خود، بر "تفاوت"های‌مان با جامعه دگرجنس‌گرا تمرکز و بر آن پافشاری کنیم، امروز که بحث‌های عمیق جنسیتی فیلسوفانی چون باتلر و فوکو و تئوری کوییر مطرح است، نه بر این تفاوت‌ها بل بر عدم اصلیت جنسیت و ایستا نبودن آن و بدین معنا بر اصل پذیرش هویت‌های گوناگون در کنار یکدیگر و نه بر "دیگری" بودن‌مان تأکید می‌کنیم. این آن تفاوت اساسی است که ما را و جنبش نوپای هم‌جنس‌گرایان و ترنس‌جندرها را به جلو خواهد برد. بنابراین، هرگونه واژه‌سازی، که قرار بر بیان هویت جنسی و جنسیتی داشته باشد بایستی دال بر ماهیت متکثر این پیکربندی باشد. بایستی "دوگانگی" جنس را آشفته سازد و غیر طبیعی بودن تعاریف و مضامین تاکنونی را آشکار سازد. هیچ واژه‌سازی که اساس ساخت خود را بر "طبیعی" شمردن هویت‌های تاکنون قانونی و

"فرهنگی" شده پایه گذاری کرده باشد نمی‌تواند به "طبیعی‌زدایی" از جنسیت و امر هویت‌ها منجر شود. ما نیازمند به چالش گرفتن این "طبیعی بودن" بنیادین هستیم. امری که واژه‌های بی‌تاریخ و غیرمنتقد، چون "دگرباش" نمی‌توانند بدان پاسخ دهند.

● از اصطلاحات **تراجنسی** یا **تراجنسیتی** نیز که غلط‌های مصطلحی در این حوزه هستند استفاده نکرده‌ایم زیرا آنها را واژه‌هایی نامفهوم و نادقیق می‌دانیم، به جای آنها از واژه‌های فراجنسی یا فراجنسیتی استفاده کرده‌ایم.

● **بوچ و فم:** به دلیل به کار رفتن اصطلاحاتی مانند بوچ و فم در برخی از شهادت‌های این تحقیق، ناگزیر به نقل آنها شده‌ایم. این صفات بیانگر خصوصیات ظاهری و رفتاری زنان هم‌جنس‌گراست. بسیاری از زنان لزبین، به درستی این مفاهیم را تولیدکنندهٔ کلیشه‌ها و نقش‌های جنسیتی دانسته و نقد کرده‌اند. نگارنده نیز قائل به اصلیت دادن به این مفاهیم نیست.

● با وجود داشتن نقد جدی نسبت به اصطلاح اختلال هویت جنسیتی و تعریف آن، از آنجایی که در ایران، تمامی مسئولان دولتی و بیشتر پزشکان و روان‌شناسان، بر اساس این تعریف عمل کرده و تشخیص و معالجه خود را برپایه آن بنا می‌نهند، ناگزیر همان تعریف را به کار گرفته‌ایم.

جنس بیولوژیک (sex): طبقه‌بندی یک گونه بر اساس آناتومی و ویژگی‌های بدنی آن گونه، به دو جنس مؤنث یا مذکر بر اساس اندام‌های اولیه جنسی آن گونه. علم پزشکی در این مورد تعاریف دقیق و غیر قابل انعطافی دارد.

جنسیت (gender): نقش‌ها، فعالیت‌ها و هنجارهای اجتماعی که یک جامعه به جنس‌های بیولوژیک موجود در جامعه القا می‌کند و باعث تمایز بین دو جنس (مرد و زن) و برساختن "زنانگی" و "مردانگی" می‌شود.

بیان جنسیتی (Gender expression): بیان جنسیتی آن گونه‌ای‌ست که فرد جنسیت خود را نشان می‌دهد. برای مثال، زنی که لباس معمول زنانه می‌پوشد و زنی که لباس مردانه می‌پوشد، بیان جنسیتی متفاوت دارند. بیان جنسیتی با هویت جنسی که امری کاملاً درونی و تعریف شخص از خودش است متفاوت است. در حالت اول زمانی که یک زن، لباس "مردانه" می‌پوشد لازم نیست خود را مرد هم تعریف کند (البته که می‌تواند چنین نیز باشد). بیان جنسیتی، در جوامع گوناگون بسته به فرهنگ نیز فرق می‌کند. یعنی در جامعه‌ای که چهارچوب‌ها و باورهای جنسیتی شکسته شده باشند، بیان جنسیتی آزادانه‌تر بروز می‌یابد و یا اصولاً به‌عنوان بیان جنسیتی متفاوت دیده نمی‌شود.

هویت جنسیتی (gender identity): حالتی روان‌شناختی است که احساس درونی شخص را از مرد، زن، فراجنسی یا فراجنسیتی بودن خود منعکس می‌کند.

هویت جنسی (sexual identity): حالتی روان‌شناختی است که مجوعه گرایش‌ها و تمایلات جنسی و عاطفی شخص به انسان‌ها را منعکس می‌کند.

گرایش جنسی (sexual orientation): الگوی پایدار وجود احساسات رمانتیک و شهوت جنسی و یا مخلوطی از این دو به افراد هم‌جنس یا غیر هم‌جنس یا هردو جنس و یا فراجنس.

رفتار جنسی (sexual behavior): مجموعه رفتارهایی که انسان طی آن گرایش عاطفی و برآوردن نیاز جنسی خود را تجربه می‌کند. رفتار جنسی به مجموعه کنش‌ها از نگاه، بوسه، هم‌آغوشی، شیوه معاشقه و اَشکال ارجح شخص در این روند را در بر می‌گیرد. رفتار جنسی مجموعه حرکاتی است که در هنگام تحریک جنسی و یا برای تحریک طرف مقابل و در روند ارضای جنسی انجام می‌دهیم. رفتار جنسی ربطی به گرایش جنسی و هویت جنسیتی نداشته و می‌تواند در گرایشات و هویت‌های جنسی و در دوره‌های گوناگون، مختلف و یا شباهت‌هایی داشته باشد.

نقش جنسیتی (gender role): مجموعه‌ای از هنجارها و نُرم‌های اجتماعی که بر اساس آن افراد در جامعه رفتار می‌کنند. این هنجارها بیانگر انتظارات جامعه از یک جنس معین می‌باشند.

اقلیت‌های جنسی (sexual minorities): مجموعه انسان‌هایی که هویت جنسیتی یا گرایشات جنسی متفاوت از اکثریت جامعه داشته باشند. مانند هم‌جنس‌گرایان، دوجنس‌گرایان، ترنس‌جندرها و ترنس‌سکشوال‌ها.

هم‌جنس‌گرا یا هم‌جنس‌خواه: فردی که به هم‌جنس خود میل جنسی و گرایش عاطفی دارد و برای ایجاد رابطهٔ جنسی، در جستجوی فردی از جنس مخالف نیست. از واژه‌هایی چون **لزبین** برای اشاره به زنان هم‌جنس‌گرا و **گِی** برای مردان هم‌جنس‌گرا استفاده می‌شود.

بوچ (butch) و فم (femme): بوچ به زنان لزبینی اطلاق می‌شود که لباس‌های معمولاً مردانه می‌پوشند، موی کوتاه دارند و در رفتار خود با اعتماد به نفس و مصمم هستند. در رفتار جنسی خود فعال محسوب شده و در یک کلام "مردانه" تعریف می‌شوند. این گروه از زنان لزبین به الگوی تعریف شده از زن هتروسکشوال شباهت کم‌تری دارند. در مقابل، لزبین‌های فم در ظاهر و رفتار خود با تعاریف زنانهٔ موجود سازگاری بیشتری دارند.

ترنس‌جندر یا فراجنسیتی (transgender): تمامی افرادی که با پوشش و رفتار خود کلیشه‌های متعارف جنسیتی را به چالش می‌کشند و ترجیح می‌دهند حضور اجتماعی‌شان در قالب ظاهر و رفتاری باشد که از تعاریف رسمی جنسیتی، و یا از تعاریف تثبیت شده از جنس مخالف فاصله دارد. این طغیان در مقابل ساختارهای موجود جنسیتی، در بسیاری از موارد با گرایش هم‌جنس‌خواهانه در این افراد ترکیب شده است. افراد ترنس‌جندر لزوماً با هویت جنسیتی و گرایش جنسی خود مشکلی ندارند و در جستجوی راهی هستند که به بیان جودیت باتلر، "فضای بازتری برای اجراگری نقش‌های جنسیتی‌شان فراهم کنند". بسیاری از فراجنسیتی‌ها الزاماً به دنبال تغییر اندام جنسی خویش و کسب تمام صفات جنس

مقابل نیستند و گاه مایل به انتخاب جنسیتی بینابین، جدید و ورای هنجارهای جنسیتی دوگانه‌انگار هستند. این مفهوم آن دسته از افرادی را هم که خود را ترنس‌سکشوال (یا تغییرجنس‌خواه) می‌دانند و خواهان تغییر بدن خود هستند و عمل جراحی تغییر جنسیت و یا مراحلی از آن را انجام داده و یا در صدد انجام آن هستند نیز دربرمی‌گیرد.

فراجنسی، ترنس‌سکشوال، تبدل‌خواه جنسی، تغییرجنس‌خواه (transexual): فردی که از نظر روان‌شناختی خود را مرد، زن، فراجنسیتی، دوجنسیتی یا چندجنسیتی می‌داند اما از نقطه نظر جسم بیولوژیک متعلق به گروه دیگری باشد و بیان جنسیتی و رفتار جنسیتی وی با بیان و رفتار جنسیتی متعارف خوانایی ندارد. معمولاً این تعریف با گرایش به انجام تغییرات در بدن فیزیولوژیک فرد درهم آمیخته است اما ضرورتاً به آن نمی‌انجامد.

ترنس‌مرد: کسی که با جنسیت بیولوژیک زنانه به دنیا آمده و خواهان تغییر بدن خود به بدنی مردانه است و یا این تغییر را به انجام رسانده است. در جاهایی از این متن از واژهٔ **ترنس-اِف-تو-اِم** استفاده کرده‌ایم که از مفهوم انگلیسی آن (Female-to-Male) یا "مونث به مذکر" گرفته شده است.

ترنس‌زن: کسی که با جنسیت بیولوژیک مردانه به دنیا آمده و خواهان تغییر بدن خود به بدنی زنانه است و یا این تغییر را انجام داده است. در جاهایی نیز از واژهٔ **ترنس-اِم-تو-اِف** استفاده کرده‌ایم که برگردانِ مفهوم انگلیسی آن (Male-to-Female) یا "مذکر به مونث" است.

تی‌اس: مخفف مفهوم ترنس‌سکشوال.

دوجنسی (intersex): اصطلاحی کلی برای تعریف فردی که با ساختمان تولید مثلی و جنسی متولد شده که در هیچ‌کدام از هنجارهای معمول پزشکی تعیین شده برای جنس مذکر و مونث جای نمی‌گیرد. به این افراد "هرمافرودیت" نیز گفته می‌شود. در این حالت ساختمان تشریحی جنسی و یا اندام تناسلی شخص به هنگام تولد جنبه‌های بارزی از هر

دوجنس مرد و زن را دارد و یا فاقد هر دو علائم اولیه جنسی مردانه و زنانه است و از این رو نمی‌توان جنس او را مؤنث یا مذکر تعریف کرد. در ادبیات فقهی از این افراد به‌عنوان خنثی نام می‌برند. دوجنسی بودن ضرورتاً در هنگام تولد قابل مشاهده نیست و در سن بلوغ و یا در سنین بالاتر توسط فرد کشف می‌شود. مواردی هست که پس از مرگ فرد و بر اثر تشریح جسد متوجه دوجنسی بودن شخص شده‌اند. دوجنسی بودن بسیاری از افراد دوجنسه هیچ‌گاه نه توسط خودشان و نه اطرافیان روشن نمی‌شود.

دوجنس‌گرا (bisexual): شخصی که می‌تواند از نظر جنسی و عاطفی به هر دو جنس بیولوژیک تمایل و کشش جنسی و عاطفی و روحی داشته باشد.

پان‌سکشوال (pansexual): اشخاصی که روابط عاطفی و عشقی خود را محدود به جنسیت بیولوژیک دیگری نکرده و فارغ از جنسیت افراد می‌توانند به آنها کشش عاطفی و جنسی داشته باشند.

دگر جنس‌پوش (cross-dresser): فردی که معمولاً و بنا به اختیار خود مبادرت به پوشیدن لباس جنس مخالف برای مدت زمان معین می‌کند. دگرجنس پوش ممکن است دگرجنس‌گرا، هم‌جنس‌گرا، دوجنس‌گرا یا فاقد گرایش جنسی خاص یا کنش جنسی باشد.

کوئیر (queer): واژه‌ای برگرفته از تئوری‌های مبتنی بر سیّالیت جنسیت و گرایش جنسی که برخی از هم‌جنس‌گرایان، دوجنس‌گرایان، فراجنسیتی‌ها و فراجنسی‌ها برای معرفی هویت جنسیتی/ جنسی خود و تأکید بر جنبه‌های ساختارشکنانه از آن استفاده می‌کنند.

هتروسکشوال (heterosexual) دگرجنس‌گرا، غیرهم‌جنس‌گرا، استریت: فردی که تنها به جنس مخالف خود تمایل جنسی یا عاطفی و یا هر دو را دارد. در اکثر جوامع کنونی، این نوع رابطه به‌عنوان شکل "طبیعی" و "بهنجار" رابطهٔ جنسی و عاطفی میان انسان‌ها پذیرفته شده است.

هنجارانگاری دگرجنس‌گرایی (هترونورماتیویتی یا هترونورماتیویته): در این سیستم فکری دو جنس زن و مرد بیولوژیک تعریف شده است که نتیجه آن پذیرش رفتارهای معین جنسیتی زنانه و مردانه است. دگرجنس‌گرایی به‌عنوان شکل "طبیعی" کنش جنسی بین انسان‌ها تعیین شده و از سوی دستگاه‌های حکومتی، نهادهای مذهبی از قبیل مسجد یا کلیسا و کنیسه‌ها، ساختارهای آموزشی، رسانه‌ها و نهادهای فرهنگی تبلیغ و ترویج می‌شود. منجر شدن این رابطه به تولید مثل، ظاهری "طبیعی"، ذاتی و ضروری به آن بخشیده و امکان مقابله با هر نوع دیگری از رابطه که به تولید مثل منتهی نمی‌شود را فراهم کرده است. تنها با تثبیت دگرجنس‌گرایی به‌عنوان یک نظام هنجارین است که امکان محدود کردن و به بند کشیدن انواع دیگر رابطه از طریق ساز و کارهای قهری و قانونی ایجاد می‌شود و نهادی به نام نظام دگرجنس‌گرایی اجباری شکل می‌گیرد. از رهگذر این اجبار که در بسیاری از موقعیت‌ها ممکن است به چشم نیاید، تمایلی مانند هم‌جنس‌گرایی به‌عنوان پدیده‌ای "نابهنجار" تعریف می‌شود و مورد نکوهش قرار می‌گیرد.

امروزه اما در سازوکارهای ایجاد و تثبیت گرایش دگرجنس‌گرایانه به‌عنوان تنها شکل طبیعی کنش جنسی، شاید دیگر با اجبار نمادین در بسیاری از کشورها روبه‌رو نباشیم، اما در ادبیات، علوم طبیعی، تاریخ، فلسفه، هنر و ... دگرجنس‌گرایی و نمادهای آن، بر اساس تصویر دوجنس‌گونه و به‌عنوان هنجار تعریف شده و عملاً خروج از این مرزهای ترسیم شده را دچار مشکل می‌کنند. این هنجارانگاری دوجنس‌گونه‌گی که بر اساس رابطه مستقیم بین جنس (زن و مرد)، جنسیت (زنانگی و مردانگی) و گرایش جنسی (دگرجنس‌گرایانه) بنا شده است، امروزه از سوی بسیاری از نظریه‌پردازان این حوزه مورد چالش جدی قرار گرفته‌اند.

در تقابل با هنجارانگاری دگرجنس‌گرایی (هترو-نورماتیویتی)، ما برای توصیف وضعیت مطلوب خود از واژهٔ **فراهنجار** استفاده می‌کنیم.

ال‌جی‌بی‌تی (LGBT): مخفف چهار مفهوم لزبین، گِی، بای‌سکشوال و ترنس‌جندر است. در بسیاری از کشورها امروزه حروف TQAI نیز به آن اضافه شده که معنای واژه‌های ترنس‌سکشوال، کوییر و آسکشوال و اینترسکس را می‌دهد. بر سر این نوع اضافه کردن واژه‌ها اختلاف نظر وجود دارد. به هر رو مفهوم جا افتاده در ادبیات این حوزه ال‌جی‌بی‌تی است.

اختلال هویت جنسیتی (GID): افرادی که از جنسیت بیولوژیکی خود ناراضی بوده و از پذیرش این جنسیت و رفتار طبق آن سرباز می‌زنند را **"ناراضی جنسی"** یا **"تغییرجنس‌خواه"** می‌خوانند. این افراد از نظر بیولوژیک اختلالی ندارند، اما از نظر هویتی و روانی حاضر به پذیرش جنسیت خود نیستند. از نگاه گفتمان دوجنس‌گونه، رفتار اجتماعی این افراد همچون ترنس‌جندرها با جنس بیولوژیک‌شان سازگاری ندارد و معمولاً از سوی نظام هترونورماتیو سرکوب و به حاشیه رانده می‌شوند. در ایران به این افراد گفته می‌شود که مبتلا به اختلال هویت جنسیتی هستند و برای آنها بر عکس روال جاری در بسیاری از کشورهای جهان عمل تغییر جنسیت اجباری است.

تغییر یا تطبیق جنسیت یا جنس: منظور از تغییر جنسیت در این پژوهش، روندی است که از تعریف هویت جنسی فرد به‌عنوان ترنس‌سکشوال یا تغییرجنس‌خواه آغاز می‌شود و او را به این نتیجه می‌رساند که بدنی متفاوت با جنسیت واقعی خود دارد و نیازمند اصلاحاتی جسمی است که با هورمون‌تراپی آغاز می‌شود و به مجموعه‌ای از اقدامات پزشکی و در نهایت به عمل‌های جراحی تغییر جنسیت می‌انجامد. هدف از این فرآیند آن است که فرد به شکل قانونی و اجتماعی از یک جنس به جنس دیگر گذر کند. این سفر بین دو جنس، در کشورهایی که به لحاظ قوانین و پذیرش هویت‌های جنسیتی پیشرفته هستند از تنوع و چندگونگی برخوردار است. در ایران اما شاهد شکل یکسانی از تغییر جنسیت هستیم که با تلاش برای مردانگی و یا زنانگی (مردشده‌گی یا زن شده‌گی) کامل

پیوند خورده است و کمتر در مراحل میانی و به دلخواه فرد پایان یافته و پذیرفته می‌شود.

عمل‌های جراحی تغییر جنسیت: مجموعه عمل‌هایی است که با جراحی باعث تغییر آثار جسمی و حذف یا ایجاد علائم و نشانه‌های "مردانگی" و "زنانگی" در بدن می‌شوند. برای نمونه می‌شود به تخلیهٔ رحم و پستان‌ها، ساختن آلت جنسی مردانه (پنیس) با استفاده از پوست مچ دست، و یا بریدن آلت مردانه و ایجاد واژن مصنوعی با استفاده از روده و ... اشاره کرد.

مقدمه

آمارهای پراکنده موجود حاکی از آن است که ایران بالاترین تعداد عمل‌های تغییر جنسیت[1] در منطقه و در بین شهروندان خود را دارد. اگرچه در مورد تعداد عمل‌های انجام شده در سال اطلاع دقیقی در دست نیست، اما آمارهای محدودی که منتشر شده نشان می‌دهد که تعداد متقاضیان انجام چنین عمل‌هایی با شیب تندی رو به افزایش است. با در نظر گرفتن این واقعیت که کشور تایلند، مرکزی است برای افرادی از کشورهای مختلف که برای انجام عمل‌های تغییر جنسیت به آن سفر می‌کنند، می‌توان گفت که ایران دارای یکی از بالاترین آمارها در زمینهٔ انجام این عمل‌ها برای شهروندان خویش است. این تعداد نامتعارف می‌تواند سئوالات بسیاری در ذهن ایجاد کند که برخی از آنها در این تحقیق بررسی شده‌اند. برای نمونه، اینکه چرا شهروندان ایران بیش از هر جای دیگری در دنیا تصمیم به انجام عمل جراحی تغییر جنسیت می‌گیرند؟

برای دقیق‌تر شدن کار، تحقیق خود را با طرح سه پرسش آغاز کردیم:

۱. هم‌جنس‌گرایان در ایران چقدر ناگزیر می‌شوند به روش‌های تغییر جنسیت روی آورند یا در نهایت به عمل تغییر جنسیت متوسل شوند؟ افراد ترنس‌جندر تا چه حد مجبور به تغییر جنسیت می‌شوند؟

---

۱ مجموعه عمل‌های جراحی و اقدامات پس از آن است که جنسیت بیولوژیک فرد با تعریف خودش از جنسیتش تطبیق داده می‌شود. برخی استفاده از واژه تغییر جنس را مناسب‌تر می‌دانند. در عین حال مباحثی در جنبش هم‌جنس‌گرایان و ترنسجندرها در غرب جاری بوده که در دهه‌های اخیر به جای واژه تغییر، استفاده از واژه تطبیق را توصیه و صحیح ارزیابی می‌کند. ما به دلیل فراگیر بودن این مفهوم در مباحث این حوزه در ایران، در غالب موارد از واژه "تغییر جنسیت" استفاده کرده‌ایم.

۲. عمل‌های تغییر جنسیت در ایران چقدر با استانداردهای بین‌المللی بهداشت و درمان و حقوق بشر هم‌خوانی دارد و تا چه میزان حقوق ترنس‌جندرها و هم‌جنس‌گرایان را نقض می‌کند؟

۳. افرادی که روند تغییر جنسیت را طی می‌کنند تا چه حد از حقوق شهروندی خود برخوردارند و تا چه حد به حمایت قانونی می‌توانند تکیه کنند؟

روش‌شناسی تحقیق

این کتاب، حاصل پروژه تحقیق مشترک "عدالت برای ایران" و "شبکه لزبین‌ها و ترنس‌جندرهای ایرانی" (شش‌رنگ)، با عنوان "نه به تغییر جنسیت تحمیلی" است که در طول یک دوره سه ساله از ۲۰۱۲ تا ۲۰۱۵ انجام شده است. نگارنده، سرپرستی گروه تحقیق را برعهده داشته و بیشتر از ۹۰ درصد مصاحبه‌های این کار را انجام داده است. علاوه‌بر این، یک تیم ده نفره، در زمینه برقراری برخی از ارتباطات، برگزاری کارگاه (فوکوس گروپ)، انجام مصاحبه‌های حضوری داخل ایران، تحقیق پیرامون موازین حقوق داخلی و بین‌الملل، پیاده کردن و ویرایش مصاحبه‌ها، ترجمه و تفسیر متون فقهی، یافتن مقالات علمی، اسناد و گزارش‌های مرتبط و ویرایش متن، نگارنده را همراهی کرده‌اند.

برای انجام این تحقیق، علاوه‌بر مطالعه دقیق ادبیات موجود، از روش مصاحبه عمیق با استفاده از تکنیک گلولهٔ برفی استفاده کردیم. اما پیش از شروع مصاحبه‌ها، برای کسب شناخت عمیق‌تر نسبت به موضوع، ابتدا یک کارگاه (فوکوس گروپ) در شهر کایسری ترکیه که محل تمرکز پناه‌جویان ال‌جی‌بی‌تی بود برگزار کردیم که در آن دوازده نفر ترنس‌سکشوال، ترنس‌جندر و لزبین ایرانی و همسر یک ترنس‌سکشوال که همگی بین نوزده تا سی و دو سال سن داشته و به تازگی از ایران خارج شده بودند، حضور داشتند. پس از آن، از طریق شرکت‌کنندگان کارگاه و ارتباطات قبلی خود به سایر مصاحبه‌شوندگان در ترکیه دسترسی پیدا کردیم؛ هر مصاحبه‌شونده افراد دیگری را هم معرفی می‌کرد. تمرکز ما بر روی ترنس‌جندرها و لزبین‌ها بود. این انتخاب دو دلیل

داشت: نخست این که در ادبیات موجود دربارهٔ جامعهٔ ال‌جی‌بی‌تی ایرانی، صدای مردان هم‌جنس‌گرا و ترنس‌های ام‌تواف (ترنس‌زن‌ها) بیشتر از زنان هم‌جنس‌گرا و ترنس‌های اف‌توام (ترنس‌مردها) بازتاب یافته است. در بسیاری از متون و مقالات موجود، غلبهٔ تجربه و نگاه مردان هم‌جنس‌گرا کاملاً مشهود است. دلیل دوم کمبود امکانات این تحقیق بود که به ما مجال نمی‌داد که با افراد بیشتری مصاحبه کنیم و به بررسی مسائل تمامی ترنس‌سکشوال‌ها و ترنس‌جندرها (فراجنسیتی‌ها) بپردازیم.

بنا بود که برای انجام این پروژه حداکثر با چهل نفر از اعضای جامعهٔ ال‌جی‌تی (LGT) مصاحبه کنیم. اما یافتن پاسخ برای برخی از پرسش‌ها مستلزم رجوع به جامعهٔ آماری وسیع‌تری بود. این امر باعث افزایش تعداد مصاحبه‌شوندگان شد. از سوی دیگر، پس از انجام بخش بزرگی از تحقیق، گروهی از افرادی که تجربیات مشابهی در این زمینه داشتند، ضمن تماس با ما رغبت خود را برای طرح روایت شخصی‌شان ابراز کردند. بدیهی است که چنین علاقه‌ای را برای مشارکت در تحقیق، نمی‌شد بی پاسخ گذاشت. این امر، در نهایت افزایش میزان کار و تأخیر در فرآیند انتشار نتایج پژوهش را در پی داشت.

در مجموع و در طی یک روند بیش از سه ساله که از خرداد ۱۳۹۰ (ژوئن ۲۰۱۱) شروع و به فروردین ۱۳۹۴ (آپریل ۲۰۱۵) ختم شد، با ۱۰۹ نفر مصاحبه کردیم که شامل: ۳۵ ترنس‌سکشوال (۲۶ اف‌توام و ۹ ام‌تواف)، ۵۱ زن هم‌جنس‌گرا، ۹ مرد هم‌جنس‌گرا، ۵ ترنس‌جندر، یک زن بای‌سکشوال، یک فرد اینترسکس، ۳ زن دگرجنس‌گرا، مادر یک ترنس اف‌توام، یک پزشک فوق تخصص غدد و رشد کودکان، یک پزشک جراح عمومی و یک کارشناس ارشد روان‌شناسی.

بیشتر این مصاحبه‌ها، عمیق بوده و چندین ساعت به طول انجامیده است و تنها از چند نفر سئوالات محدودی برای تکمیل اطلاعات شده است. بنا به خواست بیشتر مصاحبه‌شوندگان، در این تحقیق از اسامی مستعاری که خود تعیین کرده بودند استفاده شده است. سایر اطلاعات مربوط به مصاحبه شوندگان در جدول ضمیمه آمده است. در این جدول، گرایش جنسی و هویت جنسیتی مصاحبه‌شوندگان را براساس تعریفی که هر یک از آنها از خود ارائه داده است، منظور کرده‌ایم. به‌علاوه با بیش از ۱۵ نفر لزبین و ترنس‌جندر نیز

گفت‌وگوهای هدف‌دار کوتاه داشته‌ایم و اطلاعاتی کسب کرده‌ایم. این گفت‌وگوها در جدول مصاحبه شوندگان ذکر نشده است.

در مجموع ۳۵ مصاحبه در ایران و ۳۸ مصاحبه با پناهجویان مقیم ترکیه انجام شده است. باقی مصاحبه‌ها در آلمان، هلند، بلژیک، اتریش، سوئد، سوییس، مالزی، ایتالیا، انگلستان، فرانسه، کردستان عراق، نروژ، کانادا و آمریکا صورت گرفته است. بیش از ۷۵ درصد مصاحبه‌ها به شکل حضوری و در محل زندگی افراد انجام شده و دیگر مصاحبه‌ها از طریق اسکایپ و تنها دو مورد از طریق چت و یا مصاحبهٔ کتبی صورت گرفته است. بسیاری از مصاحبه‌شوندگان با اعتمادی قابل ستایش به ما اجازه دادند تا مصاحبه با فیلم‌برداری همراه باشد. در باقی موارد، صدای مصاحبه‌شوندگان ضبط شده است و به این ترتیب آرشیو ارزشمندی از زندگی و روایت‌های هم‌جنس‌گرایان و تغییرجنس‌خواهان در چهار دهۀ گذشته در تاریخ ایران گردآوری کرده‌ایم. یادآوری و بیان این تجربیات گاه آن‌چنان دردناک بود که بایستی برای مدتی انجام مصاحبه را قطع می‌کردیم و پس از بازگشت نسبی آرامش دوباره کار را از سر می‌گرفتیم. در همین جا از تک تک افرادی که با اعتماد به ما و با درک عمیق ضرورت انجام تحقیقاتی از این دست، رنج‌های خود را صادقانه با ما در میان گذاشتند قدردانی می‌کنیم و امیدواریم با انتشار روایات و نتایج این تحقیق بتوانیم در مسیر بهبود وضعیت جامعهٔ ال‌جی‌بی‌تی، نگاه عمومی جامعهٔ ایران به هم‌جنس‌گرایان و ترنس‌ها، و نیز تقویت همدلی و همراهی بیشتر خود این افراد با یکدیگر قدمی هر چند کوچک برداریم.

مصاحبه‌های انجام‌شده درخارج از کشور و مقایسهٔ آن با مصاحبه‌هایی که با افرادی با شرایط مشابه در ایران انجام گرفته بود، به درک عمیق‌تر ما از تأثیر شرایط اجتماعی و فرهنگی بر تعریف هویت جنسیتی کمک کرد. به‌ویژه مقایسهٔ ذهنیت افرادی که به تازگی از ایران خارج شده بودند، با درکی که پیش از خروج از کشور و یا پس از رسیدن به کشور سوم نسبت به خودشان و هویت جنسیتی‌شان داشتند، از تغییراتی خبر می‌داد که از فضای تازۀ زندگی‌شان ریشه می‌گرفت. کوشیده‌ایم تا در تحلیل‌هایمان به این تغییرات اشاره کنیم و به بررسی‌شان بپردازیم.

افزون بر مصاحبه‌ها، به مطالعات کتابخانه‌ای وسیعی دست زدیم و مقالات متعددی را که در نشریات پزشکی و روان‌پزشکی و در کنفرانس‌های مرتبط در ایران پیرامون این موضوع منتشر شده بود بررسی کردیم. فیلم‌های مستند، مصاحبه‌ها و بحث‌های مربوط به هم‌جنس‌گرایی و ترنس‌سکشوالیتی را هم به دقت بازبینی کردیم. مجلاتی از قبیل مجلهٔ علمی پزشکی قانونی، مجلهٔ روان‌پزشکی و روان‌شناسی بالینی ایران، مقالات معاونت سیاسی ادارهٔ کل آموزش و پرورش، مجلات علمی دانشگاه‌های علوم پزشکی در استان‌های مختلف، مقالات ارائه شده در کنگره‌های سراسری خانواده و مشکلات جنسی، فصل‌نامه‌های علمی پژوهشی رفاه اجتماعی، کتاب‌های مربوط به هویت جنسی و اختلال هویت جنسی و یا تمایلات و رفتارهای جنسی به زبان فارسی و منتشر شده در داخل کشور، به‌ویژه کتاب‌های افرادی چون حجت‌الاسلام محمدمهدی کریمی‌نیا، دکتر شهریار کهن‌زاد، دکتر مهرداد افتخار، دکتر مهدی صابری، دکتر علیرضا کاهانی و دکتر بهنام اوحدی به دقت مرور شده است. علاوه بر این، بسیاری از وبلاگ‌های هم‌جنس‌گرایان و افرادی که خود را ترنس معرفی می‌کردند مورد مطالعه قرار گرفت و در مواردی با آنها به تبادل اطلاعات پرداختیم. کوشیدیم تا در چارچوب این تحقیق و به یاری برخی از همکاران‌مان که در ایران سکونت دارند با روان‌پزشکان و پزشکانی که در انجام این عمل‌ها و هم‌چنین صدور مجوز از پزشکان و روان‌پزشکان شناخته شده به شمار می‌روند، هم درباره نظراتشان و هم از آن مهم‌تر، درباره مواردی که در مصاحبه‌ها راجع به شیوه‌های کار و برخوردشان با مراجعان مطرح شده بود، گفت‌وگو و پاسخ آنها را هم منعکس کنیم، اما متأسفانه تلاش‌مان بی‌نتیجه و درخواست‌هایمان مطلقاً بدون پاسخ ماند. تنها موفق شدیم با یک روان‌شناس که در زمینهٔ عمل‌های تغییر جنسیت مشاوره می‌دهد و یک پزشک غدد که در مصاحبه‌های این تحقیق از وی نام برده شده بود گفت‌وگو کنیم.

افزون بر این، منابع غیر فارسی متنوعی را نیز مورد بررسی قرار دادیم. اسناد بین‌المللی حقوقی و مصوبات گوناگون در این رابطه، قوانین و تجربیات کشورهای دیگر و هم‌چنین تألیفات جودیت باتلر و میشل فوکو به زبان‌های فارسی، انگلیسی و آلمانی برای تنظیم چارچوب نظری تحقیق‌مان مورد استفاده قرار گرفت. از میان منابع مطالعاتی موجود، تنها منبع پژوهشی که مستقیماً به

مسئله ایران می‌پرداخت، مقالات افسانه نجم‌آبادی بود که در زمان مطالعه ادبیات برای این تحقیق، هنوز به‌عنوان کتاب منتشر نشده بودند.

پیش‌نویس اولیه این کتاب در دی‌ماه سال ۱۳۹۲ نوشته شد و پس از بازبینی‌های مکرر، سرانجام در فرودین ماه سال ۱۳۹۴ متن نهایی برای انتشار آماده شد. در مراحل نهایی و برای به‌روز کردن پژوهش، پس از انجام چند مصاحبه درماه‌های پایانی سال ۱۳۹۳، تغییراتی جزیی در متن وارد کردیم.

چارچوب نظری تحقیق

برای پاسخ به سئوالات تحقیق ناگزیر بودیم عواملی را که در دریافت هم‌جنس‌گرایان و ترنس‌جندرها از هویت جنسی‌شان نقش دارند بررسی کنیم و به این پرسش پاسخ دهیم که چه عواملی این باور را در ذهن فرد ایجاد می‌کنند که باید از طریق انجام عمل جراحی، تغییر جنسیت دهد؟ پرسش دیگر این بود که این عوامل با بستر سیاسی، اجتماعی و فرهنگی جوامع چه نسبتی دارند؟

پژوهش ما بر این فرضیه متکی بود که عوامل اجتماعی و سیاسی متعددی بر تصمیم نهایی فرد برای تن دادن به عمل جراحی تغییر جنسیت تأثیر می‌گذارند. در وهلهٔ اول کوشیدیم دریابیم که در جامعهٔ ایران افراد خود را معمولاً طی چه فرآیندی به‌عنوان هم‌جنس‌گرا یا ترنس‌سکشوال بازمی‌شناسند. پاسخ‌گویی به این پرسش مستلزم آن بود که با استناد به روایت‌هایی که از مصاحبه‌شوندگان خود در اختیار داشتیم، نقش عوامل مختلفی چون خانواده، باورهای مذهبی، نهادهای آموزشی و ساختارهای سیاسی را در این فرآیند بررسی کنیم. پرسش نهایی ما این بود که شرایط حاکم بر زندگی هم‌جنس‌گرایان و ترنس‌سکشوال‌ها در ایران، تا چه میزان امکان تصمیم‌گیری آگاهانه و آزادانه در مورد تغییر جنسیت را برای آنها فراهم می‌کند؟

پرداخت جامع و منظم به این مسئله و پرسش از "اختیاری" یا "تحمیلی/اجباری" بودن عمل‌های تغییر جنسیت تنها با اتخاذ یک روی‌کرد نظری مناسب امکان‌پذیر می‌شد. پس از بررسی نظریات مختلف حاکم بر مطالعات

نوین جنسیتی، تحلیلی را که جودیت باتلر در کتاب "آشفتگی جنسیتی" از مفاهیم بنیادین حوزهٔ جنسیت ارائه می‌کند برای پژوهش خود برگزیدیم.[۲]

جودیت باتلر (زادهٔ ۲۴ فوریه سال ۱۹۵۶) از برجسته‌ترین فیلسوفان و نظریه‌پردازان دوران معاصر به شمار می‌رود. به رغم گستردگی موضوعات مورد بحث باتلر، عمدهٔ تأثیرگذاری او به حوزه‌هایی چون فمنیسم، فلسفهٔ سیاسی و علم اخلاق مرتبط می‌شود. به‌ویژه باید از تأثیر انقلابی او بر حوزهٔ مطالعات جنسیت سخن گفت. باتلر در کتاب "آشفتگی جنسیتی" می‌کوشد تا مفاهیم و مقولاتی از قبیل زنانگی یا مردانگی را به چالش کشیده و در عوض از نظریهٔ "اجراگری جنسیتی" سخن بگوید. تلاش اصلی او در این نظریه معطوف به ماهیت‌زدایی و طبیعت‌زدایی از مفاهیم ایستای جنسیتی و آشکارسازی سویه‌های زبانی، تاریخی، و سیاسی آن‌هاست. در ابتدا می‌کوشیم تا نکات اصلی این تحلیل و ارتباط آن را به موضوع پژوهش حاضر به اختصار بیان کنیم.

کتاب "آشفتگی جنسیتی" یا "معضل جنسیتی" که دارای عنوان فرعی "فمنیسم و تخریب هویت" است اولین بار در سال ۱۹۹۰ توسط انتشارات راتلج به چاپ رسید. نخستین نکته‌ای که باید مورد تأکید قرار گیرد، مثبت بودن معنای "آشفتگی" یا "معضل" در عنوان کتاب است. توجه به‌عنوان فرعی مسئله را روشن‌تر می‌کند. باتلر در پیش‌گفتاری که در سال ۱۹۹۹ بر کتابش می‌نویسد، مشکل خود را با جریان غالب فمنیسم، محدود شدن معنای جنسیت به مفاهیم دوگانهٔ زنانگی و مردانگی می‌داند.[۳] این کتاب در عین حال تلاشی است برای بازسازی و تجدید حیات نوعی از فمینیسم که از محدودیت‌های شناختی و سیاسی پیشین رها باشد. باتلر می‌کوشد تا با تردید در مشروعیتِ دوتایی زنانگی/ مردانگی، راه را برای به رسمیت شناختن معانی متنوعی از جنسیت هموار کند. نتیجهٔ این طرح از نظر او، آشفته‌سازی مفاهیم ایستای جنسیتی و گشایش امکان‌های تازه است. او می‌کوشد تا از تفاسیر رایج و

---

۲ در استفاده از نظریه باتلر به متن انگلیسی و در مواردی رساله‌های آلمانی نظرات او رجوع کرده‌ایم. ترجمهٔ امین قضایی از کتاب باتلر که در نشر مجلهٔ شعر در سال هزار و سیصد و هشتاد و پنج منتشره شده، به اطمینان نگارندهٔ متن حاضر از درستی معادل‌های فارسی از متن انگلیسی کتاب بسیار یاری رسانده است.

3 Butler, Judith P., Gender Trouble: feminism and the subversion of identity, Taylor & Francis e-Library, 2002, p. vii.

محدود از معنای جنسیت مشروعیت‌زدایی کند و نشان دهد که چگونه این تفاسیر ظاهرا بی‌طرف، در حقیقت بر پیش‌فرض‌های پنهانی مبتنی هستند که در زمینه‌های سیاسی خاصی ریشه دارند. نقد اصلی باتلر این است که حتی جریان غالب فمنیسم هم از این پیش‌فرض‌ها در امان نمانده است و خود در بسیاری از موارد به مؤید و مبلغ آنها بدل شده است. نمود اصلی این امر، باور بسیاری از متفکران فمنیست به دوتایی زنانگی/ مردانگی، و تلاش برای احیای زنانگی اصیلی است که بنا به روایت آنها، به شکل تاریخی مورد خشونت و سرکوب پدرسالارانه قرار گرفته است.

بنابراین مراد باتلر از آشفتگی، دعوت به اندیشیدنی متفاوت در حوزهٔ مفاهیم جنسیتی است. او مخاطب را به مقاومت در مقابل دسته‌بندی‌های ثابت و منجمد از جنس، جنسیت، میل و رفتار جنسی فرا می‌خواند. چنین مقاومتی را باتلر نوعی کنش‌گری سیاسی می‌داند که هم در سطح نظری و هم در سطح تنانه باید به اجرا درآید. آشفته‌سازی مقولات جنسیتی در نظر و عمل می‌تواند گشایندهٔ امکان‌های نوینی باشد که به دلیل محدودیت‌های حاکم بر گفتمان جنسیت، تاکنون مجال بروز نیافته‌اند. اصلی‌ترین پیامد این روی‌کرد شاید این باشد که راه را بر طرد افرادی که تا کنون "اقلیت جنسی" خوانده می‌شدند می‌بندد. چرا که اگر بپذیریم مفاهیم و مقولات جنسیتی هرگز نمودار "حقیقت" نیستند و همواره بر پیش‌فرض‌هایی خاص استوارند، تصدیق خواهیم کرد که منحصر کردن پدیده‌های متکثر جنسیتی به مفاهیم محدودی چون زنانگی و مردانگی وجهی ندارد و بنابراین دیگر "هنجاری" وجود نخواهد داشت که بر مبنای آن بخواهیم بر فردی که تابع هنجار نیست از حیث حقوقی و اجتماعی محدودیت اعمال کنیم و او را به تغییر و "اصلاح" وادار نماییم و یا "اقلیت جنسی" بنامیم.

باتلر در بخش‌های مختلفی از کتاب، روش خود را "تبارشناسی انتقادی" می‌خواند. تبارشناسی در یک کلام، به معنای کشف "شرایط" خاصی است که منجر به ظهور یک مفهوم، ایده، یا پدیدهٔ انسانی شده‌اند.[۴] مهم‌ترین اصلی که روش تبارشناسی بر آن مبتنی است، به چالش کشیدن مفاهیمی چون "حقیقت"

4 Mahon, Michel, Foucault's Nietzschean Genealogy: Truth, Power, and the Subject, State University of New York Press, 1992, p. 101.

یا "اصالت" است. درست در همین معناست که باتلر به صراحت از جستجوی حقیقت، خاستگاه، یا هویت ذاتی جنسیت طفره می‌رود و در عوض بر شرایطی سیاسی متمرکز می‌شود که مفاهیم جنسیتی را برساخته و دسته‌بندی می‌کنند.[۵] تحلیل تبارشناختی این مفاهیم، باتلر را به نقد نظام دگرجنس‌گرایی اجباری هدایت می‌کند. از نظر او، حاکمیت این نظام درست همان عاملی است که با نادیده گرفتن تنوع و تکثر رفتارهای جنسیتی، تمام این رفتارها را با قالب تنگ و نادقیقی چون دوتایی زنانگی/ مردانگی توضیح می‌دهد. در ادامهٔ این متن، نحوهٔ عملکرد این نظام را در شکل‌گیری مقولات جنسیتی بررسی خواهیم کرد.

تلاش باتلر برای عبور از هویت‌های ایستای جنسیتی او را متوجه یکی از اصول بنیادین فمنیسم می‌کند. جریان غالب فمنیسم با پذیرش دوگانهٔ جنس/ جنسیت بر این باور است که ساختار فیزیکی و آناتومی بدن فرد جنس او را تشکیل می‌دهد و جنسیت در واقع افزوده‌ای فرهنگی است که بعدتر بر این ساخت تنانه وارد می‌شود و به هویت جنسیتی فرد اشاره دارد که پوشش، میل و کنش او را نمایش می‌دهد. به این معنا، جنسیت بازنمایندهٔ جنس معرفی می‌شود. باتلر که به چنین تمایزی باور ندارد، چنین استدلال می‌کند که با فرض تفکیک و جدایی میان جنس و جنسیت، دلیلی وجود ندارد که یک جنس خاص، همواره جنسیت خاصی را نتیجه بدهد. به بیان دیگر، ضروری نیست که "زنانگی" به آناتومی و فیزیک مؤنث اشاره کند و "مردانگی" تنها در بدنِ مذکر نمودار شود. افزون بر این و با این حساب، دلیلی ندارد که جنسیت را صرفاً به دو هویت مشخص زنانگی و مردانگی محدود کنیم.[۶]

اما استدلال باتلر برای رد این هویت‌های جنسیتی دوگانه چیست؟ او در پاسخ از "متافیزیک جوهر" سخن می‌گوید. این به نقد تبارشناسانهٔ نیچه از مفهوم "جوهر" در سنت متافیزیک غربی اشاره دارد. جوهر در این سنت فلسفی، موجودی قائم‌به‌ذات و ثابت است که حامل ویژگی‌هایی متغیر است. این مفهوم را اگر در مورد انسان‌ها به کار ببریم به این معنا خواهد بود که در پس کنش‌ها و افعالی که می‌بینیم یک سوژهٔ انسانی وجود دارد که این افعال، معلول و

5 Butler, op. cit., pp. viiil-ix.
6 Ibid., p. 112.

"نمود" او هستند. باتلر همچون نیچه وجود این عامل پنهان و مستقل را زیر سوال می‌برد. به نظر او در پس رفتارها و نمودهای جنسیتی هیچ هویتی وجود ندارد. سوژهٔ پیش از فعل اصلاً وجود ندارد. تمام چیزی که با آن روبه‌روییم خصایص و رفتارهای جنسیتی متکثر و گسسته است. جنسیت نه "وجود"، که "اجرا"ست. جنسیت "فعل" است. به بیان نیچه: "فراسوی فعل، اجرا، و شدن هیچ "وجودی" نیست؛ فاعل صرفاً داستانی است که به فعل افزوده شده است- فعل همه چیز است".[۷]

نقد باتلر به دوگانهٔ مردانگی/ زنانگی از همین جا ریشه می‌گیرد. باور به این دوگانگی مستلزم آن است که در پس رفتارها و ویژگی‌های جنسیتی به ذات ثابتی معتقد باشیم که علت و حامل این ویژگی‌هاست. حذف این ذات بدین معنا خواهد بود که به جای مجموعهٔ مشخص و ثابت "ظواهر" جنسیتی در هر فرد، با تودهٔ متکثر و گسسته‌ای از رفتارها و کنش‌های جنسیتی مواجهیم که نیازی به تعلق یافتن به هیچ مقولهٔ ثابت و محدودی ندارند. نتیجهٔ اصلی چنان که گفتیم، پذیرش انواع متنوع و ناهمگون واقعیت‌ها و رفتارهای جنسیتی خواهد بود. گریز از دوتایی زنانگی/ مردانگی به همین معنا نوعی کنش فعالانهٔ سیاسی است؛ کنشی که بسیاری از مصاحبه‌شوندگان این تحقیق با فعل و "اجراگری" خود، یعنی با زیست شخصی خود عملاً در آن قدم برداشته‌اند.

چنان که گفتیم باتلر اصرار بر این دوگانه‌ها را به حاکمیت سیاست‌های مبتنی بر دگرجنس‌گرایی اجباری پیوند می‌زند. او در مقدمهٔ کتابش اولین قاعده‌بندی "آشفتگی جنسیتی" را چنین صورت‌بندی می‌کند که تمایل جنسی هنجارین، جنسیت هنجارین را تثبیت می‌کند[۸] او می‌نویسد:

می‌خواستم آن وحشت و هراسی را درک کنم که "گی شدن" [همجنس‌گرا شدن] در برخی از افراد ایجاد می‌کند. می‌خواستم آن ترسی را بفهمم که فرد در نتیجهٔ از دست دادن جایگاه جنسیتی‌اش پیدا می‌کند و او را دچار این حس می‌کند که دیگر نمی‌داند کیست، وقتی با کسی همخوابه می‌شود که ظاهراً "همان" جنسیت خود او را

---

7 Ibid., p. 25.
8 Ibid., p.xi

دارد. این مسئله بحران خاصی در هستی‌شناسی ایجاد می‌کند که هم در سطح زبان و هم در سطح تمایل جنسی بروز می‌یابد.[9]

از نظر نظام دگرجنس‌گرایی اجباری، گرایش داشتن به زنان یک خصوصیت مردانه است. پس لزبین نه مرد است و نه زن. او تن زنانه دارد اما میلش مردانه است. هم‌جنس‌گرایی به این تعبیر، نشانگر نوعی ابهام و خطاست. روایت مصاحبه‌شوندگان ما به طرز غم‌انگیزی مؤید تسلط این ادعاست. می‌بینیم که در جامعهٔ ایران بسیاری از افراد صرفاً به خاطر گرایش هم‌جنس‌گرایانه تصمیم به تغییر جنسیت می‌گیرند تا تمایل‌شان به هم‌جنس در قالب مشروعِ دگرجنس‌-گرایی ظهور کند و به نقض آن منجر نشود. در نتیجهٔ همین فرآیند است که برخی از هم‌جنس‌گرایان خود را به‌عنوان ترنس‌سکشوال تعریف می‌کنند؛ هویتی که گاه در جریان مراجعه به پزشکان و روان‌شناسان به آنان تلقین می‌شود. به این موضوع هم باید اشاره کرد که در جامعهٔ ایران، ترنس‌سکسوالیتی از آن جا که به‌عنوان نوعی مشکل فیزیولوژیک و قابل درمان پذیرفته شده است، معمولاً راحت‌تر از هم‌جنس‌گرایی مقبول می‌افتد و نسبت به هم‌جنس‌گرایی که در این جامعه نمایانگر نوعی انحراف اخلاقی یا مشکل روانی است، هزینه‌های کم‌تری برای فرد ایجاد می‌کند.

باتلر در ادامه به توضیح روایت مونیک ویتیگ، فمنیست معاصر فرانسوی از جملهٔ معروف سیمون دوبوآر می‌پردازد که "هیچ کس زن به دنیا نمی‌آید". این جملهٔ دوبوآر، ناظر بر تمایز میان جنس و جنسیت بوده و بدان معناست که جنسیت زنانه، به شکلی پسینی و اجتماعی به بدن مونث افزوده می‌شود. ویتیگ اما برخلاف دوبوآور این تمایز را نمی‌پذیرد و هر دو مفهوم جنس و جنسیت را ساختگی و سیاسی می‌داند. پس خود مقولهٔ جنس، یک مقولهٔ جنسی‌شده است.[10] ویتیگ با رد فرضیهٔ طبیعی بودن جنس، آن را برساختهٔ "زبان" می‌داند. این یعنی مجموعه‌ای از کنش‌ها که در طول زمان تکرار می‌شوند و در نهایت هویت‌هایی ساختگی را به‌عنوان "حقایق" جا می‌زنند.[11] نامیدن مداوم و مکرر اسامی و مقولات جنسیتی است که وهم طبیعی بودن آنها را در

---

9 Ibid.
10 Ibid., p. 112.
11 Ibid., p. 115.

ذهن ایجاد کرده است. به باور ویتیگ، زنان باید به جایگاه سوژه دست یابند و در اولین اقدام، تمام مقولات جنسیتی را از میان بردارند[۱۲]. این غایتی است که با لزبینیسم محقق می‌شود؛ لزبین با چارچوب رابطهٔ دگرجنس‌گرا قابل تعریف نیست. او نه زن است و نه مرد: لزبین از کل نظام دگرجنس‌گرا سرپیچی می‌کند.[۱۳]

پس به نظر ویتیگ، تنها با گذار از دگرجنس‌گرایی، یعنی با هم‌جنس‌گرایی است که می‌شود حاکمیت مطلق نظام دگرجنس‌گرا را از بین برد. این یعنی هر گونه مشارکتی در نظام دگرجنس‌گرا لزوماً به معنای تأیید و تحکیم فرآیند سرکوب است.[۱۴] ویتیگ دگرجنس‌گرایی را نظام جامع و تمامی می‌داند که هم‌جنس‌گرایی کاملاً بیرون از آن قرار دارد. باتلر که نقد ویتیگ به تمایز میان جنس و جنسیت را پذیرفته است، در این نقطه از او جدا می‌شود و عنوان می‌کند که هم در درون روابط هم‌جنس‌گرا می‌شود نشانه‌هایی از دگرجنس‌گرایی روانی دید و هم روابط دگرجنس‌گرا به وضوح ساخت‌هایی هم‌جنس‌گرا در خود دارند.[۱۵] تمایز و تفکیک قاطعی میان این دو وجود ندارد. فراروی کامل از نظام دگرجنس‌گرا عملاً ناممکن است. پرسش ناگزیری که این جا مطرح می‌شود این است که پیشنهاد خود باتلر برای مقاومت در مقابل سلطهٔ نظام دگرجنس‌گرایی اجباری و پیامدهای خشونت‌بار آن چیست؟

باتلر این جا هم موضعی متفاوت دارد. چنان که گفتیم، مونیک ویتیگ از لزوم براندازی نظام دگرجنس‌گرایانه سخن می‌گوید و حتی اصرار دارد که از ساختار و گرامر زبان هم باید در نهایت جنسیت‌زدایی کرد و به طور کامل از نظام دگرجنس‌گرایی اجباری عبور کرد.[۱۶] باتلر این ایده را که عبور از دگرجنس‌گرایی اساساً "ممکن" است نمی‌پذیرد و مدعی می‌شود که هم‌جنس‌گرایی و دگرجنس‌گرایی، هر دو به یک اندازه ساختهٔ مناسبات قدرت هستند. به نظر باتلر، دگرجنس‌گرایی را نباید همچون نظامی یک‌دست و بی‌خدشه در نظر گرفت. تمایز بنیادین میان هم‌جنس‌گرایی و دگرجنس‌گرایی اصلاً وجود ندارد و

---

12 Ibid.
13 Ibid., pp. 112-113.
14 Ibid., p. 121.
15 Ibid., pp. 121-122.
16 Ibid., pp. 119-120.

نکته درست همین جاست که مبارزه با ساختار جعلی و سیاسی دگرجنس‌گرایی اجباری نباید ما را به جعل یک نظام جایگزین هدایت کند. وظیفهٔ اصلی، مبارزه با هر گونه سیاستِ هویت‌ساز است. مقاومت در مقابل دگرجنس‌گرایی اجباری، دقیقاً در درون خود مرزهای این نظام امکان پذیر خواهد بود. این نکته‌ای است که پیوند میان اندیشهٔ باتلر و نظریهٔ قدرت فوکو را آشکار می‌کند. فوکو نیز بر این باور بود که مقاومت تنها در داخل مرزهای قدرت ممکن است و خروج کامل از دایرهٔ مناسبات قدرت امکان ندارد. این را به‌ویژه باید به آن باور دیگر باتلر ربط دهیم که وجود هر گونه زنانگی یا میل یا جنس پیشاگفتمانی را منتفی می‌داند. پس خروج کامل از مناسبات دگرجنس-گرایی اساساً قابل تحقق نیست.

پیشنهاد باتلر در یک کلام، "تکرار نقیضه‌ای امر اصیل" است.[۱۷] دو هویت بوچ و فم را در نظر بگیریم. اگرچه رابطهٔ میان این دو در ظاهر یادآور رابطهٔ دگرجنس‌گرایانهٔ میان زن و مرد است، اما در عین حال عدم اصالت آن را هم نشان می‌دهد و گواهی بر سیّالیت و تنوع گونه‌های هویت جنسیتی است. به بیان دیگر، هم‌نشینی نمودهای جنسیتی که در تصور رایج مبتنی بر دگرجنس‌گرایی اجباری "نمی‌توانند" کنار هم قرار بگیرند نشان می‌دهد که پیش‌فرض‌های حاکم بر این نظام محدودند و قادر به تبیین پدیده‌های واقعی و عینی نیستند. به نظر باتلر، تفسیری که هویت‌های بوچ و فم را صرفاً "تقلید امر اصیل" می‌داند از ساز و کار تقیلد و رابطهٔ پیچیدهٔ میان این دو امر آگاه نیست[۱۸]. او در ادامه "مبدل‌پوشی" را به‌عنوان مصداق دیگری برای تکرار نقیضه‌ای امر اصیل معرفی می‌کند و آن را روشی برای به چالش کشیدن نظام دگرجنس‌گرایی اجباری می‌داند.[۱۹] بنا بر کلیشه‌های معمول جنسیتی، میان بدن مذکر، هویت جنسیتی مردانه، و میل جنسی به زنان، پیوندی "ضروری" وجود دارد که این سه را لزوماً در یک فرد "واحد" جمع می‌کند. روشن است که وجود افراد "ترنس" این پیوند ظاهراً ضروری را آشفته می‌کند و نشان می‌دهد که هم‌نشینی این وجوه مختلف، ماهیتی غیرضروری و "تصادفی" دارد. به هم زدن این "وحدت" ظاهری، می‌تواند عدم ثبات مقولات جنسیتی را به

17 The parodic repetition of "the original"
18 Ibid., p. 137.
19 Ibid., p. 136.

شکلی نقیضه‌وار نشان دهد.[۲۰] نکتهٔ مهم این است که این تکرار نقیضه‌ای قانون، خود را تکرار امر اصیل نمی‌داند و برعکس، بر آن است تا نشان دهد که آن چه امر اصیل می‌نامیم خود چیزی جز تقلید نیست. نقیضه می‌تواند درک معمول ما از جنسیت را "آشفته" کند و اسطورهٔ "اصالت" هویت جنسی را به چالش بکشد. این برای مثال وقتی رخ می‌دهد که جنس زنانه، جنسیت مذکر، و کنش و پوشش زنانه در یک فرد واحد جمع می‌شوند. باتلر می‌نویسد:

وقتی فکر کنیم داریم مردی را می‌بینیم که لباس زنانه پوشیده، یا داریم زنی را می‌بینیم که لباس مردانه پوشیده، تعبیر اول از این ادراکات را به‌عنوان "واقعیت جنسیت" در نظر می‌گیریم: جنسیتی که از طریق "تشابه" به مخاطب عرضه می‌شود از نظر او فاقد "واقعیت" است و آن را نوعی ظاهر غیرواقعی به شمار می‌آورد. در چنین ادراکاتی که در آنها یک واقعیت ظاهری با امری غیرواقعی ترکیب شده است، گمان می‌کنیم که می‌دانیم کدام واقعی است و نمود ثانوی جنسیت را تصنع، بازی، خطا، و وهم می‌دانیم. اما معنای "واقعیت جنسیت" که این تجربه را این گونه صورت می‌بخشد چیست؟ شاید فکر می‌کنیم که آناتومی فرد را می‌شناسیم (گاهی نمی‌شناسیم. ما یقیناً از آن تنوعی که در سطح توصیف آناتومیک وجود دارد اطلاع کافی نداریم). شاید این شناخت را از لباس‌هایی که فرد پوشیده است، و یا از نحوهٔ پوشیدن آنها به دست می‌آوریم. این یک شناختِ طبیعی‌شده است؛ شناختی که بر مجموعه‌ای از ارجاعات فرهنگی مبتنی است که برخی از آنها بسیار نادرست‌اند. بی تردید اگر مثال را از مبدل‌پوشی به ترنس‌سکشوالیتی تغییر دهیم، دیگر نمی‌توان از روی لباس‌هایی که تن را پوشانده و بیان می‌کنند، حکمی دربارهٔ آناتومی ثابت فرد استخراج کرد. تن ممکن است پیش از عمل جراحی، در مرحلهٔ گذار، یا پس از عمل جراحی باشد؛ حتی "مشاهدهٔ" بدن نمی‌تواند این پرسش را پاسخ دهد: مقولاتی که از طریق آنها می‌بینیم به چه کار می‌آیند؟ لحظه‌ای که در آن ادرکات فرهنگی متداول و ایستای فرد شکست می‌خورند، لحظه‌ای که فرد نمی‌تواند بدنی را که مشاهده می‌کند با اطمینان بخواند، دقیقاً همان

---

20 Ibid., p. 137.

لحظه‌ای است که فرد دیگر نمی‌تواند مطمئن باشد تنی که دارد می‌بیند از آنِ یک مرد است یا یک زن. همین نوسان میان مقولات است که تجربهٔ بدنی را که توصیف کردیم صورت می‌دهد. وقتی این مقولات به چالش کشیده می‌شوند، *واقعیت* جنسیت هم دچار بحران می‌شود: دیگر روشن نیست چگونه باید امر واقعی را از امر غیرواقعی تمیز داد. در همین موقعیت است که می‌فهمیم آن چه به‌عنوان "واقعی" در نظر می‌گیریم، آن چه به مثابه شناخت طبیعی‌شده از جنسیت می‌خوانیم، چیزی جز واقعیتی متغیر و دگرگون‌شونده نیست.[۲۱]

این دقیقاً همان تصویری است که بارها در طول تحقیق با آن روبه‌رو شدیم؛ انسان‌هایی که "مردانه" پوشیده‌اند و بدنی "زنانه" دارند، یا "زنانه" پوشیده‌اند و بدنی "مردانه" دارند. بعد از عمل و یا قبل از عمل؟ کدام بخش از بدن نماد آن جنسیت "طبیعی‌سازی‌شده" است؟ پستانی که از بدن خارج شده و یا آلتی که هنوز تعبیه نشده است؟ اگر بدن عریان فرد را نبینیم قضاوت‌مان چیست؟ تا چه حد باورهای تکرار شده و درک‌های منتج از هنجارهای برآمده از نظام دگرجنس‌گرا بر ادراک ما موثر می‌افتند؟ جنسیت "واقعی" کدام است؟

باتلر تأکید می‌کند که کنش‌های نقیضه‌ای از قبیل مبدل‌پوشی یا مدسازی‌های جنسی یا هویت‌های بوچ و فم در نهایت صورتی فرهنگی و بافتارمحور دارند و نمی‌شود به یقین و به طور عام و جهان‌شمول معلوم کرد که کدام تکرارهای نقیضه‌ای توان واژگون‌سازی دارند. این را در هر بافتار خاص فرهنگی و سیاسی باید به شکل جداگانه بررسی کرد.[۲۲] هدف در نهایت این است که پیوستگی ساختگی و طبیعی‌سازی‌شده در مقولات جنسیت را افشا کنیم. مکانیسم ایجاد هویت جنسیتی، تکرار کنش‌های جنسیتی است. جنسیت در طول زمان و با تکرار مداوم ساخته می‌شود و رنگ ثبات و هویت به خود می‌گیرد. تقلید امر اصیل، در نهایت آشکار می‌کند که امر اصیل وجود ندارد. برای نمونه، فردی که فیزیک زنانه دارد اما هویت جنسیتی خود را به‌عنوان مرد تعریف می‌کند، گواهی است بر این موضوع که مقولات جنسیتی ماهیتی سیال و گریزان دارند.

21 Ibid., pp.xxii-xxiii
22 Ibid., p. 139.

این تقلید نقیضه‌ای اگر به قدر کافی تکرار شود همچون آن چیزی که به ظاهر امر اصیل خوانده می‌شود "درونی" می‌شود و ظاهری اصیل به خود می‌گیرد. این بدان معناست که امر اصیل اساساً وجود ندارد و وهمی برساختهٔ زبان و رفتار و فرهنگ است. جنسیت درست به همین معنا نوعی "کنش" است.

همچون سایر نمایش‌های اجتماعی، کنش جنسیت هم مستلزم نوعی اجراگری است که تکرار می‌شود. این تکرار به معنای تحقق و تجربهٔ مکرر مجموعه‌ای از معانی است که پیش‌تر به شکل اجتماعی تثبیت شده‌اند؛ و این صورتِ آیینی و متداولِ مشروعیتِ آنهاست... جنسیت را نباید هویتی ثابت یا محمل عاملیتی دانست که کنش‌های مختلف از آن ریشه می‌گیرند؛ جنسیت هویتی است که در طول زمان شکل می‌گیرد و در فضایی بیرونی از طریق تکرار منظم کنش‌ها بنیان می‌گیرد[۲۳]. سخن کوتاه، جنسیت را نه به معنای امری "بیانگر"، که به معنای نوعی "اجراگری" باید فهمید.

پذیرش این رویکرد می‌تواند وضع زندگی افرادی را که "اقلیت جنسی" خوانده می‌شوند به شکلی محسوس دگرگون کند. چرا که دیگر نمی‌توان کسی را به دلیل عدم سازگاری کامل با هنجارهای مشخص جنسیتی "بیمار" یا "منحرف" نامید و از حقوق فردی و اجتماعی محروم کرد. عدم تبعیت از این هنجارها نه تنها نشان بیماری و نقصان نیست، بلکه کارکردی سیاسی و رهایی‌بخش دارد و ضمن به چالش کشیدن کلیشه‌های رایج در باب جنسیت، راه‌گشای حیاتی آزادتر و انسانی‌تر خواهد بود. پای‌بندی به این رویکرد در مقام عمل بدین معنی است که هر گونه اقدامی برای واداشتن افراد به فرآیند تغییر جنسیت محکوم است و باید مصرانه برای افشای نهادهایی که افراد را به این مسیر سوق می‌دهند تلاش کرد. افزون بر این، لازم است شرایطی فراهم شود تا افرادی که خود را با هنجارهای خشونت‌آمیز دگرجنس‌گرایی اجباری سازگار نمی‌بینند، ضمن به رسمیت شناخته شدن وضعیت خود از سوی دیگران، از حقوق اجتماعی و انسانی یکسانی برخوردار باشند و به حاشیه رانده نشوند. پر واضح است که نخستین گام برای تحقق این آرمان، ارتقاء سطح آگاهی اقشار مختلف جامعه و اطلاع‌رسانی در مورد تفاوت‌ها و تنوع‌های جنسیتی یا همان "اجراگری" است.

23 Ibid., p. 140.

اما در جریان پژوهش دریافتیم که رویکرد باتلر به تنهایی نمی‌تواند چارچوب تئوریک جامعی برای تحلیل ما فراهم کند، چرا که بررسی دقیق موضوع این تحقیق، مستلزم ارائهٔ تحلیلی از رابطهٔ میان ساختارهای سیاسی-اجتماعی و درک و دریافت افراد از هویت جنسی‌شان بود. این یعنی بررسی مناسبات قدرت در نهان‌ترین اشکال آن و در بدوی‌ترین نهادهای اجتماع از خانواده گرفته تا نظام‌های اجتماعی در دوره‌های متفاوت رشد اجتماعی فرد، از قبیل محله، مدرسه، دبیرستان و دانشگاه. در این راستا و برای پاسخ‌گویی به سوالات این پژوهش، ما نظریات فوکو را بیش از هر نظر دیگری به خود نزدیک دیدیم. افزون بر این کوشیدیم تا ضمن استفاده از نظریات باتلر و فوکو، هم به نظریات دیگر متفکرین این حوزه توجه کنیم و هم استقلال رویکرد خود را حفظ کنیم.

میشل فوکو از مهم‌ترین متفکران قلمرو علوم انسانی در قرن بیستم است. آراء این فیلسوف فرانسوی بر حوزهٔ مطالعات جنسیت تاثیرات شگرفی داشته‌اند. پروژهٔ اصلی او در این زمینه کتابی سه جلدی به نام "تاریخ جنسیت" است که هر جلد به ترتیب "اراده به دانستن"، "کاربرد لذت‌ها"، و "مراقبت از خود" نام دارد. در جلد اول که بر تاریخ تکوینی سکسوالیته در جوامع مدرن غربی متمرکز است، تحلیل فوکو بر ترکیبی از هر دو روش‌شناسی اصلی او مبتنی است: از سویی دیرینه‌شناسی گفتمان‌های علمی مربوط به جنسیت و از سوی دیگر تحلیل تبارشناسانهٔ نقش قدرت در شکل‌گیری مقولات جنسیت. او می‌کوشد رابطهٔ بنیادین میان قدرت و دانش را از رهگذر مسئله جنسیت توضیح دهد.

کتاب "اراده به دانستن" به تبیین آراء فوکو دربارهٔ تاریخ پیدایش مقولات جنسیت در جوامع غربی اختصاص دارد. عنوان کتاب ممکن است در نگاه اول غریب جلوه کند؛ می‌شود پرسید چرا در کتابی که بناست به تاریخ جنسیت بپردازد از مفهوم "اراده" سخن گفته شده است؟ پاسخ این پرسش را باید در تعریف خاص فوکو از مفهوم قدرت جستجو کرد که از جهات مهمی با تصورات رایج ما از قدرت تفاوت دارد. فوکو می‌کوشد تا این مفهوم تازه را از طریق توضیح ارتباط پیچیدهٔ آن با مسئلهٔ جنسیت روشن کند.

این که ارتباطی عمیق میان قلمرو جنسیت و ساختار قدرت وجود دارد البته دعوی تازه‌ای نیست. به‌ویژه باید به فرضیهٔ معروفی اشاره کرد که بر مبنای آن، روابط جنسی از قرن هفدم میلادی توسط نیروهای سیاسی حاکم سرکوب شده است. مدافعان این فرضیه، سرکوب سکس را به ظهور نظام سرمایه‌داری در همان دوران نسبت می‌دهند.[۲۴] به بیان دقیق‌تر، این فرضیه رابطهٔ سکس و قدرت را با توسل به اصل لزوم کنترل نیروی کار در نظام سرمایه‌داری توضیح می‌دهد. تأمین منافع این نظام تنها در صورت کنترل و محدودسازی کنش جنسی طبقهٔ کارگر ممکن می‌شد. پس تلاش شد تا این کنش به لذت جنسی لجام‌گسیخته منجر نشود و به رابطهٔ زناشویی تولیدگر محدود شود. فرضیهٔ سرکوب بر این شاهد تاریخی استوار است که کلیسای کاتولیک از قرن شانزدهم میلادی به بعد مردم را به طور روزافزون به سکوت و خودداری در مورد مسائل جنسی فراخوانده است[۲۵]. این سرکوب در قرن‌های بعدی با شدت بیشتری ادامه یافت. برای مثال، سکس میان کودکان که تا آن زمان موضوعی برای شوخی و خنده بود در قرن هفدهم به تابوی بزرگی تبدیل شد که والدین، معلمان و پزشکان را نگران می‌کرد[۲۶]. رابطهٔ زناشویی به تدریج به‌عنوان هنجار رابطهٔ جنسی "سالم" شناخته شد. گفت‌وگوی مستقیم و عریان دربارهٔ سکس روز به روز کم‌تر شد و نوعی "پلیس سکس" به‌وجود آمد که از تکنیک‌هایی برای سرکوب و واداشتن به سکوت تشکیل می‌شد.[۲۷] این تکنیک‌ها حتی در سطح نظام آموزشی هم اعمال می‌شد و برای نمونه کوشیده شد تا شکلی از معماری در ساخت مدارس به کار رود که جداسازی دختران و پسران و کنترل دقیق آنها را امکان‌پذیر کند.

---

24 Foucault, Michel, Der Wille zum Wissen,Sexualität und Wahrheit 1, übersetzt von Ulrich Raulff und Walter Seitter, suhrkamp taschenbuch wissenschaft, 2012, S. ۱۳

بخش‌های برگرفته از کتاب "اراده به دانستن" را از متن آلمانی به فارسی برگردانده‌ایم. برای اطمینان از صحت معادل‌های فارسی، آنها را با ترجمه نیکو سرخوش و افشین جهاندیده که در سال ۱۳۸۳ توسط نشر نی منتشر شده است تطبیق داده‌ایم.

25 Ibid., p. 24.
26 Ibid., p. 35.
27 Ibid., p. 31.

فوکو در آغاز تحلیل خود به طرح پرسش غریبی می‌پردازد: چرا ما در یک قرن اخیر این چنین مشتاقانه از سکوت خویش و از سرکوب تاریخی سکس سخن می‌گوییم؟

پاسخ این پرسش، فرضیهٔ سرکوب را به شکلی جدی به چالش می‌کشد. به باور فوکو، مغرب‌زمین در سه قرن اخیر "یک انفجار گفتمانی دربارهٔ سکس" تجربه کرده است.[28] تأیید فراگیر فرضیهٔ سرکوب از نظر او بخشی از فرآیند "گفتمانی شدن" سکس است. اما مراد از این گفتمانی شدن چیست؟ فوکو با استناد به شواهد تاریخی نشان می‌دهد که چگونه کنش‌های جنسی که به شکل سنتی موضوع پارادایم‌های دینی و اخلاقی بودند از قرن هجدهم به بعد به موضوع بسیاری از علوم تبدیل شدند. در حوزه‌های متفاوتی از قبیل پزشکی و روان‌شناسی از سکس سخن گفته می‌شد و به‌ویژه با ظهور روان‌کاوی این مسئله چنان محوریت یافت که تقریباً در مورد تمام بیماری‌ها و اختلالات روحی عاملیت ویژه‌ای به آن نسبت داده شد.[۲۹]

با این توضیح، شاید ربط عمیق میان دانش و سکس را بتوان بهتر فهمید. در یک کلام، ما با محوریت یافتن مسئلهٔ جنسیت در گفتمان‌های علمی روبه‌روییم؛ با پرداختی مفصل و سیری‌ناپذیر که از هیچ جزیی از حیات جنسی افراد غفلت نمی‌کند. سوال نخست اما هنوز پابرجاست: جستجوی مشتاقانه برای کشف حقیقت سکس چه دلیلی دارد؟ فوکو در پاسخ توجه خواننده را به چهار استراتژی اصلی جلب می‌کند که قدرت از سه قرن پیش از طریق گفتمان‌های علمی در قلمرو جنسیت اعمال کرده است:

یک. عصبی‌سازی تن زنانه، این استراتژی سه مرحله داشت: در وهلهٔ اول تن زنانه به‌عنوان بدنی کاملاً جنسی تعریف شد. سپس این تن از طریق یک آسیب‌شناسی درونی که به آن نسبت داده شد موضوع خاص علم پزشکی گردید و در نهایت از طریق تأکید بر توانش برای باروری و تولیدمثل در ارتباطی

---

28 Ibid., p. 23.
29 Ibid., p. 69.

ارگانیک با خانواده و کل جامعه قرار گرفت. به بیان فوکو، "مادر با چهرهٔ منفی *زن عصبی*، به مریی‌ترین صورت این عصبی‌سازی تبدیل شد".[۳۰]

دو. تربیتی کردن روابط جنسی کودکان: بر اساس این استراتژی، کودکان به‌عنوان "موجوداتی پیشاجنسی در آستانهٔ جنسیت" تعریف می‌شوند.[۳۱] والدین، مربیان، معلمان و پزشکان می‌کوشند تا این غریزهٔ خطرناک را در کودکان کنترل کنند و آنان را به‌ویژه از خودارضایی دور نگه دارند[۳۲]. این یعنی هم وجود میل جنسی در کودکان تأیید می‌شود و هم هر روز بیشتر و بیشتر از آن سخن گفته می‌شود.

سه. اجتماعی کردن رفتار تولیدمثلی: این استراتژی، رابطهٔ زناشویی را به‌عنوان هنجار رابطهٔ سالم جنسی مورد تأکید قرار می‌دهد. افزون بر این، تولیدمثل کنترل‌شده به‌عنوان وظیفهٔ اصلی زن و شوهر در مقابل کل پیکرهٔ جامعه تعریف می‌شود.[۳۳]

چهار. روان‌پزشکینه کردن میل منحرف: چنان که پیش‌تر اشاره کردیم، قدرت کوشید تا از طریق استناد به گفتمان‌های علمی میل جنسی را به‌عنوان غریزه‌ای طبیعی تعریف، و هنجارمندی معینی برای آن مقرر کند. این خود به دسته‌بندی سایر انواع رابطهٔ جنسی تحت عنوان "انحراف از طبیعت" منجر شد و در نهایت سعی شد که این انحرافات از طریق تکنیک‌های علمی اصلاح و درمان شوند.[۳۴]

تأمل در استراتژی‌های چهارگانه می‌تواند نقد فوکو به فرضیهٔ سرکوب را روشن‌تر کند. به باور فوکو، قدرت در این فرضیه به معنایی صرفاً سلبی فهمیده شده است. این یعنی صورتی حقوقی از قدرت که تنها از طریق رفتارهایی چون سرکوب، نفی، و ممنوعیت بر قلمرو سکس اعمال نفوذ می‌کند. قدرت در این معنا به شکل قانون ظاهر می‌شود و در مقابل سوژه‌ای قرار می‌گیرد که وادار به اطاعت و پیروی از قانون شده است[۳۵]. سخن کوتاه، قدرت به شکل نهادی

30 Ibid., pp. 103-104
31 Ibid., p. 104.
32 Ibid.
33 Ibid.
34 Ibid.
35 Ibid., p. 86.

ستم‌گر فهمیده می‌شود که در جهت تأمین منافع خود، طبقات محروم را از
تحقق آزادانه و نامحدود لذت جنسی محروم می‌کند.

فوکو در مقابل می‌کوشد از طریق استراتژی‌های یاد شده نشان دهد که چگونه
در جوامع مدرن غربی با نوع تازه‌ای از قدرت مواجهیم که از طریق تکنیک
هنجارسازی، و کنترل عمل می‌کند. ویژگی اصلی این قدرت، رابطهٔ عمیق آن با
گفتمان‌های علمی است؛ گفتمان‌هایی که هرگز مستقل از ساختار قدرت
نیستند و می‌توانند به شکلی ابزاری در جهت تامین منافع آن عمل کنند. [۳۶]
از چنین منظری است که می‌توان تلاش گسترده علم پزشکی و علوم دیگر را
در جهت هنجارسازی دوتایی زن و مرد و هم‌چنین رابطهٔ جنسی دگرجنس‌گرایانه
توضیح داد. برای نمونه، می‌توان به اعلام بیماری‌ای تحت عنوان "اختلال هویت
جنسی" در لیست بیماری‌ها اشاره کرد.

پس رابطهٔ میان قدرت و مسئلهٔ سکس را نه به معنایی صرفاً حقوقی و سلبی،
که بیشتر در معنایی مولّد و ایجابی باید فهمید. این به‌ویژه در استراتژی چهارم
مشهود است، یعنی در (روان) پزشکینه‌سازی "میل منحرف"، که به
رسمیت‌شناسی و دسته‌بندی شکل‌های منحرف و متکثر کنش جنسی را به
دنبال داشت. برای مثال، هم‌جنس‌گرایی که تا پیش از آن صرفاً نوعی کنش
گناه‌آلود و غیراخلاقی تلقی می‌شد حالا به یک "گرایش" تبدیل می‌شود که
ریشه در تاریخ شخصی فرد دارد و عوامل ظهورش بایستی با تأمل در این تاریخ
و با آزمایشات دقیق علمی بررسی شوند. هم‌جنس‌گرایی برای نخستین بار
"تعریف" می‌شود و در موردش نظریه‌های مختلف علمی ارائه می‌شوند. [۳۷] این

---

۳۶ در ادامه خواهیم دید که موضوعیت یافتن میل و کنش جنسی در علومی چون روان‌شناسی
و پزشکی چگونه به تثبیت قدرت و تامین منافع آن یاری رسانده است.

۳۷ جودیت باتلر در بیانی مشابه مدعی می‌شود که هم‌جنس‌گرایی اساساً ساختهٔ نظام
دگرجنس‌گراست. این را نباید به معنای دروغین بودن میل هم‌جنس‌گرا در مقابل اصالت میل
دگرجنس‌گرا فهمید، چرا که باتلر اساساً به دوگانهٔ دروغین/اصیل در مورد میل و رفتار جنسی
قائل نیست. معنای حرف او این است که نظام دگرجنس‌گرا برای توجیه و تثبیت خود
به‌عنوان نظامی مبتنی بر میل طبیعی و بهنجارِ دگرجنس-گرایی، به تعریف و تحدید گرایشی
به نام هم‌جنس‌گرایی می‌پردازد و آن را بیرون از خود قرار می‌دهد تا با تکیه بر همین تقابل،
حقانیت خود را نشان دهد. باتلر پیشنهاد می‌کند که از سیاست‌های هویتی در حوزهٔ مقولات
جنسی دست بکشیم و سیالیت و بی‌ثباتی این مقولات را به رسمیت بشناسیم.

تعریف فوکو را قادر می‌سازد تا مدعی شود که مناسبات قدرت نه بر "تولیدمثل کنترل‌شده"، بلکه بر ازدیاد و تکثیر امیال و رفتارهای جنسی متمرکز هستند.[۳۸]

توجه به نکات مطرح‌شده، ذهن را به تصویر فوکو از "قدرت" به مثابه امری ایجابی و مولد که در عمیق‌ترین لایه‌های زندگی و از جمله حیات جنسی نفوذ دارد نزدیک می‌کند. با درک روش‌های مختلف کنترل و هنجارسازی می‌توان به نقش رشته‌های مختلف علمی در حفظ مناسبات قدرت پی برد. این نظریه توضیح می‌دهد که چگونه بسیاری از پزشکان و روان‌شناسان، حقوق‌دانان و جامعه‌شناسان با ارائهٔ دلایل "علمی" به حفظ این مناسبات، کنترل رفتار جنسی انسان‌ها، و مقابله با هرگونه سرپیچی از دوتایی زن/ مرد و نظام دگرجنس‌گرایی اجباری کمک می‌کنند. در مصاحبه‌های متعددی در این تحقیق به ایفای نقش بسیاری از پزشکان، روان‌شناسان و مشاوران در حفظ این هنجارهای اجتماعی برخوردیم.

باید به خاطر داشت که بهره‌گیری از نظریاتی که در شرایط و بافتاری بسیار متفاوت با ایران تعریف و آزموده شده‌اند، گرچه از جهاتی عام و جهان‌شمول می‌تواند معقول باشد، اما ممکن است در مواردی با بستر و بافتار اجتماعی- سیاسی جامعهٔ ایران ناسازگار باشد. توجه به این نکته اهمیت تعیین‌کننده‌ای در صحت تحلیل‌های ما دارد. همان طور که خود باتلر تأکید می‌کند، این تئوری‌ها فقط حاصل بحث‌ها و نوشته‌های آکادمیک نیستند و از دل حضور در جنبش‌های معین اجتماعی و شناخت نیازها و معضلات این جنبش‌ها ریشه می‌گیرند. در واقع، درک تفاوت‌های جدی بافتار سیاسی جامعهٔ ایران با جوامعی که بستر ظهور این نظریات بوده‌اند، تنها با حضور در همین عرصه ممکن می‌شود. شرایط حاد سرکوب در ایران به نقض دائمی حقوق انسانی هم‌جنس‌گرایان، تغییر جنس‌خواهان (فراجنسی‌ها) و ترنس‌جندرها (فراجنسیتی‌ها) منجر شده و امکان هر گونه حضور فعال اجتماعی را از آنها سلب می‌کند. در نتیجهٔ این شرایط، ما هنوز به جنبش‌ها و تشکلات پایدار اجتماعی که امکان آزمون آن نظریات را فراهم کرده و از رهگذر تجربیات جدید اجتماعی به پرورش و تکمیل آنها کمک کنند دسترسی نداریم. از سوی دیگر، خود این نظریات می‌توانند در ایجاد

---

38 Foucault, Michel, Ibid., p. 106.

چنین جنبش‌هایی بسیار آموزنده و راهگشا باشند، درست همان طور که استفاده از تئوری‌ها و تجربیات جهانی در ایجاد سایر تشکل‌های اجتماعی هم امری مشروع و پذیرفته‌شده است.

پس از اتخاذ این چارچوب نظری، به بررسی پژوهش‌هایی پرداختیم که می‌توانست ما را در پاسخ به سوال‌های تحقیق راهنمایی کند. مهم‌ترین این مطالب، مقاله‌های تحقیقی افسانه نجم‌آبادی دربارهٔ ترنس‌سکشوالیتی در ایران است. در آثار او بر این موضوع که افراد لزبین و گی با تعریف خود به‌عنوان ترنس‌سکشوال و حتی ورود به جریان تغییر جنیست، سعی در کاهش فشار خانواده و جامعه و فرار از برچسب هم‌جنس‌گرا دارند صحه گذاشته می‌شود.[۳۹] افزون بر این، او در مورد تأثیر قوانین مذهبی که از سویی هم‌جنس‌گرایی را جرم و از سوی دیگر ترنس‌سکشوالیتی را یک بیماری قابل درمان می‌دانند چنین نتیجه می‌گیرد:

> فشار بر هم‌جنس‌گرایان مرد و زن در ایران برای تغییر جنسیت بسیار واقعی است، این فشارها ابتدائاً به دلیل ترس از ارتکاب جرم ایجاد نشده است. برعکس، چارچوب مذهبی- حقوقی ترنس‌سکشوالیتی مولد پیامدهای پارادوکسیکال و مشخصاً قصدنشده‌ای بود که در عین حال، به نفع هم‌جنس‌گرایان عمل کرده است. به طور ساده، ممنوعیت مذهبی- حقوقی رفتارهای جنسی هم‌جنس‌گرایانه، به شدت به فشارهایی که بر هم‌جنس‌گرایان زن و مرد اعمال می‌شود و آنها را وامی‌دارد که ترنس‌سکشوالیتی را به‌عنوان یک جایگزین حقوقی مجاز از نظر مذهبی (که به طور خاص برای افراد معتقد به مذهب مهم است) در نظر بگیرند افزوده است، اما به جای از میان بردن تمایلات و اعمال هم‌جنس‌گرایانه، عملاً امکانات بیشتری برای ایجاد فضاهای نیمه‌عمومی هم‌جنس‌گرایانه در حوزهٔ عمومی ایجاد کرده و تضادهای میان گروهی را در مورد تمایلات و رفتارهای هم‌جنس‌گرایانه کاهش داده است.

39 Najmabadi, Afsaneh. 2008. Transing and Transpassing Across Sex-Gender Walls in Iran. Women's Studies Quarterly 36(3-4):23-42. available at

http://dash.harvard.edu/bitstream/handle/1/2450776/Najmabadi_Transing.pdf?sequence=4

همان طور که یک ترنس افتوام به صورت خلاصه بیان می‌کند: "من از زمانی که به‌عنوان تی‌اس تشخیص داده شده‌ام، رابطهٔ جنسیم را با دوست دخترم شروع کردم بدون این که احساس گناه داشته باشم.[۴۰]

برخلاف نجم‌آبادی، ما این واقعیت را که هم‌جنس‌گرایان ناگزیر شوند هویت خود را به‌عنوان ترنس‌سکشوال تعریف کنند تا بتوانند بدون حس گناه یا ترس رابطه جنسی- عاطفی خود را داشته باشند رهایی بخش نمی‌دانیم. چرا که در این حالت هم‌جنس‌گراهراسی و ترنس‌جندرهراسی عمیقی را که در چارچوب حقوقی جمهوری اسلامی در مورد گرایش جنسی و هویت جنسیتی وجود دارد به چالش کشیده نمی‌شود. بلکه روش‌های نوینی برای تقویت کلیشه‌های جنسیتی و انواع گوناگون هم‌جنس‌گراهراسی و ترنس‌جندرهراسی ایجاد کرده که در حذف حقوقی و اجتماعی گی‌ها، لزبین‌ها و ترنس‌جندرها در ایران نقش دارد و عزت انسانی آنان را خدشه‌دار می‌کند. هم‌چنین، نجم‌آبادی بر این عقیده است که هیچ مقامی در جمهوری اسلامی ایران، کسی را که گواهی ترنس بودن کسب کرده است، مجبور به انجام هورمون‌تراپی و یا عمل تغییر جنسیت نمی‌کند. صحت این ادعا از سوی عده‌ای از مصاحبه‌شوندگان تحقیق ما مورد تردید قرار گرفته است. افزون بر این، آن‌طور که از مقالات منتشرشدهٔ او برمی‌آید، تأکید پژوهش‌های او بر ترنس‌های امتواف است و یا دست‌کم بیشتر مصاحبه‌شوندگان او را ترنس‌زن‌ها تشکیل می‌دهند. از همین رو، برخی از مسائلی که در گفت‌وگو با زنان لزبین و ترنس‌جندر برای ما مطرح شدند در مقالات منتشر شده از نجم‌آبادی بازتاب عمیق و جامعی نیافته‌اند. در این میان می‌شود به مسئلهٔ حجاب و پیامدهای سرپیچی از قوانین مربوط به پوشش اجباری اشاره کرد که تاثیرشان در زندگی زنان لزبین و ترنس‌مردها به دفعات در تحقیق ما بررسی شده است. تفاوت بنیادی دیگر در بین این دو تحقیق چهارچوب تئوریک مورد استفاده ما چه از منظر حقوق بین‌الملل و چه از منظر فلسفی و تئوری جنسیت است که با تحقیق مردم شناسانه افسانه نجم‌آبادی و چارچوب تئوریک مورد استفاده وی تفاوت دارد.

---

40 Ibid

چارچوب حقوقی تحقیق

آن چه در جمهوری اسلامی ایران در مورد حقوق هم‌جنس‌گرایان و ترنس-
جندرها اتفاق می‌افتد به صراحت برخلاف قواعد و اسناد حقوقی بین‌المللی است
که ایران به آنها پیوسته و ملزم به رعایت آنها شده است. از جمله اسنادی که به
نحوی به حقوق هم‌جنس‌گرایان و ترنس‌جندرها پرداخته و ایران با توجه به
تصویب آنها به‌عنوان قانون، به اجرای مفاد آنها متعهد شده است، می‌توان به
اعلامیهٔ جهانی حقوق بشر، میثاق بین‌المللی حقوق مدنی-سیاسی، میثاق
بین‌المللی حقوق اقتصادی، اجتماعی و فرهنگی، پیمان‌نامهٔ حقوق کودک،
کنوانسیون حقوق افراد مدارای ناتوانی، مقاوله‌نامهٔ شماره یک‌صد و یازده سازمان
بین‌المللی کار و کنوانسیون رفع تبعیض در امر آموزش اشاره کرد.

برای توضیح چارچوب حقوقی این پژوهش، نخست به بررسی گزاره‌هایی
می‌پردازیم که در برخی از این اسناد ذکر شده‌اند و به نوعی با حقوق
هم‌جنس‌گرایان و ترنس‌جندرها پیوند دارند. سپس می‌کوشیم تا وضعیت
حقوقی این افراد را در ایران در نسبت با همین اسناد توضیح دهیم. با استفاده
از موازین حقوق بشر بین‌الملل که جزییات آن در ادامه می‌آید، به‌عنوان
چارچوب حقوقی تحقیق، توانستیم در فصول مختلف کتاب مصادیق نقض
حقوق هم‌جنس‌گرایان و ترنس‌جندرها را با استناد به روایت‌ها و همین‌طور
اسناد موجود، ثبت و بازگو کنیم.

۱- اصل برابری و عدم تبعیض

در بیانیهٔ جهانی حقوق بشر آمده است: "همهٔ افراد بشر آزاد به دنیا می‌آیند و از
نظر حقوق و کرامت برابرند". بر اساس اعلامیه و برنامهٔ عمل وین که نتیجهٔ
نهایی کنفرانس جهانی حقوق بشر در سال ۱۹۹۳ است، گرچه باید معنای
ویژگی‌های معین ملی و منطقه‌ای و پیشینه‌های تاریخی، فرهنگی و مذهبی را به

خاطر داشت، اما دولت‌ها وظیفه دارند تمام حقوق انسانی و آزادی‌های بنیادین را فارغ از نظام‌های فرهنگی، اقتصادی و سیاسی خود حفاظت کنند.[۴۱]

شرط اصلی تضمین حقوق برابر و احترام کامل به حقوق و آزادی انسان‌ها با گرایش‌های جنسی و هویت‌های متفاوت جنسیتی، به رسمیت شناختن گرایش جنسی و هویت جنسیتی به‌عنوان ویژگی افراد است که نباید مبنای تبعیض قرار گیرد. اصل عدم تبعیض در معاهدات اصلی بین‌المللی حقوق بشر از دولت‌ها می‌خواهد که حقوق مندرج در معاهده را برای هر کس و "بدون هیچ گونه تمایزی از قبیل نژاد، رنگ، جنسیت، زبان، مذهب، مرام سیاسی و غیرسیاسی، ریشهٔ ملی و اجتماعی، تولد، وضعیت مالی یا هر گونه معیار دیگری" تضمین کنند[۴۲]. چنان که از عبارت "هر گونه معیار دیگر" پیداست، دلایل مختلف تبعیض که این معاهده به آنها اشاره دارد به عوامل بیان شده در متن معاهده محدود نمی‌شوند.[۴۳]

در سال ۱۹۹۴ کمیتهٔ حقوق بشر سازمان ملل متحد که بر اجرای میثاق بین‌المللی حقوق مدنی و سیاسی (ICCPR) نظارت می‌کند، در مورد پروندهٔ تونون علیه استرالیا، اظهار کرد که احزاب دولتی موظف هستند از افراد در مقابل تبعیض مبتنی بر گرایش جنسی حمایت کنند.[۴۴] این تصمیم در مذاکرات بعدی تصویب شد، با این نتیجه‌گیری که نظارت‌های کمیتهٔ حقوق بشر که احزاب

---

41 UN General Assembly, Vienna Declaration and Programme of Action, A/CONF.157/23 (12 July 1993), para. 5.

۴۲ برای نمونه نگاه کنید به مادهٔ دوم، بند یکم معاهدهٔ بین‌المللی حقوق مدنی و سیاسی ("هر دولتی که در معاهدهٔ حاضر شرکت کرده است، متعهد شده است که در چارچوب حوزهٔ قضایی خود و برای تمام افراد قلمرو خود همهٔ حقوقی را که در این معاهده ذکر شده‌اند، بدون هیچ تمایزی از قبیل نژاد، رنگ، جنسیت، زبان، مذهب، مرام سیاسی و غیرسیاسی، ریشهٔ ملی و اجتماعی، تولد، وضعیت مالی یا هر گونه معیار دیگری تضمین کند.") و مادهٔ دوم، بند دوم معاهدهٔ بین‌المللی حقوق فرهنگی، اجتماعی و اقتصادی ("دولت‌هایی که این معاهده را پذیرفته‌اند متعهد شده‌اند که حقوق برشمرده در این معاهده را بدون هر گونه تبعیضی بر مبنای نژاد نژاد، رنگ، جنسیت، زبان، مذهب، مرام سیاسی و غیرسیاسی، ریشهٔ ملی و اجتماعی، تولد، وضعیت مالی یا هر گونه معیار دیگری ضمانت کنند.").

43 Report of the UN High Commissioner for Human Rights, Discriminatory laws and practices and acts of violence against individuals based on their sexual orientation and gender identity, A/HRC/19/41 (17 November 2011), para. 7.

44 Toonen v. Australia, communication No. 488/1992 (CCPR/C/50/D/488/1992).

دولتی را "چنان که در میثاق بیان شده بود، به تضمین حقوق مساوی برای افراد، فارغ از گرایش جنسی" وامی‌دارند[۴۵]، و نیز قانونی که تبعیض بر اساس گرایش جنسی و هویت جنسیتی را ممنوع می‌کند، باید وجود داشته باشد.[۴۶]

این تصمیم کمیته حقوق بشر توسط اظهار نظرهای عمومی، ملاحظات پایانی و نظرات کمیته‌های ناظر بر کنوانسیون‌های بین‌المللی تأیید شده است.[۴۷] کمیتهٔ اقتصاد، حقوق اجتماعی و فرهنگی سازمان ملل در موضع‌گیری عمومی خود در مورد تبعیض، گرایش جنسی و هویت جنسیتی را از جملهٔ عواملی معرفی می‌کند که نباید مبنای تبعیض قرار گیرند.[۴۸] به علاوه، این کمیته اصل عدم تبعیض بر مبنای گرایش جنسی و هویت جنسیتی را در موضع‌گیری عمومی خود در مورد حق کار، تحصیل، امنیت اجتماعی، و بالاترین استاندارد قابل تحقق در حوزهٔ سلامت مورد تأکید قرار داده است.[۴۹]

به شکلی مشابه، کمیتهٔ رفع تبعیض بر علیه زنان، در توصیهٔ عمومی شمارهٔ بیست و هشت خود تأکید کرده است که "تبعیض بر علیه زنان بر مبنای جنس و جنسیت با عوامل دیگری که زندگی زنان را تحت تأثیر قرار می‌دهند، از قبیل نژاد، اتنیک یا قومیت، عقیده و مذهب، سلامت، وضعیت اجتماعی، سن، طبقه، گرایش جنسی و هویت جنسیتی پیوندی تفکیک‌ناپذیر دارد".[۵۰] کمیتهٔ حقوق

45 See the Committee’s concluding observations on Chile (CCPR/C/CHL/CO/5), para. 16. See also its concluding observations on San Marino (CCPR/C/SMR/CO/2), para. 7, and Austria (CCPR/C/AUT/CO/4), para. 8.

46 See for example the concluding observations of the Human Rights Committee on El Salvador (CCPR/C/SLV/CO/6), para. 3 (c); Greece (CCPR/CO /83/GRC), para. 5; Finland (CCPR/CO/82/FIN), para. 3 (a); Slovakia (CCPR/CO/78/SVK), para. 4.

47 See Committee on Economic, Social and Cultural Rights, General Comment No. 20 (E/C.12/GC/20), para. 32; Committee on the Rights of the Child, General Comment No. 13 (CRC/C/GC/13), paras. 60 and 72(g); Committee against Torture, General Comment No. 2 (CAT/C/GC/2), para. 21; and Committee on the Elimination of Discrimination against Women, General Recommendation No. 28 (CEDAW/C/GC/28), para. 18.

48 Committee on Economic, Social and Cultural Rights, General Comment No. 20, Non-Discrimination in Economic, Social and Cultural Rights (art. 2, para. 2) (E/C.12/GC/20), para. 32.

49 See General Comment No. 18 (E/C.12/GC/18) (right to work), para. 12 (b) (i); No. 15 (E/C.12/2002/11) (right to water), para. 13; No. 19 (E/C.12/GC/19) (right to social security), para. 29; and No. 14 (E/C.12/2000/4) (right to the highest attainable standard of health), para. 18.

50 The Committee on the Elimination of Discrimination against Women, General Recommendation No. 28: The Core Obligations of States Parties under Article 2 of the Convention on the Elimination of All Forms of Discrimination against Women (CEDAW/C/GC/28), para18.

کودک و کمیتهٔ مبارزه با شکنجه هم در موضع‌گیری عمومی خود توصیه‌هایی
مبنی بر مقابله با تبعیض ناشی از هویت جنسیتی و گرایش جنسی مطرح
کرده‌اند.[۵۱]

با توجه به آرایی که ذکر شد، کمیساریای عالی حقوق بشر سازمان ملل عنوان
کرده است که قوانین منع روابط هم‌جنس‌گرایانه، به معنای نقض حق عدم
تبعیض است و با حقوق بین‌الملل منافات دارد.[۵۲] کمیساریا در مورد قوانینی که
افراد را به خاطر جرائم مربوط به هویت جنسیتی و گرایش جنسی دستگیر و
بازداشت می‌کند نظر مشابهی دارد. این حکم، جرائمی را هم که مستقیماً به رفتار
جنسی مرتبط نیستند، از قبیل جرائمی که به قوانین تبعیض‌آمیز مربوط به
پوشش اشاره دارند دربر می‌گیرد؛ یعنی آن دسته از قوانینی که مردان را از
پوشیدن لباس‌هایی که زنانه محسوب می‌شوند و زنان را از پوشیدن لباس‌هایی
که مردانه به شمار می‌روند منع می‌کنند.[۵۳]

از دیگر قوانین و اصولی که مستقیماً با ممنوعیت تبعیض بر مبنای هویت
جنسیتی و گرایش جنسی پیوند دارند، آنهایی هستند که بر صدور مدارک
شناسایی جدید برای افراد ترنس‌جندر حاکمند. در اغلب کشورها، از جمله
ایران، در مدارک رسمی‌ای که برای افراد صادر می‌شود (شامل گواهی تولد،
کارت شناسایی و گذرنامه)، بخشی به نام "جنس" وجود دارد که جنسیت فرد
را یا به‌عنوان "مذکر" یا به‌عنوان "مونث" مشخص می‌کند. افراد ترنس‌جندر غالباً
در حوزه‌هایی چون اشتغال، تحصیل، مراقبت‌های بهداشتی، و دسترسی به کالاها و
خدمات مورد تبعیض قرار می‌گیرند، چرا که مدارک شناسایی‌شان هویت و بیان
جنسیتی آنها را بازنمایی نمی‌کند. برخورداری افراد ترنس‌جندر از دست‌یابی به
مدارکی که با دریافت خود آنها از هویت جنسیتی‌شان تطابق دارد، از طریق
روندهایی که کافی، شفاف، قابل دسترس و پاس‌دارندهٔ حقوق بشر هستند، برای
تضمین این که این افراد مورد تبعیض قرار نگیرند ضروری است.

51 See, for example, Committee on the Rights of the Child, General Comment No. 13 (CRC/C/GC/13), paras. 60 and 72(g); and Committee against Torture, General Comment No. 2 (CAT/C/GC/2), para. 21.
52 Report of the UN High Commissioner for Human Rights, Discriminatory laws and practices and acts of violence against individuals based on their sexual orientation and gender identity, A/HRC/19/41 (17 November 2011), paras. 40-43.
53 Ibid., para. 50.

۲- حق حیات، محترم شناختن حریم خصوصی و به رسمیت شناخته شدن در پیشگاه قانون

حق حیات، به‌عنوان یک حق بنیادین، در حقوق بین‌الملل به رسمیت شناخته شده است. ماده ۶ معاهدهٔ بین‌المللی حقوق مدنی و سیاسی (ICCPR)، تصریح دارد که در کشورهایی که مجازات اعدام هنوز لغو نشده است، صدور این حکم جایز نیست مگر در مورد جدی‌ترین جرائم. بر اساس تفسیر کمیساریای عالی حقوق بشر از این ماده، جدی‌ترین جرائم باید به گونه‌ای از سوی کشورها تفسیر شود که مجازات اعدام جنبه کاملاً استثنایی پیدا کند.[۵۴] به‌علاوه، اعدام افراد زیر ۱۸ سال کاملاً از نظر حقوق بین‌الملل، ممنوع است. بنابر این، کشورهایی مثل ایران که با وجود تعهد به اجرای معاهدهٔ بین‌المللی حقوق مدنی و سیاسی و کنوانسیون کودک، همچنان مجازات مرگ را برای روابط همجنس‌گرایانه، حتی زمانی که میان افراد زیر ۱۸ رخ می‌دهد وضع می‌کنند، به شکلی آشکار، حق حیات را نقض کرده‌اند.

حق محترم شناختن حریم خصوصی (حق خلوت)[۵۵] نیز در مادهٔ دوازدهم بیانیهٔ جهانی حقوق بشر و مادهٔ هفدهم معاهدهٔ بین‌المللی حقوق مدنی و سیاسی مورد تأکید قرار گرفته است. در هر دوی این اسناد بیان شده که حریم خصوصی، خانواده، اقامتگاه یا مکاتبات هیچ فردی نباید مورد مداخلهٔ خودسرانه و غیرقانونی قرار گیرد. مادهٔ نهم بیانیهٔ جهانی، و معاهدهٔ بین‌المللی حقوق مدنی و سیاسی (ICCPR) هم‌چنین از "حق آزادی و امنیت فردی" حمایت کرده و "بازداشت و دستگیری خودسرانه" را ممنوع اعلام کرده است. کمیتهٔ حقوق بشر در تفسیر عمومی[۵۶] شمارهٔ شانزدهم خود بیان داشت که هر گونه مداخله در حریم خصوصی، حتی اگر با مجوز قانونی باشد، "باید مطابق با مقررات، اهداف و مقاصد

[۵۴] "ما نسلی زنده به گور شده"، دیده‌بان حقوق بشر، ۲۲ دسامبر ۲۰۱۲،ص ۱۳، قابل دسترسی در: http://www.hrw.org/fa/node/103925/section/11.

[55] right to privacy

[56] General comment

معاهده بوده و در هر مورد خاصی معطوف به شرایط خاص همان مورد باشد". ۵۷

از زمان پروندهٔ تونن برعلیه استرالیا در سال ۱۹۹۴، کمیتهٔ حقوق بشر اعلام کرده است که قوانین مورد استفاده برای جرم‌انگاری روابط جنسی هم‌جنس-گرایانه میان اشخاص بالغ و با رضایت طرفین، ناقض حق حریم خصوصی و حق عدم تبعیض است. کمیته این استدلال را که این جرم‌انگاری ممکن است با توسل به اصولی چون لزوم حفاظت از سلامت و اخلاق عمومی "معقول" و موجه محسوب شود رد و اشاره کرده است که استفاده از قانون جزا در چنین شرایطی نه ضروری است و نه مناسب. ۵۸

در کشورهایی مثل ایران که هم‌جنس‌گرایی جرم محسوب می‌شود و قوانین تبعیض‌آمیز سفت و سختی برای محدودسازی نحوهٔ پوشش ترنس‌جندرها وجود دارد، افراد لزبین، گی و ترنس‌جندر در مورد جنبه‌هایی از زندگی خصوصی‌شان مجبور به پنهان‌کاری می‌شوند تا از خشونت هموفوبیک و ترنس‌فوبیک در امان بمانند. در عین حال، حق حیات آنها همواره در معرض تهدید قرار دارد. افراد هم‌جنس‌گرا و ترنس‌جندری که در ظاهر از هنجارهای اجتماعی سرپیچی می‌کنند، اغلب مداخلات غیرقانونی و خودسرانه‌ای نسبت به حریم خصوصی خود تجربه می‌کنند که به محرومیت از آزادی، تهدید، ضرب و شتم، آزار جنسی، تجاوز به عنف و قتل منجر می‌شود. در جوامعی که به شدت جنسیت‌زده (sexist) هستند، به‌ویژه افراد ترنس‌جندری که اوراق و مدارک رسمی‌شان هویت جنسیتی یا بیان جنسیتی آنها را منعکس نمی‌کند در معرض خطر قرار دارند، زیرا هر بار که می‌خواهند کار پیدا کنند، برای تحصیلاتشان ثبت نام کنند، دنبال خانه باشند، یا به فضاهای تفکیک جنسیتی شده مثل مدارس، سواحل، مساجد یا مراکز ورزشی وارد شوند، ناچار به فاش کردن هویت ترنس‌جندر خود می‌شوند.

---

[57] Human Rights Committee, *General Comment No. 16: Article 17 (Right to Privacy), The Right to Respect of Privacy, Family, Home and Correspondence, and Protection of Honour and Reputation,*

[58] *Toonen v. Australia*, communication No. 488/1992 (CCPR/C/50/D/488/1992), paras. 8.3-8.7.

حق حریم خصوصی و حق به رسمیت شناخته شدن در پیشگاه قانون هم‌چنین می‌تواند در کشورهایی مانند ایران نقض شود که در آنها گرچه روش‌هایی برای به رسمیت شناختن حقوقی جنسیت وجود دارد، اما این روش‌ها شامل معیارهایی اجباری هستند که در عمل گروه‌هایی از افراد ترنس‌جندر را حذف می‌کند. برای نمونه، این محرومیت می‌تواند زمانی رخ دهد که دست‌یابی به جایگاه حقوقی منطبق با جنسیتی که فرد ترنس‌جندر خود را با آن تعریف می‌کند، تنها به شرطی ممکن می‌شود که او به درمان‌های پزشکی سخت و برگشت‌ناپذیری چون هورمون‌تراپی یا جراحی برای از بین بردن اندام‌های جنسی و تولی مثلی تن در دهد.

۳- حق برخورداری از بالاترین استانداردهای قابل حصول سلامت[۵۹]

بند دوازدهم میثاق بین‌المللی حقوق اقتصادی، اجتماعی و فرهنگی (ICESCR)، حق برخورداری از بالاترین استانداردهای قابل حصول سلامت یا به طور خلاصه، حق سلامت را مورد تأکید قرار می‌دهد. به بیان کمیتهٔ حقوق اقتصادی، اجتماعی و فرهنگی، که بر اجرای این معاهده نظارت می‌کند:

> حق سلامت هم شامل اختیارات و هم شامل حقوق است. اختیارات عبارتند از حق فرد بر کنترل بدن و سلامتی خودش، از جمله آزادی جنسی و تولید مثل، و نیز حق رها بودن از مداخلات، از قبیل حق آزادی از شکنجه، و حق آزادی از معالجات و آزمایش‌های پزشکی که مبتنی بر رضایت فردی نباشند. در مقابل، منظورمان از حقوق شامل حق یک سیستم حفاظت از سلامت است که فرصت‌های برابری در اختیار مردم قرار می‌دهد تا از بالاترین سطح ممکن سلامت برخوردار باشند.[۶۰]

59 right to the highest attainable standards of health
60 Committee on Economic, Social and cultural Rights, General Comment 14: the right to the highest attainable standards of health (E/C.12/2000/4), para. 8.

کشورهایی که افراد هم‌جنس‌گرا و ترنس‌جندر را به اقدامات پزشکی ناخواسته‌ای از قبیل درمان‌های ترمیمی[۶۱]، عقیم‌سازی و جراحی‌های تغییر جنسیت، به‌عنوان پیش‌شرطی برای برخورداری از جایگاه حقوقی جنسیت و گرایش جنسی مرجح‌شان وامی‌دارند ناقض حق سلامت هستند. آنها با جایگزین کردن ارادهٔ خودشان به جای ارادهٔ مردم، حق هم‌جنس‌گرایان و ترنس‌جندرها را برای کنترل تمام جنبه‌های سلامت‌شان، و برای تصمیم‌گیری آزادانه و فارغ از تبعیض، اجبار و خشونت در مورد درمان‌های مربوط به هویت جنسیتی و گرایش جنسی‌شان منتفی می‌کنند.

یکی از مؤلفه‌های ضروری احترام به حق افراد برای کنترل بدن و سلامتی، ارائهٔ دسترسی برابر به آموزش و اطلاعات جامع در مورد سلامت جنسی و تولید مثل

---

۶۱ درمان‌های ترمیمی که بیزاری‌درمانی، تبدیل‌درمانی، یا تغییرجهت‌درمانی هم خوانده می‌شوند، در معنای کلی به تلاش‌هایی اشاره دارند که برای تغییر گرایش جنسی، و "درمان" افراد هم‌جنس‌گرا و یا کسانی به کار گرفته می‌شوند که رفتار و ظاهرِ جنسیتِ مقابل را دارند، یا مصداق عدم انطباق جنسیتی هستند. این درمان‌ها که بر مفاهیمی آسیب‌شناسانه مبتنی‌اند، طیف گسترده‌ای از مداخلات شبه‌پزشکی را دربر می‌گیرند که از میان آنها می‌توان به قبیل مداخلات اجباری روانی، هورمون‌تراپی، درمان‌های دارویی غیرلازم و بدون رضایت فرد بیمار، شوک‌درمانی، تشنج‌درمانی (ECT)، و نیز روش‌هایی اجباری همچون عقیم‌سازی یا جراحی‌هایی اشاره کرد که برای "نرمال‌سازی" دستگاه تناسلی افرادی به کار می‌روند که ویژگی‌های جنسی غیرمعمول دارند. در این روش‌ها افراد معمولاً با رفتارهایی تحقیرآمیز یا با تشخیص اشتباه بیماری روانی مواجه می‌شوند. علاوه بر سوءاستفاده‌های فیزیکی که اغلب در این روش‌ها شایع هستند، بسیاری از آنها به صورت جدی بر سلامت روحی و روانی افراد تأثیر منفی داشته‌اند. انجمن روانکاوی آمریکا (APA) در سال ۱۹۹۹ موضع‌گیری خود دربارهٔ درمان‌های ترمیمی را چنین عنوان کرد که "فن روان‌کاوی شامل تلاش‌های هدفمندی که خواهان "تبدیل"، "ترمیم"، تغییر، و یا دگرگونی گرایش جنسی و هویت و بیان جنسیتی افراد باشند نیست. چنین تلاش‌های جهت‌داری با اصول معالجهٔ روان‌کاوانه تعارض دارند و در اغلب موارد، با تقویت نگرش‌های درونی‌شدهٔ مخرب، رنج‌های روانی بنیادینی به بار می‌آورند". انجمن روان‌کاوی آمریکا، در بیانیه‌ای که پیش‌تر دربارهٔ پاسخ‌های صحیح درمانی به گرایش جنسی نوشته بود، مجدداً بر مخالفتش با "بیمار دانستن جوانان و بزرگسالان لزبین، گی، و بای‌سکشوال به خاطر گرایش جنسی‌شان" تأکید کرد و تنها دخالت‌هایی را صحیح دانست که با تعصبی که بر اساس جهل و باورهای بی‌اساس در مورد گرایش جنسی شکل گرفته‌اند مقابله می‌کنند".

است.[62] حق سلامت اقتضا می‌کند که کشورها "از سانسور، خودداری یا سهل‌انگاری عامدانه در عرضهٔ اطلاعات مربوط به سلامت، از جمله اطلاعات و آموزش‌های جنسی اجتناب کنند".[63] هم‌چنین دولت‌ها را به "تعهد مثبت برای تضمین اجرای حق حفاظت از سلامت بوسیلهٔ آموزش‌هایی برابر دربارهٔ سلامت جنسی و تولید مثل که به تشدید محرومیت‌های اجتماعی و هتک کرامت انسانی منجر نشوند" موظف می‌کند.[64] به‌ویژه در مورد گرایش جنسی، "این تعهد مثبت به تضمین این اصل گسترش پیدا می‌کند که مواد آموزشی به تقویت کلیشه‌های تحقیرآمیز نپردازند و نوعی از پیش‌داوری را تأیید نکنند که در حذف اجتماعی، تبعیض‌های متداول، و انکار کرامت انسانی گروه‌هایی از قبیل افراد غیر دگرجنس‌گرا که به شکل تاریخی حاشیه‌نشین بوده‌اند نقش داشته‌اند".[65]

از زمان حذف هم‌جنس‌گرایی از ویراست دوم راهنمای تشخیصی و آماری اختلالات روانی (DSM-II) در سال ۱۹۷۳، انجمن روان‌شناسی آمریکا پیوسته تأکید کرده است که جاذبه‌ها، عواطف، و رفتارهای جنسی و عاطفی نسبت به هم‌جنس "طبیعی بوده و از گونه‌های مثبت تمایل جنسی انسانی" هستند و "هم‌جنس‌گرایی به خودی خود یک اختلال روانی نیست".[66] آنها تصاویری را که جوانان و بزرگسالان متعلق به اقلیت‌های جنسی را به خاطر گرایش جنسی‌شان به‌عنوان بیمارانی روانی نمایش می‌دهند محکوم کرده‌اند و در مورد کارآیی، منفعت، آسیب‌رسانی، و ملاحظات اخلاقی مربوط به معالجاتی که به دنبال کاهش یا حذف گرایش جنسی هم‌جنس‌گرایانه هستند ابراز نگرانی می‌کنند.[67]

62 See: Committee on Economic Social and Cultural Rights, General Comment No. 14 (E/C/12/2000/4), para. 11.
63 Ibid., para. 34.
64 European Committee of Social Rights, International Centre for the Legal Protection of Human Rights (INTERIGHTS) v. Croatia (Complaint No. 45/2007), para. 61.
65 Ibid.
66 American Psychological Association Resolution (APA) on Appropriate Affirmative Responses to Sexual Orientation Distress and Change Efforts (2009), online: http://www.apa.org/about/policy/sexual-orientation.aspx. For more information see, APA Policy Statements on Lesbian, Gay, Bisexual & Transgender Concerns (2011), online: http://www.apa.org/about/policy/booklet.pdf.
67 Ibid.

کشورهایی مانند ایران که قوانین و سیاست‌هایی برای سانسور بحث‌های مربوط به هم‌جنس‌گرایی تصویب کرده‌اند، عملاً دسترسی عمومی به اطلاعات معتبر پزشکی را مختل و غیرممکن می‌کنند. این امر مطمئناً به بدنام‌سازی و تبعیض در مورد هم‌جنس‌گرایان و ترنس‌جندرها دامن می‌زند. گزارشگر ویژهٔ سازمان ملل در حوزهٔ حقوق سلامت اعلام کرده است که چنین قوانینی "تبعیض و انگ‌زنی در مورد اقلیت‌های آسیب‌پذیر را تقویت کرده" و "کلیشه‌های منفی و نادرستی در مورد تمایل جنسی تثبیت می‌کنند، افرادی را که گرایشات جنسی متفاوتی دارند طرد می‌کنند، و آنها را از تصمیم‌گیری کاملاً آگاهانه در مورد سلامت جنسی و تولید مثلی‌شان بازمی‌دارند".[۶۸] آنها هم‌چنین با "تلاش برای "درمان" کسانی که درگیر روابط هم‌جنس‌خواهانه هستند، فضا را برای سوءاستفاده‌های پزشکی مهیا می‌کنند؛ تلاشی که نه تنها خطاست، بلکه این پتانسیل را دارد که ناراحتی‌های روانی جدی برای این گروه‌های آسیب‌پذیر ایجاد کند و بدنامی را در مورد آنها افزایش دهد."[۶۹]

۴- اصل ممنوعیت شکنجه و سایر رفتارهای بی‌رحمانه، غیرانسانی یا تحقیرکننده

درمان‌های ترمیمی، عقیم‌سازی یا جراحی‌های تغییر جنسیت هنگامی که بدون رضایت آگاهانه و آزادانهٔ فرد تجویز یا اعمال شوند، ناقض اصل ممنوعیت شکنجه و دیگر رفتارهای بی‌رحمانه، غیرانسانی و تحقیرکننده هستند. مادهٔ هفتم میثاق بین‌المللی حقوق مدنی-سیاسی عنوان می‌کند که "هیچ کس نباید مورد شکنجه یا رفتار و مجازات خشونت‌آمیز، غیر انسانی یا تحقیرکننده قرار گیرد". به‌ویژه، هیچ کس نباید بدون رضایت آزادانه‌اش مجبور به آزمایش‌های علمی و پزشکی شود." رضایت زمانی معتبر است که "به شکلی داوطلبانه،

68 Report of the Special Rapporteur on the right of everyone to the enjoyment of the highest attainable standard of physical and mental health, A/66/254 (3 August 2011), para. 59.

69 Report of the Special Rapporteur on the right of everyone to the enjoyment of the highest attainable standard of physical and mental health, A/HRC/14/20 (27 April 2010), para. 23.

یعنی بدون اجبار، اعمال نفوذ ناروا، یا ارائهٔ نادرست اطلاعات حاصل شود."[۷۰] اجبار و اعمال نفوذ ناروا شامل "وضعیت فشار و شکنجه" و "شرایطی است که تحت آنها بیمار درمی‌یابد که مخالفت با درمان ممکن است پیامدهای ناخوشایندی برایش داشته باشد."[۷۱] حق رضایت زمانی نقض می‌شود که دولت‌ها افراد هم‌جنس‌گرا و ترنس را مجبور کنند میان حق امتناع از درمان پزشکی و حق برخورداری از برابری، زندگی خصوصی و به رسمیت شناخته شدن آن هویت جنسیتی و گرایش جنسی که خود را با آن تعریف می‌کنند دست به انتخاب بزنند.

در سال ۲۰۰۱ گزارشگر ویژهٔ شکنجه در مورد گزارش‌هایی که نشان می‌داد هم‌جنس‌گرایان و ترنس‌جندرها "به خاطر گرایش جنسی و هویت جنسیتی‌شان وادار به درمان‌هایی از قبیل تراپی با شوک الکتریکی و دیگر انواع "بیزاری‌درمانی" شده‌اند که بنا به گزارش‌ها صدماتی جسمانی و روحی به بار آورده‌اند" اظهار نگرانی کرد[۷۲]. او خاطرنشان کرد که سازمان بهداشت جهانی در سال ۱۹۹۲هم‌جنس‌گرایی را از دسته‌بندی بین‌المللی خود از بیماری‌ها (ICD-10) حذف کرده است و در ادامه، درمان‌های اجباری در راستای معالجهٔ هم‌جنس‌گرایان را به‌عنوان اقداماتی بی‌رحمانه، غیرانسانی و تحقیرکننده محکوم کرد.[۷۳]

در سال ۲۰۱۳ گزارشگر ویژهٔ شکنجه نگرانی خود را در مورد "بدرفتاری هم‌جنس‌گراستیزانه از سوی متخصصان سلامت" تکرار کرد،[۷۴] که به باور او این شامل "گستره‌ای از روش‌های اجباری همچون عقیم‌سازی، معاینات اجباری معقدی تحت حمایت دولت برای پیگرد فعالیت‌های مشکوک به هم‌جنس‌گرایی، و معاینات خشونت‌آمیز بکارت توسط ارائه‌کنندگان مراقبت‌های بهداشتی، هورمون‌تراپی، و جراحی‌های نرمال‌ساز دستگاه تناسلی، تحت لوای به اصطلاح

70 Report of the Special Rapporteur on the right of everyone to the enjoyment of the highest attainable standard of physical and mental health, A/64/272 (19 August 2009), para. 13.

71 Ibid., para. 14.

72 Report of the Special Rapporteur on the question of torture and other cruel, inhuman or degrading treatment or punishment, A/56/156 (3 July 2001), para. 24.

73 Ibid.

74 Report of the Special Rapporteur on torture and other cruel, inhuman or degrading treatment or punishment, A/HRC/22/53 (11 February 2013), para. 76.

"درمان‌های ترمیمی" است.[۷۵] گزارشگر ویژهٔ شکنجه عنوان کرده است که "این روش‌ها به ندرت ضرورت پزشکی دارند و ممکن است باعث ایجاد زخم، از بین رفتن حس جنسی، درد، بی‌اختیاری و افسردگی مادام‌العمر شوند. به علاوه، این روش‌ها به‌عنوان اموری غیرعلمی، بالقوه مضر، و تقویت‌کنندهٔ باورهای نادرست مورد نقد قرار گرفته‌اند."[۷۶]

در مورد آن دسته از موازین دولتی که افراد ترنس‌جندر را ملزم به تن دادن به عقیم‌سازی ناخواسته و جراحی‌های تغییر جنسیت به‌عنوان شرط برخورداری از به رسمیت شناخته شدن حقوقی جنسیت مرجح‌شان می‌کنند نگرانی مشابهی وجود دارد. این اعمال، با تعریف رفتار خشونت‌آمیز، غیرانسانی و تحقیرآمیز که در مادهٔ شانزدهم کنوانسیون منع شکنجه بیان شده مطابقت دارند، چرا که "موجب رنج جسمی و روحی شدیدی می‌شوند که در تمام موارد توجیه‌ناپذیر است."[۷۷]

به بیان انجمن حرفه‌ای جهانی سلامت ترنس‌جندرها (WPATH)، در حالی که برخی از افراد ترنس‌سکشوال، ترنس‌جندر و دارای جنسیت نامنطبق[۷۸]، تا زمان تغییر دادن صفات جنسی اولیه و یا ثانویهٔ خود به آرامش نمی‌رسند، برخی دیگر می‌توانند بدون تن دادن به عمل جراحی با هویت، نقش و بیان جنسیتی خود احساس راحتی کنند.[۷۹] ویرایش هفتم استانداردهای مراقبت که توسط WPATH تدوین شده، تنوعی از جنسیت را تأیید کرده است که لزوماً نیازمند درمان‌های روان‌شناختی، هورمونی، یا عمل‌های جراحی نیستند. این متن به معالجات مختلفی از قبیل موارد زیر اشاره کرده است:

75 Ibid.
76 Ibid.
77 M. Nowak, "What Practices Constitute Torture?" Human Rights Quarterly 28(2006), p. 821, quoting from A. Boulesbaa, The UN Convention on Torture and the Prospects for Enforcement (Martinus Nijhoff Publishers, 1999).
78 gender nonconformity
79 World Professional Association for Transgender Health, "Standards of Care for the Health of Transsexual, Transgender and Gender Non Conforming People," Seventh Version (2012), online: http://bit.ly/1fenZpR
http://www.wpath.org/uploaded_files/140/files/Standards%20of%20Care,%20V7%20Full%20Book.pdf

تغییراتی در بیان و نقش جنسیتی (که می‌تواند شامل زندگی پاره‌وقت یا تمام‌وقت در نقش جنسیتی باشد که با هویت جنسیتی فرد سازگار است)؛

هورمون‌تراپی برای زنانه‌سازی یا مردانه‌سازی بدن؛

جراحی برای تغییر خصوصیات اولیه یا ثانویهٔ جنسی (برای نمونه، پستان/ قفسهٔ سینه، دستگاه تناسلی خارجی و یا داخلی، ویژگی‌های چهره، حدود بدن)؛

روان‌درمانی (فرد، زوجین، خانواده، یا گروه) برای اهدافی چون کاوش در هویت، نقش و بیان جنسیتی؛ پرداختن به تأثیر منفی نارضایتی جنسیتی بر سلامت روانی؛ کاهش ترنس‌فوبیای درونی؛ تقویت حمایت از سوی جامعه و هم‌سن و سالان؛ بهبود تصویر فرد از بدنش؛ یا ارتقای سطح مقاومت و انعطاف‌پذیری.[۸۰]

استانداردهای مراقبت تأکید می‌کنند که انتخاب این درمان‌ها و ترتیبی که بر اساس آن اتفاق می‌افتند می‌تواند از فردی به فرد متفاوت باشد.[۸۱]

عقیم‌سازی و جراحی‌های تغییر جنسیت اجباری/ تحمیلی، افزون بر این که خشونت‌آمیز، غیرانسانی و تحقیرآمیز هستند، ممکن است در برخی موارد از آستانهٔ اذیت و آزار فراتر روند و مصداق شکنجه شوند. مادهٔ یکم کنوانسیون منع شکنجه، شکنجه را این گونه تعریف می‌کند: "هر گونه عملی که بوسیلهٔ آن درد یا رنج شدید جسمانی یا روانی *عامدانه* به فردی تحمیل شود، برای اهدافی چون گرفتن اعتراف یا اطلاعات از او یا یک شخص ثالث، مجازات او برای کاری

---

80 Ibid., pp. 9-10.

۸۱ برخی بیماران ممکن است به هورمون‌درمانی نیاز داشته باشند، یعنی تغییری ممکن در نقش جنسیتی، بدون تن دادن به عمل جراحی؛ برخی دیگر ممکن است به تغییری در نقش جنسیتی و عمل جراحی نیاز داشته باشند، اما نه به هورمون‌درمانی... افراد دیگر هویت جنسیتی منحصر به فرد خود را تأیید کرده و دیگر خود را مرد یا زن تعریف نمی‌کنند. در عوض ممکن است هویت جنسیتی خود را با اصطلاحات خاصی از قبیل ترنس‌جندر، بای‌جندر، یا جندرکوییر توصیف کنند و از این طریق، بیان‌های یگانهٔ خود را که ممکن است از فهم جنسیت در قالب دوگانهٔ زن/مرد فراتر رود تأیید نمایند.

که خودش یا یک فرد ثالث مرتکب شده یا مظنون به ارتکاب آن هستند، تهدید و مجبور کردن او یا یک شخص ثالث، یا هر برخورد تبعیض‌آمیز دیگر، وقتی چنان درد یا رنجی از سوی یک مقام دولتی یا رسمی و یا با تشویق و رضایت آنها اعمال شود."

به کار بردن معیار درد یا رنج شدید معنای نسبتاً واضحی دارد، به‌ویژه در کشورهایی مثل ایران که در آنها عقیم‌سازی و جراحی‌های تغییر جنسیت کیفیت پایینی دارند و با بی‌توجهی صریح نسبت به استانداردهای بین‌المللی انجام می‌شوند و باعث ایجاد زخم، جراحت و آسیب‌دیدگی در ترنس‌جندرها می‌شوند. معیارهای عامدانه بودن و هدف داشتن که از مؤلفه‌های تعریف شکنجه است در این موارد حاضرند، چرا که تحمیل عقیم‌سازی و جراحی‌های تغییر جنسیت به‌عنوان پیش‌شرطی برای رسیدن به جایگاه حقوقی، اساساً نسبت به افرادی که از هنجارها و کلیشه‌های جنسیتی سرپیچی می‌کنند ماهیت تبعیض‌آمیزی دارد و تبعیض یکی از انواع اهدافی است که در کنوانسیون منع شکنجه برشمرده شده است.[۸۲] به زعم گزارشگر ویژهٔ شکنجه، زمانی که درمان‌های خودسرانه و برگشت‌ناپذیر و بدون رضایت بیماری که به گروه‌های حاشیه‌ای و آسیب‌پذیر تعلق دارد عملی می‌شوند، معیار تعمد به طور ضمنی محقق شده است.[۸۳]

در سال‌های اخیر، دادگاه‌های کشورهای متعددی تأیید کرده‌اند که جراحی تغییر جنسیت اجباری و عقیم‌سازی اجباری به نوعی دگرگونی شدید و برگشت‌ناپذیر در تمامیت جسمانی فرد منجر می‌شود. در سال ۲۰۱۲، دادگاه عالی تجدیدنظر سوئد حکم داد که عقیم‌سازی اجباری که در تمامیت جسمانی فرد مداخله می‌کند، نمی‌تواند عملی دواطلبانه به شمار آید. در سال ۲۰۱۱ دادگاه قانون اساسی در آلمان چنین اعلام کرد که الزام عمل جراحی تغییر جنسیت، حق تمامیت فیزیکی و حق تعیین سرنوشت فردی را نقض می‌کند. در سال ۲۰۰۹، دادگاه عالی اتریش هم حکم داد که اجباری کردن تغییر جنسیت، به‌عنوان شرطی برای به رسمیت شناخته شدن حقوقی هویت جنسیتی، عملی غیرقانونی

82 Report of the Special Rapporteur on torture and other cruel, inhuman or degrading treatment or punishment, A/HRC/22/53 (11 February 2013), para. 37.

83 Ibid., para. 20.

است. در همان سال، کمسیر سابق حقوقی بشر شورای اروپا عنوان کرده بود که "الزامات عقیم‌سازی اجباری به وضوح با اصل احترام به تمامیت جسمانی فرد تعارض دارند."

دیوان عالی هند نیز در رأیی که در آوریل ۲۰۱۴ صادر شد، افراد ترنس‌جند را به‌عنوان افراد دارای "جنسیت سوم" به رسمیت شناخت و حقوق کامل را به آنها بدون نیاز به انجام هیچگونه مداخله پزشکی در بدنشان اعطا کرد.[۸۴]

در سال‌های اخیر، تعدادی از کشورها از جمله آرژانتین، هلند، پرتغال، اسپانیا، مالتا و سوئد برای از میان بردن برخی از الزامات خلاف حقوق بشر که بر افراد ترنس‌جندر اعمال می‌شوند، دست به اصلاحاتی حقوقی زده‌اند. گزارشگر ویژهٔ سازمان ملل متحد در امر شکنجه، ضمن استقبال از این اقدامات "تمام دولت‌ها را به لغو هر قانونی که درمان‌های خودسر و برگشت‌ناپذیر را مجاز می‌کند، از قبیل جراحی اجباری نرمال‌سازی دستگاه تناسلی، عقیم‌سازی ناخواسته، آزمایشات غیراخلاقی، نمایش‌های پزشکی، "درمان‌های ترمیمی"، یا "درمان‌های تبدیل‌گر"، وقتی بدون رضایت آگاهانه و آزادانهٔ فرد مربوطه تجویز یا اعمال می‌شوند" فراخوانده است.[۸۵] او هم‌چنین از دولت‌ها خواسته است تا عقیم‌سازی اجباری را در هر شرایطی غیرقانونی اعلام کنند و از کسانی که به گروه‌های حاشیه‌ای تعلق دارند، از جمله افراد هم‌جنس‌گرا، بای‌سکشوال، ترنس‌جندر و اینترسکس حمایت کنند.[۸۶]

در آوریل ۲۰۱۴ و با تصویب قانون هویت جنسیتی، ابراز جنسیت و خصوصیات جنسی در مالتا، به افراد این حق داده شد که براساس هویتی که خود تعریف می‌کنند و بدون نیاز به انجام هیچگونه آزمون روان‌شناسی یا تشخیص پزشکی، تنها براساس تعریف خود از هویت جنسیتی‌شان (خودتعریفی)، مدارک شناسایی و اوراق هویتی جدید اخذ کنند. براساس این قانون تنها کافی است که فرد با مراجعه به یک محضر (دفتر اسناد رسمی)، جنسیت جدید خود را

84 India court recognises transgender people as third gender, BBC News, 15 April 2014, available at: http://www.bbc.com/news/world-asia-india-27031180.

85 Report of the Special Rapporteur on torture andother cruel, inhuman or degrading treatment orpunishment, Juan E. Méndez, A/HRC/22/53, 1 February 2013, P.19, available at
http://www.ohchr.org/Documents/HRBodies/HRCouncil/RegularSession/Session22/A.HRC.22.53_English.pdf.

86 Ibid.

اعلام کند و در عرض یک ماه، اوراق شناسایی با جنسیت تازه دریافت کند.[۸۷] مشابه این قانون در سال ۲۰۱۲ در آرژانتین وضع شده بود با این تفاوت که در مالتا، به همراه اوراق شناسایی جدید، اگر شخص بخواهد باز هم به دنبال تغییر جنسیت برود، از کلیه حمایت‌های پزشکی و بیمه‌ای برخوردار خواهد شد.

۵- اصل رضایت آگاهانه و مختارانه

از نظر موازین حقوق بین‌الملل، رضایت زمانی معتبر است که "به شکلی داوطلبانه، یعنی بدون اجبار، اعمال نفوذ ناروا، یا ارائهٔ نادرست اطلاعات حاصل شود." اجبار و اعمال نفوذ ناروا شامل "وضعیت فشار و آزار" و "شرایطی است که تحت آنها بیمار درمی‌یابد که مخالفت با درمان ممکن است پیامدهای ناخوشایندی برایش داشته باشد". حق رضایت زمانی نقض می‌شود که دولت‌ها افراد هم‌جنس‌گرا و ترنس را مجبور کنند میان حق امتناع از درمان پزشکی و حق برخورداری از برابری، زندگی خصوصی و به رسمیت شناخته شدن آن هویت جنسیتی و گرایش جنسی که خود را با آن تعریف می‌کنند دست به انتخاب بزنند.

رضایت آگاهانه، در دادگاه نورنبرگ در زمان محاکمهٔ پزشکان نازی دربارهٔ آزمایشات پزشکی که در اردوگاه‌های کار اجباری انجام داده بودند، به‌عنوان یک اصل بنیادین مطرح شد و منجر به ایجاد مقرراتی با عنوان شناسه نورنبرگ شد.[۸۸]

در حقوق بین‌الملل، بحث‌های زیادی دربارهٔ اصل رضایت آگاهانه صورت گرفته و با این که هنوز هیچ سند بین‌المللی آن را به‌عنوان یک حق بنیادین بشر به رسمیت نشناخته است اما برخی بر این باورند که مادهٔ هفتم میثاق بین‌المللی حقوق مدنی- سیاسی که بر اساس آن قرار دادن شخص تحت آزمایش‌های

87 Malta Adopts Ground-breaking Trans and Intersex Law – TGEU Press Release, Transgender Europe, 1 April 2014, available at: http://tgeu.org/malta-adopts-ground-breaking-trans-intersex-law/

88 Mason Meier, Benjamin, International Protection of Persons Undergoing Medical Experimentation: Protecting the Right of Informed Consent, Berkeley Journal of Inernatinal Law, Volume 20, Issue 3, 2002, P. 514.

پزشکی یا علمی بدون رضایت آزادانهٔ او ممنوع است[۸۹]، اصل رضایت آزادانه را به‌عنوان یک قاعدهٔ حقوق بین‌الملل برای همگان لازم‌الاجرا کرده است.

حقوق‌دانان بین‌المللی، در بحث‌های مربوط به رضایت آگاهانه و آزادانه، مفاهیمی چون "رضایت تحت فشار" و "آسیب‌پذیری" و افراد آسیب‌پذیر را مطرح کرده‌اند. آنان در این بحث‌ها به شرایطی اشاره می‌کنند که در آن صورت حتی اگر از فردی که تحت آزمایش علمی و پزشکی است، رضایت‌نامهٔ کتبی و امضادار اخذ شده باشد، این رضایت نمی‌تواند "آگاهانه" و به‌عنوان یک انتخاب آزاد تعریف شود.

از نظر رویه‌ای، محدودیت‌های اصلی برای رضایت آگاهانه می‌تواند شامل فشارهایی روانی و اجتماعی باشد که بر جامعهٔ آسیب‌پذیر مورد تحقیق اعمال می‌شود. خودمختاری فقط زمانی محقق می‌شود که یک تصمیم به شکلی آگاهانه اتخاذ شده باشد. تنها در صورتی که فرد توانایی ذهنی و آگاهی لازم در مورد خطرات احتمالی تصمیمش را داشته باشد می‌توان از یک رضایت آگاهانه مبتنی بر قضاوت علمی سخن گفت. بدون داشتن درک لازم برای اتخاذ تصمیم مختارانه، فرد نسبت به پزشک خود موضعی فرودستانه، پذیرنده، و مطیع خواهد داشت.

بنجامین مه‌یر عنوان می‌کند: "افراد مبتلا به اچ‌آی‌وی در کشورهای در حال توسعه را می‌توان در مقابل آزمایشات پزشکیِ غیر رضایتمندانه به‌عنوان آسیب‌پذیر قلمداد کرد، چرا که از فقدان قدرت سیاسی، فقدان آموزش، ناآشنایی با مداخلات علم پزشکی، و فقر شدید رنج می‌برند. این به خصوص در مورد بخشی از این جوامع، یعنی زنان، بچه‌ها و بومیانی که ممکن است به دلیل ناتوانیِ اجتماعی و موقعیت نازل‌شان به اجبار در آزمایشات شرکت کنند بیشتر صدق می‌کند."[۹۰]

این استدلال به وضوح در مورد جامعهٔ هم‌جنس‌گرا و ترنس‌جندر ایرانی هم صادق است. بحث در این جا به مفهوم "آسیب‌پذیری" پیوند می‌خورد. فرد یا

---

۸۹ مجمع‌عمومی‌سازمان‌ملل‌متحد، میثاق‌بین‌المللی‌حقوق‌مدنی‌و سیاسی، مصوب ۱۶ دسامبر ۱۹۶۶ میلادی (مطابق با ۲۵ /۹/۱۳۴۵ شمسی) مجمع عمومی سازمان ملل متحد(۳)، مادهٔ هفتم، قابل دسترسی در: http://www.unic-ir.org/hr/convenant-cp.htm

90 Meier, op. cit., pp. 540-41.

گروهی از افراد که پتانسیل یا بی‌پناهی خاصی برای دچار شدن به جراحت و آسیب جسمی یا روانی داشته باشند آسیب‌پذیر محسوب می‌شوند. به معنای عام کلمه، تمامی انسان‌ها آسیب‌پذیرند. بنابر این پژوهش‌گران باید نسبت به آسیب‌پذیری تمامی افراد مورد آزمون و نیز سایر افراد درگیر در پژوهش آگاه و حساس باشند. اما گاهی ویژگی خاصی نظیر سن، بیماری یا وضعیت اجتماعی برخی از افراد را در وضعیت ویژه‌تری از آسیب‌پذیری قرار می‌دهد. وقتی بحث بر سر اتخاذ یک تصمیم باشد، مهم‌ترین نمود آسیب‌پذیری، ناتوانی یا کم‌توانی در یک رضایتمندی اگاهانه و آزادانه است. این یعنی امکان "آگاهانه بودن" یا "آزادانه بودن" رضایت در افراد آسیب‌پذیر نسبت به سایر افراد به شکل قابل‌ملاحظه‌ای پایین‌تر است.

۶- حق آزادی بیان و دسترسی به اطلاعات

مادهٔ نوزدهم میثاق بین‌المللی حقوق مدنی و سیاسی از حق آزادی بیان و دسترسی به اطلاعات که " شامل آزادی جستجو، دریافت و انتقال بی‌مرز تمام انواع ایده‌ها و اطلاعات از طریق کلام، نوشتار، بیان هنری، یا هر رسانهٔ انتخاب‌شدهٔ دیگر" است، دفاع می‌کند. این حق شامل بیان و دریافت ارتباطات از هر نوع ایده و عقیده است که قابل انتقال به دیگران باشد، از قبیل "گفتمان سیاسی، اظهارنظر در مورد امور شخصی و عمومی، بحث‌های مربوط به حقوق بشر، ژورنالیسم، بیان هنری و فرهنگی، آموزش، و گفتمان دینی". نکتهٔ مهم این است که گسترهٔ این ماده بیان‌هایی را هم که ممکن است توهین‌آمیز شناخته شوند دربر می‌گیرد، با این حال چنین بیان‌هایی می‌تواند بنا بر شرایطی که در بند سوم مادهٔ نوزدهم توصیف شده است محدود شوند.

بر اساس بند سوم مادهٔ نوزدهم، آزادی بیان در عمل می‌تواند مورد محدودیت‌های خاصی قرار گیرد، اما این محدودیت‌ها تنها باید از طریق قانون اعمال شوند و ضرورت‌شان "برای احترام به حقوق یا نیک‌نامی دیگران" و "برای حفاظت از امنیت ملی یا نظم عمومی یا اخلاق و سلامت عمومی" محرز شده باشد. کمیتهٔ حقوق بشر عنوان کرده است که "مفهوم اخلاق از سنت‌های دینی، فلسفی و اجتماعی بسیاری اخذ شده است؛ پس محدودیت‌هایی .... که برای صیانت وضع می‌شوند باید بر مبنای اصولی قرار گیرند که منحصر به یک

سنت نیستند". این کمیته دریافته است که هر گونه محدودیتی باید با احترام به جهان‌شمول بودن حقوق بشر و اصل عدم تبعیض وضع شود.

از آن جایی که هر گونه محدودسازی آزادی بیان، نوعی مانع جدی در تحقق حقوق انسانی است، اعمال این محدودیت‌ها براساس باورهای سنتی، مذهبی یا سایر قوانین عرفی، با میثاق بین‌المللی حقوق مدنی و سیاسی ناسازگار خواهد بود. این محدودیت‌ها تنها باید توسط قانون وضع شوند. کمیتهٔ حقوق بشر عنوان کرده است که چنین قوانینی که حقوق برشمرده در بند نوزدهم را محدود می‌کنند "نباید ناقض مقررات مربوط به عدم تبعیض در میثاق باشند"؛ مقرراتی که بر اساس اصول کمیته، نابرابری بر مبنای گرایش جنسی یا هویت جنسیتی را ممنوع می‌کنند.

به این ترتیب، حق آزادی بیان و دسترسی به اطلاعات مندرج در ماده ۱۹، تمام مردم از جمله افراد هم‌جنس‌گرا، بای‌سکشوال و ترنس‌جندر را برای جستجو، دریافت، و انتقال اطلاعات در موضوعات مربوط به هویت جنسیتی و گرایش جنسی مورد حمایت قرار می‌دهد. در پروندهٔ فدوتووا علیه روسیه در سال ۲۰۱۲، کمیتهٔ حقوق بشر صراحتاً اعلام کرد که حق آزادی بیان هم‌جنس‌گرایان و ترنس‌جندرها را در "بیان کردن هویت جنسی [خود] و تلاش برای کسب اطلاعات درباره آن، مورد حمایت قرار می‌دهد."[۹۱] کمیتهٔ حقوق بشر اخیراً این تصمیم را در مورد پرونده‌ای مربوط به نقض حق تشکیل یک تجمع مسالمت‌آمیز، برای نشان دادن نگرانی در مورد غفلتی که نسبت به حقوق هم‌جنس‌گرایان و ترنس‌جندرها در ایران وجود دارد، تأیید کرده است.[۹۲]

در گزارشی تازه در مورد قوانین تبعیض‌آمیز و رفتارها و کنش‌های خشونت‌آمیز بر علیه افراد بر مبنای هویت جنسیتی و گرایش جنسی، کمیساریای عالی سازمان ملل متحد در امور حقوق بشری مجددا بر نکات فوق تأکید کرده و دولت‌ها را به "تضمین این که افراد بتوانند حقوق خود را برای آزادی بیان،

91 Human Rights Committee, Fedotova v. Russia, Communication No. 1932/2010 (CCPR/C/106/D/1932/2010), para. 10.7.

92 Human Rights Committee, General Comment No. 34: Article 19, Freedoms of opinion and expression, CCPR/C/GC/34 (12 September 2011), para. 11.

تشکل‌ها و تجمعات صلح‌آمیز در امنیت و فارغ از تبعیض‌های مبتنی بر گرایش جنسی و هویت جنسیتی‌شان محقق کنند" توصیه کرده است. ۹۳

اصول یوگیاکارتا

کاربرد حقوق بشر بین‌الملل در رابطه با
گرایش جنسی و هویت جنسیتی ۹۴

اصول ۲۹ گانه یوگیاکارتا در جهت تحقق حقوق بشر بین‌الملل با در نظر گرفتن هویت جنسیتی و گرایش جنسی تنظیم شده است.

این اصول که در نوامبر سال ۲۰۰۶ در شهر یوگیاکارتای اندونزی به شکلی جمعی توسط شرکت کنندگانی از ۲۵ کشور جهان تنظیم و تصویب شده است، اولین سند بین‌المللی‌ست که با نظارت و مشارکت فعالان متخصص این حوزه و حقوقدانان و کارشناسان بین‌المللی تنظیم شده و بر عدم تبعیض بر اساس گرایش جنسی و هویت جنسیتی تأکید کرده و بر حقوق اقلیت‌های جنسی با توجه به مضامین مندرج در اعلامیه جهانی حقوق بشر تأکید می‌کند. ۹۵

این اصول در واقع مقررات بین‌المللی را که می‌توانند با حقوق اقلیت‌های جنسی مرتبط باشند، بازنویسی کرده و از آنها ابهام زدایی می‌کند. به‌عنوان مثال، اصل عدم تبعیض را را از دریچه حقوق اقلیت‌های جنسی می‌بیند و به تمامی دولت‌ها و بازیگران بین‌المللی یادآوری می‌کند. به دیگر بیان، این اصول، حاوی مضامین تازه‌ای در حقوق بین‌الملل نیست بلکه خوانشی تازه از حقوق بین‌الملل موجود

93 Report of the UN High Commissioner for Human Rights, Discriminatory laws and practices and acts of violence against individuals based on their sexual orientation and gender identity, A/HRC/19/41 (17 November 2011), para. 58.

94 The Yogyakarta Principles on the Application of International Human Rights Law in relation to Sexual Orientation and Gender Identity, available at http://www.yogyakartaprinciples.org/principles_en.htm.

95 Report on the launch of the Yogyakarta Principles, Arc-International, available at http://arc-international.net/strengthening-capacity/yogyakarta-principles/report-yp-launch./

است؛ خوانشی که قرائت رایج و گزینشی از اصول حقوق بشر را به چالش می‌کشد و همگان را وامی‌دارد تا حقوق بشر را از زاویه حقوق افراد دارای گرایش جنسی و هویت جنسیتی متفاوت ببینند. به همین دلیل، سند یوگیاکارتا متضمن تحول و پیشرفت حقوق بشر در حوزه حقوق اقلیت‌های جنسی است زیرا از آن در این حوزه ابهام زدایی می‌کند.

تنظیم کنندگان این سند از سازمان ملل و مکانیزم‌های مرتبط با آن خواسته‌اند که این اصول را به‌عنوان بخش تفکیک ناپذیر اعلامیه جهانی حقوق بشر به رسمیت بشناسند، به گونه‌ای که هیچ قانون ملی، بین‌المللی و یا منطقه‌ای نتواند باعث محدودیت این حقوق شود.

اصول یوگیاکارتا بر اینکه تمام انسان‌ها به لحاظ حقوق و کرامت انسانی برابر زاده شده‌اند. حقوق بشر، جهان‌شمول، مستقل و غیر قابل تفکیک و مرتبط با یکدیگرند، گرایش جنسی، هویت جنسیتی بخشی از هویت فرد و کرامت انسانی او بوده و نمی‌بایست مبنایی برای تحقیر و تبعیض باشند صحه می‌گذارد.

تضمین حق کار و سلامت و بهداشت و هم‌چنین حق برخورداری از آزادی بیان، حق تحصیل، حق برخورداری از امنیت، حق آزاد زیستن و حق برخورداری از عدالت و محاکمه عادلانه، حق مصونیت از شکنجه و دستگیری خودسرانه، حق برخورداری از حداقل استاندارد زندگی، حق مسکن، حق آموزش و حق امنیت از آسیب و بدرفتاری، حق آزادی عقیده و بیان و حق تشکل و اجتماعات، حق پناهندگی و حق تشکیل خانواده، حق زندگی اجتماعی و مشارکت در زندگی فرهنگی و ... از جمله حقوق مندرج در این سند هستند که روش تضمین این حقوق نیز با ارائه راهکارهایی در هر مورد به دولت‌ها توصیه شده است. این مصوبه بیش از ۱۶ راهنمای عمل نیز به مقامات و نهادهای بین المللی به همراه دارد.

اصل ۱۶ این مصوبه بر حق تحصیل و آموزش تأکید دارد. هر انسانی حق برخورداری از آموزش و تحصیل را با در نظر داشتن هویت جنسیتی و گرایش جنسی‌اش دارد، بدون اینکه این عوامل باعث تبعیض در مورد وی شوند.

بند ۱۷ بر حق برخورداری از بالاترین امکانات برای سلامتی تأکید دارد و می‌گوید: "هر انسانی حق برخورداری از بیشترین میزان سلامت روانی و بدنی را

دارد بدون اینکه به‌دلیل گرایش جنسی و یا هویت جنسیتی‌اش مورد تبعیض قرار گیرد."

اصل ۱۸ نیز بر تضمین مصونیت از آزار پزشکی دلالت دارد و مقرر می‌دارد: "هیچ‌کس نباید به دلیل گرایش جنسی‌اش و یا هویت جنسیتی‌اش به یک درمان پزشکی یا روان‌شناسی روی آورد، یا در یک درمانگاه بستری شود. برخلاف پیش‌داوری‌های تاکنونی، گرایش جنسی و هویت جنسیتی یک انسان، به خودی خود، هیچ بیماری‌ای محسوب نمی‌شود و نمی‌بایستی مورد درمان، معالجه و یا سرکوب قرار گیرد."

حق مطالبه حقوق انسانی نیز در اصل ۲۷ مندرج شده و یادآوری می‌کند که هر انسانی حق مطالبه حقوق انسانی خویش را چه به طور فردی و یا جمعی و چه در سطح ملی و یا بین‌المللی فارغ از تبعیض در مورد گرایش جنسی و هویت جنسیتی‌اش دارد.

این حق شامل فعالیت‌هایی نیز می‌شود که حقوق مرتبط با افراد با گرایشات جنسی و هویت جنسیتی متفاوت را طلب می‌کنند و یا مفاد جدید حقوق بشری ارائه کرده و در مورد آن بحث و برای به رسمیت شناساندن آن تلاش کنند.

بند ۲۹ این مصوبه بر اصل مسئولیت و پاسخگویی استوار است: "هر انسانی که حقوق پایه‌ای و حقوق انسانی وی، مندرج در این مصوبه، نقض شود، حق پاسخگو کردن فرد یا نهادی را که مستقیم یا غیر مستقیم در این نقض حقوق وی دخالت داشته را به تناسب میزان نقض حقوقش به پاسخ‌گویی بکشاند، فارغ از اینکه وی یک مسئول و نماینده اداری بوده و یا خیر.

نمی‌بایستی مصونیت از مجازات برای کسانی که حقوق افراد را به‌دلیل گرایش جنسی و یا هویت جنسیتی‌شان نقض می‌کنند فراهم باشد."

برخی از مهمترین نتایج تحقیق

نظام جنسیتی سیاسی، حقوقی و فرهنگی حاکم بر ایران، آن‌چنان دوجنس‌گونه است که هیچ هویت جنسیتی به جز "زن" و "مرد" را نمی‌پذیرد. این نظام، با روش‌های مختلف از جمله خشونت قانونی، دگرجنس‌گرایی را به‌عنوان تنها گرایش جنسی طبیعی، تبلیغ و تحمیل می‌کند. این موضوع به نهادینه شدن هموفوبیا در بین بسیاری از کسانی منجر می‌شود که متوجه تفاوت خود با همسن‌وسالان خود در گرایش جنسی‌شان می‌شوند. بسیاری از لزبین‌ها و گِی‌ها سال‌ها گرایش جنسی خود را انکار و یا پنهان کرده و تحت فشار و ناملایمات روحی سخت قرار می‌گیرند.

یافته‌های این تحقیق به روشنی نشان می‌دهد که برای خلاصی یافتن از معضل وجود افراد دارای هویت جنسیتی و گرایش جنسی متفاوت با گفتمان سرکوبگر موجود وتبدیل آنها به انسان‌های "نرمال" (زن و مرد دگرجنس‌گرا)، دو راه حل پیش روی آنها گذاشته می‌شود: یا با پذیرش درمان‌های ترمیمی که غیر انسانی و از مصادیق شکنجه پزشکی است، گرایش جنسی خود به هم‌جنس را معالجه کنند و یا، به‌عنوان بیمار مبتلا به اختلال هویت جنسیتی، طبقه‌بندی شده و وادار به انجام روند تغییر جنسیتمی شوند که شامل هورمون‌تراپی‌هایی با عوارض غیر قابل بازگشت و مجموعه عمل‌هایی که به عقیم‌شدن انجامیده و آثار بسیار سوءجسمانی دارند، می‌شود. عدم پذیرش هر یک از این "راه حل" ها که با موازین و استاداردهای بین‌المللی حقوق بشر منطبق نیست، برای بیشتر افراد هم‌جنس‌گرا یا ترنس‌جندر، زندگی زیر سایه انکار هویت، تحقیرشدگی، خشونت خانوادگی، اجتماعی و قانونی را به همراه خواهد آورد. هر چند این تحقیق نشان می‌دهد که حتی کسانی هم که تن به عمل‌های تغییر جنسیت می‌دهند، اگر چه از گزند قوانین تبعیض‌آمیز و خشن علیه اقلیت‌های جنسی دور خواهند شد اما در بیشتر موارد قادر به زدودن "داغننگ" متفاوت بودن با آنچه جامعه و فرهنگ، "طبیعی" می‌دانند، از پیشانی خود و کسب وجهه اجتماعی که برای یک زندگی عادی لازم است، نخواهند بود.

این تحقیق نشان می‌دهد که مجموعه شرایط زیست هم‌جنس‌گرایان و ترنس‌جندرها، در خانواده، جامعه، نظام مشاوره و پزشکی و در مقابل نهادهای

رسمی به گونه‌ای است که وجود رضایت آگاهانه و مختارانه را برای هر انتخابی در تغییر جنسیت، به طور جدی مورد تردید قرار می‌دهد؛ اگر نگوییم که آن‌را منتفی می‌سازد.

چالش‌ها و پرسش‌ها برای تحقیقات آینده

در روند پاسخ به سئوالات این تحقیق، با چالش‌های متفاوتی روبه‌رو شدیم که به مهم‌ترین آنها اشاره می‌کنیم:

۱- پنهان‌کاری و هراس از حضور اجتماعی

چالش بنیادینی که برای انجام این تحقیق با آن روبه‌رو بودیم، نگرانی افراد لزبین، ترنس‌جندر و گی برای انجام مصاحبه بود. بسیاری از این افراد هم‌چنان هویت خود را از جامعه پنهان یا انکار می‌کنند. علت این امر، هزینهٔ گزافی است که در صورت آشکارسازی یا برون‌آیی (coming out) به آنها تحمیل می‌شود: از قطع شدن روابط و دلبستگی‌های عاطفی گرفته تا طرد شدن توسط اعضای خانواده، خویشان و دوستان. این واقعیت تلخ را باید درنظر داشت که تابوهای اجتماعی بسیاری از افراد ترنس‌جندر را نیز از بیان آشکار وضعیت‌شان بازمی‌دارند. همین مقاومت در برابر آشکارسازی، ما را در یافتن افرادی که حاضر باشند روبه‌روی فردی که نمی‌شناسند بنشینند و از زوایای خصوصی و پنهان زندگی‌شان سخن بگویند به دشواری انداخت.

حل این مشکل تنها با ایجاد فضای اعتماد میان پژوهش‌گران و مصاحبه شوندگان ممکن می‌شد. به دلیل تعلق نویسنده و سایر محققان اصلی این کتاب، ما این بخت را داشتیم که در مدت کوتاهی از این فضا بهره‌مند شویم و پای سخنان گاه تکان‌دهندهٔ اعضای این جامعه بنشینیم که در اقصی نقاط جهان زندگی می‌کنند. امنیت و اعتمادی که این افراد از همان آغاز کار و پس از انجام بخشی از مصاحبه‌ها به‌دست آوردند موجب شد تا در ادامه با تقاضای خود افراد ال‌جی‌تی برای انجام مصاحبه مواجه شویم، اما همچنان فقدان فضایی که بتوانند با چهره و نام خود روایات‌شان را بازگویند، ما را در جریان انتشار نتایج

تحقیق به ایجاد تغییراتی در اطلاعات درون روایت‌ها، از قبیل نام راوی یا نام دوستانشان ناچار کرد تا بتوانیم ضمن بیان دردها و مصائبی که آنها تجربه کرده‌اند، تمهیداتی در متن به کار گیریم که فرد مصاحبه‌شونده را غیرقابل شناسایی کند.

بسیاری از مصاحبه‌ها با اسامی مستعار نقل شده‌اند، نام شهر محل مصاحبه برای برخی از مصاحبه‌شوندگان به‌دلایل امنیتی تغییر یافته است. تنها در متن و در مواردی که قواعد و یا تجربیات معینی روایتی عنوان شده است، نام شهر تغییر داده نشده است.

انتخاب اسامی مستعار در اکثر قریب به اتفاق بر عهده فرد مصاحبه شونده گذارده شده است. بسیاری از اسامی مورد استفاده، ضرورتاً منطبق بر درک جامعه از هویت جنسی و جنسیتی فرد نیست و تعریف هرکس از خودش، معیار ما بوده است. به همین دلیل در بیشتر موارد هویت جنسیتی فرد را بنا بر تعریف خودش در مقابل نامش قرار داده‌ایم. در موارد ابهام می‌توانید با رجوع به جدول مصاحبه‌شوندگان در ضمایم کتاب، اطلاعات لازم را در مورد شخص مصاحبه‌شونده دریافت کنید.

در ضمن هر جا جمله نامشخص بوده است و یا واژه‌ای توضیح و یا ترجمه لازم داشته است، توضیحات ما درون کروشه [] اضافه شده است.

۲- درک از اختیار، رضایت و انتخاب

چالش مهم دیگری که ما با آن مواجه شدیم، اظهار "اختیاری" بودن عمل‌های تغییر جنسیت، نه فقط از سوی پزشکان جراح یا مسئولان دولتی که مهم‌تر از آن، از سوی افرادی بود که خود را ترنس می‌دانستند و در مراحل مختلف تغییر جنسیت قرار داشتند و یا جنسیت خود را به طور کامل تغییر داده بودند. در واقع، علی‌رغم نارضایتی از نتایج عمل‌ها که در بسیاری از موارد صریحاً عنوان شده و شکایت از دردها و زخم‌های به جا مانده، معمولاً در مورد ضرورت انجام عمل جراحی یا آگاهانه و آزادانه بودن این انتخاب شک یا شبهه‌ای اعلام نمی‌شد.

در واقع با درک‌های متفاوتی از رضایت و اجبار روبه‌رو بودیم. برای تحلیل این وضعیت به بررسی مفاهیم "رضایت" و "اختیار" پرداختیم.

همانطور که گفته شد، از نظر حقوق بین‌الملل، رضایت تنها زمانی معتبر است که کاملاً آگاهانه و مبتنی بر انتخاب باشد این امر، تنها در صورتی امکان دارد که انتخاب گزینه عکس نیز ممکن باشد. در شرایط ایران، همان‌گونه که بعدتر در این کتاب به تفصیل بررسی خواهیم کرد، اساساً نمی‌توان از رضایت آگاهانه و مختارانه صحبت کرد. بی تردید آن دسته از هم‌جنس‌گرایان و ترنس‌جندرهایی که از دلایل "تفاوت" خود با هم‌سن‌وسال‌های‌شان بی‌خبرند و برای آگاه شدن از این دلایل و البته با ترس و نگرانی شدید از عواقب کار خود به پزشک و یا روان‌پزشک مراجعه می‌کنند، به‌عنوان یک گروه اجتماعی فاقد قدرت و پشتوانهٔ اجتماعی کافی برای تصمیم‌گیری هستند و نمی‌توانند از رضایت‌مندی آگاهانه برخوردار باشند. به‌ویژه اگر قوانین قضایی کشور در صدور حکم شلاق تا اعدام را برای هم‌جنس‌گرایان در نظر بگیریم به آسیب‌پذیری این گروه اجتماعی بیشتر پی می‌بریم.

متأسفانه دستورالعمل‌های پزشکی را که معمولاً برای جلب رضایت این افراد و اخذ موافقت‌شان برای انجام عمل جراحی در اختیارشان گذاشته می‌شود به دست نیاوردیم، چرا که هیچ نسخه‌ای از آنها در اختیار هیچ یک از مصاحبه‌شوندگان ما قرار داده نشده بود. این یعنی حتی به خود فرد اجازهٔ کسب آگاهی لازم از خطرهای جراحی و دلایل توافق و امضایش و ایجاد پروندهٔ اسناد شخصی داده نمی‌شود.

یقین بسیاری از مصاحبه‌شوندگان ما به آگاهانه بودن تصمیم خود برای تغییر جنسیت، در وهلهٔ نخست از کم‌اطلاعی آنان از استانداردهای جهانی و سطح نازل آگاهی آنها از حقوق شخصی‌شان در فرآیند اخذ تصمیم ناشی می‌شد. می‌کوشیم تا در بخش‌های مختلف این پژوهش به تفصیل و با ارائهٔ مثال به این کاستی‌ها اشاره کنیم. وجود این کاستی‌ها در بسیاری از موارد موجب می‌شد تا هر پرسشی که هویت جنسی فعلی آنان را به چالش می‌کشید و به تردید در مورد باورهایشان می‌انجامید با مقاومتی آشکار مواجه شود و امکان بررسی صریح و موشکافانه را از ما سلب کند.

برای گذر از این چالش، صبر، تحمل و تفاهم بسیار لازم بود تا بدون زیر سئوال بردن "حق انتخاب" افراد برای انجام یا عدم انجام عمل جراحی، یا هر نوع درکی از هویت جنسی خود، به شرایط این "انتخاب"ها نگریسته و بی هیچ تعصبی به بررسی لایه‌های مختلف این جریان و تحلیل احساسات متعارض هر شخص بپردازیم.

۳- عدم دسترسی به آیین‌نامه‌ها، اسناد و مدارک مکتوب اداری و پزشکی

با وجود اینکه روزنامه رسمی ایران موظف به انتشار تمامی قوانین، آیین‌نامه‌ها و بخشنامه‌های دولتی برای اطلاع عموم است، قوانین و موازین موجود در حوزه عمل‌های تغییر جنسیت هیچگاه به شکل عمومی منتشر نشده‌اند. با وجود تلاش‌های بسیار، دسترسی به بسیاری از اسناد، قوانین و آیین‌نامه‌های جاری برایمان ممکن نشد، چرا که از سویی در شهرهای مختلف رویه‌های متفاوتی اجرا می‌شود و از سوی دیگر هیچ مرکزی که به انتشار این قواعد حقوقی و اجرایی بپردازد وجود ندارد[۹۶] و متولیان نهادهای مختلف با ارجاع شفاهی به قوانین و آیین‌نامه‌ها، اقدامی را که خود مقتضی تشخیص می‌دهند اجرایی می‌سازند. از این رو تطبیق و مقایسهٔ عملکرد مسئولین نهادهای مختلف و قوانینی که واقعاً به اجرا درمی‌آیند گاه برایمان ناممکن بوده است. این مشکل خود به خوبی نمایانگر بی‌توجهی مسئولین این حوزه و باز گذاشتن دست نهادهای مختلف اداری و پزشکی در برخورد با افراد است. به دلیلی مشابه، پی‌گیری حقوقی برخوردهای غیرعادلانه و تبعیض‌امیزی که در اداره‌ها رخ داده‌اند و خطاهای فاحش پزشکی که گاه به مرگ افراد انجامیده‌اند به هیچ عنوان ممکن نبوده است.

---

۹۶ به‌عنوان مثال ما می‌دانستیم در سال ۱۳۹۱، پزشکی قانونی کشور مصوبه‌ای تحت عنوان "مصوبه مربوط به تشخیص اختلالات جنسی" تصویب کرده است، اما این مصوبه هیچ گاه در روزنامه رسمی یا حتی مجلات پزشکی قانونی منتشر نشده است.

نشان دادن تخلفاتی که در ادارات، مراکز درمانی و دیگر محیط‌های مرتبط با انجام عمل‌های تغییر جنسیت صورت گرفته و به نقض صریح حقوق مصاحبه شوندگان ما منجر شده بود، تنها با ارائهٔ اسنادی از قبیل برگهٔ اخراج، برگهٔ تذکر اخلاقی، برگهٔ احضار به دادسرا، توافقات صورت گرفته با پزشکان، و یا گزارشات پزشکی ممکن می‌شد. متأسفانه در بسیاری از موارد این اسناد در اختیار خود فرد هم قرار داده نشده‌اند و دسترسی به پرونده‌های پزشکی برای خود افراد هم ناممکن یا بسیار دشوار بوده است. (آن اسنادی را که در دست داشته‌ایم در متن این کتاب در دسترس خواننده قرار داده‌ایم.)

از دیگر سو، غالب مصاحبه‌شوندگان پیش‌تر کوشیده‌اند تا خاطرات دردناک خود را از یاد ببرند و از آنها سخنی نگویند. در بسیاری از موارد، آنهایی که اقدام به عمل جراحی کرده‌اند حتی عکس‌های مربوط به دوران پیش از عمل را که نمایانگر جنسیت قبلی‌شان بوده است از بین برده‌اند. با این وجود و با همت و همیاری آن گروهی که به شکلی هر چند محدود به مدارک توصیف‌شده دسترسی داشته‌اند، موفق شدیم بخشی از این اسناد را گردآوری کنیم و در اختیار خوانندگان این تحقیق بگذاریم.

۴- کمبود پژوهش‌های جامعه‌شناسانه در این حوزه

یکی دیگر از چالش‌های جدی ما در این پژوهش، فقدان منابع معتبر تحقیقات جدی در این زمینه و به‌ویژه در مورد جامعهٔ ال‌جی‌تی ایران (جامعهٔ هدف مورد نظر تحقیق ما- افراد لزبین، گی و ترنس‌جندر) بود. فقدان این پشتوانه، تنظیم و تعریف چارچوب نظری پژوهش را دشوار می‌ساخت. برای حل این مشکل کوشیدیم تا با مطالعهٔ نظریات مختلف به چارچوب مناسب کار نزدیک شویم و در نهایت به توفیقاتی دست یافتیم که به اعتبار تحقیق ما افزود. با این حال معتقدیم که پژوهش ما باید توسط تحقیقات دیگری که از وجوهی متفاوت به تأمل در این زمینه می‌پردازند نقد و تکمیل شود.

روشن است که این تحقیق پاسخگوی تمام پرسش‌های نخستین خود نبوده است. با این حال ما به‌عنوان بانیان آن امیدواریم که توجه و علاقهٔ پژوهش‌گران

و فعالان این حوزه را به بررسی و تحلیل این پرسش‌ها و پرسش‌های مرتبط دیگری که در آینده مطرح خواهند شد معطوف کنیم.

افزون بر این، انتشار جزییات و نتایج این تحقیق دعوتی است برای افکندن نگاهی عمیق و انتقادی به شرایط واقعی زندگی هم‌جنس‌گرایان و ترنس‌جندرهای ایرانی، و بررسی آن دسته از ساختارهای حاکم حقوقی، سیاسی، فرهنگی و اجتماعی که بر این شرایط تأثیر می‌گذارند.

فصل اول

بستر سیاسی- حقوقی
زندگی اقلیتهای جنسی در ایران

تو ایران اصلاً چیزی بین زن و مرد وجود نداره، شما باید یا زن مطلق باشی یا مرد مطلق.. (رایان)

هم‌جنس‌گرایی هنوز در بیش از هفتاد و هشت کشور جهان جرم شناخته می‌شود و مجازات‌های سختی در پی دارد. در پنج کشور ایران، عربستان سعودی، یمن، سودان و موریتانی و هم‌چنین در بخش‌هایی از سومالی و نیجریه رابطهٔ جنسی میان دو هم‌جنس مجازات اعدام دارد.[۱] با این وجود ایران تنها کشور اسلامی است که تبدل‌خواهی جنسی یا تمایل به تغییر جنسیت در آن به‌عنوان یک بیماری شناخته می‌شود و تغییر جنس‌خواهان نه تنها مجاز به تغییر جنسیت هستند، بلکه از سوی دولت به انجام آن تشویق می‌شوند. چنان که در ادامه در این کتاب خواهیم دید، دولت در برخی موارد تغییر جنسیت را به شکلی غیر مستقیم، به افراد تحمیل می‌کند.

برخی صاحب‌نظران، مجرمانه بودن هم‌جنس‌خواهی و مشروعیت ترنس-سکشوالیتی در یک کشور واحد را واقعیتی پارادوکسیکال (تناقض‌آمیز) توصیف می‌کنند[۲]. با این وجود ما باور داریم که این امر نه تنها تناقضی در خود ندارد، که جان‌مایهٔ نظام حقوقی و سیاسی حاکم بر زندگی هم‌جنس‌خواهان و ترنس‌جندرها در ایران را نمایان می‌کند.

بر اساس قانون اساسی ایران، کلیهٔ قواعد حقوقی باید منطبق بر فقه شیعه باشند. قوانین مجازات ایران یکسره از فقه جزایی شیعه اخذ شده‌اند در سیاست حقوقی و کیفری ایران، نه تنها جنسیت افراد، بسیار تعیین کننده است و با بسیاری از حقوق و تکالیف گره می‌خورد، بلکه تمامی رفتارها و روابط جنسی خارج از ازدواج، از جمله روابط هم‌جنس‌خواهانه نیز جرم تلقی می‌شود. یعنی از یک سو، هر فرد باید بر طبق معیارهای شرعی یا زن باشد و یا مرد، و از سوی دیگر این زن یا مرد تنها باید رفتارهای جنسی دگرجنس‌خواهانه از خود نشان

---

1 State-Sponsored Homophobia, ILGA, May 2014, 9th Edition, available at: http://old.ilga.org/Statehomophobia/ILGA_SSHR_2014_Eng.pdf.

2 Najmabadi, Afsaneh, ibid.

دهد. این نظام حقوقی به وسیلهٔ مجموعه‌ای از گفتارها و سیاست‌های رسمی تقویت، بازتولید و اجرا می‌شود. همان‌طور که خواهیم دید، گفتارها و سیاست‌های رسمی جمهوری اسلامی در حوزهٔ جنسیت، بر دو ستون استوارند: دوگانهٔ زن/ مرد، و دوگانهٔ منحرف/ مجرم، که بیان دیگری از دوگانهٔ بیمار/گناهکار است. این دوگانه‌ها، هم بین زنان و مردان، و هم بین هم‌جنس‌خواهان و تغییرجنس‌خواهان (ترنس‌سکشوال‌ها) شکافی عمیق ایجاد می‌کنند و افراد را وامی‌دارند که هویت خود را با مفاهیم و تعاریفی بسیار سخت و بی انعطاف تعریف کنند.

گفتمان فقهی حاکم بر مسأله گرایش جنسی و هویت جنسیتی

گرچه فقهای شیعه در مورد تغییر جنسیت آراء متفاوتی دارند، اما همگی در این مورد هم‌نظرند که رابطهٔ هم‌جنس‌گرایانه، گناهی کبیره[3] و عملی ممنوع است و حد (مجازات) شرعی دارد. این در حالی است که افراد دوجنسی (intersex)، که در ادبیات فقهی با عنوان "خنثی" توصیف می‌شوند، همیشه در جوامع اسلامی زیسته‌اند و احکام ویژه‌ای در مورد آنها وجود داشته است. با ظهور مفهوم "ترنس‌سکشوال" و پیشرفت‌های علمی که تغییر جنسیت را ممکن می‌ساخت، معدودی از فقهای شیعه با الهام از قواعد فقهی مربوط به دوجنسی‌ها (خنثای بدنی)، قواعد حاکم بر زندگی تغییرجنس‌خواهان را هم تعیین کرده‌اند و عمل تغییر جنسیت را نه فقط برای دوجنسی‌ها که به لحاظ بیولوژیک، یا هر دو اندام جنسی زنانه و مردانه را دارند و یا هیچ یک از این دو اندام را ندارند (چه به صورت آشکار و چه نهان)، بلکه برای تغییرجنس‌خواهان که به لحاظ ذهنی تمایل به داشتن جنسیتی غیر از جنسیت بیولوژیک خود دارند، به طور مطلق یا مشروط به شروطی جایز شمردند و به آنان عنوان "خنثای روانی" دادند. البته باید توجه کرد که بیشتر فقهای شیعه و تا جایی

---

۳ هم لواط و هم مساحقه، از جمله گناهان کبیره است. هر گناهی که با نص کتاب و یا سنت و یا اجماع به‌عنوان کبیره یا بزرگ اطلاق شده باشد و یا با شدت عقاب بدان خبر داده شود و یا بر انجام آن حد جاری شود و یا به شدت از انجام آن نهی شده باشد، آن کبیره است.

که ما می‌دانیم تمامی علمای سنی، عمل تغییر جنسیت را برای کسانی که آنان خنثای روانی می‌خوانند، به دلایل گوناگونی از جمله حرمت دست بردن در آفرینش خدا، حرمت ضرر زدن به جسم، و نقش این عمل‌ها در مشروعیت‌بخشی به هم‌جنس‌گرایی حرام دانسته‌اند. به‌عنوان مثال، علامه محمد فضل‌الله می‌نویسد:

> این عمل جز اقدام فریب‌کارانه‌ای نیست که از سوی اقلیت هم-جنس‌بازان غربی برای هموار ساختن راه لواط، که هماره از سوی اکثریت جوامع بشری منفور بوده و انجام‌دهندگان آن تحقیر می‌شده‌اند، انجام یافته است. از منظر شرعی نیز این کار حرام و ممنوع است.[۴]

چنان که اشاره شد، تمامی فقهای متأخر (معاصر) شیعه که پیروان این مذهب ناگزیر به تقلید از یکی از آنها هستند، روابط هم‌جنس‌گرایانه را حرام می‌دانند. با این حال و به باور برخی از صاحب‌نظران، برخی از فقهای متقدم معتقدند در قرآن هیچ مجازاتی برای هم‌جنس‌خواهان پیش‌بینی نشده و تفاسیر و روایاتی که مبنای فقهی حرام دانستن هم‌جنس‌خواهی است باید بازخوانی شود. برای نمونه، آرش نراقی، پژوهش‌گر اخلاق و فلسفهٔ اسلامی با یادآوری این نکته که روشن‌ترین مبنای قرآنی در توجیه تبعیض بر مبنای هویت جنسی وجه هم‌جنس‌گرایانهٔ داستان قوم لوط است، با اشاره به تفسیر طبری می‌نویسد:

> غالب تفاسیر سنتی می‌کوشند گناه اصلی قوم لوط را که به عذاب ایشان انجامید در عمل "هم‌جنس‌گرایانه" مردان قوم منحصر کنند. از این رو، در آن جا که قوم لوط خود را به علّت ارتکاب "کار زشت" یا "الفاحشه" مورد نکوهش قرار می‌دهد، مفسّران آن کار زشت یا "فاحشه" را معادل "عمل لواط" تفسیر می‌کنند. اما روایت قرآنی و نیز پاره‌ای قرائن برون‌متنی نشان می‌دهد که قوم لوط مرتکب انواع گناهان فاحش می‌شدند و هیچ دلیلی وجود ندارد که آن "فاحشه" را که عامل اصلی عذاب ایشان بوده است، معادل عمل "هم‌جنس‌گرایانه" در میان مردان قوم تلقی کنیم. از قضا از منظر قرآنی، در صدر گناهان قوم لوط

---

۴ هاشمی، سیدحسین، فضل‌الله و تغییر جنسیت از منظر قرآن، پژوهش‌های قرآنی، سال هفدهم، شماره ۶۵-۶۶، بهار و تابستان ۱۳۹۰، ص. ۱۵۶.

کفرورزی و انکار نبوّت لوط و سایر پیامبران الهی قرار داشته است [و نه اعمال هم‌جنس‌گرایانه].[۵]

به هر روی، چنین تفاسیر نوگرایانه‌ای، هنوز جایگاهی در میان مراجع تقلید پیدا نکرده و بنا بر اجماع فقهای شیعه، رابطهٔ جنسی میان دو مرد (لواط) مستحق اعدام و رابطهٔ جنسی میان دو زن (مساحقه) مستحق صد ضربه شلاق است. البته اگر زنی سه بار مرتکب مساحقه شود و هر بار، مجازات شلاق دربارهٔ او اجرا شود، مجازات او نیز برای بار چهارم اعدام خواهد بود.

با این حال و چنان که پیش‌تر اشاره کردیم، در مورد مسئلهٔ تغییر جنسیت وضعیت دیگری برقرار بود و برخی از فقهای شیعه افرادی را که برای خود جنس دیگری غیر از جنس بیولوژیک‌شان قائل بودند، با عنوان "خنثای روانی" توصیف می‌کردند. این فقها احکامی شبیه به احکام مربوط به دوجنسی‌ها (خنثای بدنی) برای این افراد تعیین و قابل اجرا می‌کردند و عمل تغییر جنسیت را که برای دوجنسی‌ها مجاز شمرده می‌شد، برای تغییرجنس‌خواهان نیز مجاز می‌دانستند. در این میان، آیت‌الله خمینی، در فتوای مشهور خود که در سال ۱۳۴۳ و در زمان تبعید در ترکیه صادر کرد، یک گام جلوتر گذاشت و عمل تغییر جنسیت را برای تغییرجنس‌خواهان "واجب" اعلام کرد. در این فتوا آمده است:

ظاهراً تغییر دادن جنس مرد به زن و جنس زن به مرد از طریق عمل جراحی اشکال ندارد، و هم‌چنین عمل جراحی بر روی کسی که خنثی است تا سرانجام یا مرد شود و یا زن حرام نیست، و آیا اگر مردی در خود تمایلاتی از سنخ تمایلات زنان احساس کند و یا اثری از آثار زنان را در خود ببیند و یا اگر زنی در خود تمایلاتی از سنخ تمایلات مردان

۵ احتمالاً طبری نخستین مفسّری است که تعبیر قرآنی "فاحشه" را در روایت قرآنی قوم لوط با "عمل لواط" معادل فرض می‌کند، و آیات مربوطه را بر مبنای این معادله تفسیر می‌کند. محمد الطبری، تفسیرالطبری، به کوشش بشار عواد، بیروت، مؤسسه الرساله، ۱۹۹۴، جلد ۳، ص ۱۶۳. هم‌چنین صاحب المیزان به صراحت تأکید می‌کند که "مراد از کلمهٔ فاحشه [در سیاق روایت قوم لوط] همان عمل لواط است". (ترجمه تفسیر المیزان، ج ۱۶، ص ۱۸۲).
[به نقل از نراقی، آرش، *قرآن و مسئله حقوق اقلیت‌های جنسی* (قسمت دوم)]، خبرنامه گویا، ۱۴ دی ۱۳۸۹، قابل دسترسی در: http://news.gooya.com/society/archives/115687.php

را احساس کند و یا اثری از آثار مردان را در خود ببیند واجب است بر او این که به عمل جراحی اقدام نموده اولی خود را زن و دومی خود را مرد کند؟ و یا واجب نیست؟ به حسب ظاهر واجب نیست، البته این در صورتی است که اولی حقیقتاً مرد و دومی حقیقتاً زن باشد و تنها هر یک بعضی از تمایلات و یا آثار جنس مخالف را در خود ببیند و از آنجا که تغییر جنسیت ممکن شده است بخواهد از جنس مخالف بشود (نه در جائی که کسی در مرد بودن و یا زن بودن خود تردید دارد و اگر به‌ظاهر مرد است احتمال قوی بدهد که شاید در واقع زن باشد و یا اگر زن است احتمال قوی بدهد که شاید در واقع مرد باشد که در این صورت تغییر جنسیت ظاهریش به جنسیت واقعی به شرحی که در مسئلهٔ بعد می‌آید واجب است.[۶]

این فتوا عمل تغییر جنسیت را مطلقاً و بدون هیچ قید و شرطی جایز می‌داند. مطلق بودن حلیت عمل تغییر جنسیت مورد انتقاد محتاطانهٔ بسیاری از حقوق‌دانان قرار گرفته است؛ اینان معتقدند که تغییر جنسیت نباید برای آن دسته از افرادی که مشکل جسمی یا روحی ندارند مجاز باشد. بیشتر فقهای هم‌عصر آیت‌الله خمینی هم مجاز بودن تغییر جنسیت را به شروطی چون عدم انجام فعل حرام در روند تغییر جنسیت، نظر موافق پزشکان و... مشروط کرده‌اند.[۷] بیست و یک سال بعد، خود آیت‌الله خمینی هم که دیگر نه یک روحانی مخالف در تبعید، بلکه بالاترین مقام سیاسی و مذهبی ایران بود، فتوای مطلق خود را تعدیل کرد و عمل جراحی تغییر جنسیت را به موافقت پزشک معتمد مشروط دانست.[۸]

---

۶ خمینی، روح‌الله، ترجمه تحریرالوسیله امام خمینی، جلد چهارم، سیّد محمّد باقر موسوی همدانی، قم: موسسه فرهنگی و اطلاع‌رسانی تبیان، ۱۵/۱۱/۱۳۹۰، قابل دسترسی در: http://ketaab.iec-md.org/AHKAAM/tahrirolwasyla_imam_khomeini_jeld_4_28.html

۷ موسوی بجنوردی، سید محمد، بررسی فقهی حقوقی در خصوص تغییر جنسیت با رویکردی بر نظر حضرت امام خمینی، پژوهش‌نامهٔ متین، شماره ۳۶،پاییز ۱۳۸۶، ص ۳۶

۸ دفتر آیت‌الله خمینی، بخش استفتا، در پاسخ به استفتای مریم ملک آرا که متن سوال آن هیچ‌گاه منتشر نشده چنین حکم می‌دهد: "تغییر جنسیت با تجویز طبیب مورد اعتماد اشکال شرعی ندارد. انشاءالله تعالی در امان بوده باشید و کسانی که شما ذکر کرده‌اید امید است مراعات حال شما را بکنند."

تمام متون آکادمیک و غیرآکادمیک موجود، از این فتوا به‌عنوان جواز حلیت عمل تغییر جنسیت یاد می‌کنند، اما این فتوا معنای روشن دیگری هم دارد که تمامی متون یاد شده از آن غفلت کرده‌اند: *واجب و الزامی* دانستن عمل تغییر جنسیت. اگر یک بار دیگر متن فتوا را با حذف توضیحات آن بازخوانی کنیم، به صراحت مشخص می‌شود که آیت‌الله خمینی در مواردی که شخصی که با بیولوژی مرد به دنیا آمده، حقیقتاً مرد نباشد و احتمال قوی بدهد که شاید در واقع زن است، عمل تغییر جنسیت را واجب دانسته است. بار دیگر به بخشی از متن فتوا توجه کنیم:

*آیا اگر مردی در خود تمایلاتی از سنخ تمایلات زنان احساس کند و یا اثری از آثار زنان را در خود ببیند واجب است بر او این که به عمل جراحی اقدام نموده خود را زن کند؟ به‌حسب ظاهر واجب نیست، البته این در صورتی است که حقیقتاً مرد باشد و تنها بعضی از تمایلات و یا آثار جنس مخالف را در خود ببیند نه در جائی که کسی در مرد بودن و یا زن بودن خود تردید دارد و اگر به‌ظاهر مرد است احتمال قوی بدهد که شاید در واقع زن باشد و یا اگر زن است احتمال قوی بدهد که شاید در واقع مرد باشد که در این صورت تغییر جنسیت ظاهریش به جنسیت واقعی به شرحی که در مسئلهٔ بعد می‌آید **واجب** است.*

و برعکس:

*آیا ... اگر زنی در خود تمایلاتی از سنخ تمایلات مردان را احساس کند و یا اثری از آثار مردان را در خود ببیند واجب است بر او این که به عمل جراحی اقدام نموده ... خود را مرد کند؟ ... به‌حسب ظاهر واجب نیست، البته این در صورتی است که ... حقیقتاً زن باشد و تنها هر یک بعضی از تمایلات و یا آثار جنس مخالف را در خود ببیند... نه در جائی که کسی در ... یا زن بودن خود تردید دارد و اگر به‌ظاهر ... زن است احتمال قوی بدهد که شاید در واقع مرد باشد که در این صورت تغییر جنسیت ظاهریش به جنسیت واقعی به شرحی که در مسئلهٔ بعد می‌آید **واجب** است.*

به نظر می‌رسد منظور آیت‌الله خمینی از "حقیقتاً مرد" یا "حقیقتاً زن"، گرایش جنسی شخص است، زیرا تعریف مرد حقیقی با گرایش جنسی و توانایی شخص در تولیدمثل گره خورده و این تمایلات (آن‌گونه که خمینی می‌گوید)

نباید به گونه‌ای باشد که گناه اتفاق بیفتد. وقتی گرایش به هم‌جنس به‌عنوان گناه ممنوع می‌شود، تعریف مردانگی با گرایش به هم‌جنس تعارض پیدا می‌کند. مرد یا زن حقیقی کسی است که به هم‌جنس خود تمایل نداشته باشد. درست از همین روست که در این فتوا، آزادی تغییرجنس‌خواهان برای عمل جراحی، و ممنوعیت زندگی آزاد هم‌جنس‌گرایانه به هم پیوند می‌خورند. یعنی برخلاف فضل‌الله که عمل تغییر جنسیت را هموارکنندهٔ راه هم‌جنس‌بازان می‌داند، آیت‌الله خمینی از طریق این فتوا، عمل تغییر جنسیت را برای آن دسته از پیروانش که به دلیل گرایش به هم‌جنس، در حقیقت زنانگی یا مردانگی خود تردید دارند جایز و حتی واجب دانسته است و کوشیده تا این گونه آنها را از تردید خارج کند.[۹]

اما غیر از حرام بودن رابطهٔ هم‌جنس‌خواهانه، منطق شرعی دیگری هم وجود دارد که افراد را وادار می‌کند از حالت تردید نسبت به جنسیت خود خارج شوند و به‌عنوان زن یا مرد حقیقی (کامل) زندگی کنند. مجموعهٔ احکام شرعی که وظایف یک فرد مسلمان را تعیین می‌کند، بر اساس تفکیک‌های شدید جنسیتی تعریف شده است و مبتنی بر دوگانه جنسیتی (زن/ مرد) است. یعنی علاوه بر وظایف کلی‌ای که یک مسلمان بر عهده دارد، تکالیف زیادی هست که با جنسیت او رابطهٔ مستقیم دارد و بسته به زن یا مرد بودن فرد مسلمان تغییر می‌کند. برای نمونه، آغاز بزرگسالی (بلوغ) که انجام تکالیف مذهبی مانند نماز و روزه را برای فرد واجب می‌کند، براساس نظریه غالب فقها، در دختران ۹ سال و در پسران، ۱۵ سال تعیین شده است. مثال دیگر این که زن مسلمان وظیفه دارد بدن و موهای خود را از مردان نامحرم بپوشاند (وجوب حجاب)، یک مرد مسلمان وظیفه دارد بر خانواده ریاست کند و به همسر و فرزندان خود نفقه بپردازد. زن در مقابل، وظیفهٔ اطاعت از تمامی خواسته‌های جنسی شوهر

---

۹ در بخش کامنت‌ها در مطلبی که فتاوای مختلف فقهای شیعه دربارهٔ عمل تغییر جنسیت، از جمله فتاوای مخالف این عمل را منتشر کرده بود، یک خواننده به سادگی این منطق را توضیح داده و می‌نویسد: "اگر تغییر جنسیت صورت نگیره فرد می‌ره سمت هم‌جنس‌گرایی. حالا شما بگین تغییر جنسیت بهتره یا رابطه با هم‌جنس؟" (حکم تغییر جنسیت چیست؟، ۳۰ آبان ۱۳۹۱، افکار نیوز، قابل دسترسی در:
http://www.afkarnews.ir/vdcawin6e49ni01.k5k4.html

(تمکین) را بر عهده دارد. نه ریاست مرد بر خانواده قابل تفویض به زن است و نه می‌توان مرد را به تمکین خواسته‌های جنسی زنش ملزم کرد. حتی نحوهٔ وضو گرفتن زنان و مردان نیز متفاوت است و در صف نماز جماعت هم زنان باید پشت سر مردان بایستند. احکام مربوط به جداسازی دو جنس (اصل منع اختلاط مرد و زن نامحرم) در تمامی فضاهای عمومی و حتی خانوادگی، بخش قابل ملاحظه‌ای از رساله‌های توضیح‌المسائل علماء را به خود اختصاص داده است. بر اساس این اصل، که زنان و مردانی را که رابطهٔ نزدیک نامحرم [۱۰] از نگاه کردن، صحبت کردن و هر نوع معاشرت با یکدیگر نهی می‌کند، باید در فضاهای آموزشی، ورزشی، وسایل نقلیهٔ عمومی و بسیاری از فضاهای عمومی دیگر جداسازی جنسیتی انجام شود تا امکان ارتکاب گناه شهروندان مسلمان به حداقل برسد.

در این چارچوب ارزشی، فرد مسلمان برای این که بتواند به تکالیف اسلامی خود عمل کند و از ارتکاب گناه و عذاب جهنم در امان بماند، نخست باید بداند که زن است یا مرد. چرا که تنها پس از آگاهی دقیق از جنسیت خود می‌تواند تشخیص دهد که کدام مجموعه از تکالیف بر عهدهٔ اوست. هراس مجتهدین از این که مبادا فردی که در تعیین جنسیت خود مردد است، تکالیف شرعی نادرست یا غیرمرتبط با جنسیت واقعی خود را انجام دهد، در احکام مفصلی که دربارهٔ دوجنسی‌ها وضع شده کاملاً قابل رویت است. بر اساس این احکام، اگر فردی باشد که جنسیت او را با وجود تمامی معیارهای وضع‌شده شرعی [۱۱] نتوان

---

۱۰ از نظر شرعی محرم به کسی گفته می‌شود که به دلیل ارتباط نسبی یا سببی یا شیری، ازدواج با او حرام است. انسان می‌تواند به محارم خود به طور عادی و آزاد نگاه کند و بر آنها لازم نیست در حضور او حجاب داشته باشند. کسانی که با هم محرم نیستند باید در معاشرت با هم حجاب را مراعات کنند و حریم نگه دارند و با هم خلوت نکنند.

۱۱ در فقه اسلامی، راه‌حل‌های گوناگونی در چگونگی تشخیص جنسیت خنثی بیان شده است که به مهم‌ترین آنها اشاره می‌شود:

۱. ملاک ادرار: اگر دو جنسی (خنثی)، از یکی از دو آلت تناسلی مردانه یا زنانه، بول کند، به همان جنس ملحق است. پس اگر از آلت تناسلی مردانه بول کند، مرد است، و اگر از آلت تناسلی زنانه بول کند، به زنان ملحق است.
←

"کشف" کرد (خنثای مشکل)، او موظف است که برای اجتناب از هر گونه گناه هم احکام مربوط به زنان و هم احکام مربوط به مردان را رعایت کند.[۱۲] برای نمونه، باید هم حجاب داشته باشد و هم در جهاد که فقط بر مردان واجب است شرکت کند. البته فقهای معاصر با ابراز خوشحالی از پیشرفت علم که امکان عمل تغییر جنسیت را برای دوجنسی‌ها فراهم آورده است، عمل به این فتوا را منحصراً به زمان پیش از انجام عمل جراحی محدود می‌کنند.

نظام دوگانهٔ جنسیتی تنها بر تکالیف و وظایف دینی حاکم نیست. مطابق قوانین اسلامی، حقوق افراد هم بر مبنای جنسیت آنها تعریف می‌شود. در بخش‌های بعدی این پژوهش به تفصیل خواهیم دید که چگونه در اموری چون ارث، شهادت، دیه یا طلاق، تبعیض‌های حقوقی متعددی به زنان تحمیل می‌شود. برای نمونه، حق تعدد زوجات تنها به مردان اختصاص داده شده است. واقعیت دیگر این که زنان حتی اگر به بالاترین سطوح اجتهاد هم برسند اجازهٔ صدور فتوا و یا اجازهٔ قضاوت و صدور حکم در دادگاه را ندارند. در این نظام دوگانه، فرد مسلمان باید به شکل مطلق نسبت به جنسیت خود آگاهی و

← ۲. سبقت بول از مجرای زنانه یا مردانه: گاه فرد خنثی از هر دو آلت، بول می‌کند. در این حالت، ملاک جنسیت، سبقت بول از مجرای زنانه یا مردانه است. به عبارت دیگر، اگر از مجرای مردانه، زودتر بول کند به مردان ملحق است، و گرنه به گروه زنان ملحق است.

۳. تأخیر قطع بول از مجرای زنانه یا مردانه: چنان چه، فرد خنثی (دوجنسی) از هر دو مجرای مردانه و زنانه، هم‌زمان شروع به ادرار می‌کند، در این حالت، ملاک اخیر مورد توجه قرار می‌گیرد. به عبارت دیگر، از هر کدام از دو مجرای زنانه یا مردانه، بول دیرتر قطع شود، به همان جنس ملحق می‌شود. پس اگر ادرار، دیرتر از مجرای مردانه قطع شود، به مردان ملحق است، و اگر از مجرای زنانه، ادرار دیرتر قطع شود، پس به زنان ملحق است.

(از نظر فقهی چه تعریف یا ملاکی برای تشخیص جنس مذکر یا مؤنث وجود دارد؟)، ۲۶ فروردین ۱۳۸۸، اسلام کوئست. نت، قابل دسترسی در:

http://islamquest.net/fa/archive/question/fa4986

۱۲ "خنثای مشکل خنثایی است که الحاق آن برحسب علائم شرعیه، یا قراین اطمینان آور دیگر به مذکر یا مونث ممکن نباشد. در چنین مواردی که در انسان طبیعت ثالثی وجود ندارد و هر فردی امرش میان مذکر یا مونث بودن قرار دارد، علم اجمالی پیدا می‌شود که احکام مرد یا احکام زن بر او منطبق است، بنابراین باید تا جای ممکن احتیاط کند." (سبحانی، جعفر، تغییر جنسیت از دیدگاه فقه اسلامی، فقه اهل بیت، سال ۱۸، شماره ۶۹، ص. ۱۵.)

اطمینان داشته باشد تا بتواند ابتدایی‌ترین وظایف مذهبی خود را به جا بیاورد و از ابتدایی‌ترین حقوق خود به‌عنوان یک زن یا یک مرد برخوردارشود.

برای حفظ نظام دوگانه جنسیتی در جامعه اسلامی، مبدل‌پوشی یا پوشیدن لباس جنس مخالف، براساس فتوای بیشتر فقهای شیعه اگر جنبهٔ اتفاقی و استثنایی نداشته باشد، در بیرون از خانه حرام است.[۱۳] همان طور که بعدتر، در این کتاب خواهیم دید، بسیاری از مصاحبه‌شوندگان این تحقیق تنها به دلیل پوشیدن لباسی که با لباس متعارف برای جنسیت بیولوژیکشان تفاوت داشته است، توسط نیروی انتظامی بازداشت شده و مورد آزار و اذیت قرار گرفته‌اند زیرا براساس قانون مجازات اسلامی، همانطور که در مقدمه دیدیم، هرگونه تظاهر به عمل غیرشرعی در انظار، جرم و قابل مجازات است. در واقع، فقه شیعه در ایران تنها در دایرهٔ مذهب و زندگی خصوصی معتقدان به این مذهب محدود نمی‌شود و قواعد رفتاری حکومت با شهروندان مسلمان و غیرمسلمان را هم تعیین می‌کند.

همانطور که گفته شد، در برداشت فقه شیعه، طبیعت انسان بر اساس زن یا مرد بودن استوار است و امری میانه یا متفاوت وجود ندارد. یکی از فقها می‌نویسد: "در انسان طبیعت ثالثی وجود ندارد و هر فردی امرش میان مذکر یا مونث بودن قرار دارد"[۱۴] و قواعد فقهی بر همین نظام جنسیتی دوگانه استوار شده‌اند. این گونه است که در بسیاری از موارد ناگزیریم پیش از تعیین حقوق یک فرد، و در وهلهٔ اول جنسیت او را مشخص کنیم و این یعنی باید تعیین کنیم که "زن" است یا "مرد".

---

۱۳ شادی صدر، مجموعهٔ قوانین و مقررات پوشش در جمهوری اسلامی ایران، گردآوری و تدوین، نشر ورجاوند، تهران، ۱۳۸۹، صص. ۱۸۹-۱۹۰.

۱۴ سبحانی، جعفر، تغییرجنسیت از دیدگاه فقه اسلامی، فقه اهل بیت، بهار ۱۳۹۱، شماره ۶۹، ص ۱۵.

قوانین و موازین حقوقی-کیفری ایران در زمینهٔ گرایش جنسی و هویت جنسیتی

نظام حقوق کیفری ایران نیز در بسیاری از موارد مبتنی بر جنسیت فرد است. در صورت ارتکاب جرم، دختران از ۹ سالگی و پسران از ۱۵ سالگی مجازات می‌شوند. برخی از جرائم، مانند مساحقه (رابطهٔ جنسی دو زن) و عدم رعایت حجاب اسلامی، تنها توسط زنان محقق می‌شود. بر اساس قانون مجازات اسلامی، "زنانی که بدون حجاب شرعی در معابر و انظار عمومی ظاهر شوند به حبس از ۱۰ روز تا دو ماه یا از ۵۰ هزار تا پانصد هزار ریال جزای نقدی محکوم خواهند شد." تنها شوهر حق دارد اگر زن خود را در بستر و هنگام آمیزش با مرد دیگری دید، او و معشوقش را بدون این که بازخواست شوند به قتل برساند و در صورتی که پدر به هر دلیلی فرزندان خود را بکشد از مجازات قصاص معاف خواهد بود. برخی از جرائم هم‌چون لواط (رابطهٔ جنسی دو مرد)، جرائم مردانه‌اند. در برخی موارد، مرد یا زن بودن در جزییات مربوط به اثبات جرم یا میزان مجازات تفاوت ایجاد می‌کند. شهادت زنان در بیشتر موارد نصف شهادت مردان به حساب می‌آید و جان زنان، ارزشی معادل با نیمی از جان مردان دارد. از نظر قوانین کیفری ایران، مرد انسان کامل است. بنابراین، اگر مردی زنی را بکشد با او به گونه‌ای رفتار می‌شود که انگار، نصف انسان را به قتل رسانده باشد، و در صورت اجرای قانون (قصاص)، خانوادهٔ مقتول (زن) باید نیمی از دیهٔ یک انسان کامل را به خانوادهٔ قاتل (مرد) بپردازد.

جز یک استثنا، در هیچ بخشی از قوانین ایران امکان این که فرد نه زن و نه مرد باشد، پیش‌بینی نشده است. تنها مادهٔ ۹۳۹ قانون مدنی ایران، تکلیف ارث فرد دوجنسی (خنثی) را به این گونه مشخص می‌کند که اگر علائم مردانگی در فرد غالب باشد به اندازهٔ مردان و اگر علائم زنانگی غالب باشد به اندازهٔ زنان و اگر هیچ کدام غالب نباشد، نصف مجموع سهم‌الارث مرد و زن به او تعلق می‌گیرد.[۱۵]

---

۱۵ مادهٔ ۹۳۹ قانون مدنی- در تمام موارد مذکوره در این مبحث و دو قبل اگر وارث خنثی بوده و از جمله وراثی باشد که ذکور آنها دو برابر اناث می‌برند سهم‌الارث او به طریق ذیل معین

در نخستین پیش‌نویس قانون جدید مجازات اسلامی (مصوب ۱۳۹۲) که توسط قوهٔ قضاییه تدوین شده بود، ماده‌ای وجود داشت که بر اساس آن مجازات رابطهٔ نامشروع افراد دوجنسی مشخص شده بود.[۱۶] این ماده که در سال ۱۳۸۸ به تصویب مجلس رسید، بعدتر توسط شورای نگهبان خلاف شرع تشخیص داده و به همین دلیل از قانون جدید مجازات اسلامی حذف شد. دلیل مخالفت شورای نگهبان این بود که این ماده امکانی را به وجود آورده که حدود شرعی که قابل تبدیل به هیچ مجازات دیگری نیستند، تبدیل به مجازات شلاق از نوعی شوند که قابل تبدیل به جزای نقدی است.[۱۷]

علاوه بر این، قوانین کیفری ایران مجازات‌های سختی برای روابط جنسی دوهم‌جنس و همین‌طور مبدل‌پوشی وضع کرده است.

۱- هم‌جنس‌گرایی

قانون مجازات اسلامی به صراحت کنش جنسی میان بزرگسالان هم‌جنس را عملی مجرمانه می‌داند. لواط در مادهٔ دویست و سی و سوم قانون مجازات اسلامی به‌عنوان "دخول اندام تناسلی یک مرد به اندازهٔ ختنه‌گاه در دبر یک مرد دیگر" تعریف شده است. بنا بر مادهٔ ۲۳۴ قانون جدید مجازات اسلامی که از سال ۱۳۹۲ اجرایی شده است، شریک جنسی مفعول در *لواط* محکوم به مرگ خواهد شد، در حالی که شریک جنسی فاعل تنها در صورتی به اعدام محکوم

می‌شود: اگر علائم رجولیت غالب باشد سهم‌الارث یک پسر از طبقهٔ خود و اگر علائم اناثیت غلبه داشته باشد سهم‌الارث یک دختر از طبقه خود را می‌برد و اگر هیچ یک از علائم غالب نباشد نصف مجموع سهم‌الارث یک پسر و یک دختر از طبقهٔ خود را خواهد برد.

۱۶ متن ماده در لایحه مجازات به شرح زیر در تاریخ ۲۵ آذر ۱۳۸۸ به تصویب مجلس رسید: "مادهٔ ۲۳۰: اگر دو طرف یا یک طرف رابطهٔ نامشروع دوجنسی باشد، در صورتی که اجمالاً احراز شود، یکی از عناوین موجب حد مانند زنا یا مساحقه واقع شده است و به مجازات همان حد و در غیر این صورت هر یک به ۳۱ تا ۹۹ ضربه شلاق تعزیری درجهٔ ۶ محکوم می‌گردند."

۱۷ نظر شورای نگهبان (مغایرت) (دو شوری)، تاریخ سند: ۲۹/۱۰/۱۳۸۸، قابل دسترسی در: http://rc.majlis.ir/fa/legal_draft/state_popup/738552?fk_legal_draft_oid=720530

می‌شود که متأهل باشد.[۱۸] اما اگر مسلمان و مجرد باشد، تنها به یک صد ضربه شلاق محکوم خواهد شد. اگر دخول صورت نگیرد، ممکن است جرم خفیف‌تری به اسم "تفخیذ" شناخته شود که در مادۀ ۲۳۵ قانون مجازات اسلامی به‌عنوان "قرار دادن اندام تناسلی یک مرد میان ران‌ها یا نشیمن‌گاه یک مرد دیگر" تعریف شده است.

بر اساس قانون جدید مجازات اسلامی، مصوب ۱۳۹۲، تمامی روابط جنسی هم‌جنس‌خواهانه هم‌چنان جرم شمرده می‌شود. اما آن چه قانون جدید را از قانون قبلی متفاوت می‌کند سه مورد زیر است:

۱- در قانون جدید سعی شده عناوین مجرمانۀ مربوط به رابطۀ دو هم‌جنس، تعریف شوند. برای نمونه، قانون قبلی تنها به این اکتفا کرده بود که "مساحقه، هم‌جنس‌بازی زنان است با اندام تناسلی". این در حالی است که قانون جدید مساحقه را بسیار جزیی‌تر تعریف می‌کند: "مساحقه عبارت است از این که انسان مؤنث، اندام تناسلی خود را بر اندام تناسلی هم‌جنس خود قرار دهد."[۱۹]

۲- در قانون قبلی، هر دو طرف در رابطۀ جنسی دو مرد (لواط)، مستحق اعدام شناخته می‌شدند. طبق قانون جدید، مفعول در هر حال اعدام می‌شود ولی فاعل تنها در صورتی محکوم به اعدام است که محصن باشد. مجازات لواط به عنف نیز اعدام است. در غیر این صورت، مجازات فاعل رابطۀ جنسی دو مرد صد ضربه شلاق خواهد بود.[۲۰]

---

۱۸ به بیان دقیق، "فاعل" لواط تنها زمانی به مرگ محکوم می‌شود که هم متاهل بوده و هم به همسرش دسترسی داشته باشد. پس اگر همسر یک مرد متاهل در سفر باشد یا مرد متاهل خودش در زندان باشد، دیگر محصن نیست. حتی تفاسیری هست که بر اساس آنها اگر یک مرد متاهل زمانی که همسرش در عادت ماهیانه است مرتکب زنا شود، محصن به شمار نمی‌رود.

۱۹ این قانون لواط را این چنین تعریف می‌کند: "لواط عبارت از دخول اندام تناسلی مرد به اندازۀ ختنه‌گاه در دبر انسان مذکر است."

۲۰ مادۀ ۲۳۴- حد لواط برای فاعل، درصورت عنف، اکراه یا دارا بودن شرایط احصان، اعدام و در غیر این صورت صد ضربه شلاق است. حد لواط برای مفعول در هر صورت (وجود یا عدم احصان) اعدام است.

۳- در قانون جدید برای اولین بار از لفظ هم‌جنس‌گرایی به جای هم‌جنس‌بازی استفاده شده و علاوه بر لواط و تفخیذ[۲۱]، کلیهٔ رفتارهای جنسی هم‌جنس‌گرایانه، مانند در آغوش گرفتن، بوسیدن و لمس کردن دو هم‌جنس هم مجازات‌هایی از ۳۱ تا ۷۴ ضربه شلاق در پی دارند.[۲۲]

براساس ماده ۲۳۸ قانون مجازات اسلامی، کنش‌های جنسی میان دو زن زمانی مساحقه نام می‌گیرد که "زنی اندام تناسلی خود را بر اندام تناسلی زن دیگری قرار دهد". بر اساس مادهٔ ۲۳۹ همین قانون، حد مساحقه، صد ضربه شلاق است. بر اساس مادهٔ صد و سی و ششم قانون مجازات اسلامی، زنی که چهار بار مرتکب مساحقه شود به مرگ محکوم می‌شود.[۲۳]

یکی از اشتراکات قانون جدید و قانون قبلی این است که اگر شخصی سه بار برای یک عمل خاص به مجازات حد محکوم شود و حد در حق وی اجرا شود، بار چهارم، به مرگ محکوم خواهد شد. به این ترتیب، اگر در حق زنی سه بار حد مساحقه اجرا شود، در صورت محکومیت در بار چهارم، اعدام خواهد شد.[۲۴] همین حکم در مورد شخصی صادق است که به‌عنوان شریک جنسی فاعل در رابطه جنسی میان دو مرد، سه بار به صد ضربه شلاق محکوم شده و این حکم در حق او اجرا شده است.

تبصرهٔ ۲- احصان عبارت است از آن که مرد همسر دائمی و بالغ داشته باشد و در حالی که بالغ و عاقل بوده از طریق قبل با همان همسر در حال بلوغ وی جماع کرده باشد و هر وقت بخواهد امکان جماع از همان طریق را با وی داشته باشد.

۲۱ مادهٔ ۲۳۵- تفخیذ عبارت از قرار دادن اندام تناسلی مرد بین ران‌ها یا نشیمن‌گاه انسان مذکر است.

تبصره- دخول کمتر از ختنه‌گاه در حکم تفخیذ است.

مادهٔ ۲۳۶- در تفخیذ، حد فاعل و مفعول صد ضربه شلاق است و از این جهت فرقی میان محصن و غیرمحصن و عنف و غیرعنف نیست.

۲۲ مادهٔ ۲۳۷- هم‌جنس‌گرایی انسان مذکر در غیر از لواط و تفخیذ از قبیل تقبیل و ملامسه از روی شهوت، موجب سی و یک تا هفتاد و چهار ضربه شلاق تعزیری درجه شش است.

تبصرهٔ ۱- حکم این ماده در مورد انسان مؤنث نیز جاری است.

۲۳ در مورد تفخیذ و پس از سه بار شلاق خوردن هم وضع به همین منوال است.

۲۴ مادهٔ ۱۳۶- هرگاه کسی سه بار مرتکب یک نوع جرم موجب حد شود و هر بار حد آن جرم بر او جاری گردد، حد وی در مرتبهٔ چهارم اعدام است

افزون بر لواط، تفخیذ و مساحقه، مادهٔ دویست و سی و هفتم قانون جدید مجازات اسلامی کنش‌های دیگر میان افراد هم‌جنس، از جمله بوسه و تماس شهوت‌آمیز را جرم می‌داند و به سی و یک تا هفتاد و چهار ضربه شلاق محکوم می‌کند.۲۵

در نظر گرفتن مجازات مرگ برای هم‌جنس‌گرایی، ناقض حق حیات بوده و با مادهٔ سوم اعلامیهٔ جهانی حقوق بشر و مادهٔ ششم میثاق حقوق مدنی و سیاسی مغایرت دارد. بر اساس مادهٔ ششم، کشورهایی که مجازات مرگ را در قوانین خود لغو نکرده‌اند موظف هستند این مجازات را صرفاً برای "مهم‌ترین جنایات" به کار ببرند. جرائم جنسی، از جمله روابط جنسی بین افراد هم‌جنس، ذیل تعریف "مهم‌ترین جنایات" نمی‌گنجد و کمیسیون حقوق بشر سازمان ملل به شکل مستمر از دولت‌ها خواسته است تا اطمینان حاصل کنند مجازات مرگ برای "فعالیت‌های غیر خشونت‌آمیز از جمله روابط جنسی رضایت‌مندانه بین بزرگسالان به کار گرفته نمی‌شود."۲۶

علاوه بر آن، حکم اعدام در جمهوری اسلامی ایران می‌تواند برای افراد زیر هجده سال نیز در جرائم حدود و قصاص اجرا شود. براساس قانون مجازات اسلامی، سن مسئولیت کیفری دختران، ۹ سال تمام قمری و پسران، ۱۵ سال تمام قمری است. کودکی که به این سن رسیده، از نظر این قانون، بزرگسال محسوب می‌شود و مسئولیت کیفری دارد. یعنی در خصوص جرائم مستوجب حد، که رابطه جنسی هم‌جنس‌خواهانه را نیز شامل می‌شود، همچون بزرگسالان، محاکمه و به مجازات محکوم می‌شود. در تغییرات قانون مجازات اسلامی در سال ۱۳۹۲ این اختیار به قاضی داده شد که با ملاک قرار دادن «رشد عقلی» در مواردی که "فرد کم‌تر از هجده سال ماهیت جرم انجام شده یا حرمت آن را درک نکرده یا در رشد و کمال عقل آنان شبهه وجود داشته باشد، مجازات او را از اعدام به مجازاتی دیگر تغییر دهد." به رغم اعطای این

۲۵ بر اساس مادهٔ دویست و سی و هفتم قانون مجازات اسلامی:
هم‌جنس‌گرایی انسان مذکر در غیر از لواط و تفخیذ از قبیل تقبیل و ملامسه از روی شهوت، موجب سی و یک تا هفتاد و چهار ضربه شلاق تعزیری درجه شش است.
تبصره ۱- حکم این ماده در مورد انسان مؤنث نیز جاری است.
26 Commission on Human Rights resolutions on the question of death penalty, E/CN.4/RES/2004/67, April 21, 2004, para. 4.

اختیار به قاضی، همچنان بر اساس قانون می‌توان برای افراد زیر هجده سال به دلیل ارتکاب رفتارهای جنسی با هم‌جنس خود همچون بزرگسالان اقدام به صدور حکم اعدام کرد. این امر علاوه بر آن که با مواد مطرح شده در این خصوص در میثاق حقوق مدنی و سیاسی مغایرت دارد، ناقض بند الف مادهٔ سی و هفت کنوانسیون حقوق کودک است که "مجازات اعدام و یا حبس‌ابد بدون امکان بخشودگی را در مورد کودکان زیر هجده سال قابل اعمال نمی‌داند."

ذکر این نکته لازم است که قانون مجازات اسلامی ایران هم‌جنس‌گرایی را فی‌نفسه جرم نمی‌داند. به بیان دیگر، امیال، هویت‌ها و جاذبه‌های هم‌جنس‌گرایانه به خودی خود غیرقانونی نیستند. آن چه غیرقانونی است، فعالیت‌های جنسی با رضایت طرفین میان بزرگسالان هم‌جنس است. چنان که بعدتر در همین فصل خواهیم دید، در این مفهوم سازی، جاذبه‌ها و امیال هم‌جنس‌گرایانه به‌عنوان نشانه‌های یک اختلال هویت جنسیتی که با مداخلات روان‌شناختی و جراحی قابل درمان هستند تعریف می‌شوند.

۲- مبدل‌پوشی

در ایران هیچ قانون خاصی برای تعریف کردن مبدل‌پوشی به‌عنوان جرم وجود ندارد. با این حال، لزبین‌ها و ترنس‌جندرهای زن به مرد که مایل به پوشیدن لباس‌هایی هستند که بیشتر مردانه شناخته می‌شوند بر اساس قوانین مربوط به حجاب اجباری مورد اذیت و آزار قرار می‌گیرند. تبصره مادهٔ ۶۳۸ قانون مجازات اسلامی عنوان می‌کند "زنانی که بدون رعایت حجاب اسلامی در عموم ظاهر می‌شوند به ده روز تا دو ماه زندان یا پرداخت پنجاه هزار تا پانصد هزار ریال محکوم می‌شوند". همین ماده به قضات اختیار می‌دهد هر فردی را که از قوانین شرعی سرپیچی کند به مجازاتی تا هفتاد و چهار ضربه شلاق محکوم کند. این قانون در مورد تمام زنان فارغ از باورهای مذهبی آنان، از جمله زنان مسیحی، یهودی، زرتشتی، بهایی و غیرمذهبی یا بی‌خدا که حجاب در نظام فکری‌شان جایی ندارد اعمال می‌شود. به این ترتیب، نسبت به هر لزبین یا ترنسِ زن به مردی که ممکن است برای مثال مایل به کوتاه کردن موهایش، پیروی نکردن از حجاب، پوشیدن لباس‌های قابل استفاده برای هر دو جنسیت

یا لباس‌های خنثی، و یا بیان جنبهٔ "مردانهٔ" هویت خود باشد سیاستی مبتنی بر عدم رواداری وجود دارد که همان طور که بعدتر در این کتاب خواهیم دید، در بسیاری از موارد با خشونت اجرا می‌شود.

در مورد افراد گی یا ترنس‌جندرهای مرد به زن که مایل به بیان هویت جنسیتی خود از طریق آرایش، پوشش یا رفتارهایی هستند که عموماً زنانه تعریف می‌شوند محدودیت‌های مشابهی وجود دارد. همان‌طور که در بالا گفتیم، مادهٔ ۶۳۸ مجازات اسلامی به قضات اجازه می‌دهد برای افرادی که مرتکب یک فعل "حرام" [از نظر مذهبی، ممنوع] می‌شوند یا "اخلاق عمومی را خدشه‌دار می‌کنند" تا هفتاد و چهار ضربه شلاق تعیین کنند.

از آنجایی که مبدل‌پوشی به‌عنوان رفتاری حرام تعریف می‌شود، به این معنا که اغلب فقهای شریعت بر این باور هستند که پوشیدن مداوم لباس‌های جنس مخالف نقض‌کنندهٔ شریعت خواهد بود، مگر این که فرد این کار را در محدودهٔ خانهٔ خود و یا به صورتی موقت یا استثنایی انجام دهد٬[۲۷] نیروی انتظامی و مقامات قضایی می‌توانند کسی را که لباس جنس مخالف را پوشیده یا خود را به ظاهر جنس مخالف آراسته است با استناد به ماده ۶۸۳ قانون مجازات اسلامی که تظاهر به فعل حرام را جرم می‌داند تحت تعقیب قرار دهند.

۳- محدودیت‌ها در حق آزادی بیان و اطلاعات

ایران دارای یک نظام عظیم سانسور است که فعالانه به سانسور اطلاعات یا ارائهٔ عامدانهٔ اطلاعات نادرست در موضوعاتی چون گرایش جنسی و هویت جنسیتی می‌پردازد.

بند پانزدهم (ب) قانون جرایم اینترنتی، مجازاتی از نود و یک روز تا یک سال حبس، یا جزای نقدی از پنج تا بیست میلیون ریال و یا هر دو مورد برای فردی که با استفاده از ارتباط‌های آنلاین و دیجیتال- شامل رسانه‌های اجتماعی،

---

۲۷ برای اطلاعات بیشتر نگاه کنید به کتاب مجموعه قوانین پوشش، گردآوری شادی صدر، نشر ورجاوند، ۲۰۱۰، بخش "فتاوا دربارهٔ پوشیدن لباس جنس مخالف".

وبلاگ‌ها، و وب‌سایت‌ها- بخواهد مردم را به "شرکت در اعمال منافی عفت ... یا کنش‌های منحرف جنسی" برانگیزاند در نظر گرفته است.[۲۸] قانون جرائم اینترنتی، یک "کمیتهٔ تعیین مصادیق محتوای مجرمانه" برای شناسایی و مسدود کردن سایت‌هایی که مطالب ممنوع دارند تشکیل داده است که معیارهایی را که برای شناسایی وب‌سایت‌های غیرمجاز لازم هستند در اختیار شرکت مخابرات ایران، وزارت فناوری اطلاعات و ارتباطات، و ارائه‌کنندگان عمدهٔ خدمات اینترنتی قرار داده است. این کمیته تا به امروز فهرستی از هفتاد و هشت موضوع با محتوای ممنوع تهیه کرده است که از میان آنها می‌شود به "تحریک، تشویق، اقناع، تهدید یا دعوت به اعمال غیراخلاقی، فحشا، جرائم منافی عفت یا انحراف جنسی" و نیز بازنشر و توزیع دوبارهٔ هر محتوایی که "عفت عمومی را نقض می‌کند" اشاره کرد.

محدودیت‌های مشابهی در مورد مطبوعات اعمال می‌شوند که بحث در مورد موضوعاتی را که به هم‌جنس‌گرایی ارتباط دارند سرکوب و سانسور می‌کند. مادهٔ ششم (۲) قانون مطبوعات، "ترویج فحشا و منکرات، و انتشار عکس‌ها، تصاویر و مقالاتی را که منافی عفت عمومی تشخیص داده شوند" ممنوع کرده است. در همین حال، بخش‌نامهٔ شمارهٔ ۶۶۰ شورای عالی انقلاب فرهنگی، مطبوعات را از گذشتن از مرزهایی که ممکن است به تبلیغات ضدخانواده، تضعیف ارزش‌های خانوادگی و "حمایت از افراد و جنبش‌های منحرف و غیراخلاقی" منجر شود منع کرده است.

مقرراتی که نشر و ترویج هرگونه اطلاعات مثبت راجع به هم‌جنس‌گرایی را جرم‌انگاری می‌کند، افراد جامعه اعم از دانش‌آموزان و فعالین حوزهٔ سلامت را از حق دسترسی و دستیابی به اطلاعات بنیادین و آموزش مسائلی که به گرایشات و هویت جنسی مربوط‌اند محروم می‌کند.

همان گونه که در این کتاب شرح داده خواهد شد، همین ضعف اطلاعاتی موجب تقویت نگرش‌های منفی و تبعیض علیه هم‌جنس‌گرایان و ترنس‌جندرها

---

۲۸ متن کامل قانون جرائم اینترنتی در وب‌سایت پلیس فتا قابل دسترس است:
http://www.cyberpolice.ir/page/2431.

می‌شود و به طور روزافزون خطر نقض حقوق بشر و مواجهه با رفتارهایی از قبیل شکنجه و برخوردهای تحقیرآمیز را در مورد آنان افزایش می‌دهد.

حق دسترسی آزادانهٔ کودکان به اطلاعات و رسانه‌های گروهی از مواردی است که در مواد سیزدهم و هفدهم کنوانسیون حقوق کودک مطرح شده‌اند. با این وجود کودکان ایرانی به دلیل جرم بودن استفاده از ماهواره و تجهیزات ماهواره‌ای، فیلترینگ و سرعت پایین اینترنت و موانع دیگری که منشاء دولتی دارند، از حق دسترسی آزادانه به اطلاعات محروم هستند. این محدودیت‌ها برای کودکان و نوجوانان متعلق به جامعهٔ ال‌جی‌بی‌تی مشکلات مضاعفی ایجاد می‌کند. چرا که فقدان آموزش و اطلاعات جنسی در دوران رشد می‌تواند چه در این سنین و چه پس از آن مشکلات فراوانی برای این کودکان به بار بیاورد.

۴- ترنس‌سکشوالیتی

در دههٔ اول پس از انقلاب، جمهوری اسلامی هر دو گروه هم‌جنس‌خواهان و ترنس‌جندرها را ذیل عنوان هم‌جنس‌باز [اصطلاحی تحقیرآمیز در فارسی که به هم‌جنس‌گرایان اطلاق می‌شود] طبقه‌بندی و رفتار جنسی آنان را مجرمانه تعریف می‌کرد.[۲۹] این وضعیت در اواسط دههٔ هشتاد میلادی- دههٔ شصت شمسی- شروع به تغییر کرد؛ یعنی زمانی که آیت الله خمینی فتوایی در خصوص مریم خاتون ملک‌آرا صادر کرد که اجازهٔ انجام عمل تغییر جنسیت از مرد به زن را به او می‌داد.

ملک‌آرا عمل تغییر جنسیت خود را در سال ۱۳۶۵ شمسی در ایران آغاز کرد و چند سال بعد برای ادامه و تکمیل آن به تایلند سفر کرد. این از آغاز یک روند رسمی جدید در جمهوری اسلامی خبر می‌داد که افرادی که نمی‌توانند با توقعات جنسیتی ساخته شده اجتماعی تطابق پیدا کنند را در دو گروه متفاوت- اما مرتبط- طبقه‌بندی می‌کرد: بیماران ترنس‌جندر و منحرفان هم‌جنس‌گرا.

---

۲۹ هم‌جنس‌باز یک واژهٔ موهن فارسی است که برای اشاره به هم‌جنس‌گرایان به کار می‌رود و بدین معناست که آنها افرادی فاقد اصول اخلاقی هستند و برای تمتع جنسی به سراغ کسانی از جنس خود می‌روند.

گروه نخست در حال حاضر به افرادی اشاره دارد که از طریق هرمون‌درمانی، عقیم‌سازی و جراحی تغییر اندام جنسی می‌کوشند به درون چارچوب دو جنس‌گونه هنجارهای جنسیتی بازگردند؛ گروه دوم به افرادی برمی‌گردد که بر بیان گرایش جنسی تجربه شده و هویت جنسیتی خود پافشاری می‌کنند و حاضر نیستند به هورمون‌درمانی و عمل جراحی منجر به عقیم‌سازی بازگشت‌ناپذیر تن دهند.

این تقسیم‌بندی مذکور، این امکان را به ترنس‌جندرها می‌دهد تا به‌عنوان بیمارانی با "دوگانگی جنسی موقت" که در فرآیند تطابق با جنسیت مناسب هستند، از نظر حقوقی به رسمیت شناخته شوند. اما همانطور که قبلاً اشاره شد، این مسئله، هم‌جنس‌گراهراسی و ترنس‌جندرهراسی عمیقی را که در چارچوب حقوقی جمهوری اسلامی در مورد گرایش جنسی و هویت جنسیتی وجود دارد به چالش نکشیده است. در مقابل، روش‌های نوینی برای تقویت کلیشه‌های جنسیتی و انواع گوناگون هم‌جنس‌گراهراسی و ترنس‌جندرهراسی ایجاد کرده که در حذف حقوقی و اجتماعی گی‌ها، لزبین‌ها و ترنس‌جندرها در ایران نقش دارد و حقوق اولیه و کرامت انسانی آنان را خدشه‌دار می‌کند.

۵- خشونت‌های خانگی و حقوقی علیه هم‌جنس‌گرایان و ترنس‌جندرها

نظام حقوقی ایران، نه تنها حقوق کودکان و به‌ویژه دختران را در مقابل خشونت‌های خانگی تضمین نکرده بلکه از جهات مهمی به این خشونت‌ها مشروعیت حقوقی می‌بخشد. برای نمونه می‌شود به مجوز تنبیه کودکان، حق ولایت پدر و جد پدری بر فرزندان، و یا قوانینی اشاره کرد که بسترساز ازدواج اجباری کودکان می‌شوند.[۳۰] این نکته را هم نباید از خاطر دور داشت که خشونت

۳۰ در خصوص تنبیه کودکان نگاه کنید به مواد ۱۱۷۹ قانون مدنی، ۱۵۸ قانون مجازات مصوب ۱۳۹۲ و ماده ۷ قانون حمایت از کودکان و نوجوانان. در خصوص عدم قصاص پدر در قتل فرزند نگاه کنید به مادهٔ ۲۲۰ قانون مجازات اسلامی. در خصوص ازدواج اجباری نگاه کنید به مواد ۱۰۴۳ و ۱۰۴۱ قانون مدنی و در خصوص ولایت پدر بر فرزند نگاه کنید به مواد ۱۱۸۰ تا ۱۱۹۴ قانون مدنی.

و تبعیض علیه کودکان امری تک‌بعدی و انتزاعی نیست و همواره با عوامل دیگری چون طبقهٔ اجتماعی، اتنیک و قومیت، نژاد، هویت جنسیتی و گرایش جنسی ترکیب می‌شود و خشونت‌های چندوجهی و گسترده‌ای به بار می‌آورد.

حجاب اجباری، از دیگر اشکال نقض‌کنندهٔ حقوق کودکان و نوجوانان لزبین و ترنس‌جندر است که آنان را به استفاده از پوششی ناچار می‌کند که آن را با هویت و گرایش خود سازگار نمی‌دانند.[۳۱] این محدودیت هم‌چنین برای مردانی وجود دارد که پوشش‌های "زنانه" را ترجیح می‌دهند و ممکن است بر اساس مادهٔ ۶۳۸ قانون مجازات اسلامی (بخش تعزیرات)، به جرم انجام عمل حرام و منافی عفت تحت پیگرد و مجازات قرار گیرند.

دولت ایران بر اساس بند سوم اعلامیهٔ جهانی حقوق بشر و بند ششم و نهم میثاق بین‌المللی حقوق مدنی و سیاسی متعهد به حفاظت از حق تمامی افراد برای زندگی، آزادی و امنیت شخصی است. در این بندها هیچ استثنایی پذیرفته نشده و مجمع عمومی سازمان ملل متحد، در مجموعه‌ای از قطعنامه‌های خود از دولت‌ها خواسته است که "از حمایت از حقوق تمامی افراد تحت قلمرو قدرت خود اطمینان حاصل کنند". اصل بیست و دوم قانون اساسی ایران نیز به صراحت بر لزوم مصون بودن حیثیت، جان، مال، حقوق و مسکن اشخاص از تعرض تأکید می‌کند. اما نکته این است که این اصل شامل تمامی افراد جامعه نمی‌شود و قانون‌گذار استثناهای بسیاری بر اصل عدم تعرض در سایر قوانین ترسیم کرده است. در ایران نه تنها هیچ قانونی برای حمایت از هم‌جنس‌گرایان و ترنس‌جندرها در برابر جرائم ناشی از نفرت[۳۲] وجود ندارد، بلکه وقوع خشونت علیه این افراد به اشکال مختلفی تسهیل شده است و عاملین این خشونت‌ها نیز یا به مجازات‌های خفیفی محکوم می‌شوند و یا به کل از مجازات مصون می‌مانند. برای نمونه و در بسیاری از موارد وقوع خشونت، فرد قربانی جرأت یا امکان طرح شکایت به نیروی انتظامی و سایر مراجع قانونی را پیدا نمی‌کند. زیرا اگر مشخص شود عمل خشونت‌آمیز به دلیل هم‌جنس‌گرا بودن فرد بوده است، نه تنها

---

۳۱ تبصره مادهٔ ۶۳۸ قانون مجازات اسلامی.

32 Hate Crimes

حمایتی از او صورت نمی‌گیرد، بلکه وی متهم به هم‌جنس‌گرایی شده و در معرض مجازات از شلاق تا اعدام قرار می‌گیرد.

هم‌جنس‌گرایان و ترنس‌جندرها با این عنوان که موجب شرمساری و ننگ خانواده شده‌اند، ممکن است قربانی قتل‌های به اصطلاح ناموسی شوند. از نمونه‌های چنین قتل‌هایی می‌توان به قتل مهسا و مریم دو ترنس زن در تهران اشاره کرد. لازم به تذکر است که بسیاری از این موارد یا رسانه‌ای نمی‌شوند و یا در بازگویی هویت مقتول ترنس یا هم‌جنس‌گرا بودن وی پنهان می‌ماند.[۳۳] وجود قوانینی چون حق اولیای دم برای بخشش قاتل[۳۴] و مستثنا کردن پدر و جد پدری در قصاص برای قتل فرزند[۳۵] از موارد تسهیل‌کنندهٔ این قتل‌هاست. هم‌چنین طبق قانون ایران، قتل افراد مهدورالدم مجازاتی برای قاتل در پی ندارد.[۳۶] مهدورالدم به کسی گفته می‌شود که شرعاً مستحق کشته شدن است، یعنی کسی که ریختن خون او مجاز است. در بند نخست مادهٔ ۳۰۲ قانون مجازات اسلامی، مرتکبین جرم حدی مستوجب سلب حیات به‌عنوان مهدورالدم معرفی شده‌اند. با توجه به وجود مجازات سلب حیات برای هم‌جنس‌گرایی و به‌ویژه در مورد مردان، هم‌جنس‌گرایان در زمرهٔ افراد مهدورالدم قرار دارند و نمی‌توانند از حق عدم تعرض مندرج در اصل بیست و دوم قانون اساسی برخوردار شوند.

شهرام، ترنس مرد، در مورد زمانی که حجابش را کنار گذاشته و قصد عمل تغییر جنسیت داشته، می‌گوید: "خواهر بزرگم مرید حاج سید حسن ابطحی شده بود. خواهرم خیلی افراطی بود یا اینوری می‌افتاد یا آنوری. ابطحی از گروه

---

۳۳ قتل یک ترانس سکسوئل در تهران توسط دو برادر وی، سایت شبکه سراسری همکاری زنان ایرانی، قابل دسترسی در: http://shabakeh.de/sex/644/.

و در مورد قتل مریم: اعتراف به قتل زن دوجنسی در جلسه دادگاه، ۴ دی ۱۳۹۲، سایت تابناک، قابل دسترسی در:

http://www.tabnak.ir/fa/news/366908/اعتراف-به-قتل-زن-دوجنسی-در-جلسه-دادگاه.

۳۴ مادهٔ ۳۰۳ قانون حدود و قصاص و دیات مصوب ۱۳۹۲ و مادهٔ ۶۱۲ قانون مجازات اسلامی، بخش تعزیرات و مجازات‌های بازدارنده.

۳۵ مادهٔ ۳۰۱ قانون حدود و قصاص و دیات مصوب ۱۳۹۲.

۳۶ مادهٔ ۳۰۲ قانون حدود و قصاص و دیات مصوب ۱۳۹۲.

حجتیه بود. الان دیگر ممنوع الجلسه شده. خیلی به من حرف‌های ناجور می‌زد، [از نظراو] دیگر من مفسد فی‌الارض شده بودم و خونم مباح بود.»[۳۷]

در ایران، مجازات تجاوز جنسی، به‌عنوان یکی از شدیدترین انواع خشونت، اعدام است. اثبات تجاوز به سه شکل ممکن می‌شود: شهادت چهار مرد عاقل و عادل، چهار بار اقرار متهم در دادگاه، و یا علم قاضی.[۳۸] وقوع دو حالت نخست تقریباً غیرممکن بوده و تنها راه اثبات این جرم، علم قاضی است که می‌تواند با توجه به مدارک پزشکی و مجموعه‌ای از شواهد و امارات حاصل شود. اما غیر از عدم پذیرش هویت‌های جنسیتی و گرایش‌های جنسی متفاوت در نظام قضایی ایران، همجنس‌گراستیزی عمومی موجب می‌شود ادعای قربانیان تجاوز از سوی دادگاه پذیرفته نشود. بنا به تفسیر غالب، قربانیان تجاوز خود با رفتارهایی چون مبدل‌پوشی زمینه‌ساز رابطهٔ جنسی بوده‌اند و این نشان از رضایت آن‌ها برای برقراری رابطه داشته است. اینجاست که وقوع تجاوز منتفی اعلام می‌شود و قربانی خود در معرض مجازات شلاق یا اعدام قرار می‌گیرد. این به‌ویژه در مورد مردی که مورد تجاوز قرار گرفته باشد خطرناک‌تر است، زیرا بنابر قانون جدید مجازات اسلامی، مرد مفعول در لواط به مرگ محکوم می‌شود.[۳۹]

بر اساس اصول دوازدهم و سیزدهم قانون اساسی، شیعهٔ اثنی‌عشری تنها دین رسمی در ایران است و صرفاً مشروعیت ادیان ابراهیمی مورد پذیرش قرار گرفته است. افزون بر این، ارائهٔ خوانش‌های متفاوت از اسلام هم موانعی قانونی در پی دارد. وجود جرائمی چون ارتداد،[۴۰] توهین به مقدسات[۴۱] و ساب‌النبی[۴۲] به حاکمیت مجال می‌دهد تا آن دسته از متفکرین اسلامی را که تفسیری متفاوت

---

۳۷ مصاحبه با شهرام، شش‌رنگ و عدالت برای ایران.

۳۸ بند الف مادهٔ ۱۷۲ و مواد ۱۹۹ و ۲۱۱ قانون حدود و قصاص و دیات مصوب ۱۳۹۲.

۳۹ مادهٔ دویست و سی و سوم قانون حدود و قصاص و دیات مصوب ۱۳۹۲.

۴۰ اگرچه در متن قانون مصوب مجازات اسلامی جرمی به نام "ارتداد" وجود ندارد، اما در مادهٔ دویست و بیست به قضات اجازه داده شده است تا در مورد حدودی که در این قانون ذکر نشده است طبق اصل یکصد و شصت و هفت (مراجعه به منابع شرعی و فتواهای معتبر مراجع) عمل کنند. در تمامی منابع شرعی ارتداد از جمله موارد حدود الهی ذکرشده است.

۴۱ مادهٔ پانصد و سیزدهم قانون مجازات اسلامی، بخش تعزیرت و مجازات‌های بازدارنده

۴۲ مادهٔ دویست و شصت و دوم قانون حدود و قصاص و دیات مصوب ۱۳۹۲.

از قرائت رسمی حکومت دارند سرکوب کند و حتی با صدور حکم اعدام درصدد حذف فیزیکی آنها برآید. بدین ترتیب، گفتمان‌های درون‌دینی که ممکن است قابلیت حمایت از حقوق اقلیت‌های جنسی را داشته باشند، از حق پژوهش و اعلام آشکار تفاسیر خود محروم شده‌اند.

ازدواج اجباری از دیگر اشکال خشونت علیه زنان و به‌ویژه دختران لزبین است. امکان ازدواج در سن پایین و لزوم اجازهٔ پدر برای ازدواج دختران، از جمله قوانینی است که وقوع ازدواج‌های اجباری را تسهیل کرده است. اجبار دختران لزبین به ازدواج توسط خانواده‌ها در ایران را می‌توان شکلی از تجاوزهای اصلاح‌کننده به این زنان دانست که در جمع‌بندی نهایی کمیتهٔ منع خشونت علیه زنان از آن ابراز نگرانی شده است.[۴۳] این امر به صراحت ناقض تعهد ایران در مادهٔ سی و چهارم کنوانسیون حقوق کودک در خصوص حمایت از کودکان در برابر سوءاستفاده‌های جنسی است. این ماده یکی از وظایف حکومت‌های عضو کنوانسیون را حمایت از کودکان در برابر هر گونه استثمار و سوءاستفادهٔ جنسی چون روابط جنسی اجباری می‌داند. این ازدواج‌ها هم‌چنین حق کودکان را برای داشتن زندگی مناسب و سلامت مورد تأکید در مادهٔ بیست و چهارم این کنوانسیون نقض کرده و آنها را در معرض آسیب‌های جدی روحی و جسمانی قرار می‌دهد.

گفتمان دولتی حاکم بر مسئله هم‌جنس‌گرایی و ترنس‌سکشوالیتی

علاوه بر قوانین کیفری که رابطهٔ دو هم‌جنس را جرم می‌شناسند، دولتمردان جمهوری اسلامی فعالانه و در مناسبت‌های مکرّر، به نفرت پراکنی علیه هم‌جنس‌گرایان می‌پردازند. آیت‌الله خامنه‌ای، بالاترین مقام سیاسی-مذهبی جمهوری اسلامی ایران، در سخنرانی اردیبهشت سال ۱۳۹۲ در جمع زنان، از

---

۴۳ جمع‌بندی‌های نهایی کمیتهٔ منع خشونت علیه زنان در کشور افریقای جنوبی (CEDAW/C/ZAF/CO/4)

میان رفتن مرز پررنگ میان زن و مرد را یکی از ویژگی‌های فرهنگ منحط غرب می‌داند و می‌گوید:

> گفتمان غربی در مورد زن اجزاء گوناگونی دارد، لکن دو جزء در آن برجسته است: یکی مردواره کردن زن، یعنی زن را متشبّه به مرد قرار دادن، این یک بخش مهم از این گفتمان است... مردواره کردن زن؛ یعنی به دنبال این بودند که مشاغل گوناگونی که با ساخت جسمی و عصبی و فکری مرد سازگارتر است را بکشانند به سمت بانوان و زنان، و این را یک افتخار برای زن و یک امتیاز برای زن قرار بدهند..... [در حالی که] این نگاه درست است که ما زن را در جنسیت خودش- همان‌جور که هست، زن واقعی، مؤنّث واقعی- بشناسیم، و ببینیم چه ارزش‌هایی می‌تواند این فرد متعلّق به این جنس را یا این جامعهٔ این جنسیت را رشد بدهد و تعالی ببخشد؛ این نگاه، نگاه درست است.[۴۴]

رهبر جمهوری اسلامی بلافاصله پس از این که از "مؤنث واقعی" سخن می‌گوید، هم‌جنس‌بازی و هم‌جنس‌گرایی را یکی از بلاهای بزرگی معرفی می‌کند که در خصوص مسئلهٔ زنان از غرب وارد شده است:

> ... زن را وسیله‌ای برای التذاذ جنسی مرد قرار می‌دهند... این مثل یک سیلی وارد کشورهای بی‌دفاع و بی‌حفاظ اسلامی شد از طرف غرب؛ کشور ما هم همین‌جور. خوش‌بختانه انقلاب آمد، جلوی این تا یک حدود زیادی گرفته شد و بایست جلوی این سد بشود؛ این خطر بزرگی است؛ بلای عظیمی است. مسئلهٔ حجاب یکی از مقدّمات این کار است، مسئلهٔ پوشش و لباس همین‌جور، مسئلهٔ معاشرت زن و مرد و حدود معاشرت یکی از مقدّمات این است که این بلای بزرگ که هم بلای برای زن است و هم بلای برای مرد است و البتّه شامل تحقیر زن هم هست، بدون این که ملتفت بشوند، سد بشود. امروز در دنیا عمداً به این مسئله دامن زده می‌شود. البتّه من اطّلاع دارم و خوانده‌ام در نوشت‌جاتی، در مطبوعاتی، در کتاب‌هایی که اندیشمندان غربی به‌تدریج دارند احساس

۴۴ بیانات در دیدار جمعی از بانوان فرهیخته‌حوزوی و دانشگاهی، ۲۱ اردیبهشت ۱۳۹۲، دفتر حفظ و نشر آثار آیت‌الله العظمی خامنه‌ای، قابل دسترسی در:
http://farsi.khamenei.ir/speech-content?id=22536.

ترس و احساس دهشت می‌کنند از این وضعیت؛ که حق با آنها است، منتها دیر فهمیدند؛ دامن زدن به مسئلهٔ شهوت- که متمرکز بود روی مسئلهٔ زن‌ها؛ و امروز می‌بینید که در دنیا بدتر از این‌ها دارد می‌شود، این مسئلهٔ هم‌جنس‌بازی و هم‌جنس‌گرایی و این ازدواج‌ها و خانواده‌های دو جنس مشابه و مانند اینها- این‌ها چیزهایی است که به زبان آسان می‌آید؛ اینها چاله‌های عظیم و عمیق و خطرناکی است پیش پای آن تمدّن و کسانی که آن تمدّن را دارند اداره می‌کنند و پیش می‌برند؛ لغزش‌گاه عجیبی است، پدر اینها را درخواهد آورد؛ حالا این نیمهٔ راه است، نیمهٔ سراشیبی است. البتّه به نظر من قادر هم نیستند جلوی آن را بگیرند. یعنی مشکل آنها از این حرف‌ها گذشته است.[۴۵]

او در این سخنرانی با صحبت درباره شیوع هم‌جنس‌بازی و هم‌جنس‌گرایی به‌عنوان یکی دیگر از موضوعاتی که با از میان رفتن مرز میان زن و مرد در غرب باعث رواج فساد شده، میان گرایش جنسی و جنسیت ارتباط برقرار می‌کند. از نظر او، راه تشخیص مردان از زنان، گرایش جنسی‌شان است و زنان به هیچ وجه در نحوهٔ لباس پوشیدن و رفتارشان نباید شبیه مردان شوند و برعکس.

آیت‌الله مکارم شیرازی، از علمای حوزه علمیه قم، در مورد هم‌جنس‌گرایی چنین می‌نویسد:

هم‌جنس‌گرایی در اسلام و همهٔ ادیان الهی حرام است و علاوه بر عقوبت شدید دنیوی و اخروی، اثرات و پیامدهای شدید و غیرقابل جبران در پی دارد. چون هم‌جنس‌گرایی نوعی انحراف جنسی به حساب می‌آید و مانند هر انحرافی پیامد خاص خود را به دنبال دارد مانند این که موجب تنفر از جنس مخالف و علاقه به جنس موافق می‌شود. هم‌جنس‌بازی علاوه بر مضرات بهداشتی و روانی که دارد با فطرت انسانی مغایرت دارد و این امر باعث گرایش افراد به جنس موافق و در نتیجه موجب تعطیلی توالد و تناسل خواهد شد. بدیهی است این امر با هدف آفرینش منافات خواهد داشت. پس هم‌جنس‌بازی حرام بوده و از گناهان کبیره به حساب می‌آید.

---

۴۵ همان.

اصولاً طبیعت زن و مرد آن‌چنان آفریده شده است که آرامش و اشباع غرایز خود را در علاقه به جنس مخالف (از طریق ازدواج سالم) می‌جوید، و هر گونه رفتار جنسی غیر این صورت، انحراف از طبع سالم انسانی و یک نوع بیماری روانی است که اگر به آن ادامه داده شود روز به روز تشدید می‌شود و نتیجه‌اش بی‌میلی به «جنس مخالف» و اشباع ناسالم از طریق «جنس موافق» است. این گونه روابط نامشروع در ارگانیسم و بدن انسان و حتی در سلسله اعصاب و روح اثرات ویران‌گری دارد. در نگاه کلی آدمی را از پدر و مادر خوب بودن باز می‌دارد و گاه قدرت بر تولید فرزندان را به کلی از انسان سلب می‌کند، افراد هم‌جنس‌گرا تدریجاً به انزوا و بیگانگی از اجتماع و سپس بیگانگی از خویشتن رو می‌آورند، و گرفتار تضاد پیچیدهٔ روانی می‌شوند و اگر به اصلاح خویش نپردازند ممکن است به بیماری‌های جسمی و روانی مختلفی گرفتار شوند. به همین دلیل و به دلایل اخلاقی و اجتماعی دیگر، اسلام شدیداً هم‌جنس‌گرایی، را در هر شکل و صورت تحریم کرده و برای آن مجازاتی شدید که گاه به سر حد اعدام می‌رسد قرار داده است.[۴۶]

در همهٔ این متون، گرایش و میل به جنس مخالف به‌عنوان یکی از معیارهای سلامت فرد و تشخیص جنسیت زن و مرد تبلیغ می‌شود. این رویکرد تلویحاً بر این باور مبتنی است که جنسیت امری ذاتی و مطلق است و عواملی چون مناسبات قدرت یا گفتمان‌های فرهنگی و اجتماعی نقشی در نحوهٔ شکل‌گیری و ظهور آن ندارند.

مرور سخنان عالی‌رتبه‌ترین شخصیت‌های مذهبی و سیاسی جمهوری اسلامی دربارهٔ هم‌جنس‌خواهی، چارچوب‌های گفتمان‌های رسمی حاکم را مشخص می‌کند. همگی آنها از اصطلاح "هم‌جنس‌بازی" استفاده می‌کنند که برای تحقیر هم‌جنس‌خواهان به کار برده می‌شود. آیت‌الله خامنه‌ای، رهبر جمهوری اسلامی

---

۴۶ مکارم شیرازی و همکاران، تفسیر نمونه، تهران: دارالکتب الاسلامیه، ۱۳۶۳، ج ۱۶، ص. ۲۷۵.

در مقاطع مختلف، هم‌جنس‌بازی را گناهی بزرگ، انحطاطی اخلاقی و نتیجهٔ مفاسد فرهنگ غربی دانسته است. وی در یکی از سخنرانی‌های خود می‌گوید:

> از خصوصیات فرهنگ غربی عادی‌سازی گناه است، گناهان جنسی را عادی می‌کنند، امروز این وضعیت در خود غرب به فضاحت کشیده شده، اول در انگلیس، بعد هم در بعضی از کشورهای دیگر و آمریکا، این گناه بزرگ هم‌جنس‌بازی شده یک ارزش. اعتراض می‌کنند به سیاست‌مدارها که آقا ایشان با هم‌جنس‌بازی مخالف است. یا با هم‌جنس‌بازها مخالف است. ببینید انحطاط اخلاقی به کجا می‌رسد. این، فرهنگ غربی است.[۴۷]

در مثالی دیگر، صادق آملی لاریجانی، رییس قوهٔ قضاییه در مصاحبهٔ ۲۷ آذر ماه سال ۹۲ خود خطاب به "غربی‌ها و آمریکایی‌ها" چنین می‌گوید: "شما می‌خواهید تصویرتون از انسان رو به ما تحمیل کنید... کرامت انسانی رو جوری معنا می‌کنید که توش هم‌جنس‌بازی هم در میاد. ما این‌ها رو قبول نداریم. انسانی رو که ما تصویر می‌کنیم هیچ وقت با تصویر شما یکی نیست.[۴۸]

تنفرپراکنی (hatred speech) علیه هم‌جنس‌خواهان، در سخنرانی‌های دو رییس‌جمهوری سابق ایران هم سابقه دارد. محمود احمدی‌نژاد، نه تنها در سخنان معروف خود در دانشگاه کلمبیا، وجود هم‌جنس‌گرایان در ایران را انکار کرد[۴۹] بلکه در مصاحبه‌ای با سی‌ان‌ان تأکید کرد: "هم‌جنس‌بازی به تأیید همهٔ ادیان الهی ممنوع و کاری بسیار زشت است و جای تعجب است که چطور به

---

47 Khamenei attacks West: The big sin of homosexuality is considered as a value in the West!, published on 18.10.2012, from internet:
https://www.youtube.com/watch?v=SSR75T_gfjg
و
"ضرورت استخراج منظومه فکری اسلام در مقوله آزادی/ واقعیت امروز آزادی غربی تبعیض، جنگ افروزی و برخوردهای گزینشی با حقوق بشر و مردمسالاری است"، ۲۴ آبان ۱۳۹۱، پایگاه اطلاع‌رسانی دفتر مقام معظم رهبری، قابل دسترسی در:
http://www.leader.ir/langs/fa/index.php?p=contentShow&id=10132

48 Laijani, Sadegh, Without including Human Right , Geneva nuclear agreement is void, Published on Dec 18, 2013, from internet:
https://www.youtube.com/watch?v=JDqbEloVFiQ

۴۹ احمدی نژاد: در ایران هم‌جنس باز نداریم، ۱۶ اکتبر ۲۰۱۲، قابل دسترسی در:
http://www.youtube.com/watch?v=XHAL8rkne5I

خاطر چند رای و راضی کردن بعضی افراد عده‌ای از این کار زشت حمایت می‌کنند."[۵۰]

سید محمد خاتمی، رییس‌جمهور اصلاح‌طلب ایران هم زمانی که در دانشگاه جان-اف- کندی در آمریکا با پرسشی دربارهٔ چرایی اعدام هم‌جنس‌گرایان در ایران مواجه شد چنین پاسخ داد:

> در همهٔ ادیان، در همهٔ این سیستم‌ها، در همهٔ نظام‌ها مجازات وجود دارد. مجازات به خودی خود خشونت نیست. مجازات، درمان یک نوع خشونت و انحراف در جامعه است که اگر نباشد، اصلاً جامعه نمی‌تواند استقرار پیدا کند... پس درست است، لواط در اسلام جرم است و جرم هم مجازات دارد.[۵۱]

در حالی که روابط هم‌جنس‌خواهانه از نظر مقامات عالی‌رتبهٔ ایران، گناه و امری زشت محسوب می‌شود که مرتکب آن باید به مجازات برسد و از سوی دیگر تغییرجنس‌خواهی، یک بیماری به شمار می‌رود که به هیچ وجه نباید با هم‌جنس‌خواهی اشتباه گرفته شده و مرز بین آنها مغشوش شود. مرور مصاحبه‌ها و سخنان مقامات رسمی ایران، تأکید آنها را بر این که ترنس-سکشوالیتی یا اختلال هویت جنسی، یک بیماری قابل درمان است و نباید به هیچ وجه با هم‌جنس‌خواهی که یک "انحراف" است اشتباه گرفته شود، این رویکرد را آشکار می‌کند. مرکز تحقیقات سیمای جمهوری اسلامی در یک سند تبیین اصول سیاست‌های رسانه‌ای که تنها برای برنامه‌سازان تلویزیون دولتی ایران نوشته شده چندین بار تأکید می‌کند که ترنس‌سکشوالیتی یک بیماری است که نباید با انحرافات جنسی نظیر هم‌جنس‌بازی اشتباه شود و در نهایت، صراحتاً روشن می‌کند که ترنس‌ها به‌عنوان بیمار از حقوق اولیه‌ای برخوردارند که منحرفان جنسی نباید از آن برخوردار باشند:

---

۵۰ دکتر احمدی‌نژاد در مصاحبه با شبکهٔ تلویزیونی CNN آمریکا: *دوران زورگویی و یکجانبه‌گرایی به سرآمده و همهٔ ملت‌ها به دنبال دوستی، منطق و انسانیت هستند*، ۵ مهر ۱۳۹۱، ریاست جمهوری اسلامی ایران، قابل دسترسی در:
http://www.president.ir/fa/42145

۵۱ محمد خاتمی: اعدام درمان هم‌جنس‌گرایی است، قابل دسترسی در:
https://www.youtube.com/watch?v=sKLiZ9yen9Y

هنوز در جامعهٔ ما بسیاری بر این باورند که یک ترنس‌سکشوال، یک هم‌جنس‌باز است چرا که تعریف گروه‌های مختلف بیماران جنسی برای افراد روشن نیست و تفاوت آنها را با منحرفین جنسی (مثلاً هم‌جنس‌بازان) نمی‌دانند. نکتهٔ مهم دیگری که در این میان باید به آن دقت کرد نحوهٔ موضع‌گیری پایگاه‌های اینترنتی مخالف جمهوری اسلامی ایران در این مقوله است. این پایگاه‌ها تلاش می‌کنند تا با به تصویر کشیدن مشکلات بیماران TS در ایران و جلب همدردی مخاطبان، بر اساس ارائهٔ یک سری استدلال‌های روان‌شناختی و اجتماعی، هم‌جنس‌بازان و بای‌سکشوال‌ها را نیز که از زاویهٔ ارزش‌های مذهبی ما مردود هستند، تطهیر کرده و بر این اساس پایهٔ ارزش‌های مذهبی را سست نمایند. این مسئله هشیاری بیشتر متولیان فرهنگ‌سازی را می‌طلبد که در عین تلاش برای تأمین حقوق طبیعی بیماران TS و هرمافرودیت‌ها، جلو سوءاستفادهٔ گروه‌های مدافع انحرافات جنسی را نیز بگیرند و هم‌چنین دقت کنند که ایستادگی در برابر این انحرافات منجر به نادیده انگاشتن حقوق اولیهٔ گروه‌های بیمار نشود.[۵۲]

حجت‌الاسلام محمدمهدی کریمی‌نیا، یک روحانی است که به خاطر نوشتن کتابی دربارهٔ تغییر جنسیت، نه فقط در ایران که از سوی بسیاری از رسانه‌های غربی هم به‌عنوان یکی از معتبرترین کارشناسان فقهی و حقوقی این حوزه شناخته می‌شود. او فاصلهٔ میان هم‌جنس‌خواهی و تغییرجنس‌خواهی را یک "دیوار عظیم چین" می‌داند[۵۳] و در مصاحبه‌ای دربارهٔ ترنس‌سکشوالیتی چنین می‌گوید: "این بحث اساساً از بحث مربوط به هم‌جنس‌گرایان جداست. مطلقاً به هم ربطی ندارد. هم‌جنس‌گرایان کاری غیرطبیعی و خلاف دین می‌کنند. در

۵۲ گنجی، محمد علی، اختلال جنسیتی (ترنس‌سکشوال)ها، ادارهٔ کل آموزش و پژوهش معاونت سیاسی، ۸۷/۴/۳، ص. ۱۴.

53 Najmabadi, Afsaneh, Verdicts of Science, Rulings of Faith: Transgender/sexuality in Contemporary Iran, Digital Access To Scholarship At Harvard, September 29, 2014, p. 3, available at

http://dash.harvard.edu/bitstream/handle/1/4905099/NajmabadiPaperFinal2.pdf?sequence=2

قوانین اسلامی ما آشکارا آمده است که چنین رفتاری مجاز نیست، زیرا نظم اجتماعی را مختل می‌کند."[۵۴]

بنابر این تولید و تبیین دوگانهٔ انحراف/ بیماری و در نتیجه اطلاق عنوان منحرف (مجرم) به هم‌جنس‌گرایان و عنوان بیمار به تغییرجنس‌خواهان، مهم‌ترین مشخصهٔ گفتمانی است که بر فضای زیست اقلیت‌های جنسی در ایران حکومت می‌کند. این دوگانه نه فقط توسط مسئولان دولتی که به طور وسیعی از سوی نظام روان‌پزشکی و پزشکی (بهداشت و درمان) و نیز از طریق رسانه‌های دولتی و غیردولتی بازتولید می‌شود. در فصل جداگانه‌ای از این کتاب، به بررسی جایگاه روان‌شناسان، روان‌پزشکان و افراد دیگری خواهیم پرداخت که در این زمینه نقش مشورتی ایفا می‌کنند. در این‌جا تنها به نقل جمله‌ای از دکتر مهدی صابری، متخصص روان‌پزشکی و عضو هیات علمی مرکز تحقیقات سازمان پزشکی قانونی اکتفا می‌کنیم که می‌تواند رویکرد کلی نظام بهداشت و درمان نسبت به تغییرجنس‌خواهی (تبدل‌خواهان جنسی) و هم‌جنس‌خواهی را به اختصار منعکس کند:

> تا ۱۰ الی ۲۰ سال پیش جامعه نسبت به این بیماری نگرشی کاملاً منفی داشت. خوش‌بختانه با اطلاع‌رسانی‌هایی که انجام گرفت مردم این دیدگاه را که در گذشته از آنها با عنوان منحرفان جنسی یا دوجنسیتی‌ها یاد می‌کردند تا حدی کنار گذاشته‌اند. در زمان حاضر از وجود این بیماری اطلاع دارند و آن را با انحراف جنسی به اشتباه نمی‌گیرند.[۵۵]

در این فضای گفتمانی که از یک سو، فرد هم‌جنس‌خواه نه تنها به لحاظ اخلاقی منحرف به شمار می‌رود بلکه از نظر مذهبی و قانونی، با عقوبت و مجازات شدید مواجه است، و از سوی دیگر، ترنس‌سکشوالیتی یک بیماری قابل درمان به حساب می‌آید که به وسیلهٔ هورمون‌تراپی و عمل‌های قانونی تغییر جنسیت قابل درمان است، این که بسیاری از هم‌جنس‌خواهان، با انکار هویت

---

54 Iran's sex-change operations, Frances Harrison, BBC, 5 January, 2005, available at: http://news.bbc.co.uk/1/hi/programmes/newsnight/4115535.stm

۵۵ "گمشدن فریاد بیماران اختلال هویت جنسی در هیاهوی جامعه"، ۲۸ مرداد ۱۳۹۲، سلامت نیوز، قابل دسترسی در:
http://www.salamatnews.com/news/80598/گم-شدن-فریاد-بیماران-اختلال-هویت-جنسی-در-هیاهوی-جامعه

جنسی خود و بازتعریف خود به‌عنوان ترنس، بخواهند زندگی "مشروع" داشته باشند، چندان دور از ذهن نیست. افسانه نجم‌آبادی هم چنین تفسیری را تأیید می‌کند، هرچند وی اعتقاد دارد این پروژهٔ دولتی به یک‌باره از سوی اقلیت‌های جنسی، تبدیل به پروژه‌ای سازنده و نوعی هنر زندگی شد. یافته‌های پژوهش ما این نتیجه‌گیری را عمیقاً به چالش می‌کشند. از یاد نبریم که برخی از مقامات جمهوری اسلامی مانند محمد جواد اردشیر لاریجانی، دبیر ستاد حقوق بشر قوهٔ قضاییهٔ ایران، هم‌جنس‌گرایان را مبتلا به "یک مرض بسیار بد" می‌دانند و اعتقاد دارند باید آنها را تحت مراقبت‌های روانی و حتی گاهی جسمی و بیولوژیک قرار داد. او در یک برنامهٔ تلویزیونی در پاسخ به گزارشی که احمد شهید، گزارش‌گر ویژهٔ سازمان ملل متحد دربارهٔ وضعیت حقوق بشر در ایران نوشته بود و در آن از ایران خواسته شده بود حق حیات و سایر حقوق اقلیت‌های جنسی را رعایت کند چنین می‌گوید:

> "در نظام ما مسئلهٔ هم‌جنس‌بازی یک مرض است، یک مرض بسیار بدی است، بنابر این تشکیل تجمعات و تبلیغش و امثال این‌ها کاملاً خلاف است، قوانین محکمی داریم و باهاش برخورد می‌کنیم. اما از لحاظ فردی، کتک زدن و آزار و اذیت را هم درست نمی‌دانیم، این یک مریضی است که باید معالجه شود و اینها را باید تحت مراقبت‌های ویژهٔ روانی و حتی گاهی جسمی و بیولوژیک قرار داد و باهاشون برخورد معالجه‌ای داشته باشیم. منتها این‌ها این را به‌عنوان یک نرم در زندگی اجتماعی و یک امر درست می‌خواهند این را معرفی کنند که ما کاملاً باهاشان مخالف هستیم."[۵۶]

دلایل ممنوعیت تجمعات و تبلیغ که نتیجه آن حمله به هر اجتماعی اعم از مهمانی یا گردهم‌آیی دوستانه و دستگیری کسانی است که در شبکه‌های مجازی فعالند نیز در مطلبی که در فصلنامه علمی پژوهشی *رفاه اجتماعی* منتشر شده به‌وضوح تشریح شده است. این مقاله به روشنی نشان می‌دهد که بر عکس برخی تحلیل‌های رایج، مطالبات اقلیت‌های جنسی، موضوعی به غایت سیاسی و زنگ خطری جدی برای نظام هترونرماتیو موجود است:

56 Javad larijani respond to UN rapporteur Ahmad Shaid: Homosexuality is a bad illness!, available at https://www.youtube.com/watch?v=8Wh0snjDCX0

از آنجا که جامعه ایران از دایره تحولات جهانی برکنار نیست، احتمالا گسترش هویت‌های جنسی متنوع از طریق فرایند جهانی شدن به‌تدریج وضعیت افرادی را که در ایران دارای هویت‌های جنسیتی غیر متعارف هستند، تحت تاثیر قرار خواهد داد. به این ترتیب احتمال دارد این افراد به‌تدریج تقاضای خود مبنی بر به‌رسمیت شناخته شدن و برخورداری از حقوق انسانی را **به‌طور علنی** مطرح سازند. به این جهت ضروری است جامعه شناسان، برنامه‌ریزان، سیاست‌گذاران اجتماعی و عالمان دینی به پدیدۀ نارضایتی جنسی و گرایش به تغییر جنس به‌عنوان واقعیت زمان خود نظر کنند و به‌گونه‌ای مستدل، عملی و هماهنگ با نظام فرهنگی جامعه، آماده رویارویی با آن باشند.(تاکید از ماست.)[۵۷]

محمد جواد لاریجانی در جایی دیگر، هم‌جنس‌گرایی را یک "بیماری و کاری نادرست می‌داند که قابل پیگرد است."[۵۸] این استدلال لاریجانی اثبات ادعای ما در این مورد است که گفتمان دولتی افراد هم‌جنس‌گرا را به تلاش برای پذیرش یک جایگاه حداقل اجتماعی، که در ترنس‌سکشوال بودن فرد قابل احراز است، سوق می‌دهد. در واقع همان طور که سال‌هاست از سوی بسیاری از فعالین حقوق هم‌جنس‌گرایان و محققین این حوزه با نگرانی بیان شده است، تشویق و تسریع عمل‌های تغییر جنسیت، در صورتی که همچنان صرفاً با هدف تقابل با هم‌جنس‌گرایی به اجرا درآید، پروژه‌ای دولتی است که غایتی جز غیرممکن کردن زیست هم‌جنس‌گرایانه ندارد.

در عرصۀ سیاست عملی نیز کسانی که رفتار یا ظاهرشان با انتظاراتی که جامعه از زن و مردی که "عادی یا طبیعی" تلقی می‌شود ناسازگار است، با محرومیت و نقض حقوق مواجه می‌شوند. یکی از مثال‌هایی که در سطح وسیعی در اخبار مربوط به ایران بازتاب یافت محرومیت هفت فوتبالیست زن پس از "آزمایش

---

[۵۷] فاطمه جواهری و زینب کوچکیان، اختلال هویت جنسیتی و ابعاد اجتماعی آن: بررسی پدیده نارضایتی جنسی در ایران، فصلنامه علمی پژوهشی رفاه اجتماعی، سال پنجم، شماره ۲۱، تابستان ۱۳۸۵، ص ۲۹۰

[۵۸] جواد لاریجانی: مثل آمریکا و انگلیس برای خلوت مردم دوربین نمی‌گذاریم/ دلایل ایران برای رد گزارش احمد شهید، ۲۵ اسفند ۱۳۹۲، خبرگزاری مهر، قابل دسترسی در:
http://www.mehrnews.com/detail/News/2019222

تعیین جنیست" بود. در شهریور ماه ۱۳۹۳، احمد هاشمیان، رییس کمیتهٔ پزشکی فدراسیون فوتبال اعلام کرد: "محرومیت این افراد مانند محرومیت دوپینگ نیست که زمان معینی داشته باشد، بلکه آنها به دلیل "ابهام جنسیتی" محروم شده‌اند. آنها با انجام برخی مداخلات پزشکی می‌توانستند باز گردند."[۵۹] به این ترتیب، او به این هفت نفر انجام عمل تغییر جنسیت را توصیه کرده بود.

این در حالی است که برخی از ورزشکاران مرد که تغییر جنسیت داده‌اند، برای همیشه از بازی در تیم‌های مردان محروم شده و در ورزش زنان هم جایی ندارند.

تحقیقات شبکه لزبین‌ها و ترنسجدرهای ایرانی (شش‌رنگ) که بر اساس گفت‌وگو با برخی از ورزشکاران زن انجام شده نشان می‌دهد که بسیاری از محرومیت‌های اعمال شده علیه ورزشکاران زن در سال‌های اخیر، "گزینشی و بدون وجود هیچ مقررات واحدی" بوده و مسئولان حراست فدراسیون در صورت احراز ترنس‌سکشوال بودن یا شک به هم‌جنس‌گرایی فرد، بلافاصله او را از تیم اخراج کرده‌اند.[۶۰] به‌عنوان مثال، یک بازیکن لیگ دسته اول به شش‌رنگ گفته است: "موی خیلی کوتاه، لباس پسرانه و تیپ اسپرت در اردوهای تیم ملی فوتبال زنان ممنوع است و اگر یکی از این موارد را داشته باشیم، حتماً ما را برای تست تعیین جنسیت می‌فرستند."[۶۱] در یک مورد دیگر، به یکی از اعضای تیم ملی راگبی زنان به دلیل داشتن هیکل و صدای "مردانه" گفته شد که نمی‌تواند در مسابقات شرکت کند.[۶۲] بر اساس گزارش شش‌رنگ: "آزمایش‌های تعیین جنسیت در مرحلهٔ اول شامل یک تست روان‌شناسی است که طی آن

---

۵۹ توضیح دکتر هاشمیان درباره محرومیت هفت بانوی فوتبالیست، ایسنا، ۳۰ شهریور ۱۳۹۳، قابل دسترس در:
http://isna.ir/fa/news/92111812867/توضیح-دکتر-هاشمیان-درباره-محرومیت-هفت-بانوی

۶۰ محرومیت فوتبالیست‌های زن ایرانی به بهانه "رفتار مردانه"، ۷اسفند ۱۳۹۲، شش‌رنگ، قابل دسترسی در: http://6rang.org/1690

۶۱ همان.

۶۲ شش‌رنگ: محرومیت هفت فوتبالیست زن در ایران؛ تبعیض براساس هویت جنسیتی را متوقف کنید، ۱۸ بهمن ۱۳۹۲، شش‌رنگ، قابل دسترسی در: http://6rang.org/1563

سوالاتی از قبیل میزان تمایل به حضور در اجتماعات زنانه، میزان علاقه به زندگی مشترک، ازدواج، گرایش جنسی و چرایی کوتاه کردن موها و سوالاتی از این قبیل طرح می‌شود. در صورت تشخیص روان‌شناس مبنی بر ادامه تست، ورزشکاران زن برای معاینهٔ پستان و واژن به کمیسیون پزشکی که در مواردی مرکب از یک تا شش پزشک (سه زن و سه مرد) بوده، ارجاع داده می‌شوند. در برخی موارد ورزشکاران زن علاوه بر این آزمایش‌ها مجبور به سونوگرافی از رحم و تخمدان‌نیز می‌شوند. گرفتن تاییدیهٔ پزشکی مبنی بر "مؤنث بودن" آخرین مرحله این آزمایش‌ها و شرط صدورمجوز حضور و شرکت در مسابقات ورزشی است."[۶۳] براساس برخی گزارش‌های منتشر شده، بازیکنان زنی که از ظواهر معمول زنانه برخوردار نیستند، به کرّات از سوی مسئولان، "دوجنسه" خطاب شده و مورد آزار و اذیت قرار گرفته و یا از شرکت در مسابقات محروم شده‌اند.[۶۴]

این در حالی است که از سال ۲۰۱۱ و بر اساس تصمیم کمیتهٔ المپیک، تنها انجام تست تعیین میزان هورمون آندروژن مجاز است. چنان‌چه تشخیص داده شود میزان آندروژن در یک ورزشکار زن به اندازهٔ مردان است و این موضوع باعث می‌شود نسبت به رقبای زن خود از برتری غیرعادلانه‌ای برخوردار باشد، اجازهٔ شرکت در مسابقات به او داده نمی‌شود. هرچند براساس همین قوانین، این افراد پس از کاهش هورمون آندروژن خود و رساندن آن به حد متوسط معمول در بین دیگر زنان ورزشکار می‌توانند مجددا در مسابقات شرکت کنند. در هیچ یک از قوانین بین‌المللی، تستی بر روی زنانی که هویت جنسیتی متفاوت دارند انجام نمی‌شود و تحت هیچ شرایطی عمل جراحی تغییر جنسیت به‌عنوان شرط ورود افراد به مسابقات ورزشی تعیین نشده است.[۶۵] مثال گویای دیگر در این زمینه، عدم استخدام یک استاد دانشگاه به دلیل آنچه داشتن صدای نازک یا زنانه خوانده شد است. دکتر قاسم اکسیری‌فرد، استاد حق‌التدریسی فیزیک دانشگاه خواجه نصیر، در مصاحبه‌ای روند پرونده استخدامی خود را چنین توضیح

---

۶۳ محرومیت فوتبالیست‌های زن ایرانی به بهانه "رفتار مردانه"، ۷ اسفند ۱۳۹۲، شش‌رنگ، قابل دسترسی در: http://6rang.org/1960

۶۴ در فوتبال زنان ایران چه می‌گذرد؟!، ۲۶ بهمن ۱۳۹۲، شش‌رنگ، قابل دسترسی در: http://6rang.org/1590

۶۵ همان.

می‌دهد: "در جلسه بررسی صلاحیت عمومی اساتید دانشگاه خواجه‌نصیر، پس از سوال‌های فراوان، به‌عنوان آخرین سوال از من پرسیدند اگر در کلاس درس دانشجویان استاد را به سخره بگیرند چه می‌شود؟ گفتم من از آنها تشکر می‌کنم و رد می‌شوم.۶۶"

وی ادامه می‌دهد: "وقتی این سوال را پرسیدند، از نظر فکری کمی به‌هم ریختم تا زمانی که اعلام کردند صلاحیت فردی و عمومی شما در کمیته بررسی صلاحیت عمومی اساتید رد شده است. ماه‌ها رفت‌وآمد کردم و به هیچ‌وجه علت را به من نگفتند و تا ماه‌ها طفره می‌رفتند. تا روزی که در نمازخانه دانشگاه بلندگو را از امام‌جماعت مسجد گرفتم و اوضاع را برای دانشجویان مطرح کردم، پس از آن امام‌جماعت و نماینده ولی‌فقیه در دانشگاه‌ها پیگیر کار من شدند و از جانب امام‌جماعت دانشگاه شنیدم، کمیته صلاحیت عمومی دانشگاه خواجه‌نصیر صلاحیت فردی من را رد کرده‌اند، چرا؟ چون من صدایم نازک است و به اصطلاح آنان صدای زنانه‌ای دارم و احتمال داده‌اند در کلاس درس مورد تمسخر دانشجویان قرار بگیرم.۶۷"

برداشت هم‌جنس‌گرایان و ترنس‌جندرها از گفتمان‌های حاکم بر زندگی آنان

گفتمان‌های حاکم بر زندگی اقلیت‌های جنسی، تا حدود زیادی نگاه آنها را به خود و اطرافشان تحت تأثیر قرار می‌دهند. مصاحبه شوندگان متعدد در این تحقیق، برداشت عمومی خود را از بستر سیاسی و حقوقی که در آن زندگی می‌کنند بیان کرده‌اند. به‌عنوان مثال، شَمال که تا مرحله انجام عمل جراحی پیش رفته است و به خاطر مخالفت جدی خانواده‌اش نتوانسته این مراحل را به پایان برساند اکنون بعد از گذشت سه سال از آن زمان می‌گوید:

---

۶۶ صدای زنانه، عامل قرارداد نبستن با استاد دانشگاه، خبرآنلاین، ۱۱ اسفند ۱۳۹۳، قابل دسترسی در: http://www.khabaronline.ir/detail/402558/society/education
۶۷ همان

من خودم را ترنس تعریف نکرده‌ام ولی به نظرم تو ایران برای این که هم‌جنس‌گرایی اتفاق نیفتد، می‌آیند بهت می‌گویند ترنس هستی که تو بروی عمل کنی و بشوی مرد و بعد کلاً هرکاری دلت می‌خواهد بکن. شاید اگر من تو ایران زندگی نکنم هیچ وقت دلم نمی‌خواهد عمل کنم. کار خیلی سختی است و حاضر نیستم زندگی‌ام را به‌خاطر مرد شدن خراب بکنم، چون اثرات مخرب زیاد دارد. ولی اگر تو ایران زندگی نمی‌کردم هیچ وقت دلم نمی‌خواست. این جا هم‌جنس‌گرایی بد دانسته می‌شود و اِلا من مشکلی نداشتم.[۶۸]

بسیاری از مصاحبه‌شوندگان این تحقیق عنوان می‌کنند که در روند تعریف هویت جنسی خود با دوگانهٔ منحرف/ بیمار (هم‌جنس‌خواه/ تغییرجنس‌خواه) مواجه شده‌اند؛ به خصوص کسانی که به دلیل باورهای مذهبی خود و یا خانواده‌شان، هم‌جنس‌خواهی را گناهی نابخشودنی می‌دانند و در عین حال مایل و قادر نیستند به‌عنوان یک دگرجنس‌خواه زندگی کنند.

چنین درکی از تمایل عاطفی و احساسی به هم‌جنس و روابط هم‌جنس‌گرایانه منتج از گفتمانی است که در سطح جامعه و از طرق متفاوت و در سطوح مختلف آموزشی به فرد منتقل می‌شود. حس گناه در چنین شرایطی به بخشی از ادراک فرد بدل می‌شود. او نسبت به واقعیتی که با آن آشنایی ندارد احساس نفرت می‌کند و خودش را در چنین موقعیتی تنها می‌بیند و از هیچ گونه پشتوانهٔ نظری و عملی هم برخوردار نمی‌شود. راه‌حل برون‌رفت از این بحران همه‌جانبه و چندوجهی نیز از سوی تولیدکنندگان همان گفتمان ارائه می‌شود و فرد به تنها گزینهٔ موجود، یعنی به عمل تغییر جنسیت متوسل می‌شود.

نیما، جوان ۳۲ ساله‌ای که در زمان مصاحبه هنوز عمل نکرده و تازه دو هفته است که با واژهٔ ترنس‌سکشوال آشنا شده چنین می‌گوید:

هم‌جنس‌بازها بچه‌هایی هستن که یه جوری خودشون رو قاطی بچه‌های ترنس‌سکشوال می‌کنن، تو جامعه همه به این چشم به بچه‌های تی‌اس نگاه می‌کنن یعنی باعث شده که تأثیر بذاره توی افکار... بیشتر دوستای

---

۶۸ مصاحبه با شَمال، عدالت برای ایران و شش‌رنگ.

خودم که تی‌اس هستن، می‌گن که اونا مثلاً آدمای موجهی نیستن، فلان نیستن، چنان نیستن ولی من می‌گم که بابا! اونا هم یه جور اختلال دارن، اونا هم توی جامعه باید براشون برنامه‌ریزی بشه. نمی‌شه طردشون کرد، نمی‌شه براشون حکم برید، دچار اختلال شدن. صد درصد اونا هم دلشون می‌خواسته که یه چیز طبیعی باشن.[۶۹]

او بین خود و هم‌جنس‌گرایان که آنها را "کثیف" می‌داند خط پررنگی می‌کشد و در پاسخ به این سئوال که چرا تا به حال به فکر عمل جراحی نیفتاده، چنین می‌گوید:

اولاً که یه مرجعی نمی‌شناختم، دوماً این‌که از آبروم می‌ترسیدم، می‌ترسیدم برام حرف در بیارن، می‌ترسیدم بهم بگن هم‌جنس‌باز، وحشت داشتم، وحشت داشتم وقتی مثلاً من با یک‌سری دوست داشتم باهاشون یه ارتباطای این‌جوری داشتم به من می‌گفتن نسرین [نام دخترانه وی] تو مثلاً هم‌جنس‌بازی؟ اشک تو چشام جمع می‌شد بهش می‌گفتم که نه، من هم‌جنس‌باز نیستم.... بعد می‌گفت پس تو چی هستی؟ مکث می‌کردم، می‌گفتم که هم‌جنس‌گرا، نه، هم‌جنس‌باز، نه، من نیستم، من پسرم... الان می‌دونم، الان به من بگن تو چی هستی، می‌گم من اف‌توامم، من ترنسم... کاشکی برمی‌گشتم به چند سال پیش، بعد که این سوال رو از من می‌کرد می‌گفتم ترنسم.... [اگر بهم بگویند هم‌جنس‌باز] ناراحت می‌شم یعنی در حدی که دوست دارم اون لحظه بمیرم. یعنی من حتا بعضی وقتا با خودم فکر می‌کردم، می‌گفتم که خدایا من هم‌جنس‌باز نیستم اگر هستم، امشب بمیرم صبح دیگه بلند نشم. یعنی در حدی که راضی‌ام بمیرم حتا تو ذهن خودمم این موضوع [یعنی هم‌جنس‌گرا] نباشم... اگر یه دختری بیاد سمت من، فکرش این باشه که می‌خواد با یه دختر حال کنه، حالت چندش، لزج و احساس گناه [دارم] و دوست دارم بمیرم یعنی این احساس بهم دست می‌ده اما شاید یه دختری بیاد من رو نگاه کنه، از حالتای پسرونهٔ من خوشش بیاد، دوست دارم برم نزدیکش، باهاش حال کنم... نظر من اینه

---

۶۹ مصاحبهٔ با نیما، شش‌رنگ و عدالت برای ایران.

که آدم چرا بیاد با هم‌جنس خودش ارتباط برقرار کنه؟... من از این که کسی بخواد این حرف رو بهم بزنه، راضیم بمیرم و بکشم طرف رو و اگه بتونم هم می‌کشمش... احساس می‌کنم یه ننگ بخوان بهم بچسبونن که بگن که تو این جوری‌ای، اما من این جوری نیستم...[۷۰]

همان‌گونه که در ادامهٔ این کتاب خواهیم دید، این گفتمان هموفوبیک (هم‌جنس‌گراستیزانه) به طور عام در جامعهٔ ترنس‌سکشوال‌ها و حتی در میان هم‌جنس‌گرایان ایرانی نهادینه شده است. مهرانه، دختر لزبینی که در یکی از شهرهای کوچک ایران به‌عنوان پزشک مشغول کار است، آن‌چنان به‌دلیل گرایش هم‌جنس‌خواهانه‌اش احساس گناه دارد، که بارها و از طرق مختلف تلاش کرده خود را درمان کند. او خشونت برادرش را به‌عنوان مجازات این گناهانش پذیرا می‌شود. مهرانه می‌گوید: "رنجی که از هم‌جنس‌گرایی می‌برم بیشتر از لذت آن است."[۷۱] او اخیراً، سعی دارد با معنویت درمانی[۷۲] که شامل نمازخواندن، روزه‌گرفتن، عبادت و دعا، دوری از محرک‌های مرتبط با هم‌جنس، رابطه گرفتن با جنس مخالف و تلقین‌هایی مثل اینکه فرد خودش رو با جنس مخالف تصور کند و فانتزی داشته باشد را شامل می‌شود، خود را از هم‌جنس‌گرایی رها کند.[۷۳] اکثر تغییرجنس‌خواهانی که در این حوزه فعالیت می‌کنند، اصرار دارند که علت رویکرد منفی جامعه به ترنس‌ها، تشبه آنها به "هم‌جنس‌بازان" است، در حالی که این دو نباید با هم قاطی شوند. آنها از مسئولان می‌خواهند که از طریق صدا و سیما به مردم آموزش دهد که ترنس‌سکشوالیتی یک بیماری است و با "هم‌جنس‌بازی" که نوعی گناه و انحراف است تفاوت دارد. دامنهٔ این مرزکشی شدید، به مباحثات درون‌گروهی تغییرجنس‌خواهان هم کشیده شده و آنها مدام در گفت‌وگوهایشان به یکدیگر برچسب می‌زنند و به این جدال مشغولند که کدام یک "ترنس واقعی" است و کدام یک در واقع یک هم‌جنس‌خواه است که خود را به‌عنوان ترنس جا زده است.[۷۴]

---

۷۰ همان.

۷۱ مصاحبه با مهرانه، شش‌رنگ و عدالت برای ایران.

72 Spiritual therapy

۷۳ مصاحبه با مهرانه، شش‌رنگ و عدالت برای ایران.

۷۴ بررسی *دلایل، عوامل و چگونگی انتخاب عمل تغییرجنسیت*، ۱۰ شهریور ۱۳۹۲، قابل دسترسی در:

یکی از تغییرجنس‌خواهان فعال در حوزهٔ آگاهی‌رسانی شهادت می‌دهد که یکی از دلایل تعطیلی جلسات هفتگی سازمان بهزیستی با ترنس‌ها که برای دوره‌ای در نیمه دوم دهه هشتاد برگزار می‌شد این بود که گروهی از ترنس‌ها اعتراض کرده‌اند که برخی از کسانی که در جلسه به‌عنوان ترنس شرکت می‌کنند ترنس واقعی نبوده و در واقع، هم‌جنس‌گرا هستند.[۷۵]

گناه بودن هم‌جنس‌خواهی و مجرمانه دانستن آن نه تنها نوعی هموفوبیای عمومی در جامعهٔ ایران ایجاد کرده است، بلکه باعث شده صحبت کردن پیرامون این موضوع و آگاهی‌رسانی در مورد گرایش‌ها و هویت‌های متنوع جنسی نیز ممنوع باشد.

Iranian Transsexual (FTM & MTF) Support
http://www.helpts.blogspot.de/2013/09/blog-post.html?zx=d5334ce6b31d4761
۷۵ مصاحبه با محمد آسمانی، شش‌رنگ و عدالت برای ایران.

فصل دوم

در جست‌وجوی جنسیت گمشده؛
روند هویت‌یابی اقلیت‌های جنسی در ایران

برای همه کسانی که هویت خود را با ساختارهای جنسی و جنسیتی غالب هماهنگ نمی‌بینند، لحظات و روزهای درک و پذیرش این تفاوت، گاه بسیار دشوار است. در نظام هترونورماتیو موجود، کودک یا نوجوانی که لباس‌هایی که دوست دارد بپوشد، بازی‌هایی که به آنها علاقه دارد و بعدتر، دل بستن به هم‌جنس‌اش، با انتظارات خانواده، دوستان و جامعه از جنسیت بیولوژیک‌اش همخوانی ندارد، با هزاران سئوال بی‌جواب درباره کیستی و چیستی هستی خویش روبه‌روست. همان‌طور که در این فصل خواهیم دید، روند شکل‌گیری هویت جنسی و جنسیتی این افراد در ایران با ناآگاهی، رنج، احساس گناه و تحمل خشونت درهم آمیخته است. در این فصل مروری خواهیم داشت بر چگونگی شکل‌گیری هویت جنسی و جنسیتی هم‌جنس‌گرایان و فراجنسیتی‌ها در ایران و نقش خانواده‌ها، رسانه‌ها، دوستان، شرکای عشقی و مذهب در روند اجتماعی شدن آنان؛ روندی که برخی از آنان را، با جسم و جانی تحقیرشده و داغ‌خورده، به این تصمیم می‌رساند که برای "طبیعی" دیده شدن، تغییر جنسیت، امری ضروری است. این روند و تبعیض و تحقیر هر روزه، در برخی دیگر، هموفوبیا و تنفر از خود را نهادینه می‌کند و بعضی را برای همیشه از جست‌وجوی آرزوها و تمایلات خود منصرف می‌سازد. بازمانده‌گان این روند هویت‌یابی پردرد، نجات‌یافتگان استثنایی هستند.

بخش اول: خانواده

بدترین لحظهٔ زندگی من وقتی بود کـه
مادرم بهم گفت: تو لزبینی! (سهراب)

"من با درکی از خشونت هنجارهای جنسیتی بزرگ شدم: عمویی که به خاطر داشتن بدنی غیرعادی حبس شده بود، از خانواده و دوستانش محروم بود و روزهایش را در یک "موسسه" در چمن‌زار کانزاس می‌گذراند؛ عموزاده‌های هم‌جنس‌گرایی که به خاطر گرایش جنسی خیالی و واقعی‌شان ناچار به ترک خانه شدند؛ آشکار شدن توفانی گرایش جنسی خودم در سن شانزده سالگی؛ و منظرهٔ بزرگسالی با شغل‌ها و خانه‌ها و عشق‌های از دست رفته. تمام این‌ها چون محکومیتی شدید و دردناک جلوه می‌کرد، اما خوشبختانه نتوانست مرا از جستجوی لذت و تلاش برای مشروعیت بخشی به زندگ جنسی‌ام بازدارد. به نمایش درآوردن این خشونت کار سختی بود، چرا که جنسیت همان وقتی که به شکلی خشونت‌آمیز اعمال می‌شد، بدیهی هم به نظر می‌رسید." (جودیت باتلر/ آشفتگی جنسیت)

خشونت علیه کودکان، که عموماً از آن به‌عنوان "تنبیه" یاد می‌کنند، شکل‌دهندهٔ بسیاری از رفتارها و باورهای انسان در دوران بزرگسالی است. با تنبیه است که کودک، بایدها و نبایدها را می‌فهمد و محدوده‌های خود را می‌شناسد. او که به طور غریزی به کنکاش در جهان پیرامون خود می‌پردازد تا جهان را فارغ از بایدها و نبایدها کشف کند، با مرزها و محدوده‌هایی مواجه می‌شود که افرادی چون والدین، خواهران و برادران بزرگتر یا معلم‌ها با درک و شناختی که خود از جهان دارند به او تحمیل می‌کنند. کودکی که نخواهد به پذیرش این محدودهٔ تعیین‌شده تن بدهد، غالباً مورد خشونت قرار می‌گیرد. این خشونت بسته به موضوع، حد و حدود رعایت‌نشده توسط کودک و هم‌چنین تعریفی که اجتماع از چنین قصوری دارد اشکال و درجات متفاوتی به خود می‌گیرد. در واقع

کودک گاهی وادار می‌شود در مورد ابتدایی‌ترین رفتارهایش خود را با تعاریف و هنجارهای دیگران هماهنگ کند. این هماهنگی با فردیت و رشد مستقل کودک تعارض دارد و گاهی مقاومت او را برمی‌انگیزد. میزان تنبیه بسته به میزان همین مقاومت رقم می‌خورد.

میشل فوکو در کتاب "مراقبت و تنبیه؛ تولد زندان" تحلیل درخشانی از کارکردهای تنبیه ارائه می‌کند. هدف تنبیه از نظر او به‌هنجار کردن انسان‌هاست؛ فرآیندی که با کنترل تمامی آمال زندگی و مقایسهٔ رفتارهای فرد با قواعد مشخص، میزان تخطی او را از حدودی که باید رعایت کرد روشن می‌کند و رفتارهای او را ارزش‌گذاری، و در نهایت با رتبه‌بندی وضعیت و عملکرد او نسبت به آن چه "قاعده" و "طبیعت" است، او را یا با دیگران همگن و یا از خود طرد می‌کند:

> هدف هنر تنبیه در نظام قدرت انضباطی نه کیفر دادن است و نه حتی دقیقاً سرکوب. هنر تنبیه در این نظام پنج عمل کاملاً متمایز را به کار می‌بندد: ارجاع دادن کنش‌ها و عملکردها و رفتارهای فردی به مجموعه‌ای که هم عرصهٔ مقایسه است، هم مکان تفاوت‌گذاری و هم بنیان قاعده‌ای که باید از آن تبعیت کرد. تفاوت‌گذاری‌های افراد نسبت به یکدیگر و براساس آن قاعدهٔ کلی، قاعده‌ای که هم‌چون کم‌ترین حد ممکن یا هم‌چون میانگینی که باید رعایت شود یا هم‌چون حد مطلوبی که باید به آن نزدیک شد عمل کند. سنجش کمی و پایگان‌بندی ارزشیِ توانایی‌ها و سطح و "طبیعت" افراد؛ ملزم کردن به همگونی که می‌بایست از رهگذر این سنجهٔ "ارزش‌گذار" تحقق یابد. و سرانجام، تعیین حدی که تفاوت را نسبت به تمامی تفاوت‌ها تبیین کند، به عبارتی، تعیین مرز بیرونی ناهنجاری (مثل "کلاس ننگ‌آوران" مدرسهٔ نظام) کیفرمندی همیشگی نهادهای انضباطی که از همهٔ نقطه‌ها می‌گذرد و همهٔ لحظه‌ها را کنترل می‌کند، مقایسه می‌کند، تفاوت‌گذاری می‌کند، پایگان‌بندی می‌کند، همگن می‌کند و طرد می‌کند. در یک کلام، این کیفرمندی به‌هنجار را می‌سازد.[1]

---

۱ فوکو، میشل؛ مراقبت و تنبیه: تولد زندان، ترجمهٔ افشین جهاندیده و نیکو سرخوش، نشر نی، چاپ سوم، ۱۳۸۲، ص. ۲۲۸-۲۲۹.

صرف نظر از موارد استثنایی، تمامی مصاحبه‌شوندگان این تحقیق، اشکالی از تنبیه و خشونت را در خانواده تجربه کرده‌اند که مستقیماً به گرایش جنسی و یا حتی نحوهٔ متفاوت لباس پوشیدن‌شان با آن چه هنجارهای اجتماعی برای جنسیت بیولوژیک آنها تعیین کرده مربوط بوده است. بسیاری از این افراد در روایت‌های خود تأکید کرده‌اند که خانواده با تنبیه و استفاده از خشونت، قصد عوض کردن یا "آدم کردن" آنها را داشته است. بدین گونه، همان طور که فوکو می‌گوید، کارکرد تنبیه نه کیفر دادن، که همگن کردن با هنجارها و قواعد است. در مورد برخی از مصاحبه‌شوندگان این پژوهش، خشونت از سال‌های کودکی و به دلیل مقاومت آنها در پیروی از الگوهای رفتاری تعریف شده برای جنسی که با آن به دنیا آمده بودند شروع شده است، اما بیشتر آنها با ورود به نوجوانی و تجربهٔ دوران بلوغ که افزایش تضادهای میان انتظارات خانواده و اطرافیان با تمایلات، رفتارها و گرایش جنسی‌شان را به همراه داشته است، با تنبیه و خشونت در خانواده مواجه شده‌اند.

مرور تجربه‌های دوران کودکی مصاحبه‌شوندگان این تحقیق، الگوی نسبتاً یکسانی را در مورد بیشتر آنها به نمایش می‌گذارد. صرف نظر از این که بعداً و در بزرگسالی، خود را لزبین یا ترنس تعریف کنند، بیشتر مصاحبه‌شوندگان (نزدیک به صد درصد آنها) اظهار کرده‌اند که در کودکی، از بازی‌ها و رفتارها و لباس‌هایی که مطابق با جنسیت بیولوژیک‌شان تعریف می‌شده، گریزان بوده‌اند. به‌عنوان مثال، هم لزبین‌ها و هم ترنس‌مردها (ترنس‌های افتوام)، به عروسک‌بازی و سایر بازی‌هایی که دخترانه تعریف می‌شوند بی میل بوده و در عوض به بازی‌هایی مانند فوتبال که پسرانه تعریف می‌شود علاقه داشته‌اند، لباس‌های پسرانه می‌پوشیده‌اند و اکثر آنها دلشان می‌خواسته موهایشان را کوتاه نگه دارند. باید توجه داشت که این امر برخلاف آن چه بسیاری از روان‌شناسان در سطح جهان عنوان می‌کنند، به این معنی نیست که چنین کودکانی در بزرگسالی لزبین یا تغییرجنس‌خواه خواهند شد، چرا که با بهم ریختن تعاریف کلیشه‌ای جنسیتی و امکان ورود به بسیاری از فضاهایی که قبلاً برای جنس معینی تعریف و محدود بوده‌اند، هر روزه با تلفیق بیشتر علایق و سلایق انسان‌ها روبه‌رو هستیم و بسیاری از دختران و پسرانی هم که در بزرگسالی خود را هتروسکشوال (دگرجنس‌گرا) می‌دانند در دوران کودکی خود

تجربیات مشابهی از سر گذرانده‌اند. این امر در بین نسل جدید جوامع مدرن معمول‌تر است.

شهرزاد که تا مدت‌ها خود را ترنس می‌دانسته و اکنون چند سالی است که باور دارد از همان ابتدا لزبین بوده و بر اثر عوامل مختلف تعریف نادرستی از هویت جنسی خود داشته است چنین می‌گوید:

> خب بازی‌های دوران کودکی که زن و شوهر بازی بود و خاله‌بازی بود من بیشتر همیشه نقش پسر را داشتم، نقش مرد خانه که الان با نان می‌آید خانه. بعد از آن در دوران راهنمایی که دخترها دوست پسر می‌گرفتند، دوستان من، دوست‌پسرهایشان می‌آمدند دم مدرسه دنبال‌شان و من می‌دیدم که من هیچ تمایلی به این کار ندارم. این‌ها یک سری تفاوت‌هایی بود که احساس می‌کردم از همان بچگی که بچه بودم زیاد متوجه نبودم ولی خب خانواده‌ام این را فهمیده بودند که من تو یک سری رفتارها با دخترهای دیگر فرق دارم. من عاشق فوتبال بودم، من عاشق آتاری‌بازی بودم، من عاشق تو کوچه بازی کردن، نه لی لی بلکه فوتبال یا این جور بازی‌ها بودم.[۲]

گرچه خانواده‌ها نسبت به این تفاوت‌ها و عدم پیروی از الگوهای رفتاری مربوط به جنسیت بیولوژیک واکنش‌های مختلفی داشته‌اند، اما در مجموع می‌توان گفت پوشیدن لباس جنس مخالف (مبدل‌پوشی) و تمایل به کارهایی که برای جنس مخالف تعریف شده است، در خانواده‌های مصاحبه‌شوندگان، به خصوص مصاحبه‌شوندگان زن معمولاً تحمل می‌شده و حتی گاه مورد تشویق قرار می‌گرفته است. در مقابل، برخی از مصاحبه شوندگان از بحث و مجادلهٔ خود و افراد خانواده و به خصوص مادران‌شان بر سر پوشیدن لباس پسرانه یا انجام بازی‌های پسرانه سخن گفته‌اند و این که در سنین پایین و برخلاف میل خود وادار شده‌اند لباس‌های دخترانه بپوشند. اما هیچ یک از آنها صرفاً بر سر لباس پسرانه پوشیدن و این انتخاب، کتک نخورده و مورد خشونت شدید واقع نشده‌اند.

---

۲ مصاحبه با شهرزاد، شش‌رنگ و عدالت برای ایران.

آرمان که پیش‌تر خود را به‌عنوان ترنس یا تغییرجنس‌خواه (افتوام) تعریف می‌کرد، اکنون خود را موظف به ارائهٔ هیچ تعریف معینی از خودش نمی‌داند. با این وجود گرایش جنسیش را هم‌جنس‌گرایانه می‌داند و چنین می‌گوید:

خیلی بچه بودم، این خاطره یادم نمی‌آید ولی مادرم تعریف می‌کند که می‌خواستیم حتی کتکت بزنیم ولی تو دامن تنت نکردی و برادرت تنش کرد.... من همیشه فکر می‌کردم پسر هستم از وقتی که یادم می‌آید. بازی می‌کردیم من پلیس بودم، با پسرها تو کوچه فوتبال بازی می‌کردم. حتی تا سوم راهنمایی من تو کوچه فوتبال بازی می‌کردم. تنها دختر تو شهرمون بودم که تو کوچه فوتبال بازی می‌کرد. برای همه هم عجیب‌غریب بود. شهرت شهری پیدا کرده بودم که می‌گفتند یک دختر هست که با پسرها فوتبال بازی می‌کند. آن موقع موهایم بلند بود چون لقبم رود گولیت[۳] بود. همیشه فکر می‌کردم پسرم...[۴]

برخی از مصاحبه‌شوندگان گزارش داده‌اند که تمایل آنها به پوشیدن لباس‌های پسرانه و یا در مورد پسران، پوشیدن لباس‌های دخترانه و به طور کلی پوشیدن لباس جنس مخالف یا مقاومت در مقابل پوشیدن لباس تعیین شده برای جنسیت‌شان و انجام فعالیت‌های منتسب به جنس دیگر، در کودکی از سوی خانواده تحمل می‌شده و خانواده‌ها فکر می‌کرده‌اند این از ویژگی‌های دوران کودکی است و بزرگ که بشوند از سرشان خواهد افتاد. کاوه، ۲۶ ساله، که با بدنی زنانه به دنیا آمده و عمل تغییر جنسیت را در سن ۲۲ سالگی انجام داده است می‌گوید:

قبلا خواهر بزرگترم هم تیپ پسرانه داشته. پدر و مادرم می‌گفتند خب یک چیز گذراست، یک روز از سرش می‌افتد. به خاطر همین رو من خیلی فوکوس نمی‌کردند، مشغول [خواهرم] بودند. ولی دوره‌ای که من دیگر رفتم دبیرستان، خواهرم دیگر تیپش کلاً دخترانه شد. برای همین مادرم می‌گفت این هم این جوری است دیگر، یک مدت می‌گذرد، درست می‌شود. به خاطر سن و سال بلوغ است.[۵]

---

۳ Ruud Gullit بازیکن سابق تیم ملی فوتبال هلند.
۴ مصاحبه با آرمان، شش‌رنگ و عدالت برای ایران.
۵ مصاحبه با کاوه، شش‌رنگ و عدالت برای ایران.

تعداد دیگری از مصاحبه‌شوندگان عنوان کرده‌اند که نه تنها از سوی خانواده‌شان مخالفتی برای داشتن تیپ پسرانه وجود نداشت، بلکه به خصوص از سوی پدران‌شان برای شرکت در فعالیت‌های پسرانه تشویق می‌شده‌اند. در واقع برای خانواده "مرد" بودن دخترشان یا ویژگی‌های "پسرانه" دختران‌شان حتی مایه افتخار بوده است و حتی با این که بعدها، با گرایش جنسی‌شان پیوند خورده، مادامی که چارچوب‌های مورد پذیرش خانواده و جامعه را رعایت کرده‌اند باز هم باعث نشده که دیدگاه خانواده چندان تغییر کند؛ این افتخار به خصوص زمانی بیشتر خود را نشان می‌داده که فرد، نقش‌های مردانه‌ای را در خانواده به عهده می‌گرفته است. نازنین در این مورد می‌گوید:

> از بچگی همیشه این بود که مادرم به پدرم می‌گفت تو این بچه را پسرانه بار آورده‌ای. مادرم می‌گفت من دختر دارم و تو پسرانه باهاش رفتار می‌کنی. همیشه این بحث بود ولی هیچ وقت به دعوا ختم نمی‌شد. من را هم آزار نمی‌داد. هنوز هم که هنوز است در هر جمعی که باشم بابام همیشه می‌گوید من به این جوری بودن نازنین افتخار می‌کنم. میگه "این جوری" بودن نه لزبین بودن. به نظرم این به خاطر جامعهٔ ماست که همیشه گفته و تویش شنیده شده یک پسر می‌تواند قدرت بیشتری داشته باشد، حق تصمیم‌گیری و انتخاب بیشتری داشته ولی یک زن نمی‌تواند.[۶]

نازنین خود را امروز پس از آگاهی در مورد هویت‌های جنسی و گرایشات جنسی مختلف لزبین می‌داند و علی‌رغم همهٔ این تجربیات و تفاوتش با دختران دیگر می‌گوید: "به عمل تغییر جنسیت فکر کرده‌ام، به این که هیچ وقت چنین عمل جراحی‌ای را انجام ندهم."

نیما که هنوز بدن زنانه دارد، و خود را ترنس تعریف می‌کند، تجربه‌ای مشابه را از سر گذرانده است. او می‌گوید:

> بابای من هم همه‌چیز رو پسرونه برای من می‌گرفت، مثلاً دوچرخهٔ یاماها اون‌موقع تازه اومده بود... می‌دونست که دوست دارم، می‌خواست خوشحالم کنه... حتا برا من یادمه یه ذره سنم رفت بالاتر، لباس

[۶] مصاحبه با نازنین، شش‌رنگ و عدالت برای ایران.

موتورسواری و کلاه گرفت. من موتور هم سوار می‌شدم.... پدرم از تیپ اسپرت من خیلی خوشش می‌یاد. نه، می‌دونی خوشش میاد یعنی احساس می‌کنه خیلی سنگین‌ترم. اما مامانم هم بیشتر توی مهمونی‌ها خیلی بهم گیر میده مثلاً توی مهمونیای خیلی مجلسی مثلاً عروسی، نمی‌دونم یه چیزای این تیپی خیلی تأکید می‌کنه که نسرین[۷] حتما به خودت برس.[۸]

برخلاف مصاحبه‌شوندگان لزبین و ترنس اف‌توام، مصاحبه‌شوندگان گی و ترنس‌های ام‌تواف، در دوران کودکی و به دلیل تمایل به پوشیدن لباس‌های دخترانه یا آرایش کردن و یا بازی‌های دخترانه با خشونت قابل ملاحظه‌ای مواجه بوده‌اند. به‌عنوان مثال، علی ۲۹ ساله، که دوران کودکی خود را در یک شهر کوچک مذهبی گذرانده و خود را گِی معرفی می‌کند چنین می‌گوید:

آزارهای روحی من از همان بچگی شروع شد. کوچک که بودم به خاطر رفتارهای دخترانه‌ای که داشتم تنبیه می‌شدم. حتی یادم هست یک تنبیه من این بود که ساعت‌ها باید رو به دیوار می‌نشستم و حتی کتک می‌خوردم و هیچی نمی‌گفتم و باید فکر می‌کردم به آن کارهایی که کردم و آن کارها را دیگر انجام ندهم مثلاً با دخترها دیگر بازی نکنم، مثلاً آرایش نکنم، مثلاً یک وقت‌هایی لباس دخترانه نپوشم. حالاتی که دارم و ظرافت‌های رفتاری که دارم دیگر نداشته باشم و حق این که دیگر با دخترها بازی کنم نداشته باشم چون آنها روی من تأثیر می‌گذارند. ولی این چیزی بود که تو وجود من بود. من این را از جایی یاد نگرفته بودم، این را کپی نکرده بودم توی ذهنم. بود خب.[۹]

او در بخش دیگری از مصاحبه به شرمی اشاره می‌کند که از سوی جامعه و اطرافیان و به خاطر داشتن یک فرزند هم‌جنس‌گرا و به خصوص پسری که از نظر آنان رفتارهای دخترانه دارد به خانواده‌اش تحمیل شده است. علی در ادامه

---

۷ نیما در خانواده به اسم دخترانه‌اش صدا زده می‌شود؛ این اسم در این جا تغییر داده شده است.

۸ مصاحبه با نیما، شش‌رنگ و عدالت برای ایران.

۹ مصاحبه با علی، شش‌رنگ و عدالت برای ایران.

توضیح می‌دهد که چگونه این وضعیت باعث تشدید خشونت خانوادگی شده است:

> تو دعواهایی که با پدرم داشتم حتی کتک‌هایی که خورده‌ام، واژهٔ اواخواهر را شنیده‌ام، یک واژهٔ دیگر هم زشت است، آن واژه را هم شنیده‌ام... ببخشید معذرت می‌خواهم، کونی... ولی این که مثلاً تو هم‌جنس‌باز هستی تو مثلاً مشکل جنسی داری این جور چیزها نبود. فقط در حد این که تو دعوا [بگویند] برو اواخواهر... تحقیر... حتی دو تا از عموهای من اروپا زندگی می‌کنند چندین سال است. خب خیلی باید دیدگاه‌شان باز باشد آدم‌های مثل من طبیعتاً باید دیده باشند، حالا من کاری به گِی کلاب و کاری به این که بخواهند دنبال تحقیق بروند ندارم، ولی قطعاً تو خیابان باید همچین چیزی دیده باشند. حتی مثلاً یک بار عمویم که از اروپا به ایران آمده بود به بابام برگشته بود گفته بود که پسرت اواخواهر است. همین باعث می‌شد پدر من بیاید توی خانه دعوا راه بیفتد. کتک، فحش و این‌ها. کتک در حدی که من زیر دست و پا باشم، حتی روی گردن من بخواهد من را خفه بکند. مثلاً مادرم بیاید جلویش را بگیرد خواهرهایم گریه و التماس بکنند که ولش کن، خواهش می‌کنیم تو رو خدا نزنش...[10]

در واقع به نظر می‌رسد پیروی دختران از الگوهای رفتاری پسرانه که در نهایت آنها را به گروه فرادست (مردان) نزدیک می‌کند، برای خانواده‌ها قابل تحمل‌تر از آن است که پسرشان رفتارهای زنانه نشان دهد و به این ترتیب خود را به گروه فرودست (زنان) نزدیک کند. این تنها از جانب خانواده‌ها نیست؛ برخی از مصاحبه‌شوندگان ما از تمایل خود به قوی‌تر بودن و نفرت از ضعفی که آن را به زنانگی مرتبط می‌دانند سخن می‌گویند.

پژاره که ۲۳ سال دارد و خود را ترنس می‌دانسته و اکنون با پارتنِرَش به‌عنوان لزبین زندگی می‌کند، در این مورد می‌گوید:

---

۱۰ همان.

من وقتی بچه بودم می‌دیدم پدرم سر مادرم دارد داد می‌زند همان موقع از ته دلم آرزو می‌کردم که کاش من مرد بودم می‌توانستم جلوی پدرم بایستم که نتواند حرفی به مادرم بزند. همه اینها بود. کلاً خب من از بچگی خیلی وقت‌ها می‌شد که الان هم عکس‌هایم را دارم، می‌رفتم با ماژیک ریش می‌کشیدم برای خودم جلوی آینه چون مردانگی را به این می‌دیدم که بخواهم مردی باشم که زور داشته باشم و حرفم جلو برود. کلاً من مردانگی را به‌خاطر این دوست داشتم.[۱۱]

جایگاهی که مناسبات قدرت در جامعهٔ ایرانی به مردان نسبت می‌دهد موجب می‌شود تا نگاه جامعه به مردان گی نگاه تحقیرآمیزتری باشد. این به‌ویژه زمانی تشدید می‌شود که این مردان پوشش یا رفتار "زنانه" داشته باشند و یا آرایش و موهایشان نزدیک به مدل مو و آرایش "زنان" باشد و یا در رفتار و حرکاتشان "زنانگی" دیده شود. تفسیر رایج آن است که این نوع مردان از جایگاه بالاتر و مردانهٔ خود نزول کرده و به جایگاه فرودست زنان تنزل کرده‌اند.

این در حالی است که زنانی که لباس مردانه می‌پوشند و یا رفتارهای "مردانه" دارند، کمتر مورد تحقیر قرار می‌گیرند و در بسیاری از موارد نسبت به زنان دیگر حتی ارج و قرب بیشتری کسب می‌کنند. به‌ویژه بی‌توجهی‌شان به پسران و رابطهٔ جنسی با آنان، از سوی خانواده نوعی "نجابت" شناخته می‌شود و مورد تشویق قرار می‌گیرد. البته این پذیرش و ارج و قرب معمولاً تا زمانی دوام دارد که رابطهٔ هم‌جنس‌گرایانهٔ این زن‌ها پنهان بماند و تنها ظاهر و لباس و رفتار آنها مبنای قضاوت باشد.

چنان که بعدتر خواهیم دید، شکل خشونت‌بارتر این رویکرد خود را در این واقعیت نشان می‌دهد که مخالفت خانواده‌ها با تغییر جنسیت از مرد به زن، بیشتر از مخالفتی است که در مورد تغییر جنسیت از زن به مرد از خود نشان می‌دهند.

این فرودست انگاری و جایگاه پایین‌تر زنانگی در ایجاد آرزوی مرد بودن برای بسیاری از زنان لزبین نقش بسزایی دارد.

---

۱۱ مصاحبه با پژاره، شش‌رنگ و عدالت برای ایران.

بسیاری از تغییرجنس‌خواهانی که با آنها مصاحبه کرده‌ایم، در پاسخ به این سئوال که از چه زمانی و چگونه دریافتید که ترنس هستید، گفته‌اند از کودکی، پیش از بلوغ و به دلیل تمایل به پوشیدن لباس‌های جنس مخالف و علاقه به بازی‌های جنس مخالف. به‌عنوان مثال، بیژن که پزشکان به او گفته‌اند ترنس است و قصد تغییر جنسیت دارد، می‌گوید:

از بچگی این مشکل من بود که من در دنیای دیگری هستم. فیلم تایتانیک را من در بچگی دو هزار دفعه نگاه کردم. همیشه خودم را جای جَک می‌گذاشتم نه به جای رُز. من تازه این‌ها را فهمیده‌ام. دوباره که نشستم فیلم‌ها را نگاه کردم گفتم خدای من نگاه کن من همه‌اش خودم را جای این می‌گذاشتم. مثل او به موهایم تف می‌زدم. هر کاری می‌توانستم می‌کردم. در مهدکودک هم معلم مهدکودکم خیلی من را دوست داشت و یک دوست صمیمی داشتم پسر بود.[۱۲]

چنین دیدگاهی از سوی روان‌پزشکان و روان‌شناسانی هم که به‌عنوان متخصصان سکسولوژی در ایران شناخته شده‌اند و در دانشگاه تدریس می‌کنند، به طور روزمره برای مراجعانی که در پی یافتن هویت جنسی خود به آنها مراجعه می‌کنند، تبلیغ و ترویج می‌شود. به‌عنوان مثال، دکتر مهرداد افتخار در کتاب "روابط و مشکلات جنسی" که برای مخاطبان عام منتشر کرده است، اختلال هویت جنسیتی را به نحوهٔ پوشش و بازی‌های دوران کودکی ربط می‌دهد و می‌نویسد: "کودکان با این اختلال به پوشیدن لباس جنس مخالف علاقه دارند، با هم‌بازی‌ها و اسباب‌بازی‌های جنس مخالف بازی می‌کنند، در بازی با هم‌سالان نقش جنس مخالف را می‌پذیرند و حتی گاهی علناً اعلام می‌کنند که جنسیت آنها مخالف است."[۱۳] او در نهایت نتیجه می‌گیرد:

پژوهش‌ها نشان داده است هنگامی که این افراد در بزرگسالی برای درمان مراجعه می‌کنند، انواع روش‌های روان‌پزشکی و روان‌شناسی در تغییر هویت جنسی آنها بی فایده است و چون نمی‌توان ذهن آنها را

---

۱۲ مصاحبه با بیژن، شش‌رنگ و عدالت برای ایران.

۱۳ مهرداد افتخار اردبیلی، روابط و مشکلات جنسی، تهران، چاپ اول، نشر قطره، تهران، ۱۳۸۷، ص. ۲۹.

تغییر داد و با جسم‌شان مطابق کرد، جسم آنها را با اعمال جراحی تغییر می‌دهند تا مطابق ذهن‌شان شود و به عبارت دیگر، جنسیت آنها را تغییر می‌دهند.[۱۴]

با این حال و همان طور که پیش‌تر اشاره شد، یافته‌های این تحقیق، تفاوت معناداری میان تجربهٔ کودکی ترنس‌ها و هم‌جنس‌گرایان از حیث تمایل آنها به پوشیدن لباس‌های جنس دیگر و یا بروز رفتارهای تعریف شده برای جنس دیگر نشان نمی‌دهد. چنان که در برخی از نمونه‌ها دیدیم، بیشتر مصاحبه شوندگانی که خود را لزبین تعریف کرده‌اند، در کودکی مانند تغییرجنس- خواهان تمایل به بازی‌های پسرانه و پوشیدن لباس‌های پسرانه داشته‌اند. بسیاری از مصاحبه‌شوندگان هم‌جنس‌گرا، از تمایل خود به بازی‌ها و رفتارهای جنس دیگر در کودکی به‌عنوان اولین نشانه‌هایی یاد می‌کنند که بر اساس آنها به هم‌جنس‌گرا بودن خود پی برده‌اند. علی، پسر هم‌جنس‌گرا از خاطرات کودکی‌اش چنین می‌گوید:

من از بچگی یک سری حالات و رفتاری داشتم، یعنی مثل این که با دخترها بازی می‌کردم، لباس‌های دخترانه می‌پوشیدم، آرایش می‌کردم ولی می‌دانستم که پسرم.... تقریبا می‌شود گفت از سال هفتاد و نه تا هشتاد بود که من دیگر کاملاً متوجه شدم که هوموسکشوال هستم، ولی همیشه می‌ترسیدم آن را ابراز و بیان بکنم و تو جامعه بگویم، چون دوستانی مثل خودم متاسفانه نداشتم آن موقع. بعد از سال هفتاد و نه هشتاد که متوجه شدم هموسکشوال هستم، حتی می‌ترسیدم این را به دکتر بگویم، یعنی با یک مشاور صحبت بکنم راجع به این جریان. ولی آن جا بود که متوجه شدم بله من حس دارم، خیلی چیزها، مثلاً رنگ‌هایی که دوست دارم، نوع لباس پوشیدنم، نوع رفتارم، دیگر واقعاً متوجه شدم که بله من یک آدمی هستم که از نظر گرایشم، گرایش جنسی‌ام با بقیهٔ آدم‌ها متفاوت هستم و یک هموسکشوال هستم. ولی با واژهٔ گی دقیقاً سال هشتاد و سه من آشنا شدم و از آن موقع دوستانی پیدا کردم که هموسکشوال بودند و راجع به این موضوع بیشتر تحقیق

---

۱۴ همان، ص. ۳۰.

کردم که بروم دنبال این موضوع ببینم چیست، چرا من این جوری هستم، چرا این اتفاق افتاده و تحقیقاتی که کردم بیشتر خودم را شناختم و خودم را پذیرفتم که من یک هموسکشوال هستم.[۱۵]

ویژگی دیگری که در مطالب منتشره از سوی روان‌شناسان و روان‌پزشکان ایرانی پیوسته به ترنس‌ها نسبت داده می‌شود و به‌عنوان یکی از تفاوت‌های آنها با هم‌جنس‌گرایان مورد تأکید قرار می‌گیرد این است که ترنس‌ها از جنسیت و خصوصیات تنانهٔ خود و تغییراتی که در زمان بلوغ تجربه کرده‌اند راضی نیستند و از جنسیت خود نفرت دارند.[۱۶] نفرت از بدن یکی از اصلی‌ترین معیارهایی است که روان‌شناسان ایرانی برای تشخیص اختلال هویت جنسیتی و تجویز عمل‌های تغییر جنسیت به آن استناد می‌کنند.

با این همه، نتایج این تحقیق دربارهٔ دوران نوجوانی نشان می‌دهد که نارضایتی و یا تنفر از بدن، فقط مختص ترنس‌ها نیست و در میان هم‌جنس‌گرایانی هم که طرف مصاحبهٔ ما بوده‌اند به وفور دیده می‌شود. پژوهش‌های بسیاری بر نارضایتی زنان از بدن و علائم زنانگی از قبیل عادت ماهانه دلالت دارند. این پدیده به‌ویژه در مناطقی که زنان از فقدان حقوق و جایگاه برابر اجتماعی رنج می‌برند و شأن انسانی‌شان در نظر گرفته نمی‌شود رواج بیشتری دارد. نتایج یک پژوهش دولتی نشان می‌دهد بیش از ۶۰ درصد دختران، از جنسیت خود ناراضی هستند و بیش از ۵۴ درصد افراد نیز در پاسخ به این سوال که در صورت تولد دوباره دوست داشتید زن به دنیا می آمدید یا مرد؟ جنسیت «مرد» را انتخاب کرده اند.[۱۷] تنفر از جنسیت و بدن را می‌توان به کاهش بیشتر حقوق در زمان بلوغ دختربچه‌ها در ایران مرتبط دانست. آدلر که خود را هم‌جنس‌گرا می‌داند می‌گوید:

من خیلی دوست داشتم پسر باشم. به‌خاطر دوست دخترم چون می‌دانید من در مورد هم‌جنس‌گرایی نمی‌دانستم. فقط می‌دانستم که

---

۱۵ مصاحبه با علی، شش‌رنگ و عدالت برای ایران.

۱۶ مهرابی، فریدون، بررسی برخی از ویژگی‌های "تبدل‌خواهی جنسی" در بیماران ایرانی، اندیشه و رفتار، سال دوم، شماره ۳، زمستان ۱۳۷۴، ص. ۷.

۱۷ طی ۳۰ سال؛ تجرد قطعی دختران ۹ برابر شده است، ۱۵ مرداد ۱۳۸۵، روزنامهٔ اعتماد، قابل دسترسی در: http://www.magiran.com/npview.asp?ID=1164485.

جامعه این را قبول نمی‌کند، بچه بودم خیلی دوست داشتم پسر باشم ولی اینکه دقیق بهش فکر کنم که پسر باشم، مثلاً اینکه دوست داشتم چنج [تغییر] کنم، نه. ولی دوست داشتم پسر باشم؟ آره. اولین دلیلش هم این بود که [یک پسر] می‌تونه با یک دختر باشه.[۱۸]

هم‌چنین بسیاری از لزبین‌هایی که در این تحقیق با آنها مصاحبه شده است از پستان‌های خود ناراضی و یا حتی متنفر بوده‌اند و برای پنهان کردن آن گاه تا مرز شکنجهٔ خود پیش می‌رفته‌اند. شهرزاد ۳۲ ساله که خود را لزبین می‌داند، از زمان بلوغ تا سن هجده سالگی، پستان‌هایش را با گِن می‌بسته یا آنها را بانداژ می‌کرده و موقع راه رفتن قوز می‌کرده تا برجستگی آنها پیدا نباشد. آکان ۲۰ ساله هم که در سنندج زندگی می‌کرده و خود را ترنس‌جندر می‌داند همواره پستان‌هایش را با باند می‌بسته تا نتوان جنسیت بیولوژیک او را بلافاصله با دیدنش حدس زد.[۱۹] نازنین که لزبین است و با دوست‌دخترش زندگی می‌کند، همیشه پستان‌هایش را پنهان می‌کند.[۲۰] این پدیده در میان ترنس‌ها هم رواج دارد. برای نمونه، سهراب که خود را ترنس اف‌توام می‌داند پستان‌هایش را آن قدر سفت می‌بندد که زخمی عمیق بر پستان‌اش ایجاد شده است.[۲۱] سایه اسکای هم که خود را لزبین می‌داند، مدت‌ها پستان‌هایش را با فولیه می‌بسته است.[۲۲] فرزام ترنس اف‌توام هم سینهٔ خود را با پارچه‌ای سفت می‌بسته، پارچه را می‌دوخته و حتی هنگام حمام رفتن هم پارچه را باز نمی‌کرده و پس از حمام با سشوار آن را دوباره خشک می‌کرده است. او اکنون پس از عمل تغییر جنسیت که پستان‌هایش را تخلیه کرده، به دلیل خطای پزشکی از درد در ناحیهٔ قفسهٔ سینه رنج می‌برد.[۲۳] در واقع، در مورد عدم رضایت از داشتن پستان و سعی در پنهان کردن آن، تفاوتی میان ترنس‌ها و لزبین‌هایی که در این تحقیق

---

۱۸ مصاحبه با آدلر، شش‌رنگ و عدالت برای ایران.

۱۹ مصاحبه با شهرزاد و آکان، شش‌رنگ و عدالت برای ایران.

۲۰ نازنین می‌گوید: برای این که سینه‌ام دیده نشود، یک لباس عرق‌گیر زیر می‌پوشیدم، یک تی‌شرت رو، حتی تو گرما، تمام این‌جاهایم همیشه عرق‌سوز می‌شد.

۲۱ مصاحبه با سهراب، شش‌رنگ و عدالت برای ایران.

۲۲ مصاحبه با سایه اسکای، شش‌رنگ و عدالت برای ایران.

۲۳ مصاحبه با فرزام، شش‌رنگ و عدالت برای ایران.

شرکت کرده‌اند نیست. مرور روایت‌های مصاحبه‌شوندگان تحقیق ما نشان می‌دهد که عدم رضایت آنها از بدن خود، بیش از این که ریشه در ترنس‌سکشوال یا هم‌جنس‌گرا بودن آنها داشته باشد، دلایل اجتماعی دارد. به‌عنوان مثال، شهرزاد می‌گوید: "بعد از این که سینه‌هایم درآمد نمی‌توانستم با پسرها بازی کنم، نمی‌توانستم مثل آنها بروم بیرون، احساس فاصلهٔ عمیق می‌کردم."[۲۴] یا سایه می‌گوید: "از وقتی سینه‌هایم درآمد دیگر اجازه نداشتم با پسرهای همسایه بازی کنم و یا به خانهٔ آنها بروم."[۲۵]

از همین روست که برخی از مصاحبه‌شوندگان این تحقیق اظهار کرده‌اند که گرچه با جنسیت‌شان مشکلی ندارند و نمی‌خواهند تغییر جنسیت بدهند، اما می‌خواهند پستان‌هایشان را بردارند. رایان که خود را ترنس‌جندر می‌داند و در زمان مصاحبه در ترکیه پناهنده بود، در این باره می‌گوید:

> من با بدنم مشکلی‌ندارم، من با چنج [تغییر] کامل مخالفم، زمانی که به آمریکا برسم اگه خدا بخواد عمل زیبایی بالاتنه یعنی تخلیهٔ سینه رو انجام خواهم داد... من اون جوری راحتم، من اون رو واسه خودم می‌خوام دلم می‌خواد یه لباس که بپوشم اون‌جوری که دلم می‌خواد رو تنم بشینه. ولی از لحاظ تغییر جنسیت کامل و از فیمیل (مؤنث) بودن میل (مذکر) شدن، تمام آی‌دی کارت و این‌ها مرد شدن چیزی هست که من نمی‌خوام می‌خوام همونی که هستم باشم ولی‌خب شرایط اطرافم بهم می‌گه که اگر این کار رو بکنی‌برات بهتره... تو ایران خیلی فشار بود راجع به این قضیه، یعنی می‌دونید، تو ایران اصلاً چیزی بین زن و مرد وجود نداره، یا شما باید زن مطلق باشی‌یا مرد مطلق باشی.[۲۶]

بیژن ترنس‌مرد، در پاسخ به سوال اینکه چه چیزی از زنانگی‌ات آزارت می‌دهد می‌گوید: "سینه و پریود شدن."[۲۷]

---

۲۴ مصاحبه با شهرزاد، شش‌رنگ و عدالت برای ایران.

۲۵ مصاحبه با سایه اسکای، شش‌رنگ و عدالت برای ایران.

۲۶ مصاحبه با رایان، شش‌رنگ و عدالت برای ایران.

۲۷ مصاحبه با بیژن، شش‌رنگ و عدالت برای ایران.

در واقع با رسیدن به سن بلوغ، دختران از فعالیت‌های عادی مثل فوتبال و دوچرخه‌سواری یا بیرون رفتن از خانه و گردش در خیابان، که تا پیش از آن جزیی از زندگی روزمرهٔ برخی از آنان بوده محروم می‌شوند. آنها دیگر نمی‌توانند مانند قبل و بدون تمایز در جمع‌های پسرانه حضور داشته باشند و از امتیازات پسر بودن در جامعهٔ ایران بهره‌مند باشند. از یاد نبریم که با رشد پستان‌ها، دختران دیگر نمی‌توانند از موهبت پوشیدن لباس پسرانه و حضور بدون حجاب در فضاهای عمومی برخوردار شوند. تعداد قابل توجهی از مصاحبه‌شوندگان این تحقیق، تجربهٔ این را داشته‌اند که به دلیل نداشتن حجاب و پوشیدن لباس پسرانه توسط نیروی انتظامی بازداشت شده‌اند که در ادامهٔ این کتاب به طور مفصل به این موضوع خواهیم پرداخت. فرناز، ۲۷ ساله که خود را ترنس‌جندر می‌داند، موفق شده با ارائهٔ پاسخ‌های غیرواقعی، از انستیتو روان‌پزشکی تهران در مورد ابتلا به اختلال هویت جنسی تاییدیه بگیرد و تا مرز عمل جراحی پیش برود. او تنها انگیزهٔ خود را از طی این پروسه، دستیابی امکان انتخاب پوشش و رفتاری می‌داند که مطلوب خودش باشد:

> فکر می‌کنم سال هشتاد و شش بود که خیلی جدی تصمیم گرفتم آن کار [عمل]را بکنم، برای این که حداقل آن جوری که دلم می‌خواهد دیگر لباس بپوشم. داستان گشت‌های ارشاد شروع شده بود و دیگر تو دانشگاه در این حد شده بود که نوع مقنعه هم دیگر مسئله شده بود که چانه داشته باشد، نداشته باشد، کشیده شده باشد جلو، کشیده نشده باشد جلو، آرایش مو خودش خیلی مسئله شده بود و همه چیز. و من هم خب از طریق دوستم با کسانی که عمل کرده بودند خیلی زیاد آشنا شده بودم و آنها خیلی راضی به نظر می‌آمدند. آره، خیلی هم رضایت دارد که شما بتوانی تو ایران با بلوز و شلوار بروی تو خیابان. تا این که من از طریق مادر یکی از دوستانم که تو انجمن روان‌شناسی یا روان‌پزشکی ایران تو خیابان ستارخان، نزدیک‌های پاتریس‌لومومبا، آن‌جا در واقع جایی بود که شما اولین بار باید می‌رفتی تشکیل پرونده می‌دادی یعنی به‌عنوان مریضی مطرح می‌شد این قضیه و تاییدیه می‌گرفتی به عنوان، فکر می‌کنم مخففش می‌شد جی‌آی‌دی. اختلال هویت جنسی. که خب من سه چهار جلسه رفتم. من می‌گفتم اصلاً

تمایلی ندارم با مرد زندگی کنم، من خانم‌ها را دوست دارم، دوست دارم با خانم‌ها باشم، دلم نمی‌خواهد مانتو و روسری تنم کنم. بدم می‌آید از دامن، از بچگی بدم می‌آمده، عروسک‌بازی نمی‌کردم. یعنی سوال‌هایی که می‌کرد. مثلاً بچگی‌ات چطور بوده، از کی فهمیدی که فرق داری؟ یک سری سوالات کلی می‌کردند، من هم کلی جواب می‌دادم. تا حالا با دختر خوابیده‌ای؟ آره. چطوری بوده؟ خیلی خوب بوده. کاملاً دروغ! تا آن موقع اصلاً با دختری نخوابیده بودم! من حتی می‌گفتم من مشکلی ندارم که بدنم همین بدن باشد، من نمی‌خواهم که این جوری لباس بپوشم. نمی‌خواهم که این جوری رفتار کنم، این‌ها را می‌گفتم و تنها نفعی که داشت این بود که مجوز من را خیلی زودتر از بقیه دادند و من رفتم تا مرحله‌ای که برگهٔ تاییدیه‌ای که دادند که یعنی من این اختلال را دارم.[۲۸]

بر اساس آمارهای جهانی، درصد مراجعان مرد برای تغییر جنسیت در تمامی کشورها همیشه بیشتر از زنان بوده است. تنها ایران است که وضعیت دیگری دارد. در مقاله‌ای که در مجلهٔ پزشکی قانونی منتشر شده، یکی از دلایل مراجعهٔ بیشتر دختران نسبت به پسران به پزشکی قانونی برای دریافت مجوز عمل تغییر جنسیت این طور عنوان شده که "ممکن است بیماران مذکر جهت برآورده شدن نیازهای خود انجام عمل جراحی را ضروری ندانند."[۲۹] در این جا منظور از برآوردن نیاز می‌تواند ایجاد رابطهٔ جنسی یا پوشیدن لباس‌های جنس مخالف باشد. به بیان دیگر، این مقاله نشان می‌دهد که شرایط اجتماعی و خانوادگی در ایران به دختران (و در اینجا به‌طور مشخص ترنس‌جندرها) مجال نمی‌دهد که بدون تغییر جنسیت خود بتوانند از حقوق بنیادینی چون پوشش آزادانه، امتناع از حجاب رسمی، حضور آزادانه در فضاهای عمومی، رهایی از محدودیت‌های رایج برای دختران در ایران، یا امکان زندگی مستقل که آزادی در

۲۸ مصاحبه با فرناز، شش‌رنگ و عدالت برای ایران.

۲۹ "شیوع آسیب‌های روانی در بیماران با اختلال هویت جنسی"، دکتر محمد عسگری، دکتر سید مهدی صابری و دیگران، مجله علمی پزشکی قانونی، دوره ۱۳، شماره ۳، پاییز ۱۳۸۶، ص ۱۸۴.

روابط خصوصی و به تبع آن آزادی در روابط جنسی و اجراگری هویت جنسیتی‌شان را برای آنها ممکن می‌کند برخوردار شوند.

شهرزاد که ساکن تبریز است در این باره می‌گوید: "حجاب اجباری برایم مثل دستبند، مثل پابند، واقعاً شکنجه است... من یک بار رفته بودم ترکیه خیلی بیشتر از جنیستم (به عنوان یک زن) حال می‌کردم، لذت می‌بردم از طرز لباس پوشیدنم، ولی تو این جا [ایران] نه."[۳۰]

شَمال که در شهسوار زندگی می‌کند از موارد معدودی‌ست که خانواده او را در نوع رفتار و انتخاب پوشش پشتیبانی می‌کنند:

من یک دایی داشتم که با خودم یازده دوازده سال تفاوت سنی داشت و من با او بزرگ شدم و همیشه باهاش بودم و دست و بالش بودم و با هم فوتبال گه‌گاهی بازی می‌کردیم و از این حرف‌ها. بعد گذشت و مدتی بود به اصرار بقیه موی بلند و این جور چیزها داشتم، ولی اخلاقم همین بود که الان هم هست. دوم راهنمایی بودم که گفتم می‌خواهم موهایم را کوتاه کنم. بابام اجازه نمی‌داد. مامانم اجازه داد بهم این کار را بکنم. بعد دیگر از آن زمان به بعد نوع پوشش من و لباس و ظاهر و این چیزهایم هم تغییر کرد. حتی بیرون می‌خواستم بروم خانواده بهم اجازه می‌دادند لباس پسرانه بپوشم، حجاب هم نداشته باشم و مشکلی نداشته باشم که بیرون بیایم.

اما این رفتار تنها تا موقعی ادامه داشته که گرایش جنسی شَمال برای آنها روشن نبوده است:

گذشت تا این که من سوم دبیرستان بودم. بعد از لحاظ عاطفی دچار مشکل شدم و کسی که با من بود رفت با کس دیگری دوست شد. بعد تو همین حال به هم ریختگی مامانم متوجه شد من یک مشکلی دارم. پرسید چت شده؟ من بهش توضیح دادم فلانی که دوست من بود با فلان کس دوست شده. گفت خب حالا به تو چه؟ گفتم خب من دوستش داشتم خیلی سربسته بهش مسئله را گفتم. گفت مگر تو

---

۳۰ مصاحبه با شهرزاد، شش‌رنگ و عدالت برای ایران.

هموسکشوالی؟ به تو چه؟ گفتم اصلاً تو فکر کن همین که تو می‌گویی باشم.

شَمال ادامه می‌دهد:

بعد از این که رفتیم پیش دکتر و گفت می‌توانی این کارها [عمل جراحی و هورمون‌تراپی] را انجام بدهی، دیگر خانواده ترمز مرا کشیدند و گفتند کجا با این عجله؟ جلویم ایستادند و گفتند تو اصلاً اینجوری نیستی. تا حالا اینطوری تیپ می‌زدی فکر می‌کردیم فقط می‌خواهی تو جامعه راحت باشی. فکر نمی‌کردیم این فکر تو ذهنت باشد و دوستداری پسر باشی و با دختری دوست باشی. بعد دیگر بحث و جدل و این حرف‌ها زیاد داشتیم. بعد من را فرستادند پیش یک روان‌شناس.[۳۱]

کاوه هم در مورد حجاب می‌گوید: "من مقنعه توی دانشگاهم به زور سرم می‌کردم اصلاً بدم میومد، احساس خفگی می‌کردم، احساس می‌کنم خیلی دخترونه است، خیلی محجبه است."[۳۲]

چنان که اشاره کردیم، نارضایتی از ویژگی‌های زنانهٔ بدن از قبیل داشتن پستان، عادت ماهیانه و در نهایت "زنانگی" که اجبار در پوشش اسلامی را به دنبال دارد، صرف نظر از گرایش جنسی افراد، در میان دختران ایرانی عمومیت دارد. این مشکل در مورد هم‌جنس‌گرایان و ترنس‌سکشوال‌ها شدت بیشتری دارد. این افراد در سن بلوغ و با اولین تجربه‌های احساس عاشقانه به تفاوت گرایش جنسی خود با گرایش جنسی غالب یا آنطور که باتلر می‌گوید به تفاوتشان با "هویت جنسیتی هنجارین" پی می‌برند و به طور هم‌زمان خشونت‌هایی را در خانه و جامعه تجربه می‌کنند که به طور مستقیم به گرایش جنسی‌شان ارتباط دارد. نتیجه آن می‌شود که بدن در نظر آنها به منبع "غیرعادی بودن" و تحمیل محدودیت‌های اجتماعی و حقوقی بدل می‌شود. آنها وقتی می‌بینند که قادر به تغییر هویت و گرایش جنسی خود نیستند، به این فکر می‌افتند که چنانچه در بدن دیگری به دنیا آمده بودند، می‌توانستند به صورت "بهنجار" و بی آن که با شرم، تحقیر و خشونت مواجه شوند، به کسی که دوستش دارند آزادانه عشق

۳۱ مصاحبه با شَمال، شش‌رنگ و عدالت برای ایران.
۳۲ مصاحبه با نیما، شش‌رنگ و عدالت برای ایران.

بورزند. پس نفرت از بدن فعلی و میل به خلاصی یافتن از آن، که به معنای رها شدن از "غیرعادی" و "غیرطبیعی" بودن است، در هر دو گروه هم‌جنس‌گرا و ترنس در این سن شدت بیشتری می‌گیرد.

سایه اسکای، حس خود را به بدنش زمانی که برای اولین بار عاشق شده ولی امکان طرح و پدیدار کردن این عشق را نداشته است چنین توصیف می‌کند:

> وقتی مذهبی بودم و این که یادم هست از یکی خوشم می‌آمد تو مدرسه نمی‌توانستم بهش بگویم. چون فکر می‌کردم اصلاً دیوانه می‌شود اگر بهش بگویم من از تو خوشم می‌آید. آن‌جا بود که این من را شکست. آن‌جا بود که دیوانه شدم، آن‌جا بود که متنفر شدم از این که دختر هستم، چرا پسر به دنیا نیامده‌ام که راحت باشم. یادم هست خیلی سختی کشیدم و اصلاً خانوادهٔ من اطلاع نداشتند که دارد تو زندگی من چه می‌گذرد. من یادم هست جلوی آینه بودم مدت‌ها گریه می‌کردم و با موهایم بازی می‌کردم یکهو موهایم را می‌کشیدم، عصبانی می‌شدم، داد می‌زدم، دوباره آرام می‌شدم و یکی دو سالی این طوری گذشت و به شدت افسردگی خیلی خاصی داشتم. آسان نبود. با هیچ کس هم نمی‌توانستم حرف بزنم، احساس می‌کردم هیچ وقت نمی‌توانم خوشحال باشم.[۳۳]

برای بیشتر مصاحبه‌شوندگان که کودکی نسبتاً آرامی را تجربه کرده‌اند، خشونت در خانواده با اولین جرقه‌های عشق به یک هم‌جنس، دوست یا همکلاسی آغاز شده است. در واقع درست زمانی که با تجربهٔ احساس عاشقانه به یک هم‌جنس، به تفاوت خود با بیشتر هم‌سالان خود پی می‌برند و هزاران سئوال در مورد هویتشان برایشان پیش می‌آید، خانواده‌ای که تا پیش از آن، رفتار و لباس پوشیدن متفاوت فرزند خود را تحمل می‌کردند، سرکوب و تحقیر را شروع می‌کنند. به عبارت دیگر برای هر دو گروهی که خود را هم‌جنس‌گرا یا ترنس معرفی می‌کنند، تنبیه و خشونت زمانی شروع شده که آنها مطابق انتظارات خانواده و جامعه رفتار نکرده‌اند و به خصوص زمانی که عاشق هم‌جنس خود شده‌اند. تنها در سال‌های بعد، یعنی اواخر نوجوانی و یا شروع جوانی است که

---

۳۳ مصاحبه با سایه اسکای، شش‌رنگ و عدالت برای ایران.

برخی از آنها، هویت جنسی خود را هم‌جنس‌گرا تعریف کرده‌اند و برخی دیگر خود را ترنس خوانده‌اند. یعنی نقطهٔ اوج درگیری تمامی مصاحبه‌شوندگان این تحقیق، چه هم‌جنس‌گرایان و چه ترنس‌ها با دنیای بیرون، زمانی است که به گرایش جنسی خود به هم‌جنس پی برده‌اند و ناگزیر به پاسخ دادن به این سئوال شده‌اند که "من چه هستم؟" (هویت جنسی من چیست؟). در مواجهه با این سئوال است که مصاحبه‌شوندگان ما تحت تأثیر عوامل متفاوت درونی و بیرونی (که بخشی از آنها را در این متن بررسی خواهیم کرد) به دو دسته تقسیم شده‌اند: گروهی به این نتیجه رسیده‌اند که هم‌جنس‌گرا هستند و از همین روست که به هم‌جنس خود گرایش جنسی دارند. گروه دیگر چنین نتیجه گرفته‌اند که ترنس‌سکشوال هستند و دلیل گرایش آنها به هم‌جنس‌شان این است که از ابتدا، در بدن یا جسمی که با ذهن و روان‌شان هم‌خوانی ندارد به دنیا آمده‌اند و با تغییر جنسیت، ممنوعیت آنها در عشق و ایجاد رابطهٔ جنسی و معضل گرایش جنسی آنها به هم‌جنس حل خواهد شد.

رایان تجربهٔ خود را چنین بیان می‌کند:

> من حدود ۱۰ - ۱۱ سال‌ام بود تو مدرسه بودم که نسبت به یک دختر احساس پیدا کردم، اولین احساس زندگیم توی مدرسه شکل گرفت، یکی از همکلاسی‌هام بود. بعد اولش از همه چی و همه کس حتّی از خودم ترسیدم، همش فکر می‌کردم که دارم این مسیر رودخونه رو بر عکس شنا می‌کنم، اگه من این جوریم چرا بقیه این جوری نیستن اگه بقیه اون جورین چرا من اون جوری نیستم، از بازگو کردنش هم حتّی ترسیدم، اون موقع فهمیدم که به یک دختر احساس دارم، حتّی هیچی راجع بهش نمی‌دونستم، نمی‌دونستم که معنی‌لزبین چیه، هم‌جنس‌گرا چیه، فکر می‌کردم تنها هستم و فقط من هستم که این شکلی‌هستم...[۳۴]

۳۴ مصاحبه با رایان، شش‌رنگ و عدالت برای ایران.

۱- خشونت‌های خانوادگی

تعداد قابل‌ملاحظه‌ای از مصاحبه‌شوندگان، چه آنهایی که خود را هم‌جنس‌گرا تعریف می‌کنند و چه ترنس‌ها، اشکال بسیار شدیدی از خشونت خانوادگی را در سنین بلوغ و به محض مواجه شدن با گرایش جنسی به هم‌جنس، تجربه کرده‌اند. این خشونت‌ها رابطهٔ مستقیمی با هموفوبیا یا هم‌جنس‌گرا ستیزی و پیش‌داوری منفی و تابوهای اعضای خانواده در مورد روابط هم‌جنس‌خواهانه داشته است و برای مصاحبه شوندگان ترنس و هم‌جنس‌گرا در دلیل، شیوه، شدت و شکل این خشونت‌ها تفاوت قابل ملاحظه‌ای دیده نمی‌شود. در این سنین، از سویی با آشکار شدن گرایش جنسی مصاحبه‌شوندگان، و از سوی دیگر به سبب وجود قوانین و سنت‌هایی که پوشیدن لباس‌های معینی (حجاب برای دختران و لباس پسرانه برای پسران) را الزامی می‌کنند، مخالفت خانواده با نحوهٔ لباس پوشیدن و رفتارهای فرزندانشان هم جدی‌تر می‌شود. خشونت‌های گزارش‌شده توسط مصاحبه‌شوندگان این تحقیق از خشونت‌ها و تحقیرهای کلامی که عمومیت داشته شروع شده و در برخی موارد حتی به ضرب و شتم هم می‌رسیده است. افزون بر این، مصاحبه‌شوندگان ما اشکال مختلفی از محرومیت از امکانات خانواده را تجربه کرده‌اند و بعضی از آنها توسط خانواده از خانه بیرون رانده شده‌اند. برخی از آنها تهدید به ازدواج اجباری و حتی عملی شدن این تهدید از سوی خانواده‌هایشان را گزارش کرده‌اند. خشونت و فشار خانواده بر برخی از مصاحبه‌شوندگان آن قدر شدید و تحمل‌ناپذیر بوده که دست به خودکشی زده‌اند. تعدادی از آنها بیش از یک بار خودکشی کرده‌اند. آدلر که تجربه خودکشی بر اثر فشار خانواده را دارد، می‌گوید:

مامانم جوری بود که به احساسی که نسبت بهش داشتم ضربه می‌زد. می‌ایستاد رو به قبله و می‌گفت خدایا این را بکش، قرآن فلان این را بکش. یک بار هم برگشت بهم گفت به روح مادرم راضی هستم تو بمیری. (الان خیلی راحت می‌گویم چون صد بار قبلاً تکرارش کرده‌ام. دیگر دردهایم کهنه و قدیمی شده‌اند.) من هم عصبی شدم گفتم راضی هستی؟ کو؟ خب نشان بده. آره خودم را می‌کشم. گفت آره خودت را برو بنداز جلوی ماشین و آورد با دستش یک مشت قرص. بیا این را

بخور بمیر. بعد جالب اینجاست من قرص را برداشتم که بخورم گفتم آره می‌خورم چرا نخورم. داشتم می‌خوردم آمد دستم را گرفت. گفت ببین نخور حالا. گفتم چرا نخورم؟ گفت آبجیت کنکور دارد، ذهنش خیلی مشغول می‌شود نمی‌تواند کنکور بدهد. بعد از کنکور دادن آبجیت خودت را بکش. واقعاً خب من داشتم خرد می‌شدم تو آنجا. گذشت ولی باز نتوانستم تحمل کنم و خودکشی کردم. مامانم روبه‌رویم می‌ایستاد می‌گفت خودت را بکش. من موقعی هم که قرص خوردم که خودکشی کنم، برگشتم بهش گفتم من خودم را الان کشته‌ام. می‌دانی؟ بهم گفت آره برو خودت را بکش از خدایم است. بعد من گرفتم خوابیدم یعنی خیلی شانسی بود که از خواب بیدار شدم و یکهو افتادم زمین و من را بردند بیمارستان و این بود که بعد از آن اتفاق من را برد دکتر. من هجده سالم بود من را به اصرار خودش برد دکتر که من قرص‌های چی چی [برای درمان] بخورم. من یک مدت تو زندگی‌ام فراموشی گرفتم. خیلی هم بد گرفتم. مثلاً یک ساعت [مچی] که آرزو داشتم بخرم رفتم خریدم و آوردم خانه. مثلاً یک روز می‌رفتم خرید می‌کردم، مانتو می‌خریدم ساعت می‌خریدم فلان می‌خریدم می‌آوردم خانه، می‌خوابیدم صبح بیدار می‌شدم می‌گفتم مامان این‌ها مال کیست؟ مامانم می‌گفت خودت دیروز خریدی. [و من یادم نمی‌آمد] می‌رفتم رستورانی که دوست داشتم فردایش یادم نبود که رفته‌ام رستوران. یک مدت فراموشی گرفتم هنوز هم آثارش هست ولی یک مدت خیلی بد بود. فشار عصبی و قرص‌ها بود. بعد یک مدت خیلی افسردگی شدیدی گرفتم.[۳۵]

طیبه نیز که از خانواده‌ای به‌شدت مذهبی است، برادری دارد طلبه و روحانی، زمانی که رابطه عاشقانه‌اش رو می‌شود به‌شدت از برادرش "کتک" می‌خورد:

مامانم رزیتا را به شدت زد و از خانه بیرون انداخت. به من گفت به برادرت خبر می‌دهم. با این برادرم که آخوند است چون از نظر مذهبی همه‌شان خیلی مذهبی هستند ولی این برادرم را خیلی قبول دارد.

---

۳۵ مصاحبه با آدلر، شش‌رنگ و عدالت برای ایران.

ایشان آمدند من را زدند. دیگر من به‌خاطر اینکه چادرم می‌رفت کنار به شدت کتک می‌خوردم دیگر چه برسد به این مسئله. منطقه‌مان هم فوق‌العاده منطقهٔ مذهبی بود. دانشگاهم هم دانشگاه قم بود. گفتند باید دانشگاه قم بروم. [۳۶]

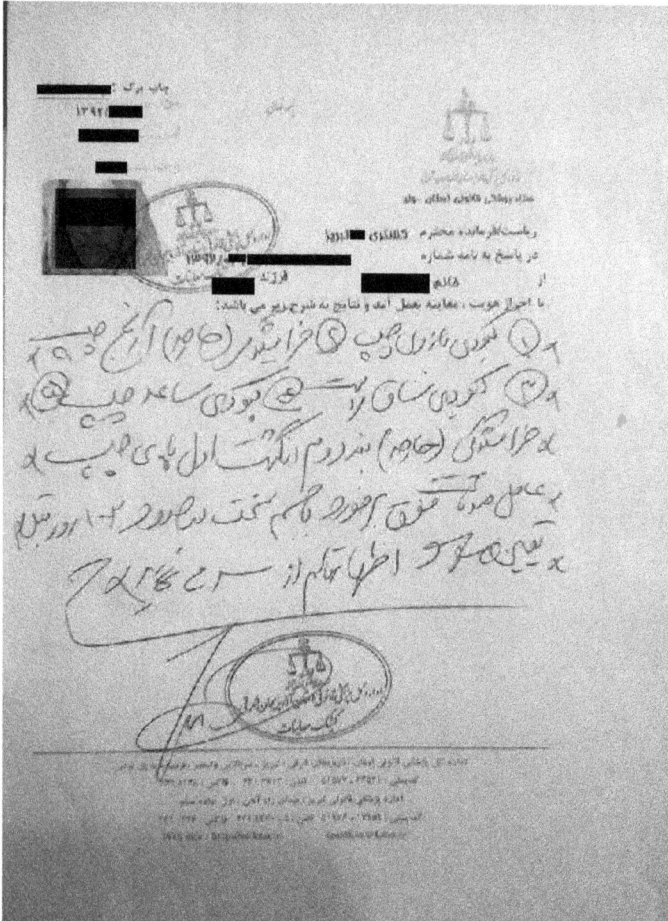

سند شماره ۱: تأییدیه پزشکی قانونی از آثار جراحت بر بدن آدلر بر اثر خشونت پدر دوست‌دخترش.

---

۳۶ مصاحبه با طیبه، شش‌رنگ و عدالت برای ایران.

این فشارها و اعمال خشونت در برخی موارد پس از آشکار شدن رابطه عاشقانه شخص، نه فقط از سوی خانواده خودش بلکه از سوی خانواده طرف مقابلش نیز به شدیدترین وجهی اعمال شده و در مواردی با تهدید و یا انجام شکایت قانونی از شخص توام بوده. زمانی که رابطه آدلر و دوست دخترش بیتا لو می‌رود، پدر بیتا به‌شدت آدلر و بیتا را کتک زده و به این اکتفا نکرده از آدلر شکایت کیفری می‌کند. ۳۷

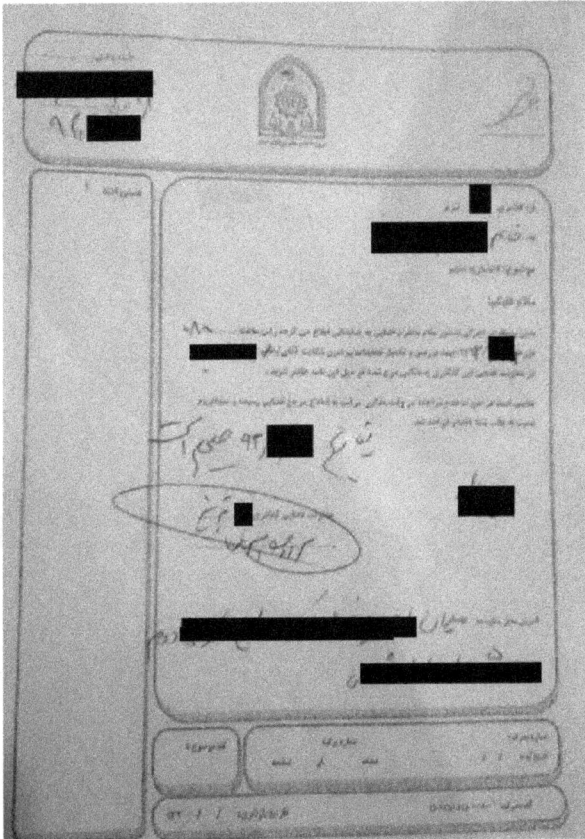

سند شماره ۲: برگه احضاریه به دلیل شکایت کیفری پدر دوست دختر آدلر از وی، که باعث شد آدلر و دوست‌دخترش کشور را ترک و در ترکیه تقاضای پناهندگی کنند.

---

۳۷ همان.

پژاره نیز تجربه خشونت خانوادگی دارد و بر اثر این فشارها چندین بار دست به خودکشی زده است می‌گوید:

یک روزی خیلی دعوای بدی کردم با مادرم تو خانه. هی من می‌آمدم تو اتاقم، هی دنبال من راه می‌افتاد یک چیزی می‌گفت. دوباره من می‌رفتم بیرون. هی دعوا و مشاجره تا آخر سر تیغ را درآوردم. گفت اصلاً تو برو بمیر. هر کاری می‌خواهی بکنی بکن. تو اصلاً برای من ننگی. این کارهایی که می‌کنی برای من ننگ است. گفتم می‌خواهی از دستم راحت شوی؟ گفت آره. تو جرأتش را نداری. تو روی مادرم من رگ خودم را دوبار پشت سر هم زدم. خون پاشید تو صورت مادرم، مادرم از اتاق رفت بیرون. هیچ کاری نکرد برای من. هیچ کاری. همون جوری افتادم کف زمین. پدرم آمد من را برداشت برد کلینیک سر میدان ونک. آن جا دست من را بخیه زدند. مادر من حتی نیامد من را ببیند. یک بار پانسمان دست من را عوض نکرد. باز پدرم آن جا بود که اگر پدرم نبود من همان جا مرده بودم. تا دیگر بعد از این موضوع یک کم همه چیز آرام شده بود. دیگر کاری به کار من نداشتند. [۳۸]

روایات بسیاری از مصاحبه‌شوندگان ما نشان می‌دهند که چگونه از همان نخستین تنش‌ها با خانواده و برای دفاع از خود در مقابل اتهام هم‌جنس‌گرایی، هویت جنسی خود را به‌عنوان ترنس‌سکشوال تعریف کرده‌اند تا برچسب "منحرف" و گناهکار نخورند. این مسئله چنان پیش رفته است که برخی از این افراد، هموفوبیا را تا حدود زیادی درونی کرده‌اند و هم‌جنس‌گرایان را کثیف می‌دانند و تحقیر می‌کنند. برای نمونه، سهراب، ترنس‌مرد که هنوز اقدامی برای تغییر جنسیت انجام نداده‌است، بدترین تجربهٔ زندگیش را زمانی می‌داند که مادرش او را "لزبین" خوانده است. او می‌گوید:

من دوست‌دختر داشتم و رابطهٔ من و دوست‌دخترم رابطهٔ زن و شوهری بود. یعنی من را به‌عنوان شوهرش قبول داشت. یعنی هیچ چیز غلطی تو این رابطه‌مان نبود. مثل همهٔ پسر و دخترها که با هم دوست

---

۳۸ مصاحبه با پژاره، شش‌رنگ و عدالت برای ایران.

می‌شوند، رابطه‌ای دارند، بعد می‌خواهند ازدواج کنند و با هم زندگی کنند. این فکر را داشتیم. نه او به من این نگاه را داشت که من هنوز دخترم، با این که هنوز عمل نکرده بودم، نه من دیگر می‌خواستم این فکر و ذهنیت را داشته باشیم... [آن موقع به نظرم می‌آمد اگر دو تا دختر با همند]خیلی آدم‌های کثیفی‌اند، آیا خواستگار ندارند؟ مادر دوست‌دخترم به او گفته بود مگر تو خواستگار نداری؟ برای چه با این می‌گردی؟ فکر می‌کنند آن دختر مشکلی دارد که با دختر می‌گردد. می‌تواند مشکل جنسی داشته باشد. ۳۹

انکار هم‌جنس‌گرایی یکی از واکنش‌هایی است که برخی از افراد دارای گرایش و هویت جنسی متفاوت با نُرم‌های موجود، در مقابل خشونت‌های خانوادگی شدیدی که عمدتاً به دلیل کشف/ برملا شدن گرایش جنسی خود به هم‌جنس‌شان در دوران بلوغ تجربه کرده‌اند از خود نشان داده‌اند. هم‌زمان با تجربهٔ پیچیدهٔ عشق به هم‌جنس است که فرد می‌کوشد به تعریفی از هویت جنسی خود دست یابد و در همین زمان از سوی دیگران به هم‌جنس‌بازی متهم می‌شود و عناوینی چون منحرف، گناهکار و مجرم به او نسبت داده می‌شود. این موقعیت دشوار می‌تواند زندگی فرد را برای همیشه تحت‌الشعاع قرار دهد و در بهترین حالت به انزوای اجتماعی او منجر شود.

تقریباً تمامی مصاحبه‌شوندگان ما خاطرات ناخوشایندی از جر و بحث‌های بی‌پایان در خانه دارند. این جدال‌ها گاه به مخالفت با نحوهٔ پوشش یا معاشرت با برخی از دوستان محدود بوده‌اند، اما در برخی موارد با الفاظ توهین‌آمیزی همراه شده‌اند که به طور مستقیم برای تحقیر هویت جنسی مصاحبه‌شوندگان به کار می‌رفته‌اند. سهراب، که به دلیل تهدیدهای خانوادگی از ایران خارج شده و در زمان انجام مصاحبه در ترکیه به سر می‌برد، خشونت‌های کلامی مادرش را به‌عنوان بدترین تجربهٔ زندگی‌اش به یاد می‌آورد:

جیغ و داد و هوار و بعضاً کتک و فحش [بود] و واژه‌هایی که تو ایران خیلی بد است، مثلاً می‌گویند تو لزبینی. این واژه تو ایران یعنی فحش.

---

۳۹ مصاحبه با سهراب، شش‌رنگ و عدالت برای ایران.

انگار بدکاره‌ای. هم‌جنس‌باز هم می‌گفتند... تو لزبین هستی! با دخترها می‌روی و می‌آیی! از آن طرف با پسر می‌رفتم، می‌گفتند اینها کی هستند! با لات و لوت‌ها می‌گردی! کارهای پسرانه می‌کنی! من خودم شخصاً هیچ راهی نداشتم یعنی تو خانوادهٔ من هیچی تعریف نشده بود، رفت و آمد با فامیل تعریف نمی‌شد، با دوست تعریف نمی‌شد، دوست‌دختر تعریف نمی‌شد، پسر هم تعریف نمی‌شد. کلاً زندگی تعریف نمی‌شد. مادر من آدمی بود که می‌گفت باید بنشینی تو خانه، با هم برویم و بیاییم... بدی و سختی و تحقیر و توهین خیلی بوده، خیلی‌هایش را سعی کرده‌ام فراموش کنم که آزار نبینم. بدترینش که الان تو ذهنم مانده مادرم بوده. خب شاید من چون الان تو جامعه‌ای که الان هستم لزبین و آدم‌های [مختلفی] را می‌بینم. شاید تو ایران ناراحت می‌شدم اگر بهم می‌گفتند لزبین. حتی من خودم را ترنس هم نمی‌دانستم. می‌گفتم من پسرم. حتی این مشکل را هم دارم، خب باید عمل کنم. مریضم و مثلاً یک غدهٔ سرطانی این جا هست و باید درش بیاورم. همین است دیگر، وگرنه من پسرم. مادرم خیلی همه‌اش می‌گفت تو لزبینی، هم‌جنس‌بازی، کثیفی، با فلان دختر می‌خوابی. آدم خیلی سختش است این حرف‌ها را از مادرش بشنود. نگاه‌های مادرت... برادرم یکی دو بار زدن بود. ولی آخرین بار که آمد، من را کاملاً منحرف جنسی معرفی می‌کرد و می‌گفت این منحرف جنسی است.[۴۰]

پرسا ترنس‌جندر و هم‌جنس‌گرای ۲۲ ساله نیز برخورد مشابهی با مادرش داشته است:

قبل از عید سال نود بود، چشم‌هایم را بستم و خیلی راحت برگشتم گفتم مامان من یک هم‌جنس‌گرا هستم. مادرم فقط من را نگاه می‌کرد و هیچی نمی‌توانست بگوید. چی باید در جواب این حرف به من می‌گفت و من گریه می‌کردم و نمی‌توانستم هیچ حرفی بزنم که من را باور کند. خیلی سخت بود یعنی خیلی سخت بود. این که هی توضیح بدهی، هی بگویی من درستم. من درست زندگی می‌کنم، من کثیف

---

۴۰ همان.

نیستم. و مادرت بهت بگوید تو کثیفی. تو باید اصلاح بشوی. تو اعتقاداتت اشتباه است. تو مشکل داری. تو دوباره هی توضیح بدهی راجع بهش و هی بگویی نه این جوری نیست. من هم مثل شما هستم مثل بقیه‌ام. من مثل بقیه زندگی دارم. نه، تو زندگی‌ات فقط سکس است. شما زندگی ندارید، شما زندگی‌تان فقط رابطهٔ جنسی است و این یک توهم است. خیلی سخت است که مادر آدم باور نکند. هر وقت که [در تلویزیون] راجع به این موضوع صحبت می‌شد کانال را عوض می‌کرد[۴۱] و آن آدم‌ها را هم‌جنس‌باز یا اواخواهر خطاب می‌کرد. چطوری می‌تواند دخترش که همین طوری است بهش ثابت کند؟[۴۲]

تجربهٔ رایان نشان می‌دهد برخی از دختران لزبین، ضمن اینکه به دلیل گرایش جنسی خود تحقیر می‌شوند، هم‌زمان از سوی خانواده برای تغییر جنسیت تحت فشار قرار می‌گیرند. وقتی در ۱۹ سالگی رابطهٔ عاشقانهٔ او با دختر همکلاسی‌اش برملا می‌شود، برادرش ضمن اعمال خشونت، به طور غیرمستقیم صحبت از لزوم عمل تغییر جنسیت می‌کند:

پدرم همش تحقیر و مسخره، تو هم‌جنس‌بازی... نمی‌دونم یه حرف‌های رکیکی مثل این که... معذرت می‌خوام معذرت می‌خوام برو یه چیزی از خودت آویزون کن خودت رو خلاص کن یا مثلاً این که تو که اصلاً نرمال نیستی، تو وجودت تو این خونه اضافیه، تو مایهٔ ننگی، ما اصلاً نمی‌تونیم تو رو جلوی کسی دربیاریم، آبروریزیه.. همیشه با این حرفا مواجه بودم.[۴۳]

نسترن که خود را لزبین می‌داند نیز از سوی خواهرش برای انجام عمل تغییر جنسیت تحت فشار بوده است:

---

۴۱ مادر پرسا پس از حادثه‌ای که پرسا را تا دم مرگ برد و او نجات یافت و آشنایی با دوستان هم‌جنس‌گرای پرسا و آشنایی با نگارنده، اکنون یکی از پشتیبانان پرساست. وی عمیقاً از برخوردهای قبلی خود پشیمان است و با رفتار و دوستی با جامعه هم‌جنس‌گرا سعی در جبران آن دارد.

۴۲ مصاحبه با پرسا، شش‌رنگ و عدالت برای ایران.

۴۳ مصاحبه با رایان، شش‌رنگ و عدالت برای ایران.

خواهرم وقتی فهمید خیلی تو گوشم می‌خواند برای عمل. خواهرم می‌گفت تو حداقل تغییر جنسیت بدهی می‌توانی سر و سامون بگیری، زن بگیری. می‌گفتم ببین من همین جوری هم تغییر جنسیت ندهم با دوست‌دخترم ازدواج می‌کنم، حتی بچه هم می‌آورم. می‌گفت چطور می‌توانی بچه بیاوری؟ برایش توضیح می‌دادم. می‌گفت نه، اصل روندش این جوری است که یک دختر و پسر بچه‌دار بشود. می‌گفتم نه، این جوری نیست. بعد دیدم نمی‌شود باهاش بحث کنی. می‌گفت چون تو همه چیزت پسرانه است، از بچگی باهات بودم و می‌دانم اخلاق‌هایت چطور بوده. می‌گفت اون جوری بهتر می‌شود. آن جوری تغییر جنسیت بدهی پسر بشوی ما می‌توانیم برایت برویم خواستگاری و زن بگیریم. الان چه بگوییم؟ با دوست‌دخترت به اقوام چه بگوییم؟ همه‌اش حرفش این بود، ما به فامیل چی بگوییم؟ شاید باورت نشود، ایران بودم خیلی دغدغه داشتم، چون همه‌اش حرفشان این بود که آبروی ما تو فامیل می‌رود. حتی مجبور شدم به‌خاطر آنها یک ذره تیپم را عوض کنم که واقعاً اذیت می‌شدم.[۴۴]

پونه که گرایش جنسی خود را هم‌جنس‌گرایانه توصیف می‌کند، از خالهٔ روشنفکرش توصیهٔ مشابهی شنیده است:

یادمه زمانی که خالهٔ من فهمید، گفت که اوکی پونه! مشکلی نیست. زن دوست داری؟ برو عمل کن! همین‌جوری به من گفت و رفت که برای من وقت دکتر بگیره. خالهٔ من کارمنده و خب، آدم روشنیه، هیچ نقطهٔ بسته‌ای نداره، من ندیدم و خب، شوهرش همون شوهرخالهٔ منه که به شدت توی این سال‌ها به من کمک کرده، ساپورت کرده، بسیار برای من شوکه کننده بود، حتا به من نگاه نمی‌کرد. اتاق تاریک بود، من لپ‌تاپم روی پام بود، اونم داشت با کامپیوتر کار می‌کرد، نگاه هم به من نمی‌کرد حتا و چندین ساعت نشست با من صحبت کرد. وقتی که این حرف رو زد من خیلی شوکه شدم، برای من خیلی سخت بود، از چند جهت؛ یکی از مسایل این بود که مگه این‌که من هستم چه ایرادی

۴۴ مصاحبه با نسترن، شش‌رنگ و عدالت برای ایران.

داره؟ دو این که من خانواده‌ام رو در جایگاهی نمی‌دیدم که این حرف به من زده بشه، خالهٔ من در جایگاه فکری‌ای نیست که این نوع حرف‌ها رو بزنه. یعنی این که این آدم سطح فکرش در این سطح [پایین] نیست که بگه که خب، حالا اگه زن دوست داری، برو عمل کن، مرد شو، بعد زن دوست داشته باش. مذهبی هم نیست، آدم تحصیل‌کرده‌ایه.[۴۵]

با این همه، بسیاری از ترنس‌هایی نیز که در این تحقیق با آنها مصاحبه شده، به محض در میان گذاشتن تصمیم خود برای عمل تغییر جنسیت، خشونت‌های شدیدی از طرف خانواده تجربه کرده‌اند. به‌عنوان مثال، مازیار ترنس مرد ۲۸ ساله از زمانی که برای گرفتن مجوز اقدام کرده از سوی خانواده طرد شده است. مادرش سه سال با او قطع رابطه کرده و برادرش نیز او را کتک زده و از خانه بیرون کرده است[۴۶].

سعیده، دختری که با یک ترنس‌مرد(اف‌توام) زندگی می‌کند و خود را یک زن استریت و هتروسکشوال تعریف می‌کند، از تجربهٔ عاشقانهٔ خود و برخورد خانواده‌اش چنین می‌گوید:

اوایل که با هم همکار بودیم سهراب [ترنس‌سکشوال است و عمل جراحی را انجام نداده است] با تیپ دخترانه می‌آمد خانه‌مان، بعد تو خانه در می‌آورد. دیده بودند موهایش کوتاه است و تیپ پسرانه دارد، مدل پسرانه راه می‌رود. یک مدت کاری نداشتند ولی بعد پدرم حساس شده بود نسبت به این موضوع. اولین کسی بود که حساسیت نشان داد که گفته بود این چرا این جوری است، چرا با این می‌گردد، اصلاً این هم‌تیپ این نیست. دیگر من آمدم گفتم چطوری است؟ من الان یک دختر آرایش‌کرده بردارم بیاورم این جا می‌گویید دختره مشکل دارد و خراب است و با این تیپ نگرد، حالا یک دختر ساده آورده‌ام،... حالا می‌گویید چرا با این می‌گردی؟ دیگر نبردمش، گفتم حساس نشوند. دیگر خانه نبردمش. بعد از آن رابطه‌مان پنهانی شد، چون خواهرم هم شروع کرده بود به حساسیت نشان دادن، خواهرم چون این موضوع را

---

۴۵ مصاحبه با پونه، شش‌رنگ و عدالت برای ایران.

۴۶ مصاحبه با مازیار، شش‌رنگ و عدالت برای ایران.

نمی‌دانست و تا همین اواخر فکر می‌کرد که من لزبین شده‌ام و می‌خواسته برود پیش روان‌شناس و من را هم ببرد پیش روان‌شناس... دوست نداشتم بگویم، می‌شد بروم بهشان بگویم و شاید درک بکنند، ولی چون ممکن بود تو رابطه‌ام خلل ایجاد کند و یک موقع نگذارند بیرون بروم یا بخواهند هر کاری بکنند، نگفتم. گفتم چه کاری‌ست، سری که درد نمی‌کند چرا دستمال ببندیم؟ ولی می‌فهمیدم. می‌دانستم، مادرم هی تیکه می‌انداخت که با آن سحر (نام قبلی و دخترانهٔ سهراب) دوست‌پسرت چه کار می‌کنی؟ دوست‌پسرت هر روز می‌آید دنبالت؟ تو حرف‌هایشان می‌گفتند، من اهمیت نمی‌دادم ولی خب واقعاً سخت بود دیگر...[۴۷]

در ادامه خواهیم دید که چگونه بسیاری از ترنس‌های پژوهش ما از تحقیرها و خشونت‌هایی سخن گفته‌اند که خانواده‌هایشان در اثر فقدان آگاهی کافی و در نتیجهٔ اشتباه گرفتن فرزندان‌شان با هم‌جنس‌گرایان نسبت به آنها اعمال کرده‌اند. به‌عنوان مثال، لیلا شیرازی که یک ترنس ام‌تواف (ترنس‌زن) است و سال‌هاست از مرد به زن تغییر جنسیت داده است، می‌گوید: "خانوادهٔ من هم مثل بقیه، اطلاعات‌شان خیلی خیلی کم بود و خیلی ضعیف بود و دقیق نمی‌دانستند چی به چی است، فکر می‌کردند که انحراف اخلاقی دارم من، چون جامعه به چشم انحراف اخلاقی می‌دید. منظورشان از انحراف اخلاقی، عین گِی‌های مفعول بود."[۴۸]

تلاش برای دفاع از خود در برابر خشونت خانواده با توسل به مکانیسم انکار هم‌جنس‌خواه بودن، در بسیاری از موارد باعث شده که مصاحبه‌شوندگان ترنس، که خود قربانی ترنس‌فوبیا و هموفوبیای درون خانواده و جامعه هستند، لزبین‌ها و گِی‌ها را کثیف و منحرف بدانند. این گونه است که قربانیان، با درونی کردن گفتمان سرکوب و بازتولید آن سعی می‌کنند میان خود و کسانی که در دوران کودکی و نوجوانی خود تجربیاتی کاملاً مشابه با آنها داشته‌اند مرز قاطعی بکشند. آنها از این طریق می‌کوشند تا هم از خشونت بیشتر برهند و هم صاحب

---

۴۷ مصاحبه با سعیده، شش‌رنگ و عدالت برای ایران.

۴۸ مصاحبه با لیلا شیرازی، شش‌رنگ و عدالت برای ایران.

یک جایگاه و هویت اجتماعی شوند. تعدادی از مصاحبه‌شوندگان گفته‌اند که همواره سعی داشته‌اند عزیزترین نزدیکان‌شان را قانع کنند که عیب و ایرادی ندارند و از این راه دوباره محبت آنها را به دست بیاورند. با این همه، همان طور که در ادامه خواهیم دید، بسیاری از خانواده‌ها حتی در مورد اعلام تمایل به تغییر جنسیت هم واکنشی خشونت‌بار از خود نشان داده‌اند و به چیزی کم‌تر از کاملاً "نرمال" و استریت یا دگرجنس‌خواه شدن راضی نبوده‌اند.

آکان از تجربهٔ خودش چنین می‌گوید:

> مادرم گفت بیا برویم پیش روان‌شناس باهاش حرف بزنیم که ببینیم مشکل چی است. رفتیم پیش روان‌شناس و باهاش حرف زدیم و تأیید کرده بودند که من یک ترنس هستم، ولی خب به خاطر این که با مادرم توی صحبت‌هایی که داشتند که اگر این تا سن خاص خودش اگر این رفتار را دارد باید تغییر جنسیت بدهد. ولی خانواده‌ام اصرار داشتند که این موضوع پیش نیاید و بیشتر او با من حرف بزند که من از این وضع برگردم. و حتی تا جایی که روان‌شناس که آنقدر آدم خوبی بود می‌گفت چرا با پسرها دوست نمی‌شوی؟ در صورتی که اگر من با یک پسر دوست می‌شدم بدترین لطمه را به من می‌زد. دیگر دیدم هیچ فایده‌ای ندارد و پدرم ناراضی بود به ادامه دادن به این مسائل و می‌گفت مغزت را شستشو داده‌اند، و الا تو خوب می‌شدی و اذیتم می‌کرد پدرم. مثلاً می‌رفتیم جلسهٔ روان‌شناسی و می‌آمدیم من و پدر و مادرم می‌نشستیم حرف می‌زدیم، می‌گفتم این طوری گفتند، این طوری بوده، می‌گویند که تو باید تغییر جنسیت بدهی و می‌توانی پسر بشوی. بعد پدرم بلند می‌شد من را می‌زد، [می‌گفت] این‌ها دارند مغزت را شستشو می‌دهند، اصلاً همچین چیزی نباید باشد، تو یک دختری. این را توی کله‌ات فرو کن تو یک دختری و حق نداری این چیزها را توی ذهنت فرو کنی. دیگر دیدیم این طوری من کتک می‌خوردم، دلایل دیگری هم برای کتک خوردن داشتم این هم آمده بود رویش.[۴۹]

۴۹ مصاحبه با آکان محمدپور، شش‌رنگ و عدالت برای ایران.

پژاره هم که خود را ترنس‌مرد می‌دانسته و بعدها توسط دوست دخترش
به‌عنوان زن پذیرفته شده است، روایت خود را از زمانی که قصد انجام عمل
تغییر جنسیت را داشته، چنین بازگو می‌کند:

> به هر حال یک هزینه‌ای داشت که من آن پول را نداشتم. مجبور شدم
> به پدر و مادرم بگویم. گفتم خیلی خب شما نمی‌توانید این موضوع را
> قبول کنید، حداقل من را به‌عنوان یک پسر که می‌توانید قبول کنید؟
> من بروم یک زن بگیرم. دست زنم را بگیرم بیاورم تو خانه. که آن موقع
> مخالفت خیلی شدیدتری با این موضوع کردند که نه من تو را دختر به
> دنیا آورده‌ام و یک سری داستان‌های دیگر و دعوا که من اصلاً پول را
> می‌اندازم جلویت و تو برو عمل کن و حق نداری دیگر بیایی خانه.[۵۰]

۲- ازدواج اجباری

از میان شدیدترین انواع خشونت خانگی که برخی از مصاحبه شوندگان این
پژوهش تجربه کرده‌اند، باید به فشار خانواده برای ازدواج اشاره کرد. در برخی از
موارد این فشار به ازدواج اجباری و تجربهٔ تجاوزات مکرر در چارچوب زندگی
زناشویی منتهی شده است.

ازدواج اجباری دختران لزبین از مسائلی است که به ندرت موضوع تحقیق‌های
جدی بوده است. فرهنگ سنتی حاکم بر جامعهٔ ایران، سیر زندگی دختران را
به‌ویژه در روستاها و شهرهای کوچک از پیش تعیین می‌کند. بنا بر این فرهنگ،
دختران معمولاً پس از رسیدن به سن قانونی و در موارد فزاینده‌ای پیش از آن
ازدواج می‌کنند، پس از مدت کوتاهی صاحب فرزند می‌شوند و حتی اگر شاغل
باشند، در وهلهٔ اول به‌عنوان مادر و زن شوهرداری تعریف می‌شوند که مسئول
امور داخل خانه است. دختری که به سن ازدواج رسیده است، به‌ویژه اگر به
اصطلاح "خوش بر و رو" باشد، بسیار معمول است که توسط زنان دوست و
فامیل برای پسران‌شان خواستگاری شود. توقع ازدواج از دختران تنها مختص به

---

۵۰ مصاحبه با پژاره، شش‌رنگ و عدالت برای ایران.

خانواده‌های سنتی نیست و در میان خانواده‌های مدرن و امروزی، و حتی در قشر روشن‌فکر و مدرن هم مشاهده می‌شود.

از تعداد دختران لزبینی که وادار به ازدواج می‌شوند آماری در دست نیست. با این حال تعداد موارد ازدواج دختران در سنین پایین به خوبی نشان می‌دهد که این افراد احتمالاً شریک زندگی‌شان را به میل خود انتخاب نمی‌کنند، چه رسد به این که بتوانند در مورد جنسیت او انتخابی انجام دهند[۵۱].

طبق قوانین ایران، حداقل سن ازدواج برای پسر ۱۵ سال و برای دختر ۱۳ سال است اما اگر پدر یا جد پدری بتواند موافقت یک قاضی دادگاه را جلب کند، حتی زیر سن ازدواج نیز می‌تواند دختر یا پسر خود را به عقد هرکس که بخواهد دربیاورد.

قوانین مربوط به ازدواج و اختیارات پدر و جد پدری در مورد این ازدواج‌ها، مقابله با اجبار خانواده‌ها را برای زنان لزبین و افراد ترنس‌جندر دشوار و غیرممکن می‌کند.

در حالی‌که در سال ۱۳۹۲ میزان ازدواج پسران زیر ۱۹ سال به نسبت کل ازدواج‌ها ۴,۷ درصد بود، آمار دختران زیر ۱۹ سالی که در همین سال شوهر داده شده‌اند به بیش از ۳۵ درصد می‌رسد.[۵۲]

در سال ۱۳۹۲ ازدواج دختربچه‌های ۱۰ تا ۱۴ ساله در ایران به بالاترین میزان از سال ۱۳۸۵ رسید. سیر صعودی آمار مادران خردسال در حالی است که تعداد دختربچه‌هایی که با ازدواج زودهنگام در معرض تجربه مادری در سنین کودکی قرار دارند نیز در حال افزایش است. در سال ۱۳۹۲ آمار ازدواج دختران

---

۵۱ زنگ خطر، نگاهی به ازدواج دختربچه‌ها در جمهوری اسلامی ایران، مهر ۱۳۹۲، عدالت برای ایران، قابل دسترسی در:
http://justice4iran.org/wp-content/uploads/2013/10/JFI-Girl-Marriage-in-Iran-EN.pdf

۵۲ سالنامه اماری سازمان ثبت و احوال کشور، قابل دسترسی در:
https://www.sabteahval.ir/Upload/Modules/Contents/asset99/salname92.pdf.

زیر ۱۰ سال و هم‌چنین آمار ازدواج دختران ۱۰ تا ۱۴ سال نسبت به سال ۱۳۹۱ بیشتر شده است.[۵۳]

تحقیقات عدالت برای ایران نشان می‌دهد در سال ۱۳۹۲ نزدیک به ۲۸۰هزار دختر زیر ۱۹ سال ازدواج کرده‌اند که ۲۰۱ تن از آنها زیر ۱۰ سال داشته‌اند، بیش از ۴۱ هزار تن از آنها بین ۱۰ تا ۱۴ سال داشته و نزدیک به ۲۳۵ هزار تن نیز بین ۱۵ تا ۱۹ ساله بوده‌اند. تمامی آمارهای ارائه شده در این گزارش بر اساس آمار اعلام شده در تارنمای سازمان ثبت احوال ایران تهیه شده و تعداد ازدواج‌های ثبت نشده قطعا بسیار بیشتر است[۵۴].

انسی که خود را لزبین معرفی می‌کند در چهارده سالگی وادار به ازدواج شده است:

> بابام اجازه نمی‌داد درس بخوانیم. با دعوا و تضادهایی بود که در خانواده، بابا و مامان با هم همیشه سر این مسئله بحث داشتند. حتی مامان خودش به عهده گرفت مخارج را که من را بفرستد یک مدرسهٔ اسلامی که تمام رفت و آمدم با سرویس باشد که کسی من را نبیند، پیاده نروم. بابام خیلی تو این چیزها متعصب بود. در هر صورت من یک سال با خرج مامان رفتم درس خواندم و سال بعدش خواهرم بزرگ می‌شد و باید می‌رفت دبیرستان. خب مامانم نمی‌توانست، سخت بود برایش، این است که وقتی برای من خواستگار پیدا شد، از آشناهای توی محل، مامان آمد به من گفت. من خودم را قایم کردم و گفتم نه. گفت می‌دانی چیست؟ این پسر را من می‌شناسمش، پسر روشن‌فکری است. ۲۳ سالش بود. گفت باهاش حرف بزن او می‌گذارد درس بخوانی، نجات پیدا می‌کنی از دست بابات. من رفتم گفتم باید ببینیم همدیگر را، باید باهاش حرف بزنم و باهاش طی کنم. سه ماه هم مانده بود که من چهارده سالم تمام شود، او آمد خانهٔ برادرش و من و مامان به بهانهٔ

---

۵۳ فقط در یک سال: ازدواج ۲۷۶ هزار دختربچه و زایمان ۱۰۹ هزار مادر نوجوان، عدالت برای ایران، ۲۴ دی ۱۳۹۲ قابل دسترسی در:
http://justice4iran.org/persian/reports/girls-marriage-statistics/.

۵۴ همان.

خرید روپوش مدرسه رفتیم از خانه بیرون و من رفتم و ایستادیم با هم صحبت کردیم. من گفتم اگر ازدواج کنم، من آدمی نیستم که بگوییم خانواد تشکیل بدهیم، زود بخواهم بچه‌دار بشوم، بنشینم مثل زن‌های دیگر تو خانه زندگی کنم. من می‌خواهم درسم را بخوانم، اگر موافقی با درس خواندن من، بعد از این که درس خواندم می‌خواهم کار بکنم. آن موقع گفتم من چادر نمی‌خواهم سرم کنم، ولی لختی پختی هم نمی‌خواهم بروم بیرون. خب من توی یک خانوادهٔ خیلی مذهبی و مسلمان به دنیا آمده بودم. بهش گفتم من فقط در این صورت حاضرم ازدواج کنم. گفت چه فکر کردی؟ من خودم غریق نجاتم، من دلم می‌خواهد زنم رانندگی بلد باشد، دلم می‌خواهد زنم را با مایو ببرم لب دریا، دلم می‌خواهد زنم کار کند، شغل اجتماعی داشته باشد، زن اجتماعی‌ای باشد. گفتم خب اگر این جوری است می‌توانید برای خواستگاری بیایید. که بابا این‌ها خیلی تعجب کردند که یکی آمده و من نرفتم خودم را قایم کنم. آمدم جلو و طبق آن موقع‌ها سینی چای را بیاور و تعارف بکن. حالا امیدی پیش خودم هم بود که خیلی خب من همین جور که باهاش طی کردم درس می‌خوانم و پیش خودم تو تصور خودم دبیرهایم را می‌دیدم که دانشجو بودند و از این طرف هم می‌آمدند درس می‌دادند و کار می‌کردند. می‌گفتم می‌خواهم معلم شوم. خب برایم خیلی ایده‌آل بود. من از خانهٔ پدرم نجات پیدا می‌کنم، مادرم دیگر سر من حداقل مسئله ندارد بعد هم درسم را می‌خوانم و کارم را می‌کنم و خانواده تشکیل می‌دهم. یک نفر دیگر هست که تو خانه‌اش زندگی می‌کنم. آن‌قدر هم ما محدود بودیم که رابطهٔ جنسی بین زن و مرد را خبر نداشتم. فقط می‌دانستم زن و مرد با هم زندگی می‌کنند. این را می‌فهمیدم ولی رابطهٔ جنسی را، حتی نمی‌دانستم مرد اِرکسیون [برانگیختگی جنسی] دارد که دفعهٔ اولی که ما با هم خوابیدیم، یک دستش که زیر سر من بود، این دست دیگرش را که از زیر لحاف آورد بیرون و من احساس کردم هنوز یک چیزی سفت می‌شود و دارم تو بدنم احساس می‌کنم، اصلاً نمی‌دانی چه حالی شدم. داشتیم می‌خندیدیم و یکهو این جوری شدم، بلند شدم و از تخت پریدم بیرون.

یعنی تا این حد من از سکس خبر نداشتم. من تا آن سن اصلاً احساس جنسی نداشتم. اصلاً بچه بودم. نمی‌فهمیدم. شب خواب بودم او که می‌رفت پیش مادرش این‌ها پایین. من شب مثل بچه‌ها که ساعت هشت می‌خوابیدند می‌خوابیدم. یک موقع صبح که می‌خواست برود به من می‌گفت برو حمام. من دیشب با تو خوابیدم. تقریباً هر صبحی که می‌خواست برود این را به من می‌گفت. ولی من می‌رفتم درس می‌خواندم. شبانه اسم نوشتم. شب می‌رفتم. عصر که می‌خواستم بروم کلاس، توی خانه‌شان هم حمام نبود، ساکم را برمی‌داشتم می‌گذاشتم تو حمام. این که از سر کار می‌آمد می‌رفت ساک من را از حمام برمی‌داشت، می‌آمد. بعد می‌آمد من را از مدرسه برمی‌گرداند خانه. که یک بار مادرش سر همین با من دعوا کرد گفت تو خجالت نمی‌کشی؟ حیا نداری؟ هر روز ساک دستت می‌گیری می‌روی حمام؟ ما آن موقع‌ها از حمام می‌آمدیم صورتمان را خاک می‌مالیدیم که کسی نفهمد حمام بودیم. من اصلاً حتی این‌ها نمی‌فهمیدم، باورت نمی‌شود. هیچی احساس نمی‌کردم. فقط فکر می‌کردم الان این وظیفه را داری، باید این جوری زندگی کنی. مهم بود که من مدرسه‌ام را بروم و بیایم. ماه دوم پریود نشدم. اصلاً نمی‌دانستم جلوگیری چیست. اصلاً نمی‌دانستم این با من می‌خوابد. ماه دوم پریود نشدم. رفتم دکتر، دکتر گفت یک چیزی بهت می‌دهم، حامله نباشی باز پریود می‌شوی، حامله باشی طوری نمی‌شود، بچه‌ات می‌ماند. داد و من باز [پریود] شدم. که مادرش برای من دست گرفته بود که این رفت بچه‌اش را انداخت. می‌دانست که من نمی‌خواهم بچه‌دار شوم. که ماه سوم که دو مرتبه پریود نشدم دیگر جرأت نکردم دکتر بروم. ماند و بچه شد. یک سال بعد [از ازدواج] بچه‌ام به دنیا آمد.[۵۵]

شیدا سلطانی، لزبین اهل بوکان هم قربانی ازدواج اجباری در چهارده سالگی و پس از تحمل خشونت خانگی شدید و داشتن یک فرزند، موفق به جدایی شده است:

---

۵۵ مصاحبه با انسی، شش‌رنگ و عدالت برای ایران.

از وقتی که کوچک بودم، علاقهٔ زیادی به همجنس خودم داشتم و طرف مقابل اگر غیر همجنس خودم بود، هیچ احساسی نداشتم ولی وقتی که کوچک بودم وقتی می‌رفتم مدرسه با بچه‌هایی که دوستشان داشتم، دوست داشتم رابطه جنسی برقرار کنم ولی می‌ترسیدم. چهارده سالگی ازدواج کردم. پدرم من را به زور داد به پسر دوست خودش. نه سال از من بزرگ‌تر بود. بیست و سه سالش بود. رابطه جنسی‌ام همیشه زوری بود. اولش که رفتم زود حامله شدم و بعد می‌آمد پیشم رابطه جنسی داشته باشیم، هیچ احساسی بهش نداشتم. نمی‌توانستم تحمل کنم، نمی‌توانستم این را بگویم که نمی‌توانم با طرف مقابلم رابطه برقرار کنم. همیشه شکایت می‌کرد پیش مادر و مادرش. می‌گفت شیدا نمی‌گذارد. حتماً یکی دیگر را دوست دارد. نمی‌توانست من را درک کند. نمی‌توانستم تحملش کنم. رابطه‌مان تقریباً چهار سال و خرده‌ای [طول کشید]. از آن چهار سال و خرده‌ای، جمعاً یک سال و نیم پیشش نبودم. هی می‌رفتم خانهٔ پدرم و برمی‌گشتم. خانواده‌ام درکم نمی‌کردند. [می‌گفتند] عیب است. خجالت بکش. می‌خواهی آبرویمان را ببری. تا این که خودم بزرگ شدم و یکبار رفتم بیرون [کردستان عراق] و طلاق گرفتم. آن موقع تازه هجده- نوزده سالم بود.[۵۶]

زهره، لزبین ۳۷ ساله‌ای که در نوجوانی مجبور به ازدواج شده، سال‌ها بعد به دنبال مخالفت همسرش با طلاق، همراه با دوست دخترش از ایران متواری شده است:

چهارده پانزده سالگی بود که ازدواج کردم. خیلی زود. آنموقع اصلاً تو این فکر نبودم که حالا همجنس‌گرا هستم. فقط می‌دانستم گرایشم را، از نه سالگی ده سالگی این حس را داشتم به همجنس خودم ولی آنموقع فکر نمی‌کردم اصلاً همچین چیزی باشم. مخصوصاً توی یک خانواده بودم متعصب و از لحاظ فرهنگی خیلی بد. این بود که اصلاً همچین چیزهایی به گوشم نخورده بود. من بعد از ازدواجم یک چیزی در حدود دو سه سال بعد از ازدواجم حامله شدم، باز آن هم با اجبار

---

۵۶ مصاحبه با شیدا سلطانی، شش‌رنگ و عدالت برای ایران.

خانواده که باید حتماً باشد و این چیزها. بعد که دیگر تقریبا در سن بیست و دو سه سالگی بود که با اولین پارتنرم [یک زن] که ارتباط گرفتم متوجه این موضوع شدم. موقعی که خودم را به‌عنوان یک هم‌جنس‌گرا شناختم دیگر تمام سعی من بر این بود که از آن زندگی بیرون بیایم. ولی متأسفانه حق طلاق با مرد است و طلاق گرفتن زن هم باید یک سری شرایط داشته باشد. پای دو بچه هم آن وسط در میان بود. یک روز از خانه فرار کردم. البته چون بی پول بودم از خانه رفتم بیرون، بعد به اندازه‌ای که خودم را برسانم به یک شهر اطراف در این حد بود. ولی خب وقتی که از خانه آمدم بیرون، دو بچه را گذاشتم توی خانه و در را بستم.... به امید این که بابایشان ظهر می‌آید. از خانه رفتم بیرون توی یک پارک نشستم تا یک خرده آرام شوم. تا ببینم می‌خواهم چه کار کنم. می‌خواهم کجا بروم. بعد که رفتم تو پارک نشستم، همین‌جوری که داشتم گریه می‌کردم. دو تا مرد آمدند مزاحمم شدند. تو ایران اینجوری است که یک زن تنها را که می‌بینند فکر می‌کنند همهٔ زن‌ها حالا آره. بعد رفتم یک گوشهٔ دیگر پارک نشستم. آنجا هم یکی آمد باز مزاحمم شد. با خودم گفت که خدایا من که الان اینجا یک ساعت است نشسته‌ام واقعاً وحشت کرده‌ام و سه تا مرد آمده‌اند مزاحمم شده‌اند. اگر بخواهم فرار کنم و بروم یک شهر دیگر، آنجا چه برایم پیش می‌آید آن‌هم بدون پول؟ گفتم خب خدایا اینجوری بخواهد پیش برود من به کجا می‌کشم؟ شب را کجا سر کنم بدون پول؟ بعد برگشتم خانه. گفتم حالا برمی‌گردم خانه، اگر قرار باشد تو خیابان ول بشوم خب بگذار لااقل بروم همانجایی که بودم. بعد رفتم و وقتی که رفتم دو تا بچه تا عصر... بابایشان سراغشان نیامده بود. گرسنه مانده بودند. ۳ ساله و ۴ ساله بودند. تا رفتم در را باز کردم این دوتا پریدند تو بغلم و شروع به گریه کردند. همان‌موقع قسم خوردم که تا این‌ها بزرگ نشده‌اند ولشان نکنم. این بود که بچه‌های من وارد دانشگاه که شدند من تصمیم جدی و قطعی گرفتم از ایران بیایم.[۵۷]

─────────────

۵۷ مصاحبه با زهره، شش‌رنگ و عدالت برای ایران.

افزون بر مسئلهٔ ازدواج دختربچه‌ها، پژوهشی در مورد ازدواج‌های "وصال نیافته" در ایران، روی دیگر مسئله را نشان می‌دهد. ازدواج‌های وصال نیافته، ازدواج‌هایی هستند که در آن زوجین بدون هر گونه رابطهٔ جنسی به هم‌زیستی خود ادامه داده‌اند و در برزخ «ازدواج به وصال نرسیده» گرفتار شده‌اند. یافته‌های دکتر محمدرضا صفری‌نژاد، آندرولوژیستی که سال‌ها مرجع درمانی زوج‌های به وصال نرسیده بوده، نکات قابل توجهی را دربارهٔ مشکلات جنسی این زوجین آشکار می‌کند.

تحقیق او که بر روی دو هزار و ۴۷۰ زوج صورت گرفته است، نشان می‌دهد که ۲۰ درصد از نمونه‌های مورد بررسی با وجود سال‌ها زندگی زیر یک سقف هیچ گونه ارتباط جنسی با یکدیگر نداشته و درگیر ازدواج‌هایی وصال نیافته هستند.

از میان زوجین مورد بررسی این تحقیق که بین ۱۸ تا ۵۰ سال سن داشتند، ۵ درصد بی‌سواد، ۳۲ درصد دارای تحصیلات ابتدایی، ۳۴ درصد دارایی تحصیلات متوسطه و باقی دارای تحصیلات دانشگاهی بودند.[۵۸]

دکتر سلیمی، روان‌پزشک، در مصاحبه با "پایگاه خبری سلامانه" چنین می‌گوید: "عامل دیگری که در وقوع ازدواج به وصال نرسیده نقش دارد، مهار جنسی القا شده از سوی خانواده‌هایی است که حوزهٔ مسائل جنسی را یک تابوی بزرگ می‌دانند و فرزندان خود را از این مسئله بسیار می‌ترسانند و کسب هر گونه آگاهی توسط آنها را محدود می‌کنند؛ به‌ویژه مادرانی که دختران خود را از مردان می‌ترسانند و آنها را موجودات وحشی وحشتناکی توصیف می‌کنند که کاری جز حملهٔ جنسی ندارند.[۵۹]"

این تحقیق بر وجود زنان و مردانی دلالت می‌کند که تمایلی به ایجاد رابطهٔ جنسی با همسران خود ندارند. منطقی خواهد بود اگر تصور کنیم که در بخشی از این آمار بیست درصدی، دلیل امتناع یا ناتوانی افراد از برقراری رابطهٔ زناشویی، گرایش جنسی آنهاست. روایت آن دسته از مصاحبه‌شوندگان ما که به

---

۵۸ آمارهای تکان‌دهنده از ازدواج‌های به وصال نرسیده در ایران، ۱۰ اردیبهشت ۱۳۹۳، دوماهنامهٔ سلامانه، قابل دسترسی در:
http://www.salamaneh.com/page.php?news_id=9811.
۵۹ همان.

اجبار خانواده یا بنا به شرایط اجتماعی تصمیم به ازدواج گرفته‌اند، شاهد این مدعاست؛ هرچند درباره وضعیت افرادی که به دلیل گرایش جنسی خود، در رابطهٔ جنسی با همسران‌شان احساس خوشبختی و رضایت ندارند در این پژوهش اشاره ای نشده است.

با وجود اینکه در شرایطی که ازدواج آزادانه و آگاهانهٔ دختران با موانع فرهنگی و قانونی متعددی روبه‌روست، بیشترین صدمات ناشی از ازدواج‌های اجباری معطوف به دختران لزبین و ترنس‌جندر است، اما مردان نیز از فشار خانواده برای ازدواج در امان نیستند. شیوا دلدار ترنس‌زنی که خود را لزبین تعریف می‌کند، پیش از اینکه خود را به‌عنوان ترنس‌زن بپذیرد، برای این که به خودش و اطرافیانش ثابت کند مرد است، ازدواج کرده است:

> بیست سالم بود که ازدواج کردم. آن اشتباه را هم برای این کردم که خودم هم فکر می‌کردم که من مثلاً جوگیر شده‌ام و باید خجالت بکشم و مریضم، باید سعی کنم مرد باشم و مرد نمونه‌ای هم بودم. خیلی بادی بیلدینگ [بدنسازی] کار کردم که آثارش هم هست. بعد از دو سال توانستم کاملاً مرد باشم. بعد دیدم اصلاً دارم می‌میرم، از همه چیز بدم می‌آید، هیچ چیز این زندگی را نمی‌خواهم. بعد شروع کردم کم کم برای خودم تو خانه آرایش می‌کردم. [همسرم] اوایل فکر می‌کرد تفریحی است و مسخره‌بازی‌های سکسی است. بعداً کم‌کم دید نه اصلاً یک چیز دیگری است. و من اصلاً دوست دارم این جوری زندگی کنم. بعد با فک و فامیلش مشکل پیش آمد، بعد با خودش، بعد هم من خیلی آدم اوپنی [باز] بودم او نمی‌توانست این را بپذیرد. دوست داشت یکی غیرتی باشد بگوید موهایت را قایم کن و این کار را نکن. من هم می‌گفتم من تو را دوست دارم، هرکاری می‌خواهی بکن اگر حال می‌کنی. تو خوشحالی من هم خوشحالم. خیلی مسائل بود ولی به نظر خودم عمده‌اش این بود که او شوهر می‌خواست که واقعاً من نبودم. یعنی دیگر فهمید که من نیستم و حتی یک بار من را با دوست‌پسرم

دید در حین سکس و خیلی خوب از هم جدا شدیم، دادگاه که رفتیم دو روزه طلاق گرفتیم. همه فکر می‌کردند ما آمده‌ایم ازدواج کنیم.[۶۰]

تجربهٔ شیوا نشان می‌دهد که در بسیاری از موارد، هم‌جنس‌گرایان به ازدواج‌هایی دگرجنس‌گرایانه تن می‌دهند که گرچه در ظاهر اختیاری هستند، اما در واقع برای برآوردن انتظارات جامعه و در نتیجهٔ حاکمیت دگرجنس‌گرایی اجباری صورت گرفته‌اند.

محبوبه زن لزبینی است که در ایران و در زمان تحصیل در یک مدرسهٔ کاتولیک، به دلیل گرایش جنسی‌اش در مدرسه تنبیه شده اما پس از مهاجرت به کانادا با یک مرد کانادایی ازدواج کرده است. در پاسخ به این سئوال که چه علتی باعث می‌شود که او که در چنین خانواده مدرنی بزرگ شده، از هفت سالگی متوجه گرایش خود بوده و در پانزده سالگی عاشق یک دختر شده است، وقتی به خارج از ایران، می‌آید، با مردها رابطه می‌گیرد، می‌گوید:

جوری که الان خودم درکش می‌کنم این است که یک روان‌شناسی خاصی در خودم احساس می‌کنم که این در واقع به خاطر علائقم و این که می‌ترسیدم آن روابط را از دست بدهم بوده. و یکی این که فکر می‌کردم نرمال چی هست. سعی من همیشه این بوده که بتوانم خودم را در آن قالب جا بدهم. حالا در هر موردی. لزوماً فقط گرایش جنسی‌ام نبوده. سعی کرده‌ام در آن قالب بگنجم که نرمال باشم. تعریف نرمال این بود که احساساتت را بهش همیشه بتوانی غلبه بکنی، احساساتت به تو غلبه نکند. نُرم‌هایی که تو خانوادهٔ ما بود به این معنا نبود که حتماً من مثلاً ازدواج کنم و بچه‌دار بشوم. ولی این که حتماً یک نفر تو زندگی‌ام باشد. ولی آن یک نفر همیشه تصویری که از آن یک نفر بوده، همیشه مرد بوده. واقعیتش این است که من هیچ وقت دور و برم هم ندیده بودم که بگویم اوکی، پس من هم می‌توانم این طوری [با یک زن] زندگی کنم.[۶۱]

---

۶۰ مصاحبه با شیوا دلدار، شش‌رنگ و عدالت برای ایران.
۶۱ مصاحبه با محبوبه، شش‌رنگ و عدالت برای ایران.

شهرام ترنس‌مردی که در سال ۱۳۸۵ تغییر جنسیت داده، جریان ازدواجش با یک مرد، زمانی که هنوز دختر بوده و پنهانی با یک دختر رابطه داشته و در صدد درمان خود و به بیان خودش "خوب شدن" بوده را چنین بازگو می‌کند:

برای من خواستگار پیدا می‌شد و می‌آمدند. جالب این بود که قبل از اینکه من این تغییرات را بکنم وقتی مژگان دوست دخترم بود باز توی محلی بودیم که خواستگار خیلی می‌آمد و واکنش من خیلی بد بود. مثلاً من با دوست دخترم پایین نشسته بودیم داشتیم فیلم هندی نگاه می‌کردیم و خواستگار می‌آمد بالا. من آن موقع تو کار درس برای کنکور خواندن خیلی دیگر درگیر درس شدم. دانشگاه شهید بهشتی رشتهٔ حقوق قبول شدم. آن دوره یک خواستگاری برای من آمد که دانشجوی علوم سیاسی دانشگاه تهران بود و اهل همان محله و فامیل دور هم بود. این آقا آمد و من هم تو فاز خوب شدن بودم با اینکه هیچ حسی نداشتم و به ظاهر آن مرد نگاه نمی‌کردم ولی فقط به این فکر که همه چیز اوکی و خوب بشود بودم. آمدند خواستگاری و دایی‌هایم و همه اوکی دادند و گفتند خیلی خوب است و قرار شد ما یک دوره‌ای با هم صحبت کنیم. ایشان می‌آمد دانشگاه دنبال من که صحبت کنیم. هرکاری می‌کردم که حسی پیدا کنم می‌دیدم نمی‌توانم. دوست داشتم یک اتفاقی بیفتد و یک چیزی بشود که خودش نشود. کسی من را به این کار اجبار نکرده بود ولی خب من می‌خواستم خوب بشوم. آن خانم [مشاور دبیرستان] هم می‌گفت برای غذا خوردن کارد و چنگال لازم است. برای خوب شدن شما هم ازدواج لازم است. چون تو که با خانواده مذهبی‌ات اهل دوست پسر نیستی. همچین تعبیری داشت. من هم دنبال خوب شدن بودم و درگیری داشتم. ولی دقیقاً یادم است در آن، فکر کن دو خانواده بزرگ داشتند با هم وصلت می‌کردند در یک محیط ده مانندی که کوچک است. خب حرف مردم خیلی برایشان مهم است ولی من چندین بار این بنده‌خدا را در عذاب انداختم. گردنبندشان را پس دادم. بهانه مختلف آوردم. آخرین بار هم بهش گفتم من مشکل دارم. نمی‌دانم او علاقه‌مند شده بود یا روی لج افتاده بود که هرچه می‌گفتم اصلاً نمی‌فهمید. می‌گفتم آقا من مشکل دارم. می‌گفت چه

مشکلی داری؟ نمی‌گفتم مشکلم چیست. می‌گفت می‌خواهی من را از سرت باز کنی. او هم روی یک اصراری افتاده بود که در محل و ده ثابت کند که با دختر فلانی ازدواج کردم. خیلی اصرار می‌کرد و عصبی می‌شد و گریه می‌کرد و ناراحت می‌شد. به هر حال ما ازدواج کردیم. به این ترتیب که وقتی آمدند خواستگاری دوست داشتم یک چیزی پیش بیاید که نشود، با اینکه خودم داشتم جلو می‌رفتم. یا اینکه مهریه بی‌خودی گفتم. یا اینکه او دانشجو بود گفتم پدرش باید هزینه‌هایش را بدهد باید تعهد کند ماهی آن‌قدر بدهد. که توقع بی‌جایی بود و عرف نبود در فامیل ما همچین پیشنهادهایی مطرح کردن. یا مثلاً گفتم من در خانه‌شان زندگی نمی‌کنم. باز این عرف نبود در فامیل ما. می‌خواستم سنگ بیندازم. بالاخره ازدواج کردیم. چیزی که هست اینست که از همان ابتدا متوجه شد. من ۲۲ ساله بودم و خیلی ملاحظه من را می‌کرد از خیلی لحاظها. دلم می‌خواست بعد از آن دلیلی پیدا بشود برای جدایی مثلاً [بهانه اینکه] بچه دار نمی‌شوم. باز کسی برای بچه‌دار شدن من را زور نکرده بود و دیگر در دوران ازدواج من به کسانی علاقه‌مند می‌شدم. به دخترها. ولی دیگر خیلی مخفی بود و درونی بود و اصلاً دیگر بروز داده نمی‌شد. ما بچه دار شدیم. یک پسر خدا بهم داد.[۶۲]

وی سال‌ها بعد با وجود فرزندش، از همسرش جدا شده و با تحمل رنج فراوان موفق به انجام عمل تغییر جنسیت شده و توانسته با هویت مردانه رابطه جدیدی را رسماً آغاز کند.

عاملی که فشار مضاعفی بر فرد تحمیل می‌کند، نگرانی او از این موضوع است که دیگران به گرایش جنسی‌اش پی ببرند یا در آن تردید کنند. از صدمات روحی و جسمی ناشی از ازدواج‌های اجباری زنان لزبین و ترنس‌جندر و تأثیر این صدمات در خودکشی‌های فزایندهٔ زنان و دختران آماری وجود ندارد.

۶۲ مصاحبه با شهرام، شش‌رنگ و عدالت برای ایران.

روایت تکان‌دهندهٔ فرشته نشان می‌دهد که چگونه یک دختر لزبین پس از آشکار شدن گرایش جنسی‌اش در ۱۹ سالگی، به خشن‌ترین شیوه‌ها وادار به ازدواج می‌شود:

تلفن‌های ما را برادر کوچک ریحانه گوش می‌دهد. اسمش امید بود یک چیزی تو این مایه‌ها. قشنگ می‌رود به پدر و مادرش می‌گوید. پدر و مادر هم می‌روند دفتر خاطرات و عکس و همه را باز می‌کنند و پیدا می‌کنند. ما هم شمال بودیم آن موقع. تو این مدتی که این اتفاق افتاد. آن بدبخت را برادرش و پدرش تکه و پاره کرده بودند، من هم خبر نداشتم، ما از شمال برگشتیم. یکهو در باز شد و برادرش آمد، موهای من آن موقع بلند بود. موهایم را این طوری کشید وسط دستش، کشید جلوی در، تو یک ساختمان بودند تو خیابان میرعماد. جلوی آن ساختمان مجتمع نزدیک صد نفر بودند، جلوی مجتمع دستش را می‌کرد تو لباس‌های من، چی می‌خواهی از جان خواهر من؟ این را می‌خواهی؟ یعنی من نمی‌دانستم باید چه عکس‌العملی... هیکلی بود. خیلی ریزه بودم من آن موقع. مانده بودم چه عکس‌العملی نشان بدهم. گفتم من چی... گریه‌ام گرفته بود، نمی‌دانستم چه بگویم. خلاصه آن‌قدر من را زد که من وقتی آمدم خانه دهانم نمی‌گرفت حرف بزنم. آمدم خانه مادرم... مثلاً ده دقیقه پیاده بود تا خانه ما. ما تخت طاووس زندگی می‌کردیم آن موقع. رسیدم خانه. مادرم جیغ زد که چی شده؟ گفتم موتوری آمد کیفم را بزند نگذاشتم. کشید من را. من نمی‌دانستم آن‌قدر اینها دیوانه‌اند. پا می‌شوند می‌آیند دم خانه ما. پایین خانهٔ ما هم یک خانواده دکتر دیگری بودند. دو سه ساعت بعد بابام آمد خانه گفت خب می‌رفتی پایین او برایت پانسمان می‌کرد. گفتم نه دیگر خوبم. رفتم حمام، سرم خون می‌آمد. خیلی عمیق نبود، ولی برای من که تا حالا یک تلنگر هم نخورده بودم زیاد بود. گفتم نه حمام کرده‌ام، الان تمیز شده. اگر باز خون آمد می‌روم پایین پیش دکتر می‌گویم برایم پانسمان کند. همه‌اش فکرم بود چه اتفاقی می‌خواهد بیفتد که زنگ زدند و برادرش داد می‌زد به بابای من، چی چی کش، کثافتت را جمع کن از خانهٔ ما. این خواهر من را از راه به در کرده. این کثافت خواهر

من را از راه به در کرده. این کثافت، این لجن، این آشغال، یک چیزی تو این مایه‌ها. این دخترهٔ... یک چیزی بهم گفت خیلی برایم عجیب بود... اگر درست یادم باشد. این کس‌کش. یک چیزی تو این... نفسم بند آمده بود الان چه می‌شود، واقعاً کر بودم. فقط یادم هست برادرم می‌گفت می‌دانی چیا به بابا گفته‌اند؟ گفتم نگو به من نگو. من دارم می‌لرزم. من دارم می‌میرم. ولی خب هر چیزی بود نزدیک به بیست دقیقه بیست و پنج دقیقه این‌ها فحش می‌دادند. بعد داد می‌کشیدند جلوی یک منطقه‌ای که سی سال بابا و مامان من توش زندگی کرده بودند... آبرویشان رفت خیلی بد. بعد بابام برگشت و به مامانم گفت تو بمان پایین. من این را یادم هست. من فکر کن بالای پله ایستاده‌ام، جرأت ندارم بیایم پایین. فقط یادم هست که بابام گفت برو تو. بلند گفت برو تو. در را بست، مامانم ماند بیرون. بابک آن موقع خانه نبود. نمی‌دانم کجا بود. من به هوش آمدم دیدم تو اتاقم هستم، در را هم قفل کرده‌اند. من دیدم که مامانم دارد می‌گوید این دارد می‌میرد، بگذار من ببینم اگر لازم است ببرمش بیمارستان. هی بابام به ترکی بهش می‌گفت خفه شو. خفه شو تو باعثش بودی، تو پررویش کردی، تو کردی. یک چیزهای عجیب غریبی... دیدید تو خواب و بیداری تو ذهنت می‌ماند ولی یادت نمی‌آید، من همهٔ این‌ها را بارها و بارها تویش زندگی کرده‌ام، برگردم ببینم که اصلاً چی شد آن روز. چه اتفاقی افتاد. هیچی یادم نیست. بعد که این بخیه مال آن است. بخیه مال آن است که نمی‌دانم با چی زده تو صورتم که ابرویم جر خورده بود. بخیه که چه عرض کنم، پارگی. بعداً دوباره زخمش کرد، دوباره لطف کرد مجبور شدم بخیه بزنم روی آن زخم دوم. خیلی اصلاً برای من زیاد بود. خیلی‌ها بدتر از من زندگی کرده‌اند، ولی برای من خیلی بود.[۶۳]

فرشته در مورد چگونگی اجبار ریحانه به ازدواج از سوی خانواده‌اش می‌گوید:

فکر می‌کنم پدرش را در آورده بود، چون مثلاً وقتی عکس‌های عروسی‌اش را دیدم، ریحانه یک دختر ۴۷- ۴۸ کیلویی بود. شده بود

---

۶۳ مصاحبه با فرشته، شش‌رنگ و عدالت برای ایران.

۳۷-۳۸ کیلو. انقدر لاغر شده بود. قشنگ معلوم بود چقدر داغون شده. بعد فکر کنید زن یک مرد چهل سالهٔ بچه‌دار توی شیراز. عکس‌هایش را دخترخاله‌اش آورد بهم نشان داد. خیلی لاغر شده بود. اصلاً آن چیزی که من از ریحانه می‌شناختم، آن برق چشم‌ها رفته بود. و از همه مهم‌تر این که ریحانه یک دماغ به این کوچکی داشت، سر بالا. همه عاشق دماغ این می‌شدند انقدر خوشگل بود. این دماغ کج بود. معلوم بود شکانده بودند، داغونش کرده بودند. خلاصه که من بعد از آن موضوع خیلی ترسیدم. یعنی از این که دوباره آن اتفاق‌ها تو خیابان برای من پیش بیاید و دوباره آن بلاها را بابام بخواهد سرم بیاورد خیلی ترسیدم. خیلی ترسیدم.۶۴

دو سال بعد، پدر فرشته نیز او را به اجبار او را به عقد مردی در می‌آورد که به او تجاوز کرده بوده است. فرشته معتقد است که تمام ماجرا نقشهٔ پدرش بوده است:

من هرجا می‌رفتم بادی‌گارد [نگهبان] داشتم. یعنی با ماشین رانندهٔ بابام می‌رفتم، با رانندهٔ بابام برمی‌گشتم. ساعت مشخص. تا این که عقد کردم با یک پسری که دوست خانوادگی‌مان بود. عقد که چه عرض کنم. اول هرچه بلا سرم خواستند آوردند، بعد عقد کردیم. فکر می‌کنم بابای من تو یک موضوعی دست داشت. من را با عباس فرستادند توی باغمان. ما یک باغ داشتیم هر پنج شنبه جمعه، بلا استثناء بابا این‌ها دورهٔ بزم دارند، یعنی این که نزدیک سی چهل تا دکترند که جمع می‌شوند می‌گویند می‌خندند. همه‌شان هم همه کاره هستند خدا را شکر. یکی می‌خواند، آن یکی ضرب می‌زند، آن یکی ویلون می‌زند، یکی پیانو می‌زند. من تمام زندگی‌ام این طوری بزرگ شدم. به ما گفتند این هفته می‌آیند باغ ما، بلند شوید بروید تمیز کنید. به حالت این که او هم دوست خانوادگی ماست. بابای من مثلاً تو مهمانی‌ها با پسرها حرف می‌زدم چشم غره‌اش را می‌رفت، ولی بعد به من گفتند با عباس باغ را بروید تمیز کنید. بابای من کلید باغش را، جانش را، نصف عمرش را

۶۴ همان.

می‌گرفتند، آن کلید را به پسرش نمی‌داد. داد قشنگ دست عباس، کلید ماشینش را هم داد گفت با فرشته پاشوید بروید باغ را تمیز کنید. من فکر می‌کنم این دیل [معامله] بود بین‌شان. چون نگاه بابام را دیدم. بابای من نگاه تمیزی نداشت آن روز. رفتیم من همین جوری از حیاط شروع کردم. گفتم خب من جارو می‌کنم تو هم اگر ناراحت نمی‌شوی برو آن طرفی که سگ هست را تمیز کن. من آمدم تو ویلا داشتم از پله‌ها می‌رفتم بالا، پشت سر من آمد تو. در را بست. بعد در را قفل کرد و کلید را نگذاشت رو در. حس می‌کنی اتفاقی می‌خواهد بیفتد برایت. یک حسی بهت می‌گوید. اصلاً محال است انسان نفهمد. گفتم چرا کلید را نگذاشتی؟ کلید را سریع ببر بگذار جلو در. آن موقع چیز هم شدم که شاید قلدری کنم این جوری کار کند. گفت نه. یک دقیقه بیا این جا. تو می‌دانی من چند سال است دنبال توام؟ گفتم آره می‌دانم. ولی برو کلید را بگذار سر جایش. در را هم قفل نکن باز بگذار، می‌خواهم بروم بیرون. بعد یکهو دستم را پشتم پیچید شروع کرد انگولکم کرد. من هی هلش می‌دادم او هی انگولکم می‌کرد. من هم شروع کردم توهین کردن بهش. آدم بددهانی نبودم، نیستم. نمی‌دانم. ولی با تمام ترس و دردی که داشتم، فحش می‌دادم. چون من خجالت می‌کشم فحش بدهم معمولاً. وقتی خیلی عصبی بشوم خیلی مؤدب‌تر از نرمال می‌شوم. ولی آن روز فحش می‌دادم. به هر صورت روی پله‌ها اذیتم کرد [تجاوز کرد]. بعد چون روی پله‌ها بودم و بالا و پایین می‌آمدم همهٔ بدنم کبود شده بود. بعدش من داغون بودم. واقعاً داغون بودم. زنگ زدم به برادرم. بعد از این که او رفت و کثافت‌کاری‌اش را کرد، زنگ زدم به برادرم و گفتم من الان خودم را می‌کشم. برادرم از تهران تا جاجرود نفهمید بدبخت چطور رانندگی کرد. نیم ساعت چهل دقیقه بعدش [رسیدند]. گفتم من خودم را می‌کشم. دیگر واقعاً خسته شده‌ام. یکی آن‌قدر اذیت می‌شود مگر؟ من نمی‌خواهم. الان خودم را می‌کشم. بعد مامانم آمد با من صحبت کرد گفت اگر تو با این ازدواج کنی و طلاق بگیری راحت می‌شوی. یک جوری خرم کرد. چون مامانم هم از بابام حساب می‌برد دیگر. برادر من حسابی درگیر شد کتک‌کاری کردند منتها چون دوست

خانوادگی بود و بابام پا گذاشت این وسط و گفت من خودم درستش می‌کنم شما هیچی نگویید. پدر و مادرم آمدند گفتند ما می‌خواهیم اصلاً این‌ها با هم ازدواج کنند. من در عرض یک ماه ازدواج کردم. کی این کار را می‌کند؟ کی با بچه‌اش دشمنی می‌کند؟[۶۵]

دنیا موحد، زن لزبینی است که با اینکه به خوبی از گرایش جنسی خود آگاهی داشته، نتوانسته خواستگارانش را منصرف کند و به اجبار پدرش در سن نوزده سالگی به عقد مردی درآمده که پدر فرزند اوست. دنیا که پیش از ازدواج دانشجو بوده، پس از ازدواج از ادامهٔ تحصیل منع شده است. او می‌گوید:

بابام می‌خواست من را به پسرعمویم بدهد، چند تا خواستگار دیگر هم داشتم. من اصلاً نمی‌توانستم قبول کنم، با همان پسر عمویم بزرگ شده بودم. تو سر و کلهٔ هم زده بودیم. بهش گفتم ببین من اینجوری‌ام، من اصلاً نمی‌توانم با تو زندگی کنم. من اصلاً آدم زندگی نیستم. می‌گفت برو بابا، من شنیده‌ام تو غذا هم بلدی درست کنی، همه چیز. گفتم این‌ها مسخره است. این‌ها چرت و پرت است. اصلاً من می‌خواهم درس بخوانم. گفت خب درست را بخوان. دیدم هر چی دارم جلو می‌روم نمی‌شود. تا این که یک غریبه آمد تو زندگیم. یعنی یک غریبه ازم خواستگاری کرد. پنج سال آلمان زندگی کرده بود، چند سال ترکیه زندگی کرده بود، گفتم حتماً این خارجی است، من را می‌فهمد. زیورجون [دوست روان‌شناس من] گفت این‌ها که خارج بوده‌اند، باهاش صحبت کن، بگذار از طریق او به خانواده‌ات بفهمانی. گفتم باشد. باهاش صحبت کردم. ابله احمق گفت آره، من درکت می‌کنم، ولی می‌خواهی از خانواده‌ات راحت شوی، باشد، هیچ مشکلی ندارد. باهم ازدواج می‌کنیم، من با خانواده‌ات صحبت می‌کنم. من باز هم قبول نکردم. روزی که این‌ها آمدند، البته این را بگویم که نزدیک یازده مرتبه این‌ها آمدند، بابای من به این‌ها جواب بله را داد و وضع زندگی‌شان خیلی عالی بود، خیلی وضع مرفهی داشتند. جواب بله را بهشان داد و قرار شد عقد کنیم. من نرفتم محضر. آن‌قدر گریه کردم و خودم را به این ور و

---

۶۵ همان.

آن ور کوبیدم محضر نرفتم. فردایش عاقد را آوردند خانه. این آقایی که می‌نویسد؟ محضردار. باورت نمی‌شود، من بله ندادم، پدرم بله داد. در هیچ جای جهان کسی نمی‌تواند جای کسی بله بدهد. ولی تو ایران می‌شود، چون پول می‌دهی. به محضردار پول می‌دهی حل می‌شود. تا این اندازه فقط بهت بگویم که بزرگ‌ترین خیانت بهم شد.[۶۶]

در مقابل فشار سنگین خانواده برای ازدواج، برخی از مصاحبه شوندگان وادار به ترک کشور شده‌اند.

هیوای ۳۳ ساله که خیلی زود به لزبین بودن خود پی برده است، فشار خانواده برای ازدواج را یکی از دلایل خروج خود از ایران و پناهندگی در ترکیه می‌داند:

مثلاً خود من به خاطر این ظاهرم [که دخترانه است و با معیارهای زیبایی و مورد پسند جامعه مطابقت دارد] یکی از مشکلاتم همیشه این بود که بهم می‌گویند چرا ازدواج نمی‌کنی؟ که من چند بار با مادرم دعوایم شد که می‌گفت فلانی گفته می‌خواهد بیاید باهات صحبت کند، بیاید حرف بزنید. من همیشه این مشکل را داشتم که می‌گفتم من نمی‌خواهم ازدواج کنم. که دفعهٔ آخری که بهم گفت قشنگ رفتم دو ساعت گریه کردم. بعد از آن مادرم بهم گفت باشد، نمی‌خواهی ازدواج نکن. از آن به بعد هم هرچه پیش آمد خودش گفت دختر من نمی‌خواهد ازدواج کند.[۶۷]

فراز که ترنس‌مرد است هم حتی زمانی که هورمون‌درمانی را شروع کرده بود و ریش و ظاهری مردانه داشت، هم‌چنان از سوی خانواده‌اش برای ازدواج با یک مرد و "عوض شدن" تحت فشار قرار می‌گرفته است.[۶۸]

سوگند اهل شیراز که خود را لزبین می‌داند در روزهایی که از سوی خانواده‌اش برای ازدواج تحت فشار بوده است در یادداشتی به دوستی در خارج از کشور چنین می‌نویسد: "نمی‌دونم فردام از اینی که هست بهتر می‌شه یا نه، اما الانم

---

۶۶ مصاحبه با دنیا موحد، شش‌رنگ و عدالت برای ایران.

۶۷ مصاحبه با هیوا، شش‌رنگ و عدالت برای ایران.

۶۸ مصاحبه با فراز، شش‌رنگ و عدالت برای ایران.

خرابه خیلی هم خرابه، این خواستگار دست بردار نیست، هر چی به همه می‌گم حرفم رو نمی‌فهمند، هر چی می‌گم از یارو خوشم نمیاد قصد ازدواج ندارم، خواهشاً اصرار نکنید، می‌گن نه، تو جوونی، تو خامی، نمی‌فهمی. نباید از این موقعیت‌ها سرسری رد بشی، بیشتر فکر کن، بیشتر با طرف دیدار کن. اصلاً نمی‌فهمند. به خدا خسته شدم، دیگه اعصابم دست خودم نیست، زدم گوشی نازنینم رو خرد و خمیر کردم.... بازم هر چی گریه کنم، هر چی ناراحت باشم، کسی نمی‌فهمه من چمه. چه غم تلخی کسی نفهمه تو دل آدم چی می‌گه..."[۶۹]

او پس از آن که برای رهایی از این فشارها از کشور خارج شده است در گفت و گو با ما چنین می‌گوید:

> در آخر خواستگار آخرم فشار حرف و اجبار زیادتر از حد شده بود و من دیگه انرژی برای مبارزه نداشتم، خیلی سخت بود که تنهایی با زبان و زخم زبان‌های چند زن در خانواده مبارزه کنم و دوام بیارم. آنقدر اصرار داشتند که من حتماً با این خواستگار ملاقات داشته باشم، شاید نظرم عوض شد، شاید دیدمش ازش خوشم اومد. اصرار و حرف‌های اون‌ها که این دفعه نمی‌ذاریم الکی جواب رد بدی، به زور هم که شده می‌نشونیمت سر سفرهٔ عقد، دیگه نمی‌گذاریم با آبروی ما بازی کنی.... فردا سنت رفت بالا چیکار می‌کنی؟! بابا مامان پیر تا الان هستند می‌خوان عروسیتو ببینند، دل‌شونو نشکن! قبل از آمدنم بود که یک خواستگار داشتم که گیر سه پیچ داده بود، به قول خواهرم خیلی موقعیت عالی دارد، سفرهای خارجی دارد، ماشین فلان و خانهٔ فلان دارد. من هم همهٔ بهانه‌ها و ترفندهایم سر قبلی‌ها رفته و دیگر کاری نداشتم، تنها کاری که توانستم رفتم موهایم را از ته زدم. گفتم حالا بیایید یک عروس خوشگل بگذارید سر سفرهٔ عقد، شاید آبروی‌تان حفظ شود. سر این موضوع یک جورهایی استاپ شد تا این که من آمدم بیرون. روزهای بدی بود خیلی بد..... اگه اتفاقی نمی‌افتاد حتماً بلایی سر خودم می‌آوردم.[۷۰]

---

۶۹ از نامهٔ سوگند از ایران به دوستی در خارج از ایران.

۷۰ مصاحبه با سوگند، شش‌رنگ و عدالت برای ایران.

بخش دوم: رسانه‌ها

آدمهایی مثل من هم وجود دارند...
(مهرنوش)

رسانه‌ها در هر جامعه‌ای نقش بسیار مهمی در آموزش عمومی دارند. به دلیل اینکه آموزش جنسی جایی در نظام آموزش رسمی ایران ندارد، تأثیر رسانه‌های سنتی چون مطبوعات و رادیو و تلویزیون و نیز مطالب منتشر شده در رسانه‌های نوین چون تارنماهای اینترنتی و شبکه‌های اجتماعی، بار عمده آموزش جنسی را بردوش می‌کشند. در این میان، کوچکترین مطلبی را که در مجله یا روزنامه‌ای منتشر می‌شود و یا از شبکه‌ای تلویزیونی پخش می‌شود، می‌تواند تاثیری شگرف بر بسیاری از نوجوانان و جوانانی که در جست‌وجوی یافتن پاسخ‌هایی درباره گرایش و هویت جنسی و جنسیتی خود هستند، بگذارد.

مصاحبه‌شوندگان این تحقیق به کرات از نقش رسانه‌های مختلف در پاسخگویی به سئوالاتی که پاسخ آنها را هیچ جای دیگری نیافته بودند صحبت کرده‌اند. نتایج این تحقیق هم‌چنین حاکی از آن است که تفاوت بارزی میان اطلاعات و مطالب مربوط به ترنس‌سکشوالیتی و مطالب مربوط به هم‌جنس‌گرایی وجود دارد. در حالی که انتشار مطالب مربوط به ترنس‌سکشوالیتی در ایران، نسبتاً آزاد است، سانسور مطلق درباره انتشار مطالب مربوط به هم‌جنس‌گرایی وجود دارد. به این ترتیب، بسیاری از افراد دارای گرایش جنسی و هویت جنسیتی متفاوت که به اینترنت دسترسی ندارند، اغلب با اطلاعاتی یک‌سویه، سانسورشده و هم‌جنس‌گراستیز مواجه می‌شوند.

مطالب منتشر شده در مجلات زرد، به خصوص داستان زندگی ترنس-سکشوال‌ها و برنامه‌های پخش شده از شبکه‌های ماهواره‌ای عامه‌پسند اغلب جنبهٔ علمی و کارشناسانه ندارد و معمولاً بسیار هم‌جنس‌گراستیزانه و هموفوبیک است. بررسی محتوای این مطالب نشان می‌دهد اغلب آنها همان گفتمان رایج و غالب دوگانهٔ ترنس/ هم‌جنس‌گرا را تکرار می‌کنند، آن را به

دوگانهٔ بیمار/ منحرف پیوند می‌دهند و عمل تغییر جنسیت را به‌عنوان راه‌حلی نجات‌بخش تبلیغ می‌کنند. برای مثال در شمارهٔ سی‌ام نشریهٔ "اندیشهٔ جامعه" و در مقاله‌ای تحت عنوان "هم‌جنس‌گرایی، ابهام جنسی یا ...؟" مصاحبه‌ای با تعدادی از پزشکان و روان‌شناسان صورت گرفته است که در آن دکتر میرجلالی[۱] در مورد افراد ترنس‌سکشوالی که آنها را جراحی کرده است چنین می‌گوید: "این بیماران در این جا یک تولد دوباره دارند و من نیز خود را مانند پدر آنها می‌دانم. هر چند بعضی از همکاران من حتی از دست زدن به آنها خودداری می‌کنند".[۲]

در ادامهٔ همین مطلب، دکتر شیخاوندی که در آن زمان عضو کمیسیون تأیید مجوز برای این عمل‌ها بوده است، می‌افزاید: "آنها اگر خودشان بخواهند می‌توانند توسط داروهای شیمیایی و شوک برقی [درمان- شکنجه] بهبود یابند. ولی متأسفانه این روش‌ها علاوه بر آن که قطعی نیستند حتا ممکن است به بهای گرانی برای فرد بیمار تمام شود. به گونه‌ای که او از هر دو جنس بیزار شود. البته روان‌شناسان نیز از طریق تلقین می‌توانند به درمان این گونه افراد بپردازند. هر چند در این روش نیز امکان برگشت فرد وجود دارد".[۳] او که از هم‌جنس‌گرایی به‌عنوان یک "ناهنجاری اجتماعی" نام می‌برد می‌گوید: "مسئلهٔ هم‌جنس‌گرایی به رغم ممنوعیت و حرام بودن به عمل، به دلیل شایع بودن آن در بعضی گروه‌ها و عدم امکان مقابله با آن، حکومت‌ها باید آن را به وجدان فرد و پاسخ‌گویی در دادگاه الهی واگذار کنند".[۴]

علی‌رغم اینکه انتشار اطلاعات در مورد هم‌جنس‌گرایی ممنوع است، مجلات عامه‌پسندی که برای همگان با تیراژهای بسیار در ایران قابل دسترس است، گاه به موضوعاتی مانند ترنس‌سکشوالیتی و عمل تغییر جنسیت می‌پردازند. در واقع

---

۱ دکتر میرجلالی، معروف‌ترین پزشک در زمینهٔ انجام جراحی‌های تغییر جنسیت است. وی کلینیک میرداماد را که مرکز تغییر جنسیت است اداره می‌کند.

۲ اسکندری تربقان، محمد رضا، هم‌جنس‌گراها؛ ابهام جنسی یا ...؟، اندیشه جامعه، شماره ۳۰، خرداد ۱۳۸۲، ص۵۷.

۳ همان.

۴ همان.

از میان هویت‌های جنسیتی متفاوت، تنها ترنس‌سکشوالیتی است که به شکلی نسبتا آزاد، هر چند محدود، در عرصهٔ عمومی مطرح می‌شود.

تحقیقی از افسانه نجم‌آبادی هم از رشد قابل توجه حجم مطالب منتشره دربارهٔ ترنس‌سکشوالیتی در مطبوعات ایرانی و به خصوص نشریات عامه‌پسند پس از سال ۲۰۰۳ خبر می‌دهد.[5] از نظر او این موضوع منجر به رشد آگاهی عمومی دربارهٔ ترنس‌سکشوالیتی و احتمالاً افزایش تعداد عمل‌های جراحی تغییر جنسیت شده است.[6] نجم‌آبادی می‌نویسد که بیشتر ترنس‌سکشوال‌هایی که با آنها مصاحبه کرده است، به خصوص آنهایی که از شهرستان‌ها به تهران آمده بودند گفته‌اند که اطلاعات مربوط به کلینیک‌های تغییر جنسیت را از طریق پوشش رسانه‌ای [شامل برنامه‌های ماهواره‌ای] کسب کرده‌اند.[7]

شهادت فراز که در زمان مصاحبه عمل تخلیهٔ پستان و رحم را پشت سر گذاشته است، چنین امری را تأیید می‌کند:

> یک بار دوستم به من زنگ زد، گفت یک چیزی پیدا کردم. ماهواره داشتند. گفت توی شبکهٔ خارجی پی‌ان فرامرز امینی محققی[8] است که در مورد ترنس‌سکشوال‌ها کار می‌کند. تو شبکهٔ خارجی پی‌ان. تو برنامهٔ "یاد یاران" بود. چند وقت قبلش هم من شنیده بودم که یک خانمی به علت نمی‌دانم چی، کی بهش تجاوز کرده، تغییر جنسیت داده. من هم چقدر بدم آمد که مثلاً این چون بهش تجاوز شده تغییر جنسیت داده. اصلاً برایم خوشایند نبود ولی مطمئن شدم که می‌شود این کار را کرد. شمارهٔ فرامرز امینی را گرفته بود. سریع از زنجان آمدم و زنگ زدیم به او. من زنگ زدم به فرامرز امینی، گفت: خب بسم‌الله، یکی هم به گروه مردها اضافه شد. پرسید اسمت را چی می‌خواهی بگذاری؟ [و مرا برد

5 Najmabadi, Afsaneh, Verdicts of Science, Rulings of Faith: Transgender/sexuality in Contemporary Iran, Ibid, p. 3.
6 Najmabadi, Afsaneh, Transing and Transpassing Across Sex-Gender Walls in Iran, Ibid, p. 8.
7 Ibid., p. 9.
۸ با وجود اینکه مصاحبه شونده فرامرز امینی را محقق این حوزه معرفی کرده است، در واقع، وی یک فعال رسانه‌ای است که در رابطه با موضوعات مربوط به زندگی هنرمندان و سرنوشت دو نفر از ترنس‌های ایرانی برنامه‌هایی تهیه کرده است.

روی آنتن]. دنیای دیگری بود. گفت یکی از مردهای بزرگمان الان با ما صحبت می‌کند. چه کمکی می‌توانم بهت بکنم؟ گفتم من الان این جوری‌ام، شرایط دانشگاهی‌ام را گفتم و پرسیدم کجا می‌توانم با دکتر ارتباط بگیرم؟ شمارهٔ دکتر میرجلالی را بهم داد و پرستارش آقای زمانی. پایمان باز شد به دفتر میرجلالی و خدا را شکر پایمان زود هم جمع شد. چون عمل‌های میرجلالی واقعاً عمل‌های سلاخی شده است.[۹]

متون منتشر شده در مجله‌های به اصطلاح عامه‌پسند، مطالبی که از شبکه‌های تلویزیونی ماهواره‌ای پخش می‌شوند، و نیز مطالبی که در سایت‌های مجاز اینترنتی منتشر شده‌اند، منبع اصلی بیشتر کسانی است که در فهم هویت جنسیتی به دوستان‌شان کمک می‌کنند. نینا که ۲۷ سال دارد و ساکن ایران است تجربه‌اش را چنین بیان می‌کند:

در سیزده- چهارده سالگی من یه دوستی پیدا کردم خیلی شبیه خودم بود. البته قبل از این‌که دوست بشیم هی نگاش می‌کردم یا مثلاً زیر نظرش داشتم، چون خیلی کاراش شبیه من بود، رفتاراش شبیه من بود، همیشه موهاش کوتاه بود، اصلاً چیزای زنونه یا دخترونه نداشت. واسه همین برام جالب بود. توی دبیرستان‌مون بود ولی یه کلاس دیگه. بعد باهاش دوست شدم و با همدیگه صحبت کردیم، دیدیم جفتمون داریم از یه چیزی حرف می‌زنیم، ولی نمی‌دونستیم چیه. هر کدوم‌مون هم فکر می‌کردیم یک نفر دیگه‌ای مثل ما وجود نداره. بعد که فهمیدیم وجود داره گفتیم حتماً اگر که ما هستیم پس کسان دیگه‌ای هم هستن. اون موقع هم اینترنت و اینا تازه اومده بود. یادمه که هی می‌رفتیم کافی‌نت [کافه اینترنتی]. هیچ‌کدوم نه کامپیوتر داشتیم، نه اینترنت داشتیم. ما چندین ساعت با اون انگلیسی دست و پا شکسته‌مون رفتیم گشتیم تا پیدا کردیم که بالاخره کسانی مثل ما اسمشون ترنسه.[۱۰]

۹ مصاحبه با فراز، شش‌رنگ و عدالت برای ایران.

۱۰ مصاحبه با نینا، شش‌رنگ و عدالت برای ایران.

بیشتر وبسایت‌هایی که به مقولات جنسی و یا معرفی هم‌جنس‌گرایی و آموزش نکات مربوط به رابطهٔ هم‌جنس‌گرایانه می‌پردازند سال‌هاست که فیلتر می‌شوند و به سادگی در دسترس نیستند. درصورتی که، بسیاری از سایت‌های مرتبط با ترنس‌سکشوالیتی و یا مجلات عامه پسند و صفحات رسمی‌ای که این مقوله را تحت عنوان بیماری و "اختلال هویت جنسی" معرفی می‌کنند فعالیتشان آزاد است. این نکته را هم باید در نظر داشت که افرادی که به اینترنت دسترسی دارند در نسبت با کل جمعیت کشور رقم چشم‌گیری را تشکیل نمی‌دهند. با این وجود، بسیاری از علاقمندان به حوزهٔ جنسیت کوشیده‌اند با بررسی منابع غیر فارسی و هم‌چنین مطالعهٔ تجربیات دیگر کشورها در زمینهٔ حقوق جامعهٔ ال‌جی‌بی‌تی، به اطلاع‌رسانی در این حوزه بپردازند. افزون بر این، بسیاری از هم‌جنس‌گرایان و ترنس‌ها هم برای بیان رنج‌ها یا طرح سوالات‌شان به وبلاگ‌نویسی پرداخته‌اند. این امر به نوبهٔ خود و برای بخشی از این جامعه، دریچه‌های نوینی را در خودشناسی، ایجاد حس جمعی، و خروج از انزوا گشوده است. برای نمونه، مارال که خود را لزبین معرفی می‌کند، چنین می‌گوید:

> من به خاطر این که رشته‌ام انگلیسی بود خیلی دوست داشتم با افراد خارج از کشور حرف بزنم که انگلیسی زبانند. کلی دوست آنلاین داشتم. حتی یادم هست که یک دوست لزبین استرالیایی هم داشتم آن موقع، ولی هنوز خودم را نشناخته بودم. یعنی با او حرف می‌زدم، راجع به خودش می‌گفت و من می‌گفتم فقط قبولت دارم، هر چه که خودت هستی باش، من راحتم. ولی بیست و سه سالم که بود با این پسری که حرف زدم (گِی بود)، یک روز بهش گفتم چه جالب، من هم دبیرستان که بودم خیلی دخترها را دوست داشتم. بعد یکهو همه آن خاطرات دورهٔ راهنمایی و دبیرستان آمد جلوی ذهنم، و فهمیدم که من هم جزء این گروهم. مجزا نیستم. شروع کردم اول راجع به گی‌ها تحقیق کردن. آن موقع خیلی تو حوزهٔ لزبین‌ها نمی‌رفتم. خیلی جالب بود. می‌رفتم وبلاگ پسرهای گی را می‌خواندم. بعد از آن شروع کردم به جست و جو کردن تو کلی مجلهٔ آنلاین مثل "هم‌جنس من" و وبلاگ و این‌ها پیدا

کردم. وبلاگ دخترهای لزبین را می‌خواندم. یکی از اولین وبلاگ‌ها بود، اسم نویسنده‌اش سارا بود.[۱۱]

نسیم هم که خود را لزبین تعریف می‌کند، می‌گوید:

موقعی که فهمیدم به این گرایش می‌گویند هم‌جنس‌گرایی و من لزبینم در واقع سال سوم کارشناسی بودم تو دانشگاه. حسم را می‌فهمیدم ولی نمی‌دانستم چیست. حتی نمی‌دانستم حس جنسی است. نمی‌دانستم. قشنگ یادم است یک شب که خانه بودم، فکر کنم سال دوم یا سوم کارشناسی بودم، داشتم تو اینترنت برای خودم می‌گشتم، چند تا وبلاگ دیدم، وبلاگ توی صفحه‌ای به اسم لینک هنر، لیست وبلاگ‌های هم‌جنس‌گرایانه. آن را دیدم و قشنگ حس... نمی‌دانم شما آن داستان را خوانده‌اید یا نه، کتاب ادبیات دبیرستان. قصهٔ عینکم، قشنگ همچین حسی داشتم، یعنی قشنگ انگار بهم همچین عینکی دادند، و خیلی حس خوبی داشتم آن شب. چون تا آن موقع فکر می‌کردم غیر-عادی‌ام.[۱۲]

مهرنوش که خود را ترنس‌جندر و لزبین می‌داند، با این که در کودکی تجربه‌ای مشابه مصاحبه‌شوندگان ترنس داشته، اما گرایش به هم‌جنس‌اش را کاملاً طبیعی می‌دانسته و فکر می‌کرده همه دنیا مثل او هستند. وقتی برای اولین بار در یک سریال تلویزیونی با حس عاشقانه دو زن آشنا می‌شود، خود را به‌عنوان لزبین هویت‌یابی می‌کند:

هویت جنسی‌ام را من خیلی زودتر از گرایش جنسی‌ام درک کردم. شاید بشود گفت مثلاً پنج شش سال زودتر از اینکه من بفهمم گرایش جنسی‌ام چیست، من فهمیدم که مهرنوش تو یک جوری هستی. تو مثلاً در روز یک موقع‌هایی احساس می‌کنی دختری. یک موقع‌هایی پسری. یک مقدار این را می‌دانستم. با یک زنی هم‌خانه شده بودم و احساس شدیدی به این خانم داشتم و نمی‌توانستم به خودم این را

---

۱۱ مصاحبه با مارال، شش‌رنگ و عدالت برای ایران.

۱۲ مصاحبه با نسیم مرادی، شش‌رنگ و عدالت برای ایران.

بقبولانم و نمی‌فهمیدم چرا او این احساس را به من ندارد. فکر می‌کردم همه مثل من هستند. بعد که احساسات شدید او را که شبیه خود من بود، نسبت به یک پسر دیدم آن موقع دیگر مغز من به کار افتاد و این سوال برانگیزتر شد برایم. با سریال ال ورد [The L World] بود که، خیلی مسخره است ولی شاید یک نفر مجله بخواند مثلاً یک داستان خیلی چیزی هم باشد، به هر حال باهاش برخورد کردم و دیدم که یک همچین چیزی وجود دارد، یک آدم‌هایی مثل من هستند. تا اینکه این سریال دیگر جرقه‌آخر را زد.[۱۳]

آدلر، هم‌جنس‌گرای بیست و دو ساله‌ای که دارای هویت جنسی زنانه شناخته می‌شود و با این حال خودش را زن یا مرد تعریف نمی‌کند، تجربه‌اش از شناخت خود نسبت به هویت جنسیتی‌اش را چنین روایت می‌کند:

خیلی حوصله‌ام سر رفته بود، بعد تازگی‌ها بابام از مامانم اجازه گرفته بود که ماهواره بخرد. گفته بود بچه‌ها درس‌شان را تمام کرده‌اند، ماهواره بخریم. من اصلاً هم علاقه‌ای به تلویزیون نداشتم، خیلی شانسی رفتم، کلیک می‌کردم این شبکه آن شبکه.. رفتم تو بی‌بی‌سی... دیدم که سایه اسکای دارد آهنگش را می‌خواند واسه آزادی زن. من خیلی خوشم آمد. اصلاً خیلی جالب است. من فکر می‌کردم مریضم کلاً. بعد [دیدم] ای بابا کسی مثل من هم هست. این جا می‌گه ایران نمی‌ذاره، ماها را انکار می‌کند، ولی این می‌گه هست. برنامهٔ "کوک" بود تو بی‌بی‌سی. من آن موقع بود که شنیدم. خیلی خوشحال شدم. همان موقع خوشحال شدم و همان لحظه هم خودم را پذیرفتم. یعنی می‌گویند بعضی‌ها، یک سری می‌گویند اصولاً باید یک اسم هم‌جنس-گرایی را بشنوی و یک پروسه‌ای طول بکشد که تو خودت را مثلاً قبول کنی. من همان لحظه خوشحال شدم که من حالا عادیم. خیلی قبول کردم. اوکی. خوشحال. جیغ و داد اصلاً. خیلی خوب بود. فکر کردم من مریض نیستم. به کسی هم نگفتم. ترسیدم. خیلی می‌ترسیدم. آن آهنگ سایه اسکای را نوشتم. با همهٔ امکانات محدود سعی می‌کردم که

---

۱۳ مصاحبه با مهرنوش، شش‌رنگ و عدالت برای ایران.

آن را پیدا کنم و دانلود کنم. ولی اصلاً می‌شود گفت که چند ماه دنبالش گشتم نتوانستم پیدایش کنم. یعنی اصلاً پخش نشده بود. نمی‌دانم همان بی‌بی‌سی بود که بعد از پناهنده شدنش پخش شد. هرچی بود به هیچ کس نگفتم. یعنی فعلاً فکر می‌کردم نباید بگویم. بعد تو اینترنت تحقیق کردم دیدم که نوشته هم‌جنس‌گرایی اعدام دارد و بعد از چند نفر شنیدم که هم‌جنس‌گراها را اعدام می‌کنند و این جوری می‌کنند و ترسیدم. ۱۴

سلماز دختر هم‌جنس‌گرا هم با جست‌وجو در اینترنت موفق به کشف هویت جنسیتی خود شده است:

یادم است پانزده سالم بود اوایلی که اینترنت آمده بود و تازه اینترنت داشتیم و گروه‌های مختلف یاهو و این چیزها. من توی ماهواره چند تا کلیپ دیدم و یکیش هم کلیپ تاتو بود. معروف‌ترین و تاثیرگذارترین گروه موزیک. با داداشم هم می‌دیدیم خوشم آمد. چند بار گذاشت و با بدبختی اسم این را پیدا کردیم که اسمشان این است [گروه تاتو] و سرچ کردم تو اینترنت، دیدم فن‌پیج‌های [صفحات دوستداران] مختلف دارد، عکس و این چیزها. فن‌پیج‌ها عضو می‌شدم، عکس‌ها را نگاه می‌کردم، عکس کلی دانلود می‌کردیم با بدبختی. یک دو سالی درگیر دانلود کردن کلیپ‌ها بودیم با بدبختی. بعد یک زمانی چند ماه بعد از این که فن‌پیج‌ها را عضو شدی، ایمیل می‌آمد دیگر، عکس‌های مختلف این‌ها، این جوری می‌نوشتند، ولی ایمیل زده بود که این‌ها دو تا دختر روسی و لزبین هستند. من این طوری شنیدم که این چیست. خیلی جالب بود، کلمه [لزبین] هم خیلی خوش‌صدا بود آن موقع برایم. ۱۵

با این همه، گذشته از فیلترینگ و کنترل دائم اینترنت و همچنین سرعت پایین آن، هنوز با جمعیت کثیری از افراد متعلق به خانواده‌های کم‌درآمد شهری و یا روستایی روبه‌رو هستیم که در غیاب یک پروژهٔ وسیع جرم‌زدایی از هم‌جنس‌گرایی و آموزش مفاهیم مربوط به هویت‌های جنسیتی و گرایشات

---

۱۴ مصاحبه با آدلر، شش‌رنگ و عدالت برای ایران.
۱۵ مصاحبه با سلماز، شش‌رنگ و عدالت برای ایران.

جنسی، همچنان از داشتن حداقل اطلاعات در مورد این موضوعات، و در نهایت از حق برخورداری از یک زندگی سالم و آزاد جنسی محروم می‌مانند. چنان که گفته شد، واقعیت این است که مطالب منتشر شده نه تنها هویت‌های جنسی دیگر غیر از ترنس‌سکشوالیتی را در بر نمی‌گیرد، بلکه در مورد همین هویت هم از چارچوب گفتمان‌های رسمی حاکم فراتر نمی‌رود.

بخش سوم: دوستان و گروه‌های هم‌سالان

مثل یک دزد به آدم نگاه می‌کننـد
که می‌ترسند ازش. (نسیم)

ورود کودک به فضاهای اجتماعی چون مدرسه، خیابان و دانشگاه، محل کار و محیط‌های تفریحی و ورزشی، تمامی این فضاها در روند شکل‌گیری هویت جنسی و جنسیتی او نقش بازی می‌کنند. در این میان، نقش دوستان و گروه‌های هم‌سالان، اهمیت بارزی دارد. براساس نتایجی که از مصاحبه‌های این تحقیق برمی‌آید، دایرهٔ هم‌سالان و دوستان در شکل‌گیری هویت جنسیتی مصاحبه شوندگان نقش‌هایی متفاوت بازی کرده‌اند؛ گاهی در ایجاد آگاهی نسبت به گرایش جنسی و هویت جنسیتی بسیار موثر بوده‌اند و گاهی نیز با تحقیر و توهین، باعث آزار و اذیت و یا اجبار مصاحبه‌شونده به انکار هویت جنسیتی و گرایش جنسی خود شده‌اند.

از آن جا که آموزش‌های جنسی و جنسیتی جایی در برنامه‌های نظام آموزش و پرورش ایران ندارند، بیشتر اطلاعات جنسی نوجوانان که در زمان بلوغ یا سال‌های اولیهٔ جوانی تشنهٔ آگاهی پیرامون علل تغییرات بدنی و درک نیازهای خود هستند، از طریق هم‌سالان‌شان و به شکل شفاهی کسب می‌شود. در ادامه خواهیم دید که بسیاری از مصاحبه شوندگان این تحقیق هم نخستین بار از طریق دوستان و هم‌سالان خود با مسئلهٔ تنوع هویت جنسیتی یا گرایش جنسی آشنا شده‌اند.

حداقل ۲۰ نفر از مصاحبه‌شوندگان این تحقیق، اولین بار واژه‌هایی مثل ترنس، گی، لزبین و کلمات مشابهی را که ناظر به هویت‌های جنسیتی و گرایش‌های جنسی متفاوت است، از دوستان خود در مدرسه، باشگاه‌های ورزشی و دانشگاه شنیده‌اند. فراز که زمان مصاحبه عمل تخلیهٔ پستان و رحم را پشت سر گذاشته است می‌گوید:

اولین بار واژهٔ ترنس را از یک دوستی توی دوره دبیرستان [شنیدم].
هیچ وقت آن لحظه تو زندگی‌ام را از یاد نمی‌برم. دوم دبیرستان بودم،
سیزده بدر بود که من این دوستم را دیدم. او هم حرکات من را داشت،
ولی خیلی خوشگل بود. همیشه بهش می‌گفتم خوشگل‌پسر. سیزده بدر
بود. من لب حوضچهٔ پارک چیتگر نشسته بودم. من یک نگاه کردم، او
نگاهم کرد. من خیلی آدم محتاطی‌ام. اصلاً خودم را لو نمی‌دادم. به من
گفت آره؟ گفتم آره. ببین ذهن و تله‌پاتی را تا کجا می‌خواندم... با مانتو
و روسری بودیم هردویمان. آن شب سیزده بدر ما تا ساعت نه شب تو
پارک بودیم. نشستیم گفتیم این جوری است، من این طوری‌ام، یکی
پیدا شده بگوید من هم تنهام. خیلی روز خوبی داشتم. یکی را پیدا
کردم که عین من بود، عین من فکر می‌کرد. خیلی هم تو زندگی من
هنوز نقش دارد. ما آن شب با هم ارتباط گرفتیم. می‌دیدم او با
دخترهاست، او هم می‌دید من با دخترها هستم ولی دیگر ارتباط‌های ما
شکل گرفت. الان ازدواج کرده. ترنس است... پایمان باز شد به دفتر
میرجلالی و خدا را شکر پایمان زود هم جمع شد. چون عمل‌های
میرجلالی واقعاً عمل‌های سلاخی شده است. دو جلسه‌ای که رفتم
پیشش، با مهراد رفته بودم. اولین جلسه که رفتم پیش میرجلالی، یک
دوست خوبی پیدا کردیم که عمل کرده بود. همین جوری که نگاه
می‌کردیم همه‌اش زن‌ها را می‌دیدیم، خیلی ام‌تواف می‌آمدند. یک دفعه
دیدم یک رهام نامی نشسته آن‌جا. لاغر. عمل کرده. شماره‌اش را
گرفتیم. دوست خیلی خوبی است که تو این لحظه‌ها به من کمک
کرده. هنوز که هنوز است با من ارتباط دارد. من اگر خانواده‌ام [از من]
جدا شد، ولی دوست‌های خیلی خوبی داشتم. با رهام ارتباط گرفتم.
چون تو خانه‌اش ماهواره داشت، دیگر کلاً ارتباط گرفتیم. رهام بچه‌ها را
دور خودش جمع کرد. از بچه‌هایی بود که شش سال تمام فشار مغزی
و شوک مغزی بهش داده بودند تا یادش برود چی است. هنوز ابروهایش
در نیامده به‌خاطر شوک‌های مغزی که بهش داده بودند. خانواده‌اش
نمی‌پذیرفتند. دکترها می‌گفتند این انحراف است. کسی تشخیص
نمی‌داد ترنس یعنی چی. حتی خود دکترهای ایران، یک عده دکترهای

روان‌شناس مخالف این هستند. رهام بچه‌ها را دور هم جمع می‌کرد و اطلاعات بیشتری می‌گرفتیم. آن موقع من هنوز عمل نکرده بودم. باز هم دوره‌ای بود که دانشجو بودم. دانشگاه من دو ترم مانده بود تمام شود، یعنی سال اول ۸۵- ۸۶ بودم. ۸۶ من تغییر لباس دادم. یعنی از دانشگاه که می‌آمدم مانتویم را در می‌آوردم. تو دانشگاه هم دیگر چادر سرم نکردم...[۱]

در برخی موارد، نام و تعریف مشخص از هویت جنسی به فرد کمک کرده تا بفهمد خودش تنها کسی نیست که چنین خصوصیاتی دارد و تعداد افراد مشابه با او در جهان آن قدرهست که نامی برای آنها تعیین شده است. این اطمینان می‌تواند نوعی حس جمعی و تعلق گروهی در این افراد ایجاد کند که از یک سو آنها را از گوشه‌گیری و انزوا می‌رهاند و از سوی دیگر نیرویشان را برای مقاومت در مقابل فشارهای اجتماعی که حاصل ناآگاهی و پنهان‌کاری است تقویت می‌کند. شیوا که یک ترنس‌زن است در این مورد می‌گوید:

هر کسی باهام می‌گشت بعد از مدتی می‌گفت تو چرا همه چیزت مثل زن‌هاست؟ خودم هم مشکل داشتم، فکر می‌کردم ایراد دارم. هفده سالم بود که یکی از همکلاسی‌هایم که اروپا می‌رفت و می‌آمد، خودش هم توی فرانسه به دنیا آمده بود، به من گفت تو لیدی‌بوی[۲] هستی، به‌خاطر سیستم زنانه و افکار و شخصیتم.[۳]

مرور مصاحبه‌های دیگر هم نشان می‌دهد اولین کلمه‌ای که بسیاری از مصاحبه‌شوندگان از دوستان اطراف خود شنیده‌اند، در این که خود را ترنس یا هم‌جنس‌خواه تعریف کنند و کدام هویت را برگزینند نقش مهمی داشته است. نام‌گذاری بر روی هویت جنسیتی افراد از سوی دوستان‌شان، اگر چه باعث شده برای پرسشی که سال‌ها همراهشان بوده پاسخی بیابند، اما در عین حال، به دلیل عدم تنوع منابع و آموزش‌های همه‌جانبه، ذهن آنها را به یک مفهوم

---

۱ مصاحبه با فراز، شش‌رنگ و عدالت برای ایران.

۲ واژه‌Lady-boy واژه‌ای است که بیشتر در مورد مردانی به کار می‌رود که بدون نیاز به لباس و آرایش زنانه، به زن‌ها شبیه هستند و می‌توان آنها را با زن‌ها اشتباه گرفت.

۳ مصاحبه با شیوا دلدار، شش‌رنگ و عدالت برای ایران.

منفرد و تلاش یک‌جانبه برای تحقق آن محدود کرده است. همان طور که شهادت مصاحبه‌شوندگان ترنس این تحقیق نشان می‌دهد، آنها دیگر برای شناخت سایر هویت‌های جنسیتی از جمله هم‌جنس‌گرایی، ترنس‌سکشوالیتی، ترنس‌وستایت (مبدل‌پوشی) و... تلاشی نکرده‌اند. در واقع باورهای آنها توسط دوستان‌شان و گروه‌های غیررسمی هم‌سالان و همگنان که در مکان‌هایی چون مطب دکتر میرجلالی ملاقات می‌کرده‌اند[۴]، شکل گرفته و به محض این که پذیرفته‌اند ترنس هستند، در همان قالب باقی مانده‌اند. همان طور که شهادت فراز نشان می‌دهد، معمولاً واژهٔ "ترنس" به همراه واژهٔ "عمل جراحی"، همزمان و به صورت مترادف به گوش مصاحبه‌شوندگان خورده است. به عبارت دیگر، همراه با شنیدن اصطلاح ترنس برای اولین بار، موضوع تغییر جنسیت هم معمولاً مطرح شده است. این موضوع در شهادت‌های دیگر نیز تأیید می‌شود و

۴ شهادت‌های دیگری نیز این موضوع را تأیید می‌کند که گروه‌های غیررسمی که در مطب دکتر میرجلالی تشکیل می‌شود، و دوستی‌هایی که از رهگذر دیدار در این گونه مکان‌ها شکل می‌گیرد نقش تعیین‌کننده‌ای در هویت یابی جنسیتی و تصمیم مصاحبه شوندگان برای تغییر جنسیت دارد. به‌عنوان مثال، نیما که خود را ترنس اف‌توام می‌داند، می‌گوید: "سی و دو سالمه. تازه هم فهمیدم که ترنس‌ام. می‌دونستم، منتها فکر می‌کردم یه مشکل دارم. همیشه این فرقم رو با همه متوجه می‌شدم، اما فکر می‌کردم فقط خودم این‌جوری‌ام، فکر می‌کردم کس دیگه‌ای این‌جوری نیست. بعد حدود دو هفتهٔ پیش بود که ناخواسته رفتم توی اینترنت و سرچ کردم. نمی‌دونم چرا همین‌جوری زدم «تغییر جنسیت». بعد یک‌سری چیز میز اومد وقتی که خوندم مطالب بچه‌هایی که درد دل کرده بودن رو، کسایی که صحبت کرده بودن. وقتی اینا رو خوندم دیدم که که ناخواسته اشکم میومد. الان داشتم برای بچه‌ها تعریف می‌کردم؛ دستم رو می‌ذاشتم روی صورتم می‌دیدم اشکم داره میاد چون خیلی شباهت بود. بعد توی اون خوندن فهمیدم که ترنس‌ام. بعد بلافاصله یه شمارهٔ یه دکتر رو برداشتم فردا تماس گرفتم یک هفته بعد بهم وقت داد. رفتم دکتر. دکتر خب تاییدم کرد. جراح بود؛ میرجلالی که خیلی دکتر افتضاحی هم هست اما بالاخره صحبت‌هایی که بود و اون محیطی که بچه‌ها رو رفتم دیدم، فهمیدم این‌جوری‌ام که بعد دیگه با علی [یکی از بچه‌های ترنسی که تغییر جنسیت داده است] آشنا شدم. علی خیلی راهنماییم کرد. یعنی علی رو که دیدم احساس کردم که دوباره می‌تونم زندگی کنم، چون نه عکس‌های بچه‌های اف‌توام بود نه فیلم‌هاشون بود؛ اصلاً نمی‌تونستم باز کنم. علی رو که واضح دیدم فهمیدم که نه، چنین چیزی هست. این قدر آدم تغییر می‌کنه و الان تنها چیزی که دارم فکر می‌کنم که... دنبال دکترم، دنبال مجوزم و تنها مشکل بزرگی که دارم حتا نمی‌تونم به خانواده بیان کنم. مشکلم فعلا اینه."

نشان می‌دهد که در ذهن این افراد، ترنس بودن با ترنس‌سکشوالیتی و ضرورت انجام عمل جراحی پیوند خورده است. به عبارت دیگر، نگرش دوستان و حلقه‌های هم‌سالان، به خصوص کسانی که خود را به‌عنوان "ترنس" می‌شناسند یا در حال طی مراحل تغییر جنسیت هستند، در ورود فرد به مراحل تغییر جنسیت و انجام عمل جراحی نیز نقش به‌سزایی داشته است. امیرعلی، که ترنس‌مرد است، تا پیش از این که یکی از دوستانش دربارهٔ "مشکل"اش با او صحبت کند، فقط فکر می‌کرده که با بقیهٔ دوستانش "تفاوت"هایی دارد:

> چی شد که من اصلاً فهمیدم؟ این که یه روز رفتم باشگاه. رفتم توی مسابقه. قبل از آن مسابقه، همچنان فکر می‌کردم که من یک تفاوت‌هایی دارم، اون هم به‌خاطر بازی‌های بچه‌گانه‌ام بوده که می‌کردم... توی فوتبال که رفتم، یه دوست داشتیم به اسم ساشا. اون الان عمل کرده، رفته. یک مسابقه داشتیم. دقیقاً ماه رمضون بود. اومد بغل من وایساد. به من گفت می‌فهمی چته؟ گفتم نه. گفت نگاه کن! همهٔ سالن دارن بهت نگاه می‌کنن. گفتم نه، چرا نگاه کنن؟ گفت تو تی‌اسی. من هم اصلن نمی‌دونستم، فقط بهش نگاه می‌کردم. شروع کرد به توضیح دادن که مشکل تو اینه. بیست و یکی دو ساله بودم که برای اولین بار کلمهٔ ترنس رو همونجا شنیدم.[۵]

سهراب، ترنس‌مردی که خواهان انجام عمل تغییر جنسیت است، تجربهٔ مشابهی داشته است. به این معنا که وقتی برای اولین بار با شخصی شبیه خودش برخورد کرده، از او شنیده است که باید عمل تغییر جنسیت انجام دهد:

> وقتی باشگاه می‌رفتم یک نفر به اسم کتی بود، قد متوسطی داشت، کمی تو پُر بود، تیپش پسرانه بود، کلفت صحبت می‌کرد، گفتند این عمل کرده. یک مدت نبود چون بازی‌اش خیلی خوب بود. گفتند فلانی عمل کرده. چون تیپش این جوری بوده، تغییر جنسیت داده [و دیگر برنگشته]. بعداً یک بار دیگر آمده بود دم باشگاه، با زنش. دوستان رفته بودند دیده بودنش. تو باشگاه متوجه شدم که عمل وجود دارد. بعد

---

۵ مصاحبه با امیرعلی، شش‌رنگ و عدالت برای ایران.

دیگر از کسی که این راه را رفته بود پرسیدم باید چه کار کنم، راه و
روش ما چیست، زندگی‌مان چه می‌شود؟ آدمی بود که شبیه خودم بود.
سنش از من بیشتر بود و این کارها را کرده بود. در مرحلهٔ مجوز گرفتن
بود. گفت باید بری انیستیتو خودت را معرفی کنی و ببینی چطور
می‌شود این مسئله را حل کرد. چون آدم سلامتی‌اش را می‌خواهد. در
یک لحظه احساس می‌کند که فکر من با جسم من مغایرت دارد باید
سعی کنی این را در یک راستا پیش ببری که بتونی تو این مملکت
زندگی کنی. اگر فکرت پسرانه باشد و جسمت زنانه باشد و بروی ازدواج
کنی به مشکل برمی‌خوری. پس این‌ها را باید تو ایران در یک راستا
بکنی. به هیچ جا نمی‌رسی، نه می‌توانی عشق را برای همیشه داشته
باشی. نه می‌توانی برای همیشه یک جا سر کار باشی. همیشه یک
نگاهی دنبالت است، یک حرفی بهت می‌زنند. همیشه باید تو عذاب
باشی، همیشه دردسر داری.[۶]

لازم به ذکر است که تأثیر فشارهای وارده از سوی این گروه‌های دوستانه، رابطهٔ
مستقیمی با سطح آگاهی اعضای گروه دارد. جیکوب، ترنس بای‌سکشوال ،
تجربهٔ خود از حضور در یک گروه فیس‌بوکی متعلق به ترنس‌های ایرانی را
چنین بازگو می‌کند:

بچه‌های ترنس قبول نمی‌کنند که اگر کسی ترنس است ربطی به
گرایش جنسی‌اش ندارد و من و یک هموترنس[۷] را از یک گروه مجازی
بیرون انداختند. متأسفانه خیلی‌هاشون به خاطر خیلی از دلایل موجود

---

۶ مصاحبه با سهراب، شش‌رنگ و عدالت برای ایران.
۷ از اصطلاح هموترنس از سوی برخی محافل یا نوشته‌های فارسی زبان به خطا استفاده
می‌شود. هموترنس از سوی Kurt Freund به معنای کسانی تعریف شده که پس از تغییر
جنسیت با افرادی از جنسیت اولیه خود رابطه می‌گیرند. مثلاً یک ترنس‌مرد که مرد شده
است وقتی با یک زن رابطه می‌گیرد در تعاریف علمی از وی به‌عنوان هموترنس نام می‌برند.
هرچند بر سر این تعریف در محافل علمی اختلاف نظر وجود دارد. این تعریف در جامعه
فارسی زبان، واژگونه استفاده می‌شود و به کسانی گفته می‌شود که علیرغم تغییر جنسیت،
خواهان رابطه هم‌جنس‌گرایانه هستند. مثلاً برای یک ترنس‌مرد که پس از مرد شدن، نه با
یک زن بلکه با یک مرد خواهان رابطه است و برعکس.

فکر می‌کردند ترنس هستند. بدون نظارت پزشک هورمون می‌زدند به خودشان. این‌ها بیشترشان بچه‌های هم‌جنس‌گرا بودند و فرق بین گرایش جنسی و هویت جنسی را تشخیص نمی‌دادند. بعد هم جو تأثیر می‌گذاشت و ناآگاهی اون‌ها و بی‌سوادی در این زمینه و هم‌چنین مردسالاری موجود خیلی نقش دارد در این رابطه.[۸]

نینا هم که برای دریافت مجوز اقدام کرده، در مرحله‌ای از انجام این کار منصرف شده است، واکنش سایر دوستان ترنسش نسبت به این تصمیم را چنین توصیف می‌کند:

با ترنس‌سکشوال‌ها یه مدت خیلی ارتباط داشتم ولی به‌خاطر این که چون من نمی‌خواستم عمل بکنم، خیلی آدم رو قضاوت می‌کردن، می‌گفتن تو اصلاً ترنس‌سکشوال نیستی و من دیدم بهتره... چون جو منفی می‌گرفتم، بهتر دیدم که اصلاً ارتباط برقرار نکنم. تا اونجایی که می‌تونم هم این کار رو نمی‌کنم.[۹]

اولین چیزی که برخی از مصاحبه‌شوندگان در حلقه‌های دوستی شنیده‌اند، گره خوردن هویت جنسیتی‌شان با کلمه‌هایی مانند "بیماری"، "مشکل" و ضرورت درمان بوده است. مرجان اهورایی ترنس‌زن، در این مورد می‌گوید:

خودم اصلاً نمی‌دانستم من این بیماری یا اختلال هویت جنسی را دارم و می‌گفتم فقط من توی دنیا این جوری‌ام. به هیچ کس هم نمی‌گفتم و پنهانش می‌کردم. مجبور بودم. کسی که به من اطلاع داد که من این مشکل را دارم، همسایه‌مان بود و گفت که تو مجلات درباره‌اش نوشته شده و این طوری است، به این شکل هستند. تو می‌توانی اقدام کنی و خودت را به پزشک نشان بدهی. سال اول دبیرستان بودم. ایشان آرایشگر بود. زمان‌هایی که خیلی بیکار می‌شدند مجله می‌خواندند، بعد می‌گفت من توی ماهواره می‌بینم، حالا ما آن موقع ماهواره نداشتیم. می‌گفت من توی ماهواره دیدم و این جوری هست و چند نمونه در

---

۸ مصاحبه با جیکوب، شش‌رنگ و عدالت برای ایران.
۹ مصاحبه با نینا، شش‌رنگ و عدالت برای ایران.

مجله نشانم داد و من را معرفی کرد به چند تا دکتر. بعد از آن هم من متوجه شدم که فقط من نیستم [که این بیماری را دارم].[۱۰]

در مقابل، فضاهای اجتماعی معدودی در ایران وجود دارند که در آنها هم‌جنس‌گرایی و ترنس‌سکشوالیتی به‌عنوان هویت‌هایی متفاوت اما "طبیعی" فهمیده می‌شوند و پذیرفته می‌گردند. تعدادی از شهادت‌های این تحقیق روشن می‌کند که در بعضی از باشگاه‌های ورزشی دخترانه، لزبین بودن موضوعی پذیرفته شده بوده و مصاحبه‌شوندگان در این فضاها، نه تنها برای اولین بار توانسته‌اند برای تمایلات جنسی و هویت جنیستی خود نامی پیدا کنند، بلکه برای ابراز علنی آن امنیت کافی داشته‌اند. هیوا در این مورد می‌گوید:

همیشه از بچگی با این مسئله همراه بودم که فقط می‌تونم هم‌جنس خودم را دوست داشته باشم، بهش علاقه داشته باشم، فکر می‌کردم از همان موقع لزبینم. ولی واژهٔ لزبین را واقعاً نمی‌دونستم که چیست. دقیقاً بخوام بگم که کی فهمیدم لزبین بودن یعنی چی و اصلاً چه چیزی است تو جامعه، حالا هرجای دنیا هیچ فرقی نمی‌کند، بیست و یک سالم بود. من تو محیط‌های ورزشی زیاد بودم، تو آنجاها هم تقریبا مرسوم شده بود که اگر دو تا دختر با هم ارتباط گرفته‌اند، می‌گفتند این‌ها لزبینند. بعد از طریق ماهواره و اینترنت دنبال این رفتم که لزبین چیست، کیست، کمی که جلو رفتم دیدم من همانم. همان که می‌گویند ایکس لزبین است. من هم همونم. هیچ فرقی باهاش نمی‌کنم. کسانی بود که باهاشون در ارتباط بودم، بهشون می‌گفتم من یک دختر را دوست دارم، خب من لزبین هستم. و هیچ نقطهٔ منفی‌ای نبود که بخواهند بکوبند یا ضربه بزنند به این کلمه و زن بودن. نه... حالا هر ارتباطی؛ احساسی، عاطفی. که خیلی هم مثبت بود [توی محیط‌هایی که من بودم]. من حدود شش هفت سال بسکتبال بازی می‌کردم. ولی چون سنم کم بود آن‌قدر به چشم نمی‌آمد. یک چیز عادی بود، خب همه تو یک باشگاه، محیط ورزشی دختر بودیم، طبیعی بود من دستم را بگذارم بغل یک دختر بنشینم با هم حرف بزنیم. ولی بعدش که

---

[۱۰] مصاحبه با مرجان اهورایی، شش‌رنگ و عدالت برای ایران.

حدود بیست سالم شد، بیست و یک سالگی وارد محیط فوتسال که شدم، آن جا مسئله خیلی بیشتر به چشم می‌خورد، بیشتر دیده می‌شد. ما گروه چهار پنج نفره‌ای بودیم، این قضیه‌ای که می‌گم مربوط به چهار پنج سال پیش است، مدام این طرف و آن طرف و مسافرت می‌رفتیم. رستوران، خانهٔ بچه‌ها می‌رفتیم و مدام در مورد این قضیه بحث می‌کردیم. یک موقع یکی می‌گفت مطمئنی لزبینی؟ یک دوستی داشتم می‌گفت من نمی‌دانستم چی‌ام، رفتم با پسر هم ارتباط گرفتم، بعد دیدم یک چیزی کم می‌آورم، پسره بهم می‌گوید تو همه چیزت خوب است ها، من همه چیزت را دوست دارم، عیبی ندارد موهایت کوتاه است، ولی تو با بقیه کمی فرق می‌کنی. این که می‌گفت فرق می‌کنی خودم هم می‌فهمیدم که فرق می‌کنم. و یک سری توقعاتی که یک پسر از من به‌عنوان یک دختر داشت را نمی‌تونستم برآورده کنم، برای همین فاصله گرفتم از این ارتباطم با جنس مخالف خودم.[۱۱]

سامان هم که در زمان مصاحبه ۳۳ سال سن دارد و بیش از ده سال از انجام عمل تغییر جنسیتش می‌گذرد، تجربهٔ مشابهی در باشگاه‌های ورزشی داشته است:

من بسکتبالیست بودم و تنها محیط دوستانه‌ای که داشتم تو محیط ورزشی بود، من بیشتر ساعات روزم را تو محیط ورزشی می‌گذروندم. چون تمام دوستان من از بچه‌های لزبین تا ترنس توی این محیط بودند. یک مشکلی هم که هست ما خودمان هم نمی‌دونیم، اطلاعاتمان کم است، جامعه به ما اطلاعات نمی‌دهد، حتی من تو این رشته [روان‌شناسی] تحصیل کردم ولی به من اطلاعاتی نمی‌داد. من اصلاً نمی‌دونستم ترنس با لزبین فرق می‌کند. چون تو آن محیط همهٔ ما دوست‌دختر داشتیم، من دوست‌دختر داشتم، آن لزبین هم دوست‌دختر داشت. من نمی‌دانستم که این لزبین است، دوست‌دختر دارد یا [این که ترنس است]. ما همه یک اکیپ داشتیم، همه با هم می‌رفتیم بیرون با دوست‌دخترهایمان و این تنها محیط امن و دوستانه و تنها جایی بود

۱۱ مصاحبه با هیوا، شش‌رنگ و عدالت برای ایران.

که همه‌مون با هم عین هم بودیم، چه آن که لزبین بود چه اون کسی که ترنس بود. تو همهٔ این جمعیت که فکر می‌کنم ما اکیپی بودیم که ده دوازده نفر بودیم، فقط دو نفرمان جراحی کردند. دو نفرمون ترنس از آب درآمدند. بقیه‌شون لزبین بودند. اگر دکتر به من می‌گفت تو لزبینی چیز عجیبی نبود.[۱۲]

با این همه، بررسی شهادت‌های دیگر به‌خوبی آشکار می‌کند که این فضاهای امن و دوستانه را باید به‌عنوان موارد استثنایی توصیف کرد. بیشتر مصاحبه شوندگان این تحقیق، از سوی دوستان‌شان با واکنش‌هایی تحقیرآمیز و آزارنده مواجه شده‌اند. طیف وسیع این واکنش‌ها، رفتارهایی چون طرد فرد، خشونت‌های کلامی، و حتی خشونت‌های جنسی از سوی "دوستان" او را شامل می‌شود. نسیم تجربه‌اش را چنین بیان می‌کند:

آدم‌های سنتی‌تر حس چندش دارند به این قضیه و این رو به خود آدم توی رفتارهاشون منتقل می‌کنند. برای آدم سخت است بپذیرد. خودش چیز بدی نیست، حتی حس خوبی است، به‌خاطر این که آدم آن حس رو دارد و وقتی خودش به رسمیت بشناسد، خب خودش برای خودش تعریف می‌شود. حس می‌کند دارد کم کم خودش را می‌شناسد. ولی خب واکنش‌ها خیلی مهم است. من شرمنده نشده‌ام از آن چیزی که هستم ولی دیدم سیگنال‌های منفی که آدم‌ها بهم داده‌اند. این رو قشنگ دیده‌ام. منظورم آدم‌هایی است که بهشون گفته‌ام. دوستان نزدیکم. یکی‌شون انقدر مذهبی است، ما به هم خیلی نزدیکیم، نباید به او می‌گفتم. انقدر داغون شد. اصلاً تا مدتی رابطه را قطع کرد. اصلاً شک کرد به رابطهٔ خودم با خودش. و این از همه‌اش دردناک‌تر بود. من بعد از یک مدت قانعش کردم که این جوری [لزبین] نیستم و دوباره با هم دوست شدیم. سختم بود بخواهم دوستی‌ام رو باهاش قطع کنم. ولی کاملاً به من شک کرد. انگار که مثل یک دزد به آدم نگاه کنند که می‌ترسند ازش. حس بدی‌ست.[۱۳]

---

۱۲ مصاحبه با سامان، شش‌رنگ و عدالت برای ایران.

۱۳ مصاحه با نسیم مرادی ، شش‌رنگ و عدالت برای ایران.

در مورد برخی از مصاحبه‌شوندگان، این گروه‌های دوستان و هم‌کلاسان بوده‌اند که سعی داشته‌اند با خشونت کلامی و به انزوا کشاندن فرد به او القاء کنند که جنسیت واقعیش با جنسیت بیولوژیکش مغایرت دارد و "اشتباهی" است. به‌عنوان مثال، رایان توسط همکلاسی‌هایش "پسر" خطاب می‌شده است:

هر وقت می‌اومدم سر کلاس شروع می‌کردند: "عروس دومادو ببوس یالا... به به آقا پسرمون اومد". یا مثلاً با یه اسم پسرونه علاقه داشتن منو صدا کنن... سامی سامی بیا اینجا... مثلاً سامی برو اونجا... مسخره به حالت طعنه... یا مثلاً برو برو الان تو جمع ما نیا تو نامحرمی... حرف‌های این شکلی که خیلی آدم رو اذیت می‌کرد یا مثلاً راجع به یه موضوعی حرف می‌زدن... می‌گفتن تو چه می‌دونی راجع به این موضوع؟ این موضوع دخترونه‌ست و برو اونور. بروتو با پسرای بیرون مدرسه صحبت کن. این حرفا همیشه بود... این اذیتم نمی‌کرد که به‌عنوان پسر بهم برچسب بزنن. یعنی بیشتر از این چیزی که اذیتم می‌کرد این بود که دارن منو از خودمم می‌ترسونن... دارن منو پرت می‌کنن بیرون، من رو تنها گذاشتن، من دور و برم خالیه. درسته خب مثلاً یکی از دوستام همیشه این حرف رو می‌زنه، که خیلی هم حرفش درسته، که شاید ما خیلی خوشمون بیاد از واژه‌های مرد و نه در رابطه با ما استفاده بشه، ولی این دلیل نمی‌شه که ما مرد باشیم. شاید من اگه می‌خواستم مرد باشم تو همون ایران می‌موندم و یه زندگی خیلی بهتری داشتم.[۱۴]

شهادت سوگند نشان می‌دهد که چگونه دوستانش سعی داشته‌اند به او بفهمانند که بر خلاف تصور خودش نه "لزبین"، بلکه "ترنس" است و باید تغییر جنسیت بدهد. این شهادت هم‌چنین روشن می‌کند که چگونه واکنش دوستانش، که قاعدتاً باید امن‌ترین و نزدیک‌ترین حلقهٔ اطرافیان باشند، موجب شده تا به کلی از فکر آشکارسازی گرایش جنسیش برای خانواده و سایر اطرافیان منصرف شود. او می‌گوید:

---

۱۴ مصاحبه با رایان، شش‌رنگ و عدالت برای ایران.

به چند تا از دوستانم گفتم که من لزبین هستم، اما اون دوستام
متأسفانه از من دور شدند. وقتی‌موضوع رو به دوستانم گفتم خیلی
کنجکاو شدند و سوال‌هایی از من پرسیدند، مثلاً آیا هیچ وقت ازدواج
نمی‌کنی؟ آیا خانواده‌ت پافشاری نمی‌کنند برای ازدواج؟... آیا به
روان‌شناس مراجعه کردی؟ آیا بهتر نیست تغییر جنسیت بدهی؟ آیا تو
بیمار نیستی؟ آیا شکست عشقی باعث این نگرش نشده؟ جدیداً خیلی
فیلم‌های لزبینی می‌بینی؟ و خیلی از این سوال‌ها که نشان از ناآگاهی و
درک نکردن‌شون بود. تازه به قول خودشون تحصیلکرده بودند، اما واقعاً
سوالاتی از من می‌پرسیدند، لحن حرف زدنشون با من طوری بود که
انگار گناه بزرگی مرتکب شده بودم. این نگرش اون‌ها منو ترسوند که
برخورد خانواده‌ام می‌تونه هزاران برابر بدتر از این‌ها باشه [و از گفتنش
به اون‌ها منصرف شدم].۱۵

شهادت آرمان نشان می‌دهد چگونه عقاید منفی دوستان دربارهٔ هم‌جنس-
خواهی، فرد را به سکوت دربارهٔ هویت جنسیتی و گرایش جنسی خود و حتی
به مرحلهٔ انکار می‌کشاند:

دوستان معمولی‌ام چیزی در مورد من نمی‌دانند. تعداد خیلی کمی
می‌دانند. تو سوئد من دو تا دوست صمیمی دارم که دو تا خواهرند. ولی
فقط یکی‌شان می‌داند که من از دخترها خوشم می‌آید. آن یکی
نمی‌داند. هیچ وقت هم نمی‌پرسد. وقتی هم بحث لز [لزبین‌ها] می‌شود
برایش چیز چندشی است. خیلی دیدش بد است، به‌خاطر همین هیچ
وقت جرأت نمی‌کنم پیش او چیزی بگویم. [قبلاً] هم با یک دختر
ایرانی بودم، او هم همه چیز را می‌خواست مخفی کند. تو خیابان راه
می‌رفتیم، وقتی دست تو دست هم راه می‌رفتیم، تا یک نفر می‌آمد رها
می‌کرد. همه چیز را مخفی می‌کرد.۱۶

عدم پذیرش، موضع‌گیری منفی، طرد و یا تحقیر مصاحبه‌شوندگان از سوی
گروه‌های دوستان، پیامدهای روحی بسیار زیان‌باری برای آنها داشته است.

۱۵ مصاحبه با فرناز، شش‌رنگ و عدالت برای ایران.
۱۶ مصاحبه با آرمان، شش‌رنگ و عدالت برای ایران.

سعیده و پارتنرش سهراب، که خود را ترنس اف‌توام معرفی می‌کند، فقط با این انگیزه که بتوانند به راحتی و فارغ از نگاه‌های منفی اطرافیان و از جمله دوستان با یکدیگر زندگی کنند، از ایران خارج شده و در ترکیه، اعلام پناهندگی کرده‌اند:

> [به همه] می‌گم من با یک پسر زندگی می‌کنم به اسم سهراب. پارتنرم است. سه سال است با هم هستیم. به‌خاطر این که با هم باشیم از کشورمون بیرون آمدیم، چون پسری که باهاش زندگی می‌کردم پسر واقعی نبود، جسماً دختر بود، ترنس‌سکشوال بود ولی شخصیت پسر داشت. [این موضوع را] معمولاً به یک شخص ایرانی نمی‌گم. تو ایران هم دو تا از دوستانم موضوع سهراب را می‌دونستند که خیلی باهام صمیمی بودند و می‌دونستم که نسبت به این موضوع بد برخورد نمی‌کنند. به بقیه نمی‌تونستم بگم. عملاً نمی‌شد، ممکن بود مدل دیگری فکر کنند. هر کسی این موضوع را راحت درک نمی‌کند. همان تعریف فقط زن/ فقط مرد توی ایرانی‌ها. خیلی سعی می‌کردم توجه نکنم، ولی نگاه‌ها اذیت می‌کرد و این که به یک سری دوستانم سهراب را نمی‌تونستم نشون بدهم. من یک دختر بیست و شش-هفت ساله، می‌گفتم دوست‌پسری به اسم سهراب دارم، ولی این حس اذیتم می‌کرد که اگر یک موقع قرار باشد این‌ها ببینند چه می‌خواهند فکر کنند. هی سعی می‌کردم با این مبارزه کنم و بگم به درک که هرچه فکر می‌کنند، ولی بالاخره نگاه است و اذیت می‌کند. آخرش یک بار سهراب رو بردم توی یک مهمانی، یک سری از دوستانم بودند، طرف آمد گفت برادرت است؟ گفتم نه، دوست پسرم است. شاخ‌هایشان زده بود بیرون. که سنش و این‌ها. خب یک چیز تابلویی است دیگر. چرا این سنی است؟ ریش و سیبیل در نیاورده. بیرون هم که می‌رفتیم همه نگاه می‌کردند. مثلاً متوجه می‌شدند. فکر می‌کردند بچه است، مثلاً یک بچهٔ هجده ساله با یک دختر دارد می‌رود. خیلی سر این قضیه اذیت شدم. تفاوت این بود که اذیتم می‌کرد. یک موقع بالاخره حسی است که می‌آید، فکری است که تو ذهن هر کسی می‌آید که چرا دیگران با پسرند و راحت می‌گردند، پسره اوکی است و هیچ کس هیچی بهشون نمی‌گه؟

ولی من این مدلی‌ام. از همه لحاظ از طرف خانواده از طرف جامعه، همه جوره مشکل دارم. و خب هیچ وقت این حس‌هام را به سهراب نمی‌گفتم. می‌دونستم اذیت می‌شه. نمی‌گفتم، ولی خودم خیلی اذیت می‌شدم. ولی از آن طرف هم نمی‌تونستم سهراب رو کنار بگذارم. یک چیزی بود که بود. جدا از این که سهراب من رو ول نمی‌کرد، من هم دیگه نمی‌تونستم. چیزی که او به من داده بود تو این مدت هیچ پسری به من نداده بود از لحاظ محبت. آن چیزی که من دنبالش بودم تو زندگی از وفاداری و محبت یک پسر، چیزی بود که سهراب به من داد. چون همین بود که من رو به او وابسته کرد و دیگر نتونستم پسرهای دیگر رو قبول کنم.[۱۷]

تجربهٔ پژاره لزبین نیز نشان می‌دهد چگونه فشار گروه‌های همگن بر رفتار فرد تأثیر مستقیم می‌گذارند. در اکثر موارد فرد پس از خروج از این گروه‌ها و رفع این فشار، رفتار دیگری در پیش گرفته است. وی که با گروهی که خود را ترنس مرد تعریف می‌کرده‌اند ارتباط نزدیک داشته و خودش را ترنس می‌دانسته می‌گوید:

الان بدم نمی‌آید پارتنرم به من دست بزند.. قبلاً چرا. قبلاً هم آنجوری نبود که بگویم واقعاً بدم می‌آید. انگار که می‌دیدم اطرافیانم چه کار می‌کنند، می‌گفتم من هم باید آن کار را حتماً بکنم. مثلاً دوستانم می‌گفتند آره، ما تو رابطه‌مان این جوری، آن جوری، ولی دختره حق ندارد به ما دست بزند. من هم می‌گفتم پس حتماً باید دست نزند. بد است یک موقع اگر دست بزند.[۱۸]

با این همه برخی از مصاحبه‌شوندگان[۱۹] این تحقیق، پس از آشکارسازی واکنش‌های نسبتاً مثبتی از برخورد دوستان‌شان داشته‌اند. شهادت گلاره و نیوشا نشان می‌دهد پذیرش دوستان نزدیک، چگونه آشکارسازی را برای آنها آسان‌تر کرده است. برادر گلاره از گرایش جنسی او آگاه است و برای درک این

۱۷ مصاحبه با سعیده، شش‌رنگ و عدالت برای ایران.
۱۸ مصاحبه با پژاره، شش‌رنگ و عدالت برای ایران.
۱۹ مصاحبه با نیوشا و گلاره، شش‌رنگ و عدالت برای ایران.

موضوع به مادرش نیز کمک کرده است.[۲۰] نیوشا نیز می‌گوید: "یکی از برادرام می‌دونه و کاملاً اوکی هست، کاملاً حمایت می‌کنه ازم و دوستای گی‌ام رو هم می‌شناسه و با اونا هم دوسته، چون که گفتم محیط شهرستان از نظر لزبین‌ها که خوب نیس ولی گی‌ها باز بهتره، بیشتر دوستام گی هستن و خب اونا خیلی باهام خوبن و حمایتم می‌کنن و بیشتر وقت‌مو باهاشون می‌گذرونم."[۲۱]

۲۰ مصاحبه با گلاره، شش‌رنگ و عدالت برای ایران.

۲۱ مصاحبه با نیوشا، شش‌رنگ و عدالت برای ایران.

بخش چهارم: روابط عاشقانه

اصلاً من هیچ وقت دختری را
ندیدم که بدون عمل [جراحی]
آدم را قبول کند. (آرمان)

روابط عاشقانه و جنسی و انتظارات طرف مقابل در این روابط، گاه نقش مهمی در تعیین هویت جنسی افراد دارد؛ به خصوص برای آنهایی که در جست‌وجوی هویت خود هستند و نمی‌توانند تعریفی برای خود بیابند که بر آن چه واقعاً هستند، کاملاً منطبق باشد.

با حاکمیت نظام ناهم‌جنس‌خواهی اجباری یا دگرجنس‌گرایی اجباری، تعاریف و برداشت‌های محدود و مشخصی از جنس و جنسیت شکل می‌گیرند و به طور مستمر بازتولید می‌شوند. به بیان باتلر:

ما پیش‌تر تابوی زنای با محارم و تابوی هم‌جنس‌گرایی را به‌عنوان لحظات مولدی توصیف کردیم که هویت جنسیتی را شکل داده‌اند؛ ممنوعیت‌هایی که هویت را به یاری دگرجنس‌گرایی اجباری و ایده‌آلیزه‌شده‌ای که مقبولیتی فرهنگی یافته است تولید می‌کنند. تولید انضباطی جنسیت، منجر به تثبیت کاذب هویت جنسیتی در راستای منافع دگرجنس‌گرایی و تنظیم تمایلات جنسی در چارچوب رفتار تولیدمثلی می‌شود. این انسجام ساختگی، گسست‌های جنسیتی را که در زمینه‌های دگرجنس‌گرا، دوجنس‌گرا و هم‌جنس‌گرا شیوع دارند پنهان می‌کند؛ گسست‌هایی که در آنها جنسیت لزوماً از جنس تبعیت نمی‌کند و گرایش جنسی ضرورتاً تابعی از جنسیت نیست. هیچ یک از این جنبه‌های معنادار جسمانی بیانگر و منعکس‌کننده یکدیگر نیستند. وقتی به‌هم ریختن این قلمروهای تنانه افسانه انسجام دگرجنس‌گرایی را به چالش می‌کشد، الگویی که این قلمروها را بیان‌کننده یکدیگر می‌داند نیروی توصیف‌گری خود را از دست می‌دهد. این گونه است که

> آن ایده‌آل تنظیم‌گر به‌عنوان هنجار و افسانه‌ای ظاهر می‌شود که خود را به‌عنوان قانونی جا زده است که آن زمینه جنسی را که در پی توصیف آن است تنظیم می‌کند.[1]

این قاعده در مورد مصاحبه‌شوندگان این تحقیق هم به وفور صدق می‌کند. بسیاری از آنها تفاوت جدی خود با "دیگران" یا با "هویت جنسی غالب" (هتروسکسوالیته یا ناهم‌جنس‌خواهی) را اولین بار زمانی احساس کرده‌اند که عاشق هم‌جنس خود شده‌اند. این فرایند عاطفی، هم‌زمان سئوالات بسیاری را دربارهٔ هویت جنسیتی در ذهن این افراد شکل داده است. آنها نه تنها مانند هر جوان یا نوجوان دیگری در رابطهٔ عاطفی خود با مسائلی معمول مواجه بوده‌اند، بلکه ناچار شده‌اند با موضوعاتی "غیرعادی" هم دست و پنجه نرم کنند. رایان این چالش را چنین بازگو می‌کند:

> من حدود ۱۰-۱۱ سالم بود، کلاس اول راهنمایی بودم که اولین احساس زندگیم توی مدرسه شکل گرفت که نسبت به یک دختر احساس پیدا کردم؛ یکی‌از همکلاسی‌هام بود. بعد اولش از همه چی و همه کس حتی از خودم ترسیدم. همش فکر می‌کردم که دارم مسیر رودخونه رو بر عکس شنا می‌کنم. اگه من این جوریم چرا بقیه این جوری نیستن؟ اگه بقیه اون جورین چرا من اون جوری نیستم؟ از بازگو کردنش هم حتی ترسیدم. اون موقع فهمیدم که به یک دختر احساس دارم. حتّی هیچی راجع بهش نمی‌دونستم. نمی‌دونستم که معنی‌لزبین چیه، هم‌جنس‌گرا چیه. فکر می‌کردم تنها هستم و فقط من هستم که این شکلی‌هستم.[2]

در این زلزله‌های عظیم روحی، و در شرایطی که به دلیل تابوهای فرهنگی و ممنوعیت‌های قانونی، صحبت کردن دربارهٔ این موضوع چندان آسان نیست، بیشتر مصاحبه‌شوندگان این تحقیق، از مهم‌ترین انسان زندگی‌شان در آن لحظه، یعنی از کسی که عاشق او شده‌اند، واکنش‌های آزاردهنده‌ای دیده‌اند: شنیدن جواب منفی، رانده شدن، مورد نفرت قرار گرفتن، و برقراری رابطهٔ

---

1 Butler, op. cit. pp., 172-173.

[2] مصاحبه با رایان، شش‌رنگ و عدالت برای ایران.

عاشقانه یا ازدواج با یک غیرهم‌جنس. اما مهم‌ترین نکته این است که بر اساس شهادت تعداد قابل توجهی از مصاحبه شوندگان، طرف‌های رابطهٔ عاطفی آن‌ها، تغییر جنسیت را به‌عنوان شرطی برای ادامهٔ رابطه اعلام کرده‌اند و یا این که خود این افراد در جریان رابطهٔ عاطفی به این نتیجه رسیده‌اند که برای علنی و پایدار کردن رابطه، ناگزیر به تغییر جنسیت هستند.

برای بیشتر مصاحبه‌شوندگان، نخستین تجربه‌های عاشقانه در دوران نوجوانی و در محیط مدرسه رخ داده‌اند. در ایران قوانین مربوط به جداسازی جنسیتی در مدارس و دبیرستان‌ها به طور کامل اجرا می‌شود و تمام این مکان‌ها تک‌جنسیتی هستند. از سوی دیگر، به دلیل حاکمیت قوانین کیفری، هر نوع رابطهٔ خارج از ازدواج میان پسر و دختر می‌تواند به بازداشت یا آزار و اذیت از سوی نیروهای انتظامی منجر شود. حتی اگر چنین روابطی حساسیت ماموران نیروی انتظامی را برنیانگیزد، بسیاری از خانواده‌ها محدودیت‌های زیادی را به خصوص برای دختران خود در ایجاد رابطه با پسران وضع می‌کنند. در عین حال، نوجوانان و جوانان از هیچ نوع آموزش رسمی جنسی که آنان را نسبت به نیازها و احساسات جنسی‌شان در دوران بلوغ، گرایش‌ها و روابط متنوع جنسی آگاه کند برخوردار نیستند. بر اساس یافته‌های این پژوهش، مجموعهٔ این عوامل زمینه‌ای را فراهم می‌کند که بسیاری از دختران دگرجنس‌گرا (هتروسکشوال) در آغاز به احساسات عاشقانهٔ مصاحبه‌شوندگان پاسخ مثبت داده و حتی با آن‌ها رابطهٔ جنسی برقرار کنند. بیشتر مصاحبه‌شوندگان ما نخستین رابطهٔ عاشقانه و حتی جنسی‌شان را با افراد غیرهم‌جنس‌گرا تجربه کرده‌اند. در مورد برخی از آن‌ها و تا زمان مصاحبه، تمامی روابطشان به رابطه با زنان یا مردان دگرجنس‌گرا یا در موارد محدودی افراد بای‌سکشوال یا دوجنس‌گرا محدود می‌شده و هیچ تجربه‌ای از یافتن فردی هم‌جنس‌گرا به‌عنوان شریک عشقی یا جنسی نداشته‌اند. این موضوع که شرکای عشقی مصاحبه شوندگان زن این تحقیق، آن‌ها را "مرد" می‌دیده‌اند، یا "مرد" می‌خواسته‌اند، در مصاحبه‌های متعدد تکرار شده است. دگرجنس‌گرا بودن شرکای عشقی و جنسی اما تنها دلیلی نیست که مصاحبه‌شوندگان را به فکر و یا حتی تلاش برای تغییر جنسیت وا داشته است. در مواردی دیگر، اگرچه شریک عشقی و جنسی، خود هم‌جنس‌گرا بوده است، اما فشار خانواده و اطرافیان و یا تابوهای فرهنگی و اجتماعی آن‌قدر شدید بوده

که باعث می‌شده از پارتنر خود بخواهد جنسیتش را تغییر دهد. در چنین رابطه‌ای، معمولاً فشار برای تغییر جنسیت روی طرفی بوده که خصوصیات بدنی و رفتاری شبیه‌تری به جنس مخالف دارد. در واقع، مصاحبه‌شوندگان این تحقیق، که خود در نتیجهٔ عشق به یک هم‌جنس دچار سردرگمی‌های عظیم درونی می‌شوند، در رابطه‌ای قرار می‌گیرند که طرف آنها هم متأثر از شرایط بیرونی و شرایط درونی، که رابطهٔ هم‌جنس‌خواهانه را به‌عنوان یک انحراف ارزش‌گذاری می‌کند دچار ترس و احساس گناه و عذاب وجدان است. در این رابطه که از ترس‌ها و پیش‌داوری‌های هر دو طرف بسیار متأثر می‌شود و صورت یک "عشق ممنوعه" به خود می‌گیرد، به شهادت بسیاری از مصاحبه‌شوندگان، تغییر جنسیت به‌عنوان تنها راه برون‌رفت از برزخ قلمداد می‌شود. به این ترتیب، اکثر مصاحبه‌شوندگان این تحقیق، واکنش‌هایی چون نفی شدن یا ترک شدن را از سوی "عشق" خود تجربه کرده‌اند و گاه از طرف او بر سر دوراهی میان قطع رابطه و تغییر جنسیت قرار گرفته‌اند. در برخی موارد، فرد در یک رابطهٔ واحد با تمام این واکنش‌ها مواجه شده است. مرور تجربه‌های لزبین‌ها و ترنس-جندرهایی که در این تحقیق شرکت کرده‌اند، از حیث برخورد شرکای عشقی‌شان و وارد آمدن فشار عاطفی برای تغییر جنسیت تفاوت چندانی به دست نمی‌دهد. به خصوص تجربهٔ لزبین‌های بوچ یا به تعبیری لزبین‌هایی که به خاطر عواملی چون نوع پوشش یا مدل مو، ظاهری "پسرانه" را تداعی می‌کنند، بسیار شبیه تجربهٔ ترنس‌های اف‌توام، و تجربهٔ گی‌های فم (یا پسرهایی که مدل آرایش و مو، نوع پوشش و زیورآلات‌شان ظاهری دخترانه را تداعی می‌کند)، بسیار شبیه ترنس‌های ام‌تواف است. با این حال، مواردی استثنایی هم که در آنها هویت جنسی فرد از همان ابتدا توسط طرف عاطفی او پذیرفته شده است وجود داشته است که در انتهای این بخش به آنها خواهیم پرداخت.

در نگاه اول ترک و طرد شدن در روابط جنسی یا عاطفی ممکن است تجربه‌ای عادی قلمداد شود. اما آن چه تجارب مصاحبه‌شوندگان این تحقیق را متمایز می‌کند این است که در بیشتر موارد، تنها به دلیل جنسیت‌شان دست رد به سینهٔ آنها زده شده است؛ یعنی چون هم‌جنس طرف خود بوده‌اند. به‌عنوان مثال، دنیا که لزبین است و بعدها به اجبار ازدواج کرده و بچه‌دار شده است، وقتی حس خود را با دختری که عاشقش بوده در میان گذاشته است، او با

ترس، از "این‌هایی که می‌روند عمل می‌کنند" حرف زده است؛ که نشان می‌دهد در دیدگاه او به‌عنوان یک نوجوان، روابط هم‌جنس‌گرایانه با عمل جراحی تغییر جنسیت گره خورده بوده است:

ساناز یک روز به من گفت تو چرا آن‌قدر داغونی؟ چیه؟ خب همه ازدواج می‌کنند؟ گفتم یک چیزی بهت بگم؟ گفت چی؟ ... گفتم ما الان یک سال و نیم است همدیگر را می‌شناسیم، من آن‌قدر که تو را دوست دارم، همین پیشم بنشینی، باهات حرف بزنم، فقط نگاهت کنم، برام کافی است تا این که فکرش را بکنم ازدواج کنم، یک مرد پیشم بنشیند، یک مرد بهم دست بزند. اصلاً نمی‌دونم چرا نمی‌تونم قبول کنم. بهم گفت وای ازت می‌ترسم. نکند تو پسری؟ از این‌ها که می‌روند عمل می‌کنند، گفتم نه بابا! من اصلاً این جوری نیستم. چه عملی بکنم؟ نمی‌دونم چرا خودم این طوری‌ام، ولی تو را دوست دارم.[۳]

نسیم، حتی پیش از آن که خود علاقه‌اش را مطرح کند، عملاً و در سکوت، جواب رد شنیده است:

اولین بار که جدی بود، تو دانشگاه بود. سال دوم دانشگاه. یکی از دوستانم که یکهو ازم فاصله گرفت. ما خیلی به هم نزدیک بودیم. هنوز نمی‌دونستم که حس خاصی بهش دارم. بعد یکهو از من فاصله گرفت. فکر کنم او قبل از من فهمید. بعد که از من دوری می‌کرد و من هی سمتش می‌رفتم، حسم حس جنسی شد برای اولین بار. یا حداقل آگاهانه شد.[۴]

بیتا که تعریف مشخصی از هویت خود ندارد، گرچه قصد عمل تغییر جنسیت داشته، اما در عین حال نمی‌خواهد بدنی مردانه داشته باشد. او در واقع به ایفای نقش‌های جنسیتی مردانه تمایل دارد و عنوان می‌کند که طرد شدن‌های مکرر هرگز به روابط عاشقانه‌اش مجال پا گرفتن نداده است:

---

۳ مصاحبه با دنیا موحد، شش‌رنگ و عدالت برای ایران.
۴ مصاحبه با نسیم مرادی، شش‌رنگ و عدالت برای ایران.

من دوست دارم با کسی رابطهٔ جسمی داشته باشم که با همون بمونم. این برام خیلی مهمه. دوست ندارم با افراد مختلف این مسئله رو تجربه کنم. خیلی روی روحیه‌ام تأثیر می‌ذاره، خیلی اذیتم می‌کنه... [من با یک آدمی دو سال رابطه داشتم] دو سالی که همه‌ش با تنش و دعوا و اینا بود. این دو سالی که هی قطع و وصل می‌شد، هی از سمت اون قطع و وصل می‌شد. مثلاً اون مشکلی که با من داشت، من فوق‌العاده آدم احساساتی‌ایم، ولی اون با احساساتی شدن مشکل داشت. اون خودش جلوی عاشق شدن خودش رو می‌گرفت و هر دفعه می‌خواست یه اتفاقی پیش بیفته خودش جلوش رو می‌گرفت. از نظر احساسی نه جسمی. یعنی هر وقت احساس می‌کرد عشقی داره شکل می‌گیره، سریع پا پس می‌کشید و بعد می‌گفت رابطهٔ ما فقط یک دوستی ساده است. خب این باعث می‌شد که پا نگیره هیچ وقت.[۵]

برخی از مصاحبه‌شوندگان روابط عاطفی و عاشقانه‌ای ایجاد کرده‌اند، اما نفرت اجتماعی از هم‌جنس‌گرایی باعث از هم پاشیدن این روابط و طرد آنها شده است. سیا، ترنس‌مرد، نیز از روند مشخصی سخن می‌گوید که پیش از شروع هورمون‌درمانی در روابطش تکرار می‌شده است:

زن‌ها [غیرهم‌جنس‌گرا] خیلی گرم می‌آیند جلو. یک مدت که می‌گذره این یواش یواش تغییر می‌کنه، چون تجربه‌اش را ندارند و نمی‌دونند درگیری با این موضوع چقدر می‌تونه فکر آدم رو مشغول کنه. چون اگر من می‌گم اهمیت نداره مردم راجع به من چه فکر می‌کنند، شاید آدم‌های غریبه برای من هیچ اهمیتی نداشته باشند، اما آیا پدر و مادر و خواهر و دوست صمیمی من هم نظرشون باز هم برای من اهمیت نداره؟ بعد می‌بینند که نه، اهمیت داره. آن موقع است که برای خودشان هم اهمیت پیدا می‌کنه. یعنی یا جلوی آن آدم‌ها می‌ایستند و می‌گن نه، من هیچ تغییری نکرده‌ام، من با یک ترنس دوست هستم و گرایشم هیچ تغییری نکرده. من هنوز هم دگرجنس‌گرا هستم. من این آدم [من رو] را مرد می‌بینم. یا این که اصلاً با آدم [یعنی پارتنرشان]

۵ مصاحبه با الناز، شش‌رنگ و عدالت برای ایران.

درگیر می‌شن. هی می‌آیند ازت می‌پرسند تو واقعاً ترنس تعریف می‌شی؟ واقعاً رابطهٔ ما چیست؟ یعنی من لزبین نیستم؟ من بای‌سکشوال نیستم؟ من چی می‌تونم بگم؟ بگم دوست‌دختر دارم یا دوست‌پسر دارم؟ من می‌گم دوست‌پسر دارم، ولی فلانی من رو با تو دیده، گفته خب این که دختر است، دوست‌دختر داری؟ و این طوری دائم درگیر می‌شن.[۶]

همان طور که سیا در مصاحبه‌اش عنوان می‌کند، ترس از نگاه و قضاوت دیگران که برسازندهٔ اصلی مفهوم "آبرو" است، در بسیاری از موارد روابط عاطفی میان مصاحبه‌شوندگان این پژوهش و پارتنرهایشان را یا دچار بحران کرده و یا از میان برده است.[۷]

مهراد ۱۷ ساله که خود را هموترنس[۸] می‌داند (با بدن زنانه متولد شده، علاقمند به تغییر جنسیت به مرد است و گرایش جنسی‌اش به مردان است) حتی از سوی دختری که با او رابطهٔ عاطفی و دوستانه داشته، مورد شکایت قرار گرفته و بهانهٔ این شکایت، اصرار برای ایجاد رابطهٔ جنسی با وی بوده است. یعنی از غیرقانونی بودن هم‌جنس‌گرایی به‌عنوان راهی برای تهدید و انتقام‌گیری شخصی استفاده شده است:

آخرین کسی که باهاش در ارتباط بودم، هشت نه ماه پیش، همکلاسی من بود، من رابطهٔ خاصی با آن خانم نداشتم، ولی او خیلی من را دوست داشت و با خانواده‌اش مطرح کرده بود. خانواده‌اش می‌دانستند

---

۶ مصاحبه با سیا، شش‌رنگ و عدالت برای ایران.

۷ مصاحبه با پرسا، شش‌رنگ و عدالت برای ایران.

۸ از اصطلاح هموترنس از سوی برخی از محافل و یا نوشته‌های فارسی زبان به خطا استفاده می‌شود. هموترنس از سوی Kurt Freund به معنای کسانی تعریف شده که پس از تغییر جنسیت با افرادی از جنسیت اولیه خود رابطه می‌گیرند. مثلاً یک ترنس‌مرد که مرد شده است وقتی با یک زن رابطه می‌گیرد در تعاریف علمی از وی به‌عنوان هموترنس نام می‌برند. هرچند بر سر این تعریف در محافل علمی اختلاف نظر وجود دارد. این تعریف در جامعه فارسی زبان، واژگونه استفاده می‌شود و به کسانی گفته می‌شود که علی‌رغم تغییر جنسیت، خواهان رابطه هم‌جنس‌گرایانه هستند. مثلاً برای یک ترنس‌مرد که پس از مرد شدن، نه با یک زن بلکه با یک مرد خواهان رابطه است و برعکس.

من چه شکلی هستم و کی هستم. برای همین خیلی بد برخورد کرده
بودند با او که نباید بروی سمت این آدم، آدم درستی نیست و برای تو
یک مرد کامل نمی‌تواند باشد. که بعد آن رابطه به شکل خیلی فجیعی
پایان گرفت. [یعنی] ایشان از من شکایت کرد. توانسته بودند توی برگهٔ
شکایت‌شان بنویسند مثلاً من ترنس‌سکشوال هستم، نوشته بودند این
خانم به زور می‌خواسته با دختر ما رابطهٔ جنسی هم‌جنس‌گرایانه داشته
باشد. در حالی که واقعاً فقط به خاطر این که من به این خانم تو رابطهٔ
جنسی جواب نه داده بودم، ایشان این کار را کردند.[۹]

برخی از مصاحبه‌شوندگان این تحقیق، تلخ‌ترین تجربهٔ زندگی‌شان را زمانی
می‌دانند که شریک عشقی هم‌جنس آنها، به دلیل عدم امکان علنی شدن رابطهٔ
هم‌جنس‌گرایانه یا حتی با پایان یافتن دوران مدرسه ازدواج کرده و در مواردی
هم با یافتن دوستی از جنس مخالف، آنها را ترک کرده است. فرزانه، لزبین و
۵۶ ساله است. او روایت اولین عشق خود را چنین بیان می‌کند:

دوران دانشگاه عاشق شدم، خیلی هم شدید عاشق شدم که به دلیل
مسائل خانوادگی و جنگ و درگیری‌ها [شرایط سرکوب سیاسی]، من
می‌بایست محیط رو ترک می‌کردم. خانواده‌شان به هیچ وجه موافق
نبودند که من باهاشون رابطه داشته باشم. به‌علاوه این که فکر
می‌کردند من غیرمذهبی‌ام و می‌خواستند دخترشون مذهبی زندگی
کنه، مسجد بره، نماز بخونه و من را سدی در مقابل این تربیتی که
می‌خواستند دخترشون رو به آن جا برسونند می‌دیدند. موفق هم شدند،
چون بعد از مدتی که دخترشون را من یک بار دیدم به من گفت با تو
بودن زندگی ماجراجویی است، من نمی‌خوام تو زندگی‌ام ماجراجویی
کنم. می‌خوام ازدواج کنم، بچه‌دار شوم، می‌خوام خیلی معمولی غذا
درست کنم و تو خونه باشم. زندگی [با تو]، زندگی عادی نیست.
زندگی‌ای است که فقط جنگ است، فقط پنهان کردن و درگیر بودن
است، تظاهر کردن است، درگیر شدن با تمام خانواده است. دختری که
شاید بیست و یک سالش است باید یکهو جلوی تمام خانواده قرار

---

۹ مصاحبه با مهراد، شش‌رنگ و عدالت برای ایران.

می‌گرفت. و این‌ها را این طوری که من از توضیحاتش فهمیدم در توانایی خودش نمی‌دید. از هم جدا شدیم تا سال‌ها بعد.[۱۰]

دوست‌دختر رایان هم ازدواج را به ادامهٔ رابطه با او ترجیح داده است:

پگاه یه دختر خیلی‌خودشیفته بود که خیلی‌خانوم خوشگل و جذابی بود و زمانی‌که ما با هم آشنا شدیم، در واقع من دل بستم، دیگه ترسیده بودم برم جلو. نمی‌دونستم چیکار کنم. می‌ترسیدم دوباره اتفاقات مدرسه تکرار بشه، ولی‌خب ریسکی کردم و بهش گفتم من دوستت دارم و دیگه منتظر نموندم ببینم چی‌می‌گه... بعد صدام کرد گفتش که ببین، من [آدم‌های] مثل تو قبلاً دیدم. تو مدرسه‌شون، دوران دبیرستان‌شون، خب بچه‌هایی بودن که از لحاظ ظاهری شبیه به من بودن. شناخت داشت. هیچ وقت به خودش اتیکت یا برچسب لزبین رو نزد. می‌گفت تو اولین تجربهٔ زندگی من هستی، من عشق توام و همین جوری پای تو می‌مونم... برام فرقی نمی‌کنه تو پسر باشی یا دختر. من رو تو رویاهامون تو حرفامون همیشه مرد خودش می‌دونست و همین براش کافی‌بود... خیلی دوستش داشتم و به‌خاطرش خیلی‌کارها کردم. ولی‌چند وقت بعد از جدایی‌مون اول گذاشتم به حساب این که می‌خواد با من لجبازی کنه... به حساب لجبازی با یه پسر دوست شد. بعد اون عوض شد با یه پسر دیگه. تازه فهمید که اصلاً کلاً زندگیش اشتباه بوده و اصلاً نباید با من می‌بوده... رد کرد، انکار کرد... [می‌گفت] بچگی‌بوده... [می‌گفت] من چیزی نمی‌فهمیدم و این حرف‌ها... بعدشم که خب خیلی‌اتفاقی ۲۰ روز قبل از عروسیش متوجه شدم که فلان جا، فلان ساعت مراسم عروسیشه و با یه پسر ازدواج کرده بود.[۱۱]

طرد شدن به خاطر اولویت دادن به رابطهٔ دگرجنس‌گرایانه، گاه صورت تحقیرآمیزی داشته است؛ تحقیری که برخی از مصاحبه‌شوندگان ما از سوی طرف‌های عشقی خود تجربه کرده‌اند. به‌عنوان مثال، کیانا که خود را

---

۱۰ مصاحبه با فرزانه، شش‌رنگ و عدالت برای ایران.
۱۱ مصاحبه با رایان، شش‌رنگ و عدالت برای ایران.

بای‌سکشوال می‌داند می‌گوید: "او عاشق پسری شد و رفت. ولی به من یک کتاب قرآن داد و به من گفت دین‌مان گفته این کار گناه کبیره است و باعث شد که بره، ولی از قبلش می‌دونم عاشق شده بود که رفت و این دلیل مسخره‌ای بود که آورد... پنج سال پیش بود، من بیست و پنج سالم بود.[۱۲]

تعداد قابل توجهی از مصاحبه‌شوندگان این تحقیق، یا در زمان مصاحبه در حال تجربهٔ روابطی بودند که شریک عشقی‌شان به طور همزمان با یک مرد هم رابطهٔ عاشقانه و حتی زندگی زناشویی داشت، و یا پیش از مصاحبه چنین روابطی را تجربه کرده بودند. سویهٔ آزارندهٔ این روابط برای آنها، علنی بودن و پذیرفته شدن رابطهٔ فرد محبوب‌شان با یک مرد و همزمان، پنهانی بودن رابطه با آنها بوده است. انسی چنین تجربه‌ای را چنین بیان می‌کند:

پروانه شمالی بود، عاشقش بودم. برایش جور می‌کردم برود دوست‌پسرش را ببیند. چقدر دردناک است. تو یکی را انقدر دوست داریش دلت می‌خواد باهاش باشی، همه چیز را هم براش فراهم می‌کنی که دوست‌پسرش را ببیند و بتونه با او بخوابه. خیلی درد داره ولی می‌کردم. خودش هم یک موقع نصف شب پیش او بود، من خواهرم بود، بچه‌هایم بودند، دیگر جا نبود، ما دو تا اتاق خواب داشتیم. یکیش را درش را می‌بستم، مادرم اینا می‌آمدند به من سر بزنند می‌گفتم این اتاق مال صاحب‌خانه است به ما نداده. در صورتی که آن اتاق خواب من و این بود در اصل. دوست پسر این که می‌آمد می‌گذاشتم او می‌رفت اون تو. من خودم رو مبل می‌خوابیدم. نصفه‌شب پروانه بلند می‌شد می‌آمد بیرون. چه حالی می‌شدم. می‌آمد پیش من. تو فکر می‌کنی این دوستت دارد، پیش دوست‌پسرش است ولی بلند شده اومده خوابیده پیش تو. می‌گه تو تنهایی. بعد روی یک مبل می‌خوابیدیم. می‌گفتم خاطره روی مبل که نمی‌شه، برو روی آن یکی مبل. می‌گفت نه. اون از آن طرفی می‌خوابید پایش را می‌گذاشت این طرف. من از این طرف. پایش تو سینهٔ من بود، من با پای او بازی می‌کردم، تو پای یک دختر [که دوستش داشتی] دست‌ت بود، داشتی باهاش بازی می‌کردی، دنیا

---

[۱۲] مصاحبه با کیانا، شش‌رنگ و عدالت برای ایران.

تلاطم بود تو وجود تو. خونت می‌جوشید... ما توی یک تخت می‌خوابیدیم. توی یک تخت بودیم. من اجازه داشتم مثلاً دست دور گردنش بیندازم، با موهاش بازی کنم. همین برام بس بود. با این من بدبخت شده بودم. چقدر واقعاً ما مظلومیم. چقدر بهمان ظلم شد. چقدر قانع بودیم... خودش هم می‌دانست. این رو می‌فهمید و یک جورهایی از این حالت من سوءاستفاده می‌کرد. به دوست‌های دیگرش می‌گفت انسی عاشق من است، هر کاری من بگم انسی برای من می‌کنه. شهره، یکی از دوستان‌مون می‌گفت انسی، پروانه می‌گوید تو عاشقشی هر کاری بخواد تو می‌کنی... می‌گفتم پروانه گفته؟ من با اون چیزی ندارم، هیچی نیست بین ما. ولی خب عاشق بودم.[۱۳]

بعضی دیگر از مصاحبه‌شوندگان هم برای توصیف دلایلی که یک زن دگرجنس‌گرا را به رابطهٔ با آنها سوق داده است لفظ "سوءاستفاده" را به کار گرفته‌اند. صبا، زن لزبینی که به خاطر ظاهر مردانه‌اش قصد عمل تغییر جنسیت داشته و پس از کسب برخی آزادی‌ها در خانواده از انجام عمل منصرف شده، تجربهٔ خود را چنین بیان می‌کند:

کاملاً این رو پذیرفته بودم. با گرایشم کنار اومده بودم، اما در عین حال متاسفانه با کسی وارد رابطه شده بودم که در واقع زنانگی من رو دوست نداشت و دوست داشت که من نقش یک مرد رو براش ایفا بکنم. چون که توی روابطش با مردها سرخورده شده بود و در واقع تصوری که در مورد من داشت این بود که خب، این یه نیمچه مَرده، ظاهر و افعال یه مرد رو داره و درعین حال یک‌سری از خطراتی که مردها دارن به زعم اون خانم که از مردها آسیب دیده بود، این آدم نداره و یه جورایی نقش مردانه رو در من تقویت می‌کرد. در حالی‌که خب، من یه زن بودم، یک سری حساسیت‌های زنانه داشتم و یه جاهایی انتظار داشتم... انگار رابطه نابرابر و نامتعادل بود، چون اون از من توقع داشت که همیشه نازش رو بکشم، همیشه از خودم بگذرم و همیشه نقش یک مرد رو داشته باشم و من نمی‌تونستم این رو بپذیرم. به‌طور مثال می‌گم،

۱۳ مصاحبه با انسی، شش‌رنگ و عدالت برای ایران.

موقع‌هایی که باهم‌دیگه دعوامون می‌شد، اون برمی‌گشت به من می‌گفت که خب، ببین! من نزدیک دورهٔ پریودمه، من وضعیت هورمونیم بهم ریخته، به همین خاطر اعصابم خورده. بعد خب متقابلاً وقتی اتفاق میفتاد نمی‌تونست بپذیره من هم دارم پریود می‌شم. این رو که دیگه نمی‌تونی انکار بکنی، منم یه موقع‌هایی حوصله ندارم، یه موقع‌هایی هم من خلقم خرابه، ولی اون نمی‌تونست این رو بپذیره. یعنی تا این حد تحریف شده بود براش تصویر من. اوایل خوشایند بود چون خیلی دوست داشتم که توی رابطه نقش مرد رو ایفا کنم و خوشحال بودم از این‌که جنگ قدرت رو باهاش ندارم. اون کاملاً نقش سنتی یک زن رو ایفا می‌کرد و احساس قدرت می‌کردم از این که توی رابطه فاعل‌ام، توی رابطهٔ جنسی فاعل‌ام، احساس می‌کردم که قدرت دارم. اما کم‌کم دیدم که نه؛ این اون چیزی نیست که من می‌خواستم. درواقع این آدم یه‌جورایی به اسم این که "من تو رو مَرد می‌دونم"، داره از من سوءاستفاده می‌کنه. داره جنبه‌هایی از من رو نادیده می‌گیره و این باعث شد که نتونم تحمل بکنم این قضیه رو.[۱۴]

صبا در توضیح این "سوء استفاده‌ها" ادامه می‌دهد:

مثلاً خیلی جاهایی که ایشون به نفعش بود به من می‌گفت که مگه تو مرد نیستی؟ مگه تو فلان نیستی؟ کاملاً با این ادبیات با من حرف می‌زد... بالاخره مردی گفتن زنی گفتن. یعنی از من انتظاراتی داشت که من یک سری سرویس‌ها بهش بدم. به خاطر این که [می‌گفت] من مرد هستم، یک سری مسئولیت‌ها رو در واقع من بپذیرم و خودش متقابلاً این‌ها رو نمی‌پذیرفت، به‌خاطر این که می‌گفت خب دیگه توی این رابطه من نقش جنس ضعیف رو بازی می‌کنم، من که مرد نیستم که تو رابطه. ولی خب یه جاهایی که فکر می‌کرد که به نفعش نیست این بحث رو پیش می‌کشید که (چون ایشون بای‌سکشوال بود) ببین! خب من این امکان رو دارم که با یک مرد رابطه داشته باشم. تو که یه مرد نیستی. یعنی یه جوری رفتار می‌کرد که انگار من دارم سر تو یه

۱۴ مصاحبه با صبا، شش‌رنگ و عدالت برای ایران.

منتی می‌ذارم که با تو رابطه دارم، چون من این امکان رو هم دارم که برم با یه مرد. یعنی یه جاهایی من مرد می‌شدم، مظهر قدرت و مردانگی بودم، ولی یه جاهایی هم می‌گفت نه، تو ببین این چیزا رو کم داری. این تأثیر بسیار بدی می‌گذاشت. به خاطر این که من فکر می‌کردم که هر کار هم بکنم باز یه چیزایی کم دارم، نمی‌تونم... نمی‌تونم مرد باشم. به شدت حس بدی داشتم، به‌شدت برام تحقیرآمیز بود و اعتماد به نفسم رو درواقع لگدمال می‌کرد و کار به جایی رسید که حتا توی خیابون وقتی که با هم دیگه راه می‌رفتیم و من می‌دیدم که اون داره با یه نگاه حسرت‌آمیزی به یه دختر و پسر نگاه می‌کنه خیلی عصبانی می‌شدم. چون احساس می‌کردم که من هر چقدر هم که خوب باشم اون حسرت اون شکل از رابطه رو خواهد داشت و یه جاهایی به خاطر این که تلاش می‌کردم خوب باشم و این مرد نبودنم رو جبران بکنم برا اون، خیلی جاها از خودم می‌گذشتم و خیلی بیشتر از اون چیزی که باید، خوب می‌بودم. [ولی بعد از یک مدت] مرد بودن... دیگه عطایش رو به لقایش بخشیدم، یعنی شاید اون رابطه به من درس خوبی داد و بهم یاد داد که لااقل افرادی رو توی زندگیم انتخاب بکنم که من رو نخوان با یک مرد مقایسه کنن. من خودم هستم. من همینم با این ویژگی‌ها. نمی‌گم که زنم، یه زن کاملم با تمام ویژگی‌های تیپیکش، اما یک مرد هم نیستم؛ خودم رو در حال حاضر یک کوییر می‌دونم.[۱۵]

مهتاب، ترنس‌جندر ۳۲ ساله نیز می‌گوید:

بزرگ‌ترین مشکل ما این است که استریت‌ها فکر می‌کنند ما آب نبات قیچی هستیم که هرکس بیاید یک لیس بزند و برود. زن‌هایی که متأسفانه بیشترشان هم ازدواج کرده‌اند، اصلاً شوهر دارند. الان این شده ایران. این بزرگ‌ترین مشکل امثال ماست. بیشتر بچه‌هایی که عمل می‌کنند به خاطر همین است. مشکل آدم‌ها این است که وقتی ترکشان می‌کنند بلافاصله می‌روند با یک پسر رابطه برقرار می‌کنند. این‌هایی که

۱۵ همان.

> عمل می‌کنند فکر می‌کنند اگر آن داستان [اشاره‌اش به آلت جنسی مردانه است] را داشته باشند دیگر ترک نمی‌شوند.[۱۶]

پگاه، ترنس‌زنی که عمل تغییر جنسیت را انجام داده، دلیل اصلی تغییر جنسیت خود را ازدواج دوست‌پسرش می‌داند:

> زمانی که دوست‌پسری که چهار سال بود با هم بودیم من رو برده بود تو اوج، [گفته بود] با همدیگر می‌ریم خارج، با همدیگر فلان می‌کنیم، با همدیگر زندگی می‌کنیم. همون جوری که بودیم، او من را زن می‌دید، ولی همان مدلی [با هم] بودیم. یک دفعه اومد گفت من دارم ازدواج می‌کنم، به دلیل این که خانواده‌ام نمی‌تونند تو را بپذیرند. من فرزند می‌خوام. پیش خودم گفتم که شاید اگر من چنج کرده بودم [تغییر جنسیت داده بودم] باز یک درصدی ممکن بود موفق بشم [او را نگه دارم].[۱۷]

شهرزاد، لزبین، می‌گوید هر بار که یک دختر دگرجنس‌گرا او را برای ازدواج با یک مرد ترک کرده، آرزو کرده که ای کاش مرد می‌بود. او می‌گوید:

> من چندین رابطه داشتم، هر رابطه دو سال، دو سال و نیم، سه سال طول می‌کشید و همه‌شون هم استریت [دگرجنس‌گرا] بودند. بعد از دو سال و نیم سه سال طرف می‌رفت ازدواج می‌کرد و باز من تنها می‌موندم و این فکر و خیال به سرم می‌اومد که ای کاش من مرد بودم که آن کسی که دوستش داشتم من رو ول نمی‌کرد. ولی در هر صورت تنها نمی‌موندم. دوباره می‌گشتم یک استریت دیگر پیدا می‌کردم.[۱۸]

طرد شدن به خاطر اولویت دادن به رابطهٔ دگرجنس‌گرایانه، گاه صورت تحقیرآمیزی داشته است؛ تحقیری که برخی از مصاحبه‌شوندگان ما از سوی طرف‌های عشقی خود تجربه کرده‌اند. پونه، لزبینی است که در نتیجهٔ برخوردهای دوست‌دخترش مدت‌ها درگیر کشف هویت جنسی خود بوده و

---

۱۶ مصاحبه با مهتاب، شش‌رنگ و عدالت برای ایران.

۱۷ مصاحبه با پگاه، شش‌رنگ و عدالت برای ایران.

۱۸ مصاحبه با شهرزاد، شش‌رنگ و عدالت برای ایران.

ذهنش در نهایت به جانب پذیرش خود به‌عنوان ترنس‌سکشوال سوق داده شده است:

> من بارها توهین‌هایی شنیدم که این پسره، این دختره؟ من دلم نمی‌خواد، من هیچ‌وقت دلم نمی‌خواد پسر خطاب بشم. من خوشم نمی‌آد از این مسئله که پوشش من، گرایش من [باعث بشه من رو پسر خطاب کنند] پسرهای گی هم نسبت به خیلی از بوچ‌ها یا کسایی که مبدل‌پوش هستند یا ترنس‌ها ابراز احساسات [با خطاب‌های پسرانه] می‌کنند. اون هم دلایل خاص خودش رو داره که می‌شه بهش پرداخت ولی من اصلاً دلم نمی‌خواد که حالا یا گی یا هرکس دیگه‌ای به من بگه پسر ولی من خیلی این مدت درگیر هویت جنسی‌م بودم به‌خاطر این‌که مدام از من چیزهایی طلب می‌شد که این‌ها من نبودم و فکر می‌کردم که من می‌تونم اون‌ها رو تغییر بدم. اشک من در می‌اومد. دوست‌دختر من فکر می‌کرد که من دارم دستش می‌اندازم مثلاً برای من گوشواره می‌خرید، می‌فرستاد و من می‌گفتم حالا یه گوشواره است، من استفاده می‌کنم بعد وقتی می‌خواستم از این استفاده کنم، نمی‌تونستم. من داشتم تلاش می‌کردم برای این یعنی این‌که ادا نبود چون نمی‌خواستم زندگی‌م رو از دست بدم داشتم تلاش می‌کردم. من رفتم خیلی کارها کردم. رفتم دامن دوختم برای خودم، دامنی که من از بچگی تا الان نپوشیدم حتا بلد نیستم باهاش راه برم و خیلی کارها کردم.
>
> من الان بعد از مدت‌ها موهام رو کوتاه کردم. استادم بهم می‌گفت که خیلی بهت میاد. قضیه این نیست الان قضیه اینه که من فکر می‌کنم خودمم، نه که اون من نیستم یا اون خوب نیست یا هرچیز دیگه‌ای. من احتیاج دارم که اول خودم از اون‌چیزی که هستم، از اون‌چیزی که دارم راضی باشم. دوست‌دخترم برگشت همون موقع که من کیلومترها از تهران تا شیراز کوبیدم که برم ببینم‌ش حتا کنار من نخوابید، دراز نکشید حتا کنار من. توی چشم‌های من نگاه کرد طوری که من یادم بمونه. گفت که تو که نمی‌دونی مردها چه لذتی می‌دن و من تا سال‌ها هر وقت که با کسی سکس داشتم، فقط به این فکر می‌کردم. این خیلی سخته و فکر بکنید که شما پتانسیل این رو داشته باشید، توی اون مرز

باشید و برید به‌سمت ترنس‌سکشوالیتی. این‌ها همه شما رو مستعد می‌کنه. این‌ها خیلی‌هاش ربطی به مردسالاری نداره. این‌ها شما رو مستعد می‌کنه برید به‌سمت این‌که حتا توی رابطه سکسی و پارتنری‌تون نقش اگزجره [غلو شده] فاعل رو بگیرید، بخواهید همه‌چیز رو کنترل کنید، قدرت داشته باشید، بخواهید به پارتنرتون خیلی چیزها رو نشون بدید. همه این‌ها وجود داره.[۱۹]

نینا که فکر می‌کند ترنس است اما به دلیل مشکلاتی فعلاً قصد عمل جراحی ندارد، معتقد است که روابط هم‌جنس‌گرایانه یک تفریح دوران مدرسه برای خیلی از دخترهاست. او هم در روابط عاشقانه‌اش روندی تکراری را تجربه کرده که با شروع رابطه با یک هم‌جنس آغاز می‌شود و پس از مدتی، به طرد او از سوی پارتنرش ختم می‌شود. او چون هرگز همان طوری که هست، توسط شرکای عاطفیش پذیرفته نشده است، دیگر دنبال روابط پایدار نمی‌گردد:

من از رابطه به هر حال یک چیز دو طرفه همیشه توی ذهنم بود و احساس می‌کردم بالاخره اون چیزایی که من دارم انتخاب می‌کنم با یک هم‌جنس‌گرا متفاوته. هم‌جنس‌گرا هم جنس خودش، یکی مثل خودش رو انتخاب می‌کنه، ولی من بالاخره از خانم‌هایی خوشم میومد که کاملن استریت باشن. بهشون برمی‌خوردم، ولی رابطهٔ عاطفی تا یه جایی شکل می‌گرفت، بعد از اون دیگه نمی‌شد، چون [به نظر اون‌ها] کامل نبودم. خیلی راحت هم می‌گفتن کامل نیستی. این روی من خیلی، خیلی تأثیر می‌گذاشت. برای همین دوست نداشتم اصلاً یک بار دیگه شنیدنش رو تجربه کنم. بنابراین رابطهٔ عاطفی من معمولاً بدون رابطهٔ جنسی بوده و تا حالا رابطه‌ای که توش آمیزش جنسی باشه، نه. یک رابطهٔ همه‌جانبه وجود نداشته. صد در صد دوست دارم این رو تجربه بکنم و فکر می‌کنم بعد از این‌که یک سری مراحل عمل [جراحی] رو انجام بدم، می‌تونم تجربه‌اش بکنم.[۲۰]

---

۱۹ مصاحبه با پونه، شش‌رنگ و عدالت برای ایران.
۲۰ مصاحبه با نینا، شش‌رنگ و عدالت برای ایران.

فراز، ترنس مرد، در کلاس اول دبیرستان عاشق دختری شده که او را به اسم پسرانه صدا می‌زده و دوست داشته اسم او علی باشد. این رابطه در تمام دوران دبیرستان و دانشگاه، به مدت هشت سال ادامه داشته است. او در مورد دوست دخترش که بسیار مذهبی و مومن بوده می‌گوید:

نمی‌تونم بگم زینب [لزبین بود]. نمی‌دونم می‌شه این را بهش گفت یا نه. آخه نمی‌تونم باور کنم که من رو دختر می‌دید. من رو دختر نمی‌دید. وقتی کنار من بود و از احساساتش می‌گفت و می‌گفت همهٔ عالم و آدم بمیرند من می‌تونم با تو باشم. اگر خانوادهٔ من بمیرند می‌تونم با تو باشم. واقعاً هم راست می‌گفت. منطقش رو می‌پذیرم. خانوادهٔ خشک مذهبی داشت. خانواده‌اش من را که هیچی، شوهر الانش را هم نمی‌تونند بپذیرند.[۲۱]

هستی، ترنس‌زنی است که به دلیل بی‌اعتمادی به نتایج عمل‌های جراحی حاضر نیست تن خود را به تیغ جراحی بسپارد. او هم بسیاری از روابط هم‌جنس‌گرایانه در مدرسه یا در سربازی و سایر فضاهای تک‌جنسی را به وجود محدودیت در روابط دگرجنس‌گرایانه و در دسترس نبودن جنس مخالف در ایران ربط می‌دهد. از نظر او به همین دلیل است که بسیاری از شرکای عشقی هم‌جنس‌گرایان یا ترنس‌جندرها، به محض این که برایشان امکان رابطهٔ دگرجنس‌گرایانه پیش بیاید، شریک هم‌جنس‌گرای خود را طرد می‌کنند:

[دوست‌پسر من] زمانی که ما به سن دانشگاه رسیدیم و وارد دانشگاه شد و زمانی که تونست انتخاب کنه که پارتنری که می‌خواد انتخاب کنه دختر باشه یا پسر باشه، رفت سراغ دختر کر می‌کنم اگر الان ازش بپرسم می‌گه که اون موقع من از تو انرژی یک دختر را می‌گرفتم چون اگر بخوام ارزیابی کنم که ممکن بوده او گی بوده که می‌خواسته با من ارتباط داشته باشه، اولا که می‌بینم از هیچ پسر دیگری خوشش نیومد تو اون دوران و از هیچ پسر دیگری لذت جنسی هیچ وقت نبرد و دوست نداشت رابطه [هم‌جنس‌گرایانه] رو. دوم این که اکثر همو-سکشوال‌ها از پسر بودن طرف مقابل‌شون لذت می‌برند، او هیچ وقت تو

---

۲۱ مصاحبه با فراز، شش‌رنگ و عدالت برای ایران.

رابطۀ سکسی هیچ گونه حس پسر بودنی از من دریافت نکرد و هیچ وقت نخواست از قسمت پسر بودن من ارضا بشود. او همیشه من رو به چشم یک دختر تو سکس فرض می‌کرد و این را می‌توانم خودم فکر بکنم و ارزیابی کنم که او نمی‌توانسته گی باشد، چون اگر گی بود قطعاً یک کاری می‌کرد که با آگاهی الان، من می‌تونستم تشخیص بدم که شاید آن موقع او به پسر یک حس سکسی داشته، ولی این نبوده. او به علت این که محدود بوده، نمی‌تونسته دوست دختر بگیره، دور و برش هیچ دختری وجود نداشته [با من رابطه گرفته بود].[۲۲]

همان طور که در بالا آمد، جملاتی از قبیل "من را به‌عنوان پسر دوست داشت" یا "من برای او کاملاً نقش یک مرد را بازی می‌کردم"، در تعداد قابل توجهی از مصاحبه‌های این پژوهش با زنان لزبین یا ترنس‌مردها تکرار می‌شود. بنا به روایت بسیاری از مصاحبه‌شوندگان، شرکای عشقی‌شان آنها را به چشم یک مرد نگاه می‌کرده‌اند، از آنها توقع داشته‌اند تا در رابطه نقش‌های کلیشه‌ای مردانه را ایفا کنند، و گاه حتی آنها را با اسامی مردانه خطاب می‌کرده‌اند. به شهادت تعدادی از این مصاحبه‌ها، برخی از شرکای عشقی بر خلاف میل خود و صرفاً تحت فشار خانواده و جامعه از آنها می‌خواسته‌اند تبدیل به مردانی واقعی شوند. در این مورد هم میان تجربۀ مصاحبه‌شوندگان ترنس و لزبین تفاوت معناداری مشاهده نمی‌شود. به‌ویژه لزبین‌های بوچ که ظاهر و پوششی پسرانه دارند، وضعیتی مشابه با ترنس‌های اف‌توام تجربه کرده‌اند. پرسا ترنس‌جندری که ظاهری "پسرانه" دارد، چنین می‌گوید:

وارد رابطه می‌شدم، آن ظاهر و آن رفتارها کاملاً پسرانه بود، ولی با جنسم مشکلی نداشتم. این را الان می‌گویم، چون زندگی خیلی از ترنس‌ها را دیده‌ام. ولی بیشتر دوستان من ترنس اف‌توام هستند، یعنی مثل ما بوده‌اند. یعنی زندگی‌ای مثل ما داشته‌اند و بعد چنج [عمل تغییر جنسیت] کردند و من دیده‌ام، به نظر من ترنس وجودش یک زن است یا یک مرد است و ظاهرش یک چیز دیگر است. من این نبودم، من وجودم همچنان زن ادامه پیدا می‌کرد و با همان حس زنانه جلو

---

۲۲ مصاحبه با هستی، شش‌رنگ و عدالت برای ایران.

می‌رفتم... وقتی با اولین کسی که توی سوم راهنمایی باهاش دوست شدم، تعریفی از لزبین بودن نداشتم و او هم فکر می‌کرد که شاید من پسر بودن را دوست دارم. نمی‌دانم او راجع به تغییر جنسیت چیزی می‌دانست یا نه، ولی من برای او کاملاً نقش یک پسر را بازی می‌کردم. حسم این بود که او من رو به‌عنوان پسر دوست دارد.[۲۳]

همانطور که دیدیم، شرکای عشقی برخی مصاحبه‌شوندگان لزبین یا ترنس اف‌توام (زن به مرد)، از آنها انتظار داشته‌اند که در رابطه، نقش‌های جنسیتی مردانه را ایفا کنند. در اغلب موارد، عدم تحقق همین نقش‌ها سرچشمهٔ ایجاد نارضایتی از جنسیت برای آنها بوده است.

سهراب، که تغییرجنس‌خواه است، عقیده دارد همین که پارتنر فرد از برقراری رابطه با او احساس گناه داشته باشد، می‌تواند او را به فکر عمل تغییر جنسیت سوق دهد:

مثلا من با این خانم ارتباط دارم، آن خانم به من می‌گوید من این حس گناه را دارم که با تو ارتباط برقرار می‌کنم. این باعث می‌شود که من این جرقه تو ذهنم بیاید که باید عمل کنم. خیلی از بچه‌های ما به‌خاطر دوست‌دخترهایشان عمل می‌کنند. به‌خاطر خودشان عمل نمی‌کنند. چون دوست‌دخترشان بدن‌شان را دوست ندارد. دوست‌دخترشان دوست دارد یک مرد کنارشان باشد.[۲۴]

تعدادی از مصاحبه‌شوندگان این تحقیق گفته‌اند اولین بار اصطلاح ترنس‌سکشوال را از دوست دخترهایشان شنیده‌اند. کاوه نقل می‌کند که: "اولین کسی که این کلمه را بهم گفت او بود، حتی به من گفت خدا چه اشتباهی کرد که تو را این جوری آفرید، تو قشنگ یک مردی. من قشنگ حس یک مرد را از تو می‌گیرم. این‌ها را توی سکس می‌گفت."[۲۵]

---

۲۳ مصاحبه با پرسا، شش‌رنگ و عدالت برای ایران.

۲۴ مصاحبه با سهراب، شش‌رنگ و عدالت برای ایران.

۲۵ مصاحبه با کاوه صالحی ، شش‌رنگ و عدالت برای ایران.

برخی دیگر از مصاحبه‌شوندگان نه تنها اولین بار اصطلاح ترنس‌سکشوال را از
دوست‌دخترهایشان شنیده‌اند، بلکه از سوی آنها با درخواست تغییر جنسیت
مواجه شده‌اند. شهرزاد لزبین، می‌گوید:

کلاس اول دبیرستان بودم که دوست‌دخترم گفت تو باید تغییر جنسیت
بدهی. خب یک سری از دوران‌ها هست که آدم واقعاً تو فکر و خیال و
رویا زندگی می‌کند. اسم ترنس‌سکشوال که تازه دو سه سال است مد
شده ولی تغییر جنسیت را تقریباً از همان اول دبیرستان می‌دانستیم...
توی رویاهایم هم بود که یک روزی تغییر جنسیت می‌دهم، مرد
می‌شوم. ولی وقتی بیشتر خودم را شناختم به این نتیجه رسیدم که نه،
اصلاً دلم نمی‌خواهد مرد باشم.[۲۶]

او که مدت‌ها در تلاش برای عمل تغییر جنسیت بوده و بسیاری از مراحل آن را
هم طی کرده است، از دو سال پیش که برای نخستین بار واژه‌های لزبین و
هم‌جنس‌گرا را شنیده و با جمعی از آنان آشنا شده است، خود را لزبین می‌داند
و دیگر قصد انجام عمل جراحی ندارد:

با هم‌جنس‌گرایی شاید دو سه سال است آشنا شده‌ام. قبل از آن خودم
مثلاً می‌شنیدم که می‌گفتند طرف هم‌جنس‌باز است. هم‌جنس‌باز برایم
اصلاً واژهٔ خوشایندی نبود. یعنی از شنیدن این واژه رنج می‌بردم از این
که کسی این لقب را بهم بدهد متنفر بودم.[۲۷]

نقش‌های جنسیتی هم که شهرزاد در روابط عاطفی خود بازی می‌کند با تغییر
تعریف او از هویت جنسی‌اش تغییر کرده‌اند. او می‌گوید:

توی این یازده سال تنها زندگی کردن، سه نفر وارد زندگی‌ام شدند که
متأسفانه باز هم هر سه نفرشان استریت بودند ولی خب بیشتر خودم را
شناختم. می‌توانستم تو این یازده سال پسر بیاورم تو خانه‌ام. ولی اصلاً
احساس نیاز به بودن یک مرد در کنارم نمی‌کردم. بیشتر دوست داشتم
یک زن باشد که نوازشم کند، بهم آرامش بدهد، برایم غذا درست کند.

---

۲۶ مصاحبه با شهرزاد، شش‌رنگ و عدالت برای ایران.
۲۷ همان.

یعنی دوست‌دخترهایم و من کارهای خانه را به صورت مردانه و زنانه سوا کرده بودیم. یعنی آن دوست دخترم که استریت بود آشپزی، ظرف شستن، خانه تمیز کردن و من کارهای بیرون خانه، ظهر می‌آمدم خانه، دوباره بعد از ظهر می‌رفتم، شب می‌آمدم خانه. این باعث شد که دقیقاً من فهمیدم که من این نقش را دوست دارم، یعنی این نقش ظرف شستن شاید به‌عنوان کمک کردن به دوستم یا به پارتنرم بروم ظرف بشورم یک بار دو بار، یا کمکش کنم خانه را تمیز کنم، ولی این که این را به‌عنوان یک نقش بخواهم بپذیرم، این برایم غیر قابل قبول بود. قبلاً یک خرده عقایدم فرق می‌کرد، می‌گفتم چون من می‌گویم تو باید آن کاری که من می‌گویم بکنی، ولی الان نه الان آن جوری نیستم. الان دو سال است اصلاً کلاً تغییر فکر داده‌ام. ولی قبلاً کارهای خانه دقیقاً تقسیم شده بود که خرید ایشان نمی‌رفت، ولی من می‌رفتم. غذا من درست نمی‌کردم، ایشان درست می‌کرد. کارهای خانه را اگر جمعه خانه بودم با هم انجام می‌دادیم. کمکش می‌کردم ولی این که صرفاً نقش من باشد این کارها، نبود. الان تغییری نکرده‌ام ولی بایدی دیگری وجود ندارد. قبلاً برایم بایدی وجود داشت که این کسی که پارتنر من است و در نقش مثلاً زن تو این خانه هست، باید این کار را بکند. ولی الان بایدی در کار نیست، نه برای من بایدی در کار است، که من باید بروم خرید کنم بیاورم تو این خانه ایشان درست کند، یا من باید کار کنم خرج ایشان را بدهم. الان من و پارتنرم در کنار همدیگر کارها را انجام می‌دهیم. یعنی زندگی‌های متفاوت خودمان را داریم.[۲۸]

اما بنا به تجربهٔ سیا، تعریف او از خودش به‌عنوان یک ترنس و نه به‌عنوان یک همجنس‌گرا این امکان را فراهم می‌کند که برای شریک عشقی‌اش تصور یک آیندهٔ محتمل پس از تغییر جنسیت به وجود بیاید. مهم‌ترین تفاوتی که او از زمان معرفی خود به‌عنوان ترنس در روابطش تجربه کرده است، علنی شدن روابطی است که تا پیش از آن، همگی مخفی بوده‌اند. سیا می‌گوید:

---

۲۸ همان.

من فکر می‌کنم شاید تا یک سنی، بیست و دو- سه این طوری بود که فکر می‌کردند یک دختر کول (cool) است. چون بهم می‌گفتند تو خیلی باحالی، مثل دخترهای دیگر نیستی. معمولاً هم کسانی که یک ذره متفاوتند، تعریف کول بهشان می‌دهند، جلب توجه بیشتری دارند. دخترها بیشتر بهشان توجه می‌کنند. و واقعاً هم حالا احساس شاید واقعی هم نیست، حالا تعریف عشق چیست، آن یک داستان دیگر است. حسی پیدا می‌کنند، جذابیتی داری و طرفت می‌آیند. یعنی فکر می‌کنم از بیست و دو- سه سالگی که خودم را سیا معرفی کردم تغییر پیدا کرد. همان اولش اکثر آدم‌ها سوال برایشان پیش می‌آید که سیا یعنی چه؟ این سیا از چه می‌آید، کاملش چیست، سیا، سیاوش است؟ یک دید دیگری دارند. تا قبلش دختر کول و باحاله بود. بعدش شد سیای ترنس. سیا کاراکتر مرد است، ولی خب حالا بدنش این جوری است. اهمیتی ندارد. ما این را این جوری می‌بینیم... تا قبل از سیا رابطه‌ها یواشکی بود. یعنی کسی که با من رابطه داشته بعضی وقت‌ها احساساتی می‌شده می‌گفته بیا بگوییم، من می‌گویم، من مشکلی ندارم. من می‌گفتم نه صبر کن، اگر رابطه به دو سال کشید برو بگو، ولی حالا لازم نیست همان اول رابطه استرس بیاری توی رابطه. بعدش یعنی از زمان سیا به بعد، هرکسی با من رابطه داشته باز بوده. یعنی علنی بوده. [چون من را به‌عنوان ترنس‌مرد معرفی می‌کردند] مسلماً من توش خیلی راحت‌تر بودم.[۲۹]

به بیان دیگر، حتی تصور این که قرار است زن فعلی تبدیل به مردی مطابق انتظارات زن هترو (دگرجنس‌خواه) شود، می‌تواند انگیزهٔ افراد را برای علنی کردن رابطه بیشتر کند و بر احتمال پایداری رابطه بیفزاید؛ حتی اگر فرد هنوز وارد روند تغییر جنسیت نشده باشد. مصاحبه‌های این پژوهش حکایت از آن دارد که هموفوبیای درونی‌شده در شرکای عاطفی مصاحبه‌شوندگان، حتی اگر علناً به زبان نیامده باشد، نقش عمده‌ای در این موارد داشته است.

---

۲۹ مصاحبه با سیا، شش‌رنگ و عدالت برای ایران.

سعیده و سهراب که ترنس‌مرد است، به‌عنوان زوج در زمان مصاحبه در ترکیه پناهجو بودند. آنها در یک محیط کاری با یکدیگر آشنا می‌شوند. در آن زمان، سعیده با یک مرد در رابطه بوده است و سعیده و سهراب [که آن زمان با نام دخترانه‌اش سحرشناخته می‌شده] همدیگر را در شمایل زنانه دیده‌اند. سعیده که خود را یک زن دگرجنس‌گرا می‌داند در این مورد می‌گوید:

> یک بار داشتیم می‌رفتیم یکی از جلساتی که شرکتمان گذاشته بود. سهراب [با نام دخترانه آن موقعش که سحر بود] هم تو تیم ویزیتور بود. ما چون با هم صمیمی شده بودیم و من ماشین داشتم قرار گذاشتیم با هم برویم. این هم همیشه با مقنعه و مانتوی مشکی می‌آمد، آرایش هم که نمی‌کرد. من هم اگر می‌خواستم این جور جاها بروم دیگر خدا داند چه‌ها که نمی‌کردم با خودم، بهش گفتم این جوری دیگر نیا آن جا، یک شالی سرت کن، آرایشی بکن. گفت من ندارم. همین یک دست لباس دخترانه را دارم. من زیاد دقت نکردم به حرفش که چه دارد می‌گوید. فردایش سوار ماشین شدیم و رفتیم. بعد یک خرده از خودش گفت که من این جوری‌ام و همیشه با تیپ پسرانه و با دسوت دخترهایم بیرون می‌روم، موهایش هم می‌دانستم کوتاه است. من یک ذهنیتی از دخترهایی که تیپ پسرانه می‌زنند که از حجاب فرار کنند از قدیم و ندیم تو ذهنم بود و حس می‌کردم سحر [سهراب] یک همچین چیزی است... اصلاً از قضیهٔ ترنس و تغییر جنسیت و حس پسرانه هیچ اطلاعی نداشتم. دیگر هیچ سوالی نکردم ازش. گذشت و این هی از زندگی‌اش تعریف می‌کرد. هی می‌گفت دوست‌دخترم، با دوست‌دخترم رفتیم بیرون من را گرفتند. من متوجه نمی‌شدم، یعنی چه تو با دوست‌دخترت رفتی بیرون گرفتنت؟ این سوال همه‌اش تو ذهنم بود و اصلاً یک چیزی جلوی زبان من را می‌گرفت، هی می‌خواستم ازش بپرسم ولی یک ترسی مانع می‌شد من این را بگویم، حالا ترس از دست دادن دوستم بود، ترس شنیدن موضوعی که شاید من را شوکه بکند، در صورتی که آدمی بودم که هر موضوع عجیبی که تو این دنیا اتفاق می‌افتد را بهم بگویند [درک می‌کنم]. چون به این باور رسیده بودم تو زندگی که هیچ چیزی تو این دنیا غیرممکن نیست.

ولی یک ترسی از این که نکند حسم تغییری بکند، بعد من هم با تغییر یک خرده مشکل دارم. با تغییر حس، دو سه روز افسردگی می‌گیرم. سوال نمی‌کردم. هی گذشت و گذشت، هی او از زندگیش می‌گفت، من از زندگیم می‌گفتم، هی می‌گفت و خلاصه من کل زندگی گذشته‌اش را من توی آن دورانی که قبل از این که بهم پیشنهاد دوستی بدهد و آن جوری بشود و حسش را به من بفهماند فهمیدم. تا یک روز رفتیم پارک و نشستیم به صحبت کردن، آن جا دیگر ازش پرسیدم. او هم دوست داشت بگوید. گفتم داستان چیست؟ گفت این مدلی است، من این جوری‌ام. همان داستان ترنس بودن؛ من پسرم، باید عمل کنم. یک سری چیزها هم گفت که آن موقع برایم گنگ بود. فقط فهمیدم کاملاً پسر است و حسش پسرانه است. شب رفتم خانه داشتم با خودم فکر می‌کردم بعد از صحبت‌هایمان، فکر کردم که این که یک مدت با من بوده و دور و بر من می‌پلکید و خیلی هوای من را داشت، از من خیلی خوشش می‌آید...، یک حس دیگری بهش پیدا کرده بودم، ولی هنوز تو ذهن من همان دختر بود و یک حس‌های آن موقع شیطنتی داشتم و دوست‌پسر خودم را داشتم آن موقع، اصلاً فکر خاصی نمی‌کردم که بخواهم باهاش باشم، یعنی آن موقع هم این پیشنهاد را به آن صورت نداده بود، فقط گفته بود من از تو خوشم می‌آید. به‌خاطر حس پسرانه‌اش از من خوشش می‌آمد و هر دختری وقتی احساس بکند یک نفر توی یک جمعی از او خوشش می‌آید حس خوبی بهش دست می‌دهد. همین حس هم خب به من دست داده بود. خب این خیلی از من خوشش آمده و هوای من را داشت. خب من خیلی هم اذیتش کردم، البته دست خودم نبود، چون خیلی تو دوگانه‌گی مانده بودم که چه کار کنم. از این طرف خب دیگر وقتی جدی شد سهراب [سحر] فشار می‌آورد که خب باید به هم بزنی، نمی‌توانست بگوید به هم بزن، ناراحت می‌شد، من می‌رفتم می‌آمدم یک روز با این دعوا داشتم. به او هم که نمی‌توانستم بگویم قضیه چیست، او [دوست‌پسرم] هم متوجه شده بود، حساس شده بود رو این موضوع که یک چیزی هست. بعد من داستان را به دوست‌پسرم گفته بودم. گفتم سحر این مدلی است، پسر

است، می‌گفت چه جالب، برای او هم جالب شده بود. که بعد قضیه دستش آمد، گفت نه این قضیه‌اش چیز دیگری است. او از آن طرف گیر دادنش شروع شد، این هم از این طرف ناراحت می‌شد. من هم نمی‌دانستم چه کار کنم، این را نگه دارم، خب اولویت برای من با پسر بود. آن موقع آن‌قدری سهراب اهمیتی نداشت، دوست داشتم باشد، خیلی هم باهاش صحبت می‌کردم، می‌گفتم به‌عنوان دوست‌دختر من باش با من. دوست دارم باشی، با من باشی، من هم زندگی خودم را داشته باشم. این رابطه هم یک جورهایی خودخواهی بود دیگر. می‌خواستم دو طرف را داشته باشم. نمی‌توانستم هر چه فکر می‌کردم. یک دوست خیلی صمیمی هم داشتم و با او هم صحبت می‌کردم، می‌گفت یعنی چه؟ زندگی‌ات را می‌خواهی بگذاری؟ با او نه آینده‌ای هست نه چیزی، خانواده‌ات چه می‌گویند؟ چه کار می‌کنند؟ بعد من خودم هم دلم نمی‌آمد از این طرف بخواهم سهراب [سحر] را بگذارم کنار. ما خیلی درگیری داشتیم. مثلاً کمتر از یک سال، نه ماه فکر می‌کنم درگیر این موضوع بودم. که کدام را بگذارم کنار، او یک سری شرایط داشت که خب می‌ساخت با قضیه و راحت‌تر با خانواده آدم می‌تواند کنار بیاید، این مشکل از این طرف دارد، حس‌های خودم، خودم می‌توانم به همچین آدمی وفادار بمانم یا نه، خیلی درگیری‌ها داشتم که اصلاً هیچ وقت دوست ندارم اصلاً به آن زمان برگردم. قبلاً من به این موضوعات فکر می‌کردم که این مدلی باشم باهاش به‌عنوان یک لزبین، ولی نمی‌شد. این حالت پسرانه آمده بود جلو و من هم پسرانه قبولش داشتم. یک مدت به‌خاطر شرایط جامعه و من می‌ترسیدم ما را بگیرند بهش می‌گفتم باید با لباس دخترانه بیایی بیرون. آره. اصلاً نمی‌توانستم، چون خیلی بچه می‌زد حس بدی بهم دست می‌داد. می‌گفتم خب اون جوری بیا که راحت‌ترم. اون جوری نگاه کنند بگویند قیافهٔ یارو آرایش ندارد نرمال‌تر است تا آن قضیه [پسربچه بودن]. بعد از یک مدت که گذاشت کنار، دیگر نمی‌توانستم آن تیپ دخترانه‌اش را تحمل کنم. می‌دیدم یک جوری می‌شدم. اصلاً نمی‌توانم بدن او را ببینم به‌عنوان زن. وقتی فکر می‌کنم که با یک زن باشم، با

این که سهراب [سحر] هنوز عمل نکرده ولی چندشم می‌شود. یک موقع‌هایی یک جوری عادی شده این قضیه که این پسر است که به آن موضوع فکر نمی‌کنم که این دختر است. چند وقت پیش سهراب مریض شده بود خانهٔ یکی از دوستان بودیم، [باید می‌رفتیم بیمارستان] گفت پاسپورت‌ها را آوردی؟ من دو تا پاسپورت‌ها تو کیفم بود. برویم بیمارستان. گفتم آره پاسپورت‌ها را آورده‌ام. من اصلاً حواسم به پاسپورت سهراب نبود [که اسمش هنوز دخترانه است]. خب نمی‌دانند دیگر. این جا [آشنایانمان در ترکیه] ما را زن و شوهر می‌شناسند. ان‌قدر عادی شده یادم می‌رود. خوشحالم که برسیم به کشور دیگری و او بتواند سریع عمل تغییر جنسیتش را انجام دهد.[۳۰]

روایت علی راد، ترنس‌مردی که عمل تغییر جنسیت را انجام داده، به خوبی نشان می‌دهد که به‌خصوص در روابط عاشقانه ترنس‌سکشوال‌ها، هر دو طرف نقش یک زن و مرد (هترو) را در جریان رابطه بازی می‌کنند و این به آنها کمک می‌کند از حس گناهی که در یک رابطهٔ هم‌جنس‌گرایانه به وجود می‌آید فاصله بگیرند:

سوم راهنمایی بودم. من و خانم ایکس، توی مدرسه، خیلی دوست معمولی بودیم. اصلاً میزش از من جدا بود. من از شخصیتش، از ظاهرش، از زن بودنش، از زنانگی‌اش [خوشم می‌آمد]. [اوایل] در حد یک دوستی کاملاً ساده بود. بعد شروع شد از دست گرفتن، لمس کردن دستش که من با عشق دستش رو می‌گرفتم و همین جور پیش رفت. حرفامون، درد دل‌هامون. از این که یه وقت خواستگار براش می‌اومد من به شدت به‌هم می‌ریختم و توی دوم یا سوم دبیرستان بودیم، بهش گفتم که قول بده هیچ وقت ازدواج نکنی. ایشون هم به شدت به من علاقه‌مند بودند، به شدت. حتا یه دوست‌پسر هم داشتند که بعد از این که با هم خیلی مچ [جور] شده بودیم، ایشون رو گذاشتن کنار. همهٔ کارهاش رو خودم می‌کردم؛ خرید با هم می‌رفتیم، لوازم آرایشش رو خودم براش می‌گرفتم. دانشگاه هم که رفتیم همین طور بود؛

۳۰ مصاحبه با سعیده، شش‌رنگ و عدالت برای ایران.

کتاب‌هاش رو خودم می‌رفتم می‌گرفتم، انتخاب واحدش رو خودم می‌کردم. همهٔ کاراش دست خودم بود. مهمونی می‌خواست بره باید از من اجازه می‌گرفت، من می‌خواستم برم باید از ایشون اجازه می‌گرفتم. یعنی یه جوری بود که مثلاً من خونه‌شون می‌رفتم، مامانش اینا بهش می‌گفتن تو چرا این شکلی‌ای، تا فلانی می‌خواد بیاد، شروع می‌کنی به آرایش کردن و لباس خوشگل پوشیدن و مگه این نامزدته؟[۳۱]

او در پاسخ به این سئوال که "آیا این خانم شما را از همان ابتدا به‌عنوان یک مرد پذیرفت؟"چنین می‌گوید:

صدرصد. اون اول که نه. یعنی اون اول که با هم دوست شدیم، یه دوستی بود، دوستی خیلی خیلی عاشقانه. بعد که پیش رفت، دیدیم که مسیر رو مثل این که داریم اشتباهی می‌ریم. یعنی همه‌ش احساس کردیم که ما داریم منحرف می‌شیم، احساس کردیم که داریم یه گناه بزرگ انجام می‌دیم که این قدر به هم علاقه‌مندیم و این قدر با هم عشق‌بازی می‌کنیم؛ عشق‌بازی‌ای که یه دختر و پسر با هم می‌کنن. بعد پیش رفت تا این که چیزایی که من ازش می‌خواستم، چیزایی بود که یه مرد از یه زن می‌خواست. چیزایی که ایشون از من می‌خواستن، چیزایی بود که یه زن از مرد می‌خواد، از دوست‌پسرش به اصطلاح می‌خواد. مثلاً این که من روش خیلی غیرت داشتم. اصلن دلم نمی‌خواست که یه تیکه از بدنش رو یه نفر ببینه، حتا وقتی که مهمونی می‌رفت. دومادشون رو خیلی حساس بودم بهش. ایشون هم همین طور. مثلاً وقتی خب، با همدیگه مثلاً من باشگاه می‌رفتم، ازم می‌خواست که می‌ری، سریع از باشگاه برگرد. مثلاً [می‌گفت] با دخترای اون جا دوست نشو، زود برگرد. خیلی خیلی چک می‌کرد و... هنوز هم رابطه‌مون همین طوره. ولی به صورت عاقلانه‌ترش.[۳۲]

به گفتهٔ برخی دیگر از مصاحبه‌شوندگان، فرد مورد علاقهٔ آنها تغییر جنسیت را به‌عنوان پیش‌شرط لازم برای تداوم رابطه اعلام کرده است. آرمان که

۳۱ مصاحبه با علی راد، شش‌رنگ و عدالت برای ایران.
۳۲ همان.

ترنس‌جندر است، بر اساس تجاربش اعتقاد دارد هیچ دختری در ایران نیست که انجام عمل تغییر جنسیت را به‌عنوان شرط ماندن در رابطه مطرح نکند:

تو یک ورزش [رزمی] یک دختری طرفدار من بود. به او که گفتم من از او خوشم می‌آید. گفت نه، ولی حرف عمل را گفت. گفت کاش تو عمل کنی. اصلاً من هیچ وقت دختری ندیدم که آدم را بدون عمل قبول کند. همهٔ هترو[سکشوال]ها گیرم می‌افتادند یا بای‌سکشوال بودند، نمی‌دانم چی بودند... برای این که این‌ها واقعاً پسر می‌خواهند. آدم را به دید یک پسر می‌بینند. هیچ وقت نمی‌توانند قبول کنند که طرف پسر نیست، تیپ پسرانه ممکن است داشته باشد ولی پسر نیست. یعنی بیشتر تو ذهن خودشان می‌ساختند که این می‌رود تغییر جنسیت می‌دهد و پسر می‌شود. این به آدم استرس می‌دهد. [نمی‌رفتند دنبال پسر، چون] تو ایران محدودیت هست. شاید فکر می‌کردند من دردسترس‌تر بودم. می‌گفتند خب این تحصیل کرده است، فلان جا خانه‌اش است، معروفند، چقدر هم در دسترس ماست و با ما هم خوب است. شاید این جوری می‌دیدند، نمی‌دانم. این جا [آدم] همین استرس را حس می‌کند، فکر می‌کند من اگر با این دوست شوم و انرژی‌ام را صرف این کنم، در نهایت می‌گوید باید بروی پسر شوی. یعنی آدم به‌خاطر همین از تمام رابطه‌ها و هر چه که... می‌گوید خب من از این خوشم می‌آید، ولی هر چه که بگویی ول کن، این آخرش می‌گوید باید عمل کنی. یا خودت آن حس را داری. تو ایران ممنوع است همچین رابطه‌ای. مجبوری. رابطهٔ بین دو دختر ممنوع است. هیچ وقت علنی نمی‌توانی چیزی را بگویی. به‌خاطر همین مجبوری به خودت بگویی باید پسر باشی. آدم آن حس را می‌کند. من تو کشور دیگری هم که بودم همان حس را داشتم که بروم عمل کنم، ولی این جا [سوئد] حس کردم نمی‌خواهم عمل کنم. با این که اطلاعات داشتم، ولی حاضر بودم ضررهایی که [عمل نکردن] دارد را به جان بخرم.[۳۳]

---

۳۳ مصاحبه با آرمان، شش‌رنگ و عدالت برای ایران.

در همین حال، گروهی از مصاحبه‌شوندگان ترنس افتوام عنوان کرده‌اند که در مواردی وقتی طرف عشقی‌شان آنها را "مرد" قلمداد نکرده یا رابطه را با لفظ هم‌جنس‌گرایی توصیف کرده، این آنها بوده‌اند که رابطه را قطع کرده‌اند. اکثر آنها در روابط عاشقانهٔ خود اجازه نمی‌داده‌اند که بدن‌شان برهنه و یا لمس شود. [۳۴]

مهیار که خود را ترنس‌مرد می‌داند و هم اکنون در آلمان زندگی می‌کند و در حال هورمون‌تراپی برای تغییر جنسیت است، از یکی از دوست دخترهای خود که در ۱۵ سالگی عاشقش شده و دو سال هم رابطه داشته‌اند، به‌عنوان تنها کسی یاد می‌کند که او را به‌عنوان یک "مرد" پذیرفته است. مهیار می‌افزاید که از آن رابطه بیش از همهٔ روابط خود رضایت داشته است و هنوز هم عاشق اوست. هر چند که باز هم خانواده‌ها حتی اگر دخترها هم بپذیرند، مرد کامل می‌خواهند. [۳۵]

مهیار نیز همانند بسیاری دیگر از ترنس‌مردها، تصوری که از مردانگی دارد، بیشتر ناظر بر نقش اجتماعی مردانه است تا بدن و آلت جنسی مردانه. با این همه، او هم انکار نمی‌کند که فشار خانواده و اطرافیان باعث می‌شود که رابطه با یک زن نتواند همان طوری که هست، و بدون اقدام به تغییر جنسیت، آینده‌ای داشته باشد. همین عامل باعث شده او از دوست‌دختری که این همه عاشقش بوده جدا شود:

با آن یکی هم یک جوری فاصله گرفتم و گفتم برو دنبال زندگی‌ات. برو ازدواج کن. من برای تو آینده ندارم. تو هم از خانوادهٔ مذهبی و سنتی هستی. پدرت مطمئناً نمی‌تواند موضوع من را قبول کند... از همان سن تا همین الان، برای من آلت تناسلی و سکسی که زن و مرد دارند چون شاید تجربه نکرده‌ام برای من چیزی نیست که حتماً باید داشته باشم. چون تا الان خوب بوده، راضی بوده‌ام و یکی این است، واقعاً این را نمی‌توانیم از طرف مقابل‌مان بگیریم. من نمی‌توانم از خانمی که هتروسکشوال است، بخواهم که تو من را به خانواده و دوستانت به‌عنوان

۳۴ رجوع شود به مصاحبه‌های سهراب، مهیار ضیایی، آکان محمدپورو کاوه صالحی.
۳۵ مصاحبه با مهیار ضیایی، شش‌رنگ و عدالت برای ایران.

یک مرد نشان بده، در حالی که من صدایم نازک است، سینه دارم. آدم‌ها عقل‌شان به چشم‌شان است. چه بخواهیم چه نخواهیم نمی‌توانیم با همهٔ آدم‌ها مبارزه کنیم. حتی تو آلمان من دوست‌دختر اروپایی داشتم بهش گفتم من را به مادرت معرفی کن، گفت نمی‌توانم، من اگر تو را معرفی کنم به‌عنوان لزبین ما را می‌شناسند و نمی‌توانند موضوع من و تو را درک کنند. هنوز خیلی‌ها نمی‌توانند فرق لزبین بودن و ترنس‌سکشوالیتی را بفهمند که به نظر من نه لزبین بودن ایرادی دارد، نه گی بودن، نه ترنس‌سکشوال بودن. این‌ها هیچ کدام خودشان نخواسته‌اند این جوری باشند. یک نوع غریزه است به نظر من. یک چیزیست که از بچگی با آدم بوده، هست و خواهد بود و هیچ کس نمی‌تواند این را از آدم بگیرد. مگر این که آدم مجبور شود پنهانش کند. ولی هیچ کس نمی‌تواند احساسی که وجود دارد را از آدم بگیرد...[۳۶]

او آرزوهایش را چنین بیان می‌کند:

تو این سن و سال، ده سال را گذرانده‌ام و این همه سختی کشیده‌ام. کاش تو کشور خودم بودم، این آوارگی را نمی‌کشیدم، راه سختی که از آن جا به این جا آمدم و تو راه بگیرندم و اذیتم کنند و بازداشت و زندانی‌ام کنند نبود، شکنجه‌های روحی و جسمی نمی‌شدم. اگر می‌تونستم تو ایران بودم در این حد عرضه داشتم که خرج خودم را بگذرانم، بروم سر کار. ظاهرم را درست کنم، هورمون‌درمانی کنم که به‌عنوان یک مرد بتوانم تو جامعه باشم، خودم همین الان به‌عنوان یک مرد لازم نیست توی جامعه باشم، ولی خودم از خودم راضی‌ام با این هورمون‌درمانی. تو ایران هم [کاش] همین جور بود، با دوست‌دخترم می‌توانستم زندگی کنم، اگر خانواده‌اش قبول می‌کردند، اگر نه، اصلاً فرار می‌کردیم. حاضر بود با من بیاید هر جا که بخواهم. فرار می‌کردیم و با هم زندگی می‌کردیم. هیچ مشکلی نبود.

---

۳۶ همان.

مهیار در حال حاضر مشغول هورمون‌تراپی است و تصمیم به انجام عمل نهایی تغییر جنسیت ندارد. او در پاسخ به این سوال که اگر دوست‌دخترش از او می‌خواست به عمل جراحی تن دهد چه واکنشی نشان می‌داد چنین می‌گوید:

> شاید ادامه می‌دادم. شاید. همه‌اش این شاید را باید بگذارم، چون وقتی آدم‌ها تو آن شرایط قرار نمی‌گیرند نمی‌دانند چه عکس‌العملی انجام می‌دهند. ممکن بود اگر من هم عاشقش بودم و از من این خواهش را می‌کرد شاید قبول می‌کردم.[۳۷]

استثنائات: همان طور که در ابتدای این فصل گفته شد، تعداد اندکی از مصاحبه‌شوندگان این تحقیق، روابط مثبتی را تجربه کرده‌اند که در آنها بدن، گرایش‌ها و هویت جنسی آنها همان گونه که هست، مورد قبول قرار گرفته است. آرمان، که براساس تجربیات قبلی‌اش به این نتیجه رسیده بود که همهٔ دخترهای ایرانی تنها به شرط عمل کردن حاضرند در رابطه بمانند، با یک زن ایرلندی که از طریق اینترنت با او آشنا شده تجربه‌ای متفاوت داشته است:

> زد و تو همان پیج با یک دختر ایرلندی آشنا شدم. انگلیسی‌ام هم جالب نبود آن موقع. تو مخابرات کار می‌کردم و وقت نداشتم بروم کلاس زبان. بعد که با این دختر حرف می‌زدم، چقدر کم می‌آورم، اصلاً نمی‌فهمیدم چه می‌گوید. می‌خواستم حرف بزنم باید می‌رفتم یک دیکشنری می‌آوردم و ببینم چی به چی است. به‌خاطر همان کلاس انگلیسی رفتم. این دختر خیلی برایم جالب بود. گفتم بهتر، ایرانی نیست، لازم نیست به‌خاطرش بروم عمل کنم، یکی است که من را این جوری قبول دارد. گفتم جهنم من می‌آیم ایرلند. تو خانه این جوری گفتم که من سه ماه به‌خاطر انگلیسی یاد گرفتن می‌روم. گفتم لااقل می‌روم این را می‌بینم. بهم می‌گفت من تو را همین جوری قبول دارم. حس خوبی بهم دست داده بود. احساس می‌کردم اعتماد به نفس دارم.[۳۸]

---

۳۷ همان.

۳۸ مصاحبه با آرمان، شش‌رنگ و عدالت برای ایران.

آکان هم که مدت‌ها در ایران خود را ترنس‌سکشوال می‌دانسته و تنها به دلیل مخالفت پدرش و اصرار او برای ازدواج نتوانسته مراحل تغییر جنسیت را طی کند، پس از آشنایی با زنی که او را همان گونه که هست دوست دارد، به طور جدی دربارهٔ عمل جراحی تردید پیدا کرده است:

من از وقتی که آمدم این‌جا[۳۹]، همین الان شاید خیلی‌ها که با من ارتباط دارند، انتظار دارند که آکان محمدپور اگر یک زمانی برگردد ایران، یک مرد برگردد. در صورتی که من به خاطر مردم زندگی نمی‌کنم، من برای خودم زندگی می‌کنم. شاید من یک زمانی چنج [عمل تغییرجنس] نکنم. من این وسط یک چیزی را روشن بگم؛ من همهٔ این حرف‌هایی که الان می‌زنم، همه را مدیون دوست‌دخترم هستم که واقعاً این طوری من را قبول کرده و گذاشته آزادانه فکر کنم. من را همین جوری قبول کرده. همین جوری دوستم دارد. اگر او هم مثل بقیه به من فشار می‌آورد که باید چنج کنی، تو باید موضع خودت را مشخص کنی، من همین الان توی ترکیه به‌خاطر این که دوست‌دخترم بهم فشار می‌آورد همین جا می‌رفتم یک بلایی سر خودم می‌آوردم. ولی ازش ممنونم که بهم اجازه داده که من فعلا همین جوری باهاش باشم و تصمیم درست را توی زندگی‌ام بگیرم.[۴۰]

---

۳۹ منظور "ترکیه" است؛ جایی که آکان در زمان انجام مصاحبه به‌عنوان پناهجو در آن زندگی می‌کرده است.

۴۰ مصاحبه با آکان محمدپور، شش‌رنگ و عدالت برای ایران.

بخش پنجم: مذهب

رنجی که از همجنسگرایی
میبرم بیشتر از لذت آن است.
(مهرانه)

همجنس‌گرایان و ترنس‌جندرها هم مانند سایر گروه‌های اجتماعی، باورهای مذهبی متنوعی دارند؛ برخی اعتقادات مذهبی قاطعی دارند، برخی خداباورند و برخی دیگر لامذهب و یا بی‌خدا هستند. افزون بر این، بافتار خانوادگی این افراد هم از حیث تقید به باورهای دینی طیف بسیار متنوعی را تشکیل می‌دهد. برای آن دسته از همجنس‌گرایان و ترنس‌جندرها که یا خود اعتقادات مذهبی دارند و یا در خانواده‌های مذهبی بزرگ شده‌اند، آشتی دادن این اعتقادات با گرایش جنسی‌شان گاه بسیار دشوار است.

همانطور که پیش‌تر گفته شد، داشتن روابط همجنس‌گرایانه بر اساس تفسیرهای رایج از احکام اسلامی گناه است و برخی از فقیهان روابط همجنس‌گرایانه (لواط و مساحقه) را جزو گناهان کبیره دانسته‌اند.[1] گناه کبیره گناهی است که حتی در صورت توبه بخشیده نمی‌شود و مرتکب آن حتماً با عذاب الهی رو به رو خواهد شد.[2] از همین روست که افراد مذهبی اغلب یا از برقراری رابطه با همجنس خود پرهیز می‌کنند و یا در طول رابطه از حس دائمی گناه رنج می‌برند. بنا بر روایت‌های این پژوهش، گاه تعالیم مذهبی خانواده و یا باورهای شخصی خود فرد موجب شده‌اند تا او به صرف علاقمندی به همجنس خود و بدون این که حتی وارد رابطه شده باشد، به شکلی خودویرانگر گرفتار احساس گناه شود. برخی از مصاحبه‌شوندگان این تحقیق

---

۱ فرق گناهان کبیره و صغیره در چیست؟ آیا هر دو با توبه بخشیده می‌شود؟، مرکز پاسخ‌گویی به سوالات دینی، قابل دسترسی در: http://www.pasokhgoo.ir/node/1621.

۲ همان.

می‌گویند که بعد از این که متوجه شده‌اند "ترنس" هستند و می‌توانند تغییر جنسیت بدهند، احساس گناه در آنها از میان رفته است. گروهی دیگر اما بی آن که برای سازگار کردن اعتقادات مذهبی خود و گرایش جنسی‌شان به تغییر جنسیت بیندیشند، کوشیده‌اند تا برای رفع احساس گناه خود راه‌حل‌هایی در درون خود دین پیدا کنند.

به نظر می‌رسد هموفوبیا ریشه‌های فرهنگی عمیق‌تری داشته باشد. مارتا نوسبام در کتاب «مخفی شدن از انسانیت: احساس انزجار، شرم، و حکم قانون» منشاء هموفوبیا را احساس «شرم» [خجلت زدگی و احساس چندش از ننگین شدن] می‌داند، یعنی نوعی اضطراب روحی نسبت به تن خودمان، و انزجار از واقعیت فیزیکی، چسبناکی، بویناکی، و حیوانیت انکارناپذیرِ بدنِ انسانی‌مان. این احساس انزجار امری اکتسابی است و در طفولیت به چشم نمی‌خورد. اکثر مردم، برای آن که خود را از شرّ این انزجار باطنی نسبت به خویشتن و تن خویش برهانند، احساس انزجار و شرم را برون‌فکن کرده و به گروه‌های اقلیت [متفاوت، کم قدرت] تسرّی می‌دهند؛ به زن‌ها، به اقلیت‌های نژادی، یهودیان، فقرا (مثلاً در هند به کاست «نجس‌ها»)، و البته به هم‌جنس‌گرایان که به زعم آنها آلوده، ناطاهر و پست‌اند. [۳]

اغلب مصاحبه‌شوندگانی که در خانواده‌های غیرمذهبی یا با اعتقادات مذهبی نه چندان سخت‌گیرانه بزرگ شده‌اند، گفته‌اند که نسبت به علایق و احساسات جنسی خود نسبت به هم‌جنسان‌شان احساس گناه نمی‌کرده‌اند.[۴] اما در موارد دیگر، تعالیم دینی خانواده و تأکید آنها بر حرام بودن علاقه به هم‌جنس، افراد را به طور جدی دچار حس گناه کرده است. دنیا روایت می‌کند:

> من با مادرم خیلی رابطه‌ام خوب بود. خیلی مادرم را دوست داشتم. یعنی شاید تنها کسی که تو خانه برایش درد دل می‌کردم مادرم بود. آمدم بهش گفتم [که عاشق دختر شده‌ام]، خواستگار هم تا دلت بخواهد داشتم. خیلی شیطان بودم. مادرم دو سه تا کشیده بهم زد گفت یعنی

---

۳ به نقل از هم‌جنس‌گرایی و تجدد (۵)، ریشه‌های هوموفوبیا، نوشته تامس هریسون، ترجمه عبدی کلانتری، قابل دسترسی در:
http://zamaaneh.com/nilgoon/2009/08/print_post_173.html

۴ مصاحبه با هیوا، شش‌رنگ و عدالت برای ایران.

چه؟ این حرف‌ها چیه؟ خدا قهرش می‌گیرد. فردا فلانت می‌کنند. آویزانت می‌کنند. خدابیامرز بسیار مذهبی بود. من راستش را بخواهی ترسیدم. خیلی ترسیدم. یعنی ان‌قدر ترسیدم که فکر می‌کردم هر لحظه هر دختری را نگاه می‌کنم، الان خدا من را سوسک می‌کند. دو هفته بعد [دختری که عاشقش شده بودم]، خودش راغب شد، بوسیدمش. ان‌قدر لذت به من داد که با خودم گفتم خداوند خیلی برای من عزیز است، ولی این فکر را که سوسک می‌شوم و همه را گذاشتم کنار. گفتم بگذار بشوم... مادرم این‌ها فهمیدند، یعنی تلفنی صحبت می‌کردم، مادرم که فهمید خیلی ناراحت شد. خیلی باهام دعوا کرد، گفت خدا شفا می‌دهد، خدا بزرگ است. گفت از خدا بخواه بهت کمک کند که این مسئله را بگذاری کنار. من نمی‌توانم بفهمم این چیزی که تو داری به من می‌گویی، یا داری دروغ می‌گویی، یک پسری را دوست داری، نمی‌خواهی حالا با این فلانی ازدواج کنی، من نمی‌توانم درکت کنم. نمی‌توانم بفهممت. اما هرچیزی که هست نماز بخوان، از خدا بخواه بگذاری کنار. به خدا نماز جعفر طیار خواندم. چهار هفته نماز جعفر طیار خواندم.[۵]

مهیار که ترنس‌مرد است، برای از میان بردن احساس گناهی که از سوی خانواده به او القا شده، هم به توبه و نماز روی آورده و هم تلاش کرده تا با پسری وارد رابطهٔ عاطفی شود و بر گرایش جنسی‌اش که خانواده وی آن را "تلقین" می‌نامیده‌اند غلبه کند:

اول مادرم بود که برایش همه چیز را گفتم. دومین کسی که برایش تعریف کردم پدرم بود، که پدرم موضوع را سرسری گرفت و فکر کرد تلقین می‌کنم. سومین کسی که برایش گفتم دوست دختر اولم بود. مادرم با تعجب نگاهم کرد و سعی کرد دوستانه و با محبت ازم سوال کند که تو چرا [چنین چیزی را] احساس می‌کنی؟ شاید به‌خاطر این است که جامعه و جو جوری است که مرد قدرت دستش است یا مرد است که همه چیز تو دست‌هایش است و سلطه دارد. شاید به‌خاطر این

۵ مصاحبه با دنیا موحد، شش‌رنگ و عدالت برای ایران.

است که تو احساس می‌کنی می‌خواهی مرد باشی و حرفت را به کرسی بنشانی. همه‌اش می‌خواست دنبال دلیل و سببی بگردد که من را قانع کند که این یک نوع تلقین است. پدرم هم بارها نشست با من صحبت کرد که این‌ها تلقین است. می‌دانم چرا. چون تو دوست نداری روسری سرت کنی، دوست داری موتورسواری و دوچرخه سواری کنی، این چیزها را می‌خواهی نمی‌توانی، حالا می‌خواهی بروی تو جلد مرد که این کارها را بکنی. ولی باور [کن] که این طوری نمی‌توانی باشی، چون از نظر بیولوژی دختر به دنیا آمدی و تو نمی‌توانی تو کار خدا دست ببری. این کار گناه است. این حرف‌ها گناه است. من می‌نشستم توبه می‌کردم. تسبیح دستم می‌گرفتم و دو سه ساعت می‌نشستم با تسبیح توبه می‌کردم. ای خدا اگر دفعهٔ دیگر یک دختر دیدم به چشم یک دختر، به چشم هم‌جنس نگاهش کنم. ولی باور کنید نه با تسبیح، نه با دعا، حتی بارها تو صورت خودم زدم جلوی آینه که این چه تلقینی است که توی تو وجود دارد؟ این چه چیزی است که توی تو وجود دارد؟ چرا نمی‌توانی ازش خلاص بشوی و مثل همهٔ آدم‌های دیگر زندگی کنی؟ من همه کار کردم و با خودم ان‌قدر مبارزه کردم. من همه کار کردم. حتی دوست پسر گرفتم. وقتی با مانتو روسری بودم کم نبودند کسانی که پیشنهاد دوستی و رابطه بهم می‌دادند. فکر می‌کردند خب کاملاً دختر است دیگر. من هم به‌خاطر مادرم و به‌خاطر این که دلم می‌خواست از این ناراحتی درش بیاورم گفتم یک بار امتحان می‌کنم، ببینم اگر با یک پسر صحبت می‌کنم اگر دستم را گرفت چه احساسی دارم. شاید به‌خاطر این که کسی دستم را نگرفته، بهم محبت نکرده یا اصلاً بغلم نکرده من همه‌اش فکر می‌کنم به دخترها علاقه دارم. تا جایی که دستم را گرفت، بغلم کرد، بوسیدم، ولی باور کنید وقتی چشم‌هایم را می‌بستم فکر می‌کردم یک دختر دارد بوسم می‌کند. دیگر دیوانه شدم، برگشتم [به اون پسر] گفتم کاش تو دختر بودی. گفت چرا؟ گفتم خب دیگر برو موهایت را بلند کن. می‌گفت آخر چرا؟ گفتم نمی‌دانم، وقتی تو بوسم می‌کنی احساس می‌کنم من مردم تو زنی. گفت چه عجیب است این حرفت. برایش خیلی تعجب‌آور بود. من

وقتی چشم‌هایم را می‌بستم می‌گفتم خب دختر است که دارد این کار را می‌کند. بعد از آن گفتم ببخشید من دیگر نمی‌توانم. گفت چرا نمی‌توانی؟ برای چه نمی‌توانی؟ من عاشقت شدم و دوستت دارم. گفتم آدم با یک بوس کردن عاشق کسی نمی‌شود. من اشتباه کردم. دیگر از این بیشتر نمی‌خواهم جلو بروم. تا این جا ما تلاش‌مان را کردیم.[۶]

باورهای مذهبی برخی از مصاحبه‌شوندگان ما موجب شده تا خود را سال‌ها از ایجاد هر نوع رابطه‌ای با هم‌جنس محروم کنند. سارا فخرالدین که خود را لزبین می‌داند، تا سن بیست و سه سالگی و بنا به اعتقادات مذهبی‌ش از ورود به رابطه پرهیز کرده است. سارا این دوره را چنین ترسیم می‌کند:

من یک دختر خیلی مذهبی بودم، در واقع از چهارده سالگی مذهبی شدم و چند سالی طول کشید. تو آن دوره هم من متون مذهبی اصیل اسلامی را خواندم و به هر حال خیلی اطلاعات در زمینهٔ تاریخ و مسائل دیگر کسب کردم، که من را به جایی رساند که الان هستم. ولی یادم است همیشه این گرایشم را قبول داشتم. یعنی با وجود این که مذهبی بودم ولی خودم را پذیرفته بودم که این جوری‌ام. اما با خودم فکر می‌کردم من اگر بخواهم یک زمانی یک پارتنر بگیرم با هم رابطهٔ جنسی نخواهیم داشت، به‌خاطر این که این توی شرع اسلام حرام است. ولی خود گرایشم را پذیرفته بودم که این طوری‌ام و نمی‌توانم عوض شوم و نمی‌خواهم عوض شوم. با وجودی که خودم را پذیرفته بودم و با وجودی که مشکلی با گرایشم نداشتم، حالا سکس به کنار، یادم است تقریباً تو سن سیزده- چهارده سالگی هوموفوبیا داشتم. چرا؟ چون یادم است یک بار، تلویزیون که نگاه می‌کردیم، یک خوانندهٔ مرد بود که دختر‌خاله‌ام برگشت گفت این گی است. بعد من چون از گرایشم خبر داشتم... وقتی یک همچین مواردی را می‌دیدم، نمی‌دانم چطور توضیح بدهم، یک حس ترس درونی به من دست می‌داد. قشنگ یادم است آن شب که من برگشتم به دختر‌خاله‌ام گفتم این را نمی‌خواهم ببینم. گفت چرا؟ یادم است با این که گرایشم را پذیرفته بودم، گفتم نمی‌دانم،

---

۶ مصاحبه با مهیار ضیایی، شش‌رنگ و عدالت برای ایران.

این خیلی وحشتناک است. بعد دخترخاله‌ام خندید گفت این که وحشتناک نیست. این که به دخترها کاری ندارد. این تو همان سیزده چهارده سالگی، می‌خواهم بگویم با این که من از ده سالگی آن فانتزی‌ها را داشتم و خودم را پذیرفته بودم، باز این یک ترس ناخودآگاه درونم بود، و این تجربهٔ هوموفوبیک من است که قشنگ یادم مانده.[۷]

بنا به روایت‌های دیگر، اعتقادات مذهبی اگرچه فرد را از برقراری رابطه محروم نکرده است، اما موجب شده تا در طول رابطه به طور دائمی دچار حس گناه باشد. شهرزاد دربارهٔ دوست‌دختر مذهبی‌اش می‌گوید: "عشق زندگیم صبح بغلمه، ظهر سر سجاده طلب عفو گناه می‌کنه."[۸]

برخی از ترنس‌سکشوال‌هایی که در این تحقیق با آنها مصاحبه کرده‌ایم، نفرت شدید خود از هم‌جنس‌گرایی و انکار این که رابطه‌هایشان، پیش از تغییر جنسیت هم‌جنس‌گرایانه نبوده و تنها جنسیت واقعی‌شان با جنسیت بیولوژیکی شان تفاوت داشته را با باورهای مذهبی خود توضیح می‌دهند. علی راد که با دختری مذهبی رابطه داشته و پس از تغییر جنسیت با او نامزد کرده است، برای توجیه این رابطه بر تفاوت جدی میان هم‌جنس‌گرایی و ترنس‌سکشوالیتی تأکید می‌کند:

من با یه خانمی دوست بودم (دوست همکلاسیم بود). شش سال با هم دوست بودیم.بعد من و ایشون خب با هم نزدیکی می‌کردیم. اولش از نزدیکی شروع نشد، از رابطهٔ عاشقانه، دوستانه، عشق‌بازی شروع شد. هیچ وقت توی این شش سال اون خانم تن من رو ندید؛ من همیشه با یه رکابی و یه شلوارک بودم. یه دانشگاه قبول شدیم، من ازش خجالت می‌کشیدم توی دانشگاه با اون تیپ، هم‌شکل اون برم. فقط تنها تفاوتی که به من حس خوبی می‌داد این بود که اون چادری بود و من نبودم و این حس رو به من می‌داد که این زنه و من خودم... یعنی می‌دونی چی می‌گم؟ نمی‌دونم چه جوری بگم... یعنی هی دنبال تفاوت‌ها بودم که بگم من با تو فرق می‌کنم عزیزم، من با تو متفاوتم، که این تفاوت رو

---

۷ مصاحبه با سارا فخرالدین، شش‌رنگ و عدالت برای ایران.

۸ مصاحبه با شهرزاد، شش‌رنگ و عدالت برای ایران.

خودش هم می‌دونست. از اول رابطه‌مون این تفاوت رو خودش حس می‌کرد که خودش از من می‌خواست که پیش دکتر برم. فکر می‌کردیم که من دارم دچار یه انحراف اخلاقی می‌شم و تو اوج لذت‌مون با همدیگه گریه می‌کردیم که ما داریم گناه می‌کنیم، ما داریم اشتباه می‌کنیم. چرا ما این شکلی‌ایم؟ چرا ما با دنیا فرق داریم؟ من فکر می‌کنم تفاوت هم‌جنس‌باز با تی‌اس، یه تفاوت خیلی بزرگش اینه که تی‌اس از جسمش بیزاره و هر کاری می‌کنه برای این که جسمش رو تغییر بده. ...اون خانم که از اول مذهبی بود. من به شدت ایشون مذهبی نبودم، پایبند نبودم. حالا این که نماز سر وقت حتمن بخونم، این طور نبودم، ولی خب، مسایل مذهبی و اعتقادی و مسایل مربوط به اسلام برام خیلی مهم بود؛ خیلی. اصلن دلم نمی‌خواست گناه کنم. ولی مثل این که خب، داشتم می‌کردم این کار رو. احساس عذاب وجدان بهم دست می‌داد. اما اگر در جسم مخالف خودم بودم اون عذاب روحیه نبود دیگه حداقل. اون خجالتی که من از دوستم می‌کشیدم نبود. اینا نبود، اینا کم‌تر بود، یعنی اصلن نبود. اون احساس گناهه بود، ولی اون احساس عذابی که من داشتم، اون نبود. من احساس می‌کردم ایشون رو هم دارم به راه منحرف می‌کشونم. چون خیلی دوستش داشتم، اصلاً دلم نمی‌خواست منحرف بشه. احساس می‌کردم من دارم این کار رو باهاش می‌کنم و چه ظلمی دارم بهش می‌کنم.[۹]

نیما هم که به تازگی خود را ترنس‌سکشوال تعریف می‌کند و در ایران زندگی می‌کند، با نفرتی برخاسته از تعالیم دینی، میان رابطهٔ یک ترنس با هم‌جنس خود و رابطهٔ هم‌جنس‌خواهانه شکافی جدی قائل می‌شود:

چون اصلاً از این قشر [هم‌جنس‌گراها] خوشم نمیاد، اصلاً نخواستم بهشون نزدیک بشم. اصلاً کاری به جامعه و دین و مین و اینا ندارم، تو ذهن خودم، به نظر من قشر فوق‌العاده کثیفی‌ان. چون من این نظرمه که وقتی خدا اومده یه مرد و یه زن رو آفریده، خب، از همون اول یه نفر رو می‌آفرید. وقتی که میاد یه مرد و یه زن رو می‌آفرینه خب، مگه...

۹ مصاحبه با علی راد، شش‌رنگ و عدالت برای ایران.

به نظر من مگه مردی که بیاد با یه مرد ارتباط برقرار کنه، به نظر من، خیلی لزجه. اون می‌تونه بیاد از زیبایی یه زن استفاده کنه، لذت دو طرفه ببرن؛ مذکر و مونث. پس چرا اصلاً مذکر و مونث هست؟... همیشه توی ذهن خودم خیلی فکر می‌کردم که نکنه من مثلاً این جوری‌ام، اما وقتی که گرایشای خودم، اعتقادات خودم رو دیدم، متوجه شدم که نه، من از اون دسته نیستم.[۱۰]

چنین به نظر می‌رسد که برای برخی از ترنس‌ها که باورهای جدی مذهبی دارند، قائل شدن به تمایز میان رابطهٔ هم‌جنس‌خواهانه و رابطه‌ای که فرد ترنس حتی پیش از تغییر جنسیت با هم‌جنس خود دارد، این افراد را از احساس گناه و "آلودگی" رها می‌کند. انگیزهٔ این افراد برای تغییر جنسیت، قطعاً با اعتقادات مذهبی‌شان نیز هماهنگ است. پگاه که ترنس‌زن است، از احساساتش به مردان زمانی که خودش هنوز مرد بوده چنین می‌گوید:

فکر می‌کنم از سن دوازده یا سیزده سالگی، نمی‌دانم شاید کوچک‌تر، دقیق یادم نیست، حس گناه داشتم. چون فکر می‌کردم من یک پسرم، باید پسر باشم. چرا من همکلاسی‌ام را دوست دارم؟ چرا دوست پسرداییم که از من بزرگ‌تر بود، می‌آمد خانهٔ ما، او را دوست دارم؟ چرا اگر پسر همسایه می‌خواهد باهام رابطهٔ جنسی داشته باشد به جای این که بدم بیاید خوشم می‌آید؟ درست است ردش می‌کردم، درست است به مامانم می‌گفتم این آمده این پیشنهاد را به من کرده و بیچاره تنبیه هم می‌شد، ولی دروناً احساس خوبی داشتم و این احساس من گناه بود، به‌خاطر این که فکر می‌کنم اجتماع حالا یا دین خانوادگی یا فرهنگ اجتماعی ایرانی به من قبولانده بود که این اشتباه است. تو کتاب‌های دینی‌مان حرفش بوده. بنابراین یک بچهٔ ده ساله احساس گناه می‌کرد. چیزی که الان تو بچه‌های ده سالهٔ کشور کانادا ممکن است پیدا نکنی. هر روز تو تلویزیون‌هایشان می‌بینی که دارند می‌گویند که حواس‌تان باشد اگر کسی این جوری بود گناهکار نیست. ولی فرهنگ ما تو زمان من مخصوصاً می‌گفت که من گناهکارم و من هم

۱۰ مصاحبه با نیما، شش‌رنگ و عدالت برای ایران.

> این را باور داشتم. یعنی باور من این بود که من دارم اشتباه می‌کنم. احساس من گناه است... آن چیزی که والدین من بهم یاد دادند، آن چیزی که جامعه به من یاد داده این بوده که تو قرآن گفته این گناه است. طبعاً اگر دکتر به من می‌گفت تو یک هموسکشوالی [هم‌جنس‌گرا]، من هنوز این مشکل را تو ایران داشتم. ولی اگر دکتر این جا بهم می‌گفت هموسکشوالی، مسلماً خب به من می‌گفت هموسکشوالم. هیچ مشکلی نداشت. تفاوت جغرافیایی، یعنی جایی که من زندگی کردم این مشکل را برای من ایجاد می‌کرد که اگر هم به من می‌گفتند تو هموسکشوالی، من هنوز آن مشکلات و گناه را با خودم داشتم. همین که دکتر به من گفت که تو ترنس‌سکشوال هستی، من تصمیم نگرفتم عمل کنم. من فقط بارم را برداشتم. من فقط فهمیدم کی هستم. فقط آن بار گناه برداشته شد؛ این که احساساتی که به یک مرد داشتم گناه نبود. تازه شروع کردم با خودم حرف زدن.[11]

احساس گناه نسبت به روابط هم‌جنس‌گرایانه آنقدر شدید است که نه فقط افراد را به سمت تغییر جنسیت سوق می‌دهد، بلکه در مواردی می‌تواند آنها را به دلایل مشابه از تغییر جنسیت منصرف کند. سلماز دربارهٔ یکی از دوستانش چنین می‌گوید:

> از دوستانم، دختر ترنسی بود که کلی تلاش کرده بود که عمل کند. هورمون‌تراپی هم داشت می‌کرد که مرد بشود. بعد عاشق یک پسر شده بود. بعد یک دید مذهبی هم داشت که [می‌گفت] الان این گناه است و خدا آمده الان من را مجازات کند، به‌خاطر این کارم که به من بفهماند که تو دختری. نباید بروی عمل کنی، برای همین من عاشق یک مرد شده‌ام. این الان عذاب من است، به‌خاطر گناه‌هایی که کرده‌ام. بعد این کاملاً رفتار پسرانه [داشت]، تا قبل از آن دوست داشت عمل کند ولی به‌خاطر گرایشی که بعد از آن به مرد پیدا کرده بود فکر می‌کرد دیگر نباید عمل کند. چون گرایشش به مرد است. کلاً هم‌جنس‌گرایی هم برایش تابو بود و این که گناه است هم‌جنس‌گرایی.[12]

---

۱۱ مصاحبه با پگاه، شش‌رنگ و عدالت برای ایران.
۱۲ مصاحبه با سلماز، شش‌رنگ و عدالت برای ایران.

اما چنان که گفته شد، همهٔ هم‌جنس‌خواهان و ترنس‌جندرهایی که عقاید مذهبی دارند، تنها راه‌حل را در تغییر جنسیت نمی‌بینند. برخی از مصاحبه شوندگان این تحقیق، راه‌های دیگری برای آشتی دادن مذهب با گرایش جنسی خود پیدا کرده‌اند. علی به دفتر آیت‌الله صانعی رفته و توانسته است از او تأیید بگیرد که گرایش جنسی‌اش مخالفتی با اسلام ندارد. علی ملاقاتش با آیت‌الله صانعی را چنین توضیح می‌دهد:

من مسلمان هستم، شیعه هم هستم، اعتقادات خودم را دارم. نسبتاً در حد خودم آدم معتقدی هستم. در قم به دفتر آیت‌الله صانعی رفتم، و سوال کردم. خیلی شفاف صحبت کردم باهاشان. نشستم گفتم من هموسکشوال هستم. یک ذره فکر کرد گفت هم‌جنس‌بازی؟ گفتم هم‌جنس‌گرا هستم. گفت خب. گفتم من این جوری هستم، ولی چون مسلمانم برای من یک سری چیزها می‌خواهم باشد... شروع کرد صحبت کردن، قرآن و خط قرمز و احادیث. گفت من دوست دارم حرف‌های تو را هم بشنوم. من هم حرفم را گفتم از نظر پزشکی و احساسی... در آخر می‌دانی به من چی گفت؟ ایشان به من فرمودند "شما در حد نیازتان سکس بکنید، نه کمتر نه بیشتر، و زندگی عادی‌تان را پیش بگیرید. شما هیچ مشکلی ندارید. شما زندگی‌تان را بکنید. گی هستید که باشید. زندگی‌تان را بکنید. هیچ مشکلی ندارد. ولی ما به‌خاطر مسائلی که توی ایران هست نمی‌توانیم این موضوع را بیان بکنیم و بگوییم هم‌جنس‌گرایی اشکال ندارد. اگر بخواهیم همچین چیزی را بگوییم مثل سرنوشت کسانی که چیزهای دیگر را گفتند، حالا مثلاً آقای منتظری [گرفتارش می‌شویم]." [پایان نقل قول از آیت الله صانعی] حالا وارد سیاست نمی‌خواهم بشوم، ولی خب آره من الان با توجه به وضعیتی که ایران دارد، رژیمی که روی کار هست، رژیم جمهوری اسلامی که حکم‌هایی که آن جا هست از روی اسلام دارد پیاده می‌کند، لواط کار باید اعدام شود، شلاق، سنگ‌باران، این حدها هست. من فکر می‌کنم تا زمانی که این حکومت باشد و این که چون نگذاشته‌اند فرهنگ‌سازی بشود که یک آدم‌هایی تو اجتماع هستند که ترنس‌سکشوال هستند، یک آدم‌هایی دوجنسه هستند، یک آدم‌هایی

هستند گی. خب این‌ها هم حق و حقوقی دارند. یک چیزهایی باید رعایت بشود. باز در چارچوب خودش، در چارچوب‌های خاص. این عقیدهٔ من است. در یک چارچوب‌های خاص. ولی تا زمانی که دولت جمهوری اسلامی بر سر کار است، نمی‌شود.[۱۳]

در حالی که علی توانسته هر چند شفاهی و بدون پشتوانه و تضمین قانونی، مجوز رابطهٔ هم‌جنس‌خواهانه در حد ضرورت را بگیرد، آرش بینش پژوه که خود را گی معرفی می‌کند، از ملاقات با رییس دفتر آیت‌الله صانعی، نتیجه‌ای متفاوت گرفته است:

با بچه‌های گی‌لایف بودیم. بچه‌های تهران بودند و شیراز. اکیپ شدیم و رفتیم دفتر صانعی. رفتیم داخل دفتر، گفتیم با حاج آقا کار داریم. گفتند نیستش. ولی رئیس دفترش هستند، می‌توانید با ایشان صحبت کنید. رفتیم اتاق رئیس دفتر، یک آقای سیاه‌چهره بودند. بهش گفتیم ما سه چهارتایی که این جا هستیم گی هستیم. هم‌جنس‌گراییم. اسلام حکمش در مورد ما چیست؟ کاری که ما می‌کنیم چرا شما می‌گویید گناه است؟ ما دوست داریم. حسی هم به دختر نداریم. همان آخوند در جواب به ما گفت شما مشکلی ندارد، می‌توانید با هم باشید، ولی می‌توانید همدیگر را بوس کنید، همدیگر را بغل کنید، ولی در صورتی که دخول حاصل نشود. و وقتی که همدیگر را بوس می‌کنید حس شهوانی بهتان دست ندهد. گفتم حاج آقا نمی‌شود. من دستم را به [دوست‌پسرم] می‌زنم ناخودآگاه شهوانی می‌شوم. گفت نه دیگر. وقتی همدیگر را بغل می‌کنید نباید حس شهوانی بهتان دست بدهد. چند وقت پیش هم من به سایت آقای خامنه‌ای نامه زدم. قسمت استفتائات دارد. زدم که سلام علیکم حضرت آیت‌الله عظمی خامنه‌ای. جوانی هستم بیست و پنج ساله، ساکن تهران. خانواده‌ام من را شدیداً تحت فشار ازدواج با یک دختر قرار داده‌اند، اما من متأسفانه حسی به دختر ندارم. گناه من چیست؟ باید چه کار کنم؟ بعد از دو هفته جوابش را داد آقای خامنه‌ای. حالا معاونش بود یا خودش. هنوز عکسش را تو خانه

---

۱۳ مصاحبه با علی، شش‌رنگ و عدالت برای ایران.

دارم. نوشته بود که این کار شما خلاف شرع است و جایز نیست با پسر ارتباط بگیرید و باید به صورت قانونی اسلامی با یک دختر ازدواج کنید.[۱۴]

سارا که لزبین است، توانسته پس از مدت‌ها مطالعه میان دین‌داری و گرایش جنسی خود به نوعی سازگاری برسد:

تقریباً از بیست و دو- سه سالگی بود که مشکلم حل شد. یک مقدار از عقاید مذهبی‌ام تعدیل پیدا کرد و دیگر با کل مسئلهٔ هم‌جنس‌گرایی حالا چه رابطهٔ عاطفی با یک زن، چه رابطهٔ جنسی با یک زن مشکلی نداشتم. من چون تقریباً دورهٔ دبیرستان همان تا حدود بیست سالگی خیلی دغدغه‌ام بود. یعنی می‌خواستم این از لحاظ مذهبی برایم حل بشود. بعد و خب دنبالش بودم دیدم توی قرآن و روایات. یعنی من قشنگ کتاب‌های روایی را گشتم و هیچ موردی پیدا نکردم دلیل بر این که هم‌جنس‌گرایی زنان یا مساحقه به اصطلاح خودشان مشکلی داشته باشد. دیدم بله، تو روایتی هست که به هر حال ضعیف‌تر به حساب می‌آیند، حتی از دید کسانی که اهل روایت و حدیث هستند. یادم است که وقتی قرآن می‌خواندم به این مسئله توجه می‌کردم که هیچ جا از هم‌جنس‌گرایی زنان چیزی گفته نشده و ما فقط هم‌جنس‌گرایی مردان را در مورد قوم لوط داریم. چون آن موقع خیلی قرآن‌خوان بودم این مشکل برایم برطرف شد. به اضافه فکر کردم اگر من این جوری‌ام چه اشکالی دارد؟ خدا این را تو وجود من قرار داده. خب حتماً خواسته این جوری باشم.[۱۵]

---

۱۴ مصاحبه با آرش بینش‌پژوه، شش‌رنگ و عدالت برای ایران.

15 مصاحبه با سارا فخرالدین، شش‌رنگ و عدالت برای ایران.

فصل سوم

خشونت، آزار و شکنجه مبتنی بر
گرایش جنسی یا هویت جنسیتی

جامعه ایران، جامعه‌ای مهربان و مداراگر با تفاوت‌ها نیست. هرگونه تفاوتی با اکثریت، از تفاوت لهجه و گویش گرفته تا تفاوت‌های مبتنی بر ناتوانی‌ها و کم‌توانی‌های جسمی می‌تواند به بهانه‌ای برای تحقیر، توهین، تبعیض و اعمال خشونت بدل شود. در چنین شرایطی پیداست افرادی که به‌دلیل گرایش جنسی یا هویت جنسیتی‌شان ظاهر و رفتارهایی متفاوت با اکثریت دگرجنس‌گرای جامعه دارند، با برخوردهایی به مراتب شدیدتر مواجه شوند. میزان و شدت خشونت‌های اجتماعی، در پرتو قوانین ناعادلانه‌ای که هرگونه بروز و خارج شدن از مرزهای سخت کشیده شده بین دو جنس زن/ مرد را مجازات می‌کنند، تشدید و حمایت نیز می‌شود. نیروهای انتظامی که مسئول حمایت از حقوق کلیه شهروندان در برابر آزار و اذیت و نقض حقوقشان هستند، خود یکی از نیروهای اصلی نقض حقوق، و حتی شکنجه افراد به دلیل پوشیدن لباس یا داشتن ظاهر متفاوت با تعاریف موجود و یا ظن داشتن روابط هم‌جنس‌گرایانه هستند. در چنین فضایی، ناگفته پیداست حتی مرتکبان جرائم بزرگی چون تجاوز به اعضای این گروه اجتماعی، از پیگرد قانون، محاکمه و محکومیت، مصون خواهند ماند. در این فصل مروری خواهیم داشت بر خشونت‌های اجتماعی، حجاب اجباری و اثرات اعمال سخت‌گیرانه آن بر زندگی اقلیت‌های جنسی و آزار و اذیت نیروهای انتظامی و قضایی که به دلیل گرایش جنسی یا هویت جنسیتی افراد اعمال شده است.

بخش اول: خشونت‌های اجتماعی

تو زنی، مردی، دوجنسه‌ای؟!
(آکان محمدپور)

هموفوبیا و ترنس‌فوبیا کم و بیش در سرتاسر جهان وجود دارد. حتی در کشورهایی که از جانب قانون تبعیض و خشونتی علیه هم‌جنس‌گرایان اعمال نمی‌شود هم‌جنس‌گرایان و ترنس‌جندرها، به کرات و به اشکال متفاوت به دلیل گرایش جنسی یا هویت جنسیتی خود قربانی خشونت اجتماعی می‌شوند. با این همه، در بسیاری از کشورها قوانینی وضع شده که هم‌جنس‌گرایان و ترنس‌جندرهایی را که تحت خشونت ناشی از هموفوبیا و ترنس‌فوبیا قرار گرفته‌اند تحت حمایت قرار می‌دهد و با عاملان آن به‌عنوان متخلف برخورد می‌کند. اما در ایران، از آن جایی که هم‌جنس‌گرایی ممنوع بوده و روابطه هم‌جنس‌گرایانه و مبدل‌پوشی جرم به شمار می‌رود، هم‌جنس‌گرایان و ترنس‌جندرهایی که به دلیل هویت جنسیتی یا گرایش جنسی خود قربانی خشونت‌های اجتماعی می‌شوند، نه تنها امکان طرح شکایت به نیروی انتظامی و سایر مراجع قانونی را ندارند، بلکه برعکس، همواره با این ترس مواجهند که عاملان خشونت، خود دربارهٔ گرایش جنسی یا هویت جنسیتی آنها به پلیس گزارش دهند و "قربانی" خشونت، تبدیل به "متهم" و حتی "مجرم" شود.

کودک و نوجوان هم‌جنس‌گرا یا ترنس‌جندر، از همان بدو ورود به اجتماع بزرگتر که با رفتن به مدرسه شروع می‌شود، به دلیل تفاوت‌های ظاهری و یا تمایلات خود، مورد تحقیر، آزار و خشونت قرار می‌گیرد. نظام آموزشی در کلیت خود هم‌جنس‌خواهی را به‌عنوان نوعی انحراف می‌نگرد که باید به هر نحو ممکن و حتی با توسل به خشونت از بروز آن در فضاهای آموزشی جلوگیری کرد. نظام آموزشی ایران در مقطع تحصیلات ابتدایی، راهنمایی و متوسطه، یک نظام تک‌جنسیتی است و مدارس دخترانه و پسرانه کاملاً از یکدیگر جدا هستند. این گونه است که بسیاری از افرادی که هویت‌های جنسیتی میانی یا

متفاوت دارند (ترنس‌جندرها)، تنها به دلیل هویت جنسیتی خود قربانی محدودیت، محرومیت و یا حتی خشونت می‌شوند. افزون بر حجاب اجباری، به‌عنوان یکی از عوامل اصلی آزار ترنس‌جندرها و لزبین‌ها که در بخش بعد به تفصیل مورد بررسی قرار خواهد گرفت، بسیاری از مصاحبه‌شوندگان این پژوهش، تجربیات دردناکی از برخوردهای تحقیرآمیز و آزارندهٔ معلمان، سایر مسئولان آموزشی و افراد مختلف در اجتماع به دلیل هویت جنسیتی یا گرایش جنسی متفاوتشان دارند. تعداد قابل توجهی از آنان در نتیجهٔ فشارهای اجتماعی ناچار شده‌اند بارها کار و مدرسهٔ خود را عوض کنند، گروهی از آنها مجبور به ترک تحصیل شده‌اند و برخی را هم از کار یا مدرسه اخراج کرده‌اند. آن دسته از مصاحبه‌شوندگان هم که به دانشگاه رفته‌اند، مواردی از تجربهٔ برخوردهای ناخوشایند را از سوی مسئولان دانشگاه گزارش کرده‌اند.

تجربهٔ اولین عشق یا اولین تحقیرهای اجتماعی برای بسیاری از مصاحبه شوندگان ما در مدرسه رخ داده است. محیط مدرسه، دبیرستان و دانشگاه، فضایی ظاهراً یکدست و همگون دارد و همین موجب شده است که احساس تفاوت و "دیگری" بودن در افرادی چون مصاحبه‌شوندگان ما به سرعت قابل لمس و تقویت شود. در مقابل، ظاهر و رفتار متفاوت این افراد موجب شده تا از سوی همکلاسی‌هایشان با رفتارهایی تحقیرآمیز، طردکننده، خشونت‌بار و گاه حتی متجاوزانه روبه‌رو شوند. مسئولان این نهادها هم با ارائهٔ گزارش به خانواده‌ها و هشدار به آنان و یا تهدید به اخراج و حتی دستگیری، شرایط زندگی این افراد را در محیط خانواده هم دشوارتر کرده‌اند.

مصاحبه‌های این تحقیق هم‌چنین نشان می‌دهد همجنس‌گرایان و ترنس‌جندرها از آن جا که هویتی متفاوت با هنجارهای حاکم اجتماعی دارند، به اشکال مختلفی مورد خشونت قرار می‌گیرند و بالاجبار از شکایت به مراجع قانونی خودداری می‌کنند. در معدود مواردی که خشونت در شدیدترین شکل خود یعنی تجاوز بروز یافته است، شکایت مصاحبه‌شوندگان به نتیجه‌ای نرسیده است و مرتکبان تجاوز، در نتیجهٔ پیش‌داوری‌ها و باورهای حاکم بر ذهن مقامات مسئول، از نوعی مصونیت قضایی برخوردار شده‌اند.

تحقیقات دانشگاهی که توسط جامعه‌شناسان، روان‌شناسان، روان‌پزشکان و پزشکان قانونی در ایران منتشر شده‌اند، ضمن این که بر اعمال خشونت شدید

خانوادگی بر ترنس‌سکشوال‌ها (تبدل‌خواهان‌جنسی) صحه می‌گذارند، یکی از دلایل این خشونت را عدم آگاهی جامعه دربارهٔ ترنس‌سکشوالیتی و اشتباه گرفتن آن با "هم‌جنس‌بازی" دانسته‌اند. به این ترتیب، سویهٔ تحقیقات دانشگاهی در مورد هم‌جنس‌گرایان به این سمت است که گویی خشونت خانوادگی علیه هم‌جنس‌گرایان، امری مشروع و موجه است و تنها مشکل این جاست که ترنس‌سکشوال‌ها نیز "اشتباهاً" و به دلیل ناآگاهی اجتماعی، مورد خشونتی قرار می‌گیرند که سزاوار آن نیستند. مقاله‌ای که حاصل یک پژوهش میدانی و مصاحبه با ۴۰ نفر از ناراضیان جنسی[۱] است و در فصلنامهٔ علمی پژوهشی رفاه اجتماعی، از انتشارات دانشگاه علوم بهزیستی و توان‌بخشی وابسته به سازمان بهزیستی منتشر شده، مثالی گویا در این زمینه است. نتایج مقاله حاکی از آن است که والدین هفتاد درصد از پاسخ‌دهندگان تحقیق، وقتی از تمایل فرزندان‌شان برای تغییر جنسیت مطلع شده‌اند واکنشی خشمگین و سرکوب‌گر از خود نشان داده‌اند[۲]. این تحقیق برخورد مردم عادی با تغییرجنس‌خواهان پاسخ‌دهنده را چنین توصیف می‌کند:

"آنها از من می‌ترسند (۵۷ درصد)؛
رفتاری توهین‌آمیز دارند (۵۶ درصد)؛
از ارتباط با من می‌پرهیزند (۵۷ درصد)؛
احساس ترحم می‌کنند (۴۹ درصد)؛
از من متنفر هستند (۴۴ درصد)؛
با من مثل یک بیمار رفتار می‌کنند[۳] (۳۸ درصد)؛
مرا گناهکار می‌دانند (۳۸ درصد)؛
با من مثل یک مجرم برخورد می‌کنند (۳۳ درصد)."[۴]

---

۱ این اصطلاحی است که مقالهٔ یاد شده برای ترنس‌سکشوال‌ها استفاده کرده است.

۲ جواهری، فاطمه، کوچکیان، زینت، "اختلال هویت جنسیتی و ابعاد اجتماعی آن: بررسی پدیدهٔ نارضایتی جنسی در ایران"، فصلنامهٔ علمی پژوهشی رفاه اجتماعی، سال پنجم، شماره ۲۱، تابستان ۱۳۸۵، ص ۲۸۱.

۳ اشاره به این نکته لازم است که در جامعه ایران متاسفانه فرهنگ رفتار با بیماران و توان‌خواهان، رفتاری عموما تحقیر آمیز است و رابطه برابر با بیماران به ندرت برقرار می‌شود.

۴ جواهری و دیگران، همان، ص .۲۸۳

و در ادامه چنین نتیجه می‌گیرد: "احتمالا برخوردهای [نا]مناسبی مانند مجرم دانستن، گناهکار دانستن و ابراز تنفر اغلب از این دلیل سرچشمه می‌گیرد که اکثریت مردم نمی‌توانند بین تغییرجنس‌خواهی و هم‌جنس‌خواهی یا دوجنس-گرایی [دوجنس‌خواهی] تمایز قائل شوند. از این رو همان طور که گافمن اظهار کرده، فرایند داغ خوردن به جریان می‌افتاد."[۵]

به بیان دیگر، از نظر نویسندگان این مقاله "داغ ننگ" خوردن بر پیشانی هم‌جنس‌گرایان امری قابل درک است؛ داغ ننگی که معنایی جز تحقیر و نفرت اجتماعی ندارد. در این گفتمان، بیماری دانستن تغییرجنس‌خواهی و توصیف آن تحت عنوان بیماری و اختلال روانی رسمیت یافته است.[۶] یادآوری این نکته لازم است که در عرف و فرهنگ غالب ایرانی، بیماری هم‌چون نوعی ضعف و حتی گاه به‌عنوان عاملی شرم‌آور تلقی می‌شود. در برخی موارد ابتلای فرد به بیماری‌های متداول هم از سوی اطرافیان او پنهان و کتمان می‌شود. در چنین فضایی می‌توان تصور کرد که تبدل‌خواهان‌جنسی با چه فشارهای روحی سنگینی مواجه هستند.

یکی از فراگیرترین موارد خشونت که در بسیاری از مصاحبه‌ها به آن اشاره شده، "نگاه‌های مردم" است.[۷] شهادت‌های این تحقیق نشان می‌دهد که در جامعهٔ ایران، صرف داشتن ظاهری متفاوت با آن چه اکثریت مردم از آن جنسیت معین (زن یا مرد) انتظار دارند، موجب می‌شود که فرد مورد تمسخر و تحقیر مردم واقع شود. سئوال "تو پسری یا دختر؟!" به طور خاص بسیاری از ترنس‌جندرها را در محیط‌های اجتماعی آزار داده است. برای نمونه، نینا می‌گوید:

---

۵ همان.

۶ ترنس‌جندر بودن از سال ۲۰۱۲ و بر مبنای کتاب راهنمای تشخیص و آماری اختلال‌های روانی (DSM-5) که از سوی انجمن روان‌پزشکی امریکا و با کمک سازمان بهداشت جهانی منتشر می‌شود، اختلال هویت جنسیتی [GID] محسوب نشده و از لیست بیماری‌های روانی خارج شده و زیر مجموعه آشفتگی یا نارضایتی جنسیتی [Gender Dysphoria] قرار دارد. برای اطلاعات بیشتر ر.ک:

Transsexualism, Service for the Transgender and Gender Diverse Community, March 2104, available at:
http://www.gendercentre.org.au/resources/fact-sheets/transsexualism.htm.

۷ به‌عنوان مثال ر.ک.: مصاحبه‌های آکان محمدپور، کاوه، فراز، آرمان، نینا، علی راد، سامان و....

من به‌خاطر ظاهری که داشتم خیلی تو چشم بودم. می‌گفتن مثلاً چرا شلوارش این‌طوریه؟ چرا همیشه شلوار می‌پوشه؟ موهاش چرا این مدلیه؟ یا اون موقع یادمه مدل میکروبی اومده بود، موهام رو درست می‌کردم، همه یا بهم می‌خندیدن یا می‌گفتن تو پسری یا دختری؟ هههههه. توی صورتم قشنگ می‌گفتن اینو... خیلی این "تو دختری یا پسری" رو شنیدم و همه هم فکر می‌کردن براشون چیز معمولی‌ایه و واقعاً هر یک باری که این شنیده شده یه ضربهٔ بزرگ بوده برای من. اولش می‌خواستم از اجتماع کناره‌گیری کنم، ولی بعدش دیدم باید توی اجتماع باشم که بتونم کار بکنم. بنابر این تا اون‌جا که تونستم فقط اطرافیانم رو که نزدیک‌تر بودن و حالا مجبور بودم باهاشون کار کنم، یه‌جورایی توجیه کردم. البته من با کسانی بیشتر ارتباط می‌گیرم که نخوان راجع بهم قضاوت کنند. سعی کردم اطرافیانم رو این‌طوری انتخاب کنم. دیگه جامعه رو کاریش نمی‌شه کرد. یه آدم معمولی هم شاید دچار فشارهای اجتماعی بشه، دیگه چه برسه به ماها که فشارهای اجتماعی رومون خیلی بالاست.[۸]

برخی از مصاحبه‌شوندگان این تحقیق، تنها به دلیل داشتن ظاهر و رفتاری که با کلیشه‌های جنسیتی سازگار نبوده است، یعنی صرفاً به خاطر بیان جنسیتی متفاوت، در مدرسه مورد خشونت قرار گرفته‌اند. برای برخی از آنها، این تجربهٔ این خشونت بسیار زود و از دوران دبستان شروع شده است. علی، پسری که هم‌جنس‌گراست، به یاد دارد که در دوران دبستان و با این استدلال که "به اندازهٔ کافی" مانند پسرها نبوده و رفتار و "دست‌هایش" دخترانه بوده‌اند، مورد تمسخر واقع می‌شده و یا کتک می‌خورده است. مسئولان مدرسه هیچ‌گاه عکس‌العملی در حمایت از علی از خود نشان نداده‌اند. او که به سختی از آن دوران سخن می‌گوید، برای ما چنین روایت می‌کند:

یک چیزهایی تو ذهن من مانده. خیلی نه، آن چیزی که خیلی تو ذهن من مانده، همان تنبیه رو به دیوار است. همان کتکی است که می‌خوردم. همان مسخره کردن. این‌ها تو ذهن من مانده. چیزهایی که

---

۸ مصاحبه با نینا، شش‌رنگ و عدالت برای ایران.

حتی مال خیلی سال پیش است ولی تو ذهن من مانده این‌ها بود. بعد که وارد دبستان شدم توی دبستان اذیت می‌شدم. حتی کتک هم می‌خوردم. بچه‌ها من را اذیت می‌کردند. البته کتکی که نه به آن شدت. یکهو یک سیلی تو گوشت بزنند، دنبالت راه بیفتند مسخره‌ات بکنند. آن موقع واژه‌های خاصی نبودند. یادم نمی‌آید زیاد. [مثلاً می‌گفتند] اینو نگاه کن، مثل دختراست. این‌ها ادامه داشت تا وارد دوران راهنمایی شدم. تو دوران راهنمایی مثلاً به من می‌گفتند علی خانم. همچین واژه‌هایی. همهٔ این مسائل بود تا وارد دبیرستان شدم. توی دبیرستان حتی به من می‌گفتند تو دوجنسه هستی. من می‌گفتم نه، آخه یعنی چی؟ من برای چه باید دوجنسه باشم؟ می‌گفتند تو برای چه ان‌قدر دست‌هایت دخترانه است؟ تو دختری. می‌گفتم من چه کار کنم؟ خب دست‌هایم ظریف است. چیز عجیبی است؟ خیلی برای شما عجیب است؟ فکر کنید تو دبیرستان بپیچد یک نفری هست مثل دخترهاست، دوجنسه است. هم‌جنس‌باز است از نظر آنها. خب این برای من خیلی سنگین بود. من خیلی ناراحت می‌شدم. حتی یک وقت‌هایی فکر می‌کردم نروم، ادامه تحصیل ندهم. از سوم دبیرستان بود که من دبیرستان را ول کردم و دیگر ادامه تحصیل ندادم به‌خاطر این موضوع. بارها و بارها حتی خانوادهٔ من را خواسته بودند. در صورتی که من کاری نمی‌کردم، خیلی مراقبت می‌کردم رفتارم را، ولی خب، باز از تویش یک چیزی در می‌آمد.[۹]

جداسازی جنسیتی در بسیاری از فضاهای عمومی، شرایط را برای آزار و تحقیر کسانی که در میانهٔ دو جنسیت غالب قرار دارند، بیشتر فراهم می‌کند. آرمان تجربهٔ خود را از شرکت در یک جشن عروسی در یک "تالار"، جایی که بر اساس قوانین جمهوری اسلامی، مجلس زنانه و مردانه کاملاً از هم جداست و داماد تنها مردی است که اجازه دارد وارد بخش زنانه شود چنین بیان می‌کند:

یک بار تو عروسی بودیم، عروسی یکی از بچه‌های فوتسال بود من هم با کت و شلوار رفتم. من و یکی از بچه‌های دیگر خیلی شبیه پسرها

---

۹ مصاحبه با علی، شش‌رنگ و عدالت برای ایران.

بودیم. خیلی هم دیر رفتیم و ته ته سالن نشستیم. خانواده هم یک مقدار مذهبی بود، ما که رفتیم همهٔ سرها برگشت این طرف. تو تالار [قسمت زنانه] اصلاً پسرها نمی‌توانند بروند. کارکنان موقع پذیرایی گفتند آقا برو بیرون! چرا آمده‌ای این جا؟ مربی فوتسال‌مان هم آن جا بود. گفت این‌ها شاگرد من هستند. چند تا حرف هم به او گفتند که همه‌تان با هم دروغ می‌گویید. ثابت کنید که پسر نیستید. بیا تو دستشویی ثابت کن. این وحشتناک است جلوی بقیهٔ بچه‌های تیم، مخصوصاً که من کاپیتان تیم بودم، حس حقارت بهم دست می‌داد. نرفتیم. خودش آمد به ما دست بزند که پسریم یا دختریم. خیلی حس بدی بود. زنه هم پیر بود. با این که می‌خواستم سرش را از تنش بکنم، چه بگویم به زن پیری که سواد هم ندارد. گفتم کارت نشان بدهم نگاه کن، گفت من سواد ندارم بخوانم. بیا برو تو دستشویی. خیلی بد بود. کمی گذشت [بالاخره باور کردند] و تو بلندگو اعلام کردند که از آن دو تا نترسید، پسر نیستند. چه حسی می‌تواند به آدم دست بدهد؟ گفتیم چه غلطی کردیم به‌خاطر احترام به این آمدیم عروسی. حالا دارند می‌گویند از آنها نترسید. ولی باز با این که این را گفتند باز اون زن گیر داده بود. من تا دو روز سردرد داشتم. گفتم هر کدام عروسی گرفتید من عروسی هیچ کدام‌تان نمی‌آیم، ناراحت هم نشوید. این بدترینش بود. یک بار هم تو باشگاه رفته بودم یکی که کشته‌مرده‌اش بودم را ببینم، یکی از خانم‌ها که تو باشگاه بود گفت یک چیزی بهت بگویم ناراحت نمی‌شوی؟ گفتم نگویید. گفت ان‌قدر شهامت نداری بشنوی؟ گفتم نمی‌خواهم بشنوم. گفت تو موهایت این جوری شده، تیپت ان‌قدر شبیه پسرهاست، من یک داروی گیاهی بهت می‌دهم، بهت می‌گویم برو آن دارو را بگیر که هورمون‌هایت درست بشود. حس خیلی بدی بود. پیش دوستم احساس کردم خیلی کوچک شدم. مخصوصاً هم که نسبت بهش چیزهایی بود، دوست نداشتم پیش او خیطم کند که کرد. حالا بعد او هم از من دفاع کرد ولی باز فایده نداشت. تعطیلات ترم یک

دانشگاهم در سوئد بود، ژانویه ۲۰۱۰ [که رفته بودم ایران]. گفتم من از ایران متنفرم، دیگر هم نمی‌آیم.[۱۰]

فرزام هم به دلیل تحقیرهای مسئولان آموزشی چند سال ترک تحصیل کرده و حتی پس از تغییر جنسیت هم نتوانسته از حق تحصیل برخوردار شود:

من مجوز گرفته بودم ولی هنوز عمل نکرده بودم و می‌دانید قبل از عمل هم نمی‌توانید مدرک شناسایی را عوض کنید. بنابر این من یک آدمی بودم که مجوز دستم بود که ایشان ترنس است، سن بیست و دو سالگی، ولی خب مدارکم دخترانه بود. به من گفتند تا مدارکت عوض نشود نمی‌توانی ثبت نام کنی. من سه ماه می‌رفتم ادارهٔ آموزش و پرورش التماس و گریه که اجازه بدهید من یک جا درس بخوانم. درسم هم خوب بود. بعد دیگر بعد از سه ماه التماس و گریه و زاری، دیگر من فکر کنم رئیس کل آموزش و پرورش ایران را دیدم. دیگر از او گنده‌تر نبود. من را معرفی کردند به یک مدرسه‌ای، تو تهران. پیشنهادی که خودم دادم این بود که لباس من پسرانه است، شما نمی‌توانید اجازه بدهید بروم سر کلاس دخترها بنشینم. شما یک تاریخ به من بگویید، روز امتحان من می‌آیم امتحانم را تو دفتر مدرسه می‌دهم. این‌ها قبول کردند. من را ثبت نام کردند و روز ثبت نام مدیر چه حرف‌هایی به من نزد. دو تا زن بودند که به حالت مسخره از من می‌پرسیدند الان مثلاً تو چی داری؟ مثلاً آن جایت چه شکلی است؟ چند تا سوال این جوری پرسیدند که من هم جواب‌شان را دادم. خیلی عصبانی بودم ازشان به‌خاطر سوال‌هایشان، ولی به‌خاطر این که مجبور بودم و کارم گیر بود، چیزی نمی‌گفتم که من را مثلاً ثبت نام کنند. خب حالم خیلی بد شد وقتی این سئوال‌های شخصی را کردند. من تنها چیزی که یادم هست همیشه وقتی ازم از این سوال‌ها می‌پرسیدند این است که بدنم یک دفعه گُر می‌گیرد، داغ می‌شوم. همیشه حالت استرس و حالت بدی که بهم دست می‌دهد بدنم داغ می‌شود. حال خیلی بدی هم هست و جالب این است که من را ثبت نام کردند. من رفتم خانه پنج شش ماه

---

۱۰ مصاحبه با آرمان، شش‌رنگ و عدالت برای ایران.

درس خواندم. روز امتحان با شوق و ذوق طبق معمول که سال‌های گذشته می‌رفتم مدرسه، زودتر از همه آن جا بودم، رفتم تو حیاط مدرسه داشتم برای خودم چرخ می‌خوردم، سرایدار مدرسه آمد صدایم زد. برد من رو تو دفتر. من هم ذوق داشتم گفتم دارم می‌روم آن جا امتحان بدهم. همین که رفتم تو دفتر، مدیر پرونده‌ام را گذاشت روی میز، گفت نمی‌توانی امتحان بدهی. انقدر حالم بد شد. داشتم می‌ترکیدم از گریه که من می‌خواهم درس بخوانم، نمی‌گذارند درس بخوانم. و این جوری این همه مدت من خانهٔ مجردی گرفتم، صبح تا شب، شب تا صبح درس بخوانم که ثابت کنم نگاه کنید، جلوی پیشرفت من گرفته شده بود، من می‌توانستم این باشم. ولی پرونده‌ام را گذاشت جلویم رو میز، گفت نمی‌توانی بخوانی. حتی نپرسیدم چرا؟ چون آن جوری که او پرونده‌ام را بسته گذاشت جلویم روی میز فهمیدم که نمی‌شود. یعنی ان‌قدر حالم بد شد که اصلاً نمی‌توانستم حرف بزنم. پرونده‌ام را برداشتم همین جور تو خیابان گریه می‌کردم، پرونده تو دست. بعد از این همه تلاش و پیش این و آن رفتن و سه ماه آموزش و پرورش، خلاصه نشد. ولی بعد از این که عمل کردم، تقریباً سه سال بعدش که عمل کردم و مدارکم عوض شد، مدرسه ثبت نام کردم. این دفعه مدرسهٔ پسرانه، اما با پروندهٔ مدرسهٔ دخترانه. با اسم دخترانه روی پرونده، تو پروندهٔ من همه [مدارک] مدرسهٔ دخترانه بود. باز آن جا هم ان‌قدر شرایط بد بود، این پرونده را می‌داد دست او، او پرونده‌ام را می‌داد دست این نگاه می‌کردند. بهم نگاه می‌کردند می‌خندیدند. خب فکر کنید آن جوی که مثلاً مردهای ایران دارند، مثلاً فکر کن تو یک مدرسهٔ پسرانه‌ای که... چی بگویم. خب پروندهٔ من برایشان جالب بود، قضیهٔ من برایشان جالب بود. از این دست به آن دست می‌چرخید، همان روزی که رفتم ثبت نام کنم. باز هم آن جا ثبت نام کردم، غیرحضوری واحدها را برداشتم. روز امتحان رفتم مثلاً نزدیک به دویست نفر نشسته بودیم دیدم برگهٔ امتحانی را به همه پخش کردند، به من ورقه ندادند. اسمم را هم صدا نزدند. گفتم من واحد این و این را برداشته‌ام، الان هم امتحانم است، این هم برگهٔ ثبت نام است. ورقه چرا به من ندادید؟ بعد دیگر همان‌جا

به من ورقه داد. گفت بیا. من استرس داشتم گفتم چیزی نشود پرونده‌ام. گم نشده که پرونده‌ام؟ گفت نه امتحان بده. من امتحانم را دادم، دوباره خوب خوانده بودم. انتظار داشتم صد در صد بگیرم، اما باز هم بعد از دو سه ماه، رفتم نتیجهٔ امتحان‌هایم را بگیرم، نمره‌های من نبود. ورقه‌هایم را گم کرده بودند. اصلاً ورقه‌های من انگار آن جا صاحب نداشت. اصلاً انگار کسی به اسم فرزام تو آن مدرسه وجود نداشته. ورقه‌هایم گم شد، بعد از دو هفته هی مدیر می‌گفت برو هنوز صحیح نشده. در صورتی که نمرهٔ همه را داده بودند، کارنامهٔ همه را داده بودند. دیگر رفتم. فقط یک چیزی که بود مدیر مدرسه همان موقع عوض شد و مدیر جدید می‌خواست علیه مدیر قبلی بزند. من به مدیر جدید گفتم من فکر می‌کنم این‌ها ورقه‌های من را گم کرده‌اند. به‌خاطر شرایطی که داشتم من دیدم پروندهٔ من تو دست همه می‌چرخد. دیگر ته و تویش را در آورد و بهم گفت آره راست گفتی، همان جوری که خودت گفتی پرونده‌ات گم شده. و آخر سر یک نمره‌ای که اصلاً نمرهٔ من نبود، یک نمرهٔ پایین که فقط من را قبولی بهم بدهند، [دادند]. با آن همه خواندن که فکر می‌کردم صد در صد بگیرم. یعنی بعد از عمل هم، بعد از این که مدارک جدید گرفتم هنوز این مشکل را تو مدرسه داشتم. که بعدش آمدم ترکیه، پناهنده شدم، درسم را ول کردم.[۱۱]

برخی از مصاحبه‌شوندگان این تحقیق گفته‌اند که برای احتراز از نگاه‌ها، پچ‌پچ‌ها و آزارهای کلامی مردم، کمتر از خانه بیرون می‌روند و یا سعی می‌کنند به روش‌های دیگر، ارتباط خود را با جامعه تا جایی که ممکن است کم‌تر کنند؛ امری که خود به تنهایی و انزوای آنها دامن زده است. برخی از آنها مجبور شده‌اند شهر محل زندگی خود را عوض کنند و این موضوع در مورد ترنس‌ها بعد از تغییر جنسیت بسیار معمول است. برخی دیگر نیز برای در امان ماندن از خشونت‌های جامعهٔ خود مهاجرت را انتخاب کرده‌اند.

---

۱۱ مصاحبه با فرزام، شش‌رنگ و عدالت برای ایران. وی اکنون در کانادا دانشجو است و قصد تحصیل در رشته پزشکی را دارد.

سایه (حسنعلی کاظمی) در مصاحبه‌ای[۱۲] که در زمان پناه‌جویی خود در ترکیه انجام داده است، دربارهٔ امید خود برای مهاجرت به کانادا چنین می‌گوید:

> امیدوارم که زنده برسم کانادا. بزرگترین آرزوم اینه که یکی بتونه حافظهٔ گذشته‌م رو پاک کنه. یادم بره کی بودم و مال کدوم ملیت بودم و وقتی همه چیز گذشته رو فراموش کردم، عمل می‌کنم و سر کار می‌رم و سعی می‌کنم مثل بقیهٔ مردم زندگی کنم. ۲۶ سال هر بلایی سرم اومده اما برام مهم نیست، فقط دوست دارم اندازهٔ یک سال مال خودم باشم و زندگی کنم. برای این و اون توضیح ندم که من گناه دارم، آدم بدبخت و بیچاره‌ای هستم، و توی سرم نزنید. توضیح ندم که آدم پست و کثیفی نیستم، من آدمم، مثل شما. باید به بابام توضیح بدم به مامانم توضیح بدم، نمی‌خوام، دوست دارم زندگی کنم. شاید بتونم مثل آدمها زندگی کنم. نمی‌دونم دنیای آدمها چه شکلی است. از بس خط کشی کردن و ما رو اون ور خط گذاشتن خسته شدم. امیدوارم توی کانادا مجبور نباشم بازم توضیح بدم. می‌دونید تو ایران چطوره؟ تصور کنید یک مردی که اصلاً نمی‌دونه قاره‌ای به اسم آفریقا وجود داره، نمی‌دونه که زمین دور خورشید می‌چرخه، ممکنه حتی سواد هم نداشته باشه، اما این رو خوب می‌دونه که من گناهکارم، به من میگه وای کثافت دور شو دور شو، استغفرالله، دورهٔ آخرالزمان شده. یا مثلاً چند تا از پزشک‌های پزشکی قانونی، که باید از این عنوان‌شون خجالت بکشن، ما رو آدم‌هایی می‌دونن که از بس شهوتمون زیاده، زده به سرمون و این طوری شدیم، وگرنه آدم‌های نرمالی هستیم... ما جامعهٔ مردسالاری داریم و همیشه مردها باید قیافهٔ کاملاً خشن و قوی داشته باشن، و خوب اون موقع هم بعضی‌ها یا گی بودن و یا ترنس و این‌ها رو جامعه چون نمی‌تونسته

---

۱۲ پارسی، آرشام، اردیبهشت ۱۳۸۶، مصاحبه با سایه، دگرجنس‌گونه‌ی ایرانی، ماهنامهٔ چراغ، قابل دسترسی در: http://www.cheraq.net/28/03.htm.
حسنعلی کاظمی با نام مستعار سایه، ترنس‌زنی بود که در فیلم "روز تولد" بخشی از زندگی‌اش توسط نگین کیانفر، سازندهٔ فیلم، به تصویر کشیده شد. سایه پس از آن از طریق ترکیه به کانادا پناهنده شد و در ۲۲ جولای ۲۰۰۸ در اثر تنهایی و افسردگی ناشی از آسیب‌هایی که به او در ایران و ترکیه وارد آمده بود، در کانادا به زندگی خود پایان داد.

بپذیره، اون‌ها رو به‌عنوان سوژهٔ خنده می‌دیدن و اگر توی فیلم‌ها هم دقت کنین این افراد هستن و یک سری حرکات لوس انجام می‌دن و همیشه سوژهٔ خنداندن مردم می‌شن، که از اون جا می‌گن اواخواهر، که هنوز تا هنوزه به گی‌ها و ترنس‌ها می‌گن اواخواهر و به‌عنوان تحقیر استفاده می‌شه. چیز خاصی نیست و به نظر من از جامعهٔ مرد سالار این کلمه میاد و اگر مردی کمی ظریف باشه نمی‌تونند بپذیرنش. براشون مهم نیست که شما چی هستی و فقط این انگ رو به شما می‌زنن. شاید باور نکنین اما اگر به ترنس‌ها فحش‌های خیلی بدتری بدن مثل این که فاحشه‌ای و یا خرابی و... این قدر بهشون برنمی‌خوره که بگن تو یک پسر این جوری هستی و اواخواهری. در کل هر چیزی که مشکل ما ترنس‌ها رو یادمون بیاره اذیت‌مون می‌کنه. من یک ترنسم، دوتا دست دارم دو تا پا دارم و دو تا چشم، مثل شما می‌تونم راه برم، کار کنم و حرف بزنم، همه چیزم مثل شماست و تنها یک مشکل کوچیک دارم. حالا شما که دارید توی خیابون از کنار من رد می‌شین چرا باید به من بگید اوا خواهر؟ چرا باید این مورد رو به حالت تحقیر به کار ببرین؟ این دقیقاً مثل اینه که یک فرد ضد یهودی توی ایران از کنار یک یهودی رد بشه و وایسه و کلی اون رو تحقیر کنه و بد و بیراه بگه، هیچ فرقی نداره. فقط شکلش عوض شده.[۱۳]

یکی دیگر از خشونت‌های اجتماعی که ترنس‌های اف‌توام به کرات گزارش کرده‌اند، "شوخی‌های دستی" است. این اصطلاح به رفتاری عمومی در میان مردان ایرانی اطلاق می‌شود که به‌عنوان شوخی، به لای پای یکدیگر دست می‌زنند. بسیاری از ترنس‌های اف‌توام که هنوز عمل جراحی نکرده‌اند و یا روند عمل جراحی‌شان کامل نشده است، یا مجبور به استفادهٔ مدام از آلت مصنوعی هستند و این خود بسیار مزاحم و ناخوشایند است و یا این که ناگزیرند مدام در این هراس به سر برند که مبادا هویت جنسیتی‌شان آشکار شود. برخی از آنان به همین دلیل هیچ گاه به محیط‌های مردانه مانند استخر یا باشگاه‌های ورزشی نمی‌روند. در بسیاری از مصاحبه‌ها هم می‌بینیم که افراد از بیرون آمدن در

---

۱۳ پارسی، همان.

ساعاتی که شهر در دست مردان است، مثلاً شب‌ها وحشت دارند. سهراب، ترنس‌مردی که هنوز اقدامی برای تغییر جنسیت انجام نداده است، تجربهٔ تلخ خود را چنین بازگو می‌کند:

> این شوخی‌های دستی همیشه بوده. منتها من چون از چیزی[۱۴] استفاده می‌کنم خوشبختانه کسی نفهمیده. هیچ وقت کسی نفهمید و نگفت تو دختری. ولی خب خیلی سخت است. خیلی فشار است. یک دفعه این که می‌گویند خیلی‌ها به خودکشی می‌رسند. یعنی به نظر من ترنس خیلی باید شخصیت قوی‌ای داشته باشد... اگر هم لباس دخترانه بپوشی و بروی بیرون، خواسته یا ناخواسته جامعهٔ کثیف با یک سری مردها با ذهن کثیفی که تو ایران هستند، تو با هر شکل و قیافه و شمایلی که داری می‌خواهند باهات ارتباط بگیرند. من سعی می‌کردم شرایطم را بگویم که بگویم من اصلاً تو این وادی‌ها نیستم، من دختر نیستم که بخواهی با من دوست شوی یا رابطه بگیری. مجبور بودی توضیح بدهی. فکر کن توضیح دادن برای کسی که اصلاً نمی‌فهمد چقدر سخت است. بعد که توضیح می‌دهی، می‌گوید یعنی چه؟ یعنی تو سینه نداری؟ ببینم. یعنی آلتت چطوری است؟ بزرگ است؟ ببینم. فوراً هنوز تو همان ذهنیت خود یارو می‌ماند. خیلی جاها می‌توانی در بروی، خیلی جاها نمی‌توانی. مثلاً طرف صاحب کارت است. برای خودم این اتفاق افتاد. صاحب کارم بود، آن جا کار می‌کردم. فکر کرد من دخترم، می‌خواست با من [رابطه] دوستی بگیرد. داستانم را تعریف کردم. بعد دیگر بیشتر کنجکاو می‌شوند. که یعنی چه؟ مجبوری بگویی من بدنم فرق دارد، مشکل جنسی دارم که این کار را می‌خواهم بکنم. اگر بگویی مشکل ذهنی دارم که یارو نمی‌فهمد. من خودم مجبور بودم بگویم مشکل هورمونی دارم. یا دوجنسی هستم. تو ایران بگویی دوجنسی هستم، عام‌ها می‌فهمند که دوجنسی هست. بعضی‌ها از بدو تولد آلت‌شان فرق می‌کند یا سینه ندارند. ولی این که تو می‌گویی ذهنت، فکرت پسرانه است ولی جسمت کاملاً دخترانه است، همه چیزت کاملاً

---

۱۴ منظور، آلت مصنوعی مردانه است.

دخترانه است، این را که نمی‌فهمند. می‌گویند برو بابا اُسکلمان کرده‌ای؟ نه دیگر، این جوری نیست. مجبوری این جوری بگویی. بعد یارو کنجکاو می‌شود که ببینم. تو مجبور می‌شوی از فردایش نروی سر کار.[۱۵]

سهراب تنها موردی نیست که برای احتراز از آزارهای جنسیتی مجبور به ترک کار یا ترک تحصیل شده است. آکان و جیکوب مثال‌های دیگری هستند که به دلیل آزارهای اجتماعی مبتنی بر هویت جنسیتی ناگزیر شده‌اند دانشگاه را رها کنند یا شغل خود را تغییر دهند.

جیکوب ترنس اف توام ۲۸ ساله، در مورد تجربه‌اش در محیط کار چنین می‌گوید:

من هورمون‌تراپی قبل از عمل رو هم انجام ندادم. نگران بودم که باعث سرطان می‌شود و نمی‌خواستم آن را انجام دهم. به جز محل کارم همه جا را بدون حجاب می‌رفتم و صاحب کارم اصلاً نمی‌دانست. بعد از حکم دادگاه و مجوز عمل به صاحب کارم گفتم و گفت ساپورت می‌کند حتی برای پول عمل ولی بعد از اینکه دادگاه رفتم و حکمم [مجوز عمل] قطعی شد من را اخراج کرد. به وزارت کار رفتم و شکایت کردم و وقتی توضیح ماجرا را دادم و گفتم ترنس هستم وزارت کار پرونده را بست و گفت کمکی نمی‌تواند بکند.[۱۶]

بسیاری از مصاحبه‌شوندگان این تحقیق تجربهٔ اخراج از مدرسه را داشته‌اند. تک‌جنسیتی بودن مدارس در ایران، یکی از مهم‌ترین دلایلی است که افرادی را که هویت‌های جنسیتی متفاوت دارند برای مسئولان مدارس تحمل‌ناپذیر می‌کند. برخی از مصاحبه‌شوندگان ما تنها به خاطر هویت جنسی و بیان جنسیتی[۱۷] متفاوت‌شان از حق تحصیل محروم شده‌اند. امیرعلی که از کلاس دوم راهنمایی و در پی توصیهٔ یک مشاور روان‌شناس به دنبال تغییر جنسیت

---

۱۵ مصاحبه با سهراب، شش‌رنگ و عدالت برای ایران.

۱۶ مصاحبه با جیکوب، شش‌رنگ و عدالت برای ایران.

17 Gender expression.

بوده، در کلاس دوم دبیرستان با تهدید به اخراج از مدرسه به دلیل هویت جنسیتی خود مواجه می‌شود. او خود در این مورد می‌گوید:

دیگه نمی‌تونستم زندگی کنم. یک سری فشارها روم بود. مدرسه مدام پانزده روز پانزده روز اخراجم می‌کرد توی سال دوم دبیرستان. سال سوم دبیرستان من رو در مدرسه ثبت نام نکردند. گفتند ثبت نام نمی‌کنیم، شما پسرین. دیگه کلی تعهد و اینور و اون ور؛ و گفتن اینکه من دو ساله توی این مدرسه دارم می‌رم و میام و [بالاخره] ثبت نام‌کردند، با هزار تا دنگ و فنگ و تعهد گرفتن که اگه چیزی ببینیم اخراجت می‌کنیم.[۱۸]

رایان هم پس از این که مسئولان مدرسه علاقهٔ او به دختران دیگر را به خانواده‌اش گزارش داده و خشونت خانوادگی را تشدید کرده‌اند، تصمیم به انکار هویت جنسیتی و گرایش جنسی خود گرفته است: "من دوران راهنماییم سه دفعه مدرسه‌ام رو عوض کردم. سه سال سه مدرسهٔ مختلف بودم. در دبیرستان خب سنّم رفته بود بالاتر، می‌دونستم که دیگه باید لال باشم سر یه سری چیزها."[۱۹]

در این میان، مشاورین مدارس از عوامل اصلی ترویج هموفوبیا به شمار می‌روند و در مواردی فرد را به مراجعه به پزشک و اقدام به تغییر جنسیت تشویق کرده‌اند و یا در مواردی همچون تجربه شهرام، باعث انکار و آشفتگی فرد در یافتن پاسخ‌های مورد نیازش شده‌اند. شهرام، ترنس‌مرد، در مورد تأثیر مشاور دبیرستانشان که با وی در مورد احساسش به دختران حرف زده بوده می‌گوید:

در دوران دبیرستان اسم دوست دختر من فهیمه بود که سه سال با هم بودیم بعد او بنا به دلایلی رفت و خواست ازدواج کند و من خیلی اذیت شدم و همان باعث شد که خیلی به فکر بیفتم که بخواهم عادی باشم و بخواهم تکلیفم معلوم باشد. بعد هم نمی‌دانستم ترنس چیست. فکر می‌کردم فقط من هستم که همچین مشکلی دارم و نمی‌دانستم اصلاً

---

۱۸ مصاحبه با امیرعلی، شش‌رنگ و عدالت برای ایران.

۱۹ مصاحبه با رایان، شش‌رنگ و عدالت برای ایران.

اسمم چیست و چطوری‌ام. تا خیلی سال بعد از آن هم نفهمیدم ترنس و این‌ها چیست. [می پرسیدم] چرا من عادی نیستم. چرا نمی‌توانم عادی باشم. تو دوران دبیرستان مشاوری داشتیم که این خانم دوستی خانوادگی داشت با خانواده‌ام. یک خوددرمانی در این قضیه کرد که هنوز زندگی من را تحت الشعاع قرار داده.

او سپس ادامه می‌دهد:

سال آخر دبیرستان بودم. دیگر خودم را از لحاظ فکری سپرده بودم دست این خانم. بعد از اینکه فهیمه رفت خیلی دلم می‌خواست همه چیز عادی بشود. اینکه رفت دوباره احساس کردم دارم یک دلبستگی نسبت به کس دیگری پیدا می‌کنم ولی فکر اینکه این هم برود و این مسائل پیش بیاید اصلاً برایم شکنجه‌آور بود. آن خانم هم خیلی مذهبی بود و قاعدتاً از خانوادهٔ مذهبی‌ای بود و من هم که خیلی لات منش بودم و کت رو دوشم بود. همان تیپ مانتو و شلوار تنم بود ولی خیلی لاتی لباس می‌پوشیدم. یکهو یک انقلابی کردم. یکی که تیپ پسرانه دارد و همه دبیرستان می‌شناسندش یکهو چادر سرش کند. خیلی مذهبی شدم. می‌خواستم عادی بشوم. چون از این طرف کاملاً ناامید شدم سعی کردم از آن طرف اوکی بشوم. یک دبیرستان را شوکه کردم. همان دوست دختر قبلی‌ام فهیمه هم آنجا بود. خلاصه انگار که من خانم مشاور دوم‌مان شدم و حتی من فهیمه را ارشاد می‌کردم. برای خودم مذهبی شده بودم و تغییر کردم. الان که بهش فکر می‌کنم حس می‌کنم خیلی شجاع بودم که با آن حس همچین کاری کردم. کفش پاشنه بلند می‌پوشیدم و سعی کردم خیلی زن باشم.[۲۰]

برخی دیگر از مصاحبه‌شوندگان، تنها به خاطر ظاهر متفاوت یا حدس‌هایی که دربارهٔ هویت جنسیتی یا گرایش جنسی آنها وجود داشته است با برخوردهای اجتماعی خشونت‌آمیزی مواجه شده‌اند؛ برخوردهایی که با همکاری نیروهای انتظامی یا تهدید به دستگیری، جامعه را برای کسانی که حتی به نظر برسد که

---

[۲۰] مصاحبه با شهرام، شش‌رنگ و عدالت برای ایران.

لباس جنس مخالف خود را پوشیده‌اند بسیار ناامن می‌کند. امیرعلی، ۱۸ ساله، ترنس اف‌توام که تغییر جنسیت نداده است، یکی از این موارد را چنین روایت می‌کند:

> توی مترو، یه خانمی راه رفتن من رو دید. به من گفت من از راه رفتن تو فهمیدم که تو پسر هستی. بعد شروع کرد توی مترو داد زدن که این پسره و هویت خودش رو گم کرده و فحش و فحش‌کاری تا این که اومدن من رو بردن کلانتری...[۲۱]

مشابه چنین برخوردهایی در دانشگاه هم برای برخی از مصاحبه‌شوندگان ما که گرایش جنسی‌شان برای مسئولان آموزشی مشکوک بوده، اتفاق افتاده است. کاوه صالحی چنین روایت می‌کند:

> من استایل (روش) راه رفتنم با دخترها خیلی فرق دارد. کیف با خودم نمی‌بردم. دفترهایم را مثل پسرها می‌گذاشتم تو شکمم، می‌رفتم. تو دانشگاه یک دختر بود به اسم نازنین. خیلی ازش متنفرم، شوهر داشت، گیر داده بود به من. من نمی‌توانستم ارتباط برقرار کنم. دوستش هم نداشتم. ازش بدم می‌آمد. تایپ من نبود. گیر داده بود بیا با هم دوستی کنیم. من دست‌شویی می‌رفتم پشت سرم می‌آمد من را خفت کند که لبی از من بگیرد. نمی‌دانم چرا ان‌قدر گیر داده بود، شورش را درآورده بود.... این آخرها انقدر جنی شده بود می‌گفت اگر این کار را نکنی کاری می‌کنم از این دانشگاه اخراج شوی. گفتم برو بابا. بالاتر از تو هم نتوانسته از من آتو بگیرد. تو می‌خواهی این کار را بکنی؟ برو هر غلطی دلت می‌خواهد بکن. رفته بود تو حراست دانشگاه گفته بود این پسر است، ما و یک سری دخترهای دیگر راحت نیستیم. وقتی داریم لباس عوض می‌کنیم هی نگاه می‌کند. حالا آن هم من! رفته بود این حرف‌ها را زده بود. یک روز حراست دانشگاه گفتند بیا کارت داریم. این کثافت می‌دانست من کاوه‌ام. توی دانشگاه [با مقنعه] بودم. ولی این من را بیرون با تیپ پسرانه دیده بود. رفتم حراست گفت یک سوال دارم. شما

۲۱ مصاحبه با امیرعلی، شش‌رنگ و عدالت برای ایران.

دوست داری پسر باشی؟ [دیدم] باید بگویم نه، چون اگر بگویم بله احتمال دارد که بلایی سر من بیاید. یک زن چادری نشسته بود. گفتم نه این چه حرفی است؟ گفت دخترهایی آمده‌اند این جا گفته‌اند شما را به اسم کاوه می‌شناسند. شما چون تربیت بدنی می‌خوانی دخترها معذب‌اند جلوی شما لباس عوض کنند، چون نگاهشان می‌کنی. گفتم من دخترم. حرف‌هایی که دوست نداشتم بزنم مجبور شدم بزنم. خودم را زدم به آن راه که اصلاً نمی‌دانم چی است. نزدیک به یک ساعت با من صحبت کرد، که من هی می‌زدم زیرش. راضی‌اش کردم. گفت می‌خواستیم از دانشگاه اخراجت کنیم. گفتم یعنی چه؟ اصلاً این چه حرفی است؟ من چون ورزشکارم، رشته‌ام فوتبال است، شاید به‌خاطر این فکر می‌کنید. که باز هم به من شک داشت. باز هم رفتم بیرون سعی کردم یک جور دیگر راه بروم. این داشت من را نگاه می‌کرد. ان‌قدر سخت بود راه رفتن برای من. یادم رفته بود. بعدش تلفن زدند [دیدم] دانشگاه است. گفتند شما باید بیایید آزمایش هورمون بدهی. گفتم یعنی چه؟ من آزمایش هورمون می‌دهم. خب هورمونم مشکلی نداشت. ولی اگر ثابت شود [شما اشتباه می‌کنید] من می‌روم از شما شکایت می‌کنم. شما دارید با زندگی من بازی می‌کنید. دارید اعصاب من را خرد می‌کنید. گفت نه، شما حق ندارید همچین کاری بکنید. گفتند بیا حراست. رفتم حراست، دیدم نامه زده‌اند برای روان‌شناس دانشگاه. رفتم روان‌شناس دانشگاه. فهمید. خیلی آدم پری بود. خیلی حال کردم باهاش. گفت ببین هر کسی هستی، اسمت را هم نمی‌آورم. من می‌دانم تو چه مشکلی داری. اگر ترنسی به من بگو. گفتم ببین زیاد بوده‌اند روان‌شناسانی که به من گفته‌اند هوایت را داریم، همان لحظه حال من را گرفته‌اند. خیلی بحث کردیم. گفتم تیری در تاریکی. اعتماد کردم. خیلی زود اعتماد می‌کنم. بهش گفتم. خیلی کمکم کرد. رفت حراست دانشگاه گفت این آدم مشکل دارد، از دادگاه و چیزهای قانونی مدرک دارد، به من نشان داده. شما حق ندارید این را اخراج کنید. اگر دختری مشکل دارد کلاس‌های عملی این را یا با پسرها بگذارید یا برایش نمره رد کنید. من هم از خدا خواسته از ژیمناستیک بدم می‌آمد

و باید حرکات زنانه می‌رفتم که اصلاً نمی‌توانم. باید مایو می‌پوشیدم. ترم اول بهم ژیمناستیک دادند. انقدر با بلوز و شلوار رفتم و با شلوارک می‌رفتم با تیپ بسکتبالی، من را انداخت با نه و هفتاد و پنج. دوباره باهاش کلاس داشتم. اتفاقاً زن خیلی خوبی هم بود، من را هم دوست داشت. جریان من را هم فهمیده بود. بهش گفتم. برای من ژیمناستیک و بدمینتون را نمرهٔ پانزده رد کردند. باورم نمی‌شد. یک سری کلاس‌های من را درست کردند و گفتند تو محیط دانشگاه کمتر رفت و آمد کن. خیلی محیط برای من سخت شد. با این که خوشحال شدم که کلاس‌های عملی نمی‌روم. حداقل می‌خواهند انگی بچسبانند، بگذار نباشد. ولی تو محیط دانشگاه کم می‌رفتم. بهم می‌گفتند با دخترها حق نداری تو حیاط دانشگاه راه بروی. خوشحال از این بودم که مدیر گروه‌مان بهم می‌گفت آقای صالحی. خیلی جالب بود، پسره ایستاده بود می‌گفت آقای صالحی چطوری؟ با همان مانتو و روسری. من احساس قدرت می‌کردم آن لحظه. گذشت و من فارغ‌التحصیل شدم و عمل کردم و برای گرفتن مدارکم رفتم. گفتم بگذارم ریشم پر شود بعد بروم. رفتم همه‌شان تعجب کردند. خیلی خوشحال شدند. این دانشگاهی که بودم خیلی دانشگاه خوبی بود.[۲۲]

برخی از مصاحبه‌شوندگان، در دوران تحصیل خود در مدرسهٔ راهنمایی، دبیرستان و یا دانشگاه، به دلیل برملا شدن گرایش جنسی یا شک مسئولان آموزشی به این که آنها به هم‌جنسان خود گرایش دارند، قربانی محدودیت‌های مختلف و حتی خشونت شده‌اند. در برخی از موارد، دلیل اعمال محدودیت به صراحت از سوی مسئولان مدرسه بیان نشده است و تنها کوشیده‌اند دو دانش‌آموزی را که گمان می‌رفته با هم رابطهٔ عاشقانه دارند، از یکدیگر جدا کنند. رها تجربه‌اش را چنین روایت می‌کند:

کلاس سوم راهنمایی بودم که ماجرا یک جوری گندش درآمد. خب خانواده‌ام را خواستند مدرسه و نمی‌دانم بهشان چه گفتند. چون آنها هیچ وقت به من چیزی در این مورد نگفتند. هیچ صحبتی نشد. ولی

---

۲۲ مصاحبه با کاوه صالحی، شش‌رنگ و عدالت برای ایران.

من می‌دانستم که برای خاطر این [جریانه]. بعد سر آن دختری که تو مدرسه باهاش خیلی بودم، همهٔ بچه‌ها هم می‌دانستند، یک روزی [یکی از مسئولین مدرسه] نشست با من حرف زد و گفت ببین این جوری که شما با هم دوستید ممکن است یک روز بروید خانهٔ همدیگر، ممکن است یک اتفاق‌هایی بیفتد، ممکن است شما هم‌جنس‌باز بشوید، ایدز بگیرید. آن موقع دههٔ هشتاد بود و تازه این بحث‌ها مطرح شده بود. آن موقع بود که تازه همه می‌گفتند ایدز برای هم‌جنس‌باز است. هم‌جنس‌باز، دقیقاً همین کلمه. بعد خب من خیلی حالم بد شده بود. یک تراما بود برای من. درست است که دختره را دوست داشتم و بهش گرایش داشتم، هیچ کار خاصی هم نمی‌کردم، فوقش بغلش می‌کردم یا دو سه بارهم بوسش کرده بودم. همین. یک چیز خیلی کودکانه. ولی این صحبت یک حسی به من داد که انگار وای! چه کار دارم می‌کنم به لحاظ اخلاقی، به لحاظ این که یک چیز اشتباهی است، خطاست. مثل این که دزد بشوی. یک همچین حسی. بعد ان‌قدر حس بدی بود که فکر کن همکلاسی‌ام که بود، دوستم هم که بالاخره بود، ولی من اصلاً دیگر از آن روز دیگر باهاش حرف نزدم. چون همهٔ مدرسه، همهٔ مدرسه من را می‌شناختند. شاگرد خوب مدرسه بودم. همه مانده بودند که من چرا دیگر با این حرف نمی‌زنم و خود او چند بار آدم‌ها را واسطه قرار داد که چرا با من حرف نمی‌زنی؟ تا مدت‌ها هم درگیر بودم با این موضوع. و خب آگاهی کم بود. بعد مثلاً یک روز یادم هست پوست دستم یک خرده جوش زده بود و یک مدت طولانی‌ای طول کشید. یک مجلهٔ دانستنی‌ها بود آن موقع، تازه عکس‌های بیماری ایدز و این‌ها رو چاپ می‌کردند و این مجلهٔ مورد علاقه‌ام بود. من گفتم نکند من ایدز گرفته‌ام؟ حالا فکر کن چقدر کودکانه و احمقانه در ضمن. بعد فکر کردم نکند من هم‌جنس‌باز شده‌ام و ایدز گرفته‌ام؟ این [جوش‌ها] که رفت من گفتم پس مریض نیستم.[۲۳]

۲۳ مصاحبه با مهرنوش، شش‌رنگ و عدالت برای ایران.

آکان، تجربۀ مشابهی در مدرسه‌ای در سنندج داشته است. اما سوءظن مسئولان آموزشی نسبت به گرایش جنسی آکان، به فشار برای قطع رابطه با دختر مورد علاقه‌اش محدود نشده و او را از حقوق دیگری از جمله شرکت در مسابقات فوتبال هم محروم کرده است:

"من با خودم کاملاً درگیر بودم تا اول دبیرستان که حسم بیشتر شد به یکی از دوستانم که از شش سالگی باهاش دوست بودم. یک مدتی به‌خاطر درس و مدرسه ازش دور شدم. اسمش نگار^{۲۴} بود. من واقعاً عاشق آن دختر شدم. یک چیزهایی هم دیگر خودم رفتم توی اینترنت تحقیق کردم که اصلاً ترنس یعنی چی. پدرم حتی به من اجازه نداد که بروم ببینم اصلاً ترنس یعنی چی، کی است، چه کاره است توی این دنیا. رفتم خواندم که این طوری هستند، اخلاقشان این طوری است و خودم در مورد خودم تحقیق کردم و این قول را به نگار دادم که من تغییر جنسیت می‌دهم، تو با من باش. قبول کرده بود. همه چیز خوب پیش می‌رفت تا این که با پدرم یک دعوایی پیش آمد رفتند دم خانه‌شان و کلاً آن دختر را از من جدا کردند. ان‌قدر من اذیت شدم که به‌خاطرش خودکشی کردم که چند شب تو بیمارستان بودم. در این چند شب پدرم حتی نگذاشت که دوست‌دختر من بیاید یک لحظه من را ببیند. به زور من را توی خانه نگه داشته بود. می‌خواست که مدرسه هم نروم. توی مدت عید بود که مدرسه‌ها تعطیل شده بود، مادرم در این مدت باهاش حرف زد. [پدرم] ازم تعهد گرفت که من اصلاً دیگر سمت آن دختر نروم و اجازه بدهد من بروم مدرسه تحصیل کنم. این مشکلات خانواده بود توی دوره دبیرستان. مشکلات مدرسه هم بود که مدام نگاه می‌کردند و نمی‌گذاشتند که من توی کار گروهی بچه‌ها شرکت کنم، حتی نمی‌توانستند بگویند هم‌جنس‌گرا، می‌گفتند تو هم‌جنس‌بازی، تو بچه‌ها را فاسد می‌کنی، نباید با بچه‌ها ارتباط داشته باشی. من فوتبالیست هستم، توی لیگ برتر هم بودم، در صورتی که من خودم را کلی آماده کرده بودم که بروم ولی نگذاشتند من بروم برای

---

۲۴ این اسم توسط ما تغییر یافته است.

مسابقات. می‌گفتند تو بچه‌ها را فاسد می‌کنی. مثل یک نفر بودم که من را انداخته بودند توی انفرادی. نمی‌گذاشتند با کسی باشم.[۲۵]

بیژن نیز که با بدنی زنانه، خود را تغییرجنس‌خواه معرفی می‌کند [ترنس اف‌توام] و هنوز هیچ اقدامی برای جراحی نکرده است می‌گوید:

من فقط دانشگاه را با حجاب می‌روم و کارواش و مکانیکی و هر جای دیگری بگویید پسرانه می‌روم. حتی کمیسیون پزشک قانونی را هم پسرانه رفتم. از اول بجز جاهایی که مجبور بوده‌ام و مثلاً می‌خواستند بارها از مدرسه اخراجم کنند به‌خاطر اینکه از در مدرسه که بیرون می‌آمدم و مقنعه‌ام را در می‌آوردم و دخترها عاشقم می‌شدند. پنج سال بسکتبال بازی می‌کردم اخراج شدم به‌خاطر اینکه دخترها روز تولدم برایم تولد گرفتند. از بسکتبال کشیدم کنار. خیلی برایم ناراحتی پیش آمده. من چهار سال در باشگاه بدنسازی کار می‌کردم الان نمی‌توانم بروم. به‌خاطر اینکه زن‌ها همه می‌گویند تو چرا اینجایی؟ مردانه هم بخواهم بروم یک ذره می‌بینند کوچکم و بیبی فیس [چهره کودکانه] می‌گویند این یک مشکلی دارد. بالاخره در هر جا به یک دیدی من را نگاه می‌کنند.[۲۶]

مسئولان مدرسهٔ سایه اسکای هم که به گرایش جنسی او شک داشته‌اند، کوشیده‌اند تا او را به انزوا بکشانند. سایه اسکای این خاطرهٔ تلخ را چنین بازگو می‌کند:

وقتی دبیرستان بودم ناظم دبیرستانم من را به شدت اذیت کرد. همیشه من را یک‌جوری نگاه می‌کرد. بی احترامی می‌کرد. دوستان دیگرم می‌آمدند می‌گفتند. یکی از دوستانم گفت آمده بهم می‌گوید با تو حرف نزنم. بعد از نمرهٔ انضباطش کم کرده بود، چون هنوز داشت با من صحبت می‌کرد. تمام دخترهایی که با من دوست بودند می‌رفت باهاشان صحبت می‌کرد، می‌گفت با این دوست نباش. چی بهت گفت؟

---

۲۵ مصاحبه با آکان محمدپور، شش‌رنگ و عدالت برای ایران.

۲۶ مصاحبه با بیژن، شش‌رنگ و عدالت برای ایران.

چه کار کردی؟ زنگ زده بود به مامان‌هایشان می‌گفت به دخترتان بگو
که با این دختر نگردد. یادم هست یک بار با دوستم بودم توی سالن
تئاتر و نمازخانه‌مان بودیم. زنگ ورزش‌مان بود. می‌دانی زنگ ورزش
ایران دخترها خیلی ورزش نمی‌کنند. هر کس هر کاری دوست دارد
می‌کند. ما داشتیم صحبت می‌کردیم آن جا، من و دوستم بودیم.
زیرزمین بود، پله می‌خورد می‌رفت پایین. و یک در آهنین داشت که
وقتی در را باز می‌کردی این طوری، کشویی بود، پس صدایش را
می‌شنیدی باز و بسته می‌شد. یادم هست که این آمد پایین و من
ترسیده بودم به خاطر این که می‌دانستم من را همیشه اذیت می‌کند.
آمد پایین گفت چه کار می‌کنید این جا؟ گفتم هیچی، داریم حرف
می‌زنیم. گفت دارید حرف می‌زنید؟ گفتم آره. بعد آمد توی اتاق و نگاه
کرد و شروع کرد به بو کردن. سالن را شروع کرد به بو کردن. همین
طوری آمد این طوری کرد [بو کشید]. و من و دوستم سکوت مطلق در
سالنی پر از صندلی. آن جا خیلی سخت بود راه بروی. همهٔ صندلی‌ها
تو هم بودند. به دوستم نگاه کرد گفت برو بالا. من خواستم بروم بالا
گفت تو بایست. ایستادم. گفت فکر نکن نمی‌دانم داری این جا چه کار
می‌کنی، چه گهی می‌خوری این جا. منتظرم مچت را بگیرم. دهانت را
سرویس می‌کنم. من شانزده هفده سالم بود. من بهش گفتم نمی‌دانم
راجع به چی دارید صحبت می‌کنید. گفت معلوم می‌شود کثافت. خیلی
آن لحظه برای من سنگین بود. دقیقاً می‌خواست بداند سکس داشته‌ایم
یا نه. ۲۷

در چنین شرایطی بدیهی است کسانی که می‌خواهند هویت جنسیتی و گرایش
جنسی خود را آزادانه‌تر ابراز کنند، با مشکلاتی جدی مواجه خواهند شد.
به‌عنوان مثال، نیوشا معتقد است که دو دختر اگر بخواهند با هم زندگی کنند،
حتی اگر بتوانند از سد خانواده‌هایشان رد شوند و بهشان اجازه دهند که به
بهانهٔ درس و کار، تنها زندگی کنند، بعد از یک مدت حرف‌هایی از طرف مردم
و خانواده پشت سرشان زده می‌شود و حدس و گمان و مشکلات شروع

---

۲۷ مصاحبه با سایه اسکای، شش‌رنگ و عدالت برای ایران.

می‌شود.[۲۸] هیوا زمانی را به یاد می‌آورد که به دلیل بوسیدن دوست‌دخترش در یک پارکینگ عمومی خلوت، از سوی شخصی تهدید به تحویل دادن به نیروی انتظامی شده‌اند:

رفته بودیم فرحزاد، توی پارکینگ رستوران، یه جایی بودیم، من و نازنین داشتیم همدیگر را می‌بوسیدیم، یک نفر دید و شروع به داد و بیداد کرد و گفت الان زنگ می‌زنم نیروی انتظامی بیاید شما را ببرد. شما هم‌جنس‌بازید. یک درگیری لفظی پیش آمد و همه جمع شدند و دعوا و زد و خورد پیش آمد. آن جایی که می‌رفتیم چون آشنا بود از این طریق توانستیم استفاده کنیم. شاید اگر جایی که می‌رفتیم آشنا نبود ممکن بود برایمان مشکل پیش بیاید، چون مثل این که زنگ زده بود نیروی انتظامی بیاید. سریع رفتیم رئیس رستوران را آوردیم و گفتیم این مشکل پیش آمده و او قضیه را حل کرد. گفتیم این آقا اشتباه دیده و دارد الکی می‌گوید دروغ می‌گوید و دارد اذیت می‌کند و حل شد.[۲۹]

اما خشونت‌های اجتماعی تنها در همین حد باقی نمی‌ماند و در برخی موارد، کار به آزارهای جنسی رسیده است. مرجان اهورایی که خود را ترنس ام‌تواف می‌داند، تجربه‌اش از آزار در مدرسه را که به آزار جنسی ختم می‌شده چنین بیان می‌کند:

رشته‌ام معماری بود و بعد بچه‌های ترم پایین که می‌آمدند، با همدیگر تبانی می‌کردند که من رو اذیت کنند، می‌آمدند به یک زبانی می‌گفتند این بچه می‌خارد، یا می‌خواهد، یکی می‌گفت می‌خواهی امتحان کنم؟ [می‌گفتند] هیچی نمی‌تونه بگه. می‌آمدند آن حرکت [تجاوز] را انجام می‌دادند، من مجبور بودم برای این که دیگران نفهمند هیچی نگویم، فکر می‌کردند من خوشم می‌آید. چون اگر داد می‌کردم می‌گفتند خاک تو سرت، برعکس بهم می‌گفتند: ببین چطوری می‌گردی که باهات این

---

۲۸ مصاحبه با نیوشا، شش‌رنگ و عدالت برای ایران.
۲۹ مصاحبه با هیوا، شش‌رنگ و عدالت برای ایران.

کار رو می‌کنند. مجبور بودم تا یک مدتی سکوت کنم و بخندم و قبول کنم و آنها فکر کنند که من خوشم می‌آید.[۳۰]

هشت نفر از مصاحبه‌شوندگان این تحقیق شهادت داده‌اند که مورد تجاوز واقع شده‌اند و در مورد شش تن از آنها، این تجاوز توسط افراد عادی و در فضاهای اجتماعی رخ داده است. چهار نفر از آنها بیش از یک‌بار مورد تجاوز واقع شده، سه نفر قربانی یک تجاوز گروهی شده و دو نفر، به کرات و در طول مدتی نسبتاً طولانی مورد تجاوز قرار گرفته‌اند. یک نفر در نیروی انتظامی و به هنگام بازداشت مورد تجاوز دسته جمعی نیروهای بسیجی قرار گرفته، یک نفر در جبهه جنگ ایران و عراق مورد تجاوز دسته جمعی قرار گرفت، یک نفر قربانی یک تجاوز سازماندهی شده توسط خانواده‌اش شده و یک نفر دیگر نیز در یک درگیری به خاطر گی بودن توسط اقوام دوست‌پسرش و در حضور عده‌ای دیگر مورد تجاوز واقع شده است. در همهٔ موارد، فقدان نهادهای حمایتی که فرد خشونت دیده بتواند به آنها مراجعه کند یا از آنها مشاوره بگیرد کاملاً محسوس است. به خصوص شهادت مرجان اهورایی به روشنی نشان می‌دهد چگونه در شرایط فقدان نهادهای حمایت‌گر اجتماعی، ترنس‌ها که از سوی خانواده هم با طرد یا بی‌اعتنایی مواجه بوده و قربانیانی خاموش‌اند، مورد شدیدترین اشکال خشونت واقع می‌شوند. شکایت به مقامات مسئول هم نه تنها باعث پی‌گیری قضیه و برخورد با مرتکبان نشده، بلکه فشارها و خشونت‌های بیشتری را در پی داشته است. از آن جایی که روایت‌های شیوا و بهراد را در بخش مربوط به خشونت‌های نیروی انتظامی به تفصیل مورد بررسی قرار داده‌ایم و تجربهٔ فرشته را نیز در بخش ازدواج‌های اجباری روایت کرده‌ایم، در این فصل تنها به پنج مورد مرجان، لیلا شیرازی، پدرام، علی و اشکان می‌پردازیم.

---

۳۰ مرجان اهورایی در زمان انجام این مصاحبه تنها یک روز بود که وارد ترکیه شده بود. وی در تاریخ دوم آوریل ۲۰۱۲ بر اثر بیماری و نداشتن امکان درمان در بیمارستانی در شهر کایسری جان خود را از دست داد.

۱- مرجان اهورایی

مرجان، ترنس امتواف، در حالی که در دانشگاهی در شهری غیر از محل سکونت خانواده‌اش و در شمال ایران مشغول تحصیل بوده است، چندین بار از سوی گروهی از مردان مورد تجاوز قرار می‌گیرد. او از سوی آنها تهدید می‌شود که در صورت پی‌گیری قضیه، فیلم‌هایی را که از او گرفته‌اند منتشر خواهند کرد. مرجان بعداً متوجه می‌شود که در اثر این روابط جنسی به ایذر مبتلا شده است. او از ایران فرار می‌کند و در ترکیه، در حالی که منتظر طی مراحل پناهندگی‌اش بوده، به دلیل ابتلا به یک بیماری و در فقدان دسترسی به امکانات لازم معالجه، جان خود را ازدست می‌دهد. آن چه می‌خوانید، بخشی از شهادت او دربارهٔ تجربهٔ تجاوز در یکی از شهرهای شمال ایران است که درست در روزی که از ایران به ترکیه رسیده بود، در مصاحبه با ما بیان کرده است:[۳۱]

مرجان اهورایی

"من در آن شهر تنها بودم. امکاناتی هم که آن جا بود برای من خیلی پایین بود. من نیاز عاطفی داشتم، نیاز داشتم یک دوست داشته باشم، چون پدر و مادر نبود، مجبور بودم برای دوستی رجوع کنم به دوست یا به هرکس دیگر، حالا ناآگاهی بود یا هرچیز دیگری، اتفاق افتاد و حالا اتفاقات دیگری بود که خیلی‌ها به من گیر می‌دادند، خب ظاهرم هم مشخص بود. من مجبور بودم، چون نمی‌دانستم چطور خودم را سرگرم کنم، گاهی آرایش می‌کردم می‌رفتم تو خیابان. بین‌شان بودند آقایانی که درخواست می‌دادند با من باشند. با من سکس کنند. برای این که آن لحظه‌ام بگذرد، تنهایی‌ام بگذرد، دوست داشتم با آن شخص باشم و ارتباط جنسیم هم برقرار باشد. زیاد هم دوست نداشتم، چون احساس می‌کردم دارم خودفروشی می‌کنم یا دارم تنم را برای کسانی که فقط من را برای سکس می‌خواهند [می‌فروشم]. همین. ولی چون احساس می‌کردم

---

[۳۱] از این مصاحبه پرونده صوتی و تصویری موجود است.

بالای سرم کسی نیست، هیچ مدیریتی نیست، بقیه خیلی راحت روی من مدیریت داشته باشند، خیلی راحت می‌توانستند هر برنامه‌ای که می‌خواهند روی من اعمال کنند. من هم قادر نبودم ممانعت کنم. من واقعاً مجبور بودم. به این شکل هم می‌شد گفت که من می‌رفتم پیش یک دوست و باهاش صحبت می‌کردم و فکر می‌کردم دوستم است. من را وارد دوستی‌های دیگرشان می‌کرد. اولین اتفاقی که برایم افتاد، من با پسری دوست شدم، خیلی با من خوب بود. بعد از چند سالی باهاش رفتم، حتی بین‌مان ارتباط جنسی هم شد، روزی شد که من را دعوت کرد خانه‌اش، من رفتم دیدم دوست‌های دیگرش هم هستند. از من خواهش کرد که اگر می‌خواهی با من باشی، با این هم باید باشی. اگر نباشی من نیستم و من از تو خیلی چیزها دارم که بخواهم پخش کنم و دایی‌ات هم توی این شهر اذیتت می‌کند و دیگر نمی‌توانی درس بخوانی. پول خوبی هم بهت می‌دهیم. برایت چه فرقی می‌کند؟ من هم هستم. من برحسب این که شاید خیلی طرف را دوست داشتم یا حماقتی که داشتم، خب پول برایم مهم بود خیلی مهم بود.... من اگر به پدر و مادرم می‌گفتم می‌دادند. نه این که نمی‌دادند، ولی آن چیزی [را] نمی‌دادند که نیازهای واقعی من را تأمین کند. گذر زمانم را تامین می‌کرد. من دوست داشتم خیلی چیزها داشته باشم. من الان به هرکی بگویم من یازده سال تلویزیون نداشتم کسی باور نمی‌کند. [این مردان] آمدند توی خانه برای من دی‌وی‌دی گرفتند. وقتی برایم یک کاری می‌کردند و خواهشی ازم می‌کردند [نمی‌توانستم] برایشان انجام ندهم. شبی زنگ می‌زدند فلانی بیا پیش‌مان. می‌رفتم می‌دیدم دوستان‌شان هستند. بساط مشروب‌شان بود، غذایشان بود. من فکر می‌کردم فقط غذا خوردن است. بعد از من می‌خواستند بروم با تک‌تکشان باشم. می‌گفتم طوری شده که همه من را دوست دارند. ان‌قدر بی مهری کشیده بودم. چون نه مهمانی دیده بودم و نه گشت‌وگذار. وقتی این جور مجالس می‌دیدم دور هم بودند، آن را خیلی دوست داشتم. می‌گفتم یک کار کنم این دور هم بودن‌ها باشد. حتی من را دعوت می‌کردند به شهرهای اطراف برای مهمانی و مجبور بودم... نه مجبور نبودم، با خوشحالی می‌رفتم. حتی آمدنی دیگر تو کیفم پول می‌گذاشتند. خوشحال می‌شدم، می‌گفتم خب پول دارم. یکهو می‌دیدی برایم لباس می‌خرند. این را می‌خریدند، یک بار خانواده نمی‌پرسید این لباس را از کجا می‌آوری، من که ان‌قدر بهت می‌دهم، تو این را از کجا می‌آوری؟ شاید در شرایط بد می‌ماندم

بهتر بود. شاید اگر مرده بودم خیلی بهتر بود. نه [این که] این جا با افتخار این حرف‌ها را می‌زنم. هیچ افتخاری ندارد. مقصر کسی را نمی‌دانم. انگشتم را نشان نمی‌دهم. زمان هم بر نمی‌گردد... من با یکی از آقایون که دعوت شده بودم توی مهمانی من را به مدت دو هفته توی یکی از مهمانی‌هایشان که می‌خواستند بروند نگه داشتند و کارگرهایشان را که از تهران کارگر افغانی آورده بودند، برای این که سور بدهند، من باهاشان ارتباط جنسی داشته باشم. من را که می‌خواستند دعوت کنند توی هتل یا خانهٔ شخصی که نمی‌توانستند ببرند، ظاهرم هم مشخص بود. [در یک انبار] در خود شهر بود. شرکتی بود که آن جا شب‌ها جمع می‌شدند، شب‌ها وقتی کارگرها می‌رفتند خیلی راحت بود آن جا. برنامه برای خودشان داشتند. شب‌هایی که می‌خواستند برنامه داشته باشند تماس گرفته بودند که من بروم پیش‌شان. قرار بود فردا صبحش من را ببرند خانه، ولی خب دیگر اجازه بهم ندادند. یعنی وقتی خودشان رفتند به من گفتند که کارگرهایی که از شهر دیگر آورده بودند، افغانی بودند، و گفته بودند این را فردا برسانید آن‌جا دانشگاه دارد. و خب این‌ها تعدادشان زیاد بود و نخواستند من بروم و ماندم و باهام ارتباط جنسی داشتند. من ازشان بدم می‌آمد، ولی خب... می‌گفتم ارتباط جنسی هم که برقرار می‌کردند، کنارشان منقل بود، می‌خوردند، این کار را می‌کردند، بعد می‌خواستند من ارتباط جنسی با اندام‌شان بکنم، چی بخورم چی نخورم. وقتی هم خوردم مریض شده بودم و می‌دانستم شاید اتفاقی بیفتد. ولی می‌ترسیدم تست بدهم. همهٔ این ارتباط‌ها، با همین دوستم و بقیه، بدون کاندوم بود.

همه‌شان زن و بچه داشتند. تمام آنها به جز یکی که دوستم بود. دوستم به من گفته بود زن ندارم، ولی پسربچه داشت. آنها بچه و زن داشتند. در مجموع، توی این دو سه سال، پنج شش نفرشان که دائمی بودند، همیشه هفتگی این اتفاق می‌افتاد و باهاشان ارتباط داشتم. در مجموع حساب کنم پانزده نفری بودند. فقط یک بار با همان شخصی که باهاش دوست شده بودم درد دل کردم که گفت ایرادی ندارد، سخت نگیر. پولت را هم که می‌گیری. فیلم و عکس هم ازم گرفته بودند. من خودم فیلمم را ندیدم اما بعضی وقت‌ها می‌خندیدند. می‌گفتند طرف افتاده بود... آلت‌های همدیگر را مسخره می‌کردند، می‌گفتند نگاه کنید فلانی از این جا مشخص است آلتش کوچک است، آن یکی را نگاه کنید که هول شده، نگاه کنید چطوری دارد می‌کند. می‌گفتم تو رو خدا این کار را نکنید.

مرجان
در جمع دوستانش

گفتند نه، گاهی اوقات برای خنده برای خودمان [فیلم را] می‌گذاریم، بعضی موقع-ها فلانی می‌گوید آلت من خیلی بزرگ است، ولی این جا مچش را گرفته‌ایم که این جا معلوم است چقدر بزرگ است... من بعد از آن اتفاقی که افتاد آمدم به دوستم گفتم من دو هفته کلاسم را نرفتم، این‌ها با من این کار را کردند، لااقل خودتان بودید ایرادی نداشت. چرا من را دادید به این غریبه‌ها... گفتم آخر نامردی بود. یک بار توی این دو هفته زنگ می‌زدید ببینید من کجا هستم. چرا نیامدید سوله‌ای که برای خودتان بود داشتید می‌ساختید، نیامدید یک سر بزنید ببینید من آنجام و اصلاً این‌ها چه کار می‌کنند. خودتان حتماً خبر داشتید که من آن جا هستم. می‌گفت نه این طوری نیست، مگر نرساندنت؟ پول دادند؟ گفتم آره. گفت پس دیگر چی می‌گویی؟... من اصلاً نمی‌توانستم این را به کسی بگویم که راهنمایی‌ام کند که چطور اقدام کنم. برای من این خیلی مهم بود، چی را اقدام کنم، این را نمی‌دانستم، مزاحمتی که توی کوچه و خیابان برایم اتفاق می‌افتاد نمی‌توانستم این را به یکی بگویم که من چون این جوری‌ام، می‌گفتند خب موهایت را کوتاه کن، ابروهایت را پر کن. چرا وسط ابروهایت را می‌زنی؟ کسی که این کار را می‌کند آن اتفاق هم برایش می‌افتد. توی دانشگاه راحت بگویم رفتم به مدیر معاون فرهنگی‌اش گفتم مزاحمم شده‌اند. بچه‌ها جلوی همه انگشتم می‌کنند. گفت چرا اِواِیی[۳۲] راه می‌روی؟ چرا ابروهایت را برمی‌داری؟ برندار که این کار [را] نکنند... قرار بود

---

۳۲ مثل اواخواهرها، اصطلاحی که برای تحقیر هم‌جنس‌گرایان مرد که حالتی "زنانه" دارند به کار می‌رود.

یک سال پیش بروم تایلند چنج [تغییر جنسیت] کنم. قبل از آن هم تست مدیکال [آزمایش پزشکی] داده بودم برای تایلند. این اتفاق نیفتاده بود. آن دو هفته‌ای که من توی سوله بودم ارتباط جنسی داشتم. سکس با من شد. دوست داشتند فقط نیاز خودشان برطرف بشود، من خیلی نیازها داشتم. شاید همان پول هم بود، ولی نه این که فقط پول باشد. من یکی دیگر را دوست داشتم، ولی خب این‌ها آمدند توی زندگی من و من را گول زدند. بعد که می‌خواستم بروم تایلند توی یک تست، جواب آزمایشم، اچ‌آی‌وی مثبت بود. بعد خیلی برایم سخت بود. می‌خواستم خودکشی کنم چون برای من چیزی باقی نمانده. در شهر و دیار خودم پیش خانواده‌ام نمی‌توانستم باشم. درسم را هم که می‌خواندم، ولی چه خواندنی؟ جای دیگری با آن سر و وضع نمی‌توانستم کار کنم. شاید نمی‌دانم اگر روزی به خانواده‌ام حرف‌هایم را بگویم، بگویند که تف به رویت، کم گذاشتیم برایت؟ مگر کم بهت دادیم؟ نمی‌دانم چه جوابی برایش داشته باشم. اگر بگویم آره، نمی‌توانم هیچ کس را مقصر بدانم، ولی می‌دانم که [کاش] یک جوری یک نفر باشد، نه این که هر کسی برای دل خودش، نه این که خودش معروف بشود. برای این که مجله‌اش، دفترش، یک ارگان خاصی دارد کار می‌کند، به نفع خودش و اسم خودش دارد کار می‌کند، این نباشد. اگر حرفی هم می‌زنند، یک جای دنیا بفهمند که مراقب بچه‌های خودشان باشند. چیزی که از دست رفته واقعاً از دست رفته. نمی‌شود ترمیم و جبرانش کرد... آرزوی خیلی بزرگ برای خودم داشتم. چون قبلاً روان‌شناسی می‌خواندم می‌گفتم دکتر می‌شوم، عمل می‌کنم، چنج می‌کنم، همسرم می‌آید داخل زندگی‌ام، بچه می‌آید به خوبی و خوشی زندگی می‌کند، ولی اصلاً فکر نمی‌کردم وقتی خودمان با مددکار می‌رفتیم در دوران روان‌شناسی، می‌رفتیم دنبال گزینه، نمی‌دانستم خودم گزینه‌ام. خودم پروژهٔ خودم شدم. گاهی می‌گفتم آنها خودشان خواستند رفتند، آدم خودش شرایط را برای خودش درست می‌کند. کسی که می‌گوید دوستم کرد [دوستم مقصر است]، این‌ها دروغ است، مگر می‌شود؟ طرف بدکاره شد، خودش خواسته. خودش می‌خواسته که برود. ولی من از همه‌شان خجالت می‌کشم. از آن پاکی خجالت می‌کشم. از خانواده خجالت می‌کشم ...

الان هم به خاطر این آمدم [ترکیه] که یکی از دوستانم به من درخواستی داده بود و آمده بود توی کوچه‌مان هم گفته بود که شما یک بچهٔ اواخواهر دوجنسی دارید. مادرم خیلی بد و بیراه بهم گفت، خیلی چیزها بهم گفت و درخواست

زیادی از من داشتند و می‌خواستند من را برای مهمانی‌هایشان توی ترکیه و باکو ببرند، گفتند توی مهمانی‌هایمان باهامان بیا، عکست را نشان داده‌ایم، می‌گویند خیلی قشنگ است، بیاورش. دیدم توی شهری که داشتم زندگی می‌کردم، نمی‌توانستم توی پانسیونی که زندگی می‌کردم باشم. زیاد می‌رفتم و می‌آمدم، دیگر نمی‌توانستم بمانم. رفتم با یکی از دوستانم هم‌خانه شدم و گفتم اگر این ترم تمام بشود آخرش دیگر جایی برای ماندن ندارم. همه جا هم من را می‌شناسند. اگر یک اتفاقی بیفتد و فیلم‌هایم پخش بشود دیگر جایی برای ماندن ندارم. باید بروم یک جایی که با خودم خیلی چیزها آورده‌ام [قرص برنج برای خودکشی] که حتی اگر این جا قبولم نکنند این جا کار را یک‌سره کنم. چون دیگر راه برگشتی نیست. این جا خاموش بشوم و تمام بشوم... خیلی‌ها می‌گویند مانده بودی توی اتاقت خیلی بهتر بود. می‌ماندی توی اتاقت، نه بیرون می‌رفتی و نه دانشگاه می‌رفتی، تحمل می‌کردی، بهتر بود. آره، الان می‌گویم ای کاش هیچ وقت نه درس خوانده بودم و نه این‌ها را داشتم. توی همان اتاق بودم خیلی بهتر بود. ولی آن موقع می‌گفتم نه، باید با زندگیم بجنگم. چرا من توی اتاق بمانم؟ من شاعرم، نویسنده‌ام، نقاشم، باید خودم را پیدا کنم. ولی این سرکشی من که بگویم من می‌خواهم خودم باشم به قیمت این تمام شد که خانواده به من بگوید هر کاری می‌خواهی بکن. من نمی‌خواستم بهم بگویند هر کاری می‌خواهی بکن. سکان از دستم رفت. زدم به کوه قاطی شدم. دگرگون شدم. نفهمیدم این سونامی چطور آمد و چی شد...»[۳۳]

مرجان در لباس و آرایشی که دوست می‌داشت

---

۳۳ مصاحبهٔ مرجان اهورایی، شش‌رنگ و عدالت برای ایران.

۲- لیلا شیرازی

لیلا شیرازی، ترنس ام‌تواف و ۴۶ ساله، در ۱۷ سالگی به دلیل فشارهای خانواده و مدرسه ترک تحصیل می‌کند. برای انجام خدمت سربازی او را به جبهه اعزام می‌کنند و در آن جا اولین رابطهٔ جنسی زندگی خود را به صورت تجاوز تجربه می‌کند. لیلا جزو اولین کسانی است که چندین سال بعد، در ایران عمل تغییر جنسیت انجام می‌دهد. او پس از انجام عمل اولیه، به دلیل یک درگیری و ارتکاب ضرب و جرح مجدداً دستگیر می‌شود و مدت زیادی را در زندان اوین می‌گذراند. چند سال پس از آزادی از زندان به ترکیه می‌آید و پس از آن، از سوی کشور نروژ به‌عنوان پناهنده پذیرفته می‌شود. آن چه می‌خوانید بخشی از شهادت وی دربارهٔ تجربه تجاوز است[۳۴]:

"سال شصت و پنج بود، در خدمت سربازی بودم در جبهه.[۳۵] قبل از این که من اصلاً به فکر این مسائل باشم، همیشه مورد اذیت و آزار قرار می‌گرفتم. تا آن موقع تجربهٔ سکس را هم نداشتم. تا این که من توی جبهه خط مقدم، توی خاکریزها اولین تجربهٔ جنسی را به زور، حالا اسمش را تجاوز می‌گذارید، هر چه که می‌گذارید، من آن جا این تجربه را به دست آوردم. خیلی تجربهٔ بدی بود. چون زمانی که این جوری شد من بیهوش شدم. من را انتقال دادند به پشت خط، چادرهایی که می‌زدند برای بهزیستی. امربر آن جا، یعنی کسی که نامه‌ها را بالا می‌برد و پایین می‌آورد، غذای آن جا را درست می‌کند، من هم آشپزی‌ام چون خوب بود و خانه‌داری‌ام هم خوب بود، به قول ننه‌ام دختر خانه بودم، چون دیدند همه چیزم خوب است و شستن و پختن و درست کردنم، من شدم آشپز شخصی آن جا. یعنی درجه‌دار وظیفه‌های آن جا که بهمان آموزش می‌دادند، افسر وظیفه‌ها، درجه‌دار وظیفه‌ها، کارهای آنها را انجام می‌دادم. آن جا هم خیلی بهم گیر می‌دادند ولی کسی جرات نمی‌کرد کاری بکند. تا این که یکی از مسئولین آن جا با رفتار و حرکاتش نشان می‌داد تمایل دارد، ولی کسی جرأت نمی‌کرد [به من نزدیک شود]. من یک بار وارد سنگر که شدم، چیزهای خوراکی را گرفته بودم می‌خواستم ببرم پخش کنم، یکهو از پشت سر من دیدم

۳۴ مصاحبهٔ لیلا شیرازی، شش‌رنگ و عدالت برای ایران.

۳۵ منظور جبهه‌های جنگ ایران و عراق است.

جو ناامن است، جو فرق می‌کند، بچه‌ها به همدیگر نگاه می‌کنند، با گوشهٔ چشم به هم ایما و اشاره می‌کنند، سکوت است، همهمه نیست، نفهمیدم چی است، مشغول به کارم بودم تا این که پتویی از پشت سر انداختند رویم. دیگر بعد از آن را نفهمیدم. بیشتر از یک نفر بودند. هم پایم را گرفتند، هم دستم را، بعد دهانم را گرفته بودند که صدا در نیاید. جوری شد که من واقعاً به خونریزی شدید افتادم، چون یک لحظه سوزش و درد شدید و اصلاً بیهوش شدم. چشم باز کردم دیدم تو بهداری هستم. تا بیست و چهار ساعت آن جا توی لگن آب گرم می‌نشستم، چون واقعاً آسیب دیده بودم. چون برای بار اول بود و چیزی که برای بار اول باشد و خشونت و ضرب و زور باشد دیگر خودتان بخوانید چیست. بعد از آن بود که من را به پشت [جبهه] و به لشکر ارومیه انتقال دادند. موقعی هم که به من گفتند کی بود؟ من نتوانستم کسی را معرفی کنم چون کسی را ندیدم. ولی می‌دانستند. این طوری نبود که انقدر کشکی و هرج و مرج باشد [ولی برای] یک همچین کاری کسی توبیخ نشد، کسی گرفتار نشد، به قول خودشان گفتند کرم از خود درخت است. این جا همه عزب اوغلی‌اند، از زن و بچه دورند، از خانواده دورند. جوابی که به من دادند، گفتند فکر کردی این جا [خانهٔ] خاله است که قر بدهی و راه بروی؟ یعنی در واقع خودم متهم شدم که خودم می‌خواستم که این حرکات را از خودم انجام می‌دادم. این جواب آنها بود. سر همان قضیه اعتراض کرده بودم، مرا عقب فرستادند و تازه سه ماه هم اضافه خدمت به من دادند. بدون این که خودم بفهمم. موقعی که کارتم را گرفتم دیدم بیست و هفت ماه است. باز مقصر خودم شناخته شدم که من باید مردانه برخورد می‌کردم، چون رفتارم و حرف زدنم زنانه و دخترانه است... می‌گفتند مردانه برخورد بکن تا مردانه هم باهات برخورد شود."[۳۶]

۳- پدرام

پدرام که خود را گِی معرفی می‌کند، از سوی همکلاسی‌هایش رفتارهای آزارنده می‌بیند و حتی چندین بار مورد تجاوز دسته‌جمعی قرار می‌گیرد. با این وجود،

---

۳۶ مصاحبهٔ لیلا شیرازی، شش‌رنگ و عدالت برای ایران.

مسئولان مدرسه نه به بررسی جدی موضوع می‌پردازند و نه می‌کوشند او را به مدرسه بازگردانند:

"من سوم راهنمایی بودم، سیزده چهارده ساله و این جوری بود که وقتی من به همکلاسی‌ام [احساسم به او را] نشان دادم او با دوست‌هایش آمدند. یه حالت تجاوز داشت... من فکر می‌کردم حسی که من به او دارم او هم به من دارد، ولی این حس نبود، همهٔ مدرسه مسخره‌ام می‌کردند، از مدرسه فرار می‌کردم. آن‌ها من را تهدید می‌کردند که اگر نیایی توی باغ، می‌آییم تو محله آبرویت را می‌بریم... ان‌قدر [بهشان] راه دادم که حتی به مرحلهٔ خودکشی هم رسید. می‌شد دو هفته‌ای یک بار باشد، یا مثلاً پنج شش نفر [به من تجاوز می‌کردند]. به حدی بود که من هر از گاهی می‌رفتم تو پشت‌بام با خودم حرف می‌زدم. مثلاً چند بار دقیقاً هی دوست داشتم خودم را تو آن سن و سال بیندازم پایین. اصلاً حالم خوب نبود. یا از مدرسه فرار می‌کردم می‌رفتم توی سینما می‌نشستم بعد به مامانم زنگ می‌زدم، پولم تمام می‌شد، می‌گفتم مامان بیا دنبالم. هی مامانم تو سر خودش بزن که تو چرا این جوری می‌کنی؟ چرا به من نمی‌گویی؟ مشکل تو چیست؟ هی می‌آمد مدرسه. بعد معلم‌ها می‌گفتند که آره افت تحصیلی دارد. اصلاً من از مدرسه متنفر شده بودم. تا این که من به مامانم گفتم، مامانم آمد مدرسه و من مدرسه‌ام را عوض کردم. طریقهٔ گفتنم هم این طوری بود که یک نامه نوشتم گذاشتم تو فریزر. بعد رفتم بیرون و به مامانم گفتم برو تو فریزر برایت نامه گذاشته‌ام. مامان که این را خواند سریع آمد مدرسه به مدیر اطلاع داد. بعد هم مدرسهٔ من را عوض کرد. آن بچه‌ها فقط تو مدرسه ازشان بازخواست شد. تنبیه‌شان کردند. همین. می‌گویند آدم دشمنش هم بمیرد ناراحت می‌شود. حالا آن اوج خشونت را بگویم به شدتی بود که من موقعی که دیپلمم را گرفتم... [در خیابان] آگهی فوت یک نفر که اصل کاری‌ترین کس آن اتفاق [تجاوز] بود روی دیوار دیدم، مثل این که تصادف کرده بود مرده بود. چقدر خوشحال شدم. از مرگش واقعاً خوشحال شدم. ناراحت می‌شوم از اینکه از مرگ یک نفر خوشحال شوم، ولی واقعاً خوشحال شده بودم.[۳۷]

۳۷ مصاحبه با پدرام، شش‌رنگ و عدالت برای ایران.

پدرام برای از یاد بردن این تجربهٔ دردناک بسیار تلاش کرده و یکی از روش‌هایش برای پیش‌گیری از تکرار این پیشامد، انکار هویت جنسیتی خود و سعی برای تغییر رفتارهایش بوده است. او می‌گوید: "واکنش من این بود که سعی کردم توی دبیرستان خیلی حالت قلدری به خودم بگیرم و خیلی حالت‌های پسرانه از خودم نشان دهم."[۳۸]

۴- علی

علی، مرد هم‌جنس‌خواه ۲۹ ساله، متولد یک شهر مذهبی است. او تحصیلات متوسطهٔ خود را به دلیل آزارهایی که در مدرسه می‌دیده رها کرده است. علی از جمله کسانی است که در میهمانی هم‌جنس‌گرایان و ترنس‌جندرها در اصفهان به طور دسته‌جمعی بازداشت شدند. در زمان انجام مصاحبه، وی در ترکیه و در حال طی مراحل پناهندگی بوده است. آن چه می‌خوانید روایت او از دو باری است که در دو شهر مختلف مورد تجاوز قرار گرفته است:

"من دو مورد تجاوز داشتم، یک مورد در یک شهر کوچک بوده یک مورد تو تهران بوده. نیروی انتظامی تا حالا چند بار من را گرفته تو خیابان. من می‌دانم تو ایران هیچ ارگانی، هیچ نهادی، اعم از نیروی انتظامی یا ارگان‌های دیگر، حالا بسیج، سپاه، هیچ کسی از من هیچ حمایتی نمی‌کند و برای من اگر مشکلی پیش بیاید حتی تجاوزی که به من شده من نمی‌توانستم بروم شکایتی بکنم. سال هشتاد و سه، یک دوستی داشتم به اسم محمد[۳۹] تو دبیرستان بود، بعداً با هم بیرون آشنا شدیم در حد دوستی خیلی معمولی. یک روز به من گفت بیا خانه‌مان بلندگوهای کامپیوتر من خراب است. من حتی آن موقع کامپیوتر نداشتم گفتم من ندارم، سر در نمی‌آورم، نمی‌دانم. ولی از من خیلی خواهش کرد، من باید شک می‌کردم، ولی ان‌قدر ساده بودم، [که وقتی گفت] خواهش می‌کنم بیا یک نگاهی بینداز، گفتم خب نگاه می‌کنم. رفتم خانه‌شان، خانه‌شان یک واحد آپارتمانی بود که دو سه طبقه بود ولی همه‌اش دست خودشان بود،

۳۸ همان.

۳۹ نام فامیل وی نزد ما محفوظ است.

حتی پایینش هم مغازه بود. هیچ کس نبود تو ساختمان. رفتم نشستم پای [میز] کامپیوتر را روشن کردم دیدم از تو اسپیکر (بلندگو) صدا می‌آید. گفتم این که سالم است... همین که این را گفتم یک دفعه خودش که بود، یک پسر دیدم آمد تو. با هیکل بزرگی. یقهٔ من را گرفت و گفت یالا بخواب رو زمین. گفتم چی شده؟ تا حالا همچین اتفاقی برای من نیفتاده، اصلاً تو ذهنم همچین چیزی تا حالا نبوده. مثل بید می‌لرزیدم. خواهش می‌کنم، قسمش [دادم] به دین، قرآن، جون پدرت، جون مادرت، خواهش می‌کنم. نه، بخواب. چند تا سیلی تو گوش من زد، لباس‌های من را حتی به زور درآورد و نمی‌دانم، خیلی لحظهٔ سختی بود برای من. هر دو تایشان بودند و به من تجاوز کردند و همان دوستش حتی تو لحظهٔ تجاوز فحش می‌داد، هر چه [از] دهانش می‌آمد می‌گفت. من التماس می‌کردم، دست و پا می‌زدم، خواهش می‌کردم، تو رو خدا، اصلاً هیچ. ذره‌ای انسانیت، ذره‌ای اعتقاد به چیزی، ذره‌ای هیچی. خب بعد از این که این اتفاق افتاد با آن وضع ناراحت‌کننده، با آن وضع فجیع، با آن حالتی که من داشتم، لباس‌هایم را پوشیده بودم. از در این خانه آمدم بیرون. خب کجا باید بروم؟ به کی باید بگویم؟ من حتی می‌ترسیدم به پلیس بگویم. به پلیس بگویم می‌گوید تو خودت حتماً می‌خواستی، تو یک جوری هستی، حالا این را که می‌گویم بعدها پلیس به من این را گفته. یعنی اصلاً بروم آن جا من را محکوم می‌کنند. من محکوم می‌شوم به جای این که آنها را محکوم کنند. چون من این را شنیده‌ام، حتی مثلاً ممکن است به من بگویند تو هم‌جنس‌بازی و حتی تا پای اعدام من را ببرند. یک چیزهایی در بیاورند، یک چیزهایی به من بچسبانند یا یک طوری با من... حتی من می‌ترسم که بگویم به من تجاوز شده. به من بگویند این سکس داشته، ما این را سر سکس گرفته‌ایم، حکمش هم که توی حالا اسلام و ایران اعدام است. حکم این که کسی دیده باشد، جریان سکس با پسر را دیده باشد حکمش اعدام است... آمدم خب توی خانهٔ خودمان که رسیده بودم توی اتاقم ساعت‌ها گریه می‌کردم، چندین روز گریه می‌کردم تو خانه. افسردگی شدیدی گرفتم. حالت‌هایی داشتم، حالت‌های ضعف داشتم، حالت تهوع داشتم. حتی پیش دکتر رفتم یک سری آزمایش دادم. به من گفتند تو هیچ مشکلی نداری. ولی حالت‌هایی که می‌گویی اعم از تهوع، ضعف،

---

۴۰ مصاحبهٔ علی، شش‌رنگ و عدالت برای ایران.

بی‌خوابی، این‌هایی که داری می‌گویی من احساس می‌کنم باید به روان‌پزشک مراجعه کنی. این حالت‌ها حالت‌های دپرشن (افسردگی) است. و این موضوعات همه جمع شد روی هم و باعث شد من افسردگی بگیرم، به‌خاطر این که نمی‌توانم از حقم دفاع بکنم، به‌خاطر این که نمی‌توانم حرفم را بگویم، به‌خاطر این که هیچ کسی از من هیچ حمایتی نمی‌کند، به‌خاطر این که با من مثل یک حیوان برخورد می‌کنند. من هم یک انسانم، من هم حق زندگی دارم، حق انتخاب دارم. من هیچ حقی نداشتم تو کشورم. به من هیچ حقی نمی‌دادند، یعنی زندگی من شده بود یک زندگی گوسفند. خوردن و خوابیدن. این که نشد زندگی. من دوست دارم ادامه تحصیل بدهم، وارد بازار کار بشوم، دوست دارم یک تخصص یاد بگیرم...

قضیهٔ تجاوز در تهران [اینطور بود]، یک سال و نیم پیش [سال ۱۳۸۹] بود. من یک روز رفتم آرایشگاه تو خیابان ستارخان چهارراه خسرو، نشستم تو آرایشگاه. یک آقا پسری نشسته بود. خب، خیلی عادی شاید سر صحبت باز بشود. تو ایران خیلی روابط و دوستی‌ها زود شکل می‌گیرد. از من پرسید که بچهٔ کجایی، چه کار می‌کنی؟ مشتری بود. گفت شماره داشته باشیم. از نظر ظاهری کاملاً پسرانه بود خیلی خوب بود. گفتم اوکی مشکلی نیست. تماس گرفتیم و همان شب، یعنی من آرایشگاه عصر که کارم تمام شد و رفتم خانهٔ بچه‌ها دوش گرفتم و دوباره زنگ زد و رفتم همان چهارراه خسرو یک سفره‌خانهٔ سنتی بود. شاید ساعت یازده این‌ها بود. رفتیم نشستیم و قبل از این که بخواهم چیزی بگویم گفت ببین من مشکل تو را می‌دانم، فقط گفت تو گی هستی یا دوجنسه؟ گفتم من گی هستم. گفت اوکی من مشکل تو را می‌دانم خیلی دوست دارم اگر کاری از دستم برمی‌آید برایت انجام بدهم. گفت خیلی دوست دارم بهت کمک کنم، دوست خوبی برایت باشم، دوست دارم به من اعتماد کنی. یعنی ببین چقدر خوب صحبت می‌کرد که من خیلی احساس خوبی داشتم که این آقا گی نیست ولی من را به‌عنوان یک دوست گی پذیرفته و من اصلاً به چیزی به اسم سکس، چیزی به اسم رابطهٔ جنسی [فکر نمی‌کردم]... همین طوری یک دوستی داشتم که باهاش دوست باشم، باهاش درددل کنم، حرفم را بفهمد، مسخره‌ام نکند، من را درک کند، این‌ها برای من خیلی خوب بود. یک مقدار بهم روحیه می‌داد. تا این که ساعت یازده گذشت، نزدیک دوازده شد. گفت یک رستوران سنتی هست برای فامیلم است می‌خواهی برویم آن جا

بیشتر صحبت کنیم؟ چون ما آن جا زیاد ننشستیم چون دوستان خودش هم بودند یک رستوران سنتی بود بعد تو محلشان بود. من هم یک ذره معذب بودم چون احساس می‌کردم دیگران یک جور دیگری نگاه می‌کنند. بعد گفت اگر راحت نیستی می‌خواهی برویم یک جای دیگر راحت‌تر صحبت کنیم. گفتم اوکی. ولی بهش گفتم خانه نمی‌آیم. گفت یک رستوران دیگر هست، برای ماست، آن جا هیچ کس نیست. می‌خواهی برویم آن جا صحبت کنیم. سوار ماشین شدیم، یکی از دوستانش هم آمد که می‌گفت پسرخاله‌ام است. پسرخاله‌اش هم خوش‌تیپ بود، به من لبخند زد، سلام کرد، خیلی رفتار خوبی داشت. یک سواری بود دربست گرفتند رفتیم. من خیلی به خیابان‌های تهران وارد نیستم ولی یک جایی بود حوالی مرزداران. هی دیدم پیچ و پیچ، آخرین تابلو که دیدم خیابان آرش بود، رفتیم سفره‌خانهٔ سنتی. هیچ کس نبود تعطیل بود. گفتم هیچ کس نیست تعطیل است. گفت خب تعطیل شده الان فقط کارگرها هستند. یک مقدار نگران شدم. برق‌ها را روشن کردند نشستیم. دوستش که می‌گفت پسرخاله‌اش است هم بود. او هم نشسته بود. بعد دیدم شروع کرد گفت بیاییم یک ذره بخوابیم. گفتم یعنی چی بخوابیم. خب صحبت می‌کنیم دیگر. گفت نه بیا بخوابیم من نیاز تو را برطرف کنم. گفتم چه نیازی، من هیچ نیازی ندارم. فقط همین جوری دوست شدیم صحبت کردیم، بیشتر با هم آشنا بشویم. همین. گفت مگر گی نیستی؟ گفتم خب گی باشم. گفت مگر تو نیازی نداری؟ گفتم شخصی است، به خودم ارتباط دارد، شما چه کار به مسائل شخصی من دارید؟ گفت نه. به زور او هم همین کار را انجام داد... لباس من را که داشت در می‌آورد هی دستش را می‌گرفتم. خب او خیلی از من درشت‌تر بود. من هم زوری به آن شکل ندارم. گفتم خواهش می‌کنم. یعنی چی؟ من هیچ نیازی ندارم. اصلاً من می‌خواهم بروم خانه‌مان، نمی‌خواهم. پسرخاله‌هه نشسته بود نگاه می‌کرد. هیچی نمی‌گفت. بعد لباس من را به زور در آورد، خودش هم لخت شد، یک پتویی هم انداخته بود بغلش. دیگر من ممانعت می‌کردم. دیگر به زور، به زور، به زور، خواهش می‌کنم. سکس، آن سکس هارد را انجام داد. بعد من بلند شدم. سفره‌خانه بزرگ بود. فوری رفتم توی دستشویی. دستشویی‌اش هم بالاش شیشه داشت. یکهو دیدم پسرخاله‌اش آمد تو. گفتم شما دیگر چه می‌خواهید؟ دیدم پسرخاله‌اش کاملاً لخت شده بود. فقط یک شورت پایش بود. شورتش را در آورد گفت یالا. گفتم من هیچ کاری نمی‌کنم.

گفت یا الان کاری که من می‌خواهم می‌کنی یا این که این چند تا کارگر آن جا بودند، فکر می‌کنم افغان هم بودند، گفت یا همهٔ این کارگرها را می‌گویم بریزند سرت. به زور این کار را انجام داد. حتی من گریه می‌کردم. گفت گریه نکن باید آه و اوه کنی. یک همچین چیزهایی به زور این کار را انجام داد. بعد از این من سریع این کار را که انجام داد من توی آن دستشویی ماندم، در را از تو قفل کردم. دیدم یکی دیگر دارد در می‌زند. گفتم من به هیچ عنوان در را باز نمی‌کنم، خواهش می‌کنم تو رو خدا بگذارید من بروم، هر چه بخواهید بهتان می‌دهم، لباس‌هایم، پول، همه چیز برای شما. هر کاری بخواهید می‌کنم فقط بگذارید بروم. یک نفر دیگر آمد. پسر یکی از دوستان‌شان. گفت بیا برو. گفتم نه من الان اگر این در را باز کنم می‌دانم تو هم می‌آیی تو. گفت به جون خواهرم، به جون مادرم من باهات کاری ندارم. یک ذره نشستم، یک ذره گریه کردم، یک ذره زدم تو سر خودم. خدایا چه کار کنم؟ گفت بیا برو. گفتم باید بالاخره این در باز شود، من تا کی می‌توانم این تو بمانم. در را باز کردم و گفت برو. لباس‌هایم را برداشتم و از آن جا آخر شب بود، دوازده این‌ها هم گذشته بود. یک شب بارانی هم بود یادم هست. من تک و تنها همین جوری نمی‌دانستم باید کجا بروم، چه کار کنم، بعد از آن هم کلی گریه و... باز من این جا هم نمی‌توانستم شکایت کنم. به کی می‌رفتم شکایت می‌کردم؟ چی می‌رفتم می‌گفتم؟ خب چرا قطعاً نیروی انتظامی بعدش هزار تا سوال از من می‌کرد. تو خودت رفتی. خب بابا من رفته‌ام. من که برای سکس که نرفته‌ام. برای آشنایی و دوستی. من با یکی آشنا می‌شوم می‌روم خانه‌اش مگر قرار است باهاش کاری بکنم؟ مگر من چون گی هستم با هر کس که می‌خواهم آشنا شوم ارتباط سکسی می‌خواهم برقرار کنم؟ نه. من هم یک انسانم مثل بقیهٔ انسان‌ها، آدمم، حس دارم، می‌فهمم، دوست دارم. ولی نه. هیچ نهادی از من حمایت نمی‌کند. چرا شب توی خیابان یک پلیس موتورسوار باید من را بگیرد، چرا؟ با من مثل یک قاتل رفتار بکند؟ برگرد رو به دیوار دست‌هایت را بزن بالا. شب تو توحید. من را بگردد. بعد تازه بی‌سیم بزند ماشین بیاید. حالا آن افسرشان، نمی‌دانم کی، پاهایت را باز کن رو به دیوار، [فحش بده به من بگه] کثافت. بعد پیراهن من را زده بود گفت تو گی هستی؟ گفتم نه. گفت چرا گی هستی. به گی‌ها می‌خوری. پیراهن من را زده بالا جلوی همه. این من نمی‌دانم به این کار چه می‌شود گفت، نمی‌دانم چه اسمی برایش بگذارم، تا این حد که من از طرف

دولت، از طرف نیروی انتظامی جمهوری اسلامی هم امنیت ندارم، می‌زند بالا بهم می‌گوید بدنت مو ندارد چه سفید هم هستی. یعنی چی؟ آخر یعنی چی این رفتار؟ دوجنسه هستی؟ چی هستی؟ بعد بخندند. چه سفید است. چه مثل دخترهاست. گی هستی. می‌دی؟ یک حالی هم به ما بده. آخر من نمی‌دانم از مردم به پلیس پناه ببرم، از پلیس به مردم پناه ببرم. من توی ایران هیچ پناهگاهی ندارم. هیچ کسی را ندارم از من حمایت بکند که من بگویم بابا من هم دوست دارم مثل بقیهٔ آدم‌ها امنیت داشته باشم. پلیس من را تو خیابان می‌گیرد به من فحش می‌دهد، مردم تو خیابان من را می‌گیرند فحش می‌دهند، او من را مسخره می‌کند. من هیچ حقی ندارم تو خیابان. پلیس من را تو خیابان می‌گیرد، شبانه دارم می‌روم من هم مثل بقیهٔ آدم‌ها. هلم می‌دهد می‌زند تخت سینه‌ام می‌گوید ها کن ببینم. چی کار داری؟ کجا داری می‌روی؟ ای بابا من باید به همه توضیح بدهم؟ خانهٔ دوستم بودم دارم می‌روم خانه‌مان. دیگر این ورها پیدایت نشود، این ورها دیگر نبینمت، یک بار دیگر این جا ببینمت می‌دانم چه کارت کنم. آخر من کاری نکرده‌ام، حالا این جا موهایم رنگ است. تو ایران موهایم مشکی است. خیلی پسرها هستند که استریت هستند ولی بدتر از ما هستند. چرا به آن‌ها چیزی نمی‌گویید؟ دیگر مظلوم‌تر از ما، بدبخت‌تر از ما، بیچاره‌تر از ما پیدا نکردید؟ آخر چرا انقدر به ما زور می‌گویید؟ آخر ما که کاری نکرده‌ایم..."۴۰

۵- اشکان

اشکان که در زمان مصاحبه بیست ساله بوده و در ترکیه تقاضای پناهندگی داده است، خود را هم‌جنس‌گرا می‌داند. او می‌گوید که از سن ده سالگی تا ۱۷ سالگی دوست داشته زن باشد، چون هیچ تصویری از این که انسان‌ها می‌توانند به هم‌جنس خود علاقه داشته و عاشق هم‌جنس خود شوند نداشته است. او در زمان انجام مصاحبه نزدیک به ۴ سال است که با دوست‌پسرش رابطه دارد و خانواده‌اش هم از این رابطه و گرایش جنسی اشکان مطلع بوده و آن را پذیرفته‌اند. اشکان اما سختی‌ها و تجربیات دردآور بسیاری را از سر گذرانده است:

"وقتی وارد دانشگاه شدم عاشق شدم. عاشق کسی که چهار سال است باهاش

زندگی می‌کنم. پارتنر من است، شریک زندگی من است، تصمیم داریم با هم ازدواج کنیم. چهار سال زمان کمی نیست. توی این چهار سال خیلی چیزها را به هم داده‌ایم و خیلی به هم اطمینان داریم و هیچ وقت از انتخابم پیشمان نمی‌شوم. این‌ها را گفتم که بروم سر این که بگویم چه اتفاقی برایم افتاد. بدترین اتفاق زندگیم. من آدمی بودم که خیلی درس‌خوان بودم، خیلی خوب درس می‌خواندم. تو دانشگاه الکترونیک عمومی می‌خواندم. تو این رشته هم موفق بودم با معدل کتبی ۱۸ قبول شدم. توانستم شبانه کرج بیاورم. به‌خاطر اشتباه در انتخاب شهرها. ولی نرفتم آن جا. چون مادرم بهم اجازه نداد، گفت باید نزدیک خودم باشی. یک شهرستانی هست تو کرمانشاه که سی کیلومتر با شهر ما فاصله دارد. دانشگاه آزاد دارد و در رشتهٔ الکترونیک موفق است. آن جا عاشق شدم. عاشق مهدی شدم. با هم رابطه برقرار کردیم و خانواده‌اش فهمیدند و جلوی تمام کسانی که... دقیقاً وقتی که ما از دانشگاه خارج می‌شدیم، یکی از کلاس‌هایمان تمام شده بود که خیلی‌های دیگر هم کلاس‌شان با ما تمام می‌شد. دانشگاه تقریباً بسته می‌شد و همه می‌رفتند سلف [نهارخوری] که تو ساختمان دیگری بود. آن جا خانوادهٔ مهدی[۴۱] من را گرفتند، اذیتم کردند، تحقیرم کردند. این بزرگ‌ترین فاجعه‌ای است که برایم اتفاق افتاده. و هیچ وقت نمی‌توانم فراموشش کنم، چون با این که درس‌خوان بودم، آدمی بودم که تو دانشگاه به هیچ کس اهمیت نمی‌دادم. آدمی بودم که شاید یک مقدار از این آدم‌هایی که خودشان را می‌گیرند بودم. با هر کسی رابطه برقرار نمی‌کردم. ولی جلوی همهٔ آنها خرد شدم. حراست دانشگاه هیچ دخالتی نکرد. چون گفتند از محوطهٔ دانشگاه خارج شده‌ای. تا قبل از این که پلیس بیاید، آنها کارشان را انجام دادند و رفتند. من را اذیت کردند، تهدید کردند و رفتند. یکی از پسرعموهایش جلوی مهدی به من تجاوز کرد. خود مهدی بود، داد می‌زد، دو نفرشان مهدی را گرفته بودند. یکی‌شان من را تهدید می‌کرد که تو فلانی... نمی‌خواهم راجع بهش حرف بزنم. چون آن صحنه جلوی ذهنم می‌آید... من بعد از آن قضیه دیگر دانشگاه نرفتم.[۴۲]

---

۴۱ این اسم مستعار است و توسط ما تغییر داده شده است.
۴۲ مصاحبه با اشکان، شش‌رنگ و عدالت برای ایران.

بخش دوم: حجاب اجباری

من برای زن بودنم جنگیده‌ام!
(پرسا)

بر اساس قوانین ایران، پوشاندن تمامی بدن به جز قرص صورت و دو دست و دو پا از مچ به پایین برای تمامی زنان در ایران اجباری است. بیشتر زنانی که در این تحقیق با آنها مصاحبه شده است، نخستین بار در هفت سالگی و در زمان ورود به مدرسه با پدیدهٔ حجاب اجباری روبه‌رو شده‌اند. البته علاوه بر اجباری که از سوی نهادهای رسمی مانند مدرسه یا نیروی انتظامی به این زنان تحمیل می‌شده، در برخی از موارد خانواده‌ها هم برای رعایت قواعد مربوط به حجاب و یا خودداری از پوشیدن لباس جنس دیگر، فشار دوچندانی به آنها تحمیل کرده‌اند.

تقریباً تمام لزبین‌ها، ترنس‌جندرها و تبدل‌خواهان جنسی که در این تحقیق مشارکت داشته‌اند، از حجاب که از اولین سال ورود به مدرسه و در سن هفت سالگی اجباری می‌شود، به‌عنوان یکی از تلخ‌ترین تجربیات خود سخن می‌گویند. آرمان آن را "عین شکنجه" می‌خواند[1] و بسیاری از مصاحبه‌شوندگان تعریف می‌کنند که چگونه بخش عمده‌ای از وقت و انرژی روزانه‌شان صرف تمهیداتی می‌شده است که بتوانند در اجتماع بی‌حجاب باشند.[2] علاوه بر این در جریان پژوهش خود دریافتیم که مسئلهٔ حجاب و تلاش برای رهایی از آن یکی از دلایل تلاش بسیاری از زنان هم‌جنس‌گرا برای اخذ مجوز عمل تغییر

---

۱ مصاحبه با آرمان، شش‌رنگ و عدالت برای ایران.

۲ تعداد قابل توجهی از مصاحبه‌شوندگان برای این که بتوانند در خارج از مدرسه بدون حجاب باشند راه‌های جالبی ابداع کرده بودند. برای نمونه، فرزام چنین می‌گوید: "تا تقریبا هفده سالگی لباسم را توی مسیر مدرسه عوض می‌کردم. یعنی با تیپ پسرانه می‌رفتم، مانتو را می‌گذاشتم تو کیفم. خیلی حرفه‌ای شده بودم. من شاید در عرض پنج ثانیه یک دست لباس عوض می‌کردم. خب شلوار که پسرانه بود، کفش پسرانه بود، پیراهن زیرم هم پسرانه بود. فقط مانده بود این مانتو و مقنعه را بکنم یا بگذارم رو سرم".

جنسیت بوده است. نفرت از حجاب اجباری به‌عنوان امری "زنانه" که عامل تحقیر و محدودیت است، در بسیاری موارد زنان کوییر و هم‌جنس‌گرا را که تحقق علایق‌شان با پوشش‌هایی چون مقنعه و چادر ممکن نبوده، یا به تصمیم‌گیری برای تغییر جنسیت سوق داده است و یا دست‌کم به این حسرت و آرزو که "کاش پسر بودم". برای نمونه، علاقه به فعالیت‌هایی از قبیل موتورسواری، فوتبال، ورزش‌های رزمی و یا میل به برخورداری از آزادی در خیابان و فضاهای عمومی، در بسیاری از موارد در میان زنان هم‌جنس‌گرا و کسانی که خود را تبدل‌خواه‌جنسی و تغییرجنس‌خواه می‌دانند به طور مشابهی وجود داشته است. به خصوص اینکه برخی از مصاحبه‌شوندگان، به دلیل سرباز زدن از رعایت حجاب، در خانواده خود نیز مورد خشونت واقع شده‌اند. شهرام، ترنس‌مرد تجربه خود را چنین به‌یاد می‌آورد:

> پدرم شبانه قشون کشی کرد با خاله‌ام و غیره. آمدند شمال [که من آنجا خانه داشتم و تنها زندگی می‌کردم]. در را نمی‌خواستم باز کنم. دایی‌ام گفت تو نوه فلانی هستی نمی‌خواهی یک ناهار به ما بدهی؟ گفتم باشد. آمد تو و نشست. با شوهرخواهرم بود. من دوباره حجاب کردم. همه نشستیم و بابام شروع کرد به گریه کردن. گفتم من یک حرفی بزنم. رفتم دستش را ماچ کردم، من هم گریه‌ام گرفته بود. همه گریه می‌کردند. گفتم من را ببخش من مجبورم این کار را بکنم... تا آمدم حرف بزنم گفت من حکم خدا را خودم اجرا می‌کنم. خیلی مذهبی است. چادر برمی‌داری؟ روسری برمی‌داری؟ لیوان را پرت کرد بغل سرم خورد به دیوار.[۳]

نازنین هم که خود را لزبین می‌داند، چالش خود را با معضل حجاب چنین بیان می‌کند:

> من این آزارم می‌داد که وقتی تو خیابان دارم راه می‌روم تمام مدت متلک می‌شنوم، وقتی با پوشش دخترانه می‌رفتم. تا آن جایی که می‌توانستم از لباس دخترانه استفاده نمی‌کردم. ولی یک جاهایی جواب

۳ مصاحبه با شهرام، شش‌رنگ و عدالت برای ایران.

نمی‌داد باید لباس دخترانه می‌پوشیدم. من از هفده سالگی دقیقاً به‌صورت رسمی وارد بازار کار شدم. تا هفده سالگی هر جا که می‌رفتم بدون پوشش اسلامی می‌رفتم، بدون مانتو، بدون روسری می‌رفتم. عین یک پسر. ظاهرم هم یک جوری بود که هیچ وقت دیده نمی‌شد. برجستگی‌هایم هیچ وقت آن‌قدر به چشم نمی‌آمد که بگوییم نازنین اگر دارد می‌رود بیرون می‌فهمند دختر است. همیشه موهایم کوتاه بود و جوری لباس می‌پوشیدم که همان چیزهایی هم که بود تا جایی که می‌شد دیده نشود. ولی وقتی هفده سالگی وارد بازار کار شدم، نمی‌توانستم با لباس پسرانه سر کار بروم. بهم گفته بودند خانم نازنین فلانی، ما این را استخدام کرده‌ایم، حسن آقا را که استخدام نکرده‌ایم. آن‌جا رعایت می‌کردم. ولی هر جمع دیگری که بود، اگر قرار بود مهمانی برویم، اگر قرار بود مسافرت برویم، مخصوصاً جاهایی که فکر می‌کردم راحت‌تر است. مثلاً تو پارک امکان نداشت لباس دخترانه بپوشم. من توی مسیر هم مانتو و روسری استفاده نمی‌کردم. لباس پسرانه عین پسرها. بلوز و شلوار. من خیلی هم از کلاه استفاده می‌کردم. تو فامیل همیشه می‌گفتند نازنین تو که چشم و ابرویت به این خوبی است، خیلی دخترانه است حیف نیست موهایت را انقدر کوتاه می‌کنی. این می‌زد تو ذوقم. برای همین من همیشه از کلاه استفاده می‌کردم. الان دارم جواب همین را می‌دهم که موهایم شدیداً ریزش دارد، برای این که من همیشه سرم کلاه بود. یکی از اتفاقاتی که به مشکل خوردم تو خانواده این بود که مادرم واقعاً بدش می‌آمد که من همیشه کلاه سرم می‌گذارم. هر پولی دستم می‌آمد کلاه نقاب‌دار می‌گرفتم. مادرم جلوی چشمم نقاب کلاه را پاره می‌کرد و می‌گفت خسته شدم ان‌قدر کلاه می‌خری، ان‌قدر کلاه سرت می‌گذاری. یکی از چیزهایی که کنار این مسئله برایم پیش آمد این بود که من مهم‌ترین زمانی که احساس امنیت کامل می‌کردم، وقتی با لباس پسرانه می‌رفتم بیرون، زمانی بود که با خانواده‌ام بودم. وقتی با خانواده بودم امکان نداشت برایم مشکلی پیش بیاید.[۴]

۴ مصاحبه با نازنین، شش‌رنگ و عدالت برای ایران.

یکی از دلایل اصلی درگیری مصاحبه‌شوندگان این تحقیق با مسئولان آموزشی نیز، عدم تبعیت از قوانین مربوط به حجاب بوده است. برای سایه اسکای، خواننده رپ، احساس سرکوب شدن از زمانی شروع شده که به اجبار مقنعه سر کرده است:

> یادم است اولین بار خواستم برم مدرسه، مامانم بهم گفت خب بریم مدرسه. من هم خیلی خوشحال بودم. گفت بریم عکس بگیریم. دوازده تا عکس می‌خواستند. رفتیم عکاسی که عکس بگیریم. مامانم به من یک مقنعهٔ سیاه داد و گفت باید این را بکنی سرت. گفتم من این را سرم نمی‌کنم. گفت نه دیگر، باید بکنی سرت، داری می‌روی مدرسه. گفتم من نمی‌کنم. عکسم را بدون مقنعه می‌گیرم. هفت سالم بود و مامان گفت یعنی چی بدون مقنعه می‌گیرم؟ دیگر هفت سالت شده، بزرگ شده‌ای، باید این طوری بری مدرسه. یعنی این را باید بکنی سرت. دیگر بچه نیستی و من وقتی مقنعه را گذاشت سرم ساکت بودم. همین طوری داشتم دوربین را نگاه می‌کردم. ان‌قدر این فشار برای من زیاد بود که مقنعه را پاره کردم از در عکاسی رفتم بیرون. مامانم آمد دنبالم تو خیابان که کجا می‌روی؟ من را پیدا کرد و گفتم به من نگو مقنعه سرت کن. من نمی‌خواهم مقنعه سرم کنم. من را کشید کنار گفت می‌خواهی تحصیل‌کرده بشوی یا نه؟ می‌خواهی تو این جامعه زندگی کنی یا نه؟ اگر می‌خواهی تو این جامعه زندگی کنی، اگر می‌خواهی بی‌سواد نباشی باید این را سرت کنی. تو هیچ فرقی دیگر با بقیه نداری. زن‌ها همه‌شان مقنعه سر می‌کنند. زن‌ها همه‌شان حجاب دارند. این حرف برای من خیلی سنگین تمام شد. یک فشاری بود که الان که دارم راجع به آن احساسم صحبت می‌کنم، دقیقاً تو بدنم حسش می‌کنم. دوباره برگشتیم عکاسی. من عکس را گرفتم با قیافهٔ خیلی ناراحت و عصبانی. عکاس هم می‌گفت لبخند بزن. هیچ لبخند نزدم. شروع کردم رفتم مدرسه. به محض این که از مدرسه می‌آمدم بیرون مقنعه را در می‌آوردم، می‌آمدم خانه و بدون مقنعه می‌رفتم بیرون. دوست نداشتم و هی داشتم بزرگ‌تر می‌شدم. یعنی یک موقعی بود وقتی هشت سالم بود نمی‌خواستم بزرگ شوم. چون می‌دانستم باید

آن آزادی را از دست بدهم. وقتی موهایم باز است باد می‌خورد بهش. وقتی راحتم و خب این یک فشار از جامعه بود و وقتی بزرگ‌تر شدم و مادرم آمد بهم گفت خانم‌های دیگر می‌آیند به من می‌گویند باید دخترت را جمع کنی، دیگر تو خیابان دارد بازی می‌کند با این پسر، می‌آید دوچرخه‌سواری. دیگر بزرگ شده. زشت است. درست نیست. مامانم هم نگران بود که از این و آن حرفی می‌شنود. من می‌گفتم به کسی ربطی ندارد. من با این پسرها بزرگ شده‌ام. این‌ها دوستانم هستند. یعنی چه دیگر باهاشان بازی نکن؟ یک روز دیدم پسرها دیگر با من صحبت نمی‌کنند. رفتم در خانهٔ یکی‌شان زنگ بزنم، مامانش بهم گفت دیگر نیا این جا. خیلی برایم سخت بود. یعنی دوست‌هایم را از دست دادم، آزادی‌ام را از دست دادم، و تو یک جامعهٔ سرکوب شده داشتم نفس می‌کشیدم. آن جا بود که شروع کردم به نوشتن. من شعر اولم را همان هفت سالگی نوشتم.[۵]

مهیار ترنس‌مرد هم افسردگی و عصبی بودن خود را به حجاب اجباری مرتبط می‌داند و می‌گوید:

از هفت سالگی به من گفتند مدرسه می‌روی باید روسری سرت کنی. من زیر بار نمی‌رفتم. تا جایی که دیگر سینه درآوردم. من بدون روسری می‌رفتم تو خیابان. یعنی به جای پسر می‌رفتم. مادرم هم از آن جایی که شانس آورده بودم روی من فشار نمی‌آورد. فقط تو مدرسه باید مقنعه سرمان می‌کردیم، تو خانه که می‌آمدم درمی‌آوردم و می‌خواستم با مامان این‌ها برویم بیرون و خرید، با لباس پسرانه می‌رفتم. چون بچه بودم دقیقاً نمی‌توانستم تجزیه و تحلیل کنم که چرا من انقدر [توی مدرسه] افسرده و عصبی‌ام. چرا انقدر متفاوت خودم را از بچه‌های دیگر احساس می‌کنم. یا اصلاً حرف نمی‌زدم یا اگر حرف می‌زدم خیلی حرف می‌زدم. حد معمول نداشتم. چون تو مدرسه باید مقنعه سرم می‌کردم، من که نمی‌توانستم مقنعه را ضبط و ربط کنم، کش بسته بودیم که از سرمان نیفتد. درس من تا پنجم دبستان خیلی خوب بود. برای این که

---

۵ مصاحبه با سایه اسکای، شش‌رنگ و عدالت برای ایران.

هنوز از این اسارت‌ها سر درنمی‌آوردم که تو سر من دارند می‌زنند، با این که نباید تو سر یک زن بزنند. [اون هم من] که احساس پسرانه دارم، بعد باید تو جلد یک دختر بروم مدرسه. من شیطانی نمی‌توانستم بکنم، بازی‌هایی که دوست داشتم نمی‌توانستم بکنم، با مانتو بارها می‌خوردم زمین، نمی‌توانستم فوتبال بازی کنم یا هر چیزی، مانتویم گیر می‌کرد به کفشم و می‌خوردم زمین. چند بار این طوری شدم. این است که نمی‌توانستم. بعد از پنجم دبستان شاگرد متوسط شدم. دیگر شاگرد زرنگ نبودم. درس نمی‌خوندم. سوم راهنمایی، اول دبیرستان هم که بودم، افسردگی‌هایم شروع شد، شروع کرده بودم به حرف‌های گنده‌تر از دهانم زدن. تقریباً سیاسی شدم. به‌خاطر این که تو اجتماع وقتی روی آدم فشار باشد دنبال عامل اصلی می‌گردد. عامل اصلی من وقتی ایران بودم دولت بود. دولت بود که به من اجازه نمی‌داد که من خودم باشم و من را به‌عنوانی که خودم قبول دارم ضرب و شتم می‌کرد. نه فقط قبول نداشته باشد؛ ایگنورم می‌کرد [مرا نادیده می‌گرفت]؛ من را ضرب و شتم می‌کرد. یعنی در واقع ضرب و شتم‌ها برای من گران تمام می‌شد. من به‌عنوان انسان از سگ هم ارزشم کم‌تر بود.[۶]

سیا هم دلیل اختلال تغذیه و افت تحصیلی‌اش را اجبار به پوشش اسلامی و حجاب به‌عنوان سمبل و نماد زن شدن/ بودن در جامعه می‌داند و می‌گوید: "تمام شش هفت ساعت مدرسه من چشمم به ساعت بود و اصلاً نمی‌شنیدم معلم چه دارد می‌گوید و فقط می‌خواستم ساعت بگذرد و تمام شود و این لباس را از تنم بکنم."[۷]

او که بدترین دورۀ زندگی‌اش را دوران مدرسه‌اش در ایران می‌داند، وقتی به همراه خانوادۀ خود به آلمان مهاجرت کرده، در عرض تنها شش ماه نزدیک به هشت کیلو وزن اضافه کرده و به حالت طبیعی برگشته است:

"اعصابم راحت شد. روز اول مدرسه تمام بدنم می‌لرزید. چون فکر می‌کردم الان چه برخوردی با من می‌شود؟ چه باید بپوشم و چطوری است؟ نمی‌دانستم. بچه بودم. وقتی توانستم با لباس آزاد و راحت خودم

---

۶ مصاحبه با مهیار ضیایی، شش‌رنگ و عدالت برای ایران.
۷ مصاحبه با سیا، شش‌رنگ و عدالت برای ایران.

بروم، با بلوز و شلوار، وقتی رفتم مدرسه دیدم پسر و دختر یک جا نشسته‌اند و هیچ فرقی ندارد، شاید نود درصد من را راحت کرد. نصف مشکلات من حل شد."[۸]

می‌توان گفت که اجبار به رعایت حجاب از سنین بسیار پایین، برای بسیاری از مصاحبه‌شوندگان این پژوهش معنای خط‌کشی سخت‌گیرانه‌ای را داشته که تفاوت آنها با مردان را نمایش می‌داده و جنسیتی را بر آنان تحمیل می‌کرده است که خود پذیرایش نبوده‌اند. این در نهایت، محدودیت‌هایی طاقت‌فرسا و گاه خشونت‌آمیز بر آنها اعمال می‌کرده است. فرناز چنین روایت می‌کند:

"کلاً دوران دبستان سیاه‌ترین دوران زندگی من بود. به خاطر این که اولاً آن پوشش آمده بود، یعنی تو باید مانتو مقنعه تنت می‌کردی. بعد هم هی بهت می‌گفتند دختری دختری دختری، فرق داری، با پسرها نباید بازی کنی. ما هم بچه‌هایی بودیم که همه‌ش تو کوچه و با پسرها داشتیم بازی می‌کردیم، فوتبال و دوچرخه‌سواری. از بد حادثه یک سری مشکلات هم داری، هایپراکتیو [بیش فعال] هم هستی تو آن فضای عجیب غریب بعد از جنگ و بعد انقلاب. همین جور هم دارند بمباران‌ات می‌کنند از همه طرف تو کودکی. ضرب و شتم هم تو مدارس باب بود. یادم است من سوم دبستان موهایم را کوتاه کرده بودم. مقنعه‌ام را هم درمی‌آوردم تو حیاط. کوچک هم بودم خب. معلم کلاس سوم می‌زد. خیلی راحت چَک می‌زد."[۹]

به این معنا، حجاب برای این افراد عاملی بوده که به یک باره و با رسیدن به سن هفت سالگی، نه فقط آنها را تبدیل به موجوداتی متفاوت از پسران می‌کند، بلکه بدون این که چیزی در آنها تغییر کرده باشد، از بازی با پسران یا سرگرمی‌هایی که دوست داشته‌اند محرومشان می‌کند. به عبارت دیگر، "دختر شدن"، و از دست دادن آزادی‌های کودکی، همزمان با اجبار به پوشیدن مقنعه و مانتو به فرد تحمیل می‌شود. نینا هم شرایط را چنین توصیف می‌کند:

---

۸ همان.

۹ مصاحبه با فرناز، شش‌رنگ و عدالت برای ایران

"آدم وقتی وارد مدرسه می‌شه خیلی سخته. مخصوصاً توی جامعهٔ ما که حجاب داره، این خیلی سنگین می‌کنه. بعد اون رفتاری که مجابت می‌کنن که حتماً زن بار بیای، چه می‌دونم دخترانه رفتار کنی، یا حتا به موهای بلند و کوتاه گیر می‌دادن. خیلی اذیت می‌کردن."[۱۰]

در برخی موارد، رها شدن از اجبار مقنعه و مانتوی حجاب و محدودیت‌های آن تنها دلیلی بوده که آروزی پسر شدن را در دل این کودکان و نوجوانان ایجاد کرده است.[۱۱]

به خصوص اینکه گاهی این محدودیت‌ها از حد تذکر، توبیخ شفاهی و فشار به خانواده فراتر می‌رفته و به خشونت‌های فیزیکی منتهی می‌شده است. فرزام، ترنس‌مرد، فقط به دلیل ظاهر متفاوت و نپوشیدن مانتو و مقنعه در خارج از مدرسه، چندین بار در مدرسه با ماموران نیروی انتظامی مواجه شده که از سوی مسئولان مدرسه فراخوانده شده بودند. میزان خشونت و فشار مسئولان مدرسه بر او آن قدر شدید بوده که ناگزیر به ترک تحصیل شده است:

"به خاطر این که دیگر حاضر نبودم حتی تو مدرسه هم لباس دخترانه بپوشم، سه بار پلیس آوردند برام تو مدرسه. یعنی من سال دوم دبیرستان سه تا مدرسه عوض کردم. به‌خاطر این که بچه‌ها می‌رفتند برای خانواده‌شان تعریف می‌کردند که یک نفر هست این شکلی و آن شکلی. این‌ها هم سریع فکر می‌کردند پسری است که لباس دخترانه پوشیده که بیاید قاطی دخترها بچرخد. به خاطر همین دیگر نمی‌توانستم بروم مدرسه با این شرایط. من درس را گذاشتم کنار. آخرین باری هم که رفتم مدرسه این بود که من آمدم بروم مدرسه، تو راه پله‌ها بودم، دوستانم صدایم زدند گفتند که تو دیروز مدرسه نبودی، مامور برایت آورده بودند. همین که این را داشت دوستم برایم می‌گفت یک دفعه مدیر آمد من را صدا زد. رفتم تو دفتر مدرسه، این‌ها من را کردند تو دفتر مدرسه. یک قسمت کشویی داشت پرونده‌ها را می‌گذاشتند آن جا، بایگانی‌ها را. من را کرد آن جا، در را هم بست،

۱۰مصاحبه با نینا، شش‌رنگ و عدالت برای ایران.

۱۱ برای نمونه هیوا چنین آرزویی را به تصویر می‌کشد.

زنگ زدند پلیس آمد. مدیر مدرسه من را می‌زد و لباس‌هایم را از تنم در می‌آورد. لباس‌هایم را محکم گرفته بودم در نیاورد. می‌خواست ببیند من بدنم چیست؟ دختر است یا پسر است؟ حالا پروندهٔ من؛ دخترانه از اول ابتدایی تا دوم دبیرستان زیر دستش [در اختیارش] است. ولی من لباس‌هایم را محکم گرفته بودم گریه می‌کردم و او من را می‌زد و لباس‌هایم را درمی‌آورد. که من الان [تازه] فکر می‌کنم به این که به چه جرأتی من را می‌زد و این کار را می‌کرد با من؟ مدرسه [دبیرستان] توی اراک بود. من را برده بود تو آن اتاق، در را هم بسته بود که کسی نبیند. اول از خودم خواست که لباس‌هایت را در بیاور. خب من که نمی‌خواستم این کار را بکنم. اولاً که من سینه‌ام را بسته بودم چون دوست نداشتم، بعد هم خجالت می‌کشیدم. خب مدیر مدرسه بود و من متنفر بودم از این که کسی ببیند من سینه‌ام را بسته‌ام یا بدنم چه شکلی است. بدن دخترانه‌ام را ببیند. چون درنمی‌آوردم و نگه داشته بودم، این هم قشنگ یادم است، چند تا زد تو گوشم و لباس‌هایم را درآورد. من هم گریه می‌کردم فقط... دکمه‌های لباسم را باز کرد و دید که سینه‌هایم را بسته‌ام. بعد ولم کرد. من حالم خیلی بد بود. چیزی یادم نمی‌آید که دقیقاً چی گفت. فقط یادم است که بهم گفت باید بروی. با این که بدن من را دیدند باز هم فکر کنم فکر کردند من دوجنسه‌ام شاید. به‌خاطر همین به من گفتند که باید بروی دکتر، معاینه‌ات کند و بگویند که تو دختری و نامه بیاوری برای ما. و من دیگر نرفتم مدرسه. یعنی آن روز آخرین روزی بود که من رفتم مدرسه قبل از عمل.»[۱۲]

اما رایان به وجه دیگری از ارتباط میان حجاب اجباری و خشونت علیه هم‌جنس‌گرایان و ترنس‌جندرها در جامعهٔ ایران اشاره می‌کند. به استدلال او، تن زدنِ این افراد از قواعد مربوط به حجاب اجباری باعث می‌شود آنها که به دلایل دیگری "انگشت‌نما" هستند، باز هم انگشت‌نماتر شوند:

---

۱۲ مصاحبه با فرزام، شش‌رنگ و عدالت برای ایران.

"کلاً ما داریم راجع به اقلیت در اقلیت صحبت می‌کنیم. زن‌ها خودشون اقلیت هستند. زنان هم‌جنس‌گرا وقتی وارد [روند] هم‌جنس‌گرایی می‌شن کلاً می‌شه اقلیت در اقلیت. حجاب چیزیه که همه [زن‌ها] الان درگیرشن. ولی‌خوب اگر پررنگ نبود، یعنی اگر این موضوع در واقع فیصله یافته بود و حل شده بود، تنها کمکی که به بچه‌های هم‌تیپ من می‌کرد این بودش که با انگشت نشونمون ندن. ولی‌خب درد ما درد تفکر جامعه هست؛ درد درک نکردن جامعه هست از مبحث هم‌جنس‌گرایی. [اجباری نبودن] حجاب فقط می‌تونست یه ذره آرامش بده از این که انگشت‌نما نشیم.۱۳"

مشکلات مصاحبه‌شوندگان این تحقیق با حجاب اجباری فقط محدود به دوران مدرسه نمی‌شود و در بزرگ‌سالی و به خصوص در دانشگاه هم ادامه دارد. در اکثر موارد، واحدهای حراست دانشگاه‌ها مسئول برخورد با دانشجویان بوده‌اند. این واحدها که بخشی از ارگان‌ها و نهادهای دولتی و نیمه‌دولتی در ایران هستند، نمایندگان وزارت اطلاعات‌اند و یکی از وظایف آنها، جلوگیری از انواع انحرافات و از جمله انحرافات اخلاقی در واحدهای اداری دولتی و نیمه‌دولتی عنوان شده است.۱۴

برخی از زنان لزبین که از تن دادن به حجاب اجباری می‌گریزند و به‌ویژه پوشیدن روسری را بسیار آزارنده می‌بینند، بارها به علت نداشتن حجاب و پوشیدن لباس‌های موسوم به لباس "پسرانه" با برخورد نیروی انتظامی مواجه شده‌اند. نازنین یکی از آنهاست که در یکی از این برخوردها، مامور نیروی انتظامی او را به جای پاسگاه به پدرش تحویل داده است. پدر نازنین هم او را تنبیه کرده و از تردد بی حجاب در فضای عمومی منع کرده است:

من و یک پسر و سه دختر همسایه با هم تو کوچه و بیرون بودیم. نیروی انتظامی جلویمان را گرفت... یکی‌شان گفت این دختر است؟ من شانزده سالم بود. با تیپ پسرانه که می‌رفتم بیرون مثل یک پسر دوازده

---

۱۳ مصاحبه با رایان، شش‌رنگ و عدالت برای ایران.

۱۴ حراست چیست؟، ۸ مهر ۱۳۹۳، پورتال وزارت کشور، قابل دسترسی در:
http://moi.ir/Portal/Home/Default.aspx?CategoryID=540bf899-8c40-4982-954a-
54e4be45272f

سیزده ساله بودم. آن یکی گفت این چرا این شکلی است؟ گفت نه، این بچه است. گفت چند سالش است؟ گفت نمی‌دانم، سیزده چهارده سالش است. گفت تو چند سالت است؟ گفتم دوازده سال. گفت چرا این طوری آمدی بیرون؟ این طوری بی حجاب نباید بیایی. گفتم ببخشید من آمدم برای مادرم ماست بخرم زود برگردم. نگفت برویم کلانتری. گفت برویم دم در خانه‌تان. گفتم تو رو خدا. دوباره گریه کردم. سه تا دخترها هم گریه می‌کردند... بغل خانه بودیم، یک دفعه گفت زنگ بزن پدرت بیاید بیرون. زنگ زدم دقیقاً هم پدرم آمد. من از مادرم می‌ترسیدم. همیشه ازش حساب می‌بردم ولی با پدرم همیشه رفیق بودم. گفتم می‌شود یک لحظه بیایی دم در؟ پدرم خیلی آدم مهربانی است. پدرم در را باز کرد و تا بیاید برسد به در کوچه من پانزده قدم رفتم تو خانه، به پدرم گفتم [ندا دادم] من دوازده سالم است. پدرم رفت دم در، [مامور] گفت آقا این دختر شماست؟ گفت بله. چی شده؟ فکر کرده بود اتفاق بدی افتاده، پرسید اتفاق بدی افتاده؟ چی شده؟ گفت چرا دختر شما این شکلی است؟ گفت چه شکلی است؟ شبیه من است. همه می‌گویند شبیه من است. یارو گفت چرا بی حجاب آمده بیرون؟ پدرم گفت لباسش که آستین بلند است، شلوار هم که پایش است. منظورتان از حجابش چیست؟ به پدرم گفت مثل این که شما کلاً نمی‌فهمید. پدرم گفت یعنی چی من نمی‌فهمم؟ گفت چرا مانتو روسری تنش نیست؟ بابام گفت خب به من بگو چه شده، برایت توضیح می‌دهم. یارو گفت: "این‌ها با هم بوده‌اند، این آقا مست است، مشروب خورده، این‌ها با هم تو کوچه پشتی تو ماشین [اون آقا] نشسته بودند، این دختر و پسر همدیگر را بغل کرده بودند داشتند همدیگر را می‌بوسیدند". در صورتی که همچین چیزی نبود. این را که گفت پدرم به من نگاه کرد، جلوی یارو زد تو گوشم. پدرم گفت الان چه کار کنم؟ همین جا ادبش کردم. یارو گفت برو شانس بیاور که نمی‌خواهم خرابت کنم. پدرم گفت من بچه‌ام را جلوی همه ادب کردم، کوچکش کردم. این سه تا دختر هم خانه‌شان هفت تا خانه پایین‌تر از خانهٔ ماست، ول‌شان کن بروند. دید پدر من بیراه نمی‌گوید. پسره را سوار ماشین

کردند و بردند. من را هم ول کردند آمدم خانه. پدرم به مادرم هیچی نگفت. مهمانی که تمام شد، فردایش پدرم بهم گفت دیگر اجازه نداری تنها بدون مانتو و روسری از خانه بیرون بروی.[۱۵]

مهیار، ترنس اف‌توام که یک بار به ظن نداشتن گواهینامه توسط ماموران نیروی انتظامی توقیف شده، شهادت می‌دهد که رفتار ماموران وقتی متوجه دختر بودن و بی‌حجابی او شده‌اند چقدر خشن‌تر شده است. او جریان دستگیریش را چنین به یاد می‌آورد:

به داداشم گفتم موتور یکی از دوستانت را بگیر دوموتوره برویم. گفت باشد. موتور دوستش را گرفت. سوار شدیم و با سرعت رفتم. خوشم آمده بود. یک جا [سر یک چهارراه] از این پلیس‌هایی که سوار موتور هستند آن طرف بود. من نگاهش کردم، آدم که از یک چیز می‌ترسد نگاه می‌کند. مگر این که خیلی زرنگ باشد. داداشم گفت سرت را بینداز پایین، دارد بدتر می‌شود. گفت سرعتت را زیاد نکنی‌ها، با همین سرعت برو. او رفت پایین، ما رفتیم بالا. باید دور می‌زدیم برمی‌گشتیم. هردویمان باز رسیدیم به یک چهارراه که پشت یک چراغ قرمز بود، او آن طرف چهار راه بود و کاری به ما نداشت، به ما نگاه کرد من هم نگاهش کردم. زوم کرد روی صورت من. آن موقع من ریش نداشتم، صورتم هم زیر هجده می‌زد. پیش خودش گفته بود این نباید تصدیق داشته باشد، بروم تصدیقش را سوال کنم. به جای این که او گاز بدهد من پیچیدم سمت راست، او هم مستقیم آمد بغلم سمت چپ. گفت بزن کنار. زدم کنار. گفت چند سالت است؟ نباید هجده سالت باشد. گفتم هفده سالم است. گفت بهت نمی‌آید هفده سالت باشد. پسر هفده ساله که این جوری نیست، کمتر است، چهارده سیزده، چند سالت است؟ برادرم گفت آقا این را ولش کن، جای او من را ببر. من هم تصدیق ندارم، من را ببر او را ولش کن. چون یک نفر نمی‌توانست ما دو تا را ببرد، زنگ زدند که با ماشین بیایند ما را ببرند. نیروی انتظامی آمد. مرد آمد به بدنم دست بزند، ببیند چیزی ندارم، چاقو و این‌ها. چون [می‌خواستند ببینند] کی هستند این‌ها که تصدیق ندارند؟

۱۵ مصاحبه با نازنین، شش‌رنگ و عدالت برای ایران.

شناسنامه همراهشان نیست؟! دست زد دید برآمدگی هست و سینه دارم. گفت این برآمدگی چیست این جا؟ تو دختری؟ گفتم بله. این جا چه می‌کنی؟ رو موتور چه کار می‌کنی؟ تو خیابان بدون مانتو و روسری چه کار می‌کنی؟ گفتم آمده بودم یاد بگیرم. گفت بی‌خود یاد بگیری. مگر تو نمی‌دانی این جا آدم این چیزها را یاد نمی‌گیرد؟ رانندگی چند سال است خانم‌ها می‌توانند یاد بگیرند. دوچرخه‌سواری هم نه، موتور می‌خواهی یاد بگیری؟ گفت این دختر است، یک روسری بفرستید این سرش کند. از توی ماشین یکی لچک یا روسری از کیفش در آورد و گفتند سرت کن. هولم دادند تو ماشین، اصلاً نگذاشتند حرف بزنم. کتک پشت کتک. ان‌قدر توی صورتم زده بودند، تو کله‌ام که سِر شده بود. حس نمی‌کردم. فقط یک وقت‌هایی می‌دیدم کتک می‌زنند از چپ و راست. یک خانم هم بود. دست‌هایش هم ان‌قدر گنده و هیکلی بود؛ که اعتراف کن. دیگر پرونده رو شد. حالا ما هرچه زیرش می‌زنیم درست نمی‌شود. آقا مگر من با کسی خوابیده‌ام؟ مگر من چه کار کرده‌ام؟ با کسی بوده‌ام؟ موتورسواری است و توی خیلی از کشورهای دیگر خانم‌ها موتور سوار می‌شوند. چرا نمی‌شود ما موتور سوار شویم؟ می‌گفت نه، تو بدون مانتو و روسری، تیپ پسرانه می‌زنی. اصلاً شاید تو کیف‌قاپی. ما پرونده‌هایی داشته‌ایم که طرف دزد بوده، خودش دختر بوده، پسر می‌شده دزدی می‌کرده، بعد دختر می‌شده و کسی هم نمی‌توانسته پیدایش کند. از این جور پرونده‌ها ما داریم. ما باید در بیاوریم که برای چه این کار را کرده‌ای. نمی‌تواند از روی تنوع باشد. بعد هم حتی از روی تنوع باشد جرم است. حق نداری بدون مانتو و روسری بیایی. اولاً که باید بروی آزمایش روانی بشوی که ببینیم روانت سالم است؟ به نظر من که یک آدم نرمال بدون مانتو روسری نمی‌آید وقتی قانون این کشور را می‌داند. بعدش هم ما الان بازداشتت می‌کنیم...[۱۶]

آکان، ترنس‌جندر دیگری که ماموران نیروی انتظامی متوجه بی‌حجاب بودنش شده‌اند، با برخورد بسیار شدیدی از سوی آنها مواجه شده است:

۱۶ مصاحبه با مهیار رضایی، شش‌رنگ و عدالت برای ایران.

من دانشجوی ترم اول بودم توی شمال. شب که دیروقت بود و من
داشتم با دوست‌دخترم برمی‌گشتم که بروم خانه‌ای که داشتم. توی
کوچه‌مان یکی از دوستانم پیاده‌ام کرد. همین جوری که داشتیم
می‌رفتیم من کاپشن تنم بود و کلاه. با هم داشتیم می‌رفتیم، دو نفر از
بسیج آمدند به ما گیر دادند که شما این وقت شب چه کار می‌کنید این
جا؟ من هم گفتم داریم می‌رویم خانه‌مان، پدرمان منتظرند. گفت اِ،
پدرتان منتظرند؟ بیایید من برسونم‌تون خانه. من هم خب گفتم باشد
بفرمایید. کوچهٔ ما ساحل فلان است. کارت شناسایی [خواست]. اول
دوستم کارت شناسایی‌اش را درآورد. من هم کارت نداشتم. هول شده
بودم. ترسیده بودم. دو تا نره‌غول آن جا. گفتم واقعیتش من دخترم،
دانشجو هستم، به‌خاطر این که دیروقت است، کاری برایم پیش آمده،
این جا محله ناامن است این طوری آمدم بیرون که کارت شارژ بخرم و
با مادرم توی شهرمان تماس بگیرم. این را که گفتم برق سه فاز زد.
انگار مجرم جانی گرفته‌اند. بی‌سیم کردند، ماشین پلیس آمد. هیچی،
دوستم بهش کلید دادم گفتم تو برو خانه. من بدحجاب هم نبودم، کلاه
سرم بود و یقه‌ام تا بالا بسته، فقط کاپشنم کوتاه بود. ولی انگار که یک
جنایتکار گرفته بودند. من را انداختند توی ماشین.[۱۷]

مقررات مربوط به حجاب اجباری و اجرای سخت‌گیرانه آنها در مدرسه و
فضاهای اجتماعی، نه فقط عرصه را بر افراد ترنس‌جندر که حتی بر لزبین‌هایی
هم که نمی‌خواهند با روسری و ظاهر معمول دخترانه بیرون بیایند، تنگ
می‌کند.

با مرور برخی روایات نتیجه می‌گیریم که یکی از انگیزه‌های لزبین‌ها و
ترنس‌جندرها برای اخذ مجوز عمل تغییر جنسیت، رهایی از حجاب بوده که
نماد "زنانگی" به حساب می‌آید و این افراد بنا به دلایل متعددی از آن گریزان
بوده‌اند. همان‌طور که دیدیم و باز هم به آن خواهیم پرداخت در برخی موارد هم
عوامل دیگری از قبیل تشویق اطرافیان و یا تأثیر روان‌شناسان به این جریان
سرعت بیشتری داده و منجر به برداشتن گام‌هایی عملی شده است. فرناز که

---

۱۷ مصاحبه با آکان محمدپور، شش‌رنگ و عدالت برای ایران.

خود را ترنس‌جندر می‌داند و از انستیتو روان‌پزشکی تهران مجوز عمل تغییر جنسیت را دریافت کرده بوده، می‌گوید: "این مجوز را گرفتم تا جلوی دستگیری به جرم "مبدل‌پوشی" را بگیرم."[۱۸]

نازنین نیز از وضعیت یکی از دوستانش مثالی می‌آورد که موید فرضیهٔ ما در مورد تأثیر حجاب اجباری بر تصمیم عمل تغییر جنسیت است:

توی ایران من دوستی داشتم که می‌گفت من شاید با بدن زنانه‌ام مشکلی نداشته باشم، ولی این که به‌خاطر این که لباس رسمی دخترانه بپوشم و با این مسئله مدت‌ها درگیر بوده‌ام، من را می‌گرفتند، چند دفعه خانواده‌ام آزادم کنند؟ دیگر پدر و مادرم خسته شده بودند. یک بار گفتند اگر بگیرنت ما دیگر نمی‌آییم. دختره تو پل آهنگ خوابیده بوده یک جایی که همه معتادها می‌خوابند. دیده بودیم این را! به خاطر این که می‌گفت نمی‌توانم لباس دخترانه تنم کنم. بدم می‌آید. مشکل دارم. پدر و مادرش گفته بودند دیگر نمی‌توانیم هر دفعه بگیرندت ساپورتت [حمایتت] کنیم. این تن به عمل تغییر جنسیت داده بود، عمل هورمون‌تراپی‌اش را شروع کرده بود، تستسترون مصرف می‌کرد. می‌گفت حداقل اگر من الان بی حجاب بروم بیرون پدر و مادرم نمی‌گویند بگیرنت ما نمی‌آییم آزادت کنیم. دیگر راحتم. وقتی [متاثر از هورمون‌تراپی] ریش در آورده بود ما دیدیمش.[۱۹]

۱۸ مصاحبه با فرناز، شش‌رنگ و عدالت برای ایران.
۱۹ از شهادت نازنین، شش‌رنگ و عدالت برای ایران.

بخش سوم: آزار، دستگیری و شکنجه

به حال ما فرق ندارد که این راستی راستی ترنس است یا گی است، فقط چهرهٔ شهر را مخدوش نکنند. ما نباید از این چیزها تو جامعه داشته باشیم. حالا با مجوز یا غیرمجوز بروند عمل کنند، بروند زیر حجاب چادر که چهرهٔ شهر مخدوش نشود.

(حجت الاسلام علی رازینی؛
از مصاحبه لیلا شیرازی)

بسیاری از رفتارها و اعمال مربوط به زندگی خصوصی و روابط جنسی در ایران جرم است و به همین دلیل، مردم و به خصوص جوان‌ها اغلب توسط ماموران انتظامی و امنیتی بازخواست و حتی بازداشت می‌شوند. هم‌جنس‌گرایان و ترنس‌جندرها نیز از این قاعدهٔ کلی مستثنا نیستند. همانطور که در بخش پیشین دیدیم، بسیاری از مصاحبه‌شوندگان این تحقیق به دلایلی نداشتن حجاب مناسب بازخواست یا بازداشت شده‌اند. مصرف مشروبات الکلی یا مظنون بودن به داشتن رابطهٔ جنسی خارج از ازدواج و بسیاری از امور دیگر مربوط به زندگی و حریم خصوصی نیز می‌توانسته بهانه‌ای برای بازداشت و مجازت آنها باشد. شهادت‌های متعدد در این تحقیق نشان می‌دهد آنها علاوه بر فشاری که هر شخصی در این شرایط تحمل می‌کند، ناگزیر به رویارویی با فشار و اضطراب مضاعفی بوده‌اند، چرا که همواره ناچار به پنهان کردن موضوعاتی دربارهٔ گرایش

جنسی یا هویت جنسیتی خود شده‌اند که در صورت برملا شدن می‌توانسته پروندهٔ آنها را سنگین‌تر و نوع برخورد ماموران را شدیدتر کند.[۱]

به دیگر سخن، علاوه بر محدودیت‌هایی عمومی که به تمام افراد جامعه تحمیل می‌شوند، هم‌جنس‌گرایان و ترنس‌جندرها در ایران، به دلیل گرایش جنسی یا هویت جنسیتی خود هم در معرض خطر آزار و اذیت و یا حتی دستگیری توسط ماموران انتظامی قرار دارند، و در مواجهه با ماموران دولتی نسبت به کسانی که گرایش و هویت جنسی‌شان با هنجارهای غالب سازگار است در جایگاهی بسیار آسیب‌پذیرتر و فرودست‌تر قرار دارند. آنها به دلایل متعددی ممکن است سوءظن ماموران پلیس و یا نیروهای بسیج را برانگیزند. یکی از فراگیرترین دلایل، داشتن رفتار یا ظاهر متفاوتی است که منجر به این گمان می‌شود که هویت جنسیتی شخص بر هویت جنسیتی مورد انتظار و قابل قبول منطبق نیست. تعدادی از لزبین‌ها، گی‌ها و ترنس‌جندرها به دلیل نداشتن حجاب اسلامی، یا پوشیدن لباس‌هایی که مربوط به جنس مخالف تلقی می‌شوند و یا به دلیل داشتن آرایش یا ظاهری نزدیک به آن چه "زنانه" تلقی می‌شود، مورد آزار و اذیت قرار گرفته‌اند و بازداشت شده‌اند. اما هم‌جنس‌گرایان و ترنس‌جندرها، فقط در فضاهای عمومی دستگیر نمی‌شوند. در پنج سال گذشته، حداقل در سه مورد گزارش‌های موثقی پیرامون یورش نیروهای انتظامی و امنیتی به مهمانی‌های خصوصی و دستگیری دسته جمعی آنان به اتهام هم‌جنس‌گرایی منتشر شده است[۲]. در بیشتر موارد، نیروی انتظامی مامور برخورد با هم‌جنس‌گرایان و ترنس‌جندرها بوده است. اما در یک مورد، اطلاعات سپاه پاسداران به یک مهمانی در کرمانشاه یورش برد و بلافاصله اعلام کرد که

---

۱ به‌عنوان مثال، سهراب در سال ۸۴، زمانی که با تیپ پسرانه دنبال دوست‌دخترش می‌رود، از سوی ماموران بسیج به اتهام معاشرت خارج از ازدواج دستگیر می‌شود. تمام اضطراب او این بوده که مبادا آنها او را بازرسی بدنی کنند و بفهمند که دختر است و به اتهاماتش بی‌حجابی هم که اتهام بسیار سنگین‌تری بوده اضافه شود.

۲ اصفهان، (تیر ماه ۱۳۸۶) ۲۰۰۷، شیراز، ۲۰۱۱، کرمانشاه، مهر ۱۳۹۲ (۲۰۱۳). منبع: ما نسلی زنده به گور شده، دیده‌بان حقوق بشر، ۲۲ دسامبر ۲۰۱۲، قابل دسترسی در: .http://www.hrw.org/fa/node/103925/section/11

دستگیرشدگان "هم‌جنس‌باز" و "شیطان‌پرست" بوده‌اند.[۳] گزارش‌هایی که سازمان‌های مدافع حقوق هم‌جنس‌گرایان و ترنس‌جندرها دربارهٔ این میهمانی منتشر کرده‌اند، همگی یافته‌های این تحقیق را دربارهٔ دستگیری هم‌جنس‌گرایان و ترنس‌جندرها تنها به دلیل گرایش جنسی یا هویت جنسیتی متفاوت‌شان تأیید می‌کنند و از سوءرفتار مقامات و ماموران در زمان دستگیری و پس از آن حکایت دارند.[۴]

بسیاری از مصاحبه‌شوندگان این تحقیق حداقل یک بار، و برخی از آنها، چندین بار دستگیر شده‌اند. تعداد بیشتری توانسته‌اند به شیوه‌های مختلف از دستگیر شدن رهایی یابند، اما تجربهٔ تذکر گرفتن و تهدید به دستگیری را داشته‌اند. بیشتر آنها دربارهٔ آزار و اذیت نیروهای انتظامی و بسیج شهادت داده‌اند. این شهادت‌ها ثابت می‌کند هویت‌های جنسی فراهنجار در ایران، بدون ارتکاب عملی که مطابق با تعاریف معمول بین‌المللی جرم محسوب باشد، توسط ماموران نیروی انتظامی و نیروهای بسیج به شیوه‌های مختلف تحت آزار و اذیت قرار می‌گیرند. از جمله موارد سوءرفتار که توسط مصاحبه‌شوندگان گزارش شده است می‌توان به آزارهای کلامی، توهین‌های جنسی، ضرب و شتم، و شکنجه‌های روانی و جنسی اشاره کرد. با این همه، در بیشتر موارد، برخورد نیروی انتظامی با کسانی که برگه تأیید ابتلا به اختلال هویت جنسی را داشته‌اند و به‌عنوان ترنس‌سکشوال، از سوی مراکز رسمی تأیید شده بودند، به مراتب، ملایم‌تر از سایرین بوده است.

در این بخش ابتدا برخی از دلایلی را برخواهیم شمرد که باعث دستگیری ترنس‌جندرها و هم‌جنس‌گرایان شده‌اند. پس از آن مراحل مختلف نقض حقوق این افراد را در برخورد با نیروی انتظامی بررسی خواهیم کرد و در نهایت بر این پرسش متمرکز می‌شویم که ترنس بودن افراد چه تاثیری بر شدت و شیوهٔ این برخوردها داشته است.

---

۳ بازداشت گروهی در کرمانشاه به اتهام هم‌جنس‌گرایی، ۲۳ مهر ۱۳۹۲، شش‌رنگ، قابل دسترسی در: http://6rang.org/1243

۴ به‌عنوان نمونه نگاه کنید به:
https://www.amnesty.org/en/documents/document/?indexNumber=mde13%2F058%2F2013&language=en

۱- پوشیدن لباس جنس مخالف (مبدل‌پوشی)

علاوه بر برخورد شدید با زنان بدون حجاب، سیاست کلی نیروی انتظامی، برخورد با تمامی افرادی است که لباس جنس مخالف پوشیده‌اند؛ فارغ از این که هویت جنسیتی یا گرایش جنسی این افراد چیست. برای نمونه، یک پسر شانزده ساله در آبان ۱۳۹۲ به دلیل پوشیدن لباس عروس، به اتهام "جریحه‌دار کردن عفت عمومی" توسط نیروی انتظامی تربت حیدریه بازداشت شد.[۵]

این رویهٔ کلی، زندگی را برای اشخاصی که هویت جنسیتی‌شان بر هنجارهای عمومی منطبق نیست بسیار دشوار کرده است. هستی، ترنس ام‌تواف که در اصفهان زندگی می‌کرده است، به دلیل داشتن ظاهری متفاوت با انتظاری که جامعه از ظاهر یک مرد دارد، بارها در سال‌های اخیر اقامت خود در ایران با برخوردهای نیروی انتظامی مواجه شده است. اما او در نهایت، به دلیل معرفی خود به‌عنوان ترنس، تجربهٔ متفاوتی داشته است:

از سال هشتاد و پنج به این طرف، بیشتر گیر می‌دادند. چون من خیلی تندروی کردم. اگر همان حالت پسرانه‌ای که از قدیم داشتم را حفظ می‌کردم و هی بیشتر به خواسته‌هایم دامن نمی‌زدم شاید این مشکلات پیش نمی‌آمد. شاید هم گیر نمی‌دادند به من. ولی من جوری که وارد اجتماع می‌شدم با عرف اجتماع کاملاً مخالف بود. با عرف اصلی جامعهٔ ایران کاملاً مخالف بود. رو این حساب بهم گیر می‌دادند. گیر می‌دادند، تذکر می‌دادند این چه سر و شکلی است؟ این چه قیافه‌ای است؟ می‌بردنم داخل کیوسک پلیس یا خود کلانتری یا داخل خود پاسگاه، بعد با توضیحاتی که از من می‌شنیدند [دربارهٔ ترنس بودنم و نامهٔ دکتر را] می‌دیدند قانع می‌شدند و می‌گفتند پس خواهشاً سریع بروید خانه. چون تو خیابان ماندن شما باعث اذیت شدن خود شما می‌شود.[۶]

---

۵ پسر ۱۶ ساله به دلیل پوشیدن لباس عروس در تربت حیدریه بازداشت شد، ۱۲ آبان ۱۳۹۲، رادیو زمانه، قابل دسترسی در:
http://www.radiozamaneh.com/107391#.Unpcfvk9J7o.

۶ مصاحبه با هستی، شش‌رنگ و عدالت برای ایران.

شهادت کاوه، ترنس‌مرد، تأیید می‌کند که ارائهٔ برگهٔ ابتلا به اختلال هویت جنسی احتمال دستگیر شدن را بسیار کاهش می‌دهد. او که خود بارها توسط ماموران نیروی انتظامی متوقف و بازرسی شده است، هر بار با ارائهٔ این برگه توانسته از دستگیری به دلیل عدم رعایت حجاب اسلامی و پوشیدن لباس جنس مخالف رها شود:

> برگه [گواهی انستیتو مبنی بر ترنس بودن] دستم بود و خیالم یک جوری راحت بود. اگر تو ماشین بودم راهنمایی رانندگی جلویم را زیاد می‌گرفت. می‌گفت چند سالت است؟ بیا پایین. چند بار می‌خواستند ماشین را بخوابانند. تا دم پارکینگ من داشتم برای این‌ها توضیح می‌دادم. صبر کن، استعلام بگیر. پروندهٔ من پزشکی است. دیگر با هزار بدبختی. می‌آمد جلو می‌گفت بزن کنار. من هیچ وقت کمربند نمی‌بستم. زدم کنار. گفت مدارک ماشین. مدارک را درآوردم دادم بهش. گفت گواهینامه، دادم بهش. گفت حاج خانم است؟ گفتم نه حاج خانم مادر شماست. این منم. گفت یعنی چی؟ مسخره نکن. این مال خودت نیست که. گفتم این منم. من توضیح هم نمی‌دادم. گفتم من دارم [تغییر جنسیت] می‌دم، برگه هم دارم. خیلی هم با اعتماد به نفس. هیچ برگه‌ای نبود. عمل هم کرده‌ام، شناسنامه‌ام هم تا چند وقت دیگر می‌آید. تا شناسنامه‌ام نیاید نمی‌توانم گواهینامه‌ام را عوض کنم. همیشه همین را می‌گفتم که تا شناسنامه‌ام نیاید... چون خیلی اعتماد به نفس داشتم بهم شک نمی‌کردند. می‌گفتند اوکی برو، موفق باشی.[۷]

اما حتی برای کاوه به‌عنوان یک ترنس هم قضیه همیشه به‌سادگی ختم نشده است:

> یک بار تو محرم تو اتوبان صیاد زده بودم کنار، منتظر رفیقم بودم با ماشین بیاید برویم بیرون. تو ماشین نشسته بودم داشتم فندک می‌زدم سیگار روشن کنم، دیدم یک ماشین گشت، چهار تا از این [مامورها] با ریش بلند، آمدند ایستادند، تو ماشین را نگاه کردند و خندیدند. گفتم بدبخت شدم رفت. این جا واقعاً ترسیدم. چون این‌ها فرق دارد

۷ مصاحبه با کاوه صالحی، شش‌رنگ و عدالت برای ایران.

قضیه‌شان با نیروی انتظامی. نیروی انتظامی کاری ندارد. این‌ها قشنگ می‌آیند گیر بدهند. پیاده شدم. اصلاً باهام حرف نمی‌زدند. لباس شخصی بودند، ولی ماشین پلیس بود. گفت پیاده شو. پیاده شدم. کل ماشین را گشت. هی گشت. گفت چند سالت است؟ گفتم بیست و چهار سالم. گفت مگر می‌شود؟ پس کو ریشت؟ گفتم ما این جوری هستیم. من برادرم هم مثل خودم کوسه است. گفت مگر می‌شود؟ گواهینامه‌ات را ببینم. به آن جا که رسید دیگر واقعیت را گفتم. دیگر گواهینامه را در نیاوردم. گفتم راستش را بخواهید، من دختر بودم، پسر شدم الان. این هم کارتم است، گواهینامه‌ام را تحویل داده‌ام. دلم نمی‌آمد نشان بدهم. گیر بودم، ولی نمی‌خواستم نشان بدهم. چون آدم‌هایی بودند که احساس می‌کردم می‌خواهند مسخره‌ام کنند. قشنگ تو چهره‌شان می‌دیدم. وقتی به من نگاه کردند خندیدند. واقعاً این کار را کردند. گفتم قرار است گواهینامهٔ جدیدم صادر شود. گفتند چرا بهت گواهینامهٔ موقت ندادند؟ فی‌البداهه دروغ می‌گفتم. گفتم چون من شناسنامه ندارم، شناسنامه‌ام باید بیاید بعد بهم بدهند. همهٔ مدارک دخترانه‌ام را تحویل داده‌ام. گفت یعنی چی؟ یعنی الان عمل کرده‌ای؟ من کش می‌بستم، ولی کسی اگر دست هم می‌زد معلوم نبود. گفت یعنی نداری؟ [دست زد به سینه‌ام] من تکان نخوردم. ولی چیزی نفهمید، چون مال من خیلی کوچیک بود. کش هم می‌بستم دیگر اصلاً هیچی معلوم نبود. بعد گفت آره، راست می‌گوید، هیچی ندارد. ای ول. گفت یعنی چی یعنی الان داری؟ [اشاره به آلت تناسلی] آمده بود نزدیکم، انگار دارد درگوشی صحبت می‌کند. تو آن اتوبان شلوغ. گفتم بله دارم. گفت می‌شود دست زد؟ گفتم نه خوشم نمی‌آید. قشنگ می‌خواست دست بزند. ان‌قدر به خودشان اجازه می‌دهند. می‌خواست خرم کند، گفت بابا تو که پسری، بین پسرها که این حرف‌ها نیست. کارهای دخترانهٔ گذشته‌ات را بگذار کنار من بهم برمی‌خورد کسی بهم بگوید کارهای دخترانهٔ قبل را کنار بگذار من هیچ وقت از اول رفتار دخترانه نداشتم که این حرف را رویم بگذارند. گفتم نه ربطی ندارد، بخیه دارد، هنوز درد می‌کند. گیر داده بود. گفتم آقا ولم کن،

می‌خواهی ماشینم را ببری ببر. دیگر دید قاطی کردم. گفت می‌آیی تو جمع ما آبروی ما را نبری‌ها مرد خوبی بشی‌ها. یک جوری حرف می‌زد که اذیتم می‌کرد. جو برایم خیلی سنگین بود. چهارتایی هم دورم ایستاده بودند، من هم بچه بودم، قدم کوتاه بود، اعصابم به هم ریخته بود. من همیشه با قدم مشکل دارم، او هم عصبی‌ام می‌کرد. خدا را شکر همان لحظه دوستانم آمدند. دوستانم هم دو تا دختر بودند، گفت این‌ها کی هستند؟ گفتم از دوران دبیرستان با این‌ها بودم. شانس آوردم از این‌ها سوال نکردند. گفتم دوران دبیرستان با این‌ها دوست بودم، الان قرار گذاشتم. گفت آره، دورت هم پر از دختر است، حال می‌کنی. من هم گفتم آره دیگر، چه کنیم؟ الکی پایه شده بودم بگویم و بخندم که رهایم کنند. رهایم کردند. یک بار من و دوستم تو ماشین بودیم، من قیافه‌ام تابلو نبود زیاد. شبیه پسربچه بودم. ولی یکی از دوستانم چون چشم‌هایش کشیده بود او را تشخیص داده بودند. یک موتور رد شد. زن و شوهر بسیجی بودند. یکهو داد زد این دختر است. شیشهٔ سمت من پایین بود. گفت این دختر است. دوست من بهش گفت خفه شو. یکهو گاز اشک‌آور زدند تو ماشین. دیگر ان‌قدر من چشم‌هایم می‌سوخت زدم کنار. پیاده شدیم. بلد هم نبودیم که باید فندک بگیریم، آب می‌زدیم. داشتم می‌مردم. تا سه روز چشم‌هایم می‌سوخت. انقدر مملکت داغونی داریم که یارو فقط فکر کرده بود این دختر است، فقط می‌خواست زهرش را بریزد و برود.[۸]

لیلا شیرازی، مواجههٔ خود با حجت‌الاسلام رازینی را که از مقامات عالی‌رتبهٔ دادگستری وقت بوده است چنین روایت می‌کند:

من هم از خود رازینی شنیدم، هم از خدابیامرز حسنعلی کاظمی ملقب به سایه[۹]. ما با هم بودیم، این طرف و آن طرف می‌رفتیم. هم خود دادگاه منکرات وزرا که روبه‌رویش دادگاه منکرات است، می‌رفتیم آن جا بارها.

---

۸ همان

۹ اشارهٔ او به سایه، ترنس‌زن ایرانی است که پس از طی دوران پناهجویی در ترکیه، در تورونتو کانادا خودکشی کرد.

دیگر عادی شده بود. باهاشان که صحبت می‌کردیم می‌گفتم اکثر این‌هایی که می‌بینید و ما را هم به جرم آن‌ها [اشاره به تن‌فروشان] می‌گیرید این طوری است مشکلات‌شان. خودش دوست داشت بپرسد. حتی می‌گفت [شلوارتان را] بکشید پایین من نگاه کنم ببینم چه تفاوتی با زن طبیعی دارد. بعد به‌خاطر همین اطلاعات می‌پرسید، ما هم می‌گفتیم. می‌گفت به حال ما فرق ندارد که این راستی راستی ترنس است یا گی است، فقط چهرهٔ شهر را مخدوش نکنند. ما نباید از این چیزها تو جامعه داشته باشیم. حالا با مجوز یا غیرمجوز بروند عمل کنند، بروند زیر حجاب چادر که چهرهٔ شهر مخدوش نشود.[۱۰]

۲- رفتارهای جنسیتی متفاوت و آشکار شدن روابط جنسی

روایت‌های دیگری وجود دارد که نشان می‌دهد چگونه برخی از مصاحبه شوندگان پژوهش ما صرفاً به دلیل داشتن رفتاری متفاوت از رفتارهای جنسیتی مورد انتظار جامعه دستگیر شده‌اند:

توی مترو، یه خانمی راه رفتن من رو دید. به من گفت من از راه رفتن تو فهمیدم که تو پسر هستی. بعد شروع کرد توی مترو داد زدن که این پسره و هویت خودش رو گم کرده و فحش و فحش‌کاری تا این که اومدن من رو بردن کلانتری. بردن توی بازداشتگاه. گفتن باید بازرسی بدنی بشی. گفتن باید لباس‌هات رو در بیاری، ما تنت رو ببینیم تا بذاریم بری. در صورتی‌که من همه مدارکی داشتم. ولی چه مدارکی؟ حتا اون جا پلیس مملکت به من یه حرف رکیک زد که من بهش گفتم من به تو می‌گم [نشان خواهم داد] اومدیم پایین که من به یارو گفتم من پدرم چه کاره‌اس، برادرم چه‌کاره‌اس [صاحب مشاغل دولتی و با نفوذ هستند]، یارو به من گفت تو مشخصه مشکل داری. برو، ولی به کسی نگو این چیزها رو. رد شو، برو؛ عیب نداره. اون‌جا من رو ول کردند.[۱۱]

---

۱۰ مصاحبه با لیلا شیرازی، شش‌رنگ و عدالت برای ایران.

۱۱ مصاحبه با امیرعلی، شش‌رنگ و عدالت برای ایران.

برخی از مصاحبه‌شوندگان هم مستقیماً پس از افشای روابط جنسی خود دستگیر شده‌اند. مهیار را مسئولان مدرسه به دلیل این که به هنگام بوسیدن دوست‌دخترش دیده شده بود، تحویل ماموران نیروی انتظامی داده‌اند و آنها هم او را با خود از مدرسه به کلانتری منتقل کرده‌اند:

می‌گفتند اگر می‌خواهی امشب این جا نمانی و بازداشت نشوی، بعدش هم خدا می‌داند که کجا ببریمت. اگر می‌خواهی امشب بروی خانه باید این را امضا کنی. می‌گفتم این را امضا کنم، شما چه تعهدی دارید به من بدهید که فردا نیایید همین را جزء پرونده‌ام بگذارید؟ می‌گفت پس می‌خواهی بمانی. آقا ببریدش. می‌گفتم صبر کنید، بگذارید من فکر کنم. می‌گفت نه، سروان ببرید. خانم‌ها از آن طرف می‌آمدند. آقایان از این طرف، که خانم بلند شد. می‌گفتم باشد من امضا می‌کنم. من دارم به شما اعتماد می‌کنم، ولی اگر فردا بیایید من را بگیرید، می‌گفتند ما این کاغذها را نگه می‌داریم اگر تکرار نکنی... مگر به خودت شک داری؟ ما الان این جا نوشته‌ایم شما معذرت خواسته‌ای و پرونده را فعلاً این جوری گذاشته‌ایم. واقعاً اگر کاری کرده‌ای ترس داری. پس داری الکی این جا را امضا می‌کنی. ما داریم جوری امضا می‌گیریم که شما معذرت خواسته‌ای، تمام شده و رفته، ما این را جزء پرونده‌تان می‌گذاریم. شما پرونده داری پیش ما. من هم گفتم من باید چه کنم؟ گفت الان بابات می‌آید، فرصت داری پنج دقیقه فکر کنی. بعد آن جا دو سه نفر سرشان را تکان می‌دادند که امضا کن، کاریت نمی‌کنند. من گفتم چی؟ گفت امضا کن برود. گفتم آخر پرونده می‌شود برایم. گفت حالا دیگر شده و دیگر نمی‌توانی برش گردانی به عقب. امضا کن. من هم با گریه امضا کردم. بابا پشت در ایستاده بود. گفت چه کار کردی؟ گفت الان می‌خواهند با من صحبت کنند. وقتی پدرم بیرون آمد دیدم سرخ شده. اصلاً نمی‌خواست با من حرف بزند. مادرم هم همه‌اش می‌گفت الهی ذلیل بشی، خیر نبینی. دست و پایش را گم کرده بود. من همه‌اش خودم را چیز می‌کردم که من کاری نکرده‌ام. پیش خودم گفتم اشتباه از خودم بودم. خودم را سین جیم می‌کردم، خودم خودم را می‌خوردم. پدرم را خواستند و گفتند با قید سند و جریمهٔ نقدی آزادشان می‌کنیم

> موقتاً، ولی ایشان زیر ذره‌بین ما خواهند بود. بابا آمد با قید سند. آنها حالا نمی‌دانم اسمش را بگذارم رشوه یا جریمه، یک پولی از پدرم گرفتند و گفتند دیگر تکرار نشود. من هم توبه کردم و تعهد نوشتم که دیگر تکرار نمی‌شود. گفتم واقعاً می‌گذارید بروم؟ گفتند آره، بابات بیاید سند بگذارد می‌گذاریم بروی. گفتم باشد، ولی فردا نیایید به من بگویید تعهد دادی و تو گفتی لب دادم. گفت نه تعهد داده شده که شما معذرت خواسته‌ای.[۱۲]

نسا زن هم‌جنس‌گرا نیز پس از آن که دایی دوست‌دخترش الناز از رابطهٔ آنها خبردار می‌شود، به بهانه‌ای بازداشت می‌شود. دایی الناز رابطهٔ نزدیکی با دستگاه‌های اطلاعاتی داشته است. نسا شرح واقعه را چنین بیان می‌کند:

> دفعهٔ سوم من و الناز را به جرم بدحجابی گرفتند. پاییز ۱۳۸۹ بود. به قول دوستم به ما جی‌پی‌اس [مسیریاب] وصل کرده بودند، هر وقت با هم می‌رفتیم بیرون، بلافاصله می‌آمدند. تو خیابان بود در اصفهان... گفت هرزه! برو توی ماشین صدایت درنیاید و ما را انداختند توی ماشین و بردند. دو تا آقا جلو بودند، دو خانم پشت. من و الناز وسط دو تا خانم بودیم. بدحجاب نبودیم. به جرم بدحجابی بردندمان. الناز را بعد از این‌که عکس گرفت و تعهد داد، مادرش آمد بردش. من ماندم.[۱۳]

اما شکنجه و آزار وی در همین محدوده باقی نمی‌ماند. در بخش‌های بعدی، روایت وی را دقیق‌تر بازخواهیم گفت.

۳- شرکت در میهمانی‌های هم‌جنس‌گرایان و ترنس‌جندرها

چنان که پیش‌تر گفتیم، گزارشات متعددی از یورش نیروهای انتظامی به میهمانی‌های هم‌جنس‌گرایان و ترنس‌جندرها و دستگیری دسته‌جمعی حضار در مهمانی وجود دارد. تاکنون حداقل اخبار مربوط به دستگیری‌ها در سه

---

۱۲ مصاحبه با مهیار ضیایی، شش‌رنگ و عدالت برای ایران.

۱۳ مصاحبه با نسا، شش‌رنگ و عدالت برای ایران.

میهمانی تأیید شده است.[۱۴] درعین حال گفته می‌شود میهمانی‌هایی در کرج و کرمان نیز مورد هجوم قرار گرفته‌اند که اخبار تأیید نشده‌ای از آنها در اختیار است.

دو نفر از مصاحبه‌شوندگان این تحقیق، از دستگیرشدگان مهمانی اصفهان در دهم ماه مه ۲۰۰۷ هستند. یکی از آنها ترنس ام‌تواف، و دیگری یک مرد هم‌جنس‌گراست.

هستی دستگیری خود را چنین روایت می‌کند:

> مهمانی یکی از دوستانم بود. هموسکشوال بود. نمی‌توانم بگویم گی‌پارتی بود، نمی‌توانم بگویم ترنس‌پارتی بود، یک مهمانی بود که تولد یک نفری بود، دوستانش را دعوت کرده بود. چون اتفاقاً آن شخص هموسکشوال بود، دوستانی که دعوت کرده بودند همه هموسکشوال و یا ترنس‌سکشوال بودند. من رو هیچ مهمانی اسم نمی‌گذارم. یک مهمانی بود، تولد بود. همهٔ ما که دوستان همدیگر بودیم اکثراً، هشتاد و پنج نفر می‌شدیم، که یک عده با لباس زنانه بودیم، یک عده با لباس پسرانه، ولی آرایش‌کرده، یک عدهٔ دیگر که هموسکشوال بودند با هر لباسی که دوست داشتند، یا آرایش مویی که دوست داشتند. که خب ساعت ده و نیم ریختند داخل خانه. اول نمی‌دانستند که مهمانی ما به

---

۱۴ اولین مهمانی‌ای که مورد یورش قرار گرفت و تمامی مهمانان همراه با میزبان دستگیر شدند مهمانی اصفهان بود که در اردیبهشت ماه ۱۳۸۶ برگزار شد. نزدیک به هشتاد و پنج نفر در این مهمانی به جرم هم‌جنس‌گرایی و شرب خمر دستگیر شدند. در بخش‌های دیگر این متن به توضیح جزییات این واقعه پرداخته‌ایم.

در مهمانی دیگری که در تاریخ ۱۸ اسفند ۱۳۸۶ در منطقهٔ ارامنه‌نشین اصفهان به نام جلفا برگزار شد، نزدیک به ۲۳ نفر بازداشت شدند.

روز شنبه ۱۰ جولای ۲۰۱۰ ساعت ده شب، هفده نفر در یک مهمانی در محلهٔ پندک شیراز دستگیر و پس از چند روز با احکامی چون حبس تعلیقی و ... آزاد شدند.

پایگاه اطلاع‌رسانی سپاه استان کرمانشاه (سپاه حضرت نبی اکرم (ص) اعلام کرد "یک باند هم‌جنس‌بازی و شیطان‌پرستی متشکل از چند ده نفر به همراه چند تبعهٔ خارجی از کشورهای عراق و بعضی از کشورهای منطقه پس از مراقبت و تحت نظر بودن چند ماهه توسط نیروهای امنیتی سپاه پاسداران دستگیر و متلاشی شدند."

چه صورت است. چون من دقیقاً دم در بودم. وقتی که داخل مهمانی ریختند و با بی‌سیم می‌گفتند یک مهمانی دخترپسری گرفته‌ایم فلان جا، وارد بشوید. برخوردشان با من متأسفانه یا خوش‌بختانه [فرق داشت] چون بعداً همه می‌گفتند چرا تو را کتک نزدند؟ چرا ما را کتک زدند؟ چون من با لباس زنانه بودم. من را به چشم یک خانم دیدند و تنها چیزی که من یادم است یک آقایی سریع کتش را درآورد و گفت خانم این چه وضعش است؟ خودت را بپوشان. یکی هم روسری من را کشید رو سر من، که روسری‌ات را بپوشان و بنشین این گوشه. ولی بچه‌های هموسکشوال را واقعاً کتک زدند. یعنی جهنمی بود برای بچه‌های هم‌جنس‌گرا. از رویشان راه می‌رفتند کتک‌شان می‌زدند. اصلاً ربطی به هموسکشوال ندارد، اگر پسر بودند داخل یک مهمانی دیگر هم گرفته بودند و پسر بودند قطعاً همین رفتار را می‌کردند. کتک می‌زدند و اذیت می‌کردند.[۱۵]

علی هم که هم‌جنس‌گراست، روایت دستگیری خود در همان مهمانی را این گونه بیان می‌کند:

سال هشتاد و شش بود. دقیقاً بیستم اردیبهشت ماه بود فکر می‌کنم. من دعوت شدم به یک مهمانی در اصفهان در منطقه‌ای به نام کوی ولیعصر. خب من رفتم وارد این مهمانی شدم. ترنس‌سکشوال‌ها بودند، گی‌ها بودند. وارد مهمانی شدم، فلشر [نور دیسکو] بود، می‌رقصیدند. تقریباً بیست دقیقه یا نیم ساعت از مهمانی گذشت. من یک قسمتی نشسته بودم که در ورودی را نمی‌دیدم. پشت بودم. یک لحظه صدای شکستن را شنیدم. یک چیزی شکسته شد. لیوان‌ها خرد شد. یک لحظه چون صدای موزیک زیاد بود و بچه‌ها هم در حال رقص و عکس گرفتن بودند، گفتم بچه‌ها دعوایشان شده؟ یک لحظه به خودم آمدم دیدم ماموری با لباس پلنگی، لباس نیروی انتظامی با باتوم وسط اتاق ایستاده دستش را برده بالا و می‌گوید همه بخوابید روی زمین. همه ترسیده بودند. همه جیغ می‌کشیدند. بعد از آن دیگر ریختند داخل.

---

[۱۵] مصاحبه با هستی، شش‌رنگ و عدالت برای ایران.

یک واحد آپارتمانی بزرگ بود، هشتاد و پنج نفر بودیم. گفتند همه بخوابید زمین. همه خوابیدند روی زمین، من هم خوابیدم. گفتند دستتان را بگذارید پشتتان. حتی کسانی بودند که از ترس تشنج بهشان دست داده بود. بغل [دستی‌های] من که جوری تشنج بهشان دست داده بود کف بالا می‌آوردند از ترس. من هم واقعاً ترسیده بودم. دست‌هایم می‌لرزید. همه جیغ می‌کشیدند. بعد صدای زدن می‌آمد که با باتوم من می‌شنیدم می‌زنند. از زیر که نگاه کردم دوربین فیلم‌برداری بود که نیروی انتظامی داشت از همه فیلم می‌گرفت، از چیزهایی که بود. حتی باتوم به پشت من هم خورد. چند باتوم. شروع کردند به زدن.[۱۶]

اما این آزارها تنها به زمان دستگیری محدود نمی‌شوند. در ادامه خواهیم دید که در دوران حبس و در روند بازجویی‌ها هم این افراد مورد شکنجه‌هایی قرار گرفته‌اند که مستقیماً مبتنی بر هویت و گرایش جنسی‌شان بوده است.

موارد آزار و شکنجه

۱- آزار کلامی و توهین‌های جنسی

استفادهٔ ماموران نیروی انتظامی از کلام توهین‌آمیز که اغلب به طور مستقیم گرایش جنسی و هویت جنسیتی مصاحبه‌شوندگان را مورد هدف قرار می‌داده، به طور مکرر گزارش شده است. در برخی از موارد، آنها در هنگام دستگیری افراد از فحش‌هایی مانند "کونی"، "هرزه" و... استفاده کرده‌اند که در ادبیات عامه برای تحقیر هم‌جنس‌گرایان به کار برده می‌شود. علی می‌گوید:

توهین [می‌کردند] سربازها مثلاً فحش می‌دادند، بچه‌فلان، فلان فلان چیز شده، این چه شکلش است، شما فلانید، این هستید، بیسارید. یکی دو مورد هم شده بود که مثلاً یکی دو تا از نیروهای بسیجی رده پایین نه رده بالا، که با موتور تو خیابان راه می‌افتند، مثلاً گفتند شماها

---

۱۶ مصاحبه با علی، شش‌رنگ و عدالت برای ایران.

گناهکارید، شماها را باید بکنیم تو گونی از کوه پرت کنیم پایین تا گناه‌هایتان بخشیده شود. از این جور چیزها هم شنیده بودم.[۱۷]

نسا هم که در لحظهٔ دستگیری به او گفته‌اند: "هرزه! برو توی ماشین صدایت در نیاید"، در بازداشتگاه با توهین‌های مکرر بازجو مواجه شده است:

آن شب بازجویی داشتم. سوال می‌کردند که خانهٔ فساد داری؟ این لغت را استفاده نمی‌کردند، یک چیز دیگری می‌گفتند. که مکان داری، می‌آری و می‌بری. می‌گفتند آدمت می‌کنیم و پدرت را در می‌آوریم. بعد من را بردند. روز تعطیل بود و خیلی خلوت بود. مانتو را ازم گرفتند. با بلوز و شلوار بودم. آقایی آمد که من را بازجویی کرد و با من صحبت کرد. یک اتاق بود، یک میز بود و صندلی. همان اتاقی بود که قبلاً رفته بودم. آن‌جا عکس گرفتند. یک اتاق خیلی دور که اگر داد می‌زدی صدایت به بازداشتگاه نمی‌رسید. یعنی صدا به آن طرف نمی‌رسید، چون بازداشتگاه پر بود. من را بردند داخل اتاق و هی شروع کردند بهم فحش دادن. فحش‌های بد، که تو که این‌کاره‌ای، چرا حرف نمی‌زنی؟! من اصلاً نمی‌توانستم حرف بزنم. بهت‌زده بودم که چه باید بگویم، من الان کی را دارم که بیاید من را آزاد کند؟ نه مادر دارم، نه پدر، نه فامیل. هیچ کس را ندارم. حتی نمی‌گذاشتند تلفن بزنم به دوستم. مادر و پدر من خارج از ایرانند، ایتالیا. نبودند. من تنها تو ایران بودم. هیچ کس را نداشتم.[۱۸]

علی گزارش می‌کند که در بازداشتگاه با ترنس‌های ام‌تواف که با لباس زنانه دستگیر شده‌اند "خیلی بد" برخورد می‌شود:

می‌گفتند شماها اصلاً روانی هستید. بچه‌ها می‌گفتند ما ترنس هستیم. گفتند ترنس مهتابی هستید شما [اشاره به دستگاه ترانزیستور لامپ فلورسنت]. می‌گفتند و سربازها همه می‌خندیدند. می‌گفتند بابا ما این جوری هستیم، شرایط روحی‌مان. می‌گفتند شما که آلت مردانه دارید، شما که مردید. لباس دخترانه پوشیده‌اید. می‌گفتند ما ذهنیت‌مان این

---

۱۷ مصاحبه با هستی، شش‌رنگ و عدالت برای ایران.

۱۸ مصاحبه با نسا، شش‌رنگ و عدالت برای ایران.

جوری است، بعدها چنج می‌کنیم، عمل می‌کنیم. بعد حتی این‌ها می‌گفتند داشتند چیزهای دیگر می‌بستند. می‌گفتند نکند شما با لباس‌های زنانه می‌روید وارد جمع‌های زنانه می‌شوید؟... دست به سینه‌هایشان می‌زدند. یا به باسن‌شان دست می‌زدند. که مثلاً سینه داری؟ چه سینه‌هایی داری؟ یک چیزهایی تو این حالت بود ولی نه به زور. ولی خب بچه‌ها ناراحت می‌شدند.[۱۹]

۲- بدرفتاری و شکنجه‌های فیزیکی

همان‌طور که دیدیم، بسیاری از کسانی که به اتهاماتی مرتبط با هویت جنسیتی یا گرایش جنسی خود دستگیر می‌شوند، از همان لحظهٔ دستگیری شکنجهٔ فیزیکی و انواع مختلفی از سوءرفتار را تجربه می‌کنند.

مهیار ترنس‌مرد، که در هنگام موتورسواری و در روند کنترل گواهینامه مشخص می‌شود دختر است و حجاب ندارد، از همان ابتدای دستگیری از مأموران انتظامی به شدت کتک می‌خورد.[۲۰]

علی که در میهمانی اصفهان دستگیر شده است، صحنه‌های پس از دستگیری در خانه را چنین توصیف می‌کند:

توی نیم ساعتی که ما را [روی زمین] خوابانده بودند، روی ما راه می‌رفتند. شما فکر کنید هشتاد نفر آدم را خوابانده‌اند بغل هم، کنار هم، تو هم تو هم، بعد با آن چکمه‌هایشان روی ما راه می‌رفتند. بعد آن چند ساعت گذشت شروع کردن به بستن. فکر می‌کنم دستبند پلاستیکی بود. به من دستبند پلاستیکی نرسید، استین پیراهن یک نفر را پاره کردند، با آن دست‌های من را از پشت بستند. آن قدر سفت بسته بودند که خون توی دست‌های من جریان نداشت. یعنی دست‌های من سِرّ و سیاه شده بود. بستند دست‌های من را و تی‌شرت من را کشیدند روی

---

۱۹ مصاحبه با علی، شش‌رنگ و عدالت برای ایران.
۲۰ مصاحبه با مهیار رضایی، شش‌رنگ و عدالت برای ایران.

سرم. من را با وضع خیلی فجیعی بلند کردند، آوردند تو راهرو، حالا از هر جا که من را رد می‌کردند، یک لگدی، با دست توی سرم می‌زدند، فحش می‌دادند، حتی توی راه‌پله من را هل دادند. فکر کنم آن واحد آپارتمانی طبقهٔ دوم بود که من حتی قل خوردم آمدم پایین. تو راه‌پله‌ها می‌خوردم به میله‌ها و پله‌ها. خیلی وضع بدی بود. بعد من را گرفتند توی کوچه نشاندند روبه‌روی دیوار. صداهایی را می‌شنیدم که مردم جمع شده بودند و نگاه می‌کردند. صدای زن و مرد و بچه را می‌شنیدم. چون آن [بلوزم] روی سرم بود هیچی را نمی‌دیدم. فقط زمین را می‌دیدم. بعد من را بلند کردند انداختنم توی یک وَن [ماشین بزرگ سواری]. ون جای شش هفت نفر است، آدم‌ها را می‌ریختند توی ون. و من آن زیر بودم و داشتم خفه می‌شدم. فریاد می‌زدم که خواهش می‌کنم من دارم این جا خفه می‌شوم. یعنی یک لحظه گفتم من مردم. تا این که بچه‌ها خودشان را جا به جا کردند. نمی‌دانم بیست نفر، سی نفر، نمی‌دانم چند نفر را ریختند آن تو. ماشین کم آورده بودند. من شنیدم، ندیدم، می‌گفتند حتی یک وانت‌بار آورده‌اند و بچه‌ها را ریخته بودند تو وانت‌بار. تا این که این مسیر طی شد و ما را بردند جایی. من ندیدم. رسیدیم در باز شد. گفتند پیاده شوید. همین که پیاده شدیم باز با لگد [می‌زدند]. این چه موهایی است، این چه لباس‌هایی است، پدرتان را در می‌آوریم، بیچاره‌تان می‌کنیم. خلاصه نشستیم، دست‌هایمان را باز کردند. ردیف نشستیم. اول که رو به دیوار بودیم، همه ردیف. بعد صدای زدن می‌آمد. بعد من دیدم صدای آمبولانس، زنگ زدند اورژانس حتی آمد. من یک لحظه پشتم را نگاه کردم، خون کف آن بازداشتگاه را برداشته بود. یک عده ناله می‌کردند. بعد دیدم اورژانس آمد و سرشان را باندپیچی می‌کردند. یعنی ان‌قدر به وضع فجیعی این‌ها را گرفته بودند که خون برداشته بود آن پاسگاه را. حتی یکی از بچه‌ها با شلوارک بود توی مهمانی، پاهایش سفید بود، شیو [اصلاح] کرده بود. این را ان‌قدر با باتوم می‌زدند، چنان ناله‌ای می‌کرد و جیغی می‌زد که من فقط از ترس می‌لرزیدم. وقتی پایش را دیدم سیاه بود. پشتش این‌ها همه سیاه

بود. حتی قرمز نبود. انگار یک نارنجک بغلش منفجر شده. به این حد وضع فجیع بود توی آن پاسگاه. [۲۱]

بازداشت‌شدگان این مهمانی در پاسگاه تحت بازجویی کوتاهی قرار می‌گیرند و از تک تک آنها سوالاتی از این قبیل پرسیده می‌شود: "تا حالا رابطهٔ جنسی داشته‌ای؟ تا حالا مفعول بوده‌ای؟" در مرحلهٔ بعد این افراد را به زندان منتقل می‌کنند و شکنجهٔ فیزیکی و بدرفتاری‌های شدید از سر گرفته می‌شود. علی خاطره تلخ خود از آن دستگیری را چنین ادامه می‌دهد:

"اتوبوس بزرگی بود که با بقیهٔ اتوبوس‌ها فرق داشت. بسته بود، فقط یک پنجره داشت که آن هم توری زده بودند. یک چیزی مثل اتوبوس زندان. گفتند بروید بالا. رفتیم بالا. تاریک بود تویش، هیچی معلوم نبود. همهٔ ما را ریختند آن تو. همه گریه می‌کردند، چی شده؟ گفتند آماده باشید به زودی می‌رسیم به زندان اصفهان. زندان؟ همه گریه، تا این که بعد از مدت‌ها ما رسیدیم به زندان. هیچی را نمی‌دیدیم. در باز شد ما پیاده شدیم. کلی سرباز با باتوم آماده بودند. یک سری هم درجه‌دار بودند، مشخص بود که از مقامات بالا هستند. همان لحظه که پیاده شدیم باز کتک زدن‌ها شروع شد، فحش، کتک، توهین، تحقیر. ما را بردند تو محوطه‌ای، لباس‌هایمان را عوض کردند. یک لباس‌هایی بود، شلوارهای گشادی بود با تی‌شرت‌های کوتاه آبی رنگ، با یک دمپایی. یک گونی به ما دادند، وسایل و لباس‌های ما را گرفتند و به ما آن لباس‌ها را دادند که عوض کنیم. لباس‌هایمان را عوض کردیم و بدترین چیز این بود که موهایمان را تراشیدند. این خیلی بد بود برای ما. خیلی ناراحت‌کننده بود. با ماشین موهای ما را تراشیدند. دست‌هایمان را توی یک چیز سیاه می‌زدیم، انگشت‌نگاری تو صفحات مختلف. بعد پلاکی انداختند گردن من. یک سری شماره داشت که خودشان عوض می‌کردند. تو دریچه‌ای نشستم بعد به من گفتند که روبه‌رو را نگاه کن. عکس گرفتند. بعد گفتند نیم‌رخ شو. عکس از من گرفتند در حالت‌های مختلف. می‌ترسیدیم. نگران بودیم. ما را دنبال هم وارد بخشی کردند،

---

۲۱ مصاحبه با علی، شش‌رنگ و عدالت برای ایران.

یک سالن خیلی بزرگ بود. نشستیم. آمدند یک واکسن بهمان زدند اولش. بعدش باز ما را بازرسی کردند. لخت کردند. حتی شورتمان را در آوردند. باز پوشیدیم. حالا با آن خجالت گفتیم برای چه؟ ما لباس‌هایمان را عوض کرده‌ایم چیزی دیگر همراه ما نیست. گفتند نه، وظیفه‌مان است شما را بگردیم. بعد وارد سلول انفرادی شدیم. یک سالنی بود که مثلاً فکر می‌کنم سه یا چهار تا اتاق بغل هم بود. انفرادی بود. شاید نصف این اتاق بود که یک دستشویی و یک حمام تویش داشت به صورت اوپن. یک دیوار کوتاهی کشیده بودند اندازهٔ این فرش بود و چهارتا پتو بود. برای چهار نفر بود، ولی انفرادی بود. روز و شب معلوم نبود. یک لامپ زرد هم آن جا روشن بود که بیست و چهار ساعت روشن بود، بدون این که ساعتی ببینی چیزی ببینی. ما را وارد آن جا کردند و حدودا پانزده شانزده نفر را وارد انفرادی‌ای کردند که جای چهار نفر بود. یک عده را کردند آن جا، یک عده را دادند تو اتاق بغل. دیگر ما جایی برای خواب نداشتیم. بچه‌ها رو هم رو هم می‌خوابیدند. فشار عصبی زیاد بود. بچه‌ها حتی با هم درگیر می‌شدند، او می‌گفت تقصیر تو است، او می‌گفت تو به من گفتی بیا. این‌ها همه فشار بود، بعد فشارهای خودشان شروع شد. حتی من را کشیدند بیرون. شدیداً من را می‌زد. طوری که من پرت می‌شدم تعادلم را از دست می‌دادم. یک نفر را می‌آورد می‌گفت شناسایی کن. می‌گفتم من نمی‌شناسم. بعضی‌ها را می‌شناختم. دوستانم بودند. بعضی‌ها را هم نمی‌شناختم. ولی خب، در کل گفتم من کسی را نمی‌شناسم. گفت چطور ممکن است تو به این مهمانی آمده‌ای ولی کسی را نشناسی؟ گفتم من نمی‌شناسم. و باز کتک بود..."[۲۲]

---

۲۲ همان

۳- آزارهای روانی

دستگیرشدگان مهمانی اصفهان علاوه بر شکنجه‌های فیزیکی، موارد متعددی از شکنجه‌های روانی را هم تجربه کرده‌اند و برای نمونه به اعدام یا مرگ از طریق پرت شدن از بالای کوه تهدید شده‌اند:

> فرماندهٔ کل نیروی انتظامی اصفهان آمده بود برای دیدن ما. این دریچه را باز می‌کردند، نگاه می‌کردند می‌رفتند. بارها و بارها. معلوم بود که آدم‌های متفاوتی هستند. می‌آمدند فقط نگاه می‌کردند و دوباره این دریچه را می‌بستند و می‌رفتند. بعد دریچه را باز می‌کردند، می‌گفتند آماده باشید، فردا پنج صبح برای اعدام آماده باشید. این را که می‌گفت همهٔ ما گریه، همه تو را خدا. حتی بچه‌ها می‌گفتند ما می‌خواهیم خودکشی کنیم تو زندان. مثلاً یک جوری خودشان را نابود کنند، یک جوری رگ خودشان را بزنند. بچه‌ها را دلداری می‌دادم می‌گفتم بابا من فکر نمی‌کنم همچین چیزی باشد. خودم هم باورم شده بود. می‌گفتم این‌ها هر کاری بگویی می‌کنند. هر کاری بگویی از این‌ها برمی‌آید. دوباره می‌آمدند می‌گفتند ما شما را توی گونی می‌کنیم از بالای کوه پرت می‌کنیم پایین.[۲۳] خب این‌ها همه اذیت می‌کرد ما را، آزار می‌داد ما را،

---

۲۳ حکم لواط در تحریرالوسیله "کشتن گناهکار" است. یکی از راه‌های اجرای این حکم، پرتاب از صخره و شقه شدن عنوان شده است.

در دایره‌المعارف اسلام‌پدیا آمده است: "فقهای امامیّه می‌فرمایند: حدّ لاطی قتل است ولی امام در کیفیت قتل (با شمشیر، یا فرو افکندن از بلندی- کوه یا عمارات بلند- یا سوزانیدن او به آتش و یا رجم و سنگسار) مخیّر است به هر قسم که می‌خواهد می‌تواند حد را جاری کند."

و یا این که:

"امام صادق (ع) فرمود: «در حالی که امیرالمؤمنین (ع) همراه با گروهی از یارانش بود، مردی نزد ایشان آمد و گفت: ای امیرالمؤمنین(ع)، من با پسری آمیزش کرده‌ام؛ مرا پاک کن. امیرالمؤمنین (ع) به او فرمود: ای فلان، برو به منزلت؛ شاید صفرایت طغیان کرده است. فردای آن روز آن مرد مجددا نزد امام (ع)، آمد و به امام گفت: ای امیرالمؤمنین(ع)، من با پسری آمیزش کرده‌ام؛ مرا پاک ساز. حضرت به او فرمود: ای فلانی، برو به منزلت؛ شاید صفرایت طغیان کرده است و هذیان می‌گویی. تا آن که پس از بار اول، سه بار چنین کرد. در بار چهارم به او گفت: ای فلانی، رسول خدا (ص) در مورد همانند تو سه حکم داده است. تو هر کدام را که می‌خواهی، انتخاب کن. او پرسید: آن سه [حکم] چیست ای امیرالمؤمنین؟

گریه می‌کردیم، ناراحت می‌شدیم، افسردگی، فشار زیادی روی بچه‌ها بود، همه گریه می‌کردند، خیلی شرایط سختی بود. ما تا حالا نه زندان دیده بودیم نه کسی این حرف‌ها را بهمان زده بود. یک بار هم گفتند می‌خواهیم شما را منتقل کنیم به یک جزیره‌ای بعد ول‌تان می‌کنیم. جزیره‌ای که هیچ کس هیچ دسترسی‌ای بهش نخواهد داشت. این‌ها بود، این حرف‌ها همه بود، فشارها بود، ناراحتی‌هایی بود که حدودا شش روز طول کشید.[۲۴]

از آن جایی که روابط جنسی هم‌جنس‌خواهانه در ایران جرم است و مستحق اشد مجازات دانسته می‌شود، برخی از مصاحبه‌شوندگان که با سئوالاتی دربارهٔ خصوصی‌ترین روابط خود در بازجویی‌ها و بازپرسی‌ها مواجه شده‌اند، در طول این روند، ترس از برملا شدن این موضوع که آنها با هم‌جنس خود رابطهٔ جنسی داشته‌اند، از شدیدترین آزارهایی بوده که تجربه کرده‌اند:

قاضی از من توی زندان سوال کرد: اسم باندتان فول‌جی [Full G] هست؟ چون ما تو خودمان بخواهیم با کسی آشنا بشویم گی باشد، بهش می‌گوییم فول گی هستی؟ مثلاً برای این که تو اجتماع بخواهیم این را بکار ببریم می‌گوییم جی هستی؟ فول جی هستی؟ بعد این‌ها یک چیزهایی به گوش‌شان خورده بود. پرسید اسم باندتان فول‌جی است؟ من گفتم حاج آقا من متوجه نمی‌شوم منظور شما چیست. بعد هم ما باند نیستیم. گفت خب شما از آمریکا و اسرائیل پول می‌گیرید؟ گفتم چه پولی؟ آمریکا کجا بوده؟ اسرائیل کجا بوده؟ اصلاً نمی‌دانم شما چه می‌گویید. خب تا به حال رابطهٔ سکسی داشته‌اید؟ آن جا من گفتم. چون یک بار تجاوز به زور داشتم، گفته بودم یک بار تجاوز به زور داشته‌ام. ولی آن پی‌گیری نکرد که کی بوده، کجا بوده. گفتم من فقط تجاوز به زور داشتم. از ترس این که این‌ها من را یک وقت ببرند پزشک

حضرت فرمود: یک ضربه شمشیر در گردنت، هرچه که با تو بکند [به هر جا که برسد]؛ یا پرت کردن از کوه با دست و پای بسته یا سوزاندن با آتش."

ر.ک. لواط، ۱ دی ۱۳۹۰، دایره‌المعارف اسلام پدیا، قابل دسترسی در: http://islampedia.ir/fa/1390/10/%D9%84%D9%88%D8%A7%D8%B7.

۲۴ مصاحبه با علی، شش‌رنگ و عدالت برای ایران.

قانونی و معلوم شود رابطه داشته‌ام... این‌ها را نوشت و گفت بعد از مهمانی می‌خواستی چه کار کنی؟ گفتم می‌خواستم بروم خانه‌مان. گفت نه، حتماً شما می‌خواستی یک کاری بکنی بعد از مهمانی. می‌خواستید سکس کنید، رابطه داشته باشید، لواط بکنید. گفتم نه حاج آقا. یک تولد ساده بوده. بعد عکس‌هایی که بچه‌ها گرفته بودند تو مهمانی، خب دوربین‌ها را گرفته بودند، این‌ها همه را ظاهر کرده بود، گذاشته بودند جلوی من، مثلاً بچه‌ها خب تو بغل هم، همدیگر را می‌بوسیدند، عکس می‌گرفتند از هم. بعد به من گفت به نظر تو این یک مهمانی ساده است؟ گفتم حاج آقا من کاری به این ندارم که بچه‌ها موهایشان رنگ بوده همدیگر را بغل کرده‌اند، بوسیده‌اند، خب دوست دارند یک چیز طبیعی است خب همدیگر را بغل کرده‌اند بوس کرده‌اند، خب چه چیزی است؟ ولی من می‌دانم این یک تولد بوده حالا شما می‌خواهید بگویید سکس‌پارتی بوده، یا چیز دیگر، بعد هم پرسید دیگر موادی چیزی مصرف... گفتم نه، من سیگار هم حتی نمی‌کشم چه برسد به مواد. این سوال‌ها همه بود، نوشته‌ها را خودش می‌نوشت حرف‌های من را. گفت امضا کن. گفتم می‌شود من بخوانم؟ گفت هر چه گفتی من همین‌ها را نوشتم. گفتم ولی من می‌خواهم بخوانم. گفت بخوان. خواندم و امضا کردم. گفت برو پایین. این روند بازجویی ادامه داشت. ما شش روز بلاتکلیف بودیم. بعداً که این بازجویی ادامه داشت، این بلاتکلیفی روزها، یک روز، دو روز، سه روز، ادامه پیدا می‌کرد، همین فحش‌ها، تحقیرها، همه بود. ما نه روز و شب را می‌فهمیدیم، نه خواب‌مان می‌دانستیم چیست، نه غذایی، نه چیزی.[۲۵]

دستگیرشدگان در مهمانی اصفهان از سوی مقامات قضایی به پزشکی قانونی فرستاده شده‌اند تا از طریق معاینه معلوم شود با هم‌جنس خود رابطهٔ جنسی داشته‌اند یا خیر. علی در ادامه چنین روایت می‌کند:

یک روز به ما گفتند آماده بشوید. همه‌مان را دستبند زدند وارد حیاط اصلی زندان کردند. دیدیم یک اتوبوس ایستاده. گفتند آماده باشید،

---

۲۵ همان

می‌خواهیم برویم پزشکی قانونی. همه ترس؛ چرا پزشکی قانونی!؟ ما را سوار اتوبوس کردند. همهٔ بچه‌ها دستبند به دست، همه سن‌ها کم، همه بچه‌سال. خب پزشک قانونی اصفهان هم داخل شهر اصفهان بود. شما فکر کنید جلو چشم مردم یک اتوبوس آدم بچه‌سال را دارند می‌آورند، دارند می‌برند پزشکی قانونی. آخر برای چه؟ داخل پزشکی قانونی خب همه مردم جمع شده بودند، آدم‌هایی که کارهای دیگری داشتند، همه جمع شده بودند، این‌ها را برای چه آورده‌اند؟ این‌ها کی هستند؟ چه کار کرده‌اند؟ ازمان یکی یکی عکس گرفتند، یک کاغذ دست‌مان دادند، شماره‌ای بود اسم‌مان را نوشته بودند. یک اتاقی بود رفتیم. یک پزشکی بود، گفت شلوارتان را دربیاورید، و به من گفتند به حالت سجده دولا بشو. من با خجالت خیلی زیاد واقعاً خیلی وضع بدی بود، دولا شدم و احساس کردم دستگاه نوری، پروژکتوری داشت، حتی باز کرد با دستش احساس کردم یک نگاهی کرد و گفت اوکی بلند شو. بلند شدم گفت برو. همین جوری ادامه داشت. برای همهٔ بچه‌ها این کار را کردند. بعد گفتند بنشینید منتظر، توی سالن همه دست‌ها به هم دستبند زده، دو تا دو تا نشسته بودیم. بعد یک پزشک روان‌شناس آن جا بود. گفت تو چی هستی؟ حالتت چطوری است؟ گفتم من این جوری هستم. از بچگی‌ام سوال کرد. گفتم من از بچگی این جوری بودم، آرایش می‌کردم. یک سوال‌هایی در همین حد بود. زیاد نبود. پرسید، یک چیزهایی نوشت و گفت برو بیرون. رفتم بیرون. از همهٔ بچه‌ها تقریباً همین سوال را پرسیده بود. تمام شد، ولی نتیجه‌ای به ما نگفتند که مثلاً شما سکس داشتید، نشان داده تو این آزمایش. ما هیچ خبردار نشدیم. دوباره ما را برگرداندند به زندان.[۲۶]

هستی هم که در همان مهمانی دستگیر شده است تجربهٔ خود را از معاینه مقعد، چنین روایت می‌کند:

این شکلی بود که گفتند شلوارتان را دربیاورید. اول یک دکتر روان‌پزشک با ما صحبت کرد. بعد شلوارمان را درآوردیم و یک پزشک

---

۲۶ همان

دیگر مقعد ما را معاینه کرد که ببیند سکس انجام داده‌ایم یا نه. فکر می‌کنم منظورشان سکس تو همان پارتی بود، وگرنه برایشان کاملاً واضح بود که ما سکس انجام داده‌ایم. یعنی اصلاً نیازی نبود که بخواهد ثابت بشود. که خب مهمانی بود، ما همه داشتیم می‌زدیم می‌رقصیدیم، اصلاً سکسی در کار نبود، یا حتی احساس سکسی‌ای در کار نبود همه خوشحال بودند، داشتند شادی می‌کردند. همین.[۲۷]

حبس در انفرادی به دلیل هویت جنسیتی نیز یکی دیگر از سوء رفتارهایی است که برخی از مصاحبه‌شوندگان این تحقیق تجربه کرده‌اند. مهیار ضیایی (ترنس اف‌توام)، که به اتهام بی حجابی در سال ۱۳۸۲ در کرج بازداشت شده، سه شب را در انفرادی گذرانده است، چرا که ماموران نیروی انتظامی به هویت جنسیتی متفاوت وی پی برده بودند:

توی بازداشتگاه چهار سلول کوچک بود و بازداشتگاه خانم‌ها با هم بودند و آقایان با هم. من را انداخته بودند تو سلول تکی. انفرادی. چون می‌گفتند ما چون می‌دانیم تو با زن‌ها رابطه می‌گیری، نمی‌توانی با زن‌ها باشی. باید تکی باشی. این بدترین چیز است برای یک زندانی که انفرادی زندانی‌اش بکنی. یک قاتل، یک جانی، یک دزد می‌رود انفرادی. آن هم در صورتی که یک کار بد توی زندان بکند. من می‌خواستم دستشویی بروم باید التماس‌شان می‌کردم. برایم ناز می‌کردند. آقا خواهش می‌کنم، به خدا دستشویی دارم. زندانبان‌ها اکثرا مرد بودند. زن نمی‌آمد. مرد بودند. می‌گفتند چه می‌خواهی؟ چیه؟ می‌گفتم مگر ثابت شده من مجرمم؟ می‌گفت مجرمی از این بالاتر که بدون مانتو و روسری موتورسواری کردی؟ دیگر از این بالاتر؟ می‌گفتم آقا یک اشتباه کردم. بی‌خود اشتباه کردی، حرف زیادی نباشد. این جوری با آدم حرف می‌زدند. گفتم آقا خواهش می‌کنم، باید بروم دستشویی. می‌گفت آب زیاد نخور. می‌گفتم چند ساعت است. باید توضیح می‌دادی، خواهش می‌کردی که در زندان را باز کند. می‌ایستد دستشویی بروی و بعد دوباره بروی توی سلولت. این جوری بود.[۲۸]

---

۲۷ مصاحبه با هستی، شش‌رنگ و عدالت برای ایران

۲۸ مصاحبه با مهیار رضایی، شش‌رنگ و عدالت برای ایران

لیلا شیرازی، ترنس اف‌توام هم پس از آن که در نتیجهٔ یک زد و خورد در سال ۱۳۸۴ بازداشت شده و به زندان اوین منتقل می‌شود سه ماه را در انفرادی می‌گذارند. مقامات زندان[۲۹] معتقد بوده‌اند که زنان نمی‌توانند او را بپذیرند و در بند مردان هم اذیت خواهد شد. در نتیجه نمی‌توانستند تصمیم بگیرند که او باید در بند زنان باشد یا در بند مردان. او بارها به خاطر ظاهر، پوشش زنانه و یا آرایشش در خیابان دستگیر شده و به بازداشتگاه وزرا انتقال داده شده است. لیلا می‌گوید: "در بازداشتگاه وزرا نیز بارها مرا از زنجیری آویزان کرده و کتک زدند. آن جا هم ما بارها ده روز یا یک هفته در انفرادی نگه داشته می‌شدیم."[۳۰]

مهدی ندامی یا میترا ولی‌زاده، ترنس دیگری است که بیش از یک سال و نیم را در انفرادی گذرانده است. روزآنلاین در مورد این زندانی می‌نویسد: "مهدی ندامی (میترا ولی‌زاده) پس از این واقعه دستگیر و به زندان اوین‌منتقل می‌شود. وی به دلیل شرایط خاص در یک سلول ۹ متری و به صورت انفرادی نگهداری‌شده و طبق گفته خودش امکان خارج شدن از سلول و رفتن به هواخوری در وقت معمول برای وی میسر نیست. رفتار مسئولین زندان و دیگر زندانیان با وی نامناسب و ناراحت کننده‌گزارش شده است."[۳۱]

۴- شکنجهٔ جنسی و تجاوز

مصاحبه‌شوندگان این تحقیق، بدرفتاری‌ها و شکنجه‌هایی را در مورد خود گزارش داده‌اند که همگی در چارچوب شکنجهٔ جنسی جای می‌گیرند.

برخی از کسانی که به دلیل هویت جنسیتی یا گرایش جنسی خود بازخواست یا بازداشت می‌شوند، با فشار و تهدید برای تن دادن به رابطهٔ جنسی ناخواسته

---

۲۹ در آن زمان "خادمی‌زاده" ریاست زندان اوین را برعهده داشته است.

۳۰ مصاحبه با لیلا شیرازی، شش‌رنگ و عدالت برای ایران.

۳۱ قاضی‌نژاد، رسا، جوان دوجنسی در انفرادی، روزآنلاین، دوشنبه ۲۰ اسفند ۱۳۸۶، قابل دسترسی در:
http://www.roozonline.com/persian/archive/overall-archive/news/archive/2008/march/10/article/-c023e0c1a0.html.

مواجه می‌گردند. هستی بارها از سوی نیروی انتظامی و بسیج به برقراری رابطهٔ جنسی دعوت شده است:

یک بار پلیس راهنمایی رانندگی بود سر چهارراه نظر در اصفهان، بهم گیر داد که حالا می‌دانم شما ترنس‌سکشوال هستید، می‌دانیم فلان و بیسارید، شماره تلفن‌تان را بدهید وگرنه اذیت‌تان می‌کنم. من خندیدم به طرف. زمانی بود که من اوج قدرتم بود، یعنی تو ایران از بنی‌بشری نمی‌ترسیدم. من توی دادگاه‌هایش هم صحبتم را پیش می‌بردم، اعلام می‌کردم من چی‌ام، اعلام می‌کردم شما دارید با ما بدرفتاری می‌کنید. خنده‌ام گرفت، گفتم برو آقا دنبال کارت خدا خیرت بدهد. تازه یک کم تحقیرش کردم گفتم تو چطور با این ریخت و قیافه‌ات جرات کردی به من با این سر و شکلم پیشنهاد بدهی؟ خجالت نمی‌کشی؟ شما در حدی نیستی که به من بخواهی پیشنهاد بدهی. دو سه بار دیگر هم دیدمش، باز همان تهدید را می‌کرد وقتی می‌دید من دارم می‌روم راه خودم را پیش می‌گیرم، ولی باز یک ترسی ته دلم بود. این را بگویم واقعاً. نمی‌توانم بگویم اصلاً هیچ حالتی در من بوجود نیاورد. یک ترسی ته دلم بود که مثلاً ممکن است یک وقت یک کاری بکند. مثلاً می‌گفت الان زنگ می‌زنم منکرات بیاید ببردت. می‌گفتم اوکی زنگ بزن. من که نامه‌ام دنبالم است، برای آنها هم توضیح می‌دهم. من که کاری نکرده‌ام. ولی موردهای دیگری که مثلاً آمده‌اند تذکر داده‌اند که این چه سر و وضع است؟ من توضیح داده‌ام که من ترنس‌سکشوالم، این جوری‌ام، مشکل دارم. به آنها می‌گفتیم "مشکل" [داریم]. از لحاظ خودم که مشکلی نیست، ولی مجبور بودم به آنها این جوری بگویم که بی‌خیالم شوند. بعد می‌گفتند که اوکی، باشد، بروید. شماره تلفن‌تان چند است؟ از حس طرف می‌فهمی که چه کاره است. شده بود می‌گفتم شما تلفن بدهید من بهتان زنگ می‌زنم. ولی الان نمی‌شود، این جا زشت است. شماره را می‌دادند می‌رفتم آن طرف می‌انداختم دور. این جور موردها زیاد بود. ولی هیچ وقت به زور این حالت برایم پیش نیامده که مامور دولتی یا نیرویی به من به زور بخواهد اعمال سکسی رویم انجام بدهد. ولی حس خیلی بدی داشتم به خاطر این که من معتقدم سکس یک

> چیزی است که هر شخصی توی زندگی‌اش دوست دارد و باید انجام بدهد و هر شخصی هم این حق را دارد که به کسی که خوشش می‌آید و دوستش دارد این پیشنهاد را بدهد. و آن طرف می‌تواند بر اساس سلیقه‌اش یا بپذیرد یا رد کند و این جوری نیست که من بگویم اوکی، طرف اصلاً حق این را نداشته که به من این را بگوید. شاید اگر یک سری از همان کسان اگر در یک حالت عادی در یک جای دیگر این پیشنهاد را به من می‌دادند شاید من با کمال میل قبول می‌کردم. ولی آن حالت، آن فرم و آن لباس باعث می‌شد من بترسم و سریع بگویم وای نه. شما این چه حرفیه دارید می‌زنید؟ یا اگر تلفن می‌خواستند یک جوری دست به سرشان می‌کردم یا یک جوری می‌گفتم اوکی، من با شما تماس می‌گیرم، که فقط حل بشود برود، مشکل حادتر نشود. آره، حدوداً این پیشنهادات [تهدیدات] حدود شاید بگویم بیست، بیست و پنج مرتبه برای من اتفاق افتاده.[۳۲]

علی روایت می‌کند که چگونه تمام بازداشت‌شدگان مهمانی اصفهان به تجاوز تهدید شده‌اند:

> همهٔ ما را کردند توی یک اتاقی. یک اتاق بزرگی بود. همهٔ بچه‌ها را ریختند آن جا. خب شب بود، همه نگران بودند، همه می‌ترسیدند، همه با هم حرف می‌زدند. هی می‌آمدند در را می‌زدند فحش می‌دادند. می‌گفتند حرف نزنید، صدایتان بیرون نیاید، و این که یادم است حتی یکی پنجره را باز کرد، سرباز بود، سرباز معمولی بود، خیلی معلوم بود سن کمی هم دارد، بیبی فیس بود (صورت بچه‌گانه‌ای داشت)، با یک لحنی آمد گفت تا صبح به تک تکتان تجاوز می‌کنیم ما. بیچاره‌تان می‌کنیم.[۳۳]

برخی از مصاحبه‌شوندگانی که تجربه بازداشت داشته‌اند سوی سایر زندانیان به تجاوز تهدید شده و موضوع را به مسئولان زندان گزارش کرده‌اند. اما تنها نتیجهٔ این اعتراض، تشدید آزار و شکنجه بوده است. اشکان که در سال ۱۳۸۷ در

---

۳۲ مصاحبه با هستی، شش‌رنگ و عدالت برای ایران.

۳۳ مصاحبه با علی، شش‌رنگ و عدالت برای ایران.

بازداشتگاهی متعلق به نیروی انتظامی کرمانشاه بازداشت شده چنین روایت می‌کند:

> یک بار من را گرفتند به‌خاطر این که شلوارم را کرده بودم تو پوتینم و پوتینم تا مچ پایم بود. آن موقع مد بود. بعد یک رکابی تنم بود و رویش کاپشن پوشیده بودم. رکابی‌هایی که گی‌ها می‌پوشند. بعد چند تا گردنبند به گردنم بود. سگم هم دستم بود. من را گرفتند و انداختند با چند نفر دیگر. آن چند نفر من را اذیت کردند. می‌خواستند بهم نزدیک بشوند. آن جا نمی‌توانستند تجاوز کنند، می‌خواستند دستمالی کنند. شاید بازداشتگاه بود. یک اتاقی بود. من اعتراض کردم که این‌ها دارند من را اذیت می‌کنند، شما نباید این اجازه را بدهید. طرف سرباز بود که من بهش گفتم، گفتم شما نباید اجازه بدهید، من بالاخره یک حقوقی دارم، شما نمی‌توانید این حقوق را زیر پا بگذارید. این‌ها دارند من را اذیت می‌کنند. می‌خواهید من را نگه دارید ولی من جایی باشم که تنها باشم. حق ندارید پیش این‌ها من را بگذارید. کسی که آن جا رییس بود من را کشید بیرون و تا می‌خوردم من را زد. لگدهایی که به من زد تا آخر عمرم یادم نمی‌رود. آنها هم می‌دیدند، چون در باز بود. جلوی چشم آنها من را می‌زد، می‌گفت تو مقصری که تو را اذیت می‌کنند. تو باید تنبیه بشوی که این‌ها تو را اذیت نکنند. مشکل از تو است که تو را اذیت می‌کنند. آخرش هم بعد از چند ساعت یک تعهد ازم گرفتند که من این جا اذیت و آزاری نداشتم، کتک نخوردم، و گفتند می‌توانی بروی.[۳۴]

برخی از مصاحبه‌شوندگان این تحقیق، پس از دستگیری مورد آزار جنسی قرار گرفته‌اند. آکان که به‌دلیل نداشتن حجاب بازداشت شده است، در مسیر انتقال به بازداشتگاه، چنین تجربه‌ای داشته است:

> یک نفر راننده بود و یک نفر جلو و یک ماموری هم که کارت شناسایی خواسته بود کنارم نشسته بود. همین‌جوری نگاهم می‌کرد. گفت تو واقعاً

---

۳۴ مصاحبه با اشکان، شش‌رنگ و عدالت برای ایران.

دختری؟ هی بهم می‌خندید. هی بهم دست می‌زد؛ هم لای پا و هم سینه‌ام را که واقعاً بداند که من دخترم یا پسرم. نمی‌دانم با این جوری موارد روبه‌رو نشده بودند یا این طوری اذیت می‌کنند بچه‌ها را. گفتم اگر می‌شود دست‌تان را ببرید کنار. من هر چی هستم به خودم ربط دارد. آن آقایی که جلو بود برگشت گفت تو این جا حق نداری حرف بزنی. فقط باید خفه شوی. هر کاری می‌کنیم می‌کنیم. تو باید خفه شوی. واقعاً ترسیده بودم آن جا. نه پدرم بود نه مادرم. چه بلایی داشت به سرم می‌آمد؟ به‌خاطر چی؟ به‌خاطر این که من بدحجاب بودم؟ کلاه سرم بود، کاپشن تنم بود، بدحجابی توی خودم ندیدم. چرا باید با من این طوری رفتار شود؟ به جای این که بگوید دیر وقت است، تو یک دختری، باشد ما می‌آییم می‌بریمت دم خانه‌ات که کسی اذیتت نکند. نه این که با من مثل قاتل رفتار کنند و تو محله که من زندگی می‌کنم فردا وجههٔ من خراب شود. من را انتقال دادند به پاسگاه و به خاطر این که دیروقت بود، سرهنگ آن جا نبود و یک نفر که [ماموركشیک] شیفت بود آن جا ایستاده بود. آن وقت شب آن جا چه کار می‌کردی؟ گفتم خانه‌ام، داشتم می‌رفتم خانه‌ام. گفت کجا؟ از کجا داشتی می‌آمدی؟ گفتم از بیرون داشتم می‌آمدم. نگران خانواده‌ام بودم که مشکلی پیش آمده. پیاده رفتیم کارت شارژ بخریم. به‌خاطر این که من توی این محله اذیت می‌شوم این طوری آمدم بیرون. گفت تو غلط می‌کنی. شما همه‌تان این جا را به کثافت کشیده‌اید. نمی‌دانم چطوری از شرتان خلاص شوم.[۳۵]

نازنین که لزبین است و بارها بدون حجاب به خیابان رفته است، یک بار در سال ۱۳۷۴ و در تهران، بی آن که دستگیر شود، از سوی چند مامور نیروی انتظامی که متوجه شده‌اند او یک دختر بی حجاب است مورد آزار جنسی قرار گرفته است:

پدر بزرگم مهر ۷۴ فوت کرد و مجلس ختم خیلی بزرگی تو خانهٔ مادری و پدری مادرم گرفته بودند. آن موقع من کلاس سوم راهنمایی

۳۵ مصاحبه با آکان محمدپور، شش‌رنگ و عدالت برای ایران.

بوم. دایی‌ام گفت نازنین خرما کم آمده، برو از سر کوچه پنج بسته خرما بخر. ساعت دو و نیم ظهر مهرماه بود. من تنها رفتم، پنج بسته خرما گرفتم و وقتی برمی‌گشتم مجبور بودم از راه باریکی بیایم که یک جا مثل گلخانه بود، بعد یک پل بود و من مجبور بودم از آن جا رد شوم. وقتی رد می‌شدم یک موتور نیروی انتظامی آمد و دو سرباز. یعنی درجه نداشتند، ولی مال نیروی انتظامی بودند. آمدند بغل من. گفت بیا این جا. من همیشه فکر می‌کردم نکند خودم یک جوری نشان بدهم که بفهمند من با لباس پسرانه بیرون می‌روم. خیلی رعایت می‌کردم. ولی این موضوع همیشه من را می‌خورد، همیشه می‌ترسیدم از این مسئله. صدایم کرد و گفت بیا پسر این جا ببینم. به روی خودم نیاوردم و قدم‌هایم را تندتر کردم، ولی موتور داشت به من می‌رسید، تا این که دقیقاً سر این پل یک جای بسیار خلوت پیچید جلوی من. گفت بیا جلو ببینم. واقعاً ترسیده بودم. این کیسهٔ خرما دستم بود. من همیشه عادت داشتم برای این که سینه‌ام دیده نشود، یک لباس عرق‌گیر زیر می‌پوشیدم، یک تی‌شرت رو، حتی تو گرما، تمام این جاهایم همیشه عرق‌سوز می‌شد و مادرم همیشه از این مسئله رنج می‌برد. بعد یک لباسی که بندینک دارد و یکسره است می‌پوشیدم که بندینک روی سینه‌ام قرار بگیرد و روی این دوباره یک لباس می‌پوشیدم. تابستان و زمستانش هم فرقی نداشت. بهترین زمان زندگی من پاییز و زمستان بود که من کاپشن می‌پوشیدم و راحت بودم و آن موقع هوا گرم بود. گفت بیا این جا ببینم. گفتم بله. گفت چرا صدایت می‌کنم نمی‌ایستی؟ گفتم متوجه نشدم. سنم هم کم بود. گفت کلاهت را بردار. گفت تو دختری یا پسر؟ هول شدم گفتم پسرم. گفت پسری؟ گفتم آره. یکی رو موتور بود آن یکی از موتور پایین آمد، یک جوری که محاصره شدم، یعنی اگر یکی مستقیماً از بغلمان رد می‌شد متوجه نمی‌شد که من آن جلو هستم. یعنی آن دو تا دارند با یکی حرف می‌زنند. گفت تو پسری؟ گفتم آره. گفت لباست را بزن بالا ببینم. گفتم دلیل ندارد لباسم را بزنم بالا. آن موقع [آنجا] خلوت بود و لباس من را زد بالا. دست زد به سینهٔ من. کیسهٔ خرما از دست من افتاد. دفعهٔ اول که گفت بزن بالا ببینم و

من گفتم دلیلی ندارد؛ نه. بعد خودش به زور باز کرد و بندینک من از قفلش در آمد و باز شد. آن که رو موتور بود انگار داشت این طرف و آن طرف را می‌پایید. وقتی دستش را زد به سینهٔ من گفت دختر است و فشار داد، گفت ببینم. تا او گفت ببینم احساس کردم دو نفر دارند با من این کار را می‌کنند، اسمش را تجاوز می‌گذارند؟ آن لحظه من داد زدم. با هم حرف می‌زدند، ولی من نمی‌توانستم بشنوم. نمی‌توانستم درک کنم چه می‌گویند. انگار اصلاً نبودم. گوشم هیچی را نمی‌شنید. وقتی قشنگ لمس کرد، یک پیرمرد و پیرزن داشتند این مسیری که ما بودیم را می‌آمدند، داشتند وارد خلوتی‌ای که ما بودیم می‌شدند. تا این‌ها آمدند من یک دفعه گفتم آقا! دستش زیر لباس من بود، با این دستم که خرما بود و زمین افتاده بود. گفتم آقا کمک. پیرمرد شصت هفتاد سالش بود. گفت چی شده؟ گفتم کمک. تا این را گفتم این دستش را درآورد، موتور هم روشن بود، سوار موتور شدند و رفتند. من نشستم روی زمین. پیرمرد و پیرزن گفتند چه شده؟ انگار اصلاً تو آن چند دقیقه هیچی نمی‌فهمیدم. واقعاً موقعی که پیرزن دست من را گرفت و فشار داد من تازه به خودم آمدم. انگار مرده بودم. پیرزن من را زنده کرد. پریدم بالا و اصلاً به هیچی نگاه نکردم. فقط دویدم سمت خانه. از آن جایی هم که بودم تا خانه با دویدن من سه دقیقه راه بود. وقتی رسیدم داخل کوچه، از انتهای کوچه وارد شده بودم، موتوری هم رفته بود، فقط پسرخاله‌ام را صدا می‌زدم. این‌ها از وسط کوچه من را می‌دیدند. می‌گفتم کمک کمک. فقط هم پسرخاله‌ام تو کوچه بود، چون داشت این ریسه‌ها را می‌بست. فکر کرد دارم شوخی می‌کنم. او هم شروع به دویدن کرد. وقتی رسیدم بهش و احساس کردم یک نفر هست که می‌تواند من را حمایت کند، بغلش کردم. فهمید که برایم مشکلی پیش آمده، ولی هیچ وقت قدرت این را نداشتم که بهش بگویم چه شده. بغلش کردم به اندازه یک دقیقه وسط کوچه. صدایی که من را از حالم بیرون آورد دایی‌ام بود که داد زد شما کره‌خرها چه کار می‌کنید وسط کوچه؟ بیایید ببینم. مهران[۳۶] گفت چی شده؟ گفتم هیچی. گفت

---

۳۶ اسم تغییر یافته است.

کسی اذیتت کرده؟ گفتم نه. من آمدم و فوق‌العاده خانۀ مادربزرگم شلوغ بود. من فقط توانستم این را بگویم. رفتم از پنجره پریدم تو خانۀ دایی‌ام که طبقۀ چهارم بود، و با همان لباس رفتم زیر دوش. چون احساس کردم یک... یک حس [کثیف] که خیلی برایم بد بود. من با لیفی که تو حمام بود انقدر مالیده بودم که سینه‌ام زخم شده بود و خون آمد. همه دنبال من گشتند و مادرم آمد پشت در حمام گفت چی شده؟ گفتم هیچی. پایم رفت تو جوب گلی شد. دوست داشتم یکی را بغل می‌کردم. ولی قدرتش را نداشتم. من آن موقع فکر کنم سیزده سالم بود، دقیقاً کلاس سوم راهنمایی بودم. من اول دبیرستان پریود شدم یعنی پانزده سالگی، ولی من آن روز توی حمام خون‌ریزی کردم. یعنی خونی از من آمد که هیچ وقت نفهمیدم که آن خون چی بود. و همان یک بار بود و بعد قطع شد تا دو سال بعد. این بدترین چیزی بود که آزارم داد.[۳۷]

برای برخی از مصاحبه‌شوندگان تحقیق ما، تجربۀ بازداشت با شدیدترین نوع شکنجۀ جنسی، یعنی تجاوز همراه بوده است. شیوا دلدار، ترنس زنی است که به زنان گرایش دارد و خود را لزبین می‌داند. او توسط نیروهای بسیج دستگیر و به شکلی وحشیانه مورد تجاوز قرار گرفته است:

بعد از قضایای [انتخابات سال ۸۸] و شلوغ پلوغ بود. تو محل ما نارمک زیاد است پسرهایی که به خودشان می‌رسند و آرایش می‌کنند. کلاً من زیاد باهاشان ارتباط نداشتم. آنها برای خودشان بودند، من هم برای خودم. زیاد تو این جمع‌ها نمی‌رفتم که مشکلی برایم پیش نیاید. بعد [نیروی انتظامی] بهم گیر داد. به‌خاطر موهایم می‌آمدند جلو و باهام حرف می‌زدند. می‌دیدند اوه، من حاضرجواب و پررو هستم و نمی‌ترسم. دیگر مشکل می‌شد. من را گرفتند که ببرند ارشادم کنند. من خیلی عصبی‌شان کرده بودم، توهین می‌کردند من هم بهشان توهین می‌کردم. بعد من را نبردند کلانتری. من را بردند توی مسجد نزدیک کلانتری. بردند زیرزمین مسجد. آن جا [سه نفرشان به من تجاوز کردند] بعد

۳۷ مصاحبۀ با نازنین، شش‌رنگ و عدالت برای ایران.

روی تنم هم کلی آتش سیگار خاموش کردند... سه نفر بودند... هر کسی غیر از من بود زندگی‌اش آن جا تمام می‌شد. من خیلی تحریک‌شان کردم که من را بکشند، ولی این کار را نکردند... آن جا یک مسجد بزرگی است. شنیده بودم قبلاً، ولی هیچ وقت سرم نیامده بود. بعد هم این که مسجد همیشه شلوغ پلوغ هست. آن جا یک جایی بود که اصلاً مخصوص این کارها ساخته بودند. یعنی اتاق که می‌گویم این جوری نبود که یک جای کوچکی باشد تو را بکنند توی یک اتاق که فریاد بزنی صدایت برود. بعد هم نمی‌شد من داد بزنم. آن موقع‌ها که بودند یا خودشان دهانم را می‌گرفتند یا می‌رفتم داخل دهانم را می‌بستند. این جوری نبود که بتوانی داد بزنی. می‌زدم، به در و دیوار هم می‌زدم، کسی نبود بیاید. کلاً جایی شبیه راه‌روهای بازداشتگاه‌ها بود. عین بازجویی بود. اون‌ها سه تایی این کار را می‌کردند. همسن‌های خودم بودند. من آن موقع ۲۸ سالم بود، آنها هم همین سن‌ها بودند یا یک کم کم‌تر یا بیشتر. سه تایی‌شان یک تیم بودند. خیلی بیمار بودند. یعنی کاملاً می‌دیدم که بیماری‌های روانی دارند. خیلی حال‌شان بد بود. دلم برایشان می‌سوخت. کارهایی که با من کردند، ولی من می‌دیدم که معمولاً خودشان کسانی هستند که یک جور گرایشاتی دارند، ولی به‌خاطر این که خانواده‌شان خیلی مذهبی است یا چرایش را نمی‌دانند، یا اصلاً نمی‌توانند بروز بدهند، بعد این جوری می‌شوند. یعنی دشمن آن کسی می‌شوند که می‌تواند آزادانه آن جوری باشد... وقتی من را می‌دیدند حرص می‌خوردند. می‌گفتم من بد هستم، تو چرا من را می‌کنی؟... سه روز من رو نگه داشتند، بعد آزاد شدم. آنها می‌خواستند یک کاری کنند که من بگویم اشتباه کردم. دیگر این کار را نمی‌کنم. من هم نگفتم. من به خودشان و خانواده‌شان و مذهب‌شان و همه‌چیزشان توهین می‌کردم و فحش می‌دادم. می‌خواستند من را زجر بدهند، می‌دیدند من اصلاً یک چیز دیگری‌ام... بعد نمی‌دانم یک موقع‌هایی می‌شد که هوش و حواس‌شان سر جایش نبود. می‌گفتند ازت فیلم گرفته‌ایم. فیلمت را پخش می‌کنیم تو موبایل‌ها. یک چیزی که مثلاً من را ضایع کند. ولی خب دیگر سخت بود. یعنی من تصور می‌کردم که اگر همچین چیزی دوباره پیش بیاید، اصلاً من دیگر این جا امنیت

ندارم. یعنی یک کم بخواهم دخترانه باشم امکان دارد گیر آدم مریض دیگری بیفتم. یا اصلاً مشکلاتی که با خانواده داشتم. آنها نفهمیدند، نگذاشتم بفهمند چنین چیزی سرم آمده. تا حالا هم نشنیده‌اند. امکان دارد یک روزی تو همین ویدئوها ببینند. الان این چیزهایی که رو بدنم هست [آثار سوختگی با سیگار] اذیتم می‌کند. الان دارم روی آنها کار می‌کنم. من همیشه لباسِ پوشیده تنم می‌کنم می‌روم بیرون.[۳۸]

نسا، برای سومین بار در پاییز ۱۳۸۹، به اتفاق دوست‌دخترش الناز، به اتهام بدحجابی بازداشت می‌شود. او در بازداشتگاهی در اصفهان مورد آزار جنسی و تهدید به تجاوز قرار می‌گیرد:

وقتی که رفتم داخل، چون بازداشتگاه خانم‌ها بود، لباس من را در آوردند. مانتو نداشتم، روسری نداشتم، لباس نمی‌شد زیاد باشد. فقط باید یک بلوز تنم می‌بود و یک شلوار. با همان بردند بازجویی. من را بازداشت کردند و بردند داخل و شروع کردند به فحش و بد و بیراه. تا این که آن مرد [قصد] تجاوز به من رو کرد. من حرف نمی‌زدم. بغضم گرفته بود. می‌دانستم که اگر در این شرایط گریه کنم، راحت‌تر می‌تواند به من دست بزند. راحت‌تر می‌تواند تجاوز کند. من نه می‌توانستم گستاخ باشم، نه می‌توانستم گریه بکنم. کاری نمی‌توانستم بکنم. مجبور بودم تا جایی که می‌توانم اگر سوالی می‌کند، اگر بتوانم از پسش بربیایم و زبانم باز بشود، حرف بزنم و بگویم بابا این طور نیست؛ چطور شما این حرف را می‌زنید. من حرف نمی‌زدم، هی بهم می‌گفت تو که خرابی، این قدر می‌بری و می‌آری، تو که کارت این است، چرا حرف نمی‌زنی؟ پاشو، حرف بزن. هی هولم می‌داد. بعد آمد موهایم را گرفت و کشید و گفت تو هرزه‌ای، با این موهات هرزگی می‌کنی. دستش را گرفتم که مثلاً به من دست نزند، چون موهایم را هم بسته بودم، بلوزم را گرفت و بلوزم پاره شد. من را چسباند به بدن خودش، بیشتر از حس کردن بود. لمس بود. که اگر صحبت نکنی پدری ازت در می‌آورم که مرغ‌های آسمان به حالت گریه کنند و دیگر هیچ کس را نبینی و کسی از استخوان و

۳۸ مصاحبه با شیوا دلدار، شش‌رنگ و عدالت برای ایران.

پوست تو هم خبردار نشود. نمی‌گذاشت من برگردم. دیگر آن‌جا نتوانستم بغضم را نگه دارم. تنها بودم تو اتاق. آن خانم فقط تا زمانی که داشت بازجویی می‌کرد، بود. حالا نمی‌دانم به او علامت داده بود یا نه، چون نمی‌توانستم برگردم. اجازهٔ برگشتن نداشتم. اگر می‌خواستم برگردم، می‌زد تو صورتم. یعنی تنها چیزی که من می‌دانم صدایش بود، دست‌هایش بود. ولی من دیگر بغضم ترکید و گفتم چرا این طوری می‌کنید؟ صدایم داشت می‌رفت بالا. او هم هی عربده می‌زد که صدایت را بیاور پایین، بازداشتگاه سکوت بود، شب بود، دخترها ساکت بودند، کسی هم نمی‌آمد برود و خیلی مهم بود که یک سوژه دست همه بدهد. به خاطر همان من را پرت کرد روی زمین و گفت آدمت می‌کنم. به حسابت می‌رسم. بعد من را بردند داخل بازداشتگاه... شب روز دوم بود که آمدم بیرون. قرار بود من دادگاهی بشوم و نامه بیاید که بروم دادگاه که قبل از این که این دادگاه و دادگاه قبلی برسد، ما فرار کردیم.[۳۹]

ترنس بودن، عامل تخفیف در توهین و آزار؟

همان‌طور که دیدیم، بنا بر روایت‌های این تحقیق، در برخورد مقامات انتظامی و قضایی با افرادی که هم‌جنس‌گرا بوده یا هویت جنسیتی ناشناخته‌ای داشته و در گروه بزرگ "منحرفان" و "مجرمان" جای می‌گرفته‌اند، و کسانی که ترنس بودن و ابتلای آن‌ها به بیماری اختلال هویت جنسیتی برای این مقامات آشکار بوده است، تفاوت روشنی وجود دارد.

برخی از مصاحبه‌شوندگان ما، برگهٔ روان‌پزشکی را که اختلال هویت جنسیتی‌شان را تأیید کرده بود همیشه به همراه داشته‌اند تا در صورت قرار گرفتن در خطر دستگیری به ماموران ارائه کنند. بعضی از آن‌ها روایت می‌کنند که به دلیل قانونی بودن ترنس‌سکشوالیتی در ایران، وقتی به مأموران توضیح می‌داده‌اند که ترنس هستند یا بازداشت اساساً منتفی می‌شد و یا در بازداشتگاه با برخوردی مؤدبانه روبه‌رو می‌شدند.

---

۳۹ مصاحبه با نسا، شش‌رنگ و عدالت برای ایران

هستی می‌گوید:

> من فقط و فقط یک نامه داشتم از دکتر خودم که تأیید کرده بود که فلان شخص با فلان مشخصات ترنس‌سکشوال است، حالات و رفتار کاملاً زنانه دارد و باید عمل سکس چنج انجام بدهد و همان نامهٔ دکترم را خیلی وقت‌ها هم می‌شد نشان نمی‌دادم. یک وقت‌هایی که خیلی گیر شدید می‌شد آن را نشان می‌دادم. بعد با توضیحاتی که از من می‌شنیدند و می‌دیدند قانع می‌شدند و می‌گفتند پس خواهشاً سریع بروید خانه. چون تو خیابان ماندن شما باعث اذیت شدن خود شما می‌شود.[۴۰]

او که از دستگیر شدگان میهمانی اصفهان بوده، توضیح می‌دهد که حکم پزشکی قانونی به ترنس بودن او، چگونه برخورد مسئولان زندان را تغییر داده است:

> رئیس زندان وقتی اولین بار با ما صحبت کرد، یعنی فردای روزی که به زندان منتقل شدیم، آمد به من گفت شما بچه کونی هستید؟ که من اصلاً ماندم چه جوابش را بدهم. یعنی یک لحظه انگار کل زندان رو سر من خراب شد که من به این آدم احمق چه بگویم؟ چه جوابش را بدهم؟ حالا جالبی‌اش این است که همان رئیس بعد از پزشکی قانونی و زمانی که فهمید ما ترنس‌سکشوال هستیم خیلی با ما صمیمی شد. می‌گفت، می‌خندید، راجع به ماها می‌پرسید، راجع به حالات و روحیات‌مان، این که چطور ریش‌هایتان از بین می‌رود؟ بعد از تغییر جنسیت چکار می‌کنید؟ چطور عمل می‌کنند؟ از این جور چیزها. ولی آن لحظهٔ اول، اولین باری که هیچی نمی‌دانست، یعنی ناآگاه بود کاملاً راجع به این موضوع و با من برخورد داشت، خیلی حرف بدی زد.[۴۱]

او زمانی هم که به‌عنوان شاکی به نیروی انتظامی مراجعه کرده، با همین تفاوت در برخورد مواجه شده است:

---

۴۰ مصاحبه با هستی، شش‌رنگ و عدالت برای ایران.

۴۱ همان.

الان نسبت به ترنس‌سکشوال‌ها، هموسکشوال‌ها را نمی‌گویم، چون با هموسکشوال‌ها رفتارهای خیلی خیلی بدی می‌شود، ولی نسبت به ترنس‌سکشوال یک مقدار انعطاف‌پذیرتر شده‌اند... پسرخالهٔ من، من را در یک دعوایی بسیار بسیار کتک زد، سر خیابان خودمان و جوری شده بود که من پای چشمم سیاه شده بود. تمام سرم قلمبه قلمبه شده بود و یکی دو جای صورتم پوستش پاره شده بود. سر این که من نمی‌خواستم باهاش ارتباط سکسی برقرار کنم و او بسیار سر این موضوع عصبانی شده بود و من تلفن‌هایش را جواب نمی‌دادم، اس‌ام‌اس‌هایش را جواب نمی‌دادم. ان‌قدر که چند ماه گذشته بود. این باعث شد آتشی شده بود. گرفت واقعاً من را کتک زد. بعد من رفتم ازش شکایت کردم داخل ایران. اولین جلسه‌ای که من وارد کلانتری شدم و این موضوع عنوان شد، بهم گفتند برو بابا تو که خودت چیزی. مطمئنی چیزی نبوده که خودت باعثش بودی؟ می‌دانی منظورم چیست؟ یعنی این که تو خودت باعث این موضوع شدی. این چه شکل و قیافه‌ای است؟ که من واقعاً عصبانی شدم و توی آن کلانتری دادوهوار که آقای محترم من پدرم فوت کرده، دو تا دایی دارم اصلاً برایشان اهمیت ندارد، چهار تا عمو دارم اصلاً به این موضوع اهمیت نمی‌دهند، برایشان اصلاً مهم نیست که من کتک خورده‌ام. اگر کسی را داشتم داخل خانواده که می‌توانستم بهش پناه ببرم و ازش کمک بگیرم هیچ وقت پیش شما نمی‌آمدم. من آمده‌ام پیش شما که شما به من کمک کنید، از حق من دفاع کنید. من یک فرد ترنس‌سکشوالم، این نامهٔ پزشکم است، چون این جوری آفریده شده‌ام دلیل نمی‌شود هرکسی آمد سراغ من هر غلطی که دلش خواست بکند و شما هیچی نگویید. به صرف این که من ترنس‌سکشوال آفریده شده‌ام شما دارید می‌گویید ظاهر و قیافه‌ات این جوری است؟ یعنی چه؟ من یک انسانم. این هشتاد تا اس‌ام‌اس از طرف این آقا، چه اس‌ام‌اس‌های تهدید، چه اس‌ام‌اس‌های فلان. کلی توپیدم بهشان که من وقتی این کار را کردم باور کنید یک حالت شرمندگی تو قیافه‌شان پیدا شد و دقیقا بعد از نیم ساعت گفتند بنشین و آرام باش. کمی در مورد موضوع صحبت کردند که چه شد؟

چه اتفاقی افتاد؟ برایمان تعریف کن، و باورتان نمی‌شود به بدترین شکلی که می‌شد پسرخالهٔ من را مجازاتش کردند. یعنی کاری کردند که از دور که من را می‌دید فرار می‌کرد. خیلی خوب از من دفاع کردند. خیلی خوب. الان نسبت به ترنس‌سکشوال‌ها جامعهٔ ایران خیلی بهتر شده. به‌خاطر این که بارها و بارها شده بود این آخری‌ها قبل از این که از ایران بیایم، ما را داخل پارک بیایند بگیرند، بعد به محض این که بفهمند ما ترنس‌سکشوال هستیم، اوکی، فقط خواهش می‌کنیم سریع‌تر بروید خانه، اینجا شب شده اذیت‌تان می‌کنند، آزارتان می‌دهند. هیچ حرف خاصی هم نمی‌زدند. این نمی‌دانم به‌خاطر یا این است که الان معافیت می‌دهند به ترنس‌سکشوال‌ها، خیلی این گسترده شده اطلاعات‌شان، یا به‌خاطر این که سکس چنج تو ایران انجام می‌شود و کاملاً پزشکی قانونی این موضوع را تأیید کرده از همه لحاظ.[۴۲]

مندرجات رای دادگاه در پروندهٔ مهمانی اصفهان هم این نتیجه‌گیری را تأیید می‌کند. در این پرونده، ۲۴ متهم وجود دارند که همگی در یورش نیروی انتظامی به مهمانی تولد در تیر ماه ۱۳۸۶ در شهر اصفهان دستگیر شده‌اند. اتهامات کلی تمام آنها "فراهم نمودن موجبات فساد و فحشا، نگهداری و در اختیار گذاشتن مشروب الکلی و شرب خمر" است. کشف عکس‌هایی از متهمین (اکثر آنها) در حال رقص و پایکوبی و بغل گرفتن یکدیگر و بعضاً بوسیدن یکدیگر، به‌عنوان ادلهٔ جرم در کیفرخواست ذکر شده است. با این همه، پروندهٔ همگی آنها، به جز سه نفری که به خاطر نوشیدن مشروبات الکلی به ۸۰ ضربه حد شلاق شرعی محکوم می‌شوند، با پرداخت جریمهٔ نقدی مختومه اعلام می‌شود. دو دلیل اصلی که قاضی برای تخفیف مجازات ذکر می‌کند، "جوان بودن متهمین" و "وضعیت خاص بعضی از آنها به لحاظ داشتن اختلال جنسیتی" است.

---

۴۲ همان.

مصونیت ناقضان حقوق
هم‌جنس‌گرایان و ترنس‌جندرها

شهادت‌های متعدد در این تحقیق نشان می‌دهد که ماموران انتظامی و امنیتی ناقض حقوق هم‌جنس‌گرایان و ترنس‌جندرها از مصونیت برخوردار بوده و تحت پیگرد قانونی قرار نگرفته‌اند. در واقع، در بیشتر موارد مصاحبه شوندگان این تحقیق با این که می‌دانستند حقوق‌شان ضایع شده است، اساساً موضوع را پی‌گیری نکرده‌اند. دلیلی که این افراد ذکر می‌کنند، ترس از احتمال طرح مسئلهٔ گرایش جنسی و هویت جنسیتی آنها و ایجاد گرفتاری‌های بیشتردر خانواده و جامعه بوده است: شیوا دلدار که توسط ماموران بسیج مورد تجاوز قرار گرفته، هیچ گاه شکایتی طرح نکرده است:

به کی شکایت کنم؟!... این جور موقعها معمولاً ماها مقصر می‌شویم. می‌گن چرا آرایش کردی؟ تو خودت می‌خواستی این کار را بکنی. بعد هم این که آنها هیچ وقت حق را به من نمی‌دادند. بعد هم من اصلاً نمی‌توانستم همچین چیزی را رو کنم. دادگاه و آبروریزی و ننه و بابا و...[۴۳]

ترس از طرح شکایت در نظام قضایی، فقط به موارد نقض حقوق هم‌جنس‌گرایان و ترنس‌جندرها توسط ماموران انتظامی و در بازداشتگاه‌ها محدود نمی‌شود. فراتر از این و در اغلب موارد، گرایش جنسی و هویت جنسیتی متفاوت این افراد در موقعیت‌های روزمره هم نقشی بازدارنده دارد. همانطور که در بخش‌های پیشین دیدیم، چندین نفر از مصاحبه شوندگان گی یا ترنس ام‌تواف این تحقیق، در طول زندگی خود توسط مردان آشنا یا غریبه مورد تجاوز قرار گرفته‌اند و از ترس این که گرایش جنسی یا هویت جنسیتی‌شان برملا شود و خود به جای فرد متجاوز مورد پیگرد قرار گیرند و به داشتن روابط هم‌جنس‌گرایانه متهم شوند، هرگز اقدام به شکایت نکرده‌اند.[۴۴]

---

۴۳ مصاحبه با شیوا دلدار، شش‌رنگ و عدالت برای ایران.
۴۴ رک مصاحبه‌های لیلا شیرازی و علی، شش‌رنگ و عدالت برای ایران.

به عنوان مثال، بهراد تجربه‌اش از تجاوز توسط دوستان و آشنایانی که با آنها در یکی از اتاق‌های چت اینترنتی آشنا شده را چنین بیان می‌کند:

> دوران سربازی‌ام بود. رفتم تهران، چند وقت بعد با یکی قرار داشتم و من را برد شرکت دایی‌اش و گفت یک کاری داره بعد بریم خونه‌شون. رفتیم اونجا و بعد به من گفت دایی من از تو خوشش اومده و من را برد در یک اتاق تاریکی و بعد دایی‌اش و خودش امدند و دست و پای من را گرفتند و خودش و دایی‌اش این کار را با من کردند. بعد خود این میلاد دائم عذر خواهی می‌کرد و من گریه می‌کردم. اونجا رو ترک کردم و خیلی دلم گرفته بود. زنگ زدم به مصطفی و گفتم خونه‌اید من بیام پیشتون؟ گفت آره بیا. رفتم پیش اونها و هیچی نگفتم. وقتی ساعت ده شب خواستم برم پادگان بنیامین [دوست پسر مصطفی] گفت نرو حالا که حالت گرفته است، بمون اینجا، من صبح می‌برمت. گفتم باشه. رفتم بخوابم، بنیامین اومد و لای در اتاق باز بود و مصطفی می‌دید. اومد و این کار رو به زور با من کرد. حالم شدید بد شده بود. برای من خیلی سخت بود. هم از لحاظ جسمی و هم روحی. برای من سخت بود که اون هم در عرض یک روز دو بار این موضوع پیش بیاد. گریه می‌کردم و التماس می‌کردم واو گوش نکرد. می‌گفت آروم حرف بزن. مصطفی می‌شنوه ناراحت می‌شه. من با گریه می‌گفتم اون که داره می‌بینه چرا هیچ کاری نمی‌کنه. و کارش را به زور کرد. وقتی حالم بد بود رفتم حموم که مصطفی اومد تو حموم [که او هم این کار رو بکنه]. من زیر دوش داشتم گریه می‌کردم. او وقتی این صحنه را دید انگار دلش نیومد کاری بکند. ساعت سه بعد از نصف شب بود خواهش کردم که بنیامین مرا برساند پادگان که قبول نکرد. من با ترس و نگرانی و در منطقه‌ای که نمی‌شناختم رفتم و پیاده خودم رو رسوندم به میدون امام حسین و بعد رفتم پادگان. بعداً هیچگاه با اینها نه حرف زدم و نه اینها رو دیدم. جواب تلفن‌هاشون رو هم نمی‌دادم. بعداً فهمیدم که او [بنیامین] از این لباس شخصی‌ها بوده که در تظاهرات ۸۸ نیز جزو کسانی بوده که در خیابون‌ها تظاهرکنندگان رو کتک می‌زده. برای من اینها تجاوز حساب می‌شه ولی از طرف دوست پسر اولم هم مورد آزار جنسی قرار گرفته‌ام.

من دوست پسر اولم، ایمان هم که بای‌سکشوال بود بعد از بیست روز به من گفت من دوست دارم با تو سکس داشته باشم و من نمی‌خواستم. هنوز حسی به او نداشتم. گفتم من به وقت بیشتری نیاز دارم و او تهدید کرد که رابطه را قطع می‌کند. فردایش با شناسنامه‌ام به مسافرخانه رفتیم. اونجا من با التماس از او خواستم که وقت بیشتری بدهد ولی او گوش نکرد و چون اولین سکسم بود به خونریزی افتاده بودم. و دیگر نتوانستم با او بمانم. و قطع کردم که تهدید می‌کرد که به اطلاعات می‌گوید و به خانواده‌ام خبر می‌دهد. من هم یک بار به جرم شعارنویسی دستگیر شده بودم و ایمان از این موضوع با خبر بود و از این نقطه ضعف استفاده می‌کرد و تهدید می‌کرد. من در سربازی و پس از تراشیدن موهایم از چشم ایمان افتادم و خوشبختانه دیگر گرایشی به من نداشت. با وجود اینکه دائم به من اس.ام.اس می‌زد و تهدید می‌کرد. اگر شکایت می‌کردم برای خودم بد می‌شد. چی می‌گفتم؟ اگر می‌گفتم چطور ثابت می‌کردم؟ بعد هم اگر اونها یک چیزی روش می‌گذاشتند و می‌گفتند من چه می‌کردم؟[۴۵]

اذیت و آزار پس از آزادی

در مورد بیشتر مصاحبه‌شوندگانی که تجربهٔ دستگیری دارند، سوءرفتارها پس از آزادی پایان نیافته‌اند و حتی از سوی خانواده، اطرافیان و سایر افراد جامعه شدت گرفته‌اند. بسیاری از خانواده‌ها پس از اطلاع یافتن از دلیل دستگیری فرزندان‌شان فشار بیشتری به آنان وارد می‌کنند. این به‌ویژه از رفتارهای توهین‌آمیزی ریشه می‌گیرد که آنها در جریان پیگیری پروندهٔ فرزندان خود و تلاش برای آزادی‌شان از جانب مقامات قضایی و امنیتی تجربه می‌کنند. علی که در مهمانی اصفهان دستگیر شده است، شرایط خود را چنین توضیح می‌دهد:

---

۴۵ مصاحبه با بهراد، شش‌رنگ و عدالت برای ایران.

بعد از پنج روز ما را بردند طبقهٔ بالا. گفتند حالا می‌توانید با خانواده‌هایتان تماس بگیرید. من تماس گرفتم که خواهرم گوشی را برداشت. گفتم که من این اتفاق برایم افتاده. گفت آره، ما در جریانیم. مامان بابا آمده‌اند اصفهان. بعد من گفتم فقط بهشان بگو دوتایی بیایند، کسی را از فامیل نیاورند. من شوهرخاله‌ام سرهنگ است گفته بودند او را بیاورند که بتواند شاید کمکی بکند. من گوشی را قطع کردم که دیگر آمدند یکی یکی صدایمان کردند، گفتند می‌توانید بروید. ما را بردند، دوباره یک محوطه‌ای بود، لباس‌هایمان را بهمان دادند، لباس‌هایمان را عوض کردیم. گوشی موبایل‌هایمان را بهمان دادند. ما مرحلهٔ سختی را پشت سر گذاشته‌ایم، حالا الان قرار است پشت در این زندان باز بشود، حتماً خانواده‌های ما پشت این در هستند. باز استرس و ناراحتی. خلاصه در باز شد، یک عالم آدم؛ خانواده‌ها، همهٔ خانواده‌ها. من نگاه می‌کردم، خانواده‌ها همه اکثراً مذهبی، همه با چادر، همه شوکه‌زده، همه همین جور مانده بودند. حتی من شنیدم یکی گفته بود من می‌خواهم جدول [کنار خیابون را] بردارم بزنم تو سر بچه‌ام. یک چیزهای این جوری. خانواده‌ها حتی یک عده بین‌شان دعوا شده بود که بچهٔ تو با بچهٔ من دوست بوده، بچهٔ تو بچهٔ من را کشانده. چون این مهمانی آن لحظه که ما را گرفتند همان لحظه منعکس شد... خانوادهٔ من از توی دفترچه تلفنم که توی خانه بود شمارهٔ بچه‌ها را پیدا کرده بودند، زنگ زده بودند به خانه، تلفن ثابت، خانواده‌شان گفته بودند این اتفاق افتاده که حتی خانوادهٔ من آمده بودند اصفهان. آن لحظه که خانوادهٔ من آمده بودند قبل از این که آزاد شوم، گفته بودند پسر شما دوجنسه است؟ خانوادهٔ من... نه، یعنی چه؟ مامانم گفته بود بچه‌ام را من زاییده‌ام، بچه‌تان تو خانه لباس دخترانه می‌پوشد؟ مامانم گفته بود نه. یعنی چه لباس دخترانه؟ گفته بودند آرایش می‌کند پسرتان؟ مامانم گفته بوده یعنی چه؟ نه. گفته بودند این یک مهمانی هم‌جنس‌بازها بوده، این‌ها همه‌شان هم‌جنس‌باز هستند. یک عده دوجنسه هستند، یک عده می‌گویند ما ترنس هستیم، خلاصه یک همچین مهمانی‌ای بوده. خانوادهٔ من شوکه شده بودند. خانوادهٔ بچه‌ها شوکه شده بودند. در

زندان باز شد. رفتار بدی به آن صورت نبود از طرف خانواده، ولی این که مثلاً این چه کاری است کردی؟ چه کار داری می‌کنی؟ آبروی ما را بردی. دیگر ما سرمان را نمی‌توانیم بلند کنیم. این رفتار بود تا ما برگردیم شهرمان. برگشتیم و خب دیگر تو خانه شروع شد، خجالت بکش دست از این کارهایت بردار، آبروی ما را بردی و تو واقعاً با این سن‌ات خجالت نمی‌کشی؟ دست از این کارهایت بردار. دیگر این یک ذره آبرو من داشتم این یک ذره آبرو را هم بردی. فامیل بفهمند چه می‌شود؟[۴۶]

اما فقط خانواده‌ها نیستند که پس از دستگیری و آزادی فرزندان‌شان بر میزان خشونت رفتاری خود می‌افزایند. بازداشت به خاطر تفاوت در گرایش جنسی و هویت جنسیتی، موجب طرد فرد از جامعه و محرومیت او از حقوقی چون تحصیل و اشتغال می‌شود. هر چه اطلاعات مربوط به بازداشت افراد به اتهام هم‌جنس‌گرایی عمومی‌تر شود، فشارهای اجتماعی پس از آزادی آنها هم شدت بیشتری می‌گیرند:

توی آن مهمانی [اصفهان]حدود دو دقیقه یکی از دوستان صمیمی داشت فیلم می‌گرفت، بعد این کلیپ پخش شد. این را شما تو یوتیوب سرچ کنید هست، به اسم‌های مختلف: هم‌جنس‌بازها، دوجنسه‌بازها، مهمانی کونی‌ها، به اسم‌های مختلفی تو یوتیوب سرچ کنید پیدا می‌کنید. بعد خب این را یکی از بچه‌ها با دوربین شخصی گرفته بود و من نمی‌دانستم. یک چیز کوتاهی بود در حد دو دقیقه، می‌آید می‌چرخد تو مهمانی، یکهو به من می‌رسد و متأسفانه من هم توی این فیلم هستم که این فیلم را توی کانال‌های ماهواره‌ای هم پخش کردند. بعد از این که آقای احمدی‌نژاد سخنرانی‌ای کرد که گفت ما تو ایران هم‌جنس‌باز نداریم، برای این که به رژیم بگویند که هست همچین چیزی، این را پخش کردند. و بعد به سرعت این تو بلوتوث، گوشی‌ها، همه جا پخش شد و من اطلاع نداشتم. یک روز دخترعمه‌ام به من زنگ زد گفت چقدر معروف شدی. من هم اطلاعی نداشتم که چنین کلیپی

۴۶ مصاحبهٔ با علی، شش‌رنگ و عدالت برای ایران.

پخش شده. گفتم کدام کلیپ؟ گفت یک مهمانی که پسرها همه لباس دخترانه پوشیده‌اند، هم‌جنس‌باز هستند همه‌شان، تو هم توی آنها هستی. این را که گفت، گفتم خدایا. بعد خب این به سرعت منتشر شد، تو ایران سریعاً بلوتوث شد متأسفانه، همه دیدند. خب همه فامیل دیدند. حتی عموی من این را تو آلمان دیده بود، زنگ زده بود به پدرم، حالا نمی‌دانم چی به پدرم گفته بود، مثلاً گفته بود بچه‌ات را توی گی‌پارتی دیده‌ام، خیلی مواظب باش. شوهرخاله‌ام دیده بود. خب من دیگر عادت کرده بودم ان‌قدر همه دیده بودند. یک روز شوهرخاله‌ام آمد نشست پیش من، گفت یک فیلم مهمانی پخش شده. گفتم می‌دانم، فیلم مهمانی من است، من هم توش هستم، می‌شود خواهش کنم راجع بهش صحبت نکنید؟ خب شما فکر کنید همهٔ این‌ها بود. تو در و همسایه پخش شده، تو اجتماع پخش شده، همه دیده‌اند. من یک انتشاراتی رفتم یک سال و نیم پیش تو تهران، به اسم انتشارات روشن تو خیابان انقلاب. امیدوارم اگر روزی این پخش شد، این حرف‌های من روزی پخش شد آقای روشن بشنوند. من پول نداشتم خانواده‌ام بهم پول نمی‌دادند، حتی از خانه فرار کرده بودم چندین بار به‌خاطر آزار و اذیت‌های خانواده‌ام. انتشارات روشن کار را پیدا کردم. دو روز رفتم با این که کار خیلی سختی بود. از هشت صبح بود تا هفت هشت شب. بعد از دو روز من را خواستند گفتند ما دیگر به شما نیازی نداریم. گفتم آقای روشن من خیلی به این کار احتیاج دارم. خب خیلی هم مراعات می‌کردم تیپم ساده باشد، ولی تو محیط کار می‌دیدم هی پچ پچ می‌کنند. بعد متوجه شدم که بله، متأسفانه فیلم من پخش شده [و دیده‌اند]. بعد از آن رفتم کلاس آرایش‌گری، به نام کلاس آرایش‌گری رضا تو انقلاب. رفتم بلکه یک کاری یاد بگیرم. هم این‌که خب یک کاری را شروع کنم. آن جا هم باز مسخره‌ام کردند. یعنی هیچ جایی برای من وجود ندارد تو ایران که من بتوانم کار کنم. کار دولتی که نمی‌توانم بکنم، چون سوءسابقهٔ کیفری دارم. به‌خاطر این که این کلیپ من پخش شده، متأسفانه من هر جا می‌روم شناسایی می‌شوم خیلی راحت... من خودم تو مترو که می‌نشینم، بلوتوث گوشی من باز باشد که

اکثر بلوتوث همهٔ گوشی‌ها باز است، شاید ده‌ها فایل برای شما می‌آید، فایل‌های سکسی، فایل‌های خصوصی از عکس‌های خصوصی که افشا شده، یکیش که برای من می‌آید همان مهمانی من است که من هم تویش هستم و چهره‌ام کاملاً مشخص است. من هرجا می‌روم برای کار، کار نمی‌توانم بکنم.[۴۷]

بیشتر مصاحبه‌شدگان این تحقیق که بازداشت شده‌اند و به‌ویژه آنهایی که پس از آزادی به‌شدت از جانب خانواده و جامعه تحت فشار قرار گرفته‌اند، به ناچار ایران را ترک کرده‌اند. روشن است که بازداشت توسط نیروی انتظامی، بر حیات اجتماعی آن دسته از افرادی که هم‌چنان در ایران زندگی می‌کنند، تأثیراتی جدی و ماندگار داشته است. نیوشا محدودیت‌هایی را که پس از یک دستگیری داشته چنین شرح می‌دهد:

در مورد دستگیر شدن هم آره، واسه ما یه بار اتفاق افتاد. با سه تا از پسرای گی بیرون بودم که پلیس بهمون گیر داد که نسبت‌تون چیه و خلاصه منو بردن منکرات اخلاقی و تعهد گرفتن ازم و داداشم اومد به‌عنوان بزرگ‌تر و عضوی از خانواده اجازه دادن برم. خوشبختانه کار به باخبر شدن مامان بابام نکشید وگرنه مشکلات بیشتر هم می‌شد... بعد از اون اتفاق زیاد بیرون نمی‌ریم و بیشتر تو خونهٔ یکی از بچه‌ها جمع می‌شیم.[۴۸]

---

۴۷ همان
۴۸ مصاحبه با نیوشا، شش‌رنگ و عدالت برای ایران.

فلا تتبعوا الهوی أن تعدلوا

دادنامه

دادگاه ....

تاریخ ۱۳۸

شماره ....

پیوست ....

کلاسه : ۸۶–۲۷۶ ک ۱۱۴ دادنامه: ۸۶۰۴۴۵–۸۶/۴/۵

مرجع رسیدگی : شعبه ۱۱۴ دادگاه عمومی جزائی اصفهان

شاکی: گزارش

متهمین: ۱-

-۲ -۳ -۴ -۵ -۶ -۷ ۸ -۹ -۱۰ -۱۱ -۱۲ -۱۳ ۱۴ -۱۵ -۱۶ -۱۷ -۱۸ -۱۹ -۲۰ -۲۱ -۲۲ -۲۳ -۲۴

اتهام: دایر بر فراهم نمودن موجبات فساد وفحشاء – نگهداری ودراختیار گذاشتن مشروب الکلی وشرب خمر

گردشکار: دادگاه ختم رسیدگی را اعلام و بشرح زیر مبادرت بصدور رأی مینماید.

رای دادگـــاه

درخصوص اتهام آقایان ۱- دائر بر فراهم نمودن موجبات فساد وفحشاء ، نگهداری مشروب الکلی وقراردادن مشروبات مزبور در اختیار دیگران ۲- دائر بر مشارکت در بزه دائرکردن مرکز فساد وفحشاء ۳ -۴ ۵ -۶ -۷ -۸ -۱۰ -۱۱ -۱۲ -۱۳ -۱۴ متهمین ردیف سوم تا چهاردهم همگی دائر بر فراهم نمودن موجبات فساد وفحشاء ۱۵- دائر بر فراهم نمودن موجبات فساد وفحشاء ۱۶- دائر بر فراهم نمودن موجبات فساد وفحشاء ۱۷- دائر بر فراهم نمودن موجبات فساد وفحشاء وشرب خمر ۱۸- ۱۹- متهمین ردیف هیجدهم ونوزدهم هردو دائر بر شرب خمر دادگاه با توجه

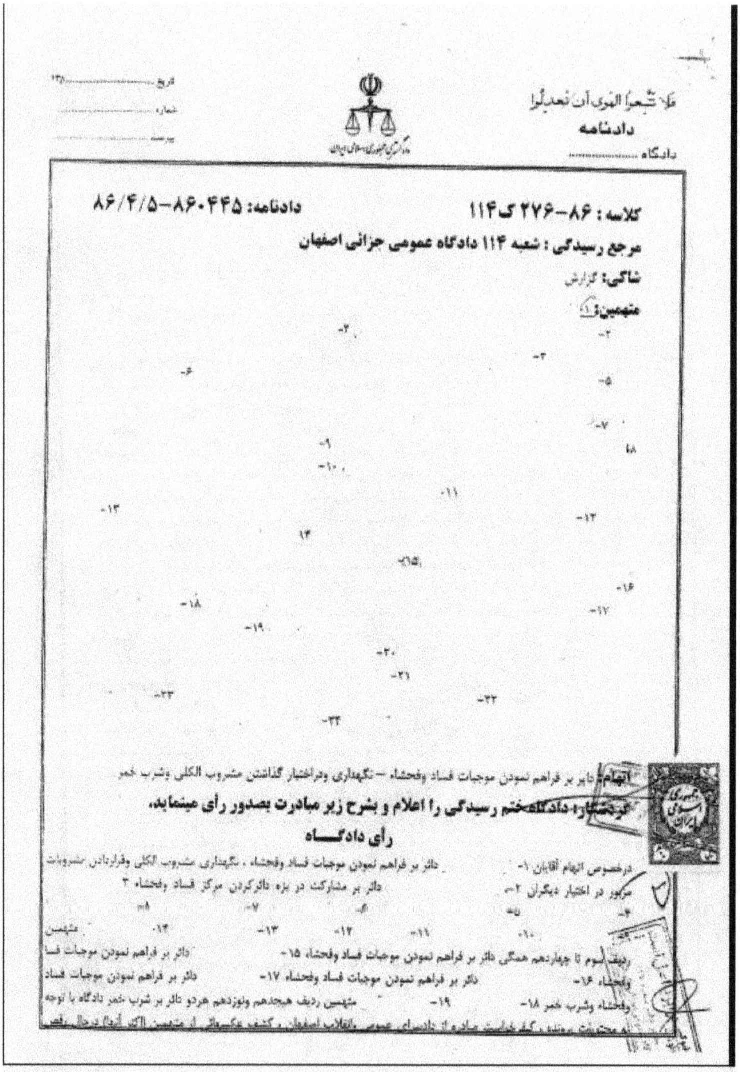

سند شماره ۳: رای دادگاه بدوی در پروندهٔ مهمانی اصفهان، صفحه اول.

فلا تتبعوا الهوی أن تعدلوا

دادنامه

دادگاه ....

تاریخ ۱۳۸

شماره ....

پیوست ....

وبامکوبی وبغل گرفتن یکدیگر وبعضاً بوسیدن یکدیگر - کشف مشروبات الکلی در مجلس متهمین موصوف ، اقاریر صریح متهمین موصوف به بزه های مزبور در دادسرا ودفاعیات بلاوجه بعضی از آنها در دادگاه واقاریر متهمین ردیف هفدهم الی نوزدهم در صفحات ۲۵ و۳۲۶ ( ) ودفاعیات بلاوجه وی در دادگاه وص ۳۲۹ ودر دادگاه ( ) وص ۳۲ و۲۰۳ و۳۴۴ (ودفاعیات بلاوجه وی در دادگاه نسبت به بزه شرب خمر وبا عنایت به عدم حضور متهمین ردیف اول ودوم به لحاظ عدم شناسائی در آدرس اعلامی درحالیکه نامبردگان مکلف بودند درصورت تغییر آدرس دادگاه را مطلع سازند وبا توجه به سایر قرائن وامارات موجود در پرونده بزه های انتسابی را به نامبر کان محرز ومسلم دانسته مستنداً به مواد ۴۶ (از باب تعدد معنوی نسبت به بزه نگهداری ودراختیار گذاشتن مشروبات الکلی راجع به متهم ردیف اول) و۴۷ (از باب تعدد مادی مختلف نسبت به جرائم تعزیری ممنوعه) و۱۰۵ (از باب علم قاضی) ، ۱۶۵ ، ۱۶۶ ، ۱۶۸ ، ۱۶۹ ، ۱۷۳ ، ۱۷۴ ، ۱۷۶ ، بندهای الف وب ماده ۶۳۹ ومادتین ۷۰۲ و۷۰۳ از قانون مجازات اسلامی با رعات بند ۵ ماده ۳۲ از همین قانون به لحاظ جوان بودن متهمین وبعضاً وضعیت خاص بعضی از آنها (بلحاظ داشتن اختلال جنسی هرچند که این موضوع توجیه برای مبری بودن متهمین نمی تواند باشد) صرفاً راجع به مجازات بزه های دائر وفراهم نمودن موجبات فساد وفحشاء به ترتیب متهم ردیف اول را به پرداخت مبلغ پنجاه میلیون ریال جزای نقدی بدل از مجازات حبس درحق دولت بابت دائر وفراهم نمودن موجبات فساد وفحشاء وشش میلیون ریال جزای نقدی بابت نگهداری ودراختیارگذاشتن مشروبات الکلی به دیگران وهفتادوچهارضربه شلاق تعزیری که به نحو متعارف تعزیری درمحل اجرای احکام دادگستری اصفهان اجرا خواهد شد (توضیحاً اینکه به لحاظ تعدد معنوی بین دو جرم اخیر یعنی نگهداری ودراختیار گذاشتن مشروبات الکلی صرفاً مجازات ماده ۷۰۳ درنظرگرفته شده است) محکوم می نماید ومتهم ردیف دوم را نیز به پرداخت مبلغ پنجاه میلیون ریال جزای نقدی بدل از مجازات حبس درحق دولت محکوم می نماید لیکن هریک از متهمین ردیف سوم تا هفدهم را بابت بزه فراهم نمودن موجبات فساد وفحشاء به پرداخت مبلغ ده میلیون ریال جزای نقدی بدل از مجازات حبس درحق دولت محکوم می نماید همچنین متهمین (هرکدام را) ردیف هفدهم الی نوزدهم را به تحمل هشتاد تازیانه بعنوان حدشرب خمر که به کیفیت مندرج در ماده ۱۷۴ قانون مجازات اسلامی اجرا خواهد شد ومحل اجرای آن نیز اجرای احکام دادگستری اصفهان خواهد بود محکوم می نماید بدیهی است جزای نقدی درنظرگرفته شده برای متهمین بایستی با احتساب ایام بازداشت قبلی متهمین محاسبه گردد همچنین در اجرای ماده ۱۰ قانون مجازات اسلامی حکم به معدوم نمودن مشروبات مکشوفه (درصورتی که هنوز معدوم نشده اند چون اثری از معدوم نمودن در پرونده مشاهده نشده است) صادرواعلام میشماید واما درخصوص اتهام دیگر آقایان ۱-   ۲-   دائر بر شرب خمر واتهام آقایان ۱-   ۲-   ۳-   ۴-   ۵-   ردیف دوم الی پنجم دائر بر خرید مشروبات الکلی اخیرالذکر دائر بر شرب خمر دادگاه با توجه به محتویات پرونده وانکار بعضی از متهمین در دادگاه و دادسرا وبعضی نیز جهل موضوعی نسبت به اینکه مشروب الکلی مصرف نموده اند ومدعی شده اند که نمی دانستند مشروب الکلی است یا نوشابه وبا عنایت به قرائن موجود به لحاظ فقد ادله کافی وعدم حصول قناعت وجدانی بزه های انتسابی را به نامبردگان محرز ندانسته مستنداً به قاعده ی واصالت البرائت وبند الف ماده ۱۷۷ قانون آئین دادرسی دادگاههای عمومی وانقلاب در امور کیفری واصل ۳۷ قانون اساسی مشارالیهم را تبرئه می نماید رأی صادره راجع به محکومیت متهمین ردیف اول ودوم (و) غیابی محسوب ظرف ده روز پس از ابلاغ قابل واخواهی در همین شعبه وپس از انقضاء مهلت مزبور ظرف بیست روز قابل تجدیدنظر در محاکم محترم تجدیدنظر استان اصفهان می باشد وراجع به سایر موارد حضوری محسوب ظرف بیست روز پس از ابلاغ قابل تجدیدنظر در محاکم محترم تجدیدنظر استان اصفهان می باشد./

سعیدی ابواسحاقی

رئیس شعبه ۱۱۴ دادگاه عمومی جزائی اصفهان

سند شماره ۴: رای دادگاه بدوی در پروندهٔ مهمانی اصفهان، صفحه دوم.

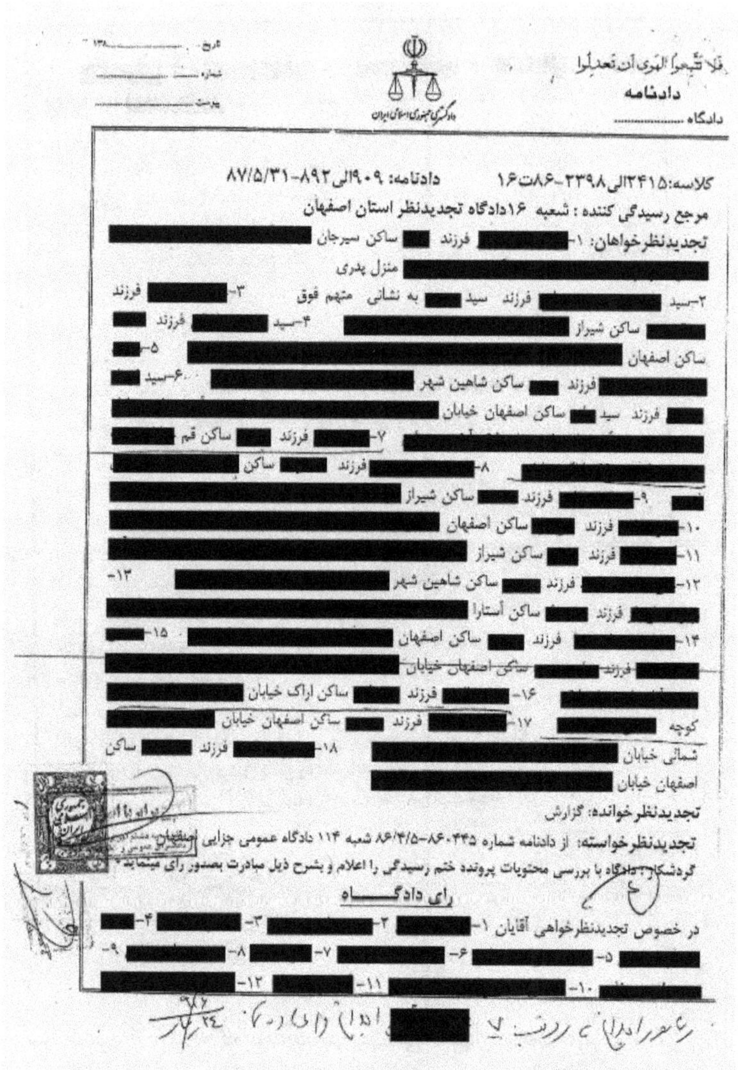

فلا تتبعوا الهوی أن تعدلوا

دادنامه

دادگاه ....

تاریخ ۱۳۸

شماره ....

پیوست ....

دادگستری جمهوری اسلامی ایران

کلاسه: ۲۴۱۵الی۲۳۹۸–۸۶ت۱۶ دادنامه: ۹۰۹الی۸۹۲–۸۷/۵/۳۱

مرجع رسیدگی کننده: شعبه ۱۶دادگاه تجدیدنظر استان اصفهان

تجدیدنظرخواهان: ۱–[redacted] فرزند [redacted] ساکن سیرجان [redacted]

منزل پدری [redacted]

۲–سید [redacted] فرزند سید [redacted] به نشانی متهم فوق ۳–[redacted] فرزند

[redacted] ساکن شیراز [redacted] ۴–سید [redacted] فرزند [redacted]

ساکن اصفهان [redacted] ۵–[redacted]

[redacted] فرزند [redacted] ساکن شاهین شهر [redacted] ۶–سید [redacted]

[redacted] فرزند سید [redacted] ساکن اصفهان خیابان [redacted]

[redacted] ۷–[redacted] فرزند [redacted] ساکن قم [redacted]

[redacted] ۸–[redacted] فرزند [redacted] ساکن [redacted]

[redacted] ۹–[redacted] فرزند [redacted] ساکن شیراز [redacted]

۱۰–[redacted] فرزند [redacted] ساکن اصفهان [redacted]

۱۱–[redacted] فرزند [redacted] ساکن شیراز [redacted]

۱۲–[redacted] فرزند [redacted] ساکن شاهین شهر [redacted] ۱۳–

[redacted] فرزند [redacted] ساکن آستارا [redacted]

۱۴–[redacted] فرزند [redacted] ساکن اصفهان [redacted] ۱۵–[redacted]

[redacted] فرزند [redacted] ساکن اصفهان خیابان [redacted]

[redacted] ۱۶–[redacted] فرزند [redacted] ساکن اراک خیابان [redacted]

کوچه [redacted] ۱۷–[redacted] فرزند [redacted] ساکن اصفهان خیابان [redacted]

شمالی خیابان [redacted] ۱۸–[redacted] فرزند [redacted] ساکن

اصفهان خیابان [redacted]

تجدیدنظرخوانده: گزارش

تجدیدنظرخواسته: از دادنامه شماره ۸۶۰۴۳۵–۸۶/۴/۵ شعبه ۱۱۴ دادگاه عمومی جزایی اصفهان

گردشکار: دادگاه با بررسی محتویات پرونده ختم رسیدگی را اعلام و بشرح ذیل مبادرت بصدور رای مینماید.

رای دادگـــــاه

در خصوص تجدیدنظرخواهی آقایان ۱–[redacted] ۲–[redacted] ۳–[redacted] ۴–[redacted]

۵–[redacted] ۶–[redacted] ۷–[redacted] ۸–[redacted] ۹–[redacted]

۱۰–[redacted] ۱۱–[redacted] ۱۲–[redacted]

[redacted]

سند شماره ۵: رای دادگاه تجدید نظر میهمانی اصفهان، صفحه اول.

فلا تتبعوا الهوی أن تعدلوا

شماره ....

پیوست ....

دادگستری جمهوری اسلامی ایران

دادنامه

دادگاه ....

۱۳- [redacted] ۱۴- [redacted] ۱۵- [redacted] ۱۶- [redacted] ۱۷- [redacted] ۱۸- [redacted] نسبت به دادنامه ۸۶۰۴۴۵-۸۶/۴/۵ صادره از شعبه ۱۱۴دادگاه عمومی جزائی اصفهان که متضمن محکومیت تجدیدنظرخواه ردیف اول به پرداخت مبلغ پنجاه میلیون ریال جزای نقدی به اتهام دائر و فراهم نمودن موجبات فساد و فحشا و پرداخت شش میلیون ریال جزای نقدی و تحمل ۷۴ ضربه شلاق تعزیری به لحاظ اتهام نگهداری و در اختیار گذاردن مشروبات الکلی و همچنین محکومیت تجدیدنظرخواه ردیف دوم به پرداخت پنجاه میلیون ریال جزای نقدی به اتهام مشارکت در دائر کردن مرکز فساد و فحشاء و محکومیت تجدیدنظرخواه ردیف سوم الی شانزدهم به پرداخت هر یک به مبلغ ده میلیون ریال جزای نقدی به اتهام فراهم نمودن موجبات فساد و فحشاء و تجدیدنظرخواه ردیف شانزدهم را علاوه بر محکومیت جزای نقدی به لحاظ اتهام مزبور به تحمل ۸۰ ضربه تازیانه به اتهام شرب خمر و تجدیدنظرخواه ردیف هفدهم و هجدهم به تحمل ۸۰ ضربه تازیانه به لحاظ شرب خمر می باشد نظر به مجموع محتویات پرونده و ملاحظه لوایح تجدیدنظرخواهی به لحاظ اینکه دلائل و ایراد موثری که موجب نقض دادنامه گردد ارائه و ابراز نگردیده و دادنامه نیز بر اساس موازین قانونی واصول و ضوابط دادرسی و رعایت مقررات شکلی اصدار یافته موجبی برای مخدوش نمودن دادنامه معترض عنه بنظر نمی رسد لکن نظر به وضعیت خاص متهمین و بعضاً اختلالات شخصیتی و جنسی نامبردگان محکومیت پنجاه ~~میلیون ریال جزای نقدی تجدیدنظرخواه ردیف اول را به پنج میلیون ریال تقلیل همچنین~~ محکومیت ده میلیون ریال جزای نقدی تجدیدنظرخواه ردیف شانزدهم را به یک میلیون ریال تقلیل و محکومیت جزای نقدی تجدیدنظرخواه ردیف دوم تا سیزدهم و تجدیدنظرخواه ردیف پانزدهم را با رعایت ماده ۲۵ قانون مجازات اسلامی به مدت پنج سال به حال تعلیق درآورده تا چنانچه در طول مدت تعلیق حکم ، مرتکب جرائم مؤثر کیفری نگردند محکومیت تعلیقی از سجل کیفر آنها محو و الا قابلیت اجرا یابد مع الوصف دادگاه به استناد تبصره ۲ ماده ۲۲ قانون اصلاح قانون تشکیل دادگاههای عمومی و انقلاب و بند الف از ماده ۲۵۷ قانون آئین دادرسی دادگاههای عمومی و انقلاب در امور کیفری ضمن رد تجدیدنظرخواهی نامبردگان با اصلاحات بعمل آمده دادنامه معترض عنه را عیناً تأیید می نماید رأی صادره قطعی است ./م

مستشاران دادگاه: منصور احمدی مجید اسلامی

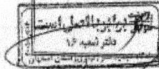

رونوشت برابر با اصل است

دفتر شعبه ۱۶

سند شماره ۶: رای دادگاه تجدید نظر میهمانی اصفهان، صفحه دوم که در آن به اختلال جنسی و روانی اشاره شده است.

فصل چهارم

پزشکینه کردن گرایش جنسی
و هویت جنسیتی

مجموع نظام روان‌شناسی، پزشکی و سازمان‌های دولتی، برخوردی بیمارانگارانه با مقوله گرایش جنسی و هویت جنسیتی دارند. به این معنا، سیاست‌های کلی که نه فقط در کلام سیاست‌مداران که در اتاق‌های مشاوره، بازتاب می‌یابد این است که گرایش جنسی به هم‌جنس، باید درمان شود. نتیجه بلافصل پزشکینه کردن گرایش جنسی و هویت جنسیتی، معالجات اصلاحی یا استفاده از روش‌های ترمیمی غیرانسانی چون دارودرمانی، رفتاردرمانی و شوک‌تراپی برای "مداوای" گرایش فرد، به هم‌جنس خویش است. روی دیگر این سکه، سوق دادن فرد، به تغییر بدن خویش است تا جنسیت وی با تصویر دلخواه دگرجنس‌گرایی حاکم از زن و مرد هماهنگ شود. تداوم منطقی چنین روندی، انجام تغییر جنسیت است که علاوه بر طی مراحل اداری، انجام هورمون‌درمانی ‑ های برگشت ناپذیر و عمل‌های تغییرجنسیت را که با عقیم‌سازی همراه است را الزامی می‌سازد. روندی که به دلیل عدم تخصص کافی و مصونیت جراحان از پیگرد قضایی، آثار هولناکی بر سلامت شخص تغییرجنس‌خواه تا همیشه باقی خواهد گذاشت. روندی که در بسیاری از موارد، غیر از درد جسمانی، با رنج روحی ناشی از تحقیر از سوی مسئولان و مقامات مختلف نیز همراه است. در این بخش، پس از مرور برخورد نظام روان‌شناسی و روان‌پزشکی، در انتهای کتاب خواهیم دید چگونه برای بسیاری از افراد ترنس، تغییر جنسیت، نه نقطه تحقق رویاهایشان که کابوسی دائمی است که در آن، هرچه به دنبال خوشبختی، یافتن جایگاه و منزلت اجتماعی و سلامت جسمی و روابط پایدار عاطفی، می‌گردند، آن را کمتر می‌یابند.

بخش اول: نظام روان‌شناسی و روان‌پزشکی

روانکاو به من گفت: پا روی نفس‌ات
بگذار، درست زندگی کن! (انسی)

گرچه سازمان بهداشت جهانی در سال ۱۹۹۲ هم‌جنس‌گرایی را از دستهٔ بیماری‌ها خارج کرده است، اما برخی کشورها هنوز آن را نوعی بیماری می‌دانند. در ایران نیز هم‌جنس‌گرایان عموماً به‌عنوان افرادی منحرف تعریف می‌شوند که فاقد سلامت روانی هستند. این در حالی است که ترنس‌سکشوالیتی نیز که تا سال ۲۰۱۳ به‌عنوان اختلال هویت جنسی محسوب می‌شد، در سالنامه راهنمای تشخیصی و آماری این سال، که از سوی انجمن روان‌پزشکی آمریکا، از فهرست اختلالات روانی خارج شد. با این همه، در ایران هنوز و همچنان، افرادی که به‌عنوان ترنس تشخیص داده می‌شوند، بیمار و مبتلا به اختلال هویت جنسی به شمار می‌روند.

مادهٔ دوازدهم میثاق بین‌المللی حقوق اقتصادی، اجتماعی و فرهنگی، حق برخورداری از "بالاترین سطح سلامت جسمی و روحی" را از حقوق بنیادین بشر می‌داند. کمیتهٔ حقوق اقتصادی، اجتماعی و فرهنگی در توضیح خود از حق سلامت آن را "برخورداری شخص از حق کنترل وضعیت سلامت و وضعیت جسمی خود" تعریف می‌کند؛ از جمله داشتن آزادی جنسی و تولید مثل و حق فارغ بودن از هر گونه مداخله، از قبیل در امان بودن از شکنجه و انجام درمان‌ها و آزمایش‌های پزشکی بر فرد بدون رضایت وی".[۱]

این در حالی است که شهادت‌ها و اسناد گردآوری‌شده در این تحقیق نشان می‌دهند نظام پزشکی ایران، متأثر از پارادایم ارزشی و چارچوب سیاسی-حقوقی حاکم که درصدد حفظ این "ارزش"هاست، هدف اصلی خود را حفظ سلامت اخلاقی جامعه بر اساس تعاریف معینی می‌داند که از سوی مراجع قانون‌گذار به‌عنوان معیار "بیماری" و "انحراف" تعیین شده‌اند. این نظام

---

۱ کمیتهٔ حقوق اقتصادی، اجتماعی و فرهنگی، تفسیر عمومی شماره ۲۰.

ارزش‌محور، همجنس‌گرایی را امری مذموم تلقی می‌کند و برای حفظ نظم اجتماعی، جلوگیری از "فساد"، و تثبیت هر چه بیشتر مفاهیمی چون "زن" و "مرد"، مراجعین را در قالب‌های مشخص دسته‌بندی می‌کند و برای تغییر تمایلات همجنس‌گرایانه به روش‌های مختلفی چون روش‌های اصلاحی و عمل جراحی تغییر جنسیت متوسل می‌شود.

فقدان آگاهی کافی و بی خبری از نظریات پیشرفتهٔ علمی، در کنار محدودیت‌های قانونی و حقوقی که مانع عبور از خط قرمزهای موجود می‌شوند، روان‌پزشکان و پزشکان را از کارکرد اصلی خود به‌عنوان مرجعی قابل اعتماد برای پاسخ‌گویی به پرسش‌های مراجعین بازداشته است، و آن تعداد از مراجعین نیز که در شرایط مطلوب و فرضی وجود آزادی‌های اجتماعی باز تصمیم به انجام عمل تغییر جنسیت گرفته و یا خواهان آن خواهند بود، از اطلاعات و حق انتخاب لازم و رضایت آگاهانه برای چنین تصمیمی با استانداردهای جهانی برخوردار نیستند.

مرور روایت‌های مصاحبه‌شوندگان این تحقیق و مشاهدهٔ نارضایتی بسیاری از آنان از تعاریف موجود در مورد هویت جنسیتی، و هم‌چنین نارضایتی از نام‌ها و مفاهیمی که برای تفکیک این هویت‌ها و تمایز آنها از یکدیگر به کار می‌رود، اهمیت مشاوران و پزشکان را در شکل‌گیری هویت جنسیتی این افراد و مسیر زندگی آنها نشان می‌دهد. بسیاری از آنها یا به میل خود و یا به اجبار خانواده در پی یافتن پاسخ به سئوالاتی چون "من چه هستم؟" و "چرا همجنس خود را دوست دارم" و یا "چه باید بکنم؟" به روان‌شناس، روان‌پزشک و حتی پزشک زنان، مغز و اعصاب و غدد مراجعه کرده‌اند.

تلاش برای کشف هویت جنسی، از طریق مراجعه به پزشکان، به‌ویژه در مورد افرادی که از سوی خانواده و جامعه برای "نرمال" بودن تحت فشار قرار می‌گیرند، چندان دور از انتظار نیست. اما از آن سو، پاسخ‌های قطعی و منطبق با قواعد گفتمان دولتی و دینی حاکم که نظام روان‌شناسی و روان‌پزشکی به آنها می‌دهد، نمی‌تواند وضعیت فرد، نیازهای او، و نحوهٔ سازگاری او با این وضعیت را به درستی تحلیل کند. درواقع نظام پزشکی و روان‌شناسی در ایران هم بخشی از نظام کلان دوجنس‌گونه است که اصرار دارد هر چه زودتر و

سریع‌تر، تکلیف جنسیت همهٔ افراد روشن شود و تنها گزینه‌های پیش رو را هم
"زن دگرجنس‌گرا" یا "مرد دگرجنس‌گرا" می‌داند.

شرکت‌کنندگان در کارگاه (فوکوس‌گروپ) ترکیه، بارها بر آزارنده بودن
فشارهایی که برای اسم‌گذاری روی هویت‌شان بر آن‌ها اعمال می‌شده است
تأکید کرده‌اند. این کارگاه که در ماه اوت سال ۲۰۱۲ در ترکیه برگزار شد و در
آن دوازده نفر ترنس‌سکشوال، ترنس‌جندر و لزبین ایرانی و همسر یک
ترنس‌سکشوال که بین نوزده تا سی و دو سال سن داشته و به تازگی از ایران
خارج شده بودند، حضور داشتند، بحث هویت جنسیتی و گرایش جنسی و
تجربه شرکت کنندگان دراین‌باره را در دستور کار خود قرار داده بود. در حین
این بحث، شرکت‌کنندگان هم ضمن تشریح روایت و دریافت‌شان از هویت
جنسیتی و گرایش جنسی خود به طرح سوالاتی پرداختند. بسیاری از آنان
درک روشنی از مفاهیمی چون هم‌جنس‌گرایی، ترنس‌سکشوالیتی و ترنس‌جندر
نداشتند و تعریفی که از هویت جنسی خود ارائه می‌کردند، غالباً تعاریف
برگرفته از نظر روان‌پزشک یا پزشکان، دوستان نزدیک و یا افرادی مشابه
خودشان بود. دو تن از شرکت‌کنندگان که با استناد به اظهارات روان‌پزشک
مطمئن بودند ترنس هستند و باید به عمل جراحی تن دهند، پس از سه روز
بحث در کارگاه، خود را ترنس‌جندر تعریف می‌کردند و در باورهای پیشین‌شان
تردید کرده بودند. در موردی دیگر، نازنین که گرچه می‌دانست ترنس نیست اما
تعریفی برای هویت جنسی خود نداشت، پس از کارگاه خود را لزبین معرفی و
بر زن بودن خود تأکید می‌کرد.[۲] می‌توان چنین نتیجه گرفت که کسب آگاهی
نسبت به تعاریف و هویت‌های گوناگون، و هم‌چنین آزادی در انتخاب هر یک از
آن‌ها برای تعریف هویت و موقعیت شخصی، دریچهٔ نوینی از خودشناسی را به
روی فرد می‌گشاید.

این اصرار برای تعیین تکلیف هویت جنسیتی، در واقع نوعی فشار دوسویه
است. در یک طرف ماجرا فردی قرار دارد که در مورد هویت جنسی خود دچار
سردرگمی است و برای کاستن از فشارهای مختلف به پزشکان و روان‌شناسان

---

۲ نازنین در مصاحبه‌ای با بی‌بی‌سی به این تغییر درک خود از هویت جنسی‌اش اشاره می‌کند:
http://www.bbc.co.uk/persian/iran/2013/12/131210_nm_les_turkey_refugee

اصرار می‌کند که در این مورد به او پاسخی سرراست، قطعی، و تا حد امکان "قابل قبول" ارائه دهند. در سوی دیگر پزشکان و روان‌شناسانی هستند که اصرار دارند در یک یا نهایتاً دو جلسه مشاوره، یک هویت جنسیتی تا حد امکان "قابل قبول" در اختیار این مراجعان سرگردان قرار دهند. خواهیم دید که به دلیل مجرمانه بودن هم‌جنس‌گرایی و نفرت عمیق فرهنگی و اجتماعی که نسبت به آن وجود دارد، پاسخ "قابل قبول" برای هر دو طرف، در بسیاری از مواقع، تشخیص بیماری اختلال هویت جنسی و در یک کلام "ترنس-سکشوالیتی" است که هم قانونی است و هم به شکلی مشروع، تمایل مراجعه‌کننده به هم‌جنس را توجیه می‌کند و در واقع توضیحی است که علت و معلول و راه‌حل و درمان را یک جا در خود دارد. ناگفته پیداست که ارائهٔ این تعاریف قطعی از هویت جنسی در سنین نوجوانی می‌تواند حق انتخاب را از افراد بگیرد.

پرسش اساسی آن است که نظام پزشکی و روان‌شناسی تا چه اندازه حق دارد دربارهٔ بدن یک انسان داوری کند و آن را بر اساس مفاهیم و تعاریف موجود دسته‌بندی کند؛ آن هم مفاهیمی که بسیاری از آنها، تا همین چند دههٔ پیش اصلاً در ادبیات علمی ایران وجود نداشته‌اند و با گذشت زمان تبدیل به کلیشه‌هایی ثابت شده‌اند. افسانه نجم‌آبادی هم در پژوهش خود به مشکل ترجمان واژه‌ها از یک سو، و سختی‌ها و معضلات تطبیق آنها با جامعهٔ ایران اشاره می‌کند:

موضوع تغییر مفاهیم جاری از یک تاریخ و بستر سیاسی-اجتماعی به یک تاریخ و بستر دیگر فقط به کلمات مربوط نمی‌شود. روند تشخیص و درمان سوژه‌ها تحت سلطه (غلبه) روان‌پزشکی و روان‌شناسی، از جمله افراد ترنس در ایران بر اساس کتاب راهنمای تشخیصی و آماری اختلالات روانی (DSM III & IV) و تعدادی از آزمایش‌های طراحی‌شده در آمریکاست. تسلط گفتمان‌ها، آموزش‌ها و رویه‌های علمی آمریکایی بسیاری از این مفاهیم را در سطحی جهانی منتقل کرده است. به دلیل برتری علمی آنها، این مفاهیم، به صورت "بی‌جا" به مقصد می‌رسند، بدون این که تاریخ مبدا آنها منتقل شده باشد. جاسازی دوبارهٔ آنها در کانتکست محلی ایران، در شرایط تاریخی خاص دو دههٔ اخیر، معانی

آنها را دگرگون کرده (تغییر شکل داده) و تأثیرات ویژه‌ای را در این موقعیت جغرافیایی، ایجاد کرده است.[۳]

از نظر ما، تعریف ترنس‌سکشوالیتی به‌عنوان یک "بیماری"، زاییدهٔ تفکری است که جهان را بر مبنای وجود تنها دو جنس بیولوژیک زن و مرد و با رویکردی دگرجنس‌گرایانه تبیین می‌کند. این نگاهی است که هویت جنسی را امری ذاتی تلقی می‌کند و زمانی که وضعیت جنسی فرد از دوگانهٔ "مردانگی و زنانگی" سر باز زند، تعریف جدیدی را جایگزین می‌کند و در جستجوی راه‌حلی است تا آن را به دوگانهٔ مذکور بازگرداند، بر اساس این نگاه هم‌جنس‌خواهانی که از بدن خود راضی‌اند، هم‌جنس‌گرا، و هم‌جنس‌خواهان و یا دگرجنس‌خواهانی که از بدن خود ناراضی‌اند، ترنس‌سکشوال هستند و لازم است درمان شوند. این در حالی است که تعریفی که هر فرد از هویت جنسی خود دارد، با تاریخ و تجربیات فرد، روند اجتماعی شدن و نوع آموزش او، فرهنگی که در آن رشد کرده، و باید و نبایدهایی که در ذهن خود پرورانیده است ارتباطی مستقیم دارد. این تعاریف که لزوماً با تعاریف دیروز یا فردای فرد یکی نیستند و می‌توانند حامل نوعی سیّالیت باشند، باید از سوی دیگران مورد قبول قرار گیرند. این در حالی است که در بسیاری از موارد افراد دیگر و در این جا پزشکان و روان‌شناسان می‌کوشند تا آدم‌ها را با آموخته‌هایشان و معیارهایی که خود در ذهن دارند تطبیق دهند.

در واقع علم پزشکی در ایران به جای این که در خدمت ایجاد گفتمانی منطبق بر تاریخ و فرهنگ و هم‌چنین نیازهای مردم این کشور باشد و از این راه زندگی را برای افراد شیرین‌تر کند، در صدد درمان آنها و آن هم بر پایهٔ آزمایشات و تعاریفی است که گاه در همین حوزه و در همین کشورها (کشورهای غربی) بارها مورد تجدید نظر قرار گرفته و بازبینی شده‌اند. نهادهای پزشکی و روان‌شناسی در ایران به دلیل تبعیت‌شان از قوانین شرعی موجود، تلاشی برای برآورده کردن نیازهای مراجعین برای زندگی بهتر در دنیای نوین ندارند. آنها به جای آگاهی‌رسانی پیرامون گونه‌گونی و تنوع هویت‌های جنسی و تشویق مراجعان به آزادی انتخاب میان آن هویت‌ها و یا حتی پرهیز از انتخاب، به

3 Najmabadi, Verdicts of science, rulings of faith, Ibid.

تعیین تکلیف یک‌سویه برای مراجعان و توضیحات متعصبانه دربارهٔ هویت جنسی و تشویق به انجام عمل تغییر جنسیت می‌پردازند.

همان طور که زهرا بشردوست، کارشناس ارشد روان‌شناسی بالینی تأکید می‌کند، "بسیاری از هم‌جنس‌گراها و ترنس‌ها به دلیلِ ترس از مجرم تلقی شدن، هرگز نزد روان‌شناس نمی‌روند"۴، اما یافته‌های این تحقیق نشان می‌دهد در مورد کسانی که مراجعه می‌کنند، نوع برخورد هر یک از این مشاوران و پاسخ‌هایی که داده‌اند، نقش مؤثری در تعریف مصاحبه شوندگان از هویت جنسیتی خود و تصور آنها از گرایش جنسی‌شان داشته است. جایگاه علمی این روان‌شناسان، نظر آنها را برای بسیاری از مصاحبه‌شوندگان و خانواده‌هایشان تبدیل به وحی منزل می‌کند. تعداد قابل توجهی از مصاحبه‌شوندگان، اولین بار اصطلاح "ترنس‌سکشوالیتی" را درمورد هویت جنسیتی خود از مشاوران شنیده‌اند و در اغلب موارد، دربارهٔ مفاهیم دیگری چون هم‌جنس‌گرایی یا ترنس‌جندریسم هیچ توضیحی دریافت نکرده‌اند و در نهایت با تصور رایجی که کشش جنسی و عاطفی آنها به هم‌جنس را با عنوان "انحراف هم‌جنس‌بازی" توصیف می‌کند رها شده‌اند. از برخی از مصاحبه‌شوندگان شنیدیم که چگونه روان‌شناسان و پزشکان آنها را برای تغییر گرایش جنسی‌شان تحت درمان‌های دارویی، رفتاردرمانی، هورمون‌تراپی و شوک‌درمانی قرار داده‌اند.

روایت‌ها و اسناد ارائه شده در این بخش نشان می‌دهند که در وجه غالب، نظام روان‌شناسی و پزشکی ایران، دو راه پیش پای هم‌جنس‌گرایان می‌گذارد: یا گرایش جنسی خود را درمان کنند و با استفاده از معالجات ترمیمی و روش‌های درمانی اصلاحی تبدیل به یک فرد دگرجنس‌گرا شوند و یا جنسیت خویش را با هورمون درمانی‌هایی با اثرات برگشت ناپذیر و عمل‌های جراحی که مستلزم عقیم‌سازی اجباری است، تغییر دهند تا دیگر مسئله تمایل جنسی به هم‌جنس، در میان نباشد. هر دو این راه‌ها، در حقوق بین‌الملل، خلاف حقوق بشر و ممنوع شمرده شده‌اند.

علاوه بر این، مرور شهادت‌های این تحقیق نشان می‌دهد که متخصصان پزشکی و روان‌شناسی در این حوزه، در موارد مکرر، ابتدایی ترین اصول حرفه‌ای کار

---

۴ مصاحبه با زهرا بشردوست، شش‌رنگ و عدالت برای ایران.

خود به‌ویژه رازداری، احترام و عدم ارائه دستورالعمل را در مورد مراجعان هم‌جنس‌گرا یا ترنس خود زیرپا گذاشته‌اند. از دیگر سو، تکرار اسامی مجموعه‌ای از روان‌شناسان و روان‌پزشکان در مصاحبه‌های این تحقیق نشان می‌دهد که گفتمان غالب دربارهٔ ترنس‌سکشوالیتی و هوموسکشوالیتی در حوزهٔ علمی را گروه مشخصی از پزشکان ایجاد می‌کنند که از یک‌سو با بیشتر مراجعان سر و کار دارند، و از سوی دیگر به طور مداوم پیرامون این موضوع می‌نویسند. افزون بر این، گواهی‌هایی که مراجعان با صرف وقت و هزینه‌های گزاف از این پزشکان دریافت می‌کنند، از سوی نهادهای قانونی ایران به‌عنوان مدارکی قابل قبول درخواست می‌شوند. در واقع، مجموعهٔ پزشکانی که گفتمان غالب را می‌سازند، همان کسانی هستند که که در نتیجهٔ جریان تغییر جنسیت در ایران از بیشترین منافع مالی برخوردار می‌شوند.[۵]

در یک جمع‌بندی کوتاه می‌توان چنین نتیجه گرفت که هم‌جنس‌گراستیزی (هموفوبیا)ی نهادینه شده در ذهن بسیاری از مشاوران، هم از سوی نهادهای آموزشی و قانون و هم در نتیجهٔ هنجارهای حاکم بر جامعه تقویت می‌شود. در ادامه خواهیم دید که وجود این هموفوبیا از یک سو، و ناآگاهی و کم‌اطلاعی مشاوران از سوی دیگر، فضایی را در اتاق‌های مشاوره و میان هم‌جنس‌گرایان و ترنس‌جندرها و پزشکان و روان‌شناسان‌شان ایجاد می‌کند که در بسیاری از موارد انتخابی جز طی مسیر جراحی‌های تغییر جنسیت برای فرد مراجع باقی نمی‌گذارد. با این حال و همان گونه که در ادامه خواهیم دید، در میان این پزشکان و مشاوران مواردی استثنایی وجود داشته‌اند که در زندگی برخی از مصاحبه‌شوندگان ما نقشی بسیار سازنده ایفا کرده‌اند. اما حتی همین موارد استثنا هم به دلیل قوانین سختگیرانه حاکم بر حرفه مشاوره، نمی‌توانند پا را چندان فراتر از چارچوب‌های موجود بگذارند زیرا با خطر از دست دادن پروانهٔ کارشان مواجه خواهند شد. در ایران پزشکان و روان‌شناسان از آیین‌نامه‌ای پیروی می‌کنند که بر طبق آن، موظف به پرهیز از اشاعه و "تبلیغ" هم‌جنس‌گرایی هستند. این ممنوعیت تبلیغ بدین معناست که یک پزشک یا روان‌پزشک مجاز نیست در مشاورهٔ خود با فرد مراجعه‌کننده او را در به رسمیت شناختن

---

۵ مصاحبه‌شوندگان این تحقیق در موارد متعدد اشاره کرده‌اند که پزشکان و روان‌پزشکان این حوزه، "کاسبی" راه انداخته‌اند.

گرایش جنسی‌اش و کنار آمدن با آن یاری دهد. پزشک در عوض باید بکوشد تا فرد را با ارائهٔ دلایل کافی و قانع‌کننده به موافقت با عمل تغییر جنسیت تشویق کند. چنین توافقی مصداق بارز نیرنگ، اجبار، و نمایاندن چیزی غیرواقعی به‌عنوان واقعیت است و برای حفظ نظم مورد نظر حاکمان و درکی که آنها از یک جامعهٔ سالم دارند (جامعه و نظمی مبتنی بر دگرجنس‌گرایی اجباری) فرد را یا مورد درمان‌های ترمیمی غیرانسانی قرار می‌دهند و یا به زیر تیغ جراحی می‌کشاند و سلامتی او را به صورتی جدی به خطر می‌اندازد.

سازمان نظام روان‌شناسی و مشاوره جمهوری اسلامی ایران

منشور اخلاقی روان‌شناسان و مشاوران

با تکیه بر کلام معظم رهبری حضرت آیت‌الله خامنه‌ای به روان‌شناسان و مشاوران کشور:

«متأسفانه ایمان دینی و تعهد دینی و پایبندی به مسائل دینی را در مجموعه کارها و برنامه‌ریزی‌هایتان نمی‌بینیم.»

این جانب   در محضر پروردگار منان و در پرتو نورانیت قرآن کریم پیمان می‌بندم که:

✓ همواره در ارائه خدمات روان‌شناسی و مشاوره مقید به موازین اخلاقی و متعهد به رعایت ارزش‌های دینی و پایبند به منشور اخلاقی سازمان نظام روان‌شناسی و مشاوره جمهوری اسلامی ایران باشم.

✓ در تکریم شخصیت فردی و خانوادگی مراجعان و تقویت باورهای دینی و تعهدات اخلاقی ایشان از هیچ کوششی فروگذار نباشم.

✓ برای مراجعان خود همواره محیطی امن در بستر موازین اخلاقی و شرعی فراهم نموده و از پیدایش احساس ناامنی در مراجعان خود پیشگیری نمایم.

✓ همواره محرم راز مراجعان بوده و دانسته‌ها و اطلاعات رازی که در فرایند ارائه خدمات روان‌شناسی و مشاوره از مراجعان خود دریافت می‌دارم را به مثابه امانت‌هایی الهی تلقی نموده و هرگز در محافل خصوصی و مجامع عمومی افشا ننمایم و جز در موارد استثنایی نظیر الزامات قانونی و شهادت‌های دادگاهی و ضرورت‌های مداخلات سریع درمانی، هیچ‌گونه از اطلاعات دریافتی را در اختیار کسی قرار ندهم.

✓ در فعالیت‌های حرفه‌ای خود با مراجعان ثابت‌قدم بوده، هرگز براساس علایق شخصی و کشش‌های نفسانی با مراجعان تعامل ننمایم و خارج از محدوده حرفه‌ای با ایشان ارتباط برقرار ننمایم و از به کار بردن روش‌ها و راهکارهایی که با موازین شرعی در تعارض می‌باشد اجتناب نمایم.

✓ در امور خاصی که خارج از حوزه تخصصی‌ام می‌باشد وارد نشده و صادقانه مراجع یا مراجعان را به متخصصان ذی‌صلاح ارجاع دهم.

✓ افزون بر تعرفه‌های مصوب سازمان نظام روان‌شناسی و مشاوره کشور از مراجعان خود مطالبه‌ای نداشته باشم.

✓ متعهد می‌شوم حداقل دو ماه قبل از انقضای تاریخ اعتبار پروانه تخصصی خود نسبت به تمدید آن اقدام نمایم.

✓ متعهد می‌شوم این منشور اخلاقی را برای مشاهده مراجعان در محلی مناسب نصب نمایم.

تاریخ: امضا

سند شماره ۷: منشور اخلاقی مشاوران و روان‌شناسان.

در راستای اجرای همین سیاست است که پزشکان و روان‌پزشکان به جای در نظر گرفتن صلاح بیمار به تجویز روش‌هایی می‌پردازند که هدفی جز "پاکسازی اجتماع" ندارند.

در این بخش به بررسی رفتارها و رویه‌های مختلفی می‌پردازیم که افراد در مراجعه به روان‌شناسان و روان‌پزشکان با آنها مواجه شده‌اند.

۱- ناآگاهی و هموفوبیای پزشکان و مشاوران

گرایش جنسی به هم‌جنس، نه تنها از سوی خانواده و جامعه به‌عنوان نوعی "معضل" فهمیده می‌شود، بلکه در میان روان‌شناسان و مشاورانی هم که فاقد اگاهی کافی هستند به مثابه نوعی انحراف و "اختلال" تعریف می‌شود. رایان که تحت فشار مادرش برای درمان "مشکل"اش به یک پزشک مراجعه کرده بود، تجربهٔ خود را چنین روایت می‌کند:

> با مامان بابا رفتیم اون جا، منو بردن تو اتاق یارو نشست با ما حرف زدن... یه مرد... بعد اولین سوالی‌که از من پرسید خوب هستین؟ خیلی‌ممنون. مثلاً می‌خواست کندو کاو کنه که ببینه من لزبین هستم و نیستم و این رو با همچین سوال مزخرفی شروع کرد... [گفت] یه سوال ازت دارم، تو رویاهات فکر می‌کنی دوست داری رو ابرها دست یه زن رو بگیری قدم بزنی یا یک مرد رو؟ که یکم همین جوری نگاش کردم... و قرار بود که گول بزنم، چون اون موقع خانواده چیزی نمی‌دونستن، فقط شک داشتن... منم بهش گفتم خب معلومه که مرد، و یه سوال مزخرف دیگه: چرا کفش پاشنه‌بلند نمی‌پوشی؟ گفتم دکتر، پامو اذیت می‌کنه، راستش یکم راه می‌رم کمرم اذیت می‌شه وگرنه من هیچ مشکلی با کفش پاشنه‌بلند ندارم... چرا آرایش نمی‌کنی؟ دکتر جون من پوست صورتم وقتی لوازم آرایش بهش می‌خوره می‌خاره، وقتی رژ لب به لبم می‌زنم یه احساس بدی دارم... احساس چربی و اینا می‌کنم. گفت اوکی اوکی، خیلی‌خب شما یه دقیقه برو بیرون مادرتو بگو بیاد تو، که بعداً من صحبت که کردم متوجه شدم دکتر یعنی دکتر که نبود مشاوره به مادرم چی‌گفت که بعداً که اومدیم خونه مادرم گفت

تو دکتر رو گول زدی ولی من رو نمی‌تونی گول بزنی. گفتم که چرا؟ مگه چی‌شد؟ گفت هیچی برگشت گفته دختر شما هیچ مشکلی‌نداره، حتی از دخترهای نرمال [طبیعی] هم نرمال‌تره. منم گفتم خب مشاوری که با همچین سوالی‌شروع بکنه دیگه مشاور نمی‌شه. مامانم این مشاور رو از مجله‌های مزخرفی که دم خونه میاد پیدا کرده بود.[۶]

برخی دیگر از مصاحبه‌شوندگان هم از مشاوره‌های گمراه‌کننده‌ای که ریشه در بی‌اطلاعی پزشکان دارد تجربیات شگفت‌انگیزی داشته‌اند. یک نکته در تمامی این تجربیات، مشترک است و آن این که عموم پزشکان، گرایش به هم‌جنس را یک "مشکل" می‌دانند. صبا دختر لزبینی که در یک شهر مذهبی زندگی می‌کند هرگز جرأت نداشته است دربارهٔ تمایلات هم‌جنس‌گرایانه‌اش با روان‌شناس یا روان‌پزشکی مشورت کند. وقتی در نهایت به یک دکتر غدد مراجعه کرده، تشخیص پزشک این بوده که تمایل صبا به هم‌جنس ناشی از لاغری اوست و اگر چاق شود این "مشکل" خود به خود برطرف می‌شود:

من چون هیچ وقت این جرات رو پیدا نکردم که به روان‌شناس مشکلم رو بگم خودم رفتم روان‌شناسی خوندم تا این مسئله رو بفهمم! دانشجوی لیسانس روان‌شناسی که بودم، همیشه برای یافتن هویتم سرم توی کتاب‌های روان‌پزشکی بود. یه بار توی یه کتاب روان‌پزشکی خوندم که ممکنه یه سری نابهنجاری‌های هورمونی باعث این قضیهٔ میل به هم‌جنس بشه. ۲۱ ساله بودم اون زمان. به یه دکتر متخصص غدد مراجعه کردم، بهش گفتم من تمایلات هموسکشوال دارم. ایشون اول به من زل زد و با دهان باز و قیافه عاقل اندرسفیه با چهره‌ای که هرگز فراموشم نمی‌شه گفت: یعنی چی؟ گفتم یعنی به زن‌ها میل جنسی دارم! گفت یعنی از خانوما خوشت میاد؟ گفتم بله. می‌خوام که یه آزمایش خون کامل از من بگیری و هورمون‌های فوق کلیه و هورمون‌های جنسی من رو چک بکنی. من توی یه درمانگاهی در همون شهر خودمون که یه شهر مذهبی هست رفتم این آزمایش رو بدم و اون درمانگاه توی یه منطقهٔ خیلی مذهبی واقع شده و اون‌جا

---

۶ مصاحبه با رایان، شش‌رنگ و عدالت برای ایران.

شما فقط با چادر می‌تونی راحت رفت و آمد کنی. من چادر سر کرده
بودم و تصور کنید که یه خانم جوان با چادر وارد مطب یه دکتر آقا بشه
و بشینه روبه‌روی دکتر و بگه من میل به هم‌جنس دارم. سوال‌هایی هم
پرسید که بیشتر توی همون حوزهٔ طبی بود مثلاً من رو وزن کرد و
گفت تو خیلی وزنت کمه و تو اگر که چاق بشی، مشکلت حل می‌شه.
حتا به من یک سری داروهای تقویتی داد که من چاق بشم و می‌گفت
که این مسئله به خاطر لاغریته. یعنی ایشون معتقد بودن که تو به‌خاطر
این که خیلی لاغر هستی [این گرایش رو داری]... درواقع با یه حالت
تحقیرآمیزی بازوی من رو لمس کرد و گفت هیچی نداری که! تو باید
چاق بشی، تو باید هفته‌ای سه چهار کیلو چاق بشی. چاق بشی مشکلت
حل می‌شه... یعنی ایشون فکر می‌کرد که خب من به خاطر این لاغری
که دارم احتمالا به لحاظ جنسی هنوز اون‌قدر بالغ نشده بدنم که
هورمون‌های جنسی ترشح بشه. البته من به‌خاطر این‌که می‌خواستم
سربه‌سرش بذارم و یه مقدار بخندم تو دلم، بهش گفتم که اتفاقاً من
بسیار چاق بودم و جدیداً لاغر شدم و اون موقعی که چاق بودم هم
همین مشکل رو داشتم. دکتر که توجیهی برای این ادعای من پیدا
نکرد سریع نسخه را دستم داد و گفت آزمایشت را که دادی بیا.
آزمایش رو نوشت، من هم آزمایش رو انجام دادم و چون اون
فاکتورهایی که در واقع باید چک می‌شد رو خودم می‌دونستم چه
فاکتورهایی هست دیگه نرفتم مراجعه کنم مجدداً. خودم نگاه کردم و
دیدم اون فاکتورها نوشته نرمال و فهمیدم که نه، مشکلی نیست.[۷]

عامل مهمی که ضعف علمی مشاوران را تشدید می‌کند، حذف مباحث مربوط
به هم‌جنس‌گرایی از سرفصل‌های درسی دانشگاه‌های ایران است. زهرا بشردوست،
کارشناس ارشد روان‌شناسی بالینی، در مصاحبهٔ خود بارها تأکید می‌کند که
هم‌جنس‌گرایی در جامعهٔ ایران به طور کلی و جامعه روان‌شناسی، به‌عنوان
جزیی از آن، امری ناپذیرفتنی است:

---

۷ مصاحبه با صبا، شش‌رنگ و عدالت برای ایران.

بخش مربوط به همجنس‌گرایی از مهم‌ترین کتاب درسی رشته‌های روان‌پزشکی و روان‌شناسی بالینی است حذف شده و به جای آن، به دانشجویان یاد داده می‌شود که اگر کسی هموسکشوال [هم‌جنس‌گرا] است و از گرایش جنسی خود عذاب وجدان دارد، می‌تواند اختلال هویت جنسیتی تلقی شود که راه حلش، تغییر جنسیت است. من خاطرم هست توی کتاب کاپلان و سادوک،[8] خلاصهٔ روان‌پزشکی، که کتاب مرجع روان‌پزشکی و روان‌شناسی بالینی است و در مورد همهٔ اختلالات روانی صحبت کرده. یک قسمتش اختلالات جنسی است که هویت جنسی را آن جا بحث کرده و آن جا قبلاً تو همین قسمت، هم‌جنس‌گرایی هم بوده. الان نیست و فقط یک چیز هست که اگر کسی باشد که هموسکشوال باشد و از گرایش جنسی خودش ناراضی باشد و عذاب وجدان داشته باشد، این می‌تواند [اختلال هویت جنسی] باشد. این را هم ما فقط تیتروار خواندیم. معنی حتی این هم عمیق در موردش صحبت نشده و فکر می‌کنم در مقطع دکترا هم خیلی کار نمی‌کنند. من در انستیتو روان‌پزشکی تهران که یک دانشکدهٔ قوی روان‌شناسی و روان‌پزشکی است و فقط هم فوق‌لیسانس و دکترا و رزیدنتی روان‌پزشکی دارد درس خوانده‌ام، من واگذاشتن [موضوع هم‌جنس‌گرایی] را می‌دیدم. یعنی من دانشجو بودم، ما درس می‌خواندیم، اما در مورد هموسکشوالیتی هیچی نمی‌خواندیم. می‌گفتیم همو-سکشوالیتی اگر طرف عذاب وجدان داشته باشد اختلال است. ما در مورد هموسکشوالیتی همین جوری که خودش رضایت داشته باشد از گرایش جنسی‌اش، اصلاً چیزی نمی‌خواندیم. اصلاً در موردش بحث نمی‌شود و ما کاملاً گذاشته بودیمش کنار. کلاً مسکوت گذاشته می‌شود.[9]

زهرا بشردوست در انستیتو روان‌پزشکی تهران تحصیل کرده است که یکی از معدود مراکز معتبر در سراسر ایران است که نظرش در مورد ترنس بودن یا نبودن یک فرد در جریان صدور مجوز عمل تغییر جنسیت، از سوی پزشکی

---

8 Kaplan & Sadock, synopsis of psychiatry

۹ مصاحبه با زهرا بشردوست، شش‌رنگ و عدالت برای ایران.

قانونی پذیرفته می‌شود. او اشاره می‌کند که چگونه فضای کلی حاکم بر جامعه، روان‌شناسان و روان‌پزشکان ایرانی را ترغیب می‌کند که ترنس‌سکشوالیتی را بپذیرند و در مقابل و به‌عنوان بخشی از جامعهٔ ایران، هم‌جنس‌گرایی را به‌عنوان نوعی انحراف و اختلال و بیماری تعریف نمایند:

به نظرم هموسکشوالیتی تو ایران خیلی حتی از طرف جامعه علمی هم آن‌قدر قابل پذیرش نیست که ترنس‌سکشوالیتی [هست]. یعنی کلاً اقلیت‌های جنسی تو جامعهٔ ما پذیرفتنی نیستند. در مورد هموسکشوالیتی چیزی که وجود دارد اینست که خب هموسکشوالیتی تا چندین سال قبل تا جامعهٔ غرب هم پذیرفته شده نبوده. از لحاظ علمی هم به‌عنوان یک اختلال شناخته شده بوده. ما هم همیشه عقب‌تر هستیم از دنیا. تو جامعهٔ ما هم خیلی کار نمی‌شود، چون خیلی کار نمی‌شود هنوز آن دید وجود دارد که این یک اختلال است. من فکر می‌کنم جامعهٔ علمی ترنس‌سکشوالیتی را خیلی راحت‌تر قبول می‌کند. برای همین خودش هم شاید راحت‌تر باشد که برای مراجع تشخیص بدهند که ترنس‌سکشوال است تا هموسکشوال. این ضعف جامعهٔ علمی ماست. من فکر می‌کنم اگر بخواهد نگرشی نسبت به یک چیزی عوض شود باید خیلی تو جامعهٔ علمی‌اش بحث بشود در موردش، خیلی کار بشود در موردش ولی واقعاً نمی‌شود. ما فقط این را فهمیده‌ایم که هموسکسوالیتی [از فهرست بیماری‌ها در غرب] حذف شده اصلاً، به‌عنوان یک اختلال دیگر نیست. همین را فهمیدیم. این که چرا نیست، کارهایی که شده از ابعاد مختلف هموسکشوالیتی آن طرف دارد کار می‌شود، آنها را بیایند بحث بکنند، نه. واقعیت این است که من خودم به شخصه دانشجوی این رشته بودم در رشتهٔ فوق‌لیسانس یک مقاله هم تو این حوزه نخوانده‌ام که حالا کار شده باشد در مورد آنها. فقط هم ابعاد روان‌شناسی‌اش. چه برسد به این که الان باید در مورد ابعاد حقوقی و جامعه‌شناختی این مسئله هم کار بشود و آن جا دارد کار می‌شود. موقعی که من درس می‌خواندم مسکوت گذاشته شده بود و خیلی کار نمی‌شد. ما در مورد آن هم اصلاً نخوانده‌ایم. ولی فکر نمی‌کنم فقط من باشم، من دوست‌های جامعه‌شناس هم دارم. می‌توانم با قاطعیت

به شما بگویم آنها هم در این مورد کار نکرده‌اند. آنها هم در مورد این مسئله کار نکرده‌اند... تو جامعهٔ ما سبک‌های مختلف زندگی معنا ندارد. همه باید یک جور زندگی کنند. همه باید زن باشند و شوهر باشند تا بتوانند با هم ازدواج کنند، بچه‌دار شوند یا هرچیز دیگری. خب وقتی که هیچ جور دیگری وجود ندارد خواسته و ناخواسته همه به این سمت می‌روند حتی کسانی که خیلی با سوادترند. الان جامعهٔ ما این را می‌پسندد که همه زن و شوهر باشند، اگر می‌خواهد ازدواج بکند، بهتر است تغییر جنسیت بدهد، اگر هر کار دیگری می‌خواهد بکند بهتر است تغییر جنسیت بدهد. در خصوص این که هم‌جنس‌گرایی [به‌عنوان] ترنس‌سکشوال تلقی بشه هم می‌شه اشتباهاً تشخیص داد که نمی‌دونم چقدر این اشتباه رخ می‌ده. یکی از کارهایی که پزشکی قانونی برای مجوز عمل انجام می‌ده این است که هموسکشوال‌ها را اشتباهاً به جای ترنس‌سکشوال‌ها عمل نکنه. ولی به‌هرحال اشتباه پیش می‌آد.[۱۰]

روان‌شناسان، روان‌پزشکان و پزشکان، به‌عنوان بخشی از جامعهٔ ایران که دچار هموفوبیای عمومی است، گاه در برخوردهای هموفوبیک و تحقیرآمیز خود با مراجعان‌شان تفاوت چندانی با دیگر اقشار جامعه ندارند.

براساس شهادت برخی از مصاحبه‌شوندگان این تحقیق، روان‌پزشک یا مشاور، با نقض قواعد حرفه‌ای حاکم بر این حرفه، در مقابل والدین‌شان آنها را "هم‌جنس‌باز" خوانده است. هم‌جنس‌باز، اصطلاحی است که برای تحقیر هم‌جنس‌گرایان در ایران به کار می‌رود و در ادبیات علمی هیچ جایگاهی ندارد. توهین‌آمیز بودن این "تشخیص" نه تنها مصاحبه‌شونده را از نظر روانی رنج داده، بلکه در مواردی فشارهای خانوادگی بر علیه او را تشدید کرده است. سامان، ترنس‌مرد، که سال‌هاست عمل جراحی را انجام داده است چنین روایت می‌کند:

با مادرم رفتم پیش یک دکتری که اسمش را نمی‌برم، پروفسوری بودند که از انگلیس دکترایشان را گرفته بودند، یکی از دکترهای خیلی مطرح

---

۱۰ همان

و مهم تو بحث روان‌شناسی است. ایشان برگشت گفت بچهٔ شما هم‌جنس‌باز است. با همین واژه. بچهٔ شما هم‌جنس‌باز است، آزادش بگذارید برود بگردد، گفت ما تو فامیل‌مان همچین آدمی داریم پول خرج می‌کند برای دخترها، می‌رود می‌گردد، هیچ کاریش هم نمی‌توانید بکنید مگر این که خودش سرش بخورد به سنگ و عوض بشود. [این برای من] جواب که نبود هیچ، یک جورهایی به من داشت توهین می‌کرد. چون من دنبال راه‌حل می‌گشتم، ولی شما وقتی داری از لفظی استفاده می‌کنی برای کوبیدن یک آدم با آن لحن صحبت کردن، داشت به خانوادهٔ من، به مادر من، می‌گفت این آدم، آدم منحرفی است. داشت به مادرم می‌گفت این منحرف است و بی‌خیالش شو، که مادر من بیشتر روی من حساس شد تا جایی که حتی دیگر دوستانم تو خانه‌مان نمی‌توانستند رفت و آمد کنند. مادرم برخوردش خیلی خیلی عوض شد. من به حدی رسیدم از لحاظ روحی روانی که اسکیزوفرن گرفته بودم. چون می‌دانستم این جسمم به این روح تعلق ندارد. فکر می‌کردم از درون بدنم کرم گذاشته. من به این باور رسیده بودم که از درون دارم می‌پوسم. حتی یک موقع یکی دستم را محکم می‌کشید می‌گفتم ول کن الان دستم کنده می‌شود، چون از تو کرم گذاشته کنده می‌شود. و تا شش ماه من اسکیزوفرن داشتم، با خانواده مشکلات فراوان داشتم، تا حدی که مادرم سر جانماز می‌نشست دستش را می‌گرفت به سمت خدا، دعا می‌کرد، گریه می‌کرد و اشک می‌ریخت می‌گفت این بچهٔ من از در خانه بیرون می‌رود دیگر برنگردد، برود زیر تریلی. من هم فکر می‌کردم وقتی مادرم یک چیزی از خدا بخواهد قطعاً آن اتفاق خواهد افتاد.[۱۱]

مصاحبه‌شوندگان در موارد متعددی به این نکته اشاره کرده‌اند که روان‌پزشکان در توضیح به آنها و خانواده‌هایشان شکاف بزرگی میان هم‌جنس‌گرایی و ترنس‌سکشوالیتی ترسیم کرده‌اند. در بیشتر موارد هدف از این تفکیک آن است که از هم‌جنس‌گرا نبودن فرد مراجع اطمینان حاصل شود. علی راد ضمن استفاده از واژهٔ "هم‌جنس‌باز" چنین می‌گوید:

---

۱۱ مصاحبه با سامان، شش‌رنگ و عدالت برای ایران

اولین حرفی که دکتر مهرابی[۱۲] به مادر من زدند گفتند چرا این قدر
دیر اقدام کردید؟ با این که من سنی هم نداشتم ولی خب، می‌گفتند
که باید خیلی زودتر از اینا اقدام می‌کردید، چون من یه جلسه خودم
قبلاً با دکتر مهرابی صحبت کرده بودم. دکتر مهرابی هم خیلی راحت و
خیلی آروم با مادرم صحبت می‌کردند در رابطه با تی‌اس. فرق تی‌اس و
هم‌جنس‌باز رو بهشون توضیح می‌دادند. توضیح دادند فرق یه تی‌اس با
یه هم‌جنس‌باز اینه که هم‌جنس‌باز اگر با یه هم‌جنس خودش داره
سکس می‌کنه، داره رابطهٔ جنسی برقرار می‌کنه، داره ازش لذت می‌بره
همزمان با اون توی اون لحظه، داره از جسم خودش هم لذت می‌بره.
بدون این که خجالت بکشه لباس خودش رو درمیاره، اندامش رو دوست
داره و دوست داره اون خانمی که داره باهاش رابطهٔ جنسی انجام
می‌ده، با اندام اون... اصلاً دست بزنه، اندام اون رو ببینه. من با یه
خانمی دوست بودم (دوست همکلاسیم بود) شش سال با هم دوست
بودیم و اصلاً اجازه ندادم به من دست بزنه.... من یه چیزی هم بگم. من
فکر می‌کنم هم‌جنس‌بازها براشون فرقی نمی‌کنه که تو یه روز فاعل
باشن یا این که مثلاً تو یه روز دیگه مفعول باشن. یعنی این که فقط
می‌خوان که لذت جنسی ببرن، لذت جسمی ببرن؛ چه فاعل باشن، چه
مفعول باشن.[۱۳]

نسترن دربارهٔ تجربهٔ خود از مراجعه به سه روان‌شناس در شیراز چنین می‌گوید:

اولینش که رفتم گفت گناه است برو ترک کن. گفتم خیلی ممنون.
مرسی. خداحافظ. دومی دوباره رفتم یک کم به قول معروف باز و
فهمیده بود. ولی می‌گفت می‌شود رویش کار کرد و درستش کرد.
گفتیم دست شما درد نکند. سومی با مامان و بابام رفتم که او اصلاً
گفته بود به بابام که شخصیت من ۹۹ درصد مردانه است. بابام گفت
خب باید زنت بدهیم، نه اینکه شوهرت بدهیم.[۱۴]

---

۱۲ درخواست ما برای مصاحبه با دکتر فریدون مهرابی و پاسخگویی به ادعاهای مطرح شده در
این مصاحبه، درباره ایشان، بی‌پاسخ ماند.
۱۳ مصاحبه با علی راد، شش‌رنگ و عدالت برای ایران.
۱۴ مصاحبه با نسترن، شش‌رنگ و عدالت برای ایران.

با این حال باید توجه داشت که هموفوبیای درونی‌شده در میان خود مصاحبه‌شوندگان هم بر انتظاری که از روان‌پزشکان دارند تأثیر می‌گذارد. برخی از آنان در جریان مصاحبه توضیح داده‌اند که پس از این که فرد مشاور رای بر هم‌جنس‌گرا بودن آنها داده است، اتاق مشاوره را با کدورت و نارضایتی ترک کرده‌اند[۱۵]. دلیل این مسئله روشن است: از آن جایی که هم‌جنس‌گرایی در جامعهٔ ایران نوعی انحراف به شمار می‌آید، افرادی که برای کشف هویت جنسی خود به مشاوران مراجعه می‌کنند ترجیح می‌دهند تا به جای شنیدن عنوان "منحرف"، با هویت دیگری خطاب شوند که قانونی و تا حد امکان مشروع باشد:

> اصلاً نمی‌دونستم پیش چه دکتری باید برم، پیش یک دکتر زنان رفتم. من رو معاینه کرد. توی آریاشهر بود. بعد این دکتر این‌قدر با تعجب به من نگاه می‌کرد که من خودم خجالت کشیده بودم. من رو سریع برد روی تخت معاینه که من رو معاینه کنه. می‌گفت اگر داخل بیضهٔ... یعنی نمی‌دونم چی... ببین یعنی با تعجب و با ذره‌بین داشت من رو نگاه می‌کرد. سونوگرافی واسه من نوشت حتا رفتم دنبالش. سونوگرافی رو انجام دادم. اومد گفت تو رحم‌ات طبیعی، تخمدون طبیعی، هیچ مشکلی نداری. به نظر من هیچ مشکلی نیست که آدم با هم‌جنس خودش ارتباط داشته باشه. من می‌تونم تو رو به جایی معرفی کنم که بری آلت مصنوعی بگیری که مثلاً ارتباط بگیری.. وقتی که این حرف رو به من زد، بغض گلوم رو گرفت. مگه من عقدهٔ اون آلت رو داشتم؟ من خودم رو می‌خواستم. من برگشتم بهش گفتم که من مثلاً شاید با دوست‌دخترم بیرون برم، بهش متلک بگن، دیوونه می‌شم چون نمی‌تونم کاری بکنم حتا شاید به خودمم متلک بندازن، می‌خوام بگیرم تیکه‌تیکه‌شون کنم پسرا رو بعد نمی‌تونم... می‌خوام ببینم که خانم دکتر هست چنین چیزی که من بتونم تغییر جنسیت بدم، بابا خودم بشم؟ به من می‌گفت تو مشکل داری، برو پیش یه روان‌شناس مشکلت رو حل کن. بهت دارو می‌ده، قرص خواب‌آور می‌ده، این رو می‌ده، این

۱۵ مصاحبه با نیما، شش‌رنگ و عدالت برای ایران.

رو می‌ده مشکلت حل می‌شه. به من یه سری قرص آرام‌بخش داد. گفت این رو بخور. بعد من به مدت یک ماه افسردگی گرفتم. افسردگی که چرا این دکتر با من این جوری برخورد کرد؟[۱۶]

نظر مشاوران و هموفوبیا و کلیشه‌های جنسیتی که اغلب در سنین پایین در ذهن بسیاری از ترنس‌ها نقش می‌بندد، موجب می‌شود تا آنها بعدتر در ارتباطات میان‌گروهی و نیز در ارتباطشان با سایر اقلیت‌های جنسی، میان خود و دیگران مرز قاطعی ترسیم کنند و همچنان از گفتمان غالب که هم‌جنس‌گرایی را نوعی انحراف و ترنس‌سکشوالیتی را نوعی بیماری می‌داند تبعیت کنند. علی راد که در متن بالا تعریف دکتر مهرابی از تفاوت میان هم‌جنس‌گرایی و ترنس‌سکشوالیتی را برای ما روایت کرد، ترنس‌مرد فعالی است که دیگران را هم به عمل جراحی تشویق می‌کند. او در مکالماتش با افراد دیگری که در پی کشف هویت جنسی خود هستند، به طور مداوم تعاریفی را که از دکتر مهرابی شنیده است تکرار و به آنها منتقل می‌کند. در واقع، این افراد وقتی از سوی پزشک یا مشاور خود با لفظ هم‌جنس‌باز که تحقیر آمیز است خطاب می‌شوند، سعی خواهند کرد به هر شکل ممکن، هویت خود را طوری تعریف کنند که این برچسب به آنها نخورد.

۲- درمان گرایش جنسی به هم‌جنس و شکنجهٔ پزشکی

درمان‌های ترمیمی یا اصلاحی که بیزاری‌درمانی، تبدیل‌درمانی، یا تغییر جهت‌درمانی هم خوانده می‌شوند، در معنای کلی به تلاش‌هایی اشاره دارند که برای تغییر گرایش جنسی، و "درمان" افراد هم‌جنس‌گرا و یا کسانی به کار گرفته می‌شوند که رفتار و ظاهرِ جنسیتِ مقابل را دارند، یا مصداق عدم انطباق جنسیتی هستند. این درمان‌ها که بر مفاهیمی آسیب‌شناسانه مبتنی‌اند، طیف گسترده‌ای از مداخلات شبه‌پزشکی را دربر می‌گیرند که از میان آنها می‌توان به

---

۱۶ همان.

مداخلات اجباری روانی[۱۷]، هورمون‌تراپی، درمان‌های دارویی غیرلازم و بدون
رضایت فرد بیمار، شوک‌درمانی یا تشنج‌درمانی (ECT)[۱۸]، و نیز روش‌هایی
اجباری همچون عقیم‌سازی یا جراحی‌هایی اشاره کرد که برای "نرمال‌سازی"
دستگاه تناسلی افرادی به کار می‌روند که ویژگی‌های جنسی غیرمعمول دارند.
در این روش‌ها افراد معمولاً با رفتارهایی تحقیرآمیز یا با تشخیص اشتباه
بیماری روانی مواجه می‌شوند.

علاوه بر سوءاستفاده‌های فیزیکی که اغلب در این روش‌ها شایع هستند،
بسیاری از آنها به صورت جدی بر سلامت روحی و روانی افراد تأثیر منفی
داشته‌اند. انجمن روانکاوی آمریکا (APA) در سال ۱۹۹۹ موضع‌گیری خود
دربارۀ درمان‌های ترمیمی را چنین عنوان کرد که "فن روان‌کاوی شامل
تلاش‌های هدفمندی که خواهان "تبدیل"، "ترمیم"، تغییر، و یا دگرگونی
گرایش جنسی و هویت و بیان جنسیتی افراد باشند نیست. چنین تلاش‌های
جهت‌داری با اصول معالجۀ روان‌کاوانه تعارض دارند و در اغلب موارد، با تقویت
نگرش‌های درونی‌شدۀ مخرب، رنج‌های روانی بنیادینی به بار می‌آورند."[۱۹]
انجمن روان‌کاوی آمریکا، در بیانیه‌ای که پیش‌تر دربارۀ پاسخ‌های صحیح

---

۱۷ سازمان عفو بین‌الملل، تبیین جامعی از استفادۀ برخی دولت‌ها از روان‌شناسی به‌عنوان
ابزاری برای شکنجه یا بدرفتاری در زمینۀ بیزاری‌درمانی، در تلاش برای سرکوب، کنترل یا
اصلاح گرایش جنسی افراد ارائه کرده است:
"Crimes of hate, conspiracy of silence", torture and ill-treatment based on sexual
   identity, 2000, AI index ACT 40/016/2007.
۱۸ چنان که گزارشگر ویژۀ شکنجه در سال ۲۰۰۸ گزارش می‌دهد، ECT اصلاح‌نشده می‌تواند
موجب درد و رنج شدید شود و معمولاً عواقبی پزشکی از قبیل شکستگی استخوان، رباط و
ستون فقرات، مشکلات شناختی، و حتی از بین رفتن حافظه دارد. آن را نمی‌توان به‌عنوان یک
رفتار مقبول پزشکی در نظر گرفت و ممکن است مصداق شکنجه یا بدرفتاری باشد. اهمیتی
حیاتی دارد که ECT در شکل اصلاح‌شده‌اش هم تنها با رضایت آزادانه و آگاهانۀ فرد مربوطه
اعمال شود؛ و بر مبنای آگاهی دقیق از خطرات و عوارض جانبی آن از قبیل عوارض قلبی،
اختلال حواس، از بین رفتن حافظه و حتی مرگ باشد.
Interim report of the Special Rapporteur on torture and other cruel, inhuman or
degrading treatment or punishment, 28 July 2008, P15, available at:
http://www.un.org/disabilities/images/A.63.175.doc
19 APSA, 2012 - Position Statement on Attempts to Change Sexual Orientation, Gender
   Identity, or Gender Expression, June 2012, available at
http://www.apsa.org/content/2012-position-statement-attempts-change-sexual-
   orientation-gender-identity-or-gender.

درمانی به گرایش جنسی نوشته بود، مجدداً بر مخالفتش با "بیمار دانستن جوانان و بزرگسالان لزبین، گی، و بای‌سکشوال به خاطر گرایش جنسی‌شان" تأکید کرد و تنها دخالت‌هایی را صحیح دانست که با تعصبی که بر اساس جهل و باورهای بی‌اساس در مورد گرایش جنسی شکل گرفته‌اند مقابله می‌کنند."[۲۰]

سازمان بهداشت پن امریکن، به‌عنوان شعبهٔ آمریکای شمالی و جنوبی در سازمان بهداشت جهانی، در بیانیه‌ای در هفدهم می ۲۰۱۲ دعوت خود را برای مبارزه با روش‌هایی که افراد غیردگرجنس‌گرا را برای سلامت عموم خطرناک می‌دانند و در پی "درمان" آنها هستند تکرار کرد. بیانیه به توافق علمی جهانی دربارهٔ این واقعیت اشاره کرد که هم‌جنس‌گرایی یک گونهٔ طبیعی از تمایل جنسی انسانی است و نمی‌تواند همچون وضعیتی آسیب‌شناختی در نظر گرفته شود.[۲۱] [جامعهٔ جهانی–حرفه‌ای سلامت ترنس‌جندر [WPATH] هم در موضعی مشابه اعلام می‌کند که درمان‌هایی که معطوف به تغییر بیان جنسیتی فرد برای سازگارتر شدن با جنسی هستند که از زمان تولد به او نسبت داده شده است، معمولاً موفق نیستند و اخلاقی هم به شمار نمی‌روند.[۲۲]

امر دیگری که به همین اندازه دربارهٔ موضوع درمان‌های ترمیمی اهمیت دارد، اصل نهم اصول سازمان ملل متحد برای حمایت از افراد داری بیماری روحی، و برای ارتقای سطح مراقبت از سلامت روان است. بر اساس این اصل، درمان بیماری‌های روانی باید "همواره مبتنی بر استانداردهای اخلاقی برای مجریان حوزهٔ سلامت روان، و مطابق با استانداردهای مقبولِ بین‌المللی باشد" و "در راستای حفظ و ارتقاء استقلال شخصی افراد جهت داده شود". اصل دهم همین بیانه تصریح می‌کند که درمان دارویی باید "مبتنی بر اقتضائات سلامتی بیمار باشد" و "صرفاً برای اهداف درمانی و تشخیصی به کار گرفته شود." به همین منظور، این بیانیه استفاده از دارو "به عنوان مجازات یا برای راحتی دیگران" را

---

20 APA, 1998, p. 934.

21 "Therapies" to change sexual orientation lack medical justification and threaten health, 18 May 2012, Pan American Health Organization, available athttp://www.paho.org/hq/index.php?option=com_content&view=article&id=6803%3A%5C%22therapies%5C%22-to-change-sexual-orientation-lack-medical-justification-and-threaten-health-&catid=740%3Anews-press-releases&Itemid=1926&lang=en.

22 "Standards of Care for the Health of Transsexual, Transgender, and Gender-Nonconforming People", Version 7, at p. 32, published in International Journal of Transgenderism, Volume 13, Issue 4, 2012.

منع کرده و مسئولین حوزهٔ سلامت روان مکلف می‌کند "فقط داروهایی تجویز کنند که کارآمدشان معلوم یا ثابت شده باشد."

با توجه به اصول و مواضعی که ذکر شد، گزارشگر ویژهٔ شکنجه، ضمن محکوم کردن درمان‌های ترمیمی تأیید می‌کند که "این روش‌ها به ندرت ضرورت پزشکی دارند و ممکن است باعث ایجاد زخم، از بین رفتن حس جنسی، درد، بی‌اختیاری و افسردگی مادام‌العمر شوند. به علاوه، این روش‌ها به‌عنوان اموری غیرعلمی، بالقوه مضر، و تقویت‌کنندهٔ باورهای نادرست مورد نقد قرار گرفته‌اند."[۲۳]

با این همه، به نظر می‌رسد در مقابل تلاش روان‌پزشکان و روان‌شناسان برای تجویز تغییر جنسیت در مورد همهٔ کسانی که به جنس موافق تمایل دارند، رویکرد دیگری در محافل علمی در پی اثبات این نظریه است که روان‌درمانی می‌تواند جایگزین هورمون‌درمانی و عمل تغییر جنسیت شود. کسانی که به این دسته از پزشکان مراجعه می‌کنند، برای تغییر گرایش جنسی خود تحت جلسات متعدد روان‌درمانی و دارودرمانی قرار می‌گیرند که از سوی این پزشکان به‌عنوان درمان گرایش جنسی به هم‌جنس و یا درمان اختلال هویت جنسی توصیف می‌شود. بی تردید می‌توان برخی از این درمان‌ها را که عمدتاً در جهت کاهش میل جنسی فرد و افزایش میزان تبعیت او از دستورات پزشکان شکل گرفته‌اند ذیل مفهوم "شکنجهٔ پزشکی" قرار داد. شکنجه بر اساس ماده یکم کنوانسیون منع شکنجهٔ سازمان ملل متحد (۱۹۸۴) این طور تعریف می‌شود: "هر عملی که به واسطهٔ آن و تعمداً درد و رنجی شدید، خواه جسمی یا روحی، بر فرد اعمال شود، آن هم برای اهدافی چون کسب اطلاعات یا اعتراف‌گیری از او یا از یک شخص ثالث، یا با هدف تنبیه او به دلیل انجام عملی که او یا شخص ثالثی مرتکب شده، یا مظنون به ارتکاب آن است، یا با هدف ارعاب و واداشتن او یا شخص ثالث (به انجام کاری)، و بنا بر دلایل تبعیض‌آمیز از هر نوع [شکنجه محسوب می‌شود]، به‌ویژه هنگامی که چنین درد و رنجی از سوی یک مقام یا فرد دیگری برخوردار از سمتی رسمی یا به تحریک یا رضایت یا قبول وی اعمال شده باشد. شکنجه شامل درد و رنجی که صرفاً منبعث از احکام قانونی یا ذاتی این احکام و یا بخشی از آن‌ها باشد، نیست."

---

[23] Report of the Special Rapporteur on torture and other cruel, inhuman or degrading treatment or punishment, A/HRC/22/53 (11 February 2013), para. 76.

مرامنامهٔ نورنبرگ از سال ۱۹۴۷ تمام افراد فعال در مشاغل پزشکی و روان‌پزشکی را ملزم می‌کند که برای انجام هر گونه آزمایشی بر انسان‌ها، توافق قطعی و آگاهانهٔ آنها را احراز کرده باشند. شخص باید در زمان اعلام این توافق از لحاظ حقوقی قادر به اخذ چنین تصمیمی باشد. چنین توافقی باید به دور از حیله، اجبار، وانمودسازی و یا هر گونه تحمیلی شکل بگیرد. علت تصویب این مرامنامه جنایاتی بود که در دوران فاشیسم و به نام "طب" صورت گرفته بود.

مراد از شکنجهٔ پزشکی مجموعه‌ای از اعمال شکنجه‌گرانه است که شخصی با حرفهٔ پزشکی هم در اجرای آن نقش داشته باشد. این شکنجه می‌تواند کارهایی چون معاینه یا انجام آزمایشاتی بدون توافق شخص را دربر گیرد. با سر کار آمدن فاشیسم هیتلری در آلمان، هزاران زن و مرد هم‌جنس‌گرا به‌عنوان افرادی منحرف که زائدهٔ نوع انسان هستند به اردوگاه‌های کار اجباری فرستاده شدند و در آن جا تحت شدیدترین فشارها و صدمات قرار گرفتند. در مجموع بیش از ۴۰۰ هزار نفر در دوره فاشیسم هیتلری در آلمان مورد عقیم‌سازی اجباری قرار گرفتند که بیش از ۱۱ هزار نفر در این روند جان باختند.[۲۴] یکی از شکنجه‌هایی که بر زنان و مردان هم‌جنس‌گرا اعمال می‌شد، عقیم‌سازی اجباری بود. مجبور کردن مردان هم‌جنس‌گرا به حضور در روسپی‌خانه‌ها و کنترل شدید آنان توسط سربازان فاشیست از جمله اقداماتی بود که برای "راست و ریس کردن" این افراد منحرف به کار گرفته می‌شد.[۲۵] روش عقیم‌سازی اجباری که با بیرون آوردن تخمدان و رحم زنان و همین طور بیرون آوردن بیضهٔ مردان صورت می‌گرفت بعدها به‌عنوان شکنجهٔ پزشکی در اسناد بین‌المللی ثبت شد.

افزون بر این می‌توان به بیانیهٔ توکیو هم اشاره کرد که مجموعه‌ای از خط مشی‌های بین‌المللی برای پزشکان در رابطه با شکنجه و سایر رفتارهای ظالمانه و غیرانسانی و خوارکننده و یا مجازات‌های مرتبط با بازداشت و زندان است. این مجموعه در اکتبر ۱۹۷۵ در بیست و نهمین مجمع عمومی انجمن جهانی

---

24 Vortrag von Dr. Burkhard Wiebel: Zwangssterilisationen im Faschismus – Ursachen und Folgen bis heute, VVN-BdA Bochum, 31 August 2014, available at http://vvn-bda-bochum.de/archives/10032.

25 Homosexuellenverfolgung im "Dritten Reich", Alexander Zinn, Die Männer mit dem Rosa Winkel, 2008, available at
http://www.rosa-winkel.de/index.php?option=com_content&view=article&id=4&Itemid=3.

پزشکی پذیرفته شد و پس از آن دبلیو. ام. ای در فرانسه در ماه می ۲۰۰۵ و ۲۰۰۶ آن را ویرایش و به‌روزرسانی کرد. این بیانیه اعلام می‌دارد که شکنجه مغایر حقوق بشر و در تضاد با اهداف والای پزشکی است، چرا که به درد و رنج نوع بشر دامن می‌زند. بر اساس این بیانیه، پزشکان نباید چشم بر شکنجه ببندند و یا اجازهٔ اعمال آن یا هر عمل خوارکننده و یا ظالمانه‌ای نسبت به زندانیان و یا افراد تحت بازداشت را صادر نمایند. برای نمونه و مطابق این سیاست کلی، نباید به زندانی‌ای که در سلامت و صحت عقلی است و از خوردن اجتناب می‌کند برخلاف میلش بصورت مصنوعی (مثلاً تزریق سرم) غذا داد.[۲۶]

شهادت یاسمن و پارتنرش که هر دو به پروفسور باهر مراجعه کرده‌اند، نشان می‌دهد، پزشکانی چون وی، هم‌جنسگرایی را "ناهنجار" "غیرطبیعی" (abnormal) می‌دانند و بر همین مبنا، برای آن درمان تجویز می‌کنند:

> هر دومون رفتیم گفتیم که ما لزبین هستیم و به جنس مخالف گرایشی نداریم که بعد از مشاوره به ما انگ abnormal بودن رو زدن و ما هم درخواست کتبی بودنش رو کردیم.[۲۷]

همانطور که گفته شد، در میان برخی پزشکان و روان‌پزشکان ایرانی رویکردی رایج است که بر مبنای آن، تمایل به هم‌جنس را که از نظر آنها نوعی بیماری و اختلال است، می‌توان با توسل به روش‌های روان‌درمانی هم در افراد ترنس و هم در هم‌جنس‌گرایان از بین برد. نمایندگان این رویکرد، درست در نقطهٔ مقابل پزشکانی قرار می‌گیرند که مراجعان خود را به عمل تغییر جنسیت تشویق می‌کنند. آنها می‌خواهند نشان دهند که بسیاری از کسانی که تن به عمل تغییر جنسیت می‌سپارند در واقع هم‌جنس‌گرایانی هستند که نیازی به عمل ندارند و می‌توان آنها را با روان‌درمانی از گرایش جنسی خود بر حذرداشت

---

26 WMA Declaration of Tokyo - Guidelines for Physicians Concerning Torture and other Cruel, Inhuman or Degrading Treatment or Punishment in Relation to Detention and Imprisonment, Adopted by the 29th World Medical Assembly, Tokyo, Japan, October 1975 and editorially revised by the 170th WMA Council Session, Divonne-les-Bains, France, May 2005 and the 173rd WMA Council Session, Divonne-les-Bains, France, May 2006available at

http://www.wma.net/en/30publications/10policies/c18/.

۲۷ مصاحبه یاسمن، شش‌رنگ و عدالت برای ایران.

و اختلال‌شان را درمان کرد. این پزشکان برای اثبات حقانیت دعوی خود نمونه‌های به اصطلاح "درمان یافته" را گواه می‌گیرند.

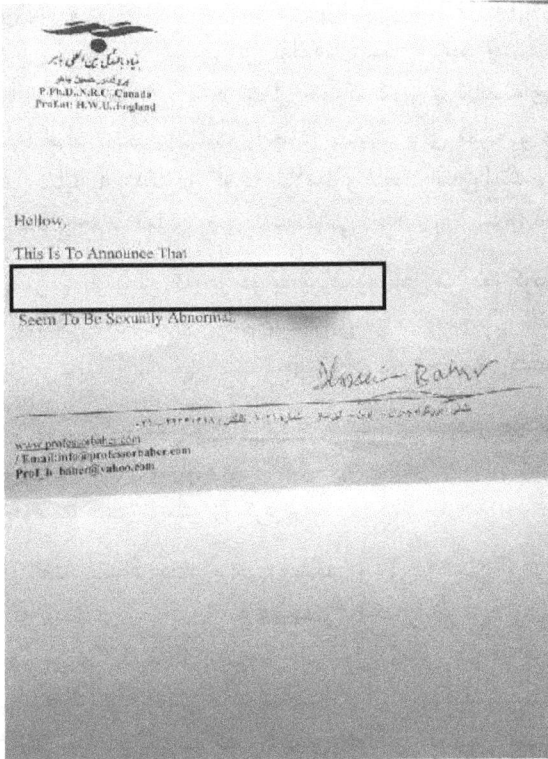

P.Ph.D.,N.R.C.,Canada
Prof.at: H.W.U.,England

Hellow,

This Is To Announce That

Seem To Be Sexually Abnormal

www.professorbaher.com
/Email:info@professorbaher.com
Prof_h_baher@yahoo.com

سند شماره ۸: گواهی دکتر باهر مبنی بر abnormal بودن یاسمن و پارتنرش.

بحث‌هایی که این گروه از روان‌شناسان و متخصصین حوزهٔ مسائل جنسی در ایران مطرح می‌کنند نشان می‌دهد که نگرانی ما از اجبار به عمل تغییر جنسیت در مورد بسیاری از افراد هم‌جنس‌گرا نگرانی موجهی است.

آرمان که خود را ترنس‌جندر می‌داند و دختری با ظاهر "پسرانه" است چنین می‌گوید:

> رفتیم دکتر و گفت من مریض‌هایی داشتم که عمل کرده‌اند، ولی بیشترشان یا خودکشی کرده‌اند یا افسردگی گرفته‌اند، یعنی به خاطر

عملی که کرده‌اند ناراضی‌اند. ما از آن مطب آمدیم بیرون. [دوستم] گفت این دکتر دارد زر می‌زند، بیا برویم پیش دکتر دیگر. پیش دکتر دیگری رفتیم که قشنگ حالمان را گرفت. گفت شماها خلید، مریضید، گفت اگر هورمون بزنید یک مریضی می‌گیرید، کبدتان داغون می‌شود سرطان می‌گیرید. بعد گفت بهتر است بروید پیش روان‌شناس، بلکه روان‌شناس بتواند شما را این طرفی بکند، نه این که بخواهید آن طرفی بشوید. آن جا هم دوستم با دکتر بد صحبت کرد و آمدیم بیرون. من جدی فکر کردم که اگر عمل بکنم، حرف‌هایی که این گفت، راست می‌گفت هورمون‌تراپی که بکنی. می‌گفت کبد خراب می‌شود، کاملاً از بین می‌رود. گفت بدن یک چیزی تولید می‌کند، شما دارید یک چیزی تزریق می‌کنید، به نظرم حرف‌هایش منطقی آمد. رفتم بیشتر تحقیق کنم تو اینترنت که عملش چطوری است. دوستم (که الان عمل کرده و از مبلغین و مشوقین عمل جراحی است) هم به من چند تا فیلم داده بود. هرچقدر حساب کتاب کردم دیدم این با مغز من جور در نمی‌آید. بلکه بروم از این طرف بیایم و این طرفی بشوم بعد هیچی بشود... و خوش‌بختانه از انجام عمل منصرف شدم.[۲۸]

بسیاری از روان‌پزشکانی که در زمینهٔ سکسولوژی در ایران صاحب تخصص خوانده می‌شوند، اعتقاد دارند که گرایش به هم‌جنس که ممکن است در کودکی به شکل تمایل به پوشش و رفتار جنس مخالف نمایان شود قابل پیش‌گیری است و می‌توان فرد را در همان کودکی درمان کرد.

امیرحسین، جوان هم‌جنس‌گرا، پس از آشکار شدن رابطه‌اش با پسری دیگر، در ۱۵ سالگی، تا ۱۸ سالگی، توسط والدینش نزد شش پزشک، روان‌شناس و روان‌پزشک متعدد برده شده است. او به محض رسیدن به سن ۱۸ سال از ایران فرار کرده و در زمان مصاحبه، به‌عنوان پناهجو در ترکیه زندگی می‌کرده است. امیرحسین در پاسخ به سئوال ما درباره تجربه‌اش با اعضای نظام بهداشت و درمان ایران، فهرست زیر را در اختیار ما گذاشته است که نشان می‌دهد چگونه

۲۸ مصاحبه با آرمان، شش‌رنگ و عدالت برای ایران.

آنان بدیهی‌ترین اصول حرفه‌ای را زیر پا گذاشته‌اند و چهار نفر از این پزشکان سعی داشته‌اند با روش‌های مختلف، گرایش او به هم‌جنس را درمان کنند:

مژگان قرچه[۲۹]، کارشناس روان‌شناسی مرکز مشاوره روان‌شناسی صبا، کرج:
گوشزد کردن اینکه من بیمارم و بیماری خطرناکی دارم و ممکن است اگر درمان نشوم دست یک مرد را بگیرم و به خانه بیاورم.
شکستن حریم شخصی من و در اختیار گذاشتن مسائل گفته شده به صورت پنهانی به خانواده‌ام. صحبت کردن با دوست پسرم و تهدید او که اگر او را در روند پرونده ی من یاری نکند از او شکایت خواهد شد و استفاده از مطالب من برای حرف کشیدن از او در این راستا.

دکتر وهداد ورزقانی[۳۰]، روان‌پزشک:
تجویز داروهایی که حال مرا بد می‌کرد و توصیه به خانواده‌ام که در هر شرایطی حتی به زور باید این قرص‌ها را به من بدهند.

دکتر مهدی دهقانی[۳۱]، متخصص غدد:
بعدها در سن شانزده و هفده سالگی و به دلیل مشکلات دوباره مرا پیش دکتر غددی در کرج بردند و او وقتی با ممانعت من برای درآوردن شلوارم روبرو شد سرم فریاد کشید و من با زور شلوارم را درآوردم. به شدت جلوی مادرم و حتی بیمارانی که از بیرون صدا را شنیده بودند تخریب شدم.

---

۲۹ درخواست ما برای مصاحبه با دکتر مژگان قرچه و پاسخگویی به ادعاهای مطرح شده در این مصاحبه درباره ایشان، بی‌پاسخ ماند..
۳۰ درخواست ما برای مصاحبه با دکتر وهداد ورزقانی و پاسخگویی به ادعاهای مطرح شده در این مصاحبه درباره ایشان، بی‌پاسخ ماند..
۳۱ درخواست ما برای مصاحبه با دکتر مهدی دهقانی و پاسخگویی به ادعاهای مطرح شده در این مصاحبه درباره ایشان، بی‌پاسخ ماند.

دکتر کامران خشنودی[۳۲]، روانپزشک:

گفتن این که من بیمارم و باید درمان شوم. دستور بستری و انجام شوک‌تراپی (و تأیید آن توسط یکی از اطبای بیمارستان لواسانی تهران، بخش روان‌پزشکی، به نام دکتر زهرا ذوالفقاری).[۳۳] برخورد هموفوبیک دکتر خشنودی و گرفتن تماس‌های مکرر با خانواده‌ام و اصرارش بر بستری کردن من بعد از گذشت چند هفته. اخیراً وقتی مادرم برای گرفتن پرونده پزشکی من پیش دکتر خشنودی رفته بود و قصد داشت پرونده من را از دکتر خشنودی بگیرد، ضمن شماتت مادرم به او گفته بود که مسئله را با پلیس در میان بگذارند و به محض پیدا شدنم اورژانس خبر کنند و مرا بستری کنند.[۳۴]

عده‌ای از مصاحبه‌شوندگان این تحقیق، پس از مراجعه به روان‌پزشکان و در میان گذاشتن گرایش عاطفی- جنسی خود نسبت به هم‌جنسان‌شان تحت روش‌های درمانی مختلفی قرار گرفته‌اند. این روش‌ها، اغلب با تجویز قرص‌های قوی روان‌گردان همراه بوده‌اند و در مورد برخی از مصاحبه‌شوندگان حتی شوک‌درمانی نیز اعمال شده است. برخی از پزشکان برای کاهش میل جنسی فرد و "درمان" هم‌جنس‌گرایی، به فلوکسیتین که نوعی داروی ضدافسردگی است روی می‌آورند. مهراد که یک ترنس‌سکشوال اف‌توام است می‌گوید:

همسر پدرم گفتند پیش یک روان‌پزشک برویم. توی شاهرود یک آقای روان‌پزشکی هستند که می‌گویند کارشان خیلی خوب است. جوان هم هستند. من پیش ایشان رفتم و گفتم چیزهایی که داشتم را، رفتارهایی که داشتم، از خودم برایشان توضیح دادم. ایشان گفتند تو ترنس-سکشوال نیستی. تو نگاه‌های هموسکشوالتیه داری. گفتم من فکر نمی‌کنم این طوری باشد. گفتند چرا این شکلی است و همان موقع یک

---

۳۲ درخواست ما برای مصاحبه با دکتر کامران خشنودی و پاسخگویی به ادعاهای مطرح شده در این مصاحبه درباره ایشان، بی‌پاسخ ماند.

۳۳ درخواست ما برای مصاحبه با دکتر زهرا ذوالفقاری و پاسخگویی به ادعاهای مطرح شده در این مصاحبه درباره ایشان، بی‌پاسخ ماند.

۳۴ مصاحبه با امیرحسین، شش‌رنگ و عدالت برای ایران.

سری دارو به من دادند که برو اینها را مصرف کن، درست می‌شود، که فلوکسیتین بود.[۳۵]

علی راد هم که اعتقادات مذهبی شدیدی داشته، تجربهٔ بسیار تلخی از درمان‌های دارویی و رفتاردرمانی دارد:

توی دورهٔ راهنمایی که دوستای دختر من توی راهنمایی تمایل داشتن به این که یه دوست‌پسر داشه باشن، اصلاً پزشون این بود که دوست‌پسر داشته باشن، از جسم‌شون داشتن لذت می‌بردن برای این که داشتن یه زن می‌شدن از نظر جسمی و من کاملاً داشتم متنفر می‌شدم. به جسم موافقم، به دخترای همکلاسیم تمایلات عاطفی، روحی، جسمی پیدا می‌کردم. همهٔ اینا دست به دست هم می‌ده که تو از خودت بپرسی چته؟ بعد می‌ری روان‌پزشک. بدون این که به پدر و مادرم بگم، می‌رفتم پیش روان‌پزشک، روان‌شناس، صحبت می‌کردم می‌گفتم بابا! من نسبت به همکلاسیم همچین حسی دارم، من احساس عذاب وجدان می‌کنم، من از خودم حالم داره بهم می‌خوره، من این رو دوست ندارم. مثلاً من یادمه پیش یه خانم دکتری رفتم بهش گفتم خانم من نیومدم این جا بگم شما من رو بکن شبیه جسمم. به من یه دارویی بده که من نسبت به دختر همکلاسیم حس جنسی نداشته باشم چون احساس عذاب وجدان دارم. کلی اون جا به من خندیدن و... از یه روان‌پزشک خیلی بعید بود. خیلی چون نمی‌شناسن این قضیه رو. مثلاً من بهش می‌گفتم که من رو خانم فلانی صدا نکن توی این اتاق. صدام کرد. گفت نه، اقتضای سنته. گفتم خانم من از بچگی این روند رو دارم طی می‌کنم. بعد از من خواستن که دوست‌پسر داشته باشم، آرایش بکنم، کارایی بکنم که... این دکتری که الان خودش شده شاخ دکترای پزشک مربوط به تی‌اس. دکتر مریم رسولیان[۳۶]. که با قرص‌هایی که دادن من خودکشی کردم، سه روز توی کما بودم... در

۳۵ مصاحبه با مهراد، شش‌رنگ و عدالت برای ایران.

۳۶ درخواست ما برای مصاحبه با دکتر مریم رسولیان و پاسخگویی به ادعاهای مطرح شده در مصاحبه‌های متعدد این تحقیق درباره ایشان، بی‌پاسخ ماند.

سن نوزده سالگی. چون من به اون دکتر اعتماد کرده بودم. دقیقاً چیزایی که از من می‌خواست، من اون کارا رو انجام می‌دادم اما نمی‌شد، نمی‌تونستم. یعنی فرض کنید من جلوی آینه می‌رفتم آرایش می‌کردم، بعد خودم رو می‌دیدم، دو تا محکم می‌ذاشتم توی صورت خودم. اینا فکر نمی‌کنم چیزایی باشه که یه جوون یا یه دختر جوون حالا ازش بدش بیاد، از زیبایی زنانهٔ خودش بدش بیاد. یا مثلاً من یادمه که با یه پسری دوست شدم از طریق اینترنت، به پیشنهاد این خانم دکتر رسولیان، بعد من قرار گذاشتم که به اون آقا گفتم که بریم سینما که من ببینم توی اون شرایط جوی چه احساسی بهم دست می‌ده. خیلی جالب بود. توی سینما من بودم، اون آقا و دست راستم یه خانم خیلی با شخصیت و از نظر ظاهری زیبا. من تا آخرین لحظه‌ای که اون فیلم تموم شد، همهٔ حواسم به اون خانم بود، یعنی همهٔ هوشم رفته بود واسهٔ اون خانم اصلاً هیچ حسی به اون آقا نبود، با اون مثل یه رفیق کنارش نشسته بودم. همهٔ اینا دست به دست هم می‌ده که از خودت بپرسی چرا، بری دنبالش تا ببینی چی به چیه.[۳۷]

او در نهایت به سراغ پزشکان دیگری می‌رود که عمل تغییر جنسیت را پیشنهاد می‌کنند و به این عمل تن می‌سپارد.

توسل به ترکیبی از درمان‌های دارویی یا روش‌های دیگری چون واداشتن دختران هم‌جنس‌گرا به آرایش و ایجاد رابطهٔ عاشقانه با پسرها، همگی با هدف تغییر گرایش جنسی فرد و تبدیل او به یک فرد دگرجنس‌گرا صورت می‌گیرد و از نظر این پزشکان معنایی جز "طبیعی و به هنجار کردن" هم‌جنس‌گرایان ندارد.

انسی که خود را لزبین معرفی می‌کند، با اصرار پدرش به یک روان‌پزشک مراجعه کرده است. او توضیح می‌دهد که یکی از روان‌پزشکان (یا روان-شناسان) با استناد به به ارزش‌های مذهبی از او خواسته است که گرایش خود به هم‌جنس را فراموش کند، و دیگری به او دارو داده است:

---

۳۷ مصاحبه با علی راد، شش‌رنگ و عدالت برای ایران.

پدرم من را فرستاد برای تراپی. آن موقع ویزیت بیست و پنج تومان و پنجاه تومان بود. من چهارصد تومان ساعتی می‌دادم برای این که تراپی بشوم. پیش سه تا تراپیست رفتم، به سومی اعتماد کردم، گفتم که من همچین احساسی دارم. گفت دخترم تو به خدا عقیده داری؟ گفتم آره. گفت خب ببین فاطمه زهرا چه کار کرد. از طریق اسلام و خدا بخواه که پا روی نفست بگذاری. روانکاو به من گفت، پا روی نفست بگذار، درست زندگی کن. دیگر نرفتم. سه تا تراپیست عوض کردم. آن یکی پروفسور وطن‌خواه بود. اولی نسخه هم نداشت. آن پروفسور نسخه داشت، به‌خاطر همین یادم مانده، دارو هم می‌داد.[۳۸]

این روش‌ها تنها به نمونه‌های معدودی چون علی راد و انسی محدود نبوده است. پژاره هم در سن سیزده سالگی به دلیل تمایل خود به دوستان دخترش از سوی والدینش به روان‌پزشکی به نام دکتر بندشاهی در "کلینیک زندگی" در تهران برده و به توصیهٔ وی به روان‌شناسی در همان کلینیک به نام دکتر م.[۳۹] معرفی می‌شود. او چنین به یاد می‌آورد:

در کلینیک زندگی، من رفتم پیش آقای م.، که اولش خیلی فوکوس بدی کرده بود روی موضوع سکس که تو آن سن نه من اصلاً تجربهٔ سکسی داشتم، نه تجربهٔ خودارضایی داشتم، نه چیزی. به من می‌گفت می‌خواهی چند تا فیلم سوپر بهت بدهم بروی خودارضایی بکنی باهاش شاید از آن فیلم سوپری که می‌بینی... چون از من پرسید فیلم سوپر دیده‌ای؟ گفتم نه، من ندیده‌ام تا حالا. من سیزده سالم بود و ایشان این حرف را زد. مادرم این‌ها بیرون می‌نشستند، من داخل بودم. بعد گفت که برو ببین و لخت شو و قشنگ این حرفش تو ذهنم مانده. گفت می‌توانی یک بالش را بغل کنی، با بالاتنه‌ات محکم بگیری و بمالی ببینی چه احساسی داری. خوشت می‌آید یکی به بالاتنه‌ات دست بزند؟ و آن فیلم را نگاه کن ببین چه حسی داری و با واژنت بازی کن ببین چه حسی بهت دست می‌دهد. که من خیلی بدم آمد از این موضوع،

۳۸ مصاحبه با انسی، شش‌رنگ و عدالت برای ایران.
۳۹ نام این روان‌شناس نزد شش‌رنگ و عدالت برای ایران محفوظ است.

خیلی خیلی بدم آمد. به مادرم هم گفتم. گفتم یعنی چی این حرف؟ برم چه کار کنم؟ این از اولی که می‌روم تا آخرش فقط فوکوس کرده رو موضوع جنسی. تو آن سن من اگر دوست دختری داشتم و خیلی هم دوستش داشتم هیچ موقع به ذهنم نمی‌آمد تو آن سن و سالم که من می‌خواهم با این آدم سکس کنم، بخوابم باهاش. فقط صرفاً دوست داشتن بود، عشق بود.[۴۰]

در برخی موارد نیز بی اطلاعی و یا بی حقوقی مراجع منجر به سواستفاده جنسی و اعمال خشونت و توهین به مراجعین می‌شود. معصومه، لزبین نیز که برای درک هویت و گرایش جنسی‌اش به دکتر ع.ن.[۴۱] در تهران مراجعه کرده است، می‌گوید:

پس از طرح وضعیتم از من پرسید که آیا تا به حال با مرد رابطه داشته ام یا نه؟ وقتی جواب مثبت مرا شنید، شماره تلفنش را روی یک کاغذ نوشت و به‌دست من داد و گفت: آن مردها نتوانسته‌اند تو را ارضا کنند. با من تماس بگیر تا به تو نشان دهم که رابطه جنسی با مرد چقدر خوب است...
با دیدن این وقاحت شوکه شده بودم ولی می‌ترسیدم حتی اعتراض کنم و بر سرش داد بکشم و او به خانواده‌ام بگوید که من هم‌جنس‌گرا هستم. در سکوت از بین مراجعین منتظر در اتاق انتظار رد شده و آنجا را ترک کردم.[۴۲]

تحقیقات ما نشان می‌دهند که تعداد قابل ملاحظه‌ای از افراد برای "درمان" تمایل خود به هم‌جنس، تحت درمان‌ها و توصیه‌های مشابهی قرار گرفته‌اند. گرایش به درمان هم‌جنس‌گرایی و هر نوع تمایل جنسی به هم‌جنس حتی در مقالات تحقیقی هم دیده می‌شود. در مقاله‌ای با عنوان "روان‌درمانی موفقیت-آمیز چهار مورد اختلال هویت جنسی" که در مجلهٔ پزشکی قانونی منتشر

۴۰ مصاحبه با پژاره، شش‌رنگ و عدالت برای ایران.
۴۱ نام این روان‌پزشک نزد شش‌رنگ و عدالت برای ایران محفوظ است.
۴۲ مصاحبه با معصومه، شش‌رنگ و عدالت برای ایران.

شده،[۴۳] سه روان‌پزشک که هر سه هم استاد دانشگاه هستند، از تجربهٔ موفقیت‌آمیز خود برای جایگزین کردن نوعی روش درمانی سخن گفته‌اند که ترکیبی از تجویز داروهای مختلف[۴۴] بوده و به منظور کاهش میل جنسی فرد و تضعیف مقاومت او در برابر اجرای دستورات درمانی با استفاده از روش‌هایی مانند شرطی‌سازی، تصویرسازی عصبی-روانی و سایر روش‌های شناختی اعمال می‌شده است.[۴۵] از چهار نفر مورد مطالعه، دو نفر زن و دو نفر مرد هستند. هر چهار نفر تمایل جنسی هم‌جنس‌گرایانه دارند و از نظر روان‌پزشکان نویسنده، به دلیل پوشیدن لباس‌های جنس مخالف دچار اختلال جنسی هستند. یکی از آنها از سیزده سالگی با هم‌جنس خود رابطهٔ جنسی داشته و دیگری که هجده سال دارد به علت وابستگی عاطفی شدید به دوست خود به درمانگاه روان‌پزشکی مراجعه کرده است. همهٔ این افراد بسیار جوان هستند و یکی از آنها زیر هجده سال سن دارد. آن گونه که در این مقاله آمده، ب. علی شانزده ساله، در پایان دوره‌های روان‌درمانی، "با تمایلات جنسی کنترل شده، از تغییر جنسیت منصرف شد و خود را به‌عنوان جنس مذکر پذیرفت، روابط جنسی خود با مردان را قطع کرد، به برقراری رابطه با جنس مؤنث روی آورد و تحصیلات خود را از سر گرفت. درمان دارویی پس از شش ماه قطع گردید. "در مورد آقای نوزده ساله بعد از دوازده جلسه احساس تعلق به جنس مخالف در بیمار به تدریج از بین رفت و تخیلات جنسی وی به سمت جنس مخالف و در قالب فرد مذکر تغییر یافت". در مورد زهرای هجده ساله نیز "بعد از اتمام جلسات تمایل بیمار به داشتن خصایص جنس مخالف و نیز داشتن رابطهٔ جنسی با هم‌جنس برطرف گردید. "و نوشین بیست ساله "بعد از شش ماه درمان خود را دختر می‌داند و اظهار تمایل به ازدواج با فرد مورد علاقه‌اش می‌کند."[۴۶]

۴۳ ظهیرالدین، علیرضا و دیگران، "روان درمانی موفقیت آمز چهار مورد اختلال هویت جنسی"، مجلهٔ علمی پزشکی قانونی، سال ۱۱، شماره ۳۷، بهار ۱۳۸۴، صص. ۳۷-۴۰.

۴۴ تیوریدازین، سیتالوپرام، آمپول فلوکسیتین، رسپیریدون، بیپریدین و... از جمله داروهایی است که بر اساس آن چه در مقاله آمده برای این مراجعان تجویز شده است.

۴۵ ظهیرالدین، همان.

۴۶ همان.

در این مقاله از هم‌جنس‌گرایی به‌عنوان یک گرایش طبیعی و ممکن سخنی به میان نیامده و تمرکز متن به از میان بردن تمایلات هم‌جنس‌گرایانهٔ مراجعینی است که این تمایل در آنها به‌عنوان نوعی انحراف جنسی توصیف شده است. بخشی از این مقاله دیدگاه نویسندگان را نسبت به این موضوع کاملاً روشن می‌کند و نشان می‌دهد که نمونه‌های مورد بحث در این تحقیق از نظر آنها می‌توانند نه مبتلا به اختلال هویت جنسی، که در واقع "هم‌جنس‌گرا" باشند و از این رو درمان (یعنی دگرجنس‌گرا شدن) آنها ممکن باشد:

> گاهی بیمارانی با تظاهر اختلال هویت جنسی مراجعه می‌کنند که در واقع موارد هم‌جنس‌گرا و یا دگرپوشی یادگارخواهانه می‌باشند که انجام روان‌درمانی به تشخیص بهتر اختلال و نیز درمان آنها منجر خواهد شد و توصیه به عمل تغییر جنسیت در این موارد تشخیصی یک تصمیم نادرست می‌باشد.[۴۷]

مقالهٔ دیگری که با عنوان "تجربیاتی از درمان موفقیت‌آمیز هم‌جنس‌بارگی خودناپذیر، فرابارگی (پارافیلیا) و تبدل‌خواهی جنسی با روش‌های شناختی-رفتاری" در مجلهٔ "پزشکی قانونی" منتشر شده است، به بررسی ۹ مورد پرداخته است که از این ۹ مورد، آن‌طور که نویسندگان معرفی می‌کنند، ۷ مورد دارای تمایلات هم‌جنس‌گرایانه بوده و برای درمان مراجعه کرده‌اند.[۴۸] بر اساس این مقاله، موارد یاد شده همگی تحت درمان‌هایی مانند شرطی‌سازی انزجاری (که با دادن اپیکاک[۴۹] و القای استفراغ انجام می‌شده است)، حساس‌سازی مخفی نسبت به جنس موافق، و حساسیت‌زدایی مخفی نسبت به محرک هتروسکشوال قرار گرفته‌اند. به علاوه، برای برخی از آنها درمان‌های دارویی هم در نظر گرفته شده که جزییات‌شان در مقاله ذکر نشده است. در نهایت بیشتر

---

۴۷ همان، ص ۴۰.

۴۸ "تجربیاتی از درمان موفقیت آمیز هم‌جنس بارگی خودناپذیر، فرابارگی (پارافیلیا)، و تبدل‌خواهی جنسی با روش‌های شناختی-رفتاری"، دکتر محمد تقی یاسمی و دیگران، مجله علمی پزشکی قانونی، دوره ۱۲، شماره ۴، زمستان ۱۳۸۵، صص. ۲۲۲-۲۲۷.

۴۹ داروی قی‌آور

این افراد پس از درمان اعلام کرده‌اند که تمایلات هموسکشوال یا هم‌جنس-گرایانهٔ آنها به شکل محسوسی کاهش یافته است.[۵۰]

مقالهٔ مذکور، هم‌جنس‌گرایی را که با عنوان هم‌جنس‌بارگی از آن یاد می‌کند در ردیف "بچه‌بازی و آزارگری جنسی"، به‌عنوان یکی از بیماری‌های جنسی فهرست کرده و بر این باور است که پذیرش طبیعی بودن هم‌جنس‌گرایی، نه موضعی علمی، بلکه مبتنی بر رای‌گیری‌های متأثر از فضاهای سیاسی است. این مقاله هم‌چنین ادعا می‌کند هم‌جنس‌بارگانی که در جست و جوی درمان هستند، به روش‌های شناخت‌درمانی پاسخ مثبت می‌دهند:

> سرنوشت بیمارانی که مبتلا به نوع خودناپذیر (egodystonic) هم‌جنس‌بارگی هستند و در جست‌وجوی درمان برمی‌آیند می‌تواند نگران‌کننده باشد، زیرا به نظر می‌رسد تحت تأثیر فشارهای سیاسی و اجتماعی و فرهنگی انجمن‌های هم‌جنس‌بارگان، به تدریج درمان‌گران از درمان این اختلالات حتی وقتی خود افراد هم‌جنس‌باره این تقاضا را داشته باشند، سر باز زنند.[۵۱]

هر دو این مقالات به خوبی نشان می‌دهند که مشکل اصلی از دیدگاه نویسندگان، گرایش جنسی به هم‌جنس است و از این روست که درمان‌ها هم بر "حل" این مسئله متمرکز شده‌اند. در این میان، برای پزشکان نویسنده تفاوتی میان هم‌جنس‌گرایان و ترنس‌ها وجود ندارد و هدف اصلی یافتن راه‌هایی است که به جای عمل جراحی و تغییر بدن فرد، گرایش جنسی آنها را با روان‌درمانی تغییر دهند و برای ازدواج با جنس مخالف آماده کنند. این روش‌های درمانی در حد پیشنهاد باقی نمی‌ماند و نویسندگان آنها را روی افرادی که در بالا توصیف کردیم آزمایش کرده‌اند. باید افزود که برخی از مصاحبه‌شوندگان تحقیق ما درمان‌های به مراتب وحشیانه‌تر و غیرانسانی‌تری از سر گذرانده‌اند.

---

۵۰ همان.

۵۱ همان، ص. ۲۲۳

پژاره در سن شانزده سالگی تحت درمان از طریق الکترو شوک یا تشنج الکتریکی (ECT)[52] قرار گرفته است:

تو آن دوره جوری بود که از صبح تا شب داشتم گریه می‌کردم. نه درس می‌خواندم نه چیزی. بعد دیگر ان‌قدر از همه چیز خسته شده بودم گفتم باشد، همهٔ این قرص‌هایی که دکتر بندشاهی تجویز کرده می‌خورم، و من پف کرده بودم. از صبح تا شب هم خواب بودم و اصلاً هیچی از زندگی‌ام نمی‌فهمیدم. مادرم شروع کرده بود به این که آره، دیدی چی شد؟ دیدی دختره ولت کرد؟ دیدی این جور چیزها نمی‌ماند؟ ان‌قدر گفتند، ان‌قدر گفتند... خب از آن طرف هم می‌دیدند من هیچ تمایلی به مرد ندارم. خب اگر قرار است تا آخر عمرم هی بخواهم عاشق بشوم هی این جوری بشود هی من را ول کند و برود اصلاً برای چی زنده‌ام؟ از خودم داشت حالم به هم می‌خورد. تا این که یک بار من را بردند دوباره مطب بندشاهی. با من که داشت حرف می‌زد من همین موضوع را دوباره بهش گفتم. گفتم خسته شدم. خب بمیرم که خیلی بهتر است. گفت باشه، تو مثل این که نمی‌خواهی دست از این کارهایت برداری و نمی‌خواهی درست بشوی. گفت من فکر می‌کردم یک بار اگر با دختری باشی و بعدش تمام بشود تو دیگر این حس‌ات تمام بشود. تو ولی نه، این جوری نیستی و هنوز هم تو فکر خودکشی هستی و این‌ها را به من گفت و گفت از اتاق برو بیرون و به پدر و مادرت بگو بیایند تو. من آمدم بیرون، مادر و پدرم رفتند تو. دوباره من را صدا کرد، گفت ببین پژاره، من برای تو ای‌سی‌تی تجویز کرده‌ام. دقیقاً همین جمله را به کار برد، من اصلاً نمی‌دانستم ای‌سی‌تی چیست. گفت من تشخیصم این است که تو باید نزدیک به بیست روز حداقل بروی بیمارستان و بستری شوی و تحت مراقبت من باشی، چون

---

[52] ECT یا الکترو شوک درمانی (Electro Canvulse Therapy) عبور دادن یک جریان الکتریکی محرک از مغز بیمار به مدت یک دهم تا یک ثانیه برای تولید یک تشنج بزرگ است. به‌عبارتی دیگر الکتروشوک عبارت است از قرار دادن دو الکترود بر روی سر و انتشار یک جریان الکتریکی درون مغز که به تغییر شمیایی مغز منجر می‌شود. امروزه این روش درمانی بیشتر در درمان افسردگی ماژوری که به دیگر درمان‌ها پاسخ نداده است، استفاده می‌شود.

احتمال این خطر هست که تو بخواهی تو این مدت خودکشی کنی. خب من بعد از آن بیست روز هم بخواهم خودکشی کنم می‌توانم بکنم. حالا چه فرقی دارد؟ تو باید زیر نظر من باشی. ولی گفت من به اجازهٔ پدرت احتیاج دارم. هم به‌خاطر ای‌سی‌تی و هم به‌خاطر بستری شدنت. پدرم آن جا سر بیمارستان بستری شدن مخالفتی کرد و گفت من می‌دانم بچهٔ من شیزوفرن است. گفت ولی برادر من چون خودم تجربه‌اش را دارم که تو بیمارستان بستری شد و بعدش که بیرون آمد بدتر شد، من اجازه نمی‌دهم که شما بخواهید بچهٔ من را ببرید تو بیمارستان بستری کنید. ولی ای‌سی‌تی‌ها را اجازه می‌دهم. من خودم صبح می‌آورمش و بعد برش می‌گردانم. "بیمارستان ایرانیان" تو دهکده المپیک بود. دکتر بندشاهی که خودش هم البته این کار را نمی‌کرد. من را معرفی کرده بود و یک تیم پزشکی آن جا بودند که این کار را می‌کردند. برای من دوازده جلسه نوشته بود که اگر اشتباه نکنم شش جلسه‌اش را من ای‌سی‌تی (ECT) شدم. یعنی به من الکتروشوک داده بودند. صبح که من را می‌بردند آن جا باید می‌نشستم که یک برگه‌ای بود که یک مبلغ خیلی زیادی هم البته سر این موضوع پدر پول می‌داد. آن موقع که سال ۸۶ بود ۴۰-۵۰ هزار تومان بابت هر یک جلسه باید پول الکتروشوک را می‌دادیم. می‌بردند آن جا می‌گفتند بیا تو، و فقط من نبودم، خیلی‌ها بودند. حتی هم‌سن خود من هم خیلی آن جا بودند. همه‌شان را با لباس بیمارستان می‌آوردند آن جا می‌خواباندند. یک سرنگی بود که یک آنژیوکت را می‌کردند تو رگم. یک سرنگ کوچکی بود و بعد دکتر می‌آمد بالای سرم حرف می‌زد. می‌گفت خب دخترم چند سالت است؟ چی است؟ چه کار می‌کنی؟ بعد کم کم من اصلاً دیگر هیچی نمی‌فهمیدم. فقط داشتم این‌ور آن‌ورم را نگاه می‌کردم که دارند آنها را می‌زنند و اینجایم را اول یک ژلی می‌زد، همهٔ موهایم را هم می‌داد بالا. دیگر تا داشتم نگاه می‌کردم که وقتی تخت بغل من را دارد الکتروشوک می‌کند آن یارو چقدر دارد تکان می‌خورد، دیگر اصلاً نمی‌توانستم بقیه‌اش را ببینم و اصلاً کلاً بیهوش می‌شدم. یک بیهوشی بیست دقیقه‌ای نیم‌ساعته بود. در همان اتاق نزدیک به ۱۰-۱۲ نفر

بودیم. هم دختر و هم پسر. تو آن دوره‌ها انقدر حال من بد بود که اصلاً به هیچ عنوان این چیزها یادم نمی‌آید [که آیا آنها هم به دلیل گرایش جنسی‌شان بود؟] فقط یادم هست که دختری بود که خیلی قیافهٔ سبزه‌ای داشت که من را خیلی یاد دوست‌دختر قبلی‌ام می‌انداخت که به‌خاطر همین چهره‌اش هنوز تو ذهن من هست، که او هم تقریباً هم‌سن من بود. آن موقع ۱۵- ۱۶ سالم بود. در واقع قبل از این که بیهوشم کنند می‌بردند تو اتاقی که می‌دیدم بقیه دارند الکتروشوک می‌شوند. آن چند جلسهٔ اول ان‌قدر من حالم بد بود تا دو سه روز بعدش که من تا سه روز تمام چشم‌هایم پر از خون بود یعنی انگار که همه‌ش دارند تو چشم‌هایم شامپو می‌کنند. همهٔ رگ‌های چشم‌های من زده بود بیرون. من را هفت صبح پدرم می‌برد، دو بعدازظهر تو اتاقم چشمم را باز می‌کردم می‌گفتم کی من اصلاً آمدم خانه؟ نمی‌فهمیدم. مادرم می‌گفت تو کاملاً داشتی تو راه حرف می‌زدی. گفتم من خواب بودم، کجا داشتم حرف می‌زدم؟ بعد آنها فکر می‌کردند که من حالم دارد بهتر می‌شود. دیگر حافظه‌ام هم که به یک زمان کوتاه مدتی نزدیک شش ماه هشت ماه این طورها کاملاً تعطیل شده بود. من به‌خاطر همین موضوع تمام امتحاناتم را با نمره‌های خیلی بدی گذراندم. چون من همین الان که این جوری دارم صحبت می‌کنم نمی‌توانستم آن موقع صحبت کنم. سر یک دقیقه یادم می‌رفت که چی داشتم می‌گفتم. نه اسمی یادم می‌ماند نه حرفی که دیروز زده بودم یادم می‌ماند. بعد از آن جلسات دکتر بندشاهی می‌گفت چطوری؟ کاملاً دیگر سِر شده بودم. می‌گفتم خوبم. دیگر خوبم الان. فقط یک کم مشکل حافظه دارم. می‌گفت نه، آن حل می‌شود، این‌ها عوارض کوتاه‌مدت است. و واقعاً هم این موضوع حل شد. من الان نه حافظه‌ام بد است و نه دیگر مشکلی دارم، ولی خب چند سال بعدش خیلی لکنت زبان گرفته بودم، وقتی عصبانی می‌شدم. من قبلاً این جوری نبودم. کاملاً زبانم می‌گرفت و کاملاً این قسمت‌های ابروهایم حالت پرش داشت و تیک گرفته بودم و اصلاً دست خودم نبود. وقتی می‌خواستم جلویش را بگیرم باید این جوری نگهش می‌داشتم که این تکان نخورد.

حالا این عوارض دارد کم و کمتر می‌شود. تا دیگر گذشت و من دیگر جوری وانمود کردم که دیگر حالم خوب است و به مادرم این‌ها هم گفتم که دیدید که قرص‌هایش هم خیلی خوب بود، تجویزی هم که کرده بود واقعاً خوب بود. من حالم خیلی خوب شده. یعنی اصلاً دیگر توان مقابله با این موضوع‌ها را نداشتم. گفتم بگذار هر کار می‌خواهند بکنند، بکنند. من دیگر چه کار می‌توانم بکنم وقتی نمی‌فهمند؟ البته این را هم بگویم که پدر و مادر من نمی‌خواستند من را واقعاً مورد آزار و اذیت قرار بدهند. نه اطلاع داشتند که این ممکن است چه عوارضی داشته باشد برای من، نه می‌دانستند. از روی صرفاً محبت‌شان که فکر می‌کردند این یک مریضی‌ای است که این را می‌شود حل کرد. که مادر من تماماً فکرش این است که من تو را سالم به دنیا آوردم، تو یک خال هم رو بدنت نبود، تو این جوری نبودی، خودت یا خواسته‌ای یا محیطت باعث شده. بیشتر هم همیشه می‌گفت چون تو توی آن مدرسه رفتی این جوری شدی. اصلاً ربطی نداشت. می‌گفت دور و اطراف و دوستانت باعث شدند.[۵۳]

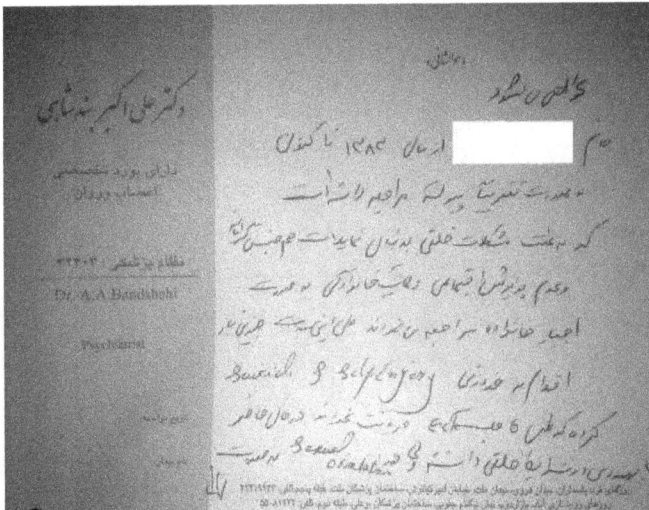

سند شمارهٔ ۹: گواهی دکتر بندشاهی دربارهٔ روند درمان پژاره، صفحهٔ اول.

---

۵۳ مصاحبه با پژاره، شش‌رنگ و عدالت برای ایران.

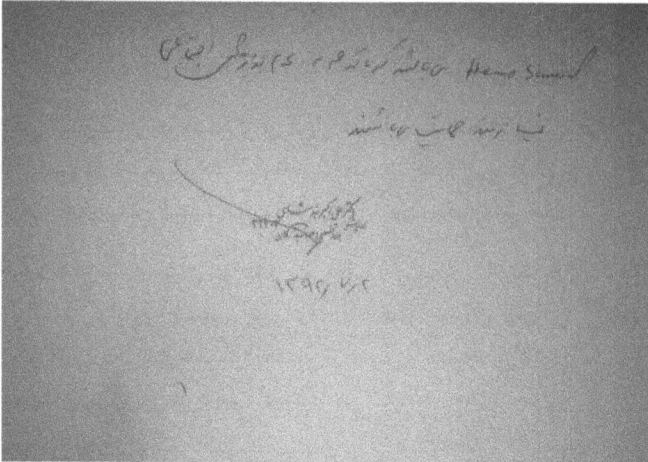

سند شماره ۱۰: گواهی دکتر بندشاهی درباره روند درمان پژاره، صفحه دوم.

مصاحبه‌شوندگان دیگری هم از شوک‌تراپی به‌عنوان یک روش درمانی که برای تغییر گرایش جنسی‌شان به هم‌جنس استفاده شده، سخن گفته‌اند. برای نمونه فرناز که لزبین است، اما برای این که بتواند آن طور که می‌خواهد لباس بپوشد و رفتار کند، وارد روند دریافت مجوز تغییر جنسیت شده است می‌گوید:

بیست و دو سالم بود. تشخیص دپرسیون (افسردگی) حاد دادند که مربوط به این اختلال هویت جنسی بود. و خیلی جدی توی بیمارستان مهرگان برای این شوک‌درمانی... یعنی مثلاً دارو ندادند. خب چه می‌دانم فلوکستین و داروهای ضدافسردگی هم آدم می‌تواند بخورد و خوب بشود، افسردگی‌اش رفع بشود. دارو یا مشاوره‌ای داده نشد. چهار جلسۀ شوک‌درمانی برای من نوشتند. یک جلسه را که رفتم از جلسۀ بعدی اصلاً نمی‌خواستم دیگر نرفتم، به‌خاطر این که در واقع اصلاً همۀ مکانیزم مغزی من به هم ریخته بود. حافظه‌ام دیگر کار نمی‌کرد درست. یعنی یادم می‌رفت همه چیز. درس می‌خواندم بعد اصلاً نمی‌فهمیدم چی دارم می‌خوانم. یک حالتی بود که تا حالا تجربه نکرده بودم احساس می‌کردم یک سری چیزها پاک شده. بیهوشی موقتی می‌دهند، الکترود می‌گذارند گویا و با فرکانس نمی‌دانم چقدر، شوک الکتریکی به مغز می‌دهند. آن چیزی که من فهمیده‌ام. هدفشان آن طور که می‌گفتند،

رفع افسردگی و اختلال هویت جنسی بود، چون فکر می‌کردند انحراف است و این انحراف را می‌توانند با شوک درمانی رفع کنند.[۵۴]

یکی از دوستان هم‌جنس‌گرای فرناز هم با شوک تحت درمان قرار گرفته است. او چنین به یاد می‌آورد: " به ناصر[۵۵] هم شوک تراپی دادند. به‌عنوان گی بودن، درمان هموسکسوالیته بهش شوک‌تراپی دادند، یک یا دو جلسه."[۵۶]

موارد ذکر شده نشان می‌دهد که چگونه پزشکان با روش‌های دردناکی سعی می‌کنند گرایش جنسی این افراد را تغییر داده و آنها را "بهنجار" کنند. روش‌هایی که سال‌هاست به‌عنوان "درمان" هم‌جنس‌گرایی منسوخ شده‌اند، هم‌چنان در ایران مورد استفاده قرار می‌گیرند.

پگاه هم که عمل تغییر جنسیت از مرد به زن را پشت سر گذاشته است، زمانی که برای توضیح تمایل جنسی‌اش به مردان به دکتر غدد مراجعه می‌کند، پزشک با هدف تقویت هورمون مردانگی وی و اینکه گرایش جنسی‌اش تغییر کند برایش هورمون تجویز می‌کند:

دکتر غددم (دکتر صادق الوعد) یک آزمایش هورمونی اول ازم گرفت، بعد گفت من برایت تستسترون می‌نویسم. الان یادم نیست واقعاً که تستسترون من پایین بود یا نه. حالا می‌گوییم معمولی بود. اصلاً می‌خواست یک ذره تقویت کند. دکتر صادق‌الوعد این را به من تزریق کرد و من اولین آمپول را فکر کنم زدم، دومی بود یا اولی بود احساس کردم که، دیده‌اید عصبی می‌شویم از درون می‌لرزیم؟ کشاله‌های رانم درد گرفت و احساس می‌کردم دندان‌هایم دارد به هم می‌خورد، از درون دارم می‌لرزم. زنگ زدم به منشی‌اش و گفتم می‌توانم با دکتر حرف بزنم؟ گفت مشکلت چیست؟ گفتم بهم یک دارو داده، زده‌ام، ولی الان این احساس را دارم. گوشی را برداشت گفت دیگر [آمپول را] نزن، بیا تا ببینمت. یک آزمایش دیگر داد، یک جای دیگر تو بیمارستان نمازی.

۵۴ مصاحبه با فرناز، شش‌رنگ و عدالت برای ایران.
۵۵ نام تغییر داده شده است.
۵۶ مصاحبه با فرناز، شش‌رنگ و عدالت برای ایران.

یک خرده تخصصی‌تر بود. آن آزمایش را دادم، برگشتم گفت به نظر من تو از نظر روانی، بدنت دارد در مقابل هورمون مقاومت نشان می‌دهد. هورمونی که بهت می‌زنم اصلاً نمی‌پذیرد، پس من پیشنهاد نمی‌کنم بزنی و تو را معرفی می‌کنم به دکتر موسوی‌نسب و من رفتم پیش دکتر موسوی‌نسب. آن جا من را معرفی کرد به بیمارستان ابن‌سینا و تو بیمارستان ابن‌سینا شروع کردم به تست دادن. تست‌های روانی. تست اول را دادم، تست دوم را دادم. خانمه اسمش الان یادم رفته، خانم خیلی خوبی بود، خیلی خوب برخورد کرد. روز سوم که رفتم، چهار پنج روز طول کشید، یعنی من روزی دو سه ساعت می‌رفتم بیمارستان. بعد روز سوم بهم گفت خانمم، می‌بینم که مامانت دختر خوبی هم دارد. من این جوری نگاهش کردم که یعنی چه خانمم؟ چرا به من گفت خانم؟ یک خرده وقتی هم می‌رفتم یک خرده شروع کرده بودم میک‌آپ [آرایش] کردن و ابرو برداشتن و دیگر یعنی از تو خدمت تقریباً شروع کرده بودم موهای بدنم را زدن. دیگر یک خرده خودم را آزادتر کرده بودم. بعد یک خرده نگاهش کردم، گفت که خب اگر دختر باشی اسمت را چی می‌گذاری؟ هی سوال‌های این جوری می‌کرد. پیش خودم گفتم یعنی چه؟ حالا می‌خواهد هی من را بسنجد. می‌خواهد درون من را بفهمد. من هم هرچه که می‌پرسید خیلی راحت جواب می‌دادم. بعد نامه را به من روز آخر داد و گفت این را ببر پیش... نتیجه را خودش نگفت. رفتم پیش دکتر موسوی‌نسب و نامه را باز کرد و یادم هست مادرم این‌ها مسافرت بودند. نامه را باز کرد و گفت تو تا حالا اقدام کرده‌ای برای تغییر جنسیت؟ من همین جوری نگاهش کردم، گفتم نه، تا حالا همچین کاری نکرده‌ام. اصلاً ترسیده بودم که چرا ازم این سوال را می‌کند. من هیچ وقت همچین کاری را نکرده‌ام. گفت تو می‌دانی که می‌توانی این کار را بکنی؟ گفتم نه. گفت تو به‌خاطر این که ترنس-سکشوالی، نتیجهٔ آزمایش‌هایت نشان داده که ترنس‌سکشوالی. او به من گفت دو نوع وجود دارد، یکی‌شان هموسکشوال‌اند، یک سری ترنس-سکشوال‌اند. تو هموسکشوال نیستی، در نتیجه ترنس‌سکشوالی. یک خرده توضیح داد که این دو تا با هم فرق می‌کنند. گفت هموسکشوال‌ها

دوست دارند مرد باشند، دوست دارند با هم‌جنس خودشان باشند، تو ولی دروناً دوست داری زن باشی، با یک مرد باشی... نه این که به‌عنوان یک مرد با یک مرد باشی. گفت نگران نباش، آن یک انحراف است. گفت اصولاً هموسکشوالیتی یک بیماری یا انحراف می‌تواند باشد، آن را می‌شود یک جورهایی درستش کرد، ولی ترنس‌سکشوال‌ها خب زن هستند، تو می‌خواهی زن باشی، می‌توانی زن باشی. تو روحت زن است. آنها روح‌شان زن نیست. ولی تو روحت زن است. حالا خیلی توضیح نداد.[۵۷]

۳- سوق دادن به سوی تغییر جنسیت

نتایج این پژوهش، بر نقش پررنگی که مشاوران در تعریف هویت جنسی مصاحبه‌شوندگان به‌عنوان ترنس‌سکشوال و تشویق آنها به تغییر جنسیت حتی در سنین بسیار پایین ایفا کرده‌اند صحه می‌گذارد.

فکر تغییر جنسیت به‌عنوان راه‌حلی برای رسیدن به وضعیت "نرمال" هم توسط همین مشاوران در ذهن آنها ایجاد شده است. بیشتر مصاحبه شوندگان ما در سنین پایین و در سال‌های اولیهٔ دوران نوجوانی با این مسئله مواجه شده‌اند. آنها در اغلب موارد و در جلسات مشاوره، هیچ اطلاعاتی در مورد هم‌جنس‌گرایی دریافت نکرده‌اند.

این روان‌شناسان و پزشکان اساساً تخصصی در زمینهٔ تغییر جنسیت ندارند و از آگاهی علمی در مورد موضوعاتی چون هویت جنسیتی و گرایش جنسی بی بهره‌اند. دکتر کهن‌زاد در کتاب "برزخ تن" می‌نویسد:

من یک سکس-اورلژیست هستم. تحصیل من مشخصاً معطوف به جراحی‌های ناتوانی جنسی است. با وجودی که در آمریکا در خصوص تبدیل جنسیت‌ها مشاهده و تجاربی داشتم، هرگز دورنمایی برای شرایط کنونی‌ام در ایران به‌عنوان یک جراح شناخته‌شده در این زمینه

---

۵۷ مصاحبه با پگاه، شش‌رنگ و عدالت برای ایران

> سراغ نمی‌کردم. این واقعیت را هم در نظر آورید که سابقهٔ تبدیل جنسیت در ایران پیش از درگیر شدن من محدود به موارد منفرد، تجربی و به خصوص کمتر آکادمیک بوده است که عمدتاً روی بسیاری از هم‌جنس‌گرایان آن هم در سوی تبدیل مرد به زن انجام پذیرفته بودند. یادم هست در چنین فضایی در دقایق پایانی یکی از سخنرانی‌هایم در بیمارستان هاشمی‌نژاد تهران از سوی یکی از همکاران سؤالی شد که جریان بحث را به مقولهٔ "ترانس‌سکچوال" کشانید. در همین جلسه بود که به دانش کم و پُر از نقصان همکارانم در این زمینه پی بردم![۵۸]

دکتر علیرضا کاهانی که در زمینهٔ "اختلال" ترنس‌سکشوالیتی اخیراً کتابی به نام "اختلال هویت جنسی" روانهٔ بازار کرده بر این باور است که منشاء اصلی این پدیده دقیقاً مشخص نیست و عوامل موثر در شکل‌گیری آن را نمی‌توان به یقین معلوم کرد. او می‌نویسد:

> عواملی همچون تأثیر خانواده و دریافت‌های حسی فرد در سنین زیر ۵ سال، می‌تواند از جمله عوامل بیرونی به‌وجود آورندهٔ این اختلال به شمار آید. به‌عنوان مثال والدینی که از جنسیت فرزندشان راضی نیستند و با سپردن نقش‌های جنس مخالف به فرزندشان به نوعی سعی در پر کردن این خلاء دارند، می‌توانند در او اختلالات هویت جنسی به وجود آورند.[۵۹]

به گفتهٔ کاهانی، جنس و هویت جنسی در انسان‌های "نرمال" در راستای همدیگر قرار دارند و هویتی یگانه برمی‌سازند؛ وقتی این دو با هم در تقابل قرار می‌گیرند هویتی ناهمگون و متضاد در فرد ایجاد می‌شود. وی با تأکید بر این که در حال حاضر تنها راه متعارف درمان این بیماری، تغییر جنسیت از طریق عمل جراحی یا هورمون‌درمانی است، می‌گوید: "کسانی که امکان این کار

---

۵۸ کهن‌زاد، شهریار، "برزخ تن"، انتشارات کتاب سرا، تهران، ۱۳۸۸، ص. ۱۸.

۵۹ رمضان‌زاده، فاطمه، راهی بی بازگشت، ۱ تیر ۱۳۸۴، آفتاب، قابل دسترسی در:
http://www.aftabir.com/articles/view/social/psychopathology/c4c1119451032p1.php/
راهی-بی-بازگشت

برایشان وجود ندارد، چاره‌ای جز کنار آمدن با شرایط موجود و پذیرش وضعیت خود ندارند و سایر راه‌های پیشنهاد شده برای درمان این بیماران، تاکنون راه به جایی نبرده است."

کاهانی در عین حال تآکید می‌کند: باید در ارایهٔ مجوزهای عمل تغییر جنسیت دقت و حساسیت فراوانی صورت گیرد؛ چرا که بسیاری از متقاضیان عمل در واقع تراجنسیتی نیستند و داشتن انحرافات جنسی و سایر اختلالات دیگر آنان را به سمت عمل سوق می‌دهد. وی می‌افزاید: "ویژگی بارز افراد تراجنسیتی[۶۰] این است که این بیماران خواستار یک زندگی سالم و طبیعی هستند و برای دور شدن از اختلال هویت جنسی و اجتناب از یک زندگی نامتعارف و غیراخلاقی به عمل تغییر جنسیت روی می‌آورند."[۶۱]

این گروه از روان‌پزشکان در رواج این کلیشه که اختلال هویت جنسیتی از رفتارهای یک مادر کنترل‌گر یا مشکلاتی مثل طلاق والدین ریشه می‌گیرد سهمی جدی داشته‌اند. آنها با تکیه بر مدارج علمی خود، استدلال‌هایی می‌آورند که به هیچ وجه اثبات نشده است. به‌عنوان مثال، دکتر بهنام اوحدی می‌نویسد:

> مادر خشن و بی‌ارزش‌کننده می‌تواند در رشد هویت جنسی کودک اختلال ایجاد کند. برخی کودکان با این پیام روبه‌رو می‌شوند که اگر هویت جنسی مقابل را داشتند، از ارزش بیشتری برخوردار بودند. به‌ویژه کودکان طردشده و آزاردیده براساس چنین باورهایی رفتار می‌کنند. گاه نیز اختلالات هویت جنسی بر اثر مرگ مادر، غیبت طولانی یا افسردگی او ایجاد می‌شود. در چنین حالاتی ممکن است یک پسربچه از طریق همانندسازی کامل با مادر واکنش نشان دهد؛ یعنی برای جایگزینی، با روش خود تبدیل به مادر شود. نقش پدر هم در سال‌های نخستین زندگی مهم است و حضور او به‌طور طبیعی به فرایند جدایی- فردگرایی

---

۶۰ واژهٔ تراجنسیتی که غلط مصطلحی برای واژه فراجنسیتی است، به جای ترنس-سکشوال به کار می‌رود.

۶۱ "نقش تشخیص درست اختلال جنسیت در ایران، پزشکان قبل از عمل بیمار را کاملاً آگاه کنند"، دوم اسفند ۱۳۹۱، خبرگزاری پانا، قابل دسترسی در:
:http://www.pana.ir/Pages/Printable-News-56825.aspx.

> کمک می‌کند. بدون وجود پدر، ممکن است مادر و کودک کاملاً نزدیک باقی بمانند.[۶۲]

مطالعهٔ مصاحبه‌ها و یا خاطرات پزشکان در مواجهه با مراجعین به وضوح نشان می‌دهد که چگونه در نتیجهٔ ناآگاهی مراجعین، پزشک به‌عنوان منبع آگاه و مورد اعتماد در نظر گرفته می‌شود و رهنمودهایش با قطعیت و به گوش جان شنیده شده و به اجرا درمی‌آیند. دکتر شهریار کهن‌زاد که یکی از سکسو-لوژیست‌های مطرح این حوزه است، در کتاب "برزخ تن" از اولین مواجههٔ خود با یک زن ۲۸ سالهٔ روستایی و صاحب فرزند سخن می‌گوید که علاقهٔ وافری به پوشیدن لباس‌های مردانه داشته و به همراه همسرش به وی مراجعه کرده بود:

> او که فوق دیپلم داشت با دقت عجیبی گوش می‌کرد و در انطباق با تعاریفی که ارائه می‌دادم، متعجب می‌شد. انگار در لابلای آن چه می‌گفتم، خود را می‌دید. و چون اولین بار بود که آنها را از کسی دیگر می‌شنید و تنها در درون خود نبود که سراغ‌شان می‌کرد کمی آرام به نظر می‌رسید. تمام تلاشم را کردم بار گناه یک زن شهرستانی که از سال‌ها پیش حس یک تناقضِ بزرگ با بایدهای اجتماع در خود سراغ کرده بود را کاهش دهم و فضای روحی مناسبی را برای دخالت‌های احتمالی به‌وجود آورم. نتیجهٔ این برخورد بسیار مؤثر و آرام‌بخش بود و او را به اطمینانی که برای ادامهٔ درمان نیاز داشتم رسانید. در دقایق مصاحبه چهرهٔ شوهر بیمار برایم بسیار جالب بود. به سادگی می‌شد نگرانی و اهمیتی که به همسرش می‌داد را درک کرد. هیچ‌گاه رفتاری نکرد و سخنی نگفت که به حقی که از او زایل شده بود طعنه‌ای زند و یا موضوع خودبینانه‌ای را به میان کشد. بی‌اغراق از فهیم‌ترین همراهان بیماری بوده است که تا کنون ملاقات کرده‌ام! در پاسخ به سؤال چه باید کرد شوهر بیمار، جراحی را یگانه راه‌حل مشکل بیمار معرفی کردم.[۶۳]

---

۶۲ اوحدی، بهنام، "دختری با کفش‌های پسرانه!"، ماهنامهٔ زنان، جمعه ۱۸ فوریه ۲۰۰۵، قابل دسترسی در: http://zananmag.org/spip.php?article280.

۶۳ کهن‌زاد، همان، ص ۴۷.

از این روایت چنین برمی‌آید که پزشک قبل از معاینهٔ دقیق فرد تشخیص خود را اعلام کرده و حالا مراجعه‌کننده در یک جلسه پاسخ به دو سوال را هم‌زمان دریافت می‌کند، هویت جنسی و راه "برطرف کردن مشکل" را؛ بی آن که پزشک در این زمینه تخصصی داشته باشد یا وضعیت روحی و جسمانی او را به قدر کافی بررسی کرده باشد.

این تنها موردی نیست که دکتر کهن‌زاد و روان‌شناسان دیگر، بدون طی مراحل لازم، در مورد مراجعین هم‌جنس‌گرای خود حکم به ترنس‌سکشوالیتی و ضرورت انجام عمل تغییر جنسیت داده‌اند. شَمال، دختر بیست ساله‌ای که خود را لزبین می‌داند و تیپ و ظاهری به اصطلاح "پسرانه" دارد، مواجههٔ اول خود با دکتر کهن‌زاد[۶۴] را چنین توضیح می‌دهد:

> ما همان روز رفتیم کلینیک پارس پیش دکتر کهن‌زاد. تا در را باز کردند دکتر به من گفت تی‌اس هستی؟ گفتم فکر می‌کنم آره. آن جا رفتیم و یک سری سوال ازم پرسید راجع به اخلاقم، یا این که گفت چرا می‌خواهی این کار را انجام بدهی؟ بعد یک معاینه هم کرد و یک نامه نوشت و گفت این نامه را ببر پزشک قانونی مراحل را طی کن، بعد بیا این جا با کیس‌هایی که ما داشتیم و عمل کرده‌ایم می‌نشینی صحبت می‌کنی، نتیجهٔ کار آن‌ها را هم می‌بینی و اگر تو هم دوست داشتی ما هورمون‌تراپی را شروع می‌کنیم و بعد شش ماه تا یک سال آن کار انجام می‌شود و بعد تو می‌توانی کامل عمل جراحی را انجام دهی.

او پس از این که توسط روان‌شناس به‌عنوان ترنس شناخته می‌شود، از طریق وی به دکتر غدد ارجاع داده می‌شود. شَمال در ادامه می‌گوید:

> روان‌پزشک من را پیش دکتر غدد فرستاد. پزشک غدد من را پیش کسی که عمل‌های سکس‌چنج انجام می‌دهد فرستاد. بعد کارم که به آن حد رسید خانواده دیگر جلوی من قرار گرفتند و نگذاشتند این کار را بکنم.[۶۵]

---

۶۴ درخواست ما برای مصاحبه با دکتر شهریار کهن‌زاد و پاسخگویی به ادعاهای مطرح شده در مصاحبه‌های متعدد این تحقیق درباره ایشان، بی‌پاسخ ماند.

۶۵ مصاحبه با شَمال، شش‌رنگ و عدالت برای ایران.

شَمال پس از گذشت سه سال از این ماجرا و مخالفت خانواده‌اش با عمل جراحی می‌گوید:

> الان فکر می‌کنم کار خوبی کردند نگذاشتند من به سمت سکس‌چنج [تغییر جنسیت] بروم. ولی با هم‌جنس‌گرایی هم نمی‌توانند کنار بیایند. بعد چند فیلم عمل را گیر آوردم و راجع بهش هم تحقیق کردم، دیدم خب واقعاً یک چیز فاجعه‌ای است، عملاً از خیلی ساده‌ترین چیزهای زندگی با این کار محروم می‌شوی. خب حالا فقط ظاهراً می‌شوی مرد. خب که چه بشود؟ وقتی که نمی‌توانی حتی یک رابطهٔ راحتی با پارتنرت داشته باشی، دیگر مثلاً چه فایده‌ای دارد؟ الان این جوری که هستم با کسی که به قول شما همین جوری از من خوشش بیاید و بخواهد با من باشد، خیلی راحت می‌توانم باهاش رابطه برقرار کنم، ولی اگر بیایم آن کار را انجام بدهم، نه. از خیلی‌ها باید دوری بکنم. هفده سالم بود. آن موقع که خیلی تو سایت مریم [ملک آرا] می‌رفتم، می‌دیدم یک عده کم سن و سال بودند که عمل کرده بودند، ولی من باهاشان مستقیماً ارتباط نداشتم که ببینم تا چه حد رضایت داشتند. دو سه تا دوست دیگر هم دارم، یکی تو تهران و یکی تو بابل زندگی می‌کنند. آنها هم مثل خودم هستند، ولی عمل نکرده‌اند. یکی‌شان حتی یواشکی هورمون‌تراپی کرده بود و صدایش هم کلفت شده بود، ولی او هم خانواده‌اش بهش اجازهٔ عمل کردن نداده بودند.[۶۶]

در همین راستا، اظهارات بسیاری از مصاحبه‌شوندگان ما نشان می‌دهد که چگونه اعتماد مراجعین به پزشکان و روان‌شناسان در جریان این جلسات مشاوره مورد سوءاستفاده قرار می‌گیرد. آکان که در سن ۱۷ سالگی و در همان جلسهٔ اول مشاوره از زبان یک روان‌شناس شنیده که ترنس است و باید عمل کند می‌گوید:

> اولین بار من این واژهٔ ترنس را از روان‌شناس شنیدم. اولین بار وقتی در مورد خودم برایش توضیح دادم، گفتم من این طوری‌ام، نمی‌توانم لباس دخترانه بپوشم، من به دخترها حس دارم، اصلاً حتی بدم می‌آید که

۶۶ همان.

من را دختر صدا می‌زنند، می‌گویند دخترخانم من بدم می‌آید، دوست دارم من را پسر صدا کنند مثل برادرهایم. دوست دارم پدرم توی خانواده به من بگوید پسرم. بعد با من حرف زد و سوال می‌پرسید و من جواب می‌دادم که مثلاً دوست داری با دخترها رابطهٔ جنسی برقرار کنی؟ من هم واقعیت‌ها را بهش می‌گفتم و گفت که تو باید تغییر جنسیت بدهی، تو ترنسی. گفت که شما الان سن‌تان کم است ولی فکر کنم که شما ترنس باشید و باید اگر این طوری باشد در آینده تغییر جنسیت بدهید. من خیلی خوشحال بودم از این موضوع که من می‌توانم پسر شوم، چیزی که سال‌ها آرزویش را داشتم، ولی دیگر نگذاشتند که جلسه‌هایم را ادامه بدهم. شاید اگر می‌رفتم توی همان جلسه‌ها پدرم راضی می‌شد، ولی پدرم متاسفانه نخواست قبول کند.[۶۷]

او تا زمانی که در سن نوزده سالگی به ترکیه فرار کرده و اعلام پناهندگی می‌کند با مفهوم "هم‌جنس‌گرایی" آشنا نبوده است:

اطلاعاتی [دربارهٔ لزبین بودن] نداشتم. چیزهایی می‌دانستم که می‌گفتند هم‌جنس‌باز. من چون توی یک محیط کوچکی بودم، درست است سنندج بزرگ است ولی محیطش کوچک است، این چیزها هم توی سنندج جا نیفتاده. یعنی هیچ کس جرأت ندارد به‌خاطر کُرد بودن و تعصبی بودن، اصلاً در موردش حرف بزند. اما از وقتی که آمدم این سوال برایم پیش آمده. واقعیتش من الان نمی‌دانم که یا ترنسم یا لزبینم. چون روان‌شناس‌هایی که توی ایران بودند هیچ وقت به من جواب درست و حسابی ندادند و من می‌خواهم، تنها هدفم این است که بروم اولین کاری که بکنم این است که بروم کلاس‌های روان‌شناسی، چون آدم نمی‌تواند خودش را تغییر بدهد و بعد عذاب وجدان بگیرد که چرا خودش را تغییر داده.[۶۸]

با استناد به تجربهٔ آکان محمدپور و تجارب مشابه می‌توان فهمید که اهمال مشاوران در ارائهٔ اطلاعات علمی دربارهٔ هم‌جنس‌گرایی و دور نگه داشتن

۶۷ مصاحبه با آکان محمدپور، شش‌رنگ و عدالت برای ایران.
۶۸ همان.

مراجعان از آگاهی نسبت به گرایشات جنسی و هویت‌های جنسیتی متفاوت، آن هم در شرایطی که سخن گفتن از هم‌جنس‌گرایی نوعی تابو محسوب می‌شود و در مواردی که تبلیغ به شمار رود عملی مجرمانه شناخته می‌شود، چگونه می‌تواند فرد را به سمت تثبیت هویت خود به‌عنوان ترنس‌سکشوال سوق دهد و بی آن که شرایط واقعی انتخاب را برای او فراهم کند و گزینه‌های مختلف را پیش رویش بگذارد، او را به تغییر جنسیت تشویق کند و یا حتی به شکلی، به سوی آن سوق دهد.

امیرعلی هنگام تحصیل در مقطع سوم راهنمایی به روان‌شناس مراجعه می‌کند و در همان جلسهٔ اول از او می‌شنود که بهتر است مورد عمل جراحی قرار گیرد:

> یک خانوادهٔ فوق‌العاده مذهبی دارم، فوق‌العاده هم بسته هستند. مثلاً پدرم سردار سپاهه، برادرم مثلاً اطلاعاتیه یا خیلی از طرف دایی‌م این‌ها و عموهام، همه کله‌گنده‌اند. نمی‌شد مطرح کنم تا این که رسیدم سال سوم راهنمایی. تصمیم گرفتم یک شب بگم. دقیقاً ۲۱ بهمن بود، دقیقاً. شروع کردم به خواهرم گفتم، خواهر بزرگترم، ماما هست. بهش گفتم. ایشون گریه کرد. گفت ما این تفاوت رو توی تو حس کرده بودیم، ولی فکر نمی‌کردیم تو بیای بیان کنی و تو نمی‌تونی این کار رو بکنی. دیگه از اون به بعد دعواهای ما شروع شد. بلافاصله ظرف یک هفته من رو بردن پیش یه روان‌شناس. این روان‌شناس سریع از وقتی با من مصاحبه کرد، گفتش که شما احتیاج به عمل دارید چون یک‌سری چیزها در تو هست که من توی بقیهٔ آدم‌ها ندیدم. تو متمایز می‌شی نسبت به بقیه که زودتر عمل کنی.[۶۹]

هستی هم که خود را ترنس‌زن (ترنس مرد به زن) معرفی می‌کند و در زمان مصاحبه ۲۴ سال دارد، هنگام تحصیل در کلاس اول دبیرستان از طرف مسئولان مدرسه به روان‌شناس معرفی شده است. روان‌شناس برای نخستین بار به هویت جنسی او عنوان "ترنس‌سکشوال" داده و تن دادن به عمل تغییر جنسیت را به او پیشنهاد کرده است:

---

۶۹ همان.

از اول دبیرستان فهمیدم که ترنس هستم. چون داخل دبیرستان همیشه یک دوستی داشتم که الان که فکر می‌کنم پارتنر من بوده. ما چهار سال با هم رابطه داشتیم. رابطهٔ سکسی داشتیم، رابطهٔ عاطفی داشتیم، همدیگر را دوست داشتیم، برای همدیگر گریه می‌کردیم. خب او همیشه با من داخل مدرسه بود، زمانی هم که با من داخل مدرسه بود احدالناسی جرأت نداشت به من چیزی بگوید. ولی زمان‌هایی که نمی‌آمد شاید برای من مشکل ایجاد می‌شد. روزهایی که نمی‌آمد من نمی‌رفتم ناهارخوری مدرسه. یک بار مشاور مدرسه من را دید و مچ من را گرفت که بیا این جا ببینم چرا قایم شده‌ای. گفتم من می‌ترسم. چرا می‌ترسی؟ خیلی برایشان مهم بود. ما سه تا مشاور داشتیم که شبانه‌روز رفتارهای بچه‌ها را می‌سنجیدند و باهاش برخورد خوب می‌کردند، یعنی بهشان مشاوره می‌دادند. من را برد داخل اتاقش و من هم خیلی واضح گفتم من دوست دارم دخترانه باشم، دوست دارم این کار را بکنم، آن کار را بکنم. الان اگر که مازیار همراهم نباشد بچه‌ها من را مسخره می‌کنند، اذیتم می‌کنند، و چون مازیار نیست نمی‌روم. من این را بهش گفتم. حتماً خیلی برایش جالب بود. چند سری دیگر با من هی صحبت کرد بین کلاس‌ها، چون من مجبور بودم بروم سر کلاس، همان روز بحثمان ناتمام ماند. و وقت‌های مشاورهٔ خیلی زیادی به من داد و بعد از چند جلسه من را معرفی کرد به دکتر روان‌پزشک. از طرف خود مدرسه به من نامه دادند که باید من را ببرند روان‌پزشک. مادرم را خواستند، و با مادرم رفتیم دکتر روان‌پزشک و دکتر روان‌پزشک بعد از چند جلسه که با من صحبت کرد و با مادرم صحبت کرد، با پدرم صحبت نکرد، با مادرم صحبت کرد و از بچگی و گذشتهٔ من همه چیز سوال کرد، گفت که شما باید تغییر جنسیت بدهی. گفتم چرا؟ گفت شما ترنس‌سکشوال هستید و می‌توانی این کار را بکنی اگر دوست داشته باشی و می‌توانی جنسیتت را تغییر بدهی. ذهنیتت، ذهنیت کاملاً دخترانه است و از آن جا شد که من فهمیدم ای بابا یک چیز اساسی است. من تا آن موقع فکر می‌کردم تنها هستم، من فقط این مشکل را دارم، هیچ کس دیگر تو دنیا وجود ندارد که این مشکل را داشته باشد. و خیلی از یک جهاتی

برایم خوب شد که فهمیدم تنها نیستم، ذهنیتم آرام‌تر شد، یک کم قوی‌تر شدم، بیشتر به حالت خودم اجازه دادم بروز پیدا کند.[۷۰]

در مورد بیشتر مصاحبه‌شوندگان این پژوهش، مشاوران در همان جلسهٔ اول یا در نهایت در جلسهٔ دوم، ترنس‌سکشوال بودن یا نبودن افراد و لزوم تغییر جنسیت را تشخیص داده‌اند.

سهراب، ترنس‌مرد، معتقد است پرسش‌هایی که در جلسات مشاورهٔ رسمی انستیتو روان‌پزشکی تهران مطرح می‌شوند خود به خود فرد مراجع را به این سمت سوق می‌دهند که خود را ترنس‌سکشوال معرفی کند:

سال هشتاد و شش بود و [این جلسات مشاوره] تا هشتاد و هفت طول کشید. گفت باید بروی انستیتو خودت را معرفی کنی و ببینی چطور می‌شود این مسئله را حل کرد. چون آدم سلامتی‌اش را می‌خواهد. در یک لحظه احساس می‌کند که فکر من با جسم من مغایرت دارد باید سعی کنی این را در یک راستا پیش ببری که بتوانی تو این مملکت زندگی کنی. اگر فکرت پسرانه باشد و جسمت زنانه باشد و بروی ازدواج کنی به مشکل برمی‌خوری. پس اینها را باید تو ایران در یک راستا بکنی. نمی‌توانی فکر و تیپت پسرانه باشد، ولی جسمت زنانه باشد. به هیچ جا نمی‌رسی، نه می‌توانی عشق را برای همیشه داشته باشی. نه می‌توانی برای همیشه یک جا سر کار باشی. همیشه یک نگاهی دنبالت است، یک حرفی بهت می‌زنند. همیشه باید تو عذاب باشی، همیشه دردسر داری. این بود که رفتم انستیتو روان‌پزشکی تهران، کنار بیمارستان رسول اکرم، گفتم این مشکل را دارم. همه چیز را تعریف کردم. قرارها هم آن موقع طولانی بود. مثلاً الان که رفتم خودم را معرفی کردم گفت پنج- شش ماه دیگر بیا، اولین جلسه‌ات است، بعد هفته‌ای، دو هفته‌ای یک بار بهم جلسه می‌دادند. پول می‌گرفتند، برای هر جلسه ده هزار تومان می‌گرفتند... من نمی‌دانستم ترنس چیست، کلمهٔ ترنس اصلاً یعنی چی، لزبین یعنی چه، اینها را هیچ کدام نمی‌دانستم. توی یک محدودهٔ ذهنی بودم که خودم را پسر می‌دانستم،

---

۷۰ مصاحبه با هستی، شش‌رنگ و عدالت برای ایران.

دوست‌دختر داشتم، باشگاه می‌رفتم، درس می‌خواندم، همین جوری زندگی می‌کردم. تو این برنامه‌ها نبودم که ببینم چه خبر است. کارشان خیلی اشتباه است که می‌روی آن جا و بدون این که بدانی، می‌خواهند خودشان به خودشان ثابت کنند که تو ترنس هستی. اصلاً سمت و جهتی که تو سوال‌هایشان هست به تو این راهنمایی را می‌کند که تو چه بگویی که به تو بگویند تو ترنس هستی و بهت مجوز عمل بدهند. خیلی از آدم‌ها، مثلاً من اگر رفتم پیش خانم یا آقای ایکس روان‌شناس رفتم که مشکلم را حل کند. شاید می‌توانستی کاری کنی که من نظرم کلا نسبت به زندگی برگردد. یا ایکس یا هر کس دیگری. یک جور دیگری زندگی کند. می‌خواستند کار خودشان راحت شود. ده جلسه تو را می‌بینند، تو این ده جلسه هیچ حرفی بهت نمی‌زنند، هیچ انرژی برایت نمی‌گذارند، فقط شما آن جا گوینده‌ای. فقط می‌گویی که بچگی‌ام این طوری کردم، هی می‌گویی و او می‌نویسد. یک پرونده‌ای برایت درست می‌کند، دستت می‌دهد و می‌گوید از این جا که رفتی، می‌روی دادسرا این نامه را می‌گیری، بعد می‌روی سازمان انتقال خون ایران آزمایش ایکس و ایگرگ را می‌گیری. این کسی که آمده، من آدمی هستم که اصلاً تو این مسائل نیستم. شاید دوست من که تحت تأثیر من قرار گرفته، آن روز برایش روز سیاهی بوده من ناخواسته او را تحت تأثیر قرار داده‌ام و شاید اگر من را نمی‌دید لازم نبود بدنش را ببرد زیر تیغ. لازم نبود کلی بدبختی بکشد، از خانواده‌اش جدا شود، کلی حرف بخورد. شاید همان جوری می‌رفت زندگی‌اش را می‌کرد، شاید الان ازدواج کرده بود و بچه داشت. زندگی‌اش را داشت، حالا آن روز مثلاً روز سیاهی بوده برایش و الگوی غلطی گرفته تو زندگی‌اش.[۷۱]

البته در برخی از موارد، فرد، بین تشخیص‌های متفاوت مشاوران، درحالی که برای تعیین هویت جنسی خود و ایفای نقش اجتماعی متناسب با آن تحت فشار است، برای یافتن پاسخ درباره هویت جنسیتی خود دچار سرگردانی

۷۱ مصاحبه با سهراب، شش‌رنگ و عدالت برای ایران.

می‌شود. بیتا یکی از کسانی است که به دلیل عدم توانایی مالی ناچار شده در نیمهٔ راه از مراجعه به مشاوران متعدد دست بکشد:

روان‌پزشک، آقای مجتهدزاده[۷۲] خیلی سریع چند تا سوال از من پرسید. گفت مثلاً دوست داری آرایش کنی؟ دوست داری لاک بزنی؟ دوست داری لباس‌های زنونه بپوشی؟ من بهش گفتم نه. بعد این باعث شد که نتیجه بگیره که من ترنس‌ام. یه مسئله دیگه‌ای هم بود که من بهش گفتم که من تو خونه با مادرم خیلی حس بهتری داشتم. الان هم مثلاً با بابام خیلی بدم. این رو خیلی مهم می‌دونست. بعد من رو مستقیم معرفی کرد ادارهٔ پیش‌گیری [سازمان بهزیستی[۷۳]]، من رفتم اونجا بعد... تجربهٔ خیلی جالبی که پیش اومد، من با یکی از دوستام بودم، بعد اونا تا دیدن من با یه دختر اومدم، سریع به من آدرس دادن.... اول باید بری پیش مددکار، بعدش هم معرفی‌ات کنن به دادگاه. بعدش اصلاً نرفتم اون جا. رفتم پیش دکتر میرجلالی که خیلی اشتباه کردم. آدم اول نمی‌ره پیش دکتر میرجلالی. چون اون دست به چاقو بود، آماده بود. البته او خیلی خوب من رو پذیرفت، قشنگ حرفام رو گوش داد، بعد قبول کرد. فقط اون‌جا یه جمله گفت. گفت فقط این جا نمی‌تونی شک کنی دوباره برگردی. همهٔ فکرهات رو کردی؟ گفتم مشکلی ندارم ولی بعد که رفتم پهلوی مهرابی، او هیچ نظری نتونست بده. به من گفت که در طول تجربهٔ کاری‌ام تو سومین نفری هستی که من هیچ نظری راجع بهت نمی‌تونم بدم. گفت من نمی‌تونم بگم به تو که تو نه بایی، نه ترنسی، نه استریتی. هیچی نمی‌تونم بگم. نه، نه. بعد من رو محول کرد به همکارش. دکتر افتخار[۷۴]. توی همون مجموعه بود. من یه جلسه پیشش رفتم، اون نظر لزبین بودن داد. چون هزینه‌هاش خیلی بالا بود، دیگه من ادامه ندادم.[۷۵]

---

۷۲ درخواست ما برای مصاحبه با دکتر وحید مجتهدزاده و پاسخگویی به ادعاهای مطرح شده در این مصاحبه درباره ایشان، بی‌پاسخ ماند.

۷۳ این اداره مسئولیت رسیدگی به امور" مبتلایان به اختلال هویت جنسی" را دارد.

۷۴ درخواست ما برای مصاحبه با دکتر مهرداد افتخار و پاسخگویی به ادعاهای مطرح شده در مصاحبه‌های متعدد این تحقیق درباره ایشان، بی‌پاسخ ماند.

۷۵ مصاحبه با الناز، شش‌رنگ و عدالت برای ایران.

برخی از مصاحبه‌شوندگان نیز روان‌شناس و مشاور خود را عوض کرده‌اند تا بالاخره آن چه را می‌خواسته‌اند، که اغلب، تجویز لزوم عمل جراحی و انکار هم‌جنس‌گرا بودن آنها بوده است، از زبان یکی از آنها بشنوند. در این میان بعضی از روان‌شناسان در قانع کردن خانواده‌های آنها برای عمل تغییر جنسیت هم نقش موثری دارند. برای نمونه می‌توان به دکتر بهنام اوحدی اشاره کرد که در نظریهٔ خود مدعی است که میان هیپوفیز افراد ترنس‌سکشوال و افراد "نرمال" تفاوت‌هایی وجود دارد. او می‌تواند خانواده‌ها را با این استدلال که فرزندشان دچار یک بیماری فیزیکی است که تنها با تغییر جنسیت قابل درمان است، از این تردید که شاید مشاورهٔ روان‌شناختی برای حل مشکل فرزندشان کافی باشد رها کند. وی که در مورد اختلال هویت جنسی نگاهی پاتولوژیک دارد مدعی است تحقیقی که انجام داده ثابت می‌کند که "بین ساختار آنومیک مغز افراد دچار اختلال هویت جنسیتی و افراد سالم تفاوت‌هایی وجود دارد و در مراحل رشد و تمایز سامانهٔ عصبی مرکزی، ممکن است ساختار آناتومی مغز این بیماران دچار تغییراتی شده و از مسیر معمول و طبیعی هماهنگ و هم‌راستا با جنسیت فرد پیروی نکرده باشد."[۷۶]. علی راد که خود را ترنس مرد می‌داند، دربارهٔ تاثیری که این دیدگاه بر موافقت پدرش با تغییر جنسیت داشته است می‌گوید: "آقای بهنام اوحدی[۷۷] خیلی خیلی خوب با بابام صحبت کردن. البته ما اومدیم بیرون از اتاق، بابام به ظاهر نشون می‌داد که خوشش نیومده، ولی اون آقای دکتر تأثیر خودش رو روی بابام گذاشته بود."[۷۸]

دکتر بهنام اوحدی در پاسخ به این سوال که "آیا اختلال هویت جنسی درمان‌پذیر است؟" چنین می‌گوید:

> پیش‌آگهی اختلال هویت جنسی به سن آغاز آن و شدت نشانه‌ها بستگی دارد. این اختلال در پسربچه‌ها پیش از سن چهار سالگی آغاز می‌شود و تعارض با هم‌سالان در اوایل ورود به مدرسه، یعنی حدود

۷۶ اوحدی، بهنام و دیگران، "ویژگی‌های تصویربرداری مغز افراد دچار اختلال هویت جنسی در مقایسه با افراد سالم"، تازه‌های علوم شناختی، سال ۹، شمارهٔ ۳، ۱۳۶۸، ص. ۲۰.

۷۷ درخواست ما برای مصاحبه با دکتر بهنام اوحدی و پاسخگویی به ادعاهای مطرح شده در مصاحبه‌های متعدد این تحقیق درباره ایشان، بی‌پاسخ ماند.

۷۸ مصاحبه با علی راد، شش‌رنگ و عدالت برای ایران.

هفت یا هشت سالگی روی می‌دهد. ادا و اطوار بسیار دخترانهٔ آنها ممکن است با بالا رفتن سن کاهش یابد، به‌ویژه اگر چنین رفتارهایی واکنش اطرافیان را برانگیزد. ممکن است مبدل‌پوشی (cross-dressing) نیز جزئی از این اختلال باشد و ۷۵ درصد پسران مبدل‌پوش این کار را پیش از چهار سالگی آغاز می‌کنند. سن شروع این‌کار در دختربچه‌ها هم پایین است، ولی بیشتر آنها تا سن بلوغ رفتار پسرانه را ترک می‌کنند.

در هر دو جنس، ممکن است هم‌جنس‌گرایی در یک سوم تا دو سوم بچه‌ها پدید آید، هرچند به‌دلایلی که مشخص نیست، هم‌جنس‌گرایی در دخترها کمتر از پسرها دیده می‌شود. نارضایتی جنسیتی و تمایل برای جراحی تغییر جنسیت در کمتر از ۱۰ درصد موارد ایجاد می‌شود. داده‌های گذشته‌نگر در مورد مردان هم‌جنس‌گرا نشان‌دهندهٔ شیوع بالای همانندسازی با جنس مقابل و رفتار زنانه در دوران کودکی است. تمایل شخص به ایفای نقش جنسی مطلوب (جنس مقابل) اغلب سبب ایجاد اختلال در کارکرد اجتماعی و شغلی او می‌شود. افسردگی نیز مشکل شایعی در بین این افراد است، به‌خصوص اگر از تغییر جنسیت با کمک هورمون یا جراحی ناامید شوند. گاه مردانی دیده شده‌اند که خود را اخته کرده‌اند و این کار را نه برای خودکشی، بلکه برای این انجام داده‌اند تا به جراح برای جراحی تغییر جنسیت فشار آورند. به طور کلی، این اختلال را باید از اختلالات دوجنسیتی (intersex conditions) و مبدل‌پوشی غیروابسته به استرس متمایز دانست.[۷۹]

نگاهی به وبلاگ و مقالات دکتر اوحدی، باور او به نظریاتی هموفوب و هم‌جنس‌گراستیزانه را آشکار می‌کند. او که فعالانه علیه هم‌جنس‌گرایی تبلیغ می‌کند، در نخستین کارگاه آموزشی تخصصی «هم‌جنس‌گرایی و دوجنس‌گرایی» که برای دستیاران و دانش‌آموختگان روان‌پزشکی و دانشجویان پزشکی، روان‌شناسی، مشاوره، مددکاری، علوم تربیتی و پیراپزشکی برگزار

---

۷۹ اوحدی، بهنام، "دختری با کفش‌های پسرانه!"، همان.

شده، به تدریس "پیش‌گیری از هم‌جنس‌گرایی" پرداخته است. وی در آگهی اعلان و تبلیغ این کارگاه نوشته است:

> با توجه به رشد نگران‌کنندهٔ هم‌جنس‌گرایی (هموسکسوالیتی) و دوجنس‌گرایی (بای‌سکسوالیتی)- که از پیامدهای ناخوشایند و آسیب‌زای همه‌گیری (اپیدمی) بحران هویت (IDENTITY CRISIS) هم هست- نخستین کارگاه آموزشی تخصصی «هم‌جنس‌گرایی (HOMO SEXUALITY) و دوجنس‌گرایی (BI SEXUALITY)»[۸۰] دکتر بهنام اوحدی در تاریخ پنج‌شنبه پنجم و پنج‌شنبه دوازدهم دی ماه ۱۳۸۷ طی هشت ساعت (دو جلسهٔ چهار ساعته)، با «رویکرد پیش‌گیرانه و درمانی»، برگزار می‌شود.[۸۱]

همانطور که دیدیم، در چنین نظام هم‌جنس‌گراستیزی رویکرد غالب آن است که مراجعانی که به هم‌جنس خود گرایش دارند بلافاصله به‌عنوان ترنس‌سکشوال تعریف شوند. اصرار پزشکان و روان‌شناسان برای ترنس‌سکشوال نامیدن این مراجعان به حدی است که حتی برخی از مصاحبه شوندگان که پیش از مراجعه به مشاوران از هویت جنسی خود به‌عنوان یک هم‌جنس‌گرا مطمئن بوده‌اند، با روان‌شناسانی مواجه شده‌اند که اصرار داشته‌اند آنها ترنس هستند و باید عمل کنند. سارا فخرالدین، لزبین، تجربه‌اش را چنین بیان می‌کند:

> حدودهای بیست و دو ساله بودم که به خانواده‌ام گفتم گرایشم چیست. خواهرم دو سال قبل از آن هم خبر داشت، ولی بقیه بابا و مامان نمی‌دانستند، من به مامانم گفتم، مامانم خیلی به خوبی پذیرفت که اصلاً برایم عجیب بود... من از مامانم خواستم با پدرم صحبت کند در این مورد. پدرم با این که خیلی مذهبی است بد برخورد نکرد، ولی اصرار داشت که من بروم پیش مشاور. من هم یکی دو جلسه رفتم،

---

۸۰ غلط‌های دیکته انگلیسی عیناً از متن اصلی نقل شده‌اند.

۸۱ اوحدی، بهنام، نخستین کارگاه آموزشی تخصصی «هم‌جنس‌گرایی و دوجنس گرایی» دکتر بهنام اوحدی، شانزدهم آذر ۱۳۸۷،یک روان‌پزشک، قابل دسترسی در:
http://www.1ravanpezeshk.blogfa.com/post-458.aspx

مشاورم آخر برگشت گفت فایده‌ای ندارد، چون باید خودش بخواهد و
این خودش نمی‌خواهد گرایشش عوض شود.... من که رفتم پیش مشاور
متأسفانه خواهرم هم آمد دخالت کرد، عکس‌هایی از بچگی‌مان نشان
داد که او خیلی دخترانه لباس پوشیده بود، من به هر حال پسرانه
می‌پوشیدم، معمولاً دوست داشتم از بچگی. بعد سعی کرد خیلی با
رندی خصوصیاتی که به قول خودش مردانه‌اند، [مثل لباس پوشیدن] را
مطرح کند، چون اصلاً لباس که یک مسئلۀ قراردادی است، مسئلۀ ذاتی
زن و مرد نیست. در هر حال انگشت گذاشت [روی لباس پوشیدن من]
و مشاور هم همین جوری، یعنی قشنگ یک جورهایی فکر کرد من
ترنس‌ام، ترنس را نگفت، ولی گفت تو خصوصیات مردانه داری. من
می‌گفتم ندارم و این اصرار داشت که این جوری است. به بابام هم
همین حرف را زده بود. بعد هم بابام بحث تغییر جنسیت را هم پیش
کشید و هنوز هم تصورش این است که من می‌خواهم یک مرد باشم.[۸۲]

فریبرز هم به گونه‌ای مشابه تجربه کرده است که چگونه پزشکان
ترنس‌سکشوالیتی را به هم‌جنس‌گرایان تلقین کرده و آنها را به تغییر جنسیت
تشویق می‌کنند:

اولین بار که رفتم پیش یک روان‌شناس و گفتم من عاشق یک پسر
شدم، گفت برو با دختر امتحان کن، گفتم با دختر هم امتحان کرده‌ام،
ولی عاشق آن پسرم. گفت خب می‌خواهی تغییر جنسیت بدهی؟ من
شوکه شدم. این تجربه را دوستم هم داشت. گفتم نه، من اوکی‌ام، چرا
باید تغییر [جنسیت] بدهم؟[۸۳]

در برخی موارد، حتی زنانی هم که به خاطر مشکلات هورمونی یا حتی موی
صورت نزد پزشک رفته‌اند با تشخیص مشابهی روبه‌رو شده‌اند. هانا اکبری که به
خاطر مشکل نامنظم بودن عادت ماهانه و شدت رشد موهای صورتش به پزشک
مراجعه کرده است چنین تعریف می‌کند:

۸۲ مصاحبه با سارا فخرالدین، شش‌رنگ و عدالت برای ایران.
۸۳ مصاحبه با فریبرز، شش‌رنگ و عدالت برای ایران.

همهٔ مشکل پریود نشدن‌ام بود، گر گرفتگی شدید، صورتم ریش درمی‌آورد، خیلی اذیت می‌شدم. همون سالی یه بار هم که پریود می‌شدم خیلی اذیت می‌شدم، یه جور غریبه‌ای بود. با مامانم مشورت کردیم رفتیم دکتر زنان و آزمایش هورمون داد و جواب آزمایش آمد که تستسترونت بالاتره و پروژسترون نداری و پروژسترون باید تزریق بشه با آمپول و قرص و هورمون. دیگه جلسهٔ بعد که رفتیم، شوهرم بود. ازم پرسید، گفت حس‌هات چطوریه، گرایشاتت چطوریه؟ من خندیدم، شوهرم گفت: آره، دخترا رو می‌بینه خیلی استقبال می‌کنه. بعد گفت از سینه‌هات لذت می‌بری؟ دوست داری نباشد؟ گفتم: آره، یه موقع‌هایی خوشم نمی‌آید، یه موقع‌هایی دوست دارم عمل کنم نباشه. آن موقع همیشه هم موهام کوتاه بود. گفت: موهات چی؟ گفتم موی کوتاه خیلی دوست دارم، ولی یه موقع‌هایی هم موی بلند خیلی دوست دارم. بعد دیگه گفت: تو می‌تونی با قرص‌هایی که بهت می‌دهم هورمونت رو تنظیم کنی، شدتش اون‌قدر نیست که بخواهی تغییر جنسیت بدهی.[۸۴]

دکتر کهن‌زاد در کتاب "برزخ تن" می‌نویسد: "یادمان باشد که یک اجتماع سالم از انسان‌های سالم تشکیل می‌شود. به همین ترتیب، جامعه‌ای که افراد بی‌ثبات، سردرگم و رنجیده‌ای را در دل خود داشته باشد، در معرض آسیب‌هایی قرار می‌گیرد که امنیت و استقرار را از تک تک افراد حاضر در آن سلب می‌نماید."[۸۵]

او در ادامه خود را شریک خلقت و شریک خدا می‌داند و می‌گوید: "اعتراف می‌کنم هیچ احساس رضایتی همتراز لحظاتی که بیماران خودبازیافته‌ام را ملاقات می‌کنم نمی‌یابم. در این جا است که قدردان خدا می‌شوم و از رخصتی که در شریک شدن با خالقیت خویش ارزانی‌ام داشته است، سرشار امتنان و لذت می‌گردم."[۸۶]

---

۸۴ مصاحبه با هانا اکبری، شش‌رنگ و عدالت برای ایران.

۸۵ کهن‌زاد، همان، صص. ۴-۵

۸۶ همان.

همین دو نقل قول، حس برتری و سلطهٔ دکتر کهن‌زاد، به‌عنوان یک مثال را نسبت به مراجعینش را که "بیمار" می‌نامد به وضوح نشان می‌دهد. نگرش نهفته در این جملات سیاست پاکسازی نژادی نازیسم را به یاد انسان می‌آورد. نگاهی که می‌گوید "یک اجتماع سالم از انسان‌های سالم تشکیل می‌شود" و هر گرایش و بیان جنسیتی "نابهنجار" را نیز بیماری می‌نامد، قطعاً نمی‌تواند جز تجویز تیغ جراحی و "سالم‌سازی" این افراد تجویز دیگری را جایز شمارد. با این‌حال حتی او هم در هنگام توضیح شباهت و تفاوت میان هم‌جنس‌گرایی و ترنس‌سکشوالیتی، از خطاهایی که ممکن است در تشخیص این موارد رخ دهد ابراز نگرانی می‌کند و می‌افزاید:

> تشابهات فراوان و غیر قابل انکاری بین مقوله "اختلال هویت جنسی" با دیگر مشکل‌های رفتاری وجود دارند که به خصوص در این مورد اگر آگاهانه و از روی تجربه‌ای قابل اعتماد به آنها عنایت نشود، می‌توانند مصیبت بار و غیر قابل جبران باشند. مثلاً اگر یک هم‌جنس‌گرا را از روی خطا و تنها به دلیل تمایلی که در بسیاری از این گروه از افراد برای تسهیل موقعیت اجتماعی و یا آزادی عمل بیشتر وجود دارد را به اتاق عمل کشانید و جنسیت فیزیکی وی را تغییر داد، در بهترین شرایط و موفقیت کامل عمل با انسان جدیدی روبه‌رو خواهیم بود که دچار اختلال هویت جنسی شده است. و به اعتقاد من دوباره باید جراحی را بیابد تا هویت واقعی او را به وی بازگرداند!!! تعجب نکنید. در همین لحظه حداقل ۵ بیمار را می‌شناسم که چنین جراحی خطاکارانه‌ای را متحمل شده و اینک مستأصل از قبل مانده و از بعد رانده شده‌اند.[۸۷]

این گفتهٔ دکتر کهن‌زاد که بیش از ۱۵ سال است در جلسات و دیدارهای کوتاه و پس از جلسهٔ اول تا سوم، قرار عمل جراحی را برای مراجعین خود تعیین می‌کند، نشان می‌دهد که اوضاع آن قدر در این مورد آشفته است که دیگر کتمان و انکار آن ممکن نیست. شتابزدگی چنین تصمیم‌هایی را می‌شود از جملهٔ خود وی در همان منبع دریافت که در مورد دختر ۲۱ ساله‌ای به نام مینا

۸۷ همان، ص ۱۳.

که با تیپ پسرانه به وی رجوع کرده و به تشخیص ایشان دچار "اختلال هویت جنسی" است بیان کرده است: "تکلیف وی را در کوتاهترین زمان‌ها روشن ساخته و به اتاق عمل می‌بردمش و خطای طبیعت را اصلاح می‌کردم."[۸۸]

استثناهای نجات‌بخش: چنان که دیدیم، بیشتر مصاحبه‌شوندگان این پژوهش مواردی از تحقیر، هموفوبیا و استفاده از روش‌های درمانی غیرانسانی را از سوی پزشکان و روان‌شناسان گزارش کرده‌اند. با این حال مواردی استثنایی هم وجود داشته‌اند که در زندگی این افراد نقشی سازنده و گاه نجات‌بخش ایفا کرده‌اند.

دنیا موحد، زن لزبینی که از سوی خانواده مجبور به ازدواج شده و پس از گذشت سال‌ها موفق شده به سبک زندگی مطلوب خود برسد چنین می‌گوید:

> سال اول بعد از این که پیش‌دانشگاهی‌ام تمام شد پرستاری قبول شدم. تو دانشگاه که بودم از دختری خیلی خوشم می‌آمد یعنی کسی که تو من همه چیز را زنده کرد. خیلی دوستش داشتم. یک دختری به من می‌گفت تو به این بد نگاه می‌کنی لامصب. می‌گفت من می‌دانم شماها چی هستید. فلانید بیسارید. گفتم چی هستیم ما؟ یعنی چی هستیم؟ از چی داری حرف می‌زنی؟ گفت تو با پسرها حرف می‌زنی، شوخی می‌کنی، ولی همه‌ش دنبال دخترهایی. گفتم آره خیلی برای خودم هم تعجب دارد، اما نمی‌دانم چرا این طوری‌ام. واقعاً نمی‌دانستم چرا این طوری‌ام. برگشت گفت ببین تو هم‌جنس خودت را دوست داری و از صد نفر شاید یک نفر این طوری باشد. به من آن موقع این حرف را زد. گفت مادر من دکتر روان‌شناس است، اگر دوست داشتی با هم حرف بزنید. مادرش خیلی خانم خوبی بود، خدا رحمتش کند چند سالی است فوت کرده، خیلی پیشش می‌رفتم. اسمش زیورجون بود. من رفتم پیشش صحبت می‌کردیم، می‌گفت اصلاً فکر نکن چیز بدی است، حس‌ات این طوری است، برایم این را باز کرد.[۸۹]

---

۸۸ همان.

۸۹ مصاحبه با دنیا موحد، شش‌رنگ و عدالت برای ایران.

اشکان، پسری که خود را هم‌جنس‌گرا معرفی می‌کند و در کودکی آرایش می‌کرده، این بخت را داشته که در سن پایین همراه مادرش نزد روان‌شناس برود. او می‌گوید:

مادرم از شش سالگی من را پیش روان‌شناس برد. این روان‌شناس به من نمی‌گفت تو نباید بروی سراغ وسایل مادرت. من را تهدید نمی‌کرد. واقعاً روان‌شناس خوبی بود. مثلاً [می‌گفت] اگر بروی این جوری می‌شود، یا مادرت این کار را برایت نمی‌کند. برای من این را توضیح می‌داد که اگر بروم چه اتفاقی ممکن است بیفتد، بزرگ‌تر که بشوم چه آسیب‌هایی ممکن است من را تهدید کند، چه مسائلی را می‌توانم داشته باشم. تو شش سالگی این‌ها را یک روان‌شناس برایم توضیح می‌داد. آن روان‌شناس خیلی بهم کمک کرد و باعث شد یک سری کارها را نکنم. ولی بالاخره من هم‌جنس‌گرا بودم.[۹۰]

متأسفانه موارد مشابهی که بتوان از آنها به‌عنوان نمونه‌هایی مثبت و سازنده در تجربهٔ مشاوره نام برد بسیار معدود هستند و با توجه به قوانین و مجموعهٔ مناسبات حاکم اجتماعی نمی‌توانند در وضعیت زیستی هم‌جنس‌گرایان تغییر بنیادینی ایجاد کنند. با این حال، اشاره به این نمونه‌ها می‌تواند در تقویت خودباوری و اعتماد به نفس مراجعین تأثیرگذار باشد. از دیگر سو می‌تواند خوانندگانی را که در حوزهٔ مشاوره و روانکاوی برای این مراجعین فعالیت دارند تشویق کند که از محدوده‌های تعیین شدهٔ دولتی فراتر روند و وضعیت آنان را تا حد امکان بهبود بخشند.

---

۹۰ مصاحبه با اشکان، شش‌رنگ و عدالت برای ایران .

بخش دوم: تغییر جنسیت در ایران

آنچه در ایران اتفاق می‌افته،
بی جنسیت کردن آدم‌هاست.
(فرناز)

بر سر استفاده از عبارت "تغییر جنسیت" مناقشات بسیاری وجود دارد. برخی بر عبارت "تطبیق جنسیت" پافشاری می‌کنند و توضیح می‌دهند که افراد ترنس از نظر درونی دارای جنسیتی هستند که می‌خواهند از طریق عمل جراحی از حیث ظاهری هم به آن شبیه شوند و در جامعه هم با همین جنسیت شناخته شوند. پس عمل جراحی نه به معنای "تغییر" جنسیت این افراد، که صرفاً به معنای نمایان کردن جنسیت واقعی آنهاست و موجب می‌شود تا جسم آنها با تعریف درونی‌شان مطابقت پیدا کند. مخالفین در پاسخ استدلال می‌کنند که در این میان تعریفی که فرد از جنسیت خود دارد اهمیت چندانی ندارد. این عمل باعث تغییر جنسیت می‌شود، حتی اگر تنها در ظاهر جسمانی فرد نمایان شود. کسانی هم که این عمل‌ها را انجام می‌دهند با نام‌های متفاوتی مورد خطاب قرارمی‌گیرند؛ نام‌هایی چون دگرجنس‌جو، تبدل‌خواه جنسی، تغییرجنس‌خواه یا ترنس‌سکشوال (یا مخفف آن، تی‌اس).

تغییر جنسیت روندی است که از مشاهده "تفاوت"های خود با هم‌جنسان آغاز و در ادامه به تعریف هویت جنسی خود به‌عنوان ترنس‌سکشوال انجامیده و افراد را به این نتیجه می‌رساند که بدنی متفاوت با جنسیت واقعی خود دارند. در برخی از کشورها فرد اجازه دارد در همین مرحله و قبل از اقدام به عمل جراحی و یا هورمون درمانی (جایگزینی هورمونی)، اوراق شناسایی خود را تغییر دهد و نام و مشخصاتی منطبق بر جنسیت جدیدش برای خود برگزیند. در بخش هورمون‌درمانی مفصل‌تر به این روند خواهیم پرداخت.در سال‌های اخیر کشورهای هر چه بیشتری، جنسیت سوم را که نه زن و نه مرد است به رسمیت می‌شناسند. به‌عنوان مثال، دیوان عالی هند اخیراً به ترنس‌جندرها این

حق را اعطا کرد که به‌عنوان جنس سوم، در اوراق و مدارک هویتی مانند شناسنامه و گذرنامه شناخته شوند.[1]

استرالیا و آلمان هم جنس سوم را برای کودکانی که تعیین جنسیت‌شان ممکن نیست پذیرفته‌اند و این کودکان حق خواهند داشت تا در زمان مقتضی جنسیت‌شان را خود انتخاب کنند. بدون آنکه مجبور به انجام جراحی باشند. چنین رویکردی تصور علم پزشکی از جنسیت و بدن "سالم" را به چالش می‌کشد. و همان‌گونه که در پذیرش عمل جراحی برای افراد ترنس‌سکشوال، انتخاب و ترجیح و تعریف خود فرد از جنسیتش تعیین کننده است، در این مورد نیز به انتخاب فرد توجه شده و حقوق بنیادین مندرج در قطعنامه حقوق بشر و هم‌چنین قطعنامه حقوق کودک رعایت شده است. این روند در اروپا روندی عمومی است و آلمان پیشتاز چنین مصوبه‌ای است.

عمل‌های جراحی تغییر جنسیت مجموعه عمل‌هایی است که باعث تغییر آثار جسمی و حذف یا ایجاد علائم و نشانه‌های اولیهٔ "مردانگی" یا "زنانگی" در بدن و با انجام عمل جراحی می‌شود. برای مثال می‌توان به تخلیهٔ رحم و یا تخلیهٔ پستان‌ها و ساختن پنیس یا آلت مردانه با کمک گرفتن از پوست مچ دست و یا بریدن آلت مردانه و ایجاد واژن مصنوعی با استفاده از روده و... اشاره کرد. ذکر این نکته لازم است که اساساً ارائهٔ تعریف مشخصی از تغییر جنسیت ممکن نیست، چرا که برای تغییر کامل جنسیت انجام یک عمل کفایت نمی‌کند و فرد ناچار می‌شود به جراحی‌های متعددی تن دهد.

انجام این جراحی‌ها در بسیاری از کشورها نوعی "عقیم‌سازی اجباری" به شمار می‌رود و برای تغییر جنسیت و تأیید رسمی آن ضروری نیست؛ امری که در ایران هم‌چنان به‌عنوان بخشی ضروری از پروسهٔ تغییر جنسیت تعریف می‌شود و اجباری است.

در بسیاری از کشورهای جهان، تغییر نام و هویت جنسی در اوراق هویتی از قبیل شناسنامه و مدارک تحصیلی تنها پس از انجام عمل تغییر جنسیت که لازمه‌اش عقیم‌سازی اجباری است، ممکن می‌شود. این قوانین که در سال‌های

---

1 Supreme Court recognizes transgenders as 'third gender', The Times of Indian, 15 April 2014, available at http://timesofindia.indiatimes.com/india/Supreme-Court-recognizes-transgenders-as-third-gender/articleshow/33767900.cms

اخیر به تندی مورد انتقاد قرار گرفته و مصداق نقض حقوق بشر شناخته شده‌اند، در تعداد قابل توجهی از کشورها، از جمله کانادا، هلند، پرتغال، اسپانیا، سوئد، آلمان، هند، مالتا، آرژانتین و انگلیس تغییر کرده‌اند و دیگر عمل تغییر جنسیت را الزامی نمی‌دانند.[۲] کشورهای بیشتری نیز در حال بازبینی قوانین خود در این زمینه هستند.

در کشور سوئد بیش از ۱۴۲ ترنس‌سکشوال که در فاصلهٔ سال‌های ۱۹۷۲ و ۲۰۱۲ تحت عمل جراحی عقیم‌سازی اجباری قرار گرفته بودند از دولت شکایت کرده و خواهان پرداخت خسارت شده‌اند. این افراد هم‌چنین درخواست کرده‌اند که دولت به شکل رسمی از آنها عذرخواهی کند. طبق آمار رسمی سوئد، در فاصلهٔ سال‌های ۱۹۷۲ تا ۲۰۱۱ مجموعا ۸۶۵ نفر روند تغییر جنسیت را آغاز کرده‌اند که از این تعداد ۵۰۰ نفر تن به تیغ جراحی سپرده‌اند. دولت سوئد تاکنون از عذرخواهی و پرداخت خسارت طفره رفته است. دادگاه این شکایت‌ها هم‌چنان در جریان است.[۳] در ژانویهٔ سال ۲۰۱۳ دولت سوئد عقیم‌سازی اجباری (بیرون آوردن رحم و تخمدان‌ها، یا بیرون آوردن بیضه‌ها) برای تغییر یا تطبیق جنسیت را ممنوع اعلام کرد. پیش از آن هم دادگاهی در استکهلم ده‌ها سال عمل عقیم‌سازی اجباری را که شامل روماها (مهاجرین قوم روما از رومانی و بلغارستان) و معلولین نیز می‌شد، مصداق نقض اصول قانون اساسی سوئد و هم‌چنین نقض تعهدنامه‌های حقوق بشری اروپا شناخته بود.[۴]

دولت هلند نیز در دسامبر سال ۲۰۱۳ با تصویب قانونی که از جولای ۲۰۱۴ به اجرا در می‌آید هر گونه عقیم سازی را به‌عنوان پیش شرط تغییر هویت جنسی

---

۲ به‌عنوان مثال، قانون تشخیص جنسیت مصوب ۲۰۰۴ در انگلیس به افراد اجازه می‌دهد جنسیت حقوقی شان را بدون عمل تغییر اندام جنسی عوض کنند. این قانون هم‌چنین هورمون‌تراپی را الزامی نمی‌داند. هرچند کمیسیون تشخیص جنسیت، انتظار دارد شخص متقاضی برای نشان دادن التزام خود به جنسیت جدید، این کار را انجام داده باشد.
The Gender Recognition Act 2004 (GRA), available at http://www.pfc.org.uk/GRA2004.html.
3 Transsexuelle verklagen Schweden, 24 June 2013, Queer.de, available at http://www.queer.de/detail.php?article_id=19494
4 Sweden Repeals Forced Sterilization for Transgender People,Psycology Today, 25 January 2013, available at https://www.psychologytoday.com/blog/genetic-crossroads/201301/sweden-repeals-forced-sterilization-transgender-people.

افراد ممنوع کرد و تسهیلاتی برای تغییر اوراق هویت بدون انجام عمل‌های تغییر جنسیت در نظر گرفت.[۵]

هم‌چنین در سال ۲۰۱۱، دادگاه قانون اساسی آلمان حکم داد که الزام به عمل تغییر جنسیت، حق فرد بر تمامیت جسمانی و تعیین سرنوشت خویش را نقض می‌کند.[۶] در سال ۲۰۰۹، دادگاه عالی اداری اتریش هم الزام به عمل تغییر جنسیت، به‌عنوان یک شرط حقوقی شناسایی هویت جنسیتی را غیرقانونی شناخت.[۷]

گزارشگر ویژهٔ سازمان ملل متحد دربارهٔ شکنجه نیز از تمامی دولت‌ها خواسته است که تمامی قوانینی را که معالجات غیرقابل برگشت، جراحی اندام‌های جنسی، عقیم‌سازی غیرداوطلبانه، آزمایشات پزشکی غیراخلاقی، معالجاتی که برای تغییر گرایش جنسی انجام می‌شوند که بدون رضایت آزادانه و آگاهانه افراد است، تغییر دهند. او هم‌چنین از دولت‌ها خواسته است عقیم‌سازی‌های اجباری یا الزامی را به خصوص در مورد هم‌جنس‌گرایان و ترنس‌جندرها، غیرقانونی سازند.[۸]

هم‌چنین اخیراً انجمن روان‌پزشکان و روان‌شناسان آمریکا، به طور رسمی اختلال هویت جنسیتی، GID را از فهرست بیماری‌های روانی حذف کرده است. در ایران هنوز GID را به‌عنوان یک بیماری روانی می‌شناسند و در اکثر موارد تغییر جنسیت را به‌عنوان درمان آن الزامی می‌دانند.

در سال ۲۰۱۳، انجمن روان‌پزشکان آمریکا مفهوم "اختلال هویت جنسی" را به مفهوم "آشفتگی جنسی" در "پنجمین ویرایش راهنمای تشخیصی و آماری اختلال‌های روانی"[۹] اصلاح کردند.

---

5 Netherlands Bans Forced Sterilization of Transgender People, HRC Blog, 19 December 2013, available at http://www.hrc.org/blog/entry/netherlands-bans-forced-sterilization-of-transgender-people.
6 Federal Constitutional Court, 1 BvR 3295/07, available at www.bundesverfassungsgericht.de/entscheidungen/rs20110111_1bvr329507.html .
7 Administrative High Court, No. 2008/17/0054, judgement of 27 February 2009.
8 Report of the Special Rapporteur on torture and other cruel, inhuman or degrading treatment or
punishment, Juan E. Méndez, A/HRC/22/53, 1 February 2013, P.19, available at http://www.ohchr.org/Documents/HRBodies/HRCouncil/RegularSession/Session22/A.HRC.22.53_English.pdf.
9 Diagnostic and Statistical Manual of Mental Disorders (DSM-5)

با این همه، در ایران هنوز هم تغییر جنسیت کامل، شرط اجباری تغییر نام و اوراق هویتی ترنس‌جندرهاست. در این فصل خواهیم دید که دادگاه‌های ایران تعریف بسیار سخت‌گیرانه‌ای از تغییر کامل جنسیت دارند که مستلزم انجام چندین عمل جراحی و عقیم‌سازی کامل و اقداماتی چون خارج کردن رحم، تخمدان، پستان‌ها و بیضه است که در بسیاری از کشورهای دیگر شرط ضروری برای پذیرش و تأیید تغییر جنسیت و صدور اسناد هویتی جدید، تلقی نمی‌شوند.

تاریخچه و آمارهای تغییر جنسیت در ایران

برخی از مباحث مربوط به افراد دوجنسی در ایران به دههٔ ۱۹۴۰ (۱۳۱۹ شمسی) برمی‌گردد و اولین جراحی وضعیت دوجنسی موروثی در جراید ایران در ۱۹۳۰ (۱۳۰۹ شمسی) گزارش شده است. اولین جراحی تغییر جنسیت غیردوجنسی (ترنس‌سکشوال) در سال ۱۹۷۳ در مطبوعات ایران گزارش شد و تا اوایل دهه ۱۹۷۰ (۱۳۴۹ شمسی) حداقل یک بیمارستان در تهران و یک بیمارستان در شیراز چنین جراحی‌هایی را انجام می‌دادند. اما بر اساس تصمیمی که در سال ۱۹۷۶ (۱۳۵۵ شمسی) اتخاذ شد، سازمان نظام پزشکی ایران تصویب کرد که انجام جراحی تغییر جنسیت به غیر از موارد دوجنسیتی از نظر اخلاقی غیرقابل قبول است. این قانون تا سال ۱۹۸۵ (۱۳۶۴ شمسی) پا برجا بود.[۱۰] افسانه نجم‌آبادی هم تأکید می‌کند که انقلاب اسلامی ۱۳۵۷ علت توقف انجام عمل‌های تغییر جنسیت نبوده است و این عمل‌ها حدود سه سال پیش از انقلاب و به دلیل مصوبهٔ سازمان نظام پزشکی کشورممنوع شده‌اند.[۱۱] ممنوعیت جراحی تغییر جنسیت تا سال ۱۳۶۴ ادامه داشت. در آن سال، فردی به نام فریدون ملک‌آرا آبکناری فتوایی از آیت‌الله خمینی گرفت که تغییر جنسیت را با نظر پزشک معتبر، بلااشکال می‌دانست. بسیاری از ترنس‌ها و

DSM-5 Implementation and Support, APS, available at: http://www.dsm5.org/Pages/Default.aspx.

10 Trans[ition] in Iran, Rochelle Terman, World Policy Journal, Spring 2014, available at: http://www.worldpolicy.org/transition-iran.

11 Ibid.

متخصصان تغییر جنسیت از این فتوا به‌عنوان انقلابی در بهبود وضعیت ترنس‌سکسوال‌ها یاد کرده‌اند. برخی از رسانه‌های بین‌المللی هم نوشته‌اند در حالی که در بیشتر کشورهای اسلامی عمل تغییر جنسیت حرام است، فتوای آیت‌الله خمینی ایران را به "بهشت ترنس‌سکسوال‌ها" تبدیل کرده است.[۱۲]

سند شماره ۱۳: متن دستنویس فتوای آیت‌الله خمینی در مورد تغییر جنسیت.

برخی از گزارش‌های ژورنالیستی ادعا می‌کنند که ایران بعد از تایلند بالاترین آمار عمل جراحی تغییر جنسیت را در کل جهان دارد.[۱۳] برخی از این گزارش‌ها، رقم ۱۵۰۰۰ را برای عمل‌های تغییر جنسیت ذکر کرده‌اند[۱۴] که عددی غیر واقعی است. بنا بر نتایج پژوهش ما، گرچه آمار رسمی دقیقی از کلیهٔ افرادی که هر سال در ایران عمل جراحی تغییر جنسیت انجام می‌دهند

12 Tait, Robert, A fatwa for freedom, The Guardian, 27 July 2005, available at http://www.theguardian.com/world/2005/jul/27/gayrights.iran.

13Littauer, Dan, Iran performed over 1,000 gender reassignment operations in four years, Gaystarnews, 04 December 2012, available at http://www.gaystarnews.com/article/iran-performed-over-1000-gender-reassignment-operations-four-years041212.

14"Unter dem Schutlz der Mullas: Transsexuelle im Ian" Auslandsjournal ZDF Television Channel (11 April 2012).

وجود ندارد، اما آمارهای پراکندهٔ منتشر شده نشان می‌دهند که تعداد متقاضیان تغییر جنسیت کمتر از این بوده و تعداد افرادی که پس از کسب مجوز به انجام این عمل‌ها اقدام می‌کنند بسیار کمتر است (عده‌ای در میانهٔ راه منصرف می‌شوند). آمار دیگری که به نقل از یکی از اعضای کمیسیون صدور مجوز در یک روزنامه آلمانی منتشر شده است، حاکی از آن است که "در ایران هر سال به طور متوسط ۴۵۰ عمل جراحی برای تغییر جنسیت انجام می‌گیرد."[۱۵]

هرچند دکتر سودابه اسکویی در نشستی به نام "تجربهٔ زیستی ترنس‌سکشوال ایرانی" که در سال ۱۳۹۳ از سوی انجمن علمی جامعهٔ علمی دانشگاه تهران و دانشگاه علامه طباطبایی برگزار شده است عنوان می‌کند که "گاهی در ماه حدود ۳۰ تا ۴۰ عمل تغییر جنسیت انجام می‌دهم."[۱۶] وی تنها یکی از چندین جراحی است که به عمل‌های تغییر جنسیت مشغول هستند.

به نظر می‌رسد ارائهٔ آمار دقیق از تعداد عمل‌های جراحی تغییر جنسیت در ایران ناممکن باشد. از یک سو کسانی که برای عمل جراحی به تایلند می‌روند در آمارهای نهایی ثبت نمی‌شوند و از سوی دیگر مرکزی برای ثبت تمامی عمل‌های صورت گرفته در سطح ایران وجود ندارد. یک دلیل دیگر آن است که بسیاری از افرادی که مجوز عمل تغییر جنسیت را از پزشکی قانونی دریافت می‌کنند در نهایت و به خاطر نداشتن امکانات مالی و یا به‌دلایل دیگر وارد روند هورمون‌تراپی و عمل جراحی نمی‌شوند. البته همان‌طور که پیشتر دیدیم، برخی از این افراد از ابتدا هم قصد تغییر جنسیت نداشته‌اند و برای مقاصد دیگری از جمله کسب آزادی در نحوهٔ پوشش و رفتار اجتماعی اقدام به دریافت مجوز کرده‌اند. با این حال در ادامه خواهیم دید که نهادهای مختلف دولتی بر افرادی که به اخذ مجوز عمل تغییر جنسیت اقدام می‌کنند فشارهای فزاینده‌ای برای طی کامل روند تغییر جنسیت وارد می‌آورند.

---

15 Iran: Wo die Geschlechtsumwandlung boomt, Handelsblatt, available at
  http://www.handelsblatt.com/politik/international/mann-und-frau-iran-wo-die-geschlechtsumwandlung-boomt-seite-3/3253180-3.html.

۱۶ تجربهٔ زیستهٔ ترنس‌سکشوال ایرانی: گزارشی از جلسهٔ انجمن علمی جامعه‌شناسی دانشگاه تهران و دانشگاه علامه طباطبایی، ۱۷ اردیبهشت ۱۳۹۳، شش‌رنگ، قابل دسترسی در: http://6rang.org/1818

اصولاً آمار دقیقی از کسانی که خود را تبدل‌خواه جنسی تعریف می‌کنند، وجود ندارد. سایت اینترنتی "البرز نیوز" به نقل از "جهان" و در سال ۱۳۸۸ می‌نویسد:

> در حالی که در خصوص تعداد دوجنسی‌ها میان وزارت بهداشت، پزشکی قانونی، نیروی انتظامی و وزارت اطلاعات اختلاف است، اما برخی بررسی‌ها از وجود ۲۰۰ هزار دوجنسی در کشور خبر می‌دهد. در حالی که برخی نهادها بر ۵ هزار نفر بیمار اختلال جنسیتی تأکید دارند، مدیر عامل انجمن حمایت از بیماران اختلال هویت جنسی این آمار را تکذیب کرده و آن را حدود ۵۰ هزار نفر در سراسر کشور اعلام می‌کند.[۱۷]

داده‌های متفاوت و گاه ضد و نقیض ما را از ارائۀ یک آمار صحیح حداقلی هم بازمی‌دارد. عبدالرزاق برزگر، معاون پزشکی بالینی سازمان پزشکی قانونی، در سال ۸۷ درمصاحبه با فارس چنین می‌گوید: "سالانه حدود ۸۰ نفر در ایران با مجوز سازمان پزشکی قانونی با انجام عمل جراحی، تغییر جنسیت می‌دهند که حدود ۹۰ درصد آنها تغییر جنسیت از مرد به زن است."[۱۸] این در حالی است که هر کدام از جراحانی که در این حوزه کار می‌کنند مدعی انجام یک عمل جراحی در روز یا در هفته می‌شوند. دکتر مهرداد بقایی، متخصص جراحی عمومی و فوق تخصص سوختگی و جراحی دست میکروسکوپی، که حوزه تخصصش کاملاً به تغییر جنسیت بی ارتباط است، در مصاحبه با روزنامۀ قانون می‌گوید:

> "تخصص من فقط در رابطه با افرادی است که شکل ظاهری بدن‌شان مرد است و می‌خواهند آن را به زن تغییر دهند و به طور تقریبی صد نفر را تاکنون جراحی کرده‌ام."[۱۹]

---

۱۷ تعداد دوجنسی‌های ایران، ۴ فروردین ۱۳۸۸، شبکۀ خبری تحلیلی البرز، قابل دسترسی در:
http://www.alborznews.net/fa/news/7468
۱۸ سالانه حدود ۸۰ نفر در ایران تغییر جنسیت می‌دهند، ۲۳ مهر ۱۳۸۷، نیاز روز، قابل دسترسی در:
http://boro.niazerooz.com/hot-keys/سازمان-تأمین-اجتماعی.htm
۱۹ "گم شدن فریاد بیماران اختلال هویت جنسی در هیاهوی جامعه"، ۲۷ مرداد ۱۳۹۲، روزنامۀ قانون، قابل دسترسی در:

وب‌سایت دانشگاه بجنورد آمار دیگری به دست می‌دهد: "طبق آمار شش نفر از هر ۱۰۰ هزار نفر جمعیت هر کشور با نوعی بیماری تحت عنوان اختلال (واژگونی) هویت جنسی (ترانس‌سکشوالیته) متولد می‌شوند. این افراد که از نظر ساختار بدنی کاملاً سالم به نظر می‌رسند، از نظر روحی و روانی خود را متعلق به جنس مخالف می‌دانند." [۲۰]

با این همه، خود سازمان پزشکی قانونی حتی آمار کسانی را که موفق به کسب مجوز تغییر جنسیت در سال‌های اخیر شده‌اند اعلام نکرده است. آخرین آمار ارائه شده از سوی پزشکی قانونی مربوط به سال ۱۳۹۱ است که تعداد مراجعان با درخواست تغییر جنسیت را اعلام می‌کند، بدون این که مشخص کند چند نفر از این تعداد، موفق به دریافت مجوز عمل تغییر جنسیت شده‌اند و یا چه تعدادی در نهایت عمل تغییر جنسیت را به انجام رسانده‌اند.

بر اساس اعلام سازمان پزشکی قانونی، در فاصلهٔ سال‌های ۱۳۸۵ تا ۱۳۸۹، مجموعاً ۱۳۶۶ نفر با تقاضای تغییر جنسیت به پزشکی قانونی مراجعه کرده‌اند. در ابتدای این آمار صحبت بر سر تعدادی است که مجوز گرفته‌اند و در پایان از تعداد مراجعینی که برای دریافت مجوز اقدام کرده‌اند یاد می‌شود. بدین ترتیب حتی در توضیح آمار هم با ابهاماتی روبه‌رو هستیم. [۲۱]

تعداد کل متقاضیان تغییر جنسیت در ایران طی سال‌های ۱۳۸۵ تا ۱۳۸۹؛

سال	۱۳۸۵	۱۳۸۶	۱۳۸۷	۱۳۸۸	۱۳۸۹	جمع
تعداد	۱۷۰	۲۹۷	۲۹۴	۲۸۶	۳۱۹	۱۳۶۶

http://ghanoondaily.ir/1392/05/27/Files/PDF/13920527-221-10-10.pdf.

۲۰ اختلالات جنسیتی (ترانس‌سکشوال‌ها)، ۳ آذر ۱۳۹۰، مشاوره ۸۸ دانشگاه بجنورد، قابل دسترسی در: http://moshavereh88ub.blogfa.com/post-14.aspx.

۲۱ سالانه بیش از ۲۷۰ ایرانی تغییر جنسیت می‌دهند/ ۵۶ درصد متقاضیان می‌خواهند زن شوند، ۱۳ آذر ۱۳۹۱، خبر آنلاین، قابل دسترسی در: http://khabaronline.ir/detail/260988/.

درصد متقاضیان تغییر جنسیت از مرد به زن؛

سال	۱۳۸۵	۱۳۸۶	۱۳۸۷	۱۳۸۸	۱۳۸۹	درصد کل
درصد	۵۹/۴۱	۶۷/۶۷	۵۹/۵۲	۴۶/۵۰	۴۹/۵۲	۵۶/۲۲

درصد متقاضیان تغییر جنسیت از زن به مرد؛

سال	۱۳۸۵	۱۳۸۶	۱۳۸۷	۱۳۸۸	۱۳۸۹	درصد کل
درصد	۴۰/۵۹	۳۲/۳۲	۴۰/۴۷	۵۳/۴۹	۵۰/۴۷	۴۳/۷۷

نکتهٔ قابل توجه در این آمار، افزایش تعداد متقاضیان تغییر جنسیت است. در فاصلهٔ زمانی پنج ساله میان سال‌های ۱۳۸۵ تا ۱۳۸۹، متقاضیان از ۱۷۰ نفر در سال، به ۳۱۹ نفر در سال افزایش یافته‌اند. به بیان دیگر، شاهد رشدی نزدیک به صد درصد یا دو برابر هستیم. این در حالی است که در دورهٔ زمانی پنج سال قبل از آن (۱۳۸۵–۱۳۸۰)، تنها ۴۲۲ نفر درخواست تغییر جنسیت به کمیسیون روان‌پزشکی سازمان پزشکی قانونی داده‌اند و از این تعداد فقط ۱۸۸ نفر تا مرحلهٔ کمیسیون پزشکی قانونی پی‌گیری خود را ادامه داده‌اند و در نهایت هم ۱۲۴ نفر از این تعداد پاسخ مثبت دریافت کرده‌اند.[۲۲]

این در حالی است که دکتر کاهانی، کارشناس پزشکی قانونی در مورد تعداد عمل‌ها می‌گوید: "در دورهٔ زمانی سال ۱۳۷۷ تا ۱۳۹۳، ۴۷۰ نفر در تهران و ۵۷ نفر در شهرستان‌ها (در مجموع ۵۲۷ نفر) برای تغییر جنسیت به پزشکی قانونی مراجعه کرده بودند."[۲۳]

۲۲ "اختلال هویت جنسی در ایران: نگاهی به وضعیت بیماران دچار اختلال هویت جنسی در ایران"، ۲۶ خرداد ۱۳۸۶، مقالات جامعه‌شناسی، قابل دسترسی در:
http://sociology82.blogfa.com/post-83.aspx.
۲۳ "کالبدشکافی پدیده تغییرجنسیت؛ گناهی نابخشودنی یا درمانی ضروری"، امیررضا پرحلم و ندا ریحانی، خبرگزاری سینا، منتشر شده در خبرنامه گویا، ۱۷ شهریور ۱۳۸۳، قابل دسترسی در:
http://news.gooya.com/society/archives/015739.php

روزنامهٔ "اعتماد" درمطلبی تحت عنوان "وجود چهار هزار دوجنسی در ایران" از قول سیدمحمدی معاون امور اجتماعی سازمان بهزیستی می‌نویسد: "تعداد افرادی را که دچار اختلال هویت جنسی هستند چهارهزار نفر تخمین زد. به طور میانگین هزینهٔ هر تغییر جنسیت در ایران دوازده میلیون و خارج از کشور بیش از پانزده میلیون تومان است. هرچند این خبر بر آمار چهارهزار نفری «ترنس»ها تأکید دارد، اما پیش از این آمارهایی مبنی بر وجود ۳۰- ۲۵ هزار نفر یا بیش از یکصد و پنجاه هزار نفر ترنس اعلام شده است."[۲۴]

دکتر سید مهدی صابری، متخصص روان‌پزشکی و عضو هیات علمی مرکز تحقیقات سازمان پزشکی قانونی در گفت‌وگو با روزنامهٔ "قانون" چنین می‌گوید:

> آمار دقیق از این بیماری در دست نیست. آن چه بنا به اعلام سازمان بهداشت جهانی گفته شده از هر یکصدهزار پسر یک نفر، و از هر چهارصدهزار دختر یک نفر است. با احتساب جمعیت ۷۵ میلیون نفری ایران می‌توان در نظر گرفت که بین هزار تا هزار و پانصد بیمار در کشور وجود داشته باشند، اما همان طور که گفته شد، آمار دقیقی در دست نیست. بسیاری از مبتلایان بیماری خود را بازگو نمی‌کنند، بسیاری از ایران مهاجرت می‌کنند، بسیاری دست به خودکشی می‌زنند یا مورد سوءاستفاده‌های مختلف قرار می‌گیرند و از آنها که مورد جراحی قرار گرفته‌اند آمار دقیقی منتشر نشده.[۲۵]

پزشکان پزشکی قانونی در مقاله‌ای علت تعداد زیاد متقاضیان تغییر جنسیت در ایران نسبت به بقیهٔ کشورها را عدم پذیرش سبک زندگی هم‌جنس‌گرایانه یا دوجنس‌گرایانه دانسته‌اند و تأکید کرده‌اند که عدم پذیرش گرایش جنسی این افراد، تمایل آنها را به تغییر جنسیت که گرایش جنسی‌شان را به گرایش جنسی مجاز (دگرجنس‌گرایی) تبدیل می‌کند افزایش می‌دهد:

---

۲۴ وجود ۴ هزار دوجنسی در ایران، عصر ایران، ۲۹ مهر ۱۳۸۶، قابل دسترسی در:
http://www.asriran.com/fa/news/27572.وجود-۴-هزار-دو-جنسی-در-ایران

۲۵ رمضانیان، فاطمه، (۱۹ فروردین ۱۳۹۲)، "چراغ سبز برای دوجنسه‌ها"، روزنامهٔ قانون، قابل دسترسی در:
http://ghanoondaily.ir/1392/01/19/Files/PDF/1392011-116-10-10.pdf.

علاوه بر احتمال شیوع بیشتر این اختلال در ایران، احتمال گزارش و ارجاع بیشتر این بیماران به روان‌پزشک در ایران نسبت به سایر کشورها نیز وجود دارد که در این صورت یکی از تببین‌های این مسئله، عدم پذیرش سبک زندگی هم‌جنس‌گرایی یا دوجنس‌گرایی در ایران است که سبب می‌شود بیماران تمایل بیشتری به تعیین یکی از جنسیت‌های غالب در وجود خود داشته باشند؛ چرا که نمی‌توانند با هویت جنسی مبهم به زندگی اجتماعی و قانونی خود در ایران ادامه دهند و این مسئله در جوامع اسلامی بیشتر از سایر کشورها از اهمیت حقوقی و قانونی برخوردار است، چرا که از پرتو اسلام به مسائل مختلف جامعه نگریسته می‌شود. چنان‌چه حضرت امام خمینی (ره) نیز در باب این موضوع فتوایی صادر کرده و از لحاظ شرعی مسئلهٔ تغییر جنسیت برای بیماران مبتلا به اختلال هویت جنسی را مجاز دانسته است.[۲۶]

نکته‌ای که باید به آن اشاره شود، ترکیب جنسیتی متقاضیان صدور مجوز تغییر جنسیت است. در حالی که آمارهای جهانی نشان می‌دهند که در کشورهای اروپای غربی و آمریکا تمایل به تغییر جنسیت در مردان به طور میانگین پنج تا هشت برابر زنان است،[۲۷] در ایران، میزان متقاضیان تغییر جنسیت مرد و زن تقریباً مساوی (یک به یک) است.

یافته‌های دکتر فریدون مهرابی هم که مبتنی بر تعداد مراجعان خود اوست، تفاوت ترکیب جنسیتی متقاضیان تغییر جنسیت در ایران را با میانگین جهانی تأیید می‌کند.[۲۸] از مجموع ۵۷ پرونده‌ای که در سال‌های ۱۳۶۸ تا ۱۳۷۴ در

---

۲۶ "بررسی مقایسه‌ای روند ارجاع متقاضیان عمل جراحی تغییر جنسیت به کمیسیون پزشکی قانونی تهران با توجه به استانداردهای بین‌المللی"، دکتر سید مهدی صابری و دیگران، مجله علمی پزشکی قانونی، دوره شانزده، شماره ۳، پاییز ۱۳۸۹، ص ۲۰۷.

۲۷ مهرابی، فریدون، بررسی برخی از ویژگی‌های "تبدیل خواهی جنسی" در بیماران ایرانی، روان‌پزشکی و روان‌شناسی بالینی ایران، زمستان ۱۳۷۴،شماره ۷، ص ۱۱.

۲۸ همان.

مطب وی تشکیل شده‌اند، ۳۷ عدد متعلق به مردان و ۲۰ پرونده مربوط به زنان بوده است.[۲۹] ۸۴ درصد این افراد تمایلات هم‌جنس‌گرایانه داشته‌اند.[۳۰]

شایان ذکر است که فرآیند نزدیک شدن تعداد زنان متقاضی تغییر جنسیت به تعداد مردان تا رسیدن به درصد برابر در دههٔ اخیر اتفاق افتاده است و آمارهای پزشکی قانونی نشان می‌دهد که در سال ۱۳۸۰، در ازای ۲۰۰ مرد، تنها ۷۰ زن با تقاضای تغییر جنسیت به این نهاد مراجعه کرده‌اند.[۳۱]

در توجیه دلایل بالا بودن میزان تقاضاهای زنان در ایران برای تغییر جنسیت، در برخی از مقالات منتشر شده در مجلات علمی ایران توضیحاتی ارائه شده است. به‌عنوان مثال، دکتر حمیدرضا عطار و دکتر مریم رسولیان در مقاله‌ای یکی از دلایل سردرگمی پیرامون جنس را با سوگیری‌های جامعه نسبت به زن و مرد مرتبط می‌دانند و عقیده دارند که تردید دربارهٔ جنسیت "در کشورهایی که در آنها زنان از موقعیت اقتصادی و اجتماعی بهتری برخوردارند کم‌تر به چشم می‌خورد."[۳۲]

چنان که پیش‌تر عنوان شد، علاوه بر حقوق و جایگاه بالاتری که "مرد بودن" در جامعهٔ ایران به همراه دارد، محدودیت‌های دست و پاگیر اجتماعی و فرهنگی هم که در این جامعه به زنان تحمیل می‌شود، در بسیاری از زنان انگیزه‌ای قدرتمند برای "مرد شدن" ایجاد می‌کند. از بین این محدودیت‌ها می‌توان به مسائلی چون حجاب اجباری، محدودیت حضور در فضاهای اجتماعی، محدودیت در امکان تحقق زندگی مطلوب، گفتمان تحقیرآمیز در مورد زنان، نقش جنسیتی فرودست برای زنان و تعریف همسری و مادری برای

---

۲۹ همان، ص. ۸.

۳۰ همان، ص. ۱۰.

۳۱ "کالبدشکافی پدیده تغییرجنسیت؛ گناهی نابخشودنی یا درمانی ضروری"، همان. "تغییر جنسیت جنسی (پدیده قرن ۲۱) در ایران و جهان"، انجمن علمی فقه و حقوق دانشگاه فردوسی مشهد، خبرنامهٔ گروه فقه و مبانی حقوق اسلامی، قابل دسترسی در:http://www.aef.blogfa.com/post-18.aspx.

۳۲ "تشخیص اولیهٔ اختلال هویت جنسی؛ گزارش موردی"، دکتر حمیدرضا عطار، دکتر مریم رسولیان، اندیشه و رفتار، سال نهم، شمارهٔ ۳، زمستان ۱۳۸۲، ص. ۱۰.

زنان یا اجبار برای تن دادن به ازدواج اشاره کرد. نکتهٔ دیگر این است که درست به دلیل همین موقعیت برتری که "مردانگی" به دنبال دارد، تغییر جنسیت از زن به مرد که در واقع به معنای ارتقای جایگاه فرد در سلسله‌مراتب اجتماعی است، نسبت به تغییر جنسیت از مرد به زن که به معنای تنزل این جایگاه است، در میان خانواده‌های ایرانی مخالفت کمتری برمی‌انگیزد.

یکی از مقالاتی که در مجلهٔ علمی پزشکی قانونی منتشر شده است، دلیل آن چه را که با عنوان "شیوع بیشتر اختلال هویت جنسی در میان دختران در ایران در مقایسه با نسبت‌های جهانی" توصیف می‌کند، برخورد متفاوت خانواده با دختران و پسران و موافقت بیشتر آنها برای تغییر جنسیت از زن به مرد می‌داند:

۱- خانواده‌ها و بافت فرهنگی، مذهبی کشور ما پذیرش بیشتری برای بروز رفتار پسرانه در دختران سنین پایین داشته و شاید به نوعی باعث افزایش ابراز و در نتیجه افزایش شیوع این بیماری در بین دختران می‌گردند.

۲- یکی از شروط پزشکی قانونی برای بررسی این بیماران در کمیسیون، حضور والدین است، شاید عدم همکاری والدین بیماران مذکر دلیل مراجعه کمتر پسران به پزشکی قانونی است.[۳۳]

با این وجود، آمارهای پراکنده حاکی از آن است که این نسبت جنسیتی در مراحل بعدی حفظ نمی‌شود و هر چه در روند تغییر جنسیت جلوتر می‌رویم، تعداد زنان نسبت به مردان کاهش می‌یابد. معاون پزشکی، بالینی سازمان پزشکی قانونی در مهرماه ۸۷ چنین گفته بود: سالانه حدود ۸۰ نفر در ایران با مجوز سازمان پزشکی قانونی با انجام عمل جراحی تغییر جنسیت می‌دهند که حدود ۹۰ درصد آن‌ها تغییر جنسیت از مرد به زن است.[۳۴] آمار دکتر بهرام میرجلالی، یکی از پرکارترین جراحان تغییر جنسیت هم که از پرونده‌های ثبت

۳۳ عسگری، محمد و دیگران، "شیوع آسیب‌های روانی در بیماران با اختلال هویت جنسی"، مجلهٔ علمی پزشکی قانونی، دورهٔ ۱۳، شمارهٔ ۳، پاییز ۱۳۸۶، ص. ۱۸۴.
۳۴ تعداد افرادی که در ایران تغییر جنسیت می‌دهند، ۲۲ مهر ۱۳۸۷، سایت خبری تحلیلی تابناک، قابل دسترسی در: http://www.tabnak.ir/pages/?cid=21203.

شده در مطبش به دست آمده نشان می‌دهد که از مجموع ۴۸۸ فردی که طی ۲۰ سال اخیر توسط او و دستیارش حسین زمانی‌نظامی عمل شده‌اند، ۴۰۸ نفر مرد و تنها ۸۰ نفر زن بوده‌اند.[۳۵] شهادت‌های متعدد در این تحقیق نیز نشان می‌دهد که زنان به دلایل مختلف پس از کسب مجوز، روند تغییر جنسیت را پیگیری نمی‌کنند.

نینا که خود را ترنس اف‌توام می‌داند، از افرادی است که به رغم مراجعه به پزشکی قانونی و درخواست تغییر جنسیت، هرگز موضوع را تا مرحلهٔ اخذ مجوز پی‌گیری نکرده است:

> دو سه سال بعد از این‌که آگاه شدم چی هستم رفتم برای گرفتن مجوز تغییر جنسیت. به پزشک قانونی مراجعه کردم ولی ادامه ندادم کارش رو. ما رو ارجاع دادن به بهزیستی، بعد انستیتو. دیگه بقیه‌ش رو وقتی که معرفی شدم به انستیتو دیگه نرفتم. انستیتو باید اون معرفی‌نامه، تأییدیه، همچین چیزی رو می‌داد، چون چندین جلسه مشاوره است و نمی‌دونم روان‌پزشکی و روان‌شناسی. تمام این مراحل رو باید بگذرونی تا ثابت بشه. حتا چند تا آزمایش هست که باید انجام بدی. من فهمیدم نمی‌تونم این کار رو انجام بدم فعلاً. دیدم که اون زمانی که انتخاب کردم برای این کار مناسب نیست، چون همون توی محدودهٔ جدا شدن مادر پدرم بود، هم این که اونا نمی‌دونستن همچین چیزی وجود داره. نمی‌دونستن چه‌جوریه. بعد هم بار مسئولیت خونه داشت می‌افتاد گردن من و من احساس می‌کردم اگه بخوام این کار رو بکنم نمی‌تونم اون مسئولیتم رو انجام بدم. برای همین ترجیح دادم که دیگه ادامه‌ش ندم اصلاً. البته اون موقع نمی‌دونستم که مجوز رو اگر داشته باشی توی بعضی از مواقع می‌شه حجاب کمتری گذاشت یا یه چیزایی راحت‌تر می‌شه. اون رو نمی‌دونستم. شاید اگه می‌دونستم حداقل برای اونم که شده می‌گرفتم.[۳۶]

---

۳۵ "اختلال در هویت جنسی؛ من، نه منم!"، هوای تازه، ۵ تیر ۱۳۹۰، قابل دسترسی در:
http://htnews.ir/article/view.aspx?id=116.

۳۶ مصاحبه با نینا، شش‌رنگ و عدالت برای ایران.

جیکوب نیز تجربه‌اش را چنین بیان می‌کند:

ده سال پیش اقدام کردم و به‌دلیل مخارج زیاد و مشکل خانوادگی و افسردگی و... اقدامم را ادامه ندادم. دو سال پیش رفتم پیش دکتر صابری و بعد از صحبت و آزمایشات که من شانس اوردم و به ده جلسه نکشید و در همون چهار جلسه جریان رو جمع کرد و مجوز رو صادر کرد. از من آزمایشات هورمونی و ژنتیک رو رفتم انجام دادم و جواب‌های آزمایش ژنتیک که زن بودم و هورمون‌هایم هم تنظیم بود و مشکلی نداشت. من با توجه به اینکه برایشان ثابت شده بود که ترنس کلاسیک هستم علی‌رغم این نتایج هیچ شک و شبهه‌ای نبود که می‌توانم عمل کنم. بعد از اینکه نامه دادند که برم دادگاه رفتم به اداره سرپرستی و اونجا روند شروع شد و تقریباً تا مجوز گرفتن یکسال طول کشید. در بهمن سال ۹۲ شفاهی اوکی دادند و بعد از اردیبهشت مجوز کتبی را دادند. برای تخلیه سینه [پستان] و رحم و تخمدان دنبال دکتر بودم و می‌خواستم سراغ این معروف‌ها نروم چون هر چه شنیده بودم بچه‌ها ناراضی بودند. که دیگر بنابه‌دلایل دیگری از لحاظ امنیتی مجبور به ترک کشور شدم.[۳۷]

به نظر می‌رسد زنان متقاضی تغییر جنسیت، در طول پروسهٔ قانونی کسب مجوز و در مرحلهٔ انجام عمل تغییر جنسیت، نسبت به مردان با موانع بیشتری مواجه باشند. عوامل متفاوتی در این امر دخالت دارند. یک عامل احتمالاً این است که بسیاری از این زنان بنا به دلایل شخصی و یا نداشتن امکانات مناسب مالی از امکان حضور مداوم در جلسات مشاوره و یا انجام آزمایش‌های هورمونی و ژنتیک محروم هستند. برخی از آنها نیز همین که بتوانند با داشتن مجوز، بدون حجاب در اماکن عمومی ظاهر شوند برایشان کفایت می‌کند.[۳۸] این گونه است که در نهایت تعداد زنان در مرحلهٔ انجام عمل‌های جراحی به طرز محسوسی افت می‌کند.

---

۳۷ مصاحبه با جیکوب، شش‌رنگ و عدالت برای ایران.
۳۸ مصاحبه با فرناز، شش‌رنگ و عدالت برای ایران.

روند تغییر جنسیت در ایران

فرآیند تغییر جنسیت در ایران، روندی تابع قوانین شفاف و مشخص نیست و فردی که قصد تغییر جنسیت دارد مجبور است به نهادهای متعددی از قبیل سازمان بهزیستی، سازمان پزشکی قانونی، انستیتو روان‌پزشکی تهران، سازمان نظام وظیفه، دادگاه‌های عمومی و خانواده و کمیتهٔ امداد مراجعه کند. این جا با فرآیندی یک‌پارچه که برای همهٔ متقاضیان از یک نقطه شروع و به یک نقطه ختم شود مواجه نیستیم. آغاز روند تغییر جنسیت می‌تواند بسته به زمانی که افراد تصمیم می‌گیرند و بسته به این که در کدام شهر زندگی می‌کنند متفاوت باشد. حتی در یک شهر هم کسانی که متقاضی گرفتن کمک‌های دولتی از طریق سازمان بهزیستی هستند و کسانی که مستقیماً به پزشکی قانونی مراجعه می‌کنند و اصلاً در بهزیستی پرونده تشکیل نمی‌دهند، مسیرهای متفاوتی را طی می‌کنند. با این همه، در مجموع در سال‌های اخیر با این که تعداد نهادهای مربوط به تغییر جنسیت کاهش نیافته است، اما طول آن، به خصوص از زمان تسلیم درخواست تغییر جنسیت در سازمان پزشکی قانونی تا صدور مجوز، بسیار کوتاه‌تر از پیش شده است. این روند که پیش از این می‌توانست دو سال یا در مواردی تا چهار سال طول بکشد، در یکی دو سال اخیر به طور متوسط به شش ماه تا یک سال تقلیل یافته است.

بر اساس یافته‌های پژوهش حاضر، آن دسته از مصاحبه‌شوندگان که روند قانونی تغییر جنسیت را به شکل ناقص یا کامل طی کرده‌اند، با موارد متعددی از نقض حقوق خود یا برخوردهایی غیرانسانی مواجه شده‌اند. افزون بر این و چنان که به تفصیل خواهیم دید، سیاست‌های دولتی روشنی برای ترغیب و یا حتی اجبار ترنس‌جندرها و در مواردی افراد هم‌جنس‌گرا به انجام عمل جراحی تغییر جنسیت وجود دارد.

مرور دقیق روند تغییر جنسیت در تهران و بیشتر شهرهای بزرگ حاکی از آن است که به طور کلی طی سه مرحلهٔ زیر برای اخذ مجوز تغییر جنسیت ضروری است:

- اخذ گواهی اولیه از یک روان‌پزشک؛
- مراجعه به دادگستری و تسلیم درخواست تغییر جنسیت؛

- مراجعه به پزشکی قانونی محل، حضور در جلسهٔ کمیسیون روان‌پزشکی، و اخذ مجوز تغییر جنسیت؛

پس از طی این سه مرحله، باید روند هورمون‌تراپی و عمل جراحی انجام گیرد و پس از آن فرد برای تغییر اوراق هویتی خود مجدداً به دادگستری مراجعه کند. مراجعه به سازمان نظام وظیفه نیز بخشی از همین جریان است که گرچه می‌تواند پیش از عمل شروع شود، ولی تنها پس از عمل جراحی است که می‌توان معافیت دائم از خدمت نظام وظیفه گرفت. آن دسته از متقاضیانی که می‌خواهند از کمک‌های مالی دولتی استفاده کنند، موظفند یا در ابتدا و یا در اثنای گرفتن مجوز تغییر جنسیت پرونده‌ای در بهزیستی تشکیل دهند و در نوبت اخذ کمک‌های دولتی قرار گیرند. چنان که اشاره شد، نتایج این تحقیق نشان می‌دهد که متقاضیان تغییر جنسیت در تمامی نهادهای نه‌گانه‌ای که یک به یک به آنها خواهیم پرداخت، با موارد متعددی از نقض حقوق خود مواجه شده‌اند.

۱- اخذ گواهی ابتلا به اختلال هویت جنسی

همهٔ کسانی که در ایران می‌خواهند درخواست تغییر جنسیت خود را به مقامات قضایی و رسمی ارائه دهند، باید پیش از آن یک گواهی از روان‌پزشک گرفته باشند که تأیید کند مبتلا به اختلال هویت جنسی هستند. از ابتدای شروع اقدام به تغییر جنسیت، هویت فرد به موقعیتی پزشکینه بدل می‌شود. این یعنی تعریف فرد از گرایش جنسی یا هویت جنسیتی‌اش به یک اختلال بیولوژیک تقلیل می‌یابد. توجه کنیم که فرد نه به یک روان‌شناس، بلکه به یک روان‌پزشک ارجاع داده می‌شود. روان‌پزشکان ممکن است پیش از صدور تأییدیه، علاوه بر چند جلسه مشاوره، به تجویز آزمایش هورمونی و نیز آزمایش ژنتیک اقدام کنند. غالب مصاحبه‌شوندگان این تحقیق که چنین آزمایشاتی را پشت سر گذاشته‌اند، در نتیجهٔ آزمایش‌شان هیچ گونه اختلال هورمونی و یا ژنتیک مشاهده نشده است. در تهران، کسانی که از تمکن مالی بیشتری برخوردارند، معمولاً به دکتر فریدون مهرابی مراجعه می‌کنند. بر اساس آخرین اطلاعات مندرج در سایت محتا (مرکز حمایت از تراجنسی‌های ایران)، این

فرآیند شامل هشت جلسه رفتاردرمانی و تست‌های روان‌شناسی مختلف و همین طور آزمایش کاریوتایپ[۳۹] و آزمایش هورمون است. اما یک ترنس در وبلاگ تی‌اس عاشق می‌نویسد که بعد از هشت جلسهٔ مشاوره درمانی در مطب دکتر مهرابی که نباید بیش از دو ماه طول بکشد، موفق به اخذ گواهی شده است.[۴۰] گواهی‌های صادره از سوی دکتر مهرابی معمولاً از سوی کمیسیون پزشکی قانونی مورد پذیرش قرار می‌گیرد. با در نظر گرفتن گزارش‌هایی از منابع مختلف می‌توان نتیجه گرفت که کوتاه‌ترین و مطمئن‌ترین روند کسب مجوز تغییر جنسیت که در عین حال گران‌ترین آنها هم هست، با مراجعه به دکتر مهرابی ممکن می‌شود. برخی از مصاحبه‌شوندگان مطب دکتر مهرابی را محلی برای رهایی هم‌جنس‌گرایان مرد از خدمت سربازی می‌دانند. فریبرز معتقد است:

> همه می‌گویند کاری که ایشان می‌کند، یک نوع مقاومت است. مهر را می‌زنند و تو می‌توانی سربازی نروی. ولی به نظرم یک کار خطرناکی است که می‌کند. اول این که اطلاعات تو را می‌گیرد، جمهوری اسلامی کدگذاری می‌کند، تو لحظات بحرانی مثل دوران فاشیسم می‌داند کجایی، آدرس چیست، اسم چیست. یعنی ما باید به این حساس باشیم. چطور جمهوری اسلامی قانون دارد که هم‌جنس‌گرایان را اعدام می‌کنیم، یا شکنجه می‌کنیم، بعد این راه را باز می‌گذارد؟ تو بزنگاه‌های تاریخی این اطلاعات کجا می‌روند؟ ممکن است امروز کاری نداشته باشد.[۴۱]

فرناز هم چنین فرضیه‌ای را دربارهٔ تشخیص دکتر مهرابی در مورد خودش تأیید می‌کند:

> آقای مهرابی از کسانی است که نهایتاً باید تأیید کننده باشد. یعنی تأییدیهٔ اصلی را باید مهرابی بدهد. آن جا خیلی همکاری کردند. در

۳۹ بررسی تغییرات کروموزومی در یک فرد با انجام آزمایش کاریوتیپ امکان پذیر است. کاریوتیپ به زبان ساده تصویری است که از کروموزم‌های یک فرد گرفته می‌شود و در آن تعداد و ساختار کروموزوم‌ها مشخص می‌شود.

۴۰ مراحل گرفتن مجوز در تهران، تی اس عاشق، ۱۶ آبان ۱۳۹۰، قابل دسترسی در:
http://neptoniom-ashegh.mihanblog.com/post/77.

۴۱ مصاحبه با فریبرز، شش‌رنگ و عدالت برای ایران.

مورد من هم نهایتاً هم پذیرفته بود که این آدم لزبین است تا این که مثلاً ترنس‌سکشوال باشد یا بخواهد جراحی حتی بکند. ولی همکاری هم می‌کردند. با خیلی از بچه‌های گی هم همکاری می‌کرد آن موسسه برای دادن مجوز. برای این که خطری برایشان پیش نیاید. برای گی‌های فمینین که نمی‌خواستند در واقع جراحی کنند. خیلی‌هایشان از این طریق مجوز می‌گرفتند. یعنی اصل این نهاد چیز مزخرفی است. این که آدم‌ها را تشویق بکنی و برنامهٔ تلویزیونی بسازی که تشویق بکنند آدم‌ها را که جراحی بکنند کار مزخرفی است، ولی این که باشد که تو از این کانال قانونی یک زیرآبی‌هایی هم بروی، عملاً جان خیلی از گی‌ها را این برگه نجات می‌دهد. گی که بخواهند بگیرنش این برگه را نشان بدهد، کمیته باید ولش کند.[۴۲]

فراز که در اردیبهشت ۱۳۸۶ عمل جراحی خود را انجام داده است و مجوز را از دکتر مهرابی دریافت کرده است، می‌گوید که در آن دوره، تأییدیه‌هایی که مهرابی صادر می‌کرده برای پزشکی قانونی در حکم سند بوده است، ولی از زمانی که مردان هم‌جنس‌گرا برای معافیت از سربازی از او تأییدیه می‌گیرند، دیگر به اندازهٔ سابق نظرش نزد مقامات رسمی اعتبار ندارد:

آن زمان شانس من بود که حرف مهرابی خیلی سند بود. هر حرفی که می‌زد و کیس‌هایی که می‌نوشت همه واقعی بود. بعداً بچه‌هایی که برای سربازی می‌آمدند و معافی می‌گرفتند برای گِی و این‌ها دیگر کار مهرابی را خراب کرده بودند. همه می‌رفتند انستیتو. زمان من زمانی بود که مهرابی حرف آخر را می‌زد.[۴۳]

به این دلیل و همان طور که گفته شد، در تهران بسیاری از افراد به دلیل هزینهٔ بسیار زیاد کسب گواهی از دکتر مهرابی، به انستیتو روان‌پزشکی تهران که یک مرکز دولتی وابسته به دانشکده پزشکی دانشگاه علوم پزشکی و خدمات بهداشتی درمانی تهران است مراجعه می‌کنند. این انستیتو، یک کلینیک

---

۴۲ مصاحبه با فرناز، عدالت برای ایران و شش‌رنگ.

۴۳ همان.

تخصصی اختلالات جنسی دارد که به‌طور خاص، به این موضوع می‌پردازد.[۴۴] سامان به‌عنوان یکی از اولین کسانی که مجوز تغییر جنسیت خود را از طریق

---

۴۴ براساس آنچه در صفحه رسمی درمانگاه انستیتو روان‌پزشکی تهران آمده، "این کلینیک از سال ۱۳۷۱ با توجه به نیازهای افراد مبتلا به اختلالات جنسی، به‌ویژه اختلال هویت جنسی (GID) که تا آن زمان هیچ مرکز درمانی تخصصی برای مراجعه به آن وجود نداشته شروع به کار کرد. از سال ۱۳۸۰ به بعد این مرکز جهت ارائه خدمات تخصصی‌تر به مراجعین مبتلا به اختلال هویت جنسی (GID)،کمیته‌ای متشکل ازگروه‌های روان‌پزشک، روان‌شناس متخصص و مددکار اجتماعی در این زمینه تشکیل و اقدام به تهیه و تنظیم یک پروتکل درمانی جامع و منسجم برای این دسته از مراجعین کرد. اکثر مراجعین از پزشکی قانونی به مددکار اجتماعی معرفی و او سعی می‌کند مراجع و خانواده را در جریان فرایند درمان قرار دهد. مراجعین بین ۶ ماه تا ۱ سال را در این گروه می‌گذرانند.

عمده ترین فعالیت‌های این کلینیک عبارتند از:

۱- بررسی و ارزیابی تشخیص انواع اختلالات جنسی در مراجعین؛

۲- بررسی موارد قانونی مرتبط با اختلالات جنسی،

یکی از حوزه‌های مهم این کلینیک تشخیص و درمان اختلال هویت جنسی (CID) است که توسط تیم درمانی که متشکل از روان‌پزشک، روان‌شناس و مددکار اجتماعی در حوزه SEX صورت می‌گیرد و این افراد در یک فرایند نسبتاً طولانی مورد بررسی روانشناختی قرارگرفته و پس از تشخیص درمان‌های مورد نیاز را از تیم فوق اخذ می‌نمایند و در صورت ضرورت به کمیسیون‌های پزشکی مربوطه معرفی می‌شوند.

لذا برگزاری کمیسیون‌های پزشکی برای اختلالات و موارد خاص یکی دیگر از فعالیت‌های عمده این کلینیک است. به علاوه این کلینیک در ارائه اختلالات روانشناختی و روان‌پزشکی مورد نیاز به سایر افراد با مشکلات جنسی نیز مشغول به فعالیت می‌باشد.

لذا با توجه به مراجعه برخی موارد خاص و تقریباً نادر در حوزه مشکلات جنسی به این کلینیک بستر و فضای مناسبی را جهت انجام فعالیت‌های پژوهشی در این حوزه فراهم نموده است و تعداد زیادی از دانشجویان و محققان به انجام طرح‌های مطالعاتی در این حوزه‌ها مشغول می‌باشند. لذا یکی از فعالیت‌های عمده این کلینیک انجام پژوهش‌های مرتبط می‌باشد.

۳- با توجه به شیوع بالای مشکلات زناشویی و آمار بالای طلاق یکی دیگر از فعالیت‌های عمده این کلینیک ارائه خدمات تخصصی روانشناختی به زوجها می‌باشد و روان‌شناسان بالینی مجرب در این کلینیک با رویکردهای مختلف درمانی به ارائه خدمات به زوجین می‌پردازند.

فرایند تشخیص و درمان در کلینیک اختلالات جنسی

- ویزیت اولیه و معاینه کامل روانی توسط دستیاران روان‌پزشکی
- معرفی به کلینیک اختلالات جنسی

این انستیتو گرفته، معتقد است که روند ماجرا بسیار سریع‌تر و آسان‌تر از سال‌های اولیهٔ دهه هشتاد شده است:

> من مجوز جراحی را بعد از هشت ماه گرفتم. من جزو خوش‌شانس‌هایش بودم. ما یک میزگرد مانندی داشتیم که همه با هم می‌نشینند و صحبت می‌کنند. هر هفته یکشنبه‌ها برگزار می‌شد تو انیستیتو روان‌شناسی ایران. همهٔ بچه‌ها از تمام نقاط تهران و ایران دور هم جمع می‌شدیم. پروفسور مجد هم مدیر گروه‌مان بود، صحبت می‌کردند. تو این جمعیت، شاید از توی ترنس‌ها من فقط من مجوز جراحی گرفتم. بقیه نگرفتند. خیلی جالب است که بدانید که پزشکی قانونی با چه بهانه‌های مسخره‌ای این‌ها را رد می‌کرد. آن موقع خیلی سخت‌تر بود. الان خیلی راحت‌تر شده.[۴۵]

او در روایت تجربهٔ خود از جلسات مشاوره انستیو روان‌پزشکی ایران به وجود نوعی "جهت‌گیری" در سوالات مشاوران این مرکز اشاره می‌کند که فرد مراجع را به سمت پاسخ‌هایی راهنمایی می‌کرده است که در نهایت به تشخیص ترنس بودن وی و لزوم تغییر جنسیت منجر شود. او می‌گوید:

- ویزیت تخصصی، ارجاع جهت انواع آزمایشات هورمونی، کاریوتایپ و تست‌های روانشناختی
- پس از انجام آزمایشات و تست‌های تشخیصی مجدداً ویزیت توسط روان‌پزشک متخصص اختلالات جنسی
- بعد از تشخیص ارجاع به واحد روان‌شناسی برای شروع دوره روان‌درمانی
- گذراندن ۱۲ تا ۱۵ جلسه روان‌درمانی با روان‌شناس برای:

بررسی دقیق‌تر اختلال

چگونگی شکل‌گیری اختلال

کمک به سازگاری مراجع با هویت فعلی

- در صورت عدم تطابق مراجع با هویت بیولوژیک خود، آماده سازی مراجع و خانواده‌اش در مورد پذیرش اختلال و هویت جدید
- ارجاع به کمیسیون اختلالات جنسی توسط مددکار اجتماعی
- در نهایت نظر کمیسیون به همراه سوابق تشخیصی و درمانی مراجع توسط مدکار اجتماعی به پزشکی قانونی فرستاده شده تا اقدامات درمانی بعدی انجام گیرد." منبع: .http://medicine.tums.ac.ir/story.aspx?id=23372&p=575

۴۵ مصاحبه با فراز، عدالت برای ایران و شش‌رنگ.

اصلاً سمت و جهتی که تو سوال‌هایشان هست به تو این راهنمایی را می‌کند که تو چه بگویی که به تو بگویند تو ترنس هستی و بهت مجوز عمل بدهند. خیلی از آدم‌ها، مثلاً من اگر رفتم پیش خانم یا آقای ایکس روان‌شناس، رفتم که مشکلم را حل کند. شاید می‌توانستی کاری کنی که من نظرم کلاً نسبت به زندگی برگردد. یا ایکس یا هر کس دیگری. یک جور دیگری زندگی کند. می‌خواستند کار خودشان راحت شود. ده جلسه تو را می‌بینند، تو این ده جلسه هیچ حرفی بهت نمی‌زنند، هیچ انرژی‌ای برایت نمی‌گذارند فقط شما آن جا گوینده‌ای. فقط می‌گویی که بچگی‌ام این طوری کردم، هی می‌گویی و او می‌نویسد. یک پرونده‌ای برایت درست می‌کند، دستت می‌دهد و می‌گوید از این جا که رفتی، می‌روی دادسرا این نامه را می‌گیری، بعد می‌روی سازمان انتقال خون ایران، آزمایش ایکس و ایگرگ را می‌گیری.[۴۶]

در سال‌های اولیهٔ دههٔ هشتاد، روند طولانی مراجعه به انستیتو روان‌پزشکی تهران با تشکیل یک جلسهٔ کمیسیون برای تشخیص نهایی به پایان می‌رسید:

من هر سری که می‌رفتم انیستیتو روان‌پزشکی تهران، کنار بیمارستان رسول اکرم می‌پرسیدم که چه می‌شود، چه کار کنم؟ می‌گفت هیچی، شما باید بیایی و بروی، برای ما بگویی، ما آخرش بهت می‌گوییم. یعنی شما فقط حرف می‌زدی. آخر سر کمیسیونی می‌گذارند، که دکتر معروفی است که توی تلویزیون صحبت می‌کند، با تقریبا یک هیات پنج- شش نفره از روان‌پزشکان. شما می‌روی آن جا می‌نشینی. آن روز، روز کمیسیون است. بعد از ده جلسه به شما می‌گویند برو پنج ماه دیگر بیا. فلان تاریخ روز کمیسیون است. معمولاً تاریخ‌های کمیسیون هم خیلی طولانی است. هی فکر می‌کنی که چه می‌شود، تو این پنج ماه به من چه می‌خواهند بگویند. روزی که شما می‌خواهی مجوز بگیری. می‌روی و ده نفر با تو آمده‌اند. همه منتظر نشسته‌اند. صدایت می‌کنند و می‌روی تو. چند تا سوال ازت می‌پرسد. از کی متوجه شدی که این جوری هستی؟ الان عمل کنی چه می‌شود؟ عمل نکنی چه می‌شود؟

۴۶ همان.

انگیزه‌ات چیست؟ الان کارت چیست؟ همیشه با تیپ پسرانه بیرون می‌روی؟ چند تا سوال می‌پرسند که خیلی سخت نیست که کسی بخواهد دروغ بگوید. مثلاً اگر عمل نکنی چه می‌شود؟ خودم را می‌کشم. اگر عمل کنی چه می‌شود؟ خیلی خوب می‌شود. یعنی دقیقاً با همین جمله‌های به این راحتی و عامیانگی و سادگی. چند تا سوال می‌پرسند و برو یک ماه دیگر بیا جواب کمیسیون را بگیر. یک ماه بعد جواب را می‌گیری، [نامه‌ای با این مضمون] ایشان خانم یا آقای فلان، دچار اختلال هویت جنسی است. ایشان را معرفی می‌کنیم به پزشکی قانونی برای انجام مراحل دیگر. می‌رویم پزشکی قانونی. آن جا دوباره کمیسیون می‌گذارند، دوباره همین سوال‌ها را می‌پرسند.[۴۷]

این روند اگرچه هنوز طولانی‌تر از مراجعه به مطب دکتر مهرابی در تهران و مراجعه به مطب‌های برخی از روان‌پزشکان معتمد پزشکی قانونی در شهرستان‌هاست، اما به نسبت سال‌های اولیهٔ دههٔ هشتاد که سامان مجوز خود را گرفته، بسیار کوتاه‌تر شده است.

کیا، ۲۹ ساله هم که سال ۱۳۸۳ عمل جراحی را از سر گذرانده است چنین می‌گوید: "دو سال و نیم سه سال طول کشید تا من عمل کردم. چون قبلاً بر اساس معیارهای بین‌المللی بود و الان شش ماه فقط طول می‌کشد. کاش این آسانی راه انجام نمی‌شد. چون خیلی‌ها به خطا عمل می‌شوند و یا سوءاستفاده می‌کنند."[۴۸]

همان طور که سامان و برخی دیگر از مصاحبه‌شوندگان به درستی اشاره می‌کنند، فارغ از کوتاه یا طولانی بودن زمان این فرآیند، کل این جریان و تصمیم نهایی تنها با تکیه بر گفته‌های خود فرد محقق می‌شود. یافته‌های این پژوهش نشان می‌دهد که بسیاری از هم‌جنس‌گرایان با انگیزه‌های مختلف، از جمله خلاص شدن از قوانین مربوط به حجاب یا فرار از مجازات‌های مربوط به روابط هم‌جنس‌گرایانه، آگاهانه و با علم قبلی به پاسخ‌هایی که باید به پرسش کارشناسان بدهند به روند اخذ مجوز تغییر جنسیت وارد شده و با کسب نظر

---

۴۷ مصاحبه با سامان، شش‌رنگ و عدالت برای ایران.
۴۸ مصاحبه با کیا، شش‌رنگ و عدالت برای ایران.

مثبت انستیتو روان‌پزشکی تهران و یا سایر روان‌پزشکان موفق به جلب رضایت پزشکی قانونی شده‌اند.

تعداد جلسات مشاوره در انستیتو روان‌پزشکی در دوره‌های مختلف بین هشت تا دوازده جلسه متغیر است و در مواردی به دلایلی مانند اصرار خانواده برای انجام زودتر عمل، تعداد جلسات مشاوره به شش جلسه هم کاهش یافته است.[۴۹] در حال حاضر، به طور معمول، هشت جلسه مشاوره در انستیتو برای تشخیص اختلال جنسیت کافی است. نیما تجربه‌اش را چنین بازگو می‌کند:

اول رفتم انستیتوی درمانی تو ستارخان. باید حتماً از آن جا شروع کنی. یا از پیش او باید بروی... توی دوره‌ای که من می‌رفتم، هی جلساتش را زیاد می‌کردند. یکی از دوستانم به خاطر ناراحتی روحی که داشت سه سال جلسهٔ روان‌شناسی‌اش طول کشید. سه سال. جلسهٔ روان‌شناسی که با هشت جلسه تمام می‌شود. اصلاً عرفش هشت تا دوازده جلسه است. خیلی کم است. هفته‌ای یک جلسه است و خیلی کم می‌شود. من کلاً ده جلسه‌ای برایم تمام کردند. این دو جلسه به خاطر این طول کشید که با قدّم مشکل داشتم. این‌ها بیشتر فکرشان این است که اگر تو انقدر مطمئنی که می‌خواهی عمل کنی باید همه چیز را تو ذهن خودت اوکی کنی. با قدّت مشکل داری از الان باید اوکی‌اش کنی، چون دو روز دیگر بروی تو جامعهٔ مردان نمی‌توانی قدّت را [بلند] کنی. یا اگر با قیافه‌ات مشکل داری همین الان مشکلت را حل کن. می‌گفت بیا با هم صحبت کنیم درستش کنیم. با هم صحبت کنیم و به آن آرامشی که می‌خواهی برسی حالا هر چقدر که می‌خواهد طول بکشد.[۵۰]

علی راد هم که خود به انستیتو مراجعه کرده و کل جریان تغییر جنسیتش یک سال طول کشیده است، تأیید می‌کند که پاسخ به سئوالات چند "کلید" دارد که با دانستن یا عمل کردن به آن‌ها می‌توانی تأییدیه بگیری:

---

۴۹ به‌عنوان مثال، در دوره‌ای که تعداد جلسات دوازده جلسه بوده، به دلیل اصرار مادر علی راد، این جلسات برای او به شش جلسه کاهش پیدا کرده است.

۵۰ مصاحبه با نیما، شش‌رنگ و عدالت برای ایران .

به من گفتند دو سال طول می‌کشه و برای من دو سال خیلی زیاد بود. بعدشم این که هزینه‌ای که می‌گرفتن بابت اون جلسات زیاد بود و من توانایی پرداختش رو نداشتم. بعد از طریق دوستان تی‌اس که توی اینترنت باهاشون آشنا شده بودم، راهنمایی شدم به سمت انستیتو توی ستارخان. اون جا رفتم که جلساتش خیلی هزینه‌اش کمتر بود؛ فکر کنم اون دوره جلسه‌ای پنج هزار تومن بود. خیلی برام بهتر بود. بعدشم یک ساله تموم شد. خب این برای من خیلی خوب بود. خودشون گفته بودند که یک ساله تموم می‌شه؛ البته با شرطُ‌ها و شروطُ‌ها که شما تی‌اس باشین. اون‌ها چند تا کلید دارند که من اصلاً قبول ندارم. مثلاً از نظر ظاهری: مقنعه، مانتوی گشاد، شلوار بَگی، کتونی، ظاهر خشن داشته باشی، که این رو بسیاری از انسان‌ها دارن. اصلاً خیلی خنده‌داره. من نمی‌دونم کجا باید فریاد بزنم این رو، چون من دارم زیر سوال می‌رم. منِ اف‌توام دارم زیر سوال می‌رم. اینا رو کردن برای خودشون کلید که رابطهٔ جنسی با دختر داشتی، این که فاعل بودی، مفعول بودی. خیلی چیزای پیش پا افتاده، خیلی چیزای سطح پایین که اینا نشون دهندهٔ هویت نمی‌تونه باشه، نشون دهندهٔ شخصیت هم نمی‌تونه باشه، چه برسه به هویت. چون یه دوره‌ای ممکنه یه دختری تیپ اسپرت بزنه، شخصیتش نیست. اون دوره این رو دلش خواسته، دورهٔ بعد دلش می‌خواد مانتوی فلان بپوشه، حالا آرایش فلان کنه. تیپشه، مدلشه، شخصیتش نیست که حالا این رو برای خودشون کردن هویت و کلید و تیک می‌زنن و به شما مجوز می‌دن و خیلی مسخره‌تر از این حرفا اینه که من یکی از دوستام که به مردانگی[۵۱] واقعن خیلی قبولش دارم و حاضرم قسم بخورم سرش، ایشون چون از نظر جسمی شرایط این رو نداشتن که تیپ پسرونه بزنن و برن، یعنی نمی‌تونستن اندام‌هایی که مربوط به یک دختره استتار کنن، مجبور بودن توی انستیتو با همون پوشش مانتو برن و ایشون رو یه بار رد کردن که چرا، چون تو لباس پسرونه نپوشیدی. [خب اندام زنونه‌ش رو] نمی‌تونست استتار کنه، نمی‌تونست تیپ پسرونه بپوشه. تو جامعه براشون خب

۵۱ منظور مصاحبه‌شونده، ترنس‌مرد است که مایل از زن به مرد تغییر جنسیت بدهد.

مشکل پیش میاد اگر بخوان این تیپی بیان بیرون. بعد خیلی جالب بود. انستیتو ایشون رو رد کردن. بعد مجبور شد جلسهٔ دوم ما با یه بدبختی ایشون رو راهی کردیم. چون این تیپ رو [تیپ پسرونه رو] دیدن، خدافظ شما! تی‌اسی چون این تیپی‌ای. ای بابا! خیلی مسخره است.[۵۲]

علی راد که در زمینهٔ اطلاع‌رسانی و مشاوره دادن به دیگر ترنس‌ها هم فعال است، رویکردی هم‌جنس‌گراستیز دارد و حاضر به هیچ گونه همراهی یا به قول خودش "قاطی شدن" با آنان نیست. او معتقد است که نوع عملکرد انستیتو باعث شده هم‌جنس‌گراها بتوانند وارد فضاهای ترنس‌ها شوند و این خطر را به وجود بیاورند که دولت همه را منحرف به شمار بیاورد و دیگر به ترنس‌هایی هم که از نظر او ترنس واقعی هستند مجوز تغییر جنسیت ندهد:

من یه روز رفتم انستیتو. یعنی یک سال از عملم می‌گذشت. چون الان لیست مخاطبان گوشی من رو نگاه کنید پر است از بچه‌هایی که زنگ می‌زنن و خودشون رو تی‌اس معرفی می‌کنن و سوال می‌پرسن از من. بعضی‌هاشون رو قرار می‌ذاریم می‌بینیم، بعضی‌هاشون رو نه، تلفنی صحبت می‌کنیم. خیلی جالبه که من خودم رو کشتم که به این دکترای انستیتو بگم که بابا! هر کسی می‌آد این جا و اون کلیدایی که شما در نظر گرفتی که اگه این رو داشته باشه، این رو داشته باشه؛ تیک تیک، تی‌اس، مجوز، خداحافظ نیست. چرا به هر کسی که از راه می‌رسه مجوز می‌دین؟ باعث می‌شه که اونایی که واقعن تی‌اس هستند هم توی جامعه زیر سوال برن. من خیلیا رو می‌شناسم خانم. یعنی این یه جور تف سر بالاست؛ برمی‌گرده به خودم ها! چون وارد حیطهٔ ما شدن این افراد؛ بدون اجازه، بدون دلیل، اشتباه. بهشون اجازه دادن که وارد محیط ما بشن؛ [وارد] محیط بچه‌های تی‌اس بشن. من با افتخار می‌گم تی‌اس‌ام، چون یه معجزه‌ام، چون یه قدرت برترم. اما کسی که می‌آد وارد این قضیه می‌شه من رو و امثال من رو زیر سوال می‌بره. من خیلی خوشحالم که شما این علم رو دارید، این افکار رو دارید که فرق می‌کنه تی‌اس. شاخه‌های مختلفش با هم فرق می‌کنه. من رفتم صحبت کردم

[۵۲] مصاحبه با علی راد، شش‌رنگ و عدالت برای ایران.

انستیتو. گفتم بابا! حداقل یکی از بچه‌های تی‌اس رو بشونید این جا به جای روان‌پزشک، دو تا سوال از اینا بپرسه، یه ذره باهاشون صحبت کنه، ببینه اصلاً چی کاره هست، می‌خواد چی کار کنه، اصلاً تکلیفش با خودش روشنه یا این که یه کتونی پوشیده، یه شلوار بگ و یه مقنعهٔ کهنه و یه مانتوی گشاد و موهای سیخ سیخی شد تی‌اس؟ یا این که گفت من به جنس مونث گرایش دارم شد تی‌اس؟ یا این که گفت من توی بچگی عروسک نداشتم شد تی‌اس؟ خداحافظ، مجوز؟ حداقل بذارید شش ماه توی یه لباس مردونه بچرخه ببینید اصلاً عرضه‌ش رو داره، عرضهٔ این تغییر رو داره. چون من فکر می‌کنم تغییر عرضه می‌خواد، قدرت می‌خواد، باید یک سری چیزا به تو، یک سری چیزا برای تو به اثبات برسه که تو این جرات رو بکنی که این تغییر به این بزرگی رو توی خودت به وجود بیاری. جلوی خانواده‌ات باید بایستی، جلوی فامیلت، جلوی آشناهات، جلوی خونوادهٔ کسی که بهش علاقه‌مندی، توی دانشگاه، محیط کارت، همهٔ اینا رو باید در نظر بگیری. کسی که میاد و تغییر جنسیت می‌ده همهٔ اینا رو باید ببینه. اون وقت اگه قدرت و توانایی‌اش رو داشت بره عمل بکنه. هر کی از راه می‌رسه بهش مجوز می‌دن. چرا؟ خب، این خیلی اشتباهه. بعد به یه جایی می‌رسیم که یهو دولت به این نتیجه می‌رسه که خب، دیگه اصلاً مجوز ندیم، اینا دارن جامعه رو به انحراف می‌کشونن. خب، واقعن اونی که تی‌اسه باید چه خاکی توی سرش بریزه اون وقت؟ واقعاً باید چی کار کنه؟[۵۳]

با این همه، علی راد خود در مشاوره‌هایی که به ترنس‌های اف‌توام دیگر می‌دهد، آنها را متقاعد می‌کند که "کلید"های مورد نظر انستیتو را برای نشان دادن مرد بودن یا اجرای ظواهر "مردانگی"، آن طور که در قوانین و کلیشه‌های فرهنگی و اجتماعی جامعهٔ ایران وجود دارد رعایت کنند.

نیما در این مورد می‌گوید:

من کارم طوریه که روابط عمومی‌م باید اوکی باشه [مشتریان وی زوج‌های جوان هستند که برای انجام مراسم ازدواج و... به وی مراجعه

---

[۵۳] همان.

می‌کنند]، تیپ و ظاهرم باید خوب باشه. وقتی که عروس و داماد میان این جا، طوری باید باهاشون برخورد بکنم... مرتب و آراسته باشم، مثل این‌که همیشه خودم رو جای مشتری می‌گذارم. وقتی خودت یه جایی می‌ری می‌بینی طرف شیک و پیک به خودش می‌رسه صدرصد می‌گیری می‌شینی می‌گی که حتمن کارش هم اوکیه. اون‌جا قرارداد رو می‌بنده. این برای من خیلی مهم بود. بعد توی یه خانواده‌ای هم هستم که خانواده به تیپ ظاهر خودش چه دختر، چه پسر، چه مادر، همه می‌رسن. یعنی اگه کسی به خودش نرسه یا مثلاً ابروش رو برنداره می‌گن چی شده؟ مشکلی پیش اومده؟ حتا می‌برنش دکتر. این چرا این جوری شده؟ حتا فکر می‌کنم که می‌گرفتم می‌خوابیدم، شاید مامانم با موچین برداره زیر ابروهام رو تمیز کنه. خب؟ اما علی [علی راد] به من گفت نیما تو می‌خوای بری پیش دکتر باید مانتوی گشاد بپوشی، باید با مقنعه بری، باید بذاری ابروهات پر بشه وگرنه اینا جزو آیتماییه که تیک می‌زنن. ببین! من دیروز رفته بودم مانتو گشاد گرفتم گفتم تا چند وقت دیگه برم منتظرم ابروهام پر شه. خب؟ بعد جلوی آینه تا خودم رو می‌دیدم. تو اتاق پرو دو ساعت به خودم می‌خندیدم. خب؟ این منطقی‌تره یا مانتوی بلند و محجبه و روسری و نمی‌دونم بیای بگی که حالا مثلاً بخوای حالت تریپ سلام داداش بری پیش دکتر این‌جوری دکتره بهت بگه یه تیک مثبت، کدومش؟[۵۴]

تجربۀ شخصی فرناز نشان می‌دهد که چگونه یک هم‌جنس‌گرا می‌تواند به سادگی و با دادن پاسخ‌هایی که آنها می‌خواهند، تاییدیۀ ابتلا به اختلال هویت جنسی بگیرد:

سال هشتاد و شش بود که خیلی جدی تصمیم گرفتم آن کار [عمل تغییر جنسیت] را بکنم. برای این که حداقل آن جوری که دلم می‌خواهد دیگر لباس بپوشم. داستان گشت‌های ارشاد شروع شده بود و دیگر تو دانشگاه در این حد شده بود که نوع مقنعه هم دیگر مسئله شده بود که چانه داشته باشد، نداشته باشد، کشیده شده باشد جلو،

۵۴ مصاحبه با نیما، شش‌رنگ و عدالت برای ایران.

نکشیده شده باشد جلو، آرایش مو خودش خیلی مسئله شده بود همه چیز. و من هم خب از طریق این دوستم با کسانی که این کار را کرده بودند خیلی زیاد آشنا شده بودم و آنها خیلی راضی به نظر می‌آمدند. آره، خیلی هم رضایت دارد که شما بتوانی تو ایران با بلوز و شلوار بروی تو خیابان. تا این که من از طریق مادر یکی از دوستانم که تو انجمن روان‌شناسی یا روان‌پزشکی ایران بود [رفتم اون جا] تو خیابان ستارخان، نزدیک‌های پاتریس لومومبا، آن جا در واقع جایی بود که شما اولین بار باید می‌رفتی تشکیل پرونده می‌دادی، یعنی به‌عنوان مریضی مطرح می‌شد این قضیه و تأییدیه می‌گرفتی به‌عنوان اختلال هویت جنسی، اختصاری‌اش هم می‌شد جی‌آی‌دی [GID]. که خب من سه چهار جلسه رفتم. این‌ها هر یک بار وقت دادن‌شان فاصله‌اش می‌شد یک ماه، یک ماه و نیم. آن جا بود که من هر چه می‌گفتم آنها می‌گفتند خب باید اول این قرص‌ها را بخوری، بعد این دوره‌های درمانی را طی کنی. یعنی مثلاً باید دوازده جلسه بیایی، بعد از این دوازده جلسه ما به تو مجوز می‌دهیم، بعد این مجوز باید برود پزشکی قانونی تأیید بشود، و بعدش حالا ماجرای عمل و این که خانواده‌ات رضایت داشته باشند. بعد از آن من رفتم تا مرحله‌ای که برگهٔ تأییدیه‌ای که می‌دادند را من داشتم که آقا من این اختلال را دارم. من همین‌هایی که الان گفتم، گفتم من اصلاً تمایلی ندارم با مرد زندگی کنم. من خانم‌ها را دوست دارم، دوست دارم با خانم‌ها باشم. دلم نمی‌خواهد مانتو و روسری تنم کنم. بدم می‌آید از دامن. از بچگی بدم می‌آمده. عروسک‌بازی نمی‌کردم. یعنی سوال‌هایی که می‌کردند، مثلاً بچگی‌ات چطور بوده، از کی فهمیدی که فرق داری؟ یک سری سوالات کلی می‌کردند، من هم کلی جواب می‌دادم. تا حالا با دختر خوابیده‌ای؟ آره. چطوری بوده؟ خیلی خوب بوده. دروغ اصلاً. من حتی می‌گفتم من مشکلی ندارم که بدنم همین بدن باشد، من نمی‌خواهم که این جوری لباس بپوشم.۵۵

---

۵۵ مصاحبه با فرناز ، شش‌رنگ و عدالت برای ایران.

فریبا، ترنسی که برای گرفتن مجوز تغییر جنسیت از مرد به زن از دادسرا به روان‌پزشکی در تهران معرفی شده است می‌گوید: "مرا پیش دکتر حمید فرزادی فرستادند. ایشان هم پس از چهار جلسه گفتند ترنس هستی و مجوز را دادند." او که مرد است و مایل است تغییر جنسیت داده و زن شود، گرایش جنسی‌اش به زنان است، می‌گوید: "پس از عمل لزبین خواهم بود، به همین دلیل در جلسات مشاوره از گرایشم به زنان حرفی نزدم، چون می‌دانم بهتر است بگویم مردی هستم که گرایش به مرد دارم، تا زودتر برای عمل تغییر جنسیت موافقت کنند."[۵۶]

برخی از مصاحبه‌شوندگان، پرسش‌هایی را که در جلسات مشاوره با روان‌شناس از آنها پرسیده می‌شود توهین‌آمیز دانسته‌اند و آنها را مصداق نقض حریم خصوصی می‌دانند. از یاد نبریم که این افراد برای اخذ تاییدیهٔ روان‌پزشک در مورد ابتلا به اختلال هویت جنسیتی ناچار به حضور در این جلسات مشاوره شده‌اند و خود داوطلبانه به این روان‌پزشکان و مشاوران مراجعه نکرده‌اند. سامان به یاد می‌آورد:

> نمی‌دانم مسخره است یا نه، بد بگویم، وقیح بگویم، نمی‌دانم چی بگویم. فکر کنم جلسهٔ اول یا دوم بود، پرسید توی خواب‌هایت سکس را چطور می‌بینی؟ برایم تعریف کن. فکر کن با روان‌پزشک نشسته‌ای، تا به حال روان‌پزشک را ندیده‌ای، یک دفعه ازت می‌پرسد سکس خوابت را تعریف کن. تا حالا آلت مردانه تو خواب یا واقعیت دیده‌ای؟ آلت چطوری است؟ اگر ندیده‌ای، توی خواب چطوری دیده‌ای؟ تو سکس خوابت دوست داشتی چطوری باشی؟ این‌ها یک سوالاتی است که جواب درست حسابی‌ای فکر نمی‌کنم کسی برایش داشته باشد.... [دکتر] زن بود. خودم با زن‌ها اصلاً راحت نبودم. شاید اگر یک مرد ازم سوال می‌کرد خیلی راحت‌تر جواب می‌دادم. خیلی برایم سخت بود شخصاً که خواب سکسی‌ات را برای یک زن تعریف کنی... خیلی از سوال‌هایشان هیچ ربطی به این تصمیم‌گیری نداشت.[۵۷]

---

۵۶ مصاحبه با فریبا، شش‌رنگ و عدالت برای ایران

۵۷ مصاحبه با سامان، شش‌رنگ و عدالت برای ایران

علاوه بر جلسات مشاوره، انجام برخی از آزمایشات پزشکی، از جمله آزمایش هورمونی، آزمایش ژنتیک و سونوگرافی اندام‌های جنسی هم بخشی از جریانی است که یا در همین مرحله و یا در مرحلهٔ بعد (پزشکی قانونی) باید انجام شود. تجربهٔ مصاحبه‌شوندگان این پژوهش تأیید می‌کند که بین خصوصیات هورمونی آنهایی که تغییر جنسیت داده‌اند و سایر زنان و مردان هتروسکشوال تفاوتی وجود ندارد؛ مگر در مواردی که فرد اینترسکس[۵۸] بوده باشد. به‌عنوان مثال یگی، تنها مورد استثنایی در بین همهٔ راویان این تحقیق بوده که از نوعی اختلال کروموزومی رنج می‌برد. یگی که به‌عنوان دختر متولد شده است، دچار سندرم ترنر[۵۹] بوده و در نُه سالگی برای معالجه به آمریکا فرستاده می‌شود. او در واقع تنها موردی از مصاحبه‌شوندگان است که از بدو تولد این اختلال در مورد وی تشخیص داده شده و خانواده‌اش اقدامات لازم را برای انجام معالجات پزشکی انجام داده‌اند. یگی در حال حاضر مشغول انجام هورمون‌درمانی و دیگر مراحل تطبیق جنسیت در کاناداست.

مبتلایان به این اختلال به جای ۴۶ کروموزوم دارای ۴۵ کروموزوم هستند. به بیان دیگر، در زمان تقسیم‌های سلولی در دوران جنینی، ساختار کروموزومی آنها یک کروموزوم جنسی کم دارد، یعنی به جای ۴۶ کروموزوم، دارای ۴۵ کروموزوم هستند و از دو کروموزوم جنسی آنها (XX) یکی کم است و یا یکی تغییر یافته است. این سندروم ارثی نیست و هنوز دلایل بروز آن مشخص نیست.

---

۵۸ اما در وبلاگ "جامع‌ترین وبلاگ اطلاع رسانی پزشکی تخصصی عمل‌ها و مراحل تغییرجنسیت در ایران"، فردی به نام میثاق از قزوین تجربهٔ خود را از روند گرفتن مجوز به‌عنوان یک اینترسکس روایت کرده است. تجربهٔ او فرقی با تجربهٔ ترنس‌ها ندارد و فقط سریع‌تر پیش رفته است.

این وبلاگ به دستور کار گروه مصادیق محتوای مجرمانه، فیلتر شد و پیگیری‌های مسئول وبلاگ و خوانندگان آن در ارسال ایمیل جهت رفع فیلتر و بازگشایی مجدد بی نتیجه ماند.

ادرس قدیمی وبلاگ www.helpftm.blogfa.com

و نشانی جدید آن http://www.helpts.blogspot.com است.

59 Turner Syndrome

در این افراد هورمون جنسی مؤثری در زندگی جنینی و پس از تولدشان تولید نمی‌شود و به همین دلیل حالات جنسی ثانویه در آنان پدیدار نخواهد شد. چرا که کروموزوم X دوم، که به نظر می‌رسد مسئول زنانگی و رشد کامل است، وجود ندارد و همواره با کمبود استروژن مواجه هستند. از ویژگی‌های دیگر این افراد می‌توان به قامت کوتاه و ظریف و گردن پرده‌دار، پایین بودن خط رویش مو اشاره کرد. از آن جایی که این نوزادان با ظاهر جنسی مؤنث و طبیعی متولد می‌شوند، بی هیچ تردیدی به جنس مؤنث منسوب می‌شوند و در همین نقش پرورش می‌یابند.[۶۰]

سندرم کلاین فلتر سندرمی[۶۱] است که در پسران با اختلال کروموزومی یافت می‌شود. مبتلایان به این اختلال، پسرهایی هستند که یک کروموزوم جنسی اضافه دارند، یعنی به جای۴۶ کروموزوم xy دارای یک کروموزوم X اضافه هستند و یا یک کروموزوم ناقص X اضافه دارند (xxy). از ویژگی‌های این پسران می‌توان به قد بلند، بنیهٔ لاغر پستان‌های برجسته و آلت تناسلی بسیار کوچک اشاره کرد. بیش از ۶۰ در صد این بیماران هیچگاه به‌عنوان مبتلایان به سندرم کلاین فلتر مشخص نمی‌شوند. این افراد ممکن است از لحاظ هوشی کمی ضعیف‌تر از هم‌سالان خود باشند.[۶۲]

اکثر کسانی که در این تحقیق با آنها مصاحبه شده است و مراحل کسب مجوز تغییر جنسیت را طی کرده‌اند، هنگام انجام تست ژنتیک نگران بوده‌اند که در صورت احراز تأیید سلامت ژنتیک و هورمونی، برای آنها مجوز جراحی تغییر جنسیت صادر نشود. اما در عمل دیده‌اند که با وجود تأیید سلامت در هر دو دسته از آزمایشات (هورمونی و ژنتیک)، برایشان مجوزجراحی تغییر جنسیت صادر شده است. غیر از یک مورد، هیچیک از مصاحبه‌شوندگان تحقیق ما در معاینات و آزمایشات انجام شده به‌عنوان اینترسکس یا دوجنسی شناخته نشده‌اند.

---

60 Was ist das Ullrich-Turner-Syndrom?, available at http://www.tk.de/tk/krankheiten-a-z/krankheiten-u/ullrich-turner-syndrom/31250 &
Turner-Syndrom, News Medical, 1 February 2011, available at http://www.news-medical.net/health/What-is-Turner-Syndrome-(German).aspx.

61 Klinefelter syndrome

۶۲ برای اطلاعات بیشتر در مورد سندرم کلاین فلتر رک:
http://www.nhs.uk/Conditions/klinefelters-syndrome/Pages/Introduction.aspx

یکی از معیارهایی که انستیتو روان‌پزشکی تهران یا روان‌پزشکان شهرهای دیگر به‌ویژه در سال‌های اخیر برای تأیید اختلال هویت جنسی مورد تأکید قرار می‌دهند، پوشیدن لباس‌های جنس مخالف، یعنی جنسی است که فرد می‌خواهد به آن تغییر جنسیت دهد. این در حالی است که به خصوص در شهرستان‌ها، به دلیل محدودیت‌های شدیدتر اجتماعی، و کنترل بیشتر نیروهای انتظامی، احتمال بروز مشکل و یا حتی دستگیری افراد "مبدل‌پوش" بسیار بالاست. این افراد در بسیاری از موارد و برای برآوردن این معیار، پشت در مطب پزشکان لباس‌های خود را عوض می‌کنند.

بر اساس گزارش‌های منتشره و برخی از مصاحبه‌های این تحقیق، روند کسب تاییدیهٔ اختلال هویت جنسی در شهرستان‌ها، در سال‌های اخیر کمابیش با تهران یکسان شده است. در تمام شهرها، یک یا چند روان‌پزشک مورد اعتماد پزشکی قانونی هستند که اغلب تبدل‌خواهان جنسی به آنها مراجعه می‌کنند. یعنی گرفتن تأییدیه تنها منوط به نظر تعداد معدودی از روان‌پزشکان معتمد پزشک قانونی است و افراد انتخاب‌های چندانی ندارند. در برخی از شهرهای کوچک‌تر گزارش شده که پزشکی قانونی یا دادگاه افراد را برای طی دورهٔ "تشخیص" به انستیتو روان‌پزشکی تهران فرستاده است. این رفت و آمدهای مداوم میان تهران و شهرستان، پروسهٔ تغییر جنسیت را نسبت به شهرهایی مانند مشهد یا اصفهان که تمامی مراحل در خود شهر قابل پیگیری است پیچیده‌تر کرده است. هر چند در آن شهرها هم گرفتن یا نگرفتن تاییدیه کاملاً منوط به نظر پزشکانی معدود و مشخص است. سلماز توضیح می‌دهد که چگونه دوست‌دخترش که مثل او لزبین بوده به یکی از این پزشکان در شیراز مراجعه می‌کند و متوجه می‌شود که این پزشک هیچ انتظاری از او برای پوشیدن لباس‌های پسرانه نداشته و صرف گرایش جنسی او را برای صدور تأییدیهٔ اختلال هویت جنسی کافی دانسته است:

توی شیراز مسخره بود. دوست‌دختر من که خیلی به قول معروف داف بود رفته بود دکتر، گفته بود اوکی من بهت نامه می‌دهم برو تغییر جنسیت بده. بعد تا آمد به من گفت من این طوری بودم، رو چه حسابی؟ گیریم تو حماقت کنی بگویی باشد [و عمل کنی]، کاملاً

> دخترانه، تیپ دخترانه، آرایش. ولی چون رفته بود گفته بود من به دخترها گرایش دارم گفته بود اوکی، برو تغییر جنسیت بده.[۶۳]

با این حال برخی از مصاحبه‌شوندگان شهرستانی این تحقیق با فرآیندی پیچیده و دردناک‌تر مواجه شده‌اند. برای نمونه، شهرزاد که زن سی ساله‌ای است که خود را لزبین می‌داند و در تبریز زندگی می‌کرده، از سوی پزشکی قانونی اول به یک دکتر زنان و سپس به یک روان‌پزشک ارجاع داده شده است. او می‌گوید:

> دکتر روان‌پزشک گفت شما باید با یک پسر رابطهٔ جنسی برقرار کنید که من ببینم شما می‌توانی رابطه را داشته باشی یا نه. خلاصه ما گشتیم بین بچه‌ها یک پسری بود خوش‌اندام، جزو قوی‌ترین مردان، که قبول کرد که تو این آزمایش ما شرکت کند. [در حضور دکتر نباید آزمایش می‌کردیم ولی زیر نظر دکتر بودیم.] یعنی دکتر می‌گفت تو چه کار کن. در جلسه‌ای که هم من بودم هم آن آقا پسر بود. اصلاً دو ماه طول کشید که این پسر بتواند به من دست بزند. یعنی هر دفعه می‌رفتیم دکتر، می‌گفت چه شد؟ می‌گفتم نمی‌توانم. بعدش هم که این رابطه انجام شد، خود پسر آمد پیش دکتر، گفت دکتر من فکر کردم اصلاً داشتم به دوستم مرتضی دست می‌زدم. اصلاً نمی‌توانستم با این آدم ارتباط برقرار کنم. بعدش هم این خانم انقدر که از مرد و بوی تن من بدش می‌آمد بالا آورد. نظریهٔ دکتر روان‌پزشکم این بود که بعد از دو ماه سه ماه استمرار روان‌پزشکی آن آقا هم گفتند این خانم نمی‌تواند رابطهٔ جنسی درستی با یک مرد داشته باشد. دیگر تقریباً تو کار عمل جراحی بودیم و دنبال وامی که از طرف دولت به تغییر جنسیت می‌دهند و یک مقدار پول که خودم باید رویش می‌گذاشتم و یک دکتر، که با یکی از دوستانم آشنا شدم که هم‌جنس‌گرای واقعی بود. بعد خیلی باهام صحبت کرد و به این نتیجه رسیدم که درست است که نمی‌توانم با مرد باشم، ولی نمی‌توانم خودم هم مرد باشم. از اندام جنسی زنانه‌ام، از هویت جنسی زنانه‌ام لذت می‌برم. درست است

---

۶۳ مصاحبه با سلماز، شش‌رنگ و عدالت برای ایران.

افکار فمینیستی دارم، ولی از طرفی هم زورگو و قلدرمآب و این که بخواهم مرد باشم و مسئولیت‌های مردانه تو جامعه قبول کنم و بخواهم یک زن را به یک شکلی حمایت کنم یا راضی کنم نه. کلاً ترنس بودن به نظر من یک چیز روانی است تا یک چیز هورمونی. مگر این که ثابت شود درون بدنت یک چیزی پنهان داری، مثل دوجنسه‌ها که اصلاً بحثش جداست. وگرنه در غیر این صورت یک چیز تلقینی است.[۶۴]

در برخی از استان‌ها مانند کردستان، روند تغییر جنسیت بسیار بسیار کوتاه‌تر از تهران گزارش شده است. بر اساس نوشتهٔ آرسین، یک ترنس افتوام اهل شهرستان سقز در در وبلاگ "اطلاع رسانی پزشکی تخصصی عمل‌ها و مراحل تغییرجنسیت در ایران"، کل روند تغییر جنسیت در سال ۱۳۹۰ تنها حدود سه ماه طول کشیده است:

من از بچگی فهمیدم که مرد هستم و فقط برای مدرسه یک مانتو و مقنعه می‌پوشیدم، آن هم خیلی شلخته، مثل مردی که وقتی لباس زنانه بپوشد، خیلی بدریخت می‌شود، من هم چنین بودم. خلاصه با هر زحمتی بود تا دانشگاه را با همین وضعیت سر کردم. ترم چهارم دانشگاه که شدم دیگه تحملم تمام شد و تصمیم گرفتم درس را ول کنم. رفتم با رئیس دانشگاهم صحبت کردم. ایشان وضعیتم را خیلی راحت درک کردند و اجازه دادند با پوشش مردانه سر کلاس‌ها حاضر شوم و از نظر روانی خیلی کمکم کرد. وقتی درسم تمام شد، [سال۸۷] رفتم دنبال کارهام. در بهزیستی تشکیل پرونده دادم. رفتم پزشکی قانونی. آنها گفتند باید دادگاه دستور بررسی بدهد. رفتم دادگستری و آنها هم ارجاع دادند پزشکی قانونی شهرمان [سقز]، و آنها هم فرستادند برای مرکز استان [کردستان] که سنندج است. آن جا یک فیش پنجاه هزار تومانی به حساب واریز کردم و تاریخ جلسه را تعیین کردند، فکر کنم یک ماه طول کشید. جلسه با حضور سه روان‌شناس و رئیس پزشکی قانونی برگزار گردید. من از شهرمان فقط یک نامهٔ روان‌پزشک همراهم بود و در آن جا سوالاتی از من پرسیدند و مرا معاینه کردند و

---

۶۴ مصاحبه با شهرزاد، شش‌رنگ و عدالت برای ایران.

تقریباً یک ماه باز طول کشید تا جوابم را گرفتم و رفتم تهران و جراحی‌ها را انجام دادند.[۶۵]

۲- تسلیم درخواست تغییر جنسیت به دادگستری

برای خیلی از کسانی که می‌خواهند تغییر جنسیت بدهند، به خصوص در شهرستان‌ها که اطلاعات نسبتاً کمتری دربارهٔ این روند وجود دارد، دادگستری یا دادسرا، نقطهٔ شروع است. برخی از متقاضیان تغییر جنسیت، برای کسب اطلاعات اولیه دربارهٔ روان‌پزشکانی که مورد تأیید باشند و یا برای آگاهی یافتن از سایر مراحل تغییر جنسیت به دادگستری رجوع می‌کنند. افزون بر این، دادگستری مکانی است که این افراد در طول مراحل مختلف تغییر جنسیت باید بارها به آن بازگردند.

متقاضی با ارائهٔ تأییدیه روان‌پزشک مبنی بر این که مبتلا به اختلال هویت جنسی است می‌تواند از دادسرا (ادارهٔ سرپرستی) درخواست صدور حکم تغییر جنسیت کند. پس از ثبت این درخواست، وی با نامه‌ای به پزشکی قانونی فرستاده می‌شود تا اگر پزشکی قانونی "بیماری" او را تأیید کرد، اجازهٔ دادسرا برای تغییر جنسیت صادر شود. تحقیقات ما نشان می‌دهد معمولاً در این مرحله، که دادگستری بیشتر وظیفه‌ای اداری دارد و ملزم به ارجاع فرد به پزشکی قانونی است، موردی از نقض حقوق مراجعان به واسطه هویت جنسیتی‌شان وجود نداشته و با آنها مانند کسانی رفتار می‌شود که برای پی‌گیری امور معمول اداری آمده‌اند. در تهران مراجعان معمولاً به دادسرای میدان ۱۵ خرداد که به پزشکی قانونی هم نزدیک است مراجعه می‌کنند. این تنها گزینهٔ ممکن نیست و افراد می‌توانند به دادگاه‌های محل سکونت خود هم مراجعه کنند که البته در آن صورت ناگزیرند با کارمندانی مواجه شوند که هیچ گونه آشنایی با موضوع ترنس‌سکشوالیتی ندارند و در مورد همه چیز توضیح می‌خواهند. در شهرستان‌ها هم روند تقریباً به همین منوال است:

---

۶۵ "بعضی شهرستان‌ها در توضیحات شناسنامه، نام قبلی را هم ذکر می‌کنند، چه کار باید کرد؟؟؟"، ۳ دی ۱۳۹۱، Iranian Transsexual (FTM & MTF) Support، قابل دسترسی در: http://helpts.blogspot.co.uk/2012/12/blog-post_557.html?zx=be4ca77545c951b2.

من چند روز پیش رفتم دادگستری اصفهان که در خیابان نیکبخت است. یه درخواست می‌نویسی به معاون دادگستری می‌بری طبقهٔ دوم اتاق ۲۱۲ تحویل می‌دی به اون سرباز دم در اتاق. نامه‌ات رو می‌بره داخل، درخواستت رو امضا می‌کنن. شاید هم بگن خودت بیا داخل. ازت سوال می‌پرسن که چرا می‌خوای این کارو انجام بدی؟ از کی این مشکل رو داشتی؟ و از این سری سوالات. زیر دادخواستت به دفتر دادسرا می‌نویسه که مدارک شناسایی‌ات رو تحویل بگیرن و اقدامات لازم رو انجام بدن. بعد نامه رو می‌بری دفتر دادسرا که همون طبقهٔ دوم پیش پله‌ها هستش. باید کپی شناسنامه و کارت ملی‌ات رو بهشون بدی. اون جا مدارکت رو با دادخواستت به هم منگنه می‌کنن، یه نامه هم می‌نویسن، دوباره می‌بری پیش معاون مُهرکنه واست. بعد دوباره باید بیای دفتر دادسرا، اون برگهٔ مهرشده رو با مدارکت تو یه نامهٔ سربسته با مهر دادگستری بهت می‌دن که ببری پزشک قانونی.[۶۶]

همان طور که گفته شد، دادسرا معرفی‌نامه‌ای به مراجعان می‌دهد که آنها را به پزشکی قانونی معرفی می‌کند. به روایت یکی از مصاحبه‌شوندگان، اولین جایی که او مراجعه کرده نه مطب روان‌پزشک، بلکه دادسرا بوده است. دادسرا در نامه‌ای او را به انستیتو روان‌پزشکی تهران معرفی کرده و او با استفاده از این نامه، بدون حجاب و با پوشش "پسرانه" تردد می‌کرده است:

رفتم انستیتوی درمانی تو ستارخان. اول اطلاع نداشتم باید کجا بروم. گفتم من آدرس اینجا را پیدا کرده‌ام، می‌خواهم عمل کنم. گفت باید اول بروی دادگاه انقلاب اسلامی تو ۱۵ خرداد که الان جایش عوض شده و رفته میدان انقلاب. برای کار یکی از دوستانم من رفتم میدان انقلاب. باید بروم آنجا درخواست مشاوره برای انستیتو بدهم. البته کار هرکسی جداست. کسانی که پیش فریدون مهرابی می‌روند داستانشان فرق دارد. خصوصی پول می‌گیرد. رفتم دادگاه یک برگه به من دادند

---

[۶۶] مراحل دقیق گرفتن مجوز تغییرجنسیت در اصفهان، ترنس گمنام، ۲۶ فوریه ۲۰۱۲، قابل دسترسی در:
https://www.facebook.com/mohammad.asemani92/posts/195169397256316

که نامبرده گفته مشکل اختلال هویت دارد، روان‌شناسی بالینی کنید که اگر جوابش مثبت بود، به ما اطلاع بدهید. این نامه‌ای بود که من باهاش این طرف و آن طرف می‌رفتم. من بیرون هیچ وقت با روسری نبودم؛ فقط محیط‌هایی که مجبور بودم می‌پوشیدم. دوره‌ای بود که من دیگر از خانه هم بی حجاب بیرون می‌آمدم.[۶۷]

در صورتی که پزشکی قانونی، نظر روان‌پزشک را مبنی بر این که فرد مراجع اختلال هویت جنسیتی دارد تأیید کند، دادگاه حکمی صادر خواهد کرد که بر اساس آن، پزشکان اجازهٔ تجویز هورمون و انجام عمل‌های جراحی تغییر جنسیت را پیدا می‌کنند.

۳- اخذ مجوز پزشکی قانونی

پزشکی قانونی مرجع رسمی تشخیص بیماری اختلال هویت جنسی است. در صورتی که پزشکی قانونی در مورد کسی چنین تشخیصی داشته باشد، دادسرا موظف به صدور مجوز تغییر جنسیت خواهد بود. این تشخیص در درجهٔ اول مبتنی بر نظریهٔ روان‌پزشکان و در درجهٔ دوم منوط به نظر کمیسیون روان‌پزشکی پزشکی قانونی است. در بسیاری از شهرها، تمام یا برخی از اعضای این کمیسیون، روان‌پزشکانی هستند که خود در خارج از پزشکی قانونی به‌عنوان پزشک معتمد فعالیت می‌کنند و معمولاً اگر یکی از آنها پیشاپیش ترنس بودن کسی را تأیید کرده باشد، در کمیسیون پزشکی قانونی همان نظریه عیناً تأیید می‌شود. در این مرحله اگر متقاضی قبلاً آزمایش‌های هورمونی و ژنتیک را انجام نداده باشد، به انجام آنها ملزم می‌شود.

در چند سال اول دههٔ هشتاد، علاوه بر روان‌پزشک، معمولاً خود پزشکی قانونی یا پزشکان وابسته به آن به طور جداگانه جلساتی با متقاضی برگزار می‌کردند که به طولانی شدن این روند می‌انجامید. اما در حال حاضر، در بسیاری از شهرها معمولاً پزشکی قانونی غیر از ارجاع به روان‌پزشک معتمد و برگزاری

---

۶۷ مصاحبه با کاوه صالحی، شش‌رنگ و عدالت برای ایران.

جلسهٔ کمیسیون کار دیگری نمی‌کند. کیا که در سال ۱۳۸۳ عمل کرده است، یکی از دلایل کوتاه شدن روند تغییر جنسیت در ایران در سال‌های اخیر را همین موضوع می‌داند. او دربارهٔ طی روند پزشکی قانونی در آن سال‌ها چنین می‌گوید:

بعد از تأیید شدن توسط روان‌شناس با نامهٔ تاییدیه باید می‌رفتیم به ادارهٔ امور سرپرستی تهران. توی این اداره تشکیل پرونده داده می‌شد و برای این که ثابت بشه که شخص اختلال هویت جنسی داره و به شکل قانونی بهش مجوز تغییر جنسیت داده بشه باید سونوگرافی از لگن، آزمایش هورمونی و ژنتیک [انجام می‌داد]، به اضافهٔ نامه از روان‌شناسان مخصوصی که با این مرکز همکاری می‌کردند، مثل دکتر محمدرضا محمدی و روان‌پزشکان بیمارستان روزبه که معمولاً سه تا دکتر مختلف باید تأیید می‌کردند، که البته یکی از این جلسات با حضور دانشجویان روان‌شناسی دانشگاه روان‌شناسی و علوم تربیتی دانشگاه علامه طباطبایی برگزار می‌شد و در اون جلسه باید خودت رو برای دانشجوها تشریح می‌کردی، که خب کار خیلی خوشایندی نبود. اما چون متخصص در این زمینه کم بود و اطلاعات کافی هم در دسترس نبود استفاده از خود اشخاص ترنس برای شناختن و درک این اختلال بهترین راه بود. که همین مسئله جاده رو برای بقیهٔ اشخاص ترنس هموار کرد. بعد از همهٔ این مراحل که معمولاً دو سال زمان لازم داشت، و پس از تأیید شدن توسط همهٔ پزشکان و روان‌شناسان، شخص با در دست داشتن همهٔ مدارک دوباره به ادارهٔ سرپرستی مراجعه می‌کرد و برای کمیسیون روان‌پزشکی که خان آخر گرفتن مجوز بود تعیین وقت می‌شد. بعد از حضور در کمیسیون آخر و تشخیص متخصصین حاضر در جلسه، شخص می‌تونست که مجوزی برای انجام عمل تغییر جنسیت در بیمارستان رو داشته باشه. شایان ذکر است که در جلسات روان‌شناسی و کمیسیون حضور ولی شخص ترنس لازم بود که این خودش یکی از بزرگ‌ترین سنگ‌ها و موانع برای نسل ما بود.[۶۸]

---

[۶۸] مصاحبه با کیا، شش‌رنگ و عدالت برای ایران.

یکی از ترنس‌های ام‌تواف در وبلاگش به دیگران توصیه کرده است که در زمان مراجعه به پزشکی قانونی "هر چی پسرونه‌تر و با اخلاق و ظاهر پسرونه (و واسهٔ ترنس‌سکسوال‌هایام‌تواف هر چی دخترونه‌تر و با ظاهر دخترونه‌تر) برید و همین طور با خانواده برید بیشتر به نفع‌تون هست و کل کارهای دادگاه و پزشک قانونی رو می‌تونید توی یه روز تموم‌شون کنید"[۶۹]

بنا به اعلام رییس سازمان پزشکی قانونی، مصوبهٔ این سازمان برای تشخیص اختلال هویت در سال ۱۳۹۱ به‌روز رسانی شده است. اما این مصوبه برای اطلاع عموم منتشر نشده و معلوم نیست که در حال حاضر، دقیقاً چه معیارهایی برای تشخیص اختلال هویت جنسی به کار برده می‌شود.

بیشتر مصاحبه‌شوندگان این پژوهش، سئوالات کمیسیون روان‌پزشکی پزشکی قانونی را مشابه پرسش‌هایی می‌دانند که روان‌پزشکان قبلاً از آنها پرسیده بودند و به خصوصیات آنها در دوران کودکی، گرایش جنسی و نیز دلایل آنها برای خواست تغییر جنسیت مربوط می‌شده‌اند. در این جا هم مثل مرحلهٔ تشخیص روان‌پزشک، تمامی دلایل اثباتی تنها متکی به گفته‌های خود فرد است. شهرزاد عقیده دارد با ارائهٔ پاسخ‌های مشخص می‌توان نظر مثبت پزشکی قانونی را به آسانی اخذ کرد. او می‌گوید: "شاید الان اگر مادر من هم بخواهد برود پزشک قانونی بتواند مراحل تغییر جنسیت را طی کند. تو شش ماه، تو هفت ماه، یک سری معیارهای خاصی دارد که باید بتونی بهشون نشون بدی."[۷۰]

دکتر صابری، روان‌پزشک پزشکی قانونی در مصاحبه‌ای در پاسخ این سوال که "شنیده‌هایی حاکی از آن است که ضریب خطای پزشکی قانونی در تشخیص بیماران ترانس‌سکشوال واقعی حدود ۴۰ درصد برآورد می‌شود... میزان دقت آزمایشات پیش از صدور مجوز قانونی برای تغییر جنسیت تا چه حد است؟"

می‌گوید: "این آزمایشات دقیق نیست زیرا این بر نتایج آزمون‌های روانشناختی استوار است و نمی تواند از دقت صددرصد برخوردار باشد. به هر حال ما در این

---

۶۹ گفت‌وگوهای دی ماه - قسمت دوم، ۱۱ بهمن ۱۳۸۶، پری‌سای خسته، آوارگی‌های یک ترنس‌سکشوال M2F، قابل دسترسی در: http://pari-saa.blogfa.com/post-36.aspx.

۷۰ مصاحبه با شهرزاد، شش‌رنگ و عدالت برای ایران.

آزمایشات از تست و مصاحبه استفاده می‌کنیم که در این صورت درصد خطا حتماً افزایش می یابد. مشکل ما به دلیل نداشتن متخصص متبحر مضاعف می‌شود و این بیماران به آسانی می‌توانند ما را دور بزنند و به بازی بگیرند. نبود مراکز تخصصی برای درمان این بیماران و فقدان آموزش کافی برای پزشکان، مشکلات ما و بیماران را چند برابر کرده است."[۷۱]

مهم‌ترین مشکلی که بیشتر مصاحبه‌شوندگانی که به پزشکی قانونی مراجعه کرده‌اند در روایت خود به آن اشاره می‌کنند، لزوم همراه بردن پدر و مادر در کمیسیون پزشکی قانونی است که قرار است تصمیم نهایی را بگیرد. بر اساس مقررات پزشکی قانونی، همهٔ متقاضیان تغییر جنسیت باید این شرط را رعایت کنند و این ربطی به سن یا تحصیلات یا موقعیت اجتماعی‌شان ندارد:

> چند تا سوال می‌پرسند و برو یک ماه دیگر بیا جواب کمیسیون را بگیر. یک ماه بعد جواب را می‌گیری. ایشان خانم یا آقای فلان، دچار اختلال هویت جنسی است، ایشان را معرفی می‌کنیم به پزشکی قانونی برای انجام مراحل دیگر. می‌رویم پزشکی قانونی. آن جا دوباره کمیسیون می‌گذارند. دوباره همین سوال‌ها را می‌پرسند. آن جا دیگر پدر و مادرت را می‌خواهند. پدر یا مادر یا هر دو با هم. این خواستن هم فقط برای این است که فردا اگر عمل کردی و بعد پیشمان شدی نروی خِرِشان را بگیری، که بگویی شما من را بدبخت کردین. می‌گویند پدر و مادرت بیایند که بگویند بچه‌ات این را از ما می‌خواهد و ما داریم طبق گفتهٔ شما، یعنی به‌عنوان پدر و مادر اگر بگویی اشکالی ندارد من بچه‌ام عمل کند، آره این مشکل را دارد، ما هم ناراحتیم، بگذارید عمل کند. همان درجا روی سیز مجوز را می‌دهند. ولی اگر بگویی نمی‌خواهم بچه‌ام عمل کند، عمل نمی‌کنند. شما برو چهار ماه دیگر بیا. مجوز نمی‌دهیم. برو استیناف کنیم. برو چهار ماه دیگر بیا. یعنی فقط مهم است که خانواده راضی باشد. آیا کسی که مشکل دارد و خانواده‌اش راضی نیست تکلیفش چیست؟ کسی که مشکل را ندارد و فقط خانواده‌اش راضی‌اند

[۷۱] اختلال در شناخت هویت جنسی، روزنامه جام جم، ۲۴ فروردین ۱۳۸۸، شماره ۲۵۳۲، صفحه ۱۱، قابل دسترسی در: http://www.magiran.com/npview.asp?ID=1834285.

تکلیفش چیست؟ پس نقش روان‌پزشک چه بوده؟ شما که دکتری روش‌ات چیست؟ اگر این جوری است که همان اول بگویند هر که می‌خواهد عمل کند دست پدر و مادرش را بگیرد برود بیمارستان، پدرش امضا کند و بگوید می‌خواهم بچه‌ام عمل تخلیهٔ سینه و رحم انجام بدهد، امضا کند و بیرون بیاید. برای چه مردم را یک سال می‌دوانند؟ کلی پول می‌گیرند، انستیتو، برای کمیسیون پزشک قانونی من صد هزار تومان پول دادم. برای این که سه تا دکتر آن جا نشسته‌اند و از من می‌پرسند چرا می‌خواهی عمل کنی!؟[۷۲]

بسمه تعالی
اداره کل پزشکی قانونی استان تهران
تاریخ.....
شماره......
پیوست.....
قوه قضاییه
سازمان پزشکی قانونی کشور

ریاست محترم اداره امور سرپرستی تهران

سلام علیکم

احتراماً ، عطف به نامه مورخ درخصوص پرونده خانم خواهشمند ست دستورفرمائید نامبرده ضمن همراه داشتن دو قطعه عکس جدید و شناسنامه عکسدار به اتفاق والدین روز چهارشنبه مورخ جهت شرکت در جلسه کمیسیون روانپزشکی به آدرس ذیل مراجعه نمایند . لازم بذکر است که جلسه کمیسیون راس ساعت ۱۳ شروع و طبق نوبت به پرونده ها رسیدگی خواهد شد. /ع

دکتر کامران سلطانی
رئیس اداره کمیسیونهای پزشکی استان تهران

آدرس : شهرک غرب – خیابان فرحزادی – خ ایرانک – بعدازچهارراه فلامک – روبروی منطقه پستی ۱۴ ـ تلفن ۸۸۰۸۱۵۱۶ و۸۸۰۸۴۰۶۹ دورنگار ۸۸۰۷۳۳۲۵

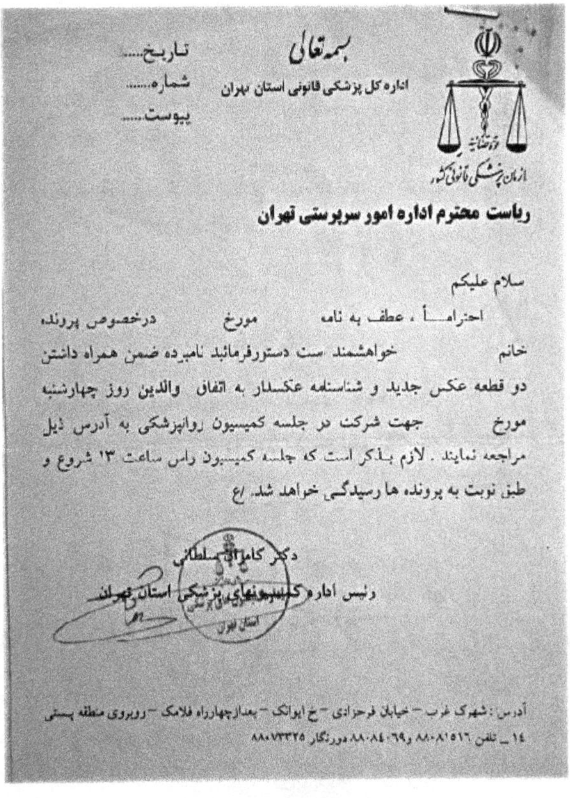

سند شماره ۱۴: نامه پزشکی قانونی برای شرکت در جلسه کمیسیون برای تشخیص ابتلا به اختلال هویت جنسیتی به همراه والدین.

---

۷۲ مصاحبه با سهراب، شش‌رنگ و عدالت برای ایران.

برخی از افراد برای طرح این مسئله با خانواده مشکلات دیگری هم تجربه کرده‌اند. فریبا که خود را هموترنس[۷۳] می‌داند، مجوزش صادر شده بود و برای دریافت آن باید با مادرش رجوع می‌کرده می‌گوید:

> دکتر روان‌شناس مرا وادار کرد که به مادرم [جریان را] بگویم. وقتی به مادرم گفتم او سکته کرد و من مجبور شدم تقاضای خود را پس بگیرم و به‌خاطر مادرم اعلام انصراف کنم. دکتر فرزادی از من دلیل انصرافم را پرسید و برایش گفتم. او هم گفت پروندهٔ شما را نگه می‌دارم، هر وقت مادرت را راضی کردی بیا و کارت را ادامه بده.[۷۴]

همان‌طور که در بخش مربوط به خانواده با ذکر مواردی توضیح دادیم، بسیاری از ترنس‌ها در ایران از سوی خانوادهٔ خود طرد شده‌اند. برای این عده، امکان این که پدر یا مادر خود را به همراهی در کمیسیون راضی کنند وجود ندارد. با این همه، برخی از مصاحبه‌شوندگان این تحقیق توانسته‌اند به نحوی از این الزام بگریزند:

> پدرم من را کلاً از زندگی‌اش کنار گذاشت. من ماندم و مجوز نگرفته که حتماً باید پدر یا مادر باشد. مادرم کیش بود. پدرم خیلی وجودش لازم بود. خوش‌بختانه آن روز توی کمیسیون پزشکی زمانی که من تنها رفته بودم گفت چرا کسی را با خودت نیاوردی؟ گفتم شما نگفته بودید. بخواهید برایتان می‌آورم. خیلی ریلکس بودم.[۷۵]

مسئله تنها به راضی کردن والدین به حضور در جلسهٔ کمیسیون ختم نمی‌شود. برای برخی از مصاحبه‌شوندگان، مطلع شدن پدر و مادرشان از پرسش‌ها و

---

۷۳ از اصطلاح هموترنس از سوی برخی محافل یا نوشته‌های فارسی زبان به خطا استفاده می‌شود. Kurt Freund هموترنس را به کسانی اطلاق می‌کند که پس از تغییر جنسیت با افرادی از جنسیت اولیه خود رابطه می‌گیرند. مثلاً یک ترنس‌مرد که مرد شده است وقتی با یک زن رابطه می‌گیرد در برخی تعاریف علمی از وی به‌عنوان هموترنس نام می‌برند. هرچند بر سر این تعریف هم در محافل علمی اختلاف نظر وجود دارد. این تعریف در جامعه فارسی زبان، واژگونه استفاده می‌شود و به کسانی گفته می‌شود که پس از تغییر جنسیت، خواهان رابطه باهم‌جنس خود (یعنی جنسیت پس از عمل) هستند. مثلاً برای یک ترنس‌مرد که پس از مرد شدن، نه با یک زن بلکه با یک مرد خواهان رابطه است و برعکس.

۷۴ مصاحبه با فریبا، شش‌رنگ و عدالت برای ایران.

۷۵ مصاحبه با فراز، شش‌رنگ و عدالت برای ایران.

مسائلی که در این جلسه مطرح می‌شود بسیار آزاردهنده بوده است. به‌ویژه این که نتیجهٔ کار همیشه هم مثبت نبوده است:

یکی از دوستانم، از نظر سن و سال و ظاهر خیلی استریت است. حتی هورمون‌تراپی‌اش را قبل از این که برود انستیتو روان‌شناسی شروع کرده بود. فوق‌لیسانس زبان [انگلیسی] داشت. رفته بود پزشکی قانونی. اولاً که به سن و سال هم کاری نداشته‌اند. مثلاً طرف فکر می‌کنم سی و پنج شش سالش بود. گفته بودند باید با پدرتان بیایید. این رفته بود پدر پیرش را برده بود پزشکی قانونی که در مورد مسئلهٔ جنسی‌اش جلوی پدرش ازش سوال می‌کردند. که چطور با دخترها رابطه داری؟ این هم گفته بود [نمی‌تونم بگم چون] پدرم نشسته این جا. گفته بودند تو باید به ما بگویی چطور با دخترها رابطه داری. مگر مرد نیستی؟ بعد از آن گفته بودند تو باید به ما ثابت کنی که صحت عقل داری و یعنی با صحت عقل و شعور داری تصمیم می‌گیری. گفته بودند تو فوق‌لیسانس زبان داری، ماه‌های میلادی را از آخر به اول بگو. من خودم ماه‌های شمسی را نمی‌توانم. کار سختی است. این گفته بود. یک ماه را جا انداخته بوده، گفته بودند یک ماه را جا انداخته‌ای، تو صحت عقل نداری. ردش کرده بودند. این باید دوباره پروسه را از اول طی کند، آیا بتواند، نتواند... این نمونه‌ای از خیلی از فشارهایی بود که آن زمان [برعکس حالا] بود و من جزء استثنائات [آن زمان، دورهٔ اولی که عمل‌ها انجام می‌شد] بودم که قبول شدم. آن هم واقعاً شانس بود.[۷۶]

سهراب تجربهٔ خود را از حضور در مقابل کمیسیون چنین توضیح می‌دهد:

یک کارگر ماشین‌شویی را به‌عنوان پدرم با خودم بردم. مرد خیلی خوبی بود و من را دوست داشت و حاضر شد با من همکاری کند. با او به قرار کمیسیون رفتیم. دو روان‌پزشک و یک نفر متخصص از پزشکی قانونی حضور داشتند. پس از مقداری سوال و جواب، مجوز را صادر کردند.[۷۷]

۷۶ مصاحبه با سامان، شش‌رنگ و عدالت برای ایران.
۷۷ مصاحبه با سهراب، شش‌رنگ و عدالت برای ایران

بر اساس استانداردهای بین‌المللی، یکی از مهم‌ترین مراحل تغییر جنسیت، زندگی کردن برای دوازده ماه بدون دورهٔ بازگشت در جنسیت غیربیولوژیک، و در واقع آزمایش میزان تمایل واقعی فرد برای پذیرش چنین تغییری است.

تاریخ:

شماره:

پیوست:

سازمان پزشکی قانونی ...

... کمیسیون های پزشکی

در تاریخ جلسه ☐ صبح ☑عصر کمیسیون ☐پزشکی ☑ روانپزشکی در پاسخ به ☐ اعتراض و ☑ استعلام شماره مورخ از دادسرای ناحیه ۲۵ تهران ویژه سرپرستی در خصوص خانم با شماره پرونده و با شرکت امضاء کنندگان زیر تشکیل و پس از بررسی سوابق و مدارک پزشکی و مذاکره با مادر وی و بحث و تبادل نظر به شرح زیر اظهار نظر گردید :

از صاحب عکس الصاقی معاینه روانپزشکی انجام شد. وی مبتلا به اختلال هویت جنسی می باشد. علیرغم اقدامات درمانی انجام شده تغییری در نگرش وی ایجاد نشده است لذا عمل جراحی تغییر جنسیت از نظر روانپزشکی بلامانع است.

متخصص روانپزشکی

متخصص روانپزشکی
و عضو هیات علمی دانشگاه

متخصص روانپزشکی

متخصص پزشکی قانونی
و عضو هیات علمی دانشگاه

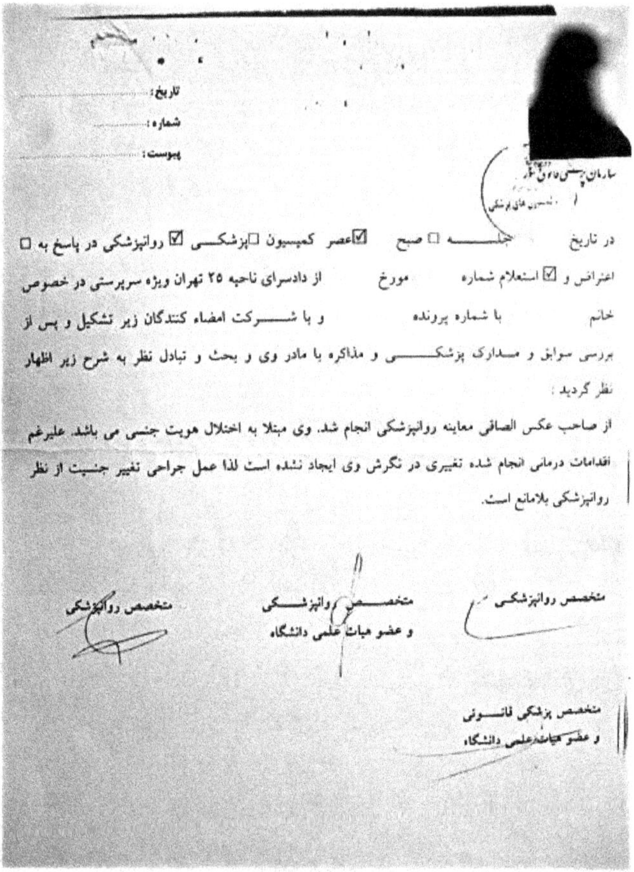

سند شماره ۱۵: نمونه تأییدیه پزشکی قانونی دربارهٔ ابتلا به اختلال هویت جنسیتی.

برای مثال و همان‌طور که در ابتدای این فصل اشاره شد، بر اساس قوانین آلمان، ترانس‌سکشوال‌ها (TSG) می‌توانند اسم کوچک خود را تغییر دهند، بدون این که جنسیت خود را تغییر داده باشند. قانون اولیه‌ای که در سپتامبر ۱۹۸۰ تصویب شده بود، تغییر جنسیت را منوط به "عقیم‌سازی" می‌کرد؛ یعنی همان روندی که در حال حاضر در ایران اجرا می‌شود. عقیم‌سازی به معنای

خارج کردن اجباری رحم، تخمدان و تخلیهٔ پستان برای زنان، و بیرون آوردن بیضه و قطع آلت جنسی برای مردان است. فرد می‌بایست از تولید مثل ناتوان باشد، ازدواج نکرده باشد، و از طریق عمل جراحی، نشانه‌های جنسیِ جنس مطلوب را دریافت کرده باشد. این قانون در جولای سال ۲۰۰۷ بر اساس شکایت یک فرد ترنس‌سکشوال تغییر کرد و در سال ۲۰۰۹ مورد تصویب نهایی قرار گرفت و بر اساس این قانون دیگر عقیم بودن و مجرد بودن پیش‌شرط پذیرش هویت جدید محسوب نمی‌شود. هم برای تعویض اسم کوچک و هم برای عمل جراحی تنها لازم است دو کارشناس مستقل گواهی کنند که شخص به دلیل ترنس‌سکشوال بودن به جنسیت دیگر تعلق دارد، در سه سال اخیر مطابق با نقش‌های جنس مطلوبش زندگی کرده، و تقریباً مطمئن است که دیگر آن را تغییر نخواهد داد.[۷۸]

به هیچ یک از مصاحبه‌شوندگان این تحقیق که موفق به کسب مجوز تغییر جنسیت شده‌اند اعلام نشده که زندگی کردن در نقش جنس مطلوب، پیش‌شرط صدور مجوز است. با این همه، برخی منابع دیگر حاکی از آنند که در برخی شهرستان‌ها، شش ماه تا یک سال زندگی در نقش جنس مقابل، از سوی پزشکی قانونی به‌عنوان پیش‌شرط لازم برای تغییر جنسیت عنوان شده است. تحقیقات ما نشان می‌دهد که حتی در این موارد اندک، فرد به طور واقعی قادر نیست که در نقش جنس مخالف زندگی کند یا حتی مطابق با آن لباس بپوشد. برخی از مصاحبه‌شوندگان این تحقیق که از شهرها یا محیطهایی بسته‌تر می‌آمدند، هرگز پیش از کسب مجوز، امکان پوشیدن لباس جنس مخالف را نداشته‌اند و تنها برای راضی کردن پزشکان، پشت در مطب یا در کوچه‌های اطراف آن لباس خود را عوض می‌کرده‌اند.

به عنوان مثال، امیرعلی در این‌باره می‌گوید:

> من الان از خونه‌مون که میام بیرون یه پوشش دارم، بعد بلافاصله پوششم رو عوض می‌کنم. توی خیابون.، نه، مثلاً یک جا، مثل پارکی

---

78 Vom 10.9.1980 (BGBl. I, 1654), zuletzt geändert durch Gesetz v. 17.7.2009 (BGBl. I, 1978).
ECLI:DE:BVerfG:2011:rs20110111.1bvr329507, avialable at http://www.bundesverfassungsgericht.de/entscheidungen/rs20110111_1bvr329507.html .

جایی که خلوت باشه لباسم رو عوض می‌کنم. [توی خونه] پذیرفتن که من قراره به‌عنوان یه پسر باشم، ولی می‌گن توی محل یا افرادی که ما رو می‌شناسن، نباید فعلاً معلوم شه. اگر هم قرار باشه که شما عمل کنی، باید خارج از خونه ما، خارج از محیطی که ما هستیم زندگی کنی. بیشتر فکر مردم‌اند یعنی می‌گن حرفایی که مردم می‌زنن راجع به‌مون، بحث‌هایی که بقیه می‌کنن مثلاً آبرومون. هیچ‌وقت نمی‌گن بچه‌مون، می‌گن آبرومون، مردم و من از این قضیه رنج می‌برم. اگر حداقل می‌گفتن بچه‌مون ولی در مرحله دوم، آبرومون، مردم؛ من خیلی راحت‌تر بودم تا این‌که بگن مردم و آبرومون بعد بگن بچه‌مون.[۷۹]

با اینکه تبدل‌خواهان جنسی نه به‌طور غیرقانونی و با پیامدهایی خطرناک، بلکه با مجوز و حتی درخواست نهاد مربوطه می‌توانند و باید در لباس جنس مخالف [که جنس مطلوب آنها پس از عمل است] در جامعه ظاهر شوند. بسیاری از مصاحبه‌شوندگان این پژوهش بر ناروشن بودن حقوق خود در پوشیدن لباس جنس مخالف به لحاظ قانونی تأکید کرده‌اند. در عین حال، در بسیاری از موارد که بدون حجاب در خیابان توسط نیروی انتظامی دستگیر شده و برگهٔ مجوز تغییر جنسیت را به‌عنوان مجوز بی‌حجابی خود ارائه کرده‌اند، با برخوردهای گوناگونی از تحقیر و توهین گرفته تا فرستاده شدن به خانه روبه‌رو شده‌اند.

از آن جا که قواعد تفکیک جنسیتی در ایران و در محیط‌های گوناگون تفریحی، آموزشی، ورزشی و بهداشتی به شکلی قاطع اجرا می‌شوند، حضور این افراد در لباس جنس مخالف هرگز در حد مطلوب و یا حتی نزدیک به استانداردهای پذیرفته‌شدهٔ بین‌المللی در این زمینه ممکن نمی‌شود. پس اگرچه باید بر لزوم ایفای نقش‌های جنسیتی جنس مطلوب برای تبدل‌خواهان جنسی تأکید کرد، اما محدودیت‌های حاکم بر جامعهٔ ایران را هم که امکان حضور واقعی این افراد در محیط‌های مردانه یا زنانه را مخدوش می‌کند باید در نظر گرفت.

برای نمونه، اگر کسی بخواهد عمل تغییر جنسیت زن به مرد را انجام دهد و به این منظور با پوشش پسرانه در خیابان ظاهر شود، از حقوق خاصی محروم

۷۹ مصاحبه با امیرعلی، شش‌رنگ و عدالت برای ایران.

می‌شود. او نمی‌تواند در خوابگاه دانشجویی مردان ساکن شود، چرا که بنا بر مدارک هویتی‌اش زن است. از سوی دیگر با ظاهر پسرانه نمی‌تواند از سد حراست عبور کرده و وارد خوابگاه دختران شود. این مشکل در کشورهایی که مقید به سیاست‌های تفکیک جنسیتی نیستند پیش نمی‌آید.

همین فرد اگر بخواهد در محیط ورزشی مردانه حاضر شود، به شهادت بسیاری از افرادی که حتی عمل جراحی را هم از سر گذرانیده‌اند با جمعی روبه‌رو می‌شود که به احتمال زیاد نسبت به موضوعات جنسیتی رویکردی بسیار سنتی، ترنس‌فوب و هموفوب دارند. در نتیجه و در بسیاری از موارد، فرد آن قدر از آشکار شدن هویت جنسی خود و پیامدهای احتمالی آن هراس دارد که از حضور در چنین فضاهایی صرف‌نظر می‌کند. می‌توان نتیجه گرفت که زندگی در نقش جنسیتی جنس مطلوب در جامعهٔ ایران به جز در موارد محدود عملاً ناممکن است.

دکتر مهدی صابری در مقاله‌ای منتشره در مجله علمی پزشکی قانونی می‌گوید:

> در حالی که آمادگی برای عمل عبارت است از ارزیابی میزان توانایی فرد در مقابله با مشکلات و عملکرد مناسب وی در قالب نقش جنس مقابل، که توسط متخصصین انجام می‌گیرد. بنابر این نظارت دقیق یک متخصص روان‌پزشک یا روان‌شناس مجرب در فرآیند زندگی در نقش مقابل، ضروری به نظر می‌رسد چرا که این امر موجب گستردگی و افزایش کیفیت این فرآیند شده و آن را از بررسی صرف چند ملاک صوری فراتر می‌برد. در ایران، با توجه به کمرنگ بودن نقش متخصصین همراه در این حوزه، مرحله زندگی در قالب نقش جنسی مقابل، یا به درستی مورد توجه واقع نمی‌شود و یا از کیفیت مناسبی برخوردار نبوده و همه جنبه‌های زندگی فرد را در بر نمی‌گیرد.[۸۰]

وی در ادامه همین مطلب می‌نویسد:

---

۸۰ "بررسی مقایسه‌ای روند ارجاع متقاضیان عمل جراحی تغییر جنسیت به کمیسیون پزشکی قانونی تهران با توجه به استانداردهای بین‌المللی"، سید مهدی صابری و دیگران، مجله پزشکی قانونی، پاییز ۱۳۸۹،دوره شانزدهم، شماره ۳، ص. ۲۰۹.

از سوی دیگر شرایط اجرای کامل برخی از مراحل درمانی مورد نظر محققین، به دلیل وجود محدودیت‌های فرهنگی/ اجتماعی در ایران فراهم نمی‌باشد، از جمله این موارد مشکلات موجود برای زندگی در قالب نقش جنسی مقابل به‌طور کامل و همه جانبه، قبل از انجام عمل جراحی تغییر جنسیت است که این میزان اندک از تجربه متقاضیان برای زندگی در قالب نقش جنسی مقابل، نشانگر مرزهای قانونی، جنسیتی و تابوهای فرهنگی هر جامعه در این زمینه است که می‌تواند روند درمان بسیاری از این بیماران را متأثر سازد.[۸۱]

بر اساس تحقیق پزشکی قانونی در تهران، که پیش‌تر به آن اشاره شد، اگر در ایران افرادی که هنوز تغییر جنسیت نداده‌اند بخواهند در لباس و نقش‌های جنس مقابل ظاهر شوند، نه از نظر حقوقی و نه از نظر فرهنگی مورد پذیرش قرار نمی‌گیرند و در نتیجه این بخش از استانداردهای تغییر جنسیت یا کاملاً حذف می‌شود و یا به شکلی بسیار فاصله‌دار با استانداردهای بین‌المللی اجرا می‌شود.

سهراب در این مورد می‌گوید:

تو ایران باید سریع تصمیم به عمل بگیری. حتی نمی‌توانی دو آدم ببینی که عمل کرده‌اند. آیا راضی‌اند؟ عمل کرده‌اند و مرد شده‌اند، فقط سینه ندارند؟ لباس راحت بپوشند که سینه سپر کنند؟ خب بقیه‌اش چه؟مگر من را نمی‌خواهند بفرستند سربازی؟ چه کار می‌خواهند بکنند؟ حالا معاف می‌کنند، ولی چه معافی؟ کارت قرمز بهت می‌دهند. هیچ جای ایران نمی‌توانی بروی سر کار. تو کارتت بند هشت می‌خورد که شما منحرف جنسی هستی. هیچ جا نمی‌توانی بروی سر کار... بعد هم من چیزی که فکر می‌کنم خب توی زندگی، اگر عمل کردی می‌توانی زن بگیری، وگرنه اگر می‌خواستی همان طور زندگی کنی، خب تنها و مجرد زندگی می‌کردی. پس اگر رفتی عمل کردی و بدنت را گذاشتی زیر تیغ، می‌خواهی ازدواج کنی، تو جامعه بروی. این را

---

۸۱ همان، صص ۲۱۰-۲۱۱.

می‌خواهم بگویم که خیلی از مردها که از بدو تولد مرد زاییده شده‌اند، الان زیر بار زندگی نمی‌توانند [بروند]. پس آیا تو اصلاً آموزش این را دیده‌ای؟ یا حداقل این کار را بکنند، شما که مجوز راحت می‌دهی، بعد ده تا جلسه هم بگذار بگو شما که عمل کردی این هستی، بعدش مرد می‌شوی، باید خرج خانه را بدهی، سخت کار کنی، مسئولیت‌پذیر باشی، از عهدهٔ احساسات یک زن بربیایی. آدم شاید به اسم که می‌گوید، همین جوری می‌گوید مرد. ریش و سیبیل دارد، تو ذهن خیلی از بچه‌های ما متأسفانه این جوری جا افتاده که مرد شدن همین است، ولی خب بعدش چه؟ بعدش تو جامعه کم می‌آوری. یک جوری می‌شود که بعدش تا ابد تو جمع ترنس‌ها بمانی. هیچ وقت نمی‌توانی بروی تو جمع استریت‌ها خودت را مطرح کنی. من خودم خیلی از آدم‌ها را این جوری دیدم، مثلاً توی جمع چهار تا پسر، یک کاری می‌کنند که تو نمی‌توانی بکنی، با این که عمل کرده‌ای. یک رفتارهایی دارند، یک جوری زندگی‌شان را مدیریت می‌کنند که تو نمی‌توانی. این جاست که کم کم تو ذهنت می‌گویی چقدر کمتر از این‌ها هستم، نتوانستم فلان کار را بکنم، فلان رفتار را بکنم. در واقع یک تجربهٔ اجتماعی را نداری. با مجوز پزشکی قانونی در واقع درها برای هورمون‌تراپی و تغییر جنسیت باز می‌شود، بدون تجربهٔ زندگی و بدون طی یک روند استاندارد.[۸۲]

در این روایت‌ها باور افراد به تعاریف محدود و مشخص جنسیتی زنانه و مردانه کاملاً مشهود است. افزون بر این، عدم آمادگی این افراد برای ورود عینی به دنیای جنس مطلوب را هم می‌توان درک کرد. با توجه به عدم امکان روابط آزاد میان دختران و پسران، بی‌تجربگی از نقش‌های جنس مطلوب، و اساساً تفاوت بارز میان این نقش‌ها که از قوانین پوشش متفاوت برای دو جنس تا تعیین مجازات‌هایی متفاوت در مورد جرایم یکسان را دربر می‌گیرد، دشواری ایفای نقش‌های مردانه توسط زنان ترنس آشکار می‌شود. شاید این ایفای نقش تا حدود زیادی برای مردان ترنسی که به زن تغییر جنسیت می‌دهند ساده‌تر

---

۸۲ مصاحبه با سهراب، شش‌رنگ و عدالت برای ایران.

است. آنها در فضای خانه و جامعه می‌توانند رفتارها و نقش‌های مادران و خواهران و زنان دیگر محیط خود را تجربه کنند و آنان را بازآفرینی نمایند؛ امری که برای دختران ترنسی که خواهان تغییر جنسیت به مرد هستند، ناممکن به نظر می‌رسد به این معنی که در خانواده الگوهای مردانه معمولاً حضور دائم و ملموسی ندارند و در جامعه نیز برای دختران امکان حضور در کنار و همراه مردان وجود ندارد.

۴- سازمان بهزیستی

سازمان بهزیستی یکی از نخستین نهادهایی است که برخی از مصاحبه شوندگان این تحقیق برای کسب اطلاعات و مشاوره دربارهٔ تغییر جنسیت و یا گرفتن کمک‌های مالی و خدمات دیگر به آن مراجعه کرده‌اند. بر اساس آن چه در وب‌سایت سازمان بهزیستی آمده، در هر مرکز استان، محلی برای ارائهٔ خدمات به مبتلایان به اختلال هویت جنسی راه‌اندازی شده است. به گفتهٔ یکی از مسئولان بهزیستی، روزانه به طور متوسط سه نفر در شهرهای مختلف برای تغییر جنسیت به این مراکز مراجعه می‌کنند. "مرکز مداخله در بحران" که در خیابان نواب صفوی تهران واقع شده، سال‌ها محل مراجعهٔ افراد ترنس‌سکشوال بوده است. در دوره‌هایی ترنس‌ها در این مرکز نشست‌هایی هفتگی داشتند که بعدها به این شکایت که افراد هموسکشوال هم در این جلسات نفوذ کرده‌اند تعطیل شد. دلیل دیگر این تعطیلی، نحوهٔ پوشش و آرایش شرکت‌کنندگان بود. با این حال برخی از مصاحبه‌شوندگان هنوز هم این مرکز را پاتوقی برای ترنس‌ها می‌دانند. این مرکز طی سال جاری [۱۳۹۳] مجدداً جلسات آزمایشی هفتگی خود را با موازین معین برای ترنس‌ها دایر کرده است.[۸۳]

جلسات و دیدارهایی که طی دوره‌هایی برای ترنس‌ها وجود داشته است، علی‌رغم این که تبلیغات یک‌جانبه‌ای در رهنمون کردن مراجعین به سوی انجام عمل تغییر جنسیت صورت می‌دادند، اما در ایجاد حس همبستگی میان این

---

۸۳ جلسات گروهی با حضور تراجنسی‌ها، قابل دسترسی در:
جلسات-گروهی-تراجنسی-محتا-بهزیستی/http://www.mahtaa.com/1392/08.

افراد و بالا بردن امکان اطلاع‌رسانی به یکدیگر نقش داشته‌اند. محمد آسمانی در مورد جلساتی که زمانی در بهزیستی برگزار می‌شده و بعدتر به دلایلی چون حضور هم‌جنس‌گرایان از برگزاری آنها خودداری شده است می‌گوید:

> در مورد بهزیستی الان دیگر جلسات بهزیستی تا جایی که من اطلاع دارم دیگر تشکیل نمی‌شود. چند سال هست که دیگر تشکیل نمی‌شود. قبلاً حدود پنج شش سال پیش [یعنی سال ۸۷ -۸۸]، جلساتی هر هفته تو بهزیستی اگر اشتباه نکنم روزهای دوشنبه تشکیل می‌شد که از ساعت ۹ بود تا ۱۲-۱ بعدازظهر که تمام بچه‌های ام‌تواف و اف‌توام می‌آمدند تو این جلسه شرکت می‌کردند. از هر دفعه هم موضوع جلسه متفاوت بود. خانم مریم حسینی، رئیس بهزیستی نواب صفوی است. خانم مقدسی، مددکار بچه‌های ترنس‌سکشوال است. او خودش مسئول این جلسه بود. غیر از خانم مقدسی یک خانم دیگر هم هست، فامیلی‌اش فراموشم شده. آن خانم هم هست. یعنی بچه‌های ترنس‌سکشوال بین مقدسی و آن یکی خانم تقسیم می‌شوند. ولی به هر صورت خانم مقدسی ارتباط مستقیم و تنگاتنگی با بچه‌ها و این جلسه داشت. خب صورت‌جلسه می‌کردند، هر بار توی جلسه اسم بچه‌هایی که تو این جلسه شرکت می‌کردند نوشته می‌شد. بعد شماره تلفن بچه‌ها بود تو این جلسه که شرکت می‌کردند و موضوع جلسه هم هر بار متفاوت بود. راجع به مسائل مختلف بود. راجع به جراحی‌ها، کیفیت جراحی‌ها، مشکلاتی که بچه‌ها دارند با دولت، با اجتماع، با مردم، مشکلات مالی. یعنی تمام چیزهایی که می‌توانست زندگی یک ترنس‌سکشوال را تحت تأثیر خودش قرار بدهد مطرح می‌شد تو این جلسه‌ها و صورت جلسه‌ای هم می‌شد و این که به هر حال بچه‌ها تو این جلسه هفته‌ای یک بار دور هم جمع می‌شدیم، همدیگر را می‌دیدیم، آشنا می‌شدیم با آدم‌های جدید، با دکترهای جدید، چون بچه‌ها تجربه‌هایشان را در مورد جراحی‌ها می‌گذاشتند. خیلی شاکی بودند به شدت از آقای میرجلالی و آقای زمانی. این جوری بود. این در مورد جلسات بهزیستی بود و یک سری از افراد هم‌جنس‌گرا هم تو این جلسه‌ها می‌آمدند و می‌گفتند ما ترنس هستیم، ولی بچه‌های خود

ترنس می‌رفتند به خانم مقدسی می‌گفتند این هم‌جنس‌گراست دارد می‌گوید من ترنس هستم، [ولی ترنس] نیست، نگذارید این‌ها بیایند. بعد یک بخش دیگری از بچه‌هایی که می‌آمدند آرایش‌های شدیدی داشتند بچه‌های ام‌تواف و به هر روی این‌ها همه منجر شد که این‌ها جلسه را کنسل کنند یا اگر دلیل‌های دیگری داشت من نمی‌دانم. من فقط این دو دلیل را می‌دانم. برای همین من این را شنیدم که یک عده آرایش خیلی غلیظ می‌کردند و درست نبود تو محیط بهزیستی و از این محیط خارج می‌شدند. به هر حال هم‌جنس‌گراها هم می‌آمدند. این چیزی بود که من از زبانی از بچه‌ها شنیدم که چرا جلسه‌ها کنسل شده. ولی دیگر چرا، دلیل اصلی چه بود نمی‌دانم و اطلاع ندارم.[۸۴]

پس از مراجعهٔ فرد برای تقاضای تغییر جنسیت یا درخواست اطلاعات در مورد آن، در بهزیستی پرونده‌ای برای او تشکیل می‌شود. انگیزهٔ بسیاری از این مراجعان، ثبت‌نام برای قرار گرفتن در نوبت کمک‌های مالی است که دولت از طریق بهزیستی به عمل‌های تغییر جنسیت اختصاص می‌دهد. افزون بر این، به محض ثبت‌نام و نظر مثبت مددکاران بهزیستی مبنی بر ابتلای فرد مراجع به اختلال هویت جنسیتی، یک دفترچهٔ بیمهٔ درمانی به او داده می‌شود که با استفاده از مزایای آن بسیاری از آزمایش‌هایی که برای کسب مجوز تغییر جنسیت و پس از آن برای انجام عمل جراحی لازم هستند، با هزینهٔ کمتر و یا حتی به صورت رایگان امکان‌پذیر می‌شوند.

مصاحبه‌شوندگان این پژوهش دربارهٔ کمک مالی دولت به عمل‌های تغییر جنسیت تجربیات متفاوتی دارند. برخی از آنها، از کمک مالی تا سقف پنج میلیون تومان صحبت می‌کنند. اما برخی دیگر می‌گویند که در سال‌های اخیر و پس از رواج دفترچهٔ بیمه، بهزیستی هزینه‌های صورت گرفته را تنها با اخذ فاکتور می‌پردازد.[۸۵]

۸۴ مصاحبه با محمد آسمانی، شش‌رنگ و عدالت برای ایران.
۸۵ مصاحبه با لیلا شیرازی، شش‌رنگ و عدالت برای ایران .

مریم ملک‌آرا در زمان حیات خود و در مصاحبه‌ای که در مورد کمک‌های سازمان بهزیستی داشته است، ضمن اشاره به تصویب کمک پنج میلیون تومانی از سوی وزارت بهزیستی چنین می‌گوید:

> پرداخت هزینه‌های درمانی به عهدهٔ وزارت بهداشت و درمان است که این وزارتخانه این وظیفه را به عهده نمی‌گیرد. با توجه به طرد این بیماران از خانواده و نیز عدم امکان اشتغال و هزینه‌های جانبی از قبیل مسکن و مشاوره و ... پنج میلیون تومان هیچ کمک قابل قبولی به ترنس‌ها نمی‌کند و تنها هزینهٔ لیزر یا بخشی از جراحی‌های زیبایی است.[۸۶]

ملک‌آرا در همانجا تأکید می‌کند که جراحی زیبایی از الزامات تغییر جنسیت است و نباید به نام امری "لوکس" و جانبی نادیده گرفته شود.

سیدمحمدی، معاون سازمان بهزیستی، در سال ۱۳۸۶ تعداد متقاضیان تغییر جنسیت در ایران را ۳۰۰ نفر و تعداد افرادی را که دچار اختلال هویت جنسی هستند چهار هزار نفر تخمین می‌زند. به گفتهٔ وی با اینکه به طور میانگین، هزینهٔ هر تغییر جنسیت در ایران ۱۲ میلیون تومان و در خارج از کشور بیش از ۱۵ میلیون تومان است، بهزیستی تنها ۵ میلیون تومان به متقاضیان می‌پردازد.[۸۷]

اما دکتر مهرداد بقایی، متخصص جراحی عمومی و فوق تخصص سوختگی و جراحی دست میکروسکوپی، در مصاحبه با روزنامهٔ "قانون" در مرداد ماه سال ۱۳۹۲ با اشاره به مشکلات «ترنس‌سکشوال‌ها» یا همان‌هایی که با عنوان بیماران اختلال هویت جنسی از آنان یاد می‌شود می‌گوید:

> مراجعه‌کنندگان من به ندرت همراه با خانواده‌هایشان می‌آیند. متاسفانه اغلب آنها طرد شده‌اند و از حمایت خانواده برخوردار نیستند. بیشتر آنها متعلق به گروه سنی ۲۰ تا ۳۰ سال هستند که خود هزینهٔ عمل جراحی را پرداخت می‌کنند. هزینه‌ای که برای بهبود ناچار به پرداخت

---

۸۶ قاضی‌نژاد، همان.

۸۷ همان.

آن هستند، بسته به نوع عمل جراحی و بیمارستان آن متفاوت است. اما به طور متوسط با احتساب هزینهٔ بیمارستان، کمک‌جراح و دیگر خدماتی که به فرد ارائه می‌شود حدود ۱۵ میلیون تومان می‌شود. اغلب این افراد معمولاً تحت پوشش هیچ کدام از بیمه‌های درمانی نیستند. چرا که همان طور که اشاره شد از طرف خانواده‌هایشان طرد شده‌اند. تنها سازمانی که به آنها کمک می‌کند سازمان بهزیستی است که حدود ۵ میلیون تومان بلاعوض برای هزینهٔ جراحی به آنها می‌پردازد.[۸۸]

در دو سه سال اخیر در موارد متعددی مشاهده شده که سازمان بهزیستی عمل تخلیهٔ پستان را به‌عنوان "جراحی زیبایی" تعریف کرده و از پرداخت هزینهٔ درمانی برای این عمل خودداری کرده است. ضمن اینکه در بیشتر سال‌های گذشته بهزیستی برای تامین بودجه این بخش، مشکل داشته است. این گونه است که بسیاری از هزینه‌ها بر دوش خود مراجعین سنگینی می‌کند.

دکتر صابری در ارتباط با هزینه‌های عمل جراحی ترنس‌سکشوال‌ها «بیماران مبتلا به اختلال هویت جنسی» تصریح می‌کند: "هزینه‌های عمل جراحی بیماران هویت جنسی در کشورهای خارجی حدود ۴۰ تا ۴۵ میلیون تومان می‌شود که هزینه‌های درمانی آن در داخل کشور خودمان به اندازه نصف این مبلغ است. تهیه هزینه عمل جراحی بیماران اختلال هویت جنسی بر دوش خودشان است و بر آنان مشکلات زیادی را تحمیل می‌کند. از همین رو مسئولان باید برای کمک به این بیماران به دنبال چاره باشند."[۸۹]

به اعتقاد کیا که عمل تغییر جنسیت را سال‌ها پیش انجام داده است، دلیل این که افراد زیادی به دنبال کمک هزینهٔ بهزیستی نمی‌روند این است که انجام عمل جراحی در بیمارستان‌های دولتی هزینهٔ بسیار پایینی دارد که [بسیاری] از عهده‌اش برمی‌آیند. در عوض، هزینهٔ عمل در بیمارستان‌های خصوصی آن قدر بالاست که پولی که بهزیستی بعد از دوندگی‌های بسیار در اختیار فرد قرار می‌دهد، تنها درصد محدودی از آن را پوشش خواهد داد. افزون بر این و بنا به

---

۸۸ به نقل از سایت سلامت نیوز، قابل دسترسی در:
http://www.salamatnews.com/news/80598/گم-شدن-فریاد-بیماران-اختلال-هویت-جنسی-در-هیاهوی-جامعه
۸۹ گم شدن فریاد بیماران اختلال هویت جنسی در هیاهوی جامعه، همان

اظهارات بسیاری از مصاحبه شوندگان، این پول نه به فرد که مستقیماً به پزشکان پرداخت می‌شود و کسی که قصد استفاده از این کمک را دارد فقط می‌تواند به پزشکانی مراجعه کند که از سوی بهزیستی معرفی می‌شوند.[۹۰]

بنا بر اعلام مسئولان بهزیستی، در سال ۱۳۹۱، ۳۵۰ میلیون تومان از بودجهٔ دولت به کمک بلاعوض برای تغییر جنسیت اختصاص یافته است. این میزان پول برای کمک به ۱۰۰ نفر در نظر گرفته شده است و بنا بوده که ۳ تا ۵ میلیون تومان در اختیار هر فرد قرار داده شود.

در همین سال مسئولان بهزیستی اعلام کردند که بیمه‌ها تأمین هزینه‌های عمل جراحی تغییر جنسیت را پذیرفته‌اند. روزنامهٔ "قانون" در تاریخ ۱۹ فروردین ۱۳۹۲ و در مطلبی تحت عنوان "چراغ سبز برای دوجنسه‌ها" چنین می‌نویسد:

این روزها اما بحث حمایت سازمان‌های بیمه‌گر از این افراد داغ است. مدیر کل دفتر آسیب‌های اجتماعی وزارت تعاون، کار و رفاه اجتماعی، طی روزهای گذشته اعلام کرد که هزینهٔ جراحی بیماران دارای اختلال هویت جنسی از این پس توسط سازمان‌های بیمه‌گر پرداخت خواهد شد.

با این همه، این مصوبه با وجود امید زیادی که ایجاد کرد، تا بهار ۱۳۹۴ اجرایی نشده بود و افرادی که قصد تغییر جنسیت داشتند، به جز کمک هزینه ناچیز بهزیستی، از هیچ‌گونه پوشش بیمه‌ای برای هزینه‌های عمل‌های جراحی خود برخوردار نیستند.

دکتر شاداب صالح‌پور، فوق تخصص غدد در مصاحبه‌ای برای این تحقیق می‌گوید: "اطلاعات شما کاملاً درست است ولی من باید این را به این شکل تصحیح کنم که بیمه‌ها مجاز و مکلف شده‌اند به این که هزینه کلیه اعمال مربوط به تغییر جنسیت را بپردازند. منتها یعنی علی‌رغم اینکه این مسئله تصویب شده، بیمه‌های دولتی هنوز به دلیل اینکه بودجه‌ای توسط دولت به این مسئله اختصاص پیدا نکرده نتوانسته‌اند این را پرداخت کنند. ولی اگر شخصی

---

۹۰ مصاحبه با کیا، عدالت برای ایران و ۶ رنگ

بیمه تکمیلی باشد، بعضی از بیمه‌های تکمیلی این را پوشش می‌دهند یعنی چنانچه پزشک معالج هزینهٔ درمان را در نامه‌ای بفرستد برای کمیسیون بیمه، تصویب می‌کنند و این پول را می‌پردازند."[۹۱]

هنگامی که این کتاب برای چاپ آماده شده بود، خبر دار شدیم که لایحه‌ای تحت عنوان لایحه ساماندهی بیماران دارای اختلال هویت جنسی در وزارت تعاون، کار و رفاه اجتماعی در دست بررسی است که وظیفه ساماندهی به امور بیمه و رسیدگی‌های طی جراحی و پس از آن را دارد.[۹۲] هرچند متن این لایحه هنوز منتشر نشده و جزییات آن مشخص نیست. با این همه برخی از صاحب‌نظران عقیده دارند که تعهداتی که دولت ایران، تحت فشار گروه‌های دفاع از حقوق هم‌جنس‌گرایان و ترنس‌جندرها در دومین دوره بررسی جهانی وضعیت حقوق بشر در مورد غیرقانونی کردن عمل‌های جراحی تغییر جنسیت اجباری عقیم‌سازی الزامی پذیرفت، بی‌ارتباط با تصویب این قانون نیست[۹۳].

۵- هورمون تراپی

هورمون‌تراپی روشی درمانی برای ترنس‌جندرها و ترنس‌سکشوال‌هاست که تعادل هورمون‌های جنسی بدن را تغییر می‌دهد. برخی از افراد دوجنسی (اینترسکس) هم از این روش استفاده می‌کنند، چه در دوران کودکی و برای تثبیت آن جنسیتی که از بدو تولد با آن شناخته شده‌اند و چه بعدتر، برای تغییر آن جنسیتی که از بدو تولد به آنها نسبت داده شده است. هدف از هورمون‌تراپی، تقویت ویژگی‌های جنسی ثانوی متعلق به آن جنسیتی است که

---

۹۱ مصاحبه با دکتر شاداب صالح‌پور، شش رنگ و عدالت برای ایران

۹۲ لایحه ساماندهی بیماران مبتلا به اختلال هویت جنسی در وزارت تعاون، کار و رفاه اجتماعی، ایلنا، ۲۵ اسفند ۱۳۹۳، قابل دسترسی در:
http://www.ilna.ir-بخش-اجتماعی-۲۶۰۴۳۴/۵-لایحه-ساماندهی-بیماران-مبتلا-به-اختلال-هویت-جنسی-در-وزارت-تعاون-کار-رفاه-اجتماعی/

۹۳ اقلیت‌های جنسی در «بررسی ادواری وضعیت حقوق بشر ایران»، گفت وگو با شادی امین، رادیو زمانه، ۱۱ فروردین ۱۳۹۴، قابل دسترسی در:
http://www.radiozamaneh.com/212656.

فرد خواهان رسیدن به آن است. نکتهٔ مهم این است که این روش بسیاری از تغییراتی را که در دوران بلوغ به طور طبیعی در فرد رخ داده‌اند نمی‌تواند تحت تأثیر قرار دهد. با این حال، هورمون‌تراپی با تقویت ویژگی‌های جنسی ثانوی به فرد امکان می‌دهد تا در جنسیتی که مطلوب اوست دیده شود. این در نهایت به تغییرات روانی و اجتماعی مهمی منجر می‌شود. هدف اصلی از روش هورمون‌-تراپی، رساندن فرد به ویژگی‌های بدنی تازه‌ای است که با هویت جنسی روانی او سازگارتر باشند.

برای تغییر جنس از مذکر به مونث، از هورمون‌هایی چون استروژن، پروژسترون و آنتی‌آندروژن استفاده می‌شود. آنتی‌آندروژن با مهار آندروژن که هورمون جنسی مردانه است، باعث کاهش بافت عضلانی و ایجاد فرم بدنی زنانه می‌شود. درمان با استروژن نیز موجب تغییراتی چون رشد پستان‌ها، تغییر تجمع چربی بدن به فرم زنانه و کاهش باروری می‌شود. استفاده از روش هورمون‌تراپی در تغییر جنس از مذکر به مونث، معمولاً تاثیری بر توقف رشد موهای صورت یا تغییر صدا ندارد. برای تغییر از جنس مؤنث به مذکر معمولاً از فرآورده‌های تستوسترون استفاده می‌شود. هدف از این نوع درمان، ایجاد علائم جنسی مردانه‌ای چون قطع عادت ماهانه، عضلانی شدن بدن، رشد موهای صورت، بزرگ شدن کلیتوریس، و کلفت شدن یا مردانه شدن صداست. گاهی با این روش خون‌ریزی قاعدگی قطع نمی‌شود و از داروهای پروژسترونی کمک گرفته می‌شود.

هورمون‌تراپی که نخستین مرحلهٔ تغییر جنسیت است، بر خلاف تصور بسیاری از تغییرجنس‌خواهان از یک مرحله به بعد روندی برگشت‌ناپذیر می‌شود. بهویژه در مورد تغییر تارهای صوتی، که دیگر هیچ امکان بازگشتی در مورد آنها وجود ندارد.

در ایران پزشکان اجازه ندارند با تشخیص خود و بدون این که پزشکی قانونی اجازهٔ تغییر جنسیت به کسی داده باشد، برای او هورمون تجویز کنند. با این همه، بسیاری از مصاحبه‌شوندگان این تحقیق که می‌خواسته‌اند خصوصیات ثانوی جنس مطلوب‌شان زودتر در بدن آنها ظاهر شود، ماه‌ها پیش از این که مجوز پزشکی قانونی را به دست بیاورند، بدون نظارت پزشک و بر اساس

اطلاعاتی که از همدیگر می‌گرفته‌اند به تزریق هومورن اقدام کرده و به عوارض جبران‌ناپذیری دچار شده‌اند:

هورمون‌تراپی را سرخود شروع کردم. آمپول می‌گرفتم، چون پدر دوستم که او هم ترنس بود تو شرکت نفت بود، بیمه داشت آمپول مجانی می‌گرفت، چون خودش هم هورمون ایرانی نمی‌زد، ایرانی برایش ضرر داشت، ایرانی‌ها را می‌داد به من. من هم هفته‌ای یکی می‌زدم. هنوز هم عمل نکرده بودم. هفته‌ای یکی. بچه‌ها گفتند داری دیوانه می‌شوی. دلیلش هم این بود که پریود تنها چیزی بود که برای من زجرآور بود. دو روز بود، ولی آن دو روز من همیشه تو آب بودم. همیشه می‌رفتم تو وان حمام چون چندشم می‌شد. خیلی حالت بدی بود برایم. این آمپول‌ها را عمداً ان‌قدر می‌زدم، چون آن را بند می‌آورد. من خیلی حال می‌کردم. وقتی آمپول‌ها را زدم دیدم دیگر دوستم به من هورمون نمی‌دهد، می‌گوید داری مریض می‌شوی، دکتر نمی‌روی، سرخود داری آمپول می‌زنی، بهت نمی‌دهم، باید آمپول‌هایت را کم کنی. به حرف دوستم گوش دادم و یک هفته شد دو هفته، سه هفته. دیگر سه هفته یک بار می‌زدم. اون دو سال تا عمل کنم خیلی سخت بود. نمی‌توانستم کار کنم. بعد هم دیگر دوره‌ای که من دانشگاهم تمام شد، مغزم دیگر پریده بود. با آن لباس‌ها [زنانه و با حجاب] نمی‌شد رفت سر کار. می‌خواستیم هر جوری شده با همین لباس‌ها [بلوز و شلوار و بدون حجاب] برویم سر کار. دورهٔ خیلی سختی بود. آن دو سال خیلی سخت گذشت.[۹۴]

کیا هم در مورد مشکلات مربوط به هورمون‌تراپی در ایران چنین می‌گوید:

مثلا در مورد هورمون‌تراپی؛ هیچ دکتری راضی نمی‌شد وقتی می‌گفتی من ترنس هستم با تو کار کند. الان چند سال است که دارند این کار را می‌کنند. یک حقیقتی است دورهٔ ما دکترها فراری بودند. وقتی می‌گفتی من ترنس‌سکشوال هستم تو را راه نمی‌دادند تو مطب‌شان.

---

۹۴ مصاحبه با فراز، شش‌رنگ و عدالت برای ایران.

دکترهای متخصص هورمون کار نمی‌کردند با بچه‌های تی‌اس. یک دکترهای خاصی که مثلاً با دکتر میرجلالی در تماس بودند فقط توی آن سالی که من داشتم این کار را می‌کردم. و بعداً که دکتر کهن‌زاد آمد خود دکتر کهن‌زاد تشخیص می‌داد شما باید چه کار کنید از نظر هورمون‌ها. در صورتی که من الان که این جا (در اروپا) زندگی می‌کنم یک چک‌آپ هر شش ماه یک بار دارم، هورمون آدم چک می‌شود، نسخۀ اتومات می‌آید در خانه، داروخانه‌ات موظف است که داروی تو را بیاورد و به شکل یک انسان با تو رفتار می‌شود. در صورتی که الان من می‌بینم تو ایران بچه‌ها درب داغون یک آمپول هستند. پیدا نمی‌شود. نیست. تو مقعطی که من تو ایران بودم باز هم هورمون سخت پیدا می‌شد. من مجبور بودم بروم بگویم سرطان دارم، سرطان مثلاً سینه دارم به‌خاطر آن باید تستسترون مصرف کنم که جلوگیری کند از پیشرفت سرطان. تو ببین من رفته بودم چقدر مطالعه کرده بودم که یک دلیل پیدا کنم که بخواهم بروم تو یک داروخانه‌ای که بتوانم ازشان هورمون بخرم. همۀ بچه‌ها نمی‌توانستند این کارها را بکنند. مجبور بودند بروند قاچاقی بخرند از ناصرخسرو و کجا و کجا و این حرف‌ها. بعد از چنج [عمل] هم که خب باز هم خیلی سخت بود. بود نه این که نباشد، ولی سخت بود. سخت پیدا می‌شد. ولی الان شنیده‌ام که می‌گویند خیلی سخت‌تر است و دیگر نیست.[۹۵]

علاوه بر عجله برای ایجاد تغییر در بدن، یکی دیگر از دلایل هورمون‌درمانی بدون نظارت پزشک، نداشتن امکانات مالی کافی برای پرداخت حق‌الزحمۀ پزشکان است. سامان این گونه روایت می‌کند:

خیلی از بچه‌های ما به‌خاطر شرایط بد مالی، به‌خاطر این که ساپورتی ندارند اقدام به خوددرمانی می‌کنند که من یکی از آنها هستم. تا الان دوازده سال، رفت تو سیزده سال که تا حالا یک دکتر هورمون‌تراپ من را ندیده. آن زمان برای این که زودتر جواب بگیرم، صورتم زودتر تغییر حالت بدهد، هفته‌ای بالای هزار سی‌سی من به خودم هورمون تزریق

۹۵ مصاحبه با کیا، شش‌رنگ و عدالت برای ایران.

می‌کردم. مجازش صد سی‌سی است. به‌خاطر همین خیلی مشکل پیدا کردم. فشار خون، ناراحتی کبد، ناراحتی کلیه و خیلی چیزهای دیگر که از لحاظ پزشکی اطلاعاتش را ندارم، ولی من همهٔ این‌ها را دارم. ناراحتی استخوان. چاقی. همهٔ این‌ها مشکلاتی است که وجود دارد.[۹۶]

بر اساس یافته‌های این تحقیق، برخی از ترنس‌ها برای این که بتوانند در نگاه کمیسیون پزشکی قانونی ظاهر مقبول‌تری داشته باشند و مجوز عمل را سریع‌تر دریافت کنند حتی پیش از مراجعه به پزشکی قانونی دست به هورمون‌درمانی می‌زنند. در یکی از یادداشت‌های وبلاگ "اطلاع رسانی پزشکی تخصصی عمل‌ها و مراحل تغییرجنسیت در ایران"، مهران از رشت، پزشکی را معرفی می‌کند که بدون مجوز اقدام به هورمون‌تراپی می‌کند:

من هورمون‌تراپی [رو] زیر نظر دکتر ... بدون مجوز شروع کردم. دکتر برام تستسترون ۱۰۰ تجویز کرد. البته ایشون دکتر محتاطی هستند و بعد از سه ماه آزمایش خون. یعنی بعد از چند ماه صدام تغییر می‌کنه یا ریش در می‌آرم؟ تقریبی چند ماه؟ نمی‌تونم صبور باشم. یکی از بچه‌ها می‌گفت قیافت رو بساز، برو دنبال مجوز. چون واقعاً آدم‌هایی تو کمیسیون هستند که عقل‌شون به چشمشونه. از طرفی این طوری خانواده‌ام [رو] تو عمل انجام شده قرار می‌دم و شاید دست به کار بشن و کمکی بهم بکنن.[۹۷]

از بین تمام مصاحبه‌شوندگانی که پروسهٔ تغییر جنسیت را در ایران تجربه کرده‌اند، تنها یک نفر هورمون‌درمانی را تحت نظر پزشک انجام داده است. نتیجه آن است که تمامی مصاحبه‌شوندگان دیگر علاوه بر عوارضی که هورمون‌تراپی به دنبال دارد، از عوارض جانبی دیگری هم رنج می‌برند.

---

۹۶ مصاحبه با سامان، شش‌رنگ و عدالت برای ایران.

۹۷ از وبلاگ *اطلاع رسانی پزشکی تخصصی عمل‌ها و مراحل تغییرجنسیت در ایران*. اصل این وبلاگ که منبع ما در مرحله مطالعه ادبیات بود، به دستور کار گروه مصادیق محتوای مجرمانه، فیلتر و سپس حذف شده است. دارنده وبلاگ، محمد آسمانی، برخی از مطالب آن را بازیابی کرده و روی فیس‌بوک و نیز یک نشانی اینترنتی دیگر قرار داده است. اما بخش‌هایی از آن که بازیابی نشده است، با اینکه در این مطلب استفاده شده اما امکان ارجاع دادن به آن وجود نداشته است.

ایجاد تغییرات سریع بدنی در نشانه‌های ثانوی جنسی، می‌تواند برای فردی که ظاهر و پوششی بر خلاف جنسیت شناسنامه‌ای خود دارد و مجوزی هم از پزشکی قانونی ندارد، مشکلات فراوانی ایجاد کند. در ادامهٔ همان یادداشت وبلاگی که نقل کردیم، یکی از خوانندگان وبلاگ خطاب به نویسندهٔ یادداشت چنین می‌نویسد: "مهران جان توجه داشته باش توی رشت گرفتن مجوز ۹ ماه تا یک سال طول می‌کشه. شما که بدون مجوز شروع به هورمون‌تراپی کردی فوقش دو ماه دیگه صدات عوض می‌شه و کم کم ریش‌هات در میاد. بعد رفت و آمد [در خیابون] برات مشکل نیست؟" و مهران پاسخ می‌دهد:

"سینا جان اتفاقاً با این کار زودتر دستم به مجوز می‌رسه. دلیلش‌و نوشتم. نه، اصلاً برام [مهم] نیست. خودم لذت می‌برم کافیه! این کار تأثیر زیادی در تسریع گرفتن مجوز داره. این تجربهٔ یکی از دوستان اف‌توام در همین رشت بود که چند هفته پیش مجوز گرفت".[۹۸]

گفتمان جنسیتی حاکم بر جامعهٔ ایران که تنها دو هویت "زن" و "مرد" را به‌عنوان هنجار هویت جنسی می‌شناسد، موجب می‌شود تا بسیاری از ترنس‌ها در فاصلهٔ میان دو مرحلهٔ هورمون‌تراپی و عمل تغییر جنسیت از گروه‌ها و فضاهایی که به آن تعلق داشته‌اند رانده شوند و امکان معاشرت‌های سابق خود را از دست بدهند. شهادت آرمان که خود را ترنس‌جندر می‌داند نشان می‌دهد برخی از دوستان او که به دلیل چاقی نمی‌توانستند هویت بیولوژیک خود را پنهان کنند، تنها برای این که بتوانند با لباس‌های مردانه و بدون حجاب به خیابان بروند، از پزشکی قانونی مجوز تغییر جنسیت گرفتند و هورمون‌درمانی را شروع کردند. در ادامه، از آن جایی که این افراد در نتیجهٔ هورمون‌درمانی از گروه‌های جنسیتی سابق طرد شده بودند، برای پذیرفته شدن در گروه‌های جدید جنسیتی چاره‌ای جز تن دادن به عمل تغییر جنسیت نداشتند:

> یک عده بودند چاق بودند، هر چقدر هم که موهایشان کوتاه باشد آدم می‌فهمید که پسر نیست. حالا طرف صدایش عوض شده بود، ریش در آورده بود ولی هنوز هیکل دخترانه بود. به خاطر همین این‌ها را خیلی

---

۹۸ همان توضیحات.

راحت می‌تونستند تو خیابون بشناسند و بگیرند. به خاطر همین این‌ها مجبورند برگه را نشان بدهند که ما برگه داریم و می‌توانیم بدون حجاب بگردیم. دیگر بدون حجاب می‌رفتند بیرون، ولی دیگر وقتی که ریش دارند و صدایشان عوض شده... وقتی رفتی هورمون‌تراپی دیگر راه برگشتی نیست. بعد از هورمون‌تراپی صدا عوض می‌شود. کلفت می‌شود. بچه‌ها اولش می‌گفتند سرما خورده‌ایم. می‌گفتم سرماخوردگی‌ات درست نشد؟ چرا ریش در آورده‌ای؟ حالا ریش‌ها را هم می‌زد ولی دیگر صدا را که نمی‌شود همیشه بگویی سرما خورده‌ام. به مرور آنها را از توی محیط می‌اندازند بیرون. یعنی یکی که آن شکلی است دیگر نمی‌تواند بیاید باشگاه. از بچه‌های باشگاه بودند. مسئولین همه اعتراض کردند، این‌ها را دیگر انداختند بیرون و مجبور شدند صد در صد از این جمع بیرون بیایند. تو این جمع نیستی مجبوری یک کاری بکنی بروی تو آن یکی جمع. دیگر راهی جز عمل [جراحی] ندارند. با هورمون زده‌اند خیلی چیزها را درب و داغون کرده‌اند. یکی از دوستان من که ترنس علنی است خودش هم به یک جاهایی گفته که بدون اجازهٔ دکتر هورمون‌تراپی کرده بود و زیاد مصرف کرده بود. مثل این که یک سری مشکلات هم پیدا کرده بود. می‌گویم وقتی آدم این کار را شروع کند دیگر راه برگشتی نیست. انگار از یک پل رد می‌شوی، پل را می‌شکنی، دیگر چطوری می‌خواهی برگردی؟ این هم همان است.[۹۹]

مهیار که در آلمان و تحت نظر پزشک هورمون تستسترون مصرف می‌کند می‌گوید: "یکی از عوارض داروهای هورمونی این است که واقعاً دارم کچل می‌شوم. دکتر گفت تا یکی دو سال دیگر کچل هستی. یکی از عوارض هورمون همین ریختن موهاست."[۱۰۰]

هورمون‌درمانی عوارضی روحی نیز به دنبال دارد؛ نسرین، مادر ترنس‌جندری که با عمل جراحی در آلمان مرد شده است توضیح می‌دهد که چطور فرزندش با شروع هورمون‌درمانی دیگر قادر به ادامهٔ تحصیل نبود:

۹۹ مصاحبه با آرمان، شش‌رنگ و عدالت برای ایران.
۱۰۰ مصاحبه با مهیار ضیایی، شش‌رنگ و عدالت برای ایران.

خیلی اثر گذاشت مخصوصاً زمانی که شروع کرد به آمپول گرفتن. دپرسیو [افسرده] بود. یعنی اولین بار وقتی آمپول‌ها را گرفت، فکر می‌کنم خودش هم باید یک مقدار پول می‌گذاشت رویش. ما می‌دانستیم که این آمپول‌ها چه ضررهایی دارد، دپرسیو می‌کند. حتی من می‌دانستم وقتی این آمپول را دارد می‌زند بیست و چهار ساعت بهش تلفن نمی‌زدم. چون می‌دانستم تو تخت خوابیده و دپرسیو است. اوایلش البته. ولی دو سه سالی فکر می‌کنم ماهی یک بار این‌ها را می‌گرفت. فکر می‌کنم هنوز هم می‌گیرد. ولی با فاصله‌های بیشتر. وقتی شروع کرد به هورمون گرفتن، دیپلمش را نتوانست بگیرد. یک سال عقب افتاد. در واقع خیلی بهش ضرر خورد. خیلی از نظر روحی اذیت بود. نمی‌توانست درس بخواند.[۱۰۱]

همان طور که در مقدمهٔ این بخش آمد، کارشناسان حقوق بشر چون گزارشگر ویژهٔ سازمان ملل در امور شکنجه، و پاره‌ای از فعالان حقوق بشر در کشورهای اروپایی معتقدند هورمون‌درمانی اجباری، که در بسیاری از کشورها برای تغییر اوراق هویتی ضروری شمرده می‌شود، مستلزم وارد کردن خسارت به بدن انسان و نقض حق تمامیت جسمانی او بوده و مصداق نقض حقوق بشر است.

۶- عمل‌های تغییر جنسیت

پس از صدور مجوز تغییر جنسیت از سوی دادسرا و چند ماه مصرف هورمون، بسیاری از دارندگان این مجوز، اقدام به انجام عمل جراحی می‌کنند. آن چه به‌عنوان عمل جراحی تغییر جنسیت تعریف می‌شود، در واقع مجموعه‌ای از عمل‌های جراحی است که اندام‌های مختلف جنسی و علائم ثانویهٔ جنسی در بدن را تغییر و یا تحت تأثیر قرار داده و و یا از میان می‌برند. عمل‌های تغییر جنسیت، فرد را به شکلی بازگشت‌ناپذیر و دائمی عقیم می‌کنند؛ امری که طی ده سال اخیر در تعداد فزاینده‌ای از کشورها به تصمیم شخصی فرد و تأیید پزشک او منوط شده است و دیگر برای تغییر نام و تعیین هویت ضروری نیست.

---

۱۰۱ مصاحبه با نسرین (مادر مزدک)، شش‌رنگ و عدالت برای ایران.

در مورد ترنس‌مردها (تبدل خواهان جنسی از زن به مرد)، حداقل عمل‌های جراحی که نظام قانونی ایران برای به رسمیت شناختن تغییر جنسیت اجباری می‌داند، برداشتن پستان‌ها، تخلیهٔ کامل رحم و تخمدان‌ها است.

بعدها خواهیم دید که برخی از دادگاه‌ها یا شعب پزشکی قانونی، بستن واژن و تعبیهٔ بیضهٔ مصنوعی یا آلت تناسلی پیوندی را هم برای تغییر نام و صدور اوراق شناسایی الزامی می‌دانند. هر چند در سال‌های قبل عده بسیاری از مصاحبه شوندگان بدون تعبیه بیضه مصنوعی موفق به دریافت اوراق شناسایی مردانه شده‌اند. این بدان معناست که بدون انجام این جراحی‌های پرمخاطره، امکان به رسمیت شناخته شدن تغییر جنسیت در ایران اساساً وجود ندارد. برای تأیید رسمی تغییر جنسیت از مرد به زن، برداشتن کامل اندام جنسی مردانه (آلت تناسلی و بیضه‌ها) و تعبیهٔ مجرایی به‌عنوان مجرای واژن از طریق پیوند بخش بریده شده‌ای از روده الزامی است. این در حالی است که در برخی از کشورهای جهان، فرد می‌تواند بدون انجام هیچ یک از این جراحی‌ها نسبت به تغییر نام و جنسیت خود در اوراق هویتی‌اش اقدام کند. از سال ۲۰۰۷ تا کنون، در سراسر جهان دو ترنس‌مرد (زنانی که تغییر جنسیت داده و مرد شده‌اند) در امریکا و یک مورد در سال ۲۰۱۳ در آلمان، موفق شده‌اند کودکان‌شان را در رحم خود حمل کرده و به‌عنوان مردانی که حامله شده و زایمان کرده‌اند شناخته شوند. یعنی هیچ یک از این زنان هنگام تغییر جنسیت به مرد مجبور نبوده‌اند که رحم خود را خارج کنند. آنها فقط با هورمون‌تراپی داوطلبانه به برخی صفات ثانویهٔ جنسی مردان مانند رشد ریش در صورت دست یافته بودند و با وجود انجام عمل تخلیهٔ پستان، از خارج کردن رحم و تخمدان‌ها خودداری کرده بودند. برای ترنس مردهایی که رحم خود را حفظ کرده و زمانی تصمیم به بارداری و زایمان می‌گیرند، در برخی کشورها مراکزی وجود دارند که آنها را در مورد مسائلی چون شیوه و میزان مناسب مصرف هورمون راهنمایی می‌کنند.[۱۰۲]

یافته‌های این پژوهش نشان می‌دهد که علاوه بر عقیم‌سازی که پیامد عمل‌های تغییر جنسیت در ایران است، کیفیت عمل‌های تغییر جنسیت هم در ایران

---

102 Berlin-Neukölln – Schwangerer Mann hat entbunden, Die Welt, 9 September 2013, available at http://www.welt.de/vermischtes/article119833916/Berlin-Neukoelln-Schwangerer-Mann-hat-entbunden.html

عمیقاً از استانداردهای جهانی فاصله دارد. از همین روست که بسیاری از مصاحبه‌شوندگان ما از این عمل‌ها با عنوان "سلاخی" یا "قصابی" یاد می‌کنند. آن دسته از مصاحبه‌شوندگان که عمل جراحی را در ایران تجربه کرده‌اند، از واقعیت‌هایی چون عدم تخصص جراحان، مشاوره‌های غلط یا ناکافی پیش از عمل، عدم آگاه‌سازی فرد دربارهٔ پیامدهای عمل جراحی، جراحی‌های غیراستاندارد و پرخطر، رفتارهای تحقیرآمیز در روند عمل، عدم مراقبت‌های لازم پس از عمل، و فقدان حق پی‌گیری قانونی، به‌عنوان بخشی از تجارب تلخ خود یاد کرده‌اند. مازیار در این مورد می‌گوید:

رفتم بیمارستان امام خمینی برای عمل و قبول نمی‌کردند. می‌گفتند اون‌قدر شکایت شده از طرف ترنس‌ها برای عمل‌های بدی که رویشان انجام شده که رییس بیمارستان گفته دیگر ترنس‌ها رو عمل نکنند. با کلی پارتی‌بازی و واسطه تونستم اون جا که یک بیمارستان دولتی است عمل تخلیهٔ رحم رو انجام بدم. اون‌قدر عمل‌های بچه‌ها بده که من دوستی ندارم که عمل کرده باشه و بدون مشکل باشه. الان یکی از دوست‌هام هست که پنج بار عمل سینه کرده، ولی هنوز نتونسته اشکالات عمل رو رفع کنه. خجالت می‌کشه لخت شه از بس ناجوره سینه‌ش.[۱۰۳]

عمل تعبیهٔ آلت جنسی مردانه برای زنان به روش متودئوپلاستی (Metoidioplasty) و فالوپلاستی (Phalloplasty) که در تایلند و برخی از کشورهای اروپایی صورت می‌گیرد، در ایران تنها توسط چند پزشک و آن هم در دو سال اخیر انجام می‌شود. در این روش‌ها عمل واژینکتومی (Vaginectomy)، و یا برداشتن و بستن واژن صورت گرفته و پس از آن آلت مردانه به روش‌های مختلفی تعبیه می‌شود.

تا پیش از آن که امکان عمل آرم فلپ (Arm Flap) در ایران فراهم شود، تنها روشی که امکان‌پذیر بود و هنوز هم در بیشتر موارد به کار گرفته می‌شود، پیوند بخشی از روده و در مورد ترنس‌مردها آزاد سازی کلیتوریس است که به

---

۱۰۳ مصاحبه با مازیار، شش‌رنگ و عدالت برای ایران.

اندام جنسی حالتی مردانه می‌دهد. این عمل هزینهٔ بسیار سنگینی دارد و پزشکان اندکی قادر به انجام آن هستند.

دادگستری جمهوری اسلامی ایران

«ولا تتبعوا الهوی ان تعدلوا»

شعبه شانزدهم دادگاه عمومی حقوقی(خانواده)شهرستان اصفهان

شماره دادنامه: [redacted]
شماره پرونده: [redacted]
شماره بایگانی شعبه: [redacted]
تاریخ تنظیم: ۱۳۹۱/۰۹/۱۴
پیوست:

دادنامه

خواهان: [redacted] به نشانی [redacted]

خواسته: تغییر جنسیت

گردشکار: دادگاه ختم رسیدگی را اعلام و بشرح زیر مبادرت بصدور رأی می نماید.

رأی دادگاه

درخصوص درخواست [redacted] مبنی بر اجازه تغییر جنسیت از مؤنث بودن به مذکر شدن دادگاه از توجه به متن دادخواست تقدیمی نشانی ، نظریه شماره ۵۴۹/ک/۲-۲۵/۸/۹۱ کمیسیون پزشکی قانونی که صریحاً اعلام شده وی مبتلا به اختلاف هویت جنسی است انجام هورمون درمانی و عمل جراحی تغییر جنسیت برای وی بلامانع است و نیز عنایت به اظهارات وی درجلسه دادرسی دادگاه خواسته وی را مقرون به صحت تلقی و باستناد ماده ۱۹۸ قانون آیین دادرسی مدنی و بحث مربوط به تغییر جنسیت مذکور در کتاب شریف تحریرالوسیله به خواهان اجازه می‌دهد با رعایت موازین شرعی و قانونی مبادرت به تغییر جنسیت ازمؤنث بودن به مذکر شدن تحت نظر پزشکان متخصص نماید. رأی صادره حضوری و قطعی است.

احمدیان

رئیس شعبه ۱۶ دادگاه عمومی حقوقی اصفهان

امضای تنظیم کننده

نشانی: اصفهان خ چهارباغ بالا خ شهید نیکبخت ساختمان دادگستری کل استان اصفهان طبقه ۲ اتاق شماره ۲۰۵

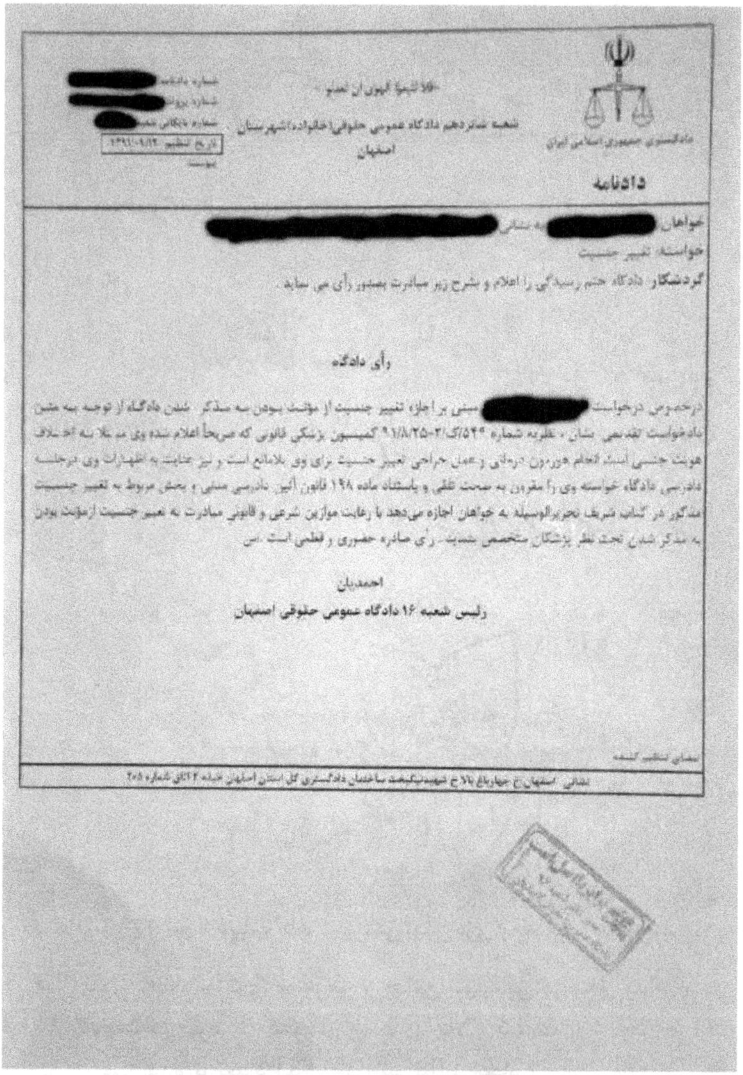

سند شمارهٔ ۱۶: نمونه حکم دادگاه عمومی حقوقی اصفهان برای انجام عمل‌های تغییر جنسیت.

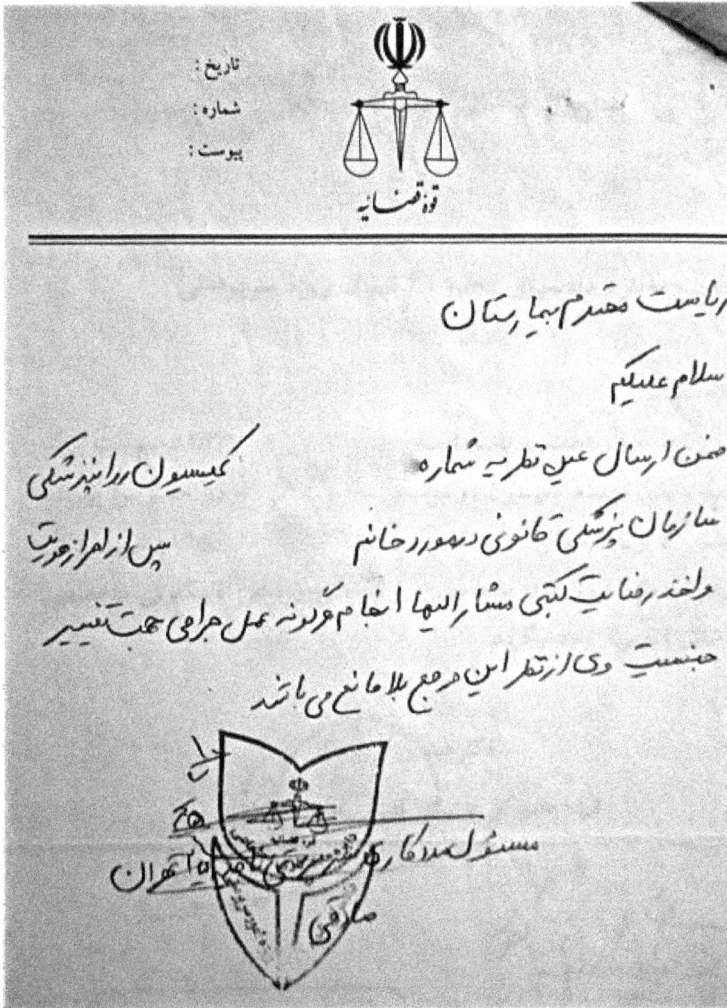

تاریخ :
شماره :
پیوست :
قوه قضائیه

ریاست محترم بیمارستان
سلام علیکم
ضمن ارسال عین نظریه شماره کمیسیون روانپزشکی
سازمان پزشکی قانونی درمورد خانم پس از احراز هویت
و اخذ رضایت کتبی مشارالیها انجام هرگونه عمل جراحی جهت تغییر
جنسیت وی از نظر این مرجع بلامانع می باشد
مسئول مددکاری سرپرستی تهران
صادقی

سند شماره ۱۷: نمونه تاییدیه اداره سرپرستی تهران برای انجام عمل تغییر جنسی.

در عمل پروتز بیضه، دو گوی مصنوعی از جنس سیلیکون در محل اندام جنسی فرد کار گذاشته می‌شود. در کشور ایران، هزینهٔ بالا و کیفیت پایین جراحی آلت جنسی موجب شده تا تعداد اندکی از ترنس‌ها به انجام آن تن دهند. در حال حاضر اما روش استفاده از ماهیچه و پوست مچ دست در ایران هم به کار گرفته می‌شود. در این روش، بخشی از پوست مچ به دلیل حساسیتش و نزدیکی به

محل تعبیه جدا شده، لوله می‌شود، در آن سلیکون جای داده می‌شود و سپس از ناحیهٔ ران پا به همان میزان پوست برداشته شده و روی مچ دست تعبیه می‌شود. از آن جایی که چگونگی انجام روش‌های جراحی موضوع پژوهش ما نیست، مخاطبان را برای کسب اطلاعات بیشتر به منابع علمی پزشکی و نیز مشاوره با پزشکان متخصص دعوت می‌کنیم. وحید که با شیوهٔ فالئوپلاستی در ایران دارای آلت جنسی مردانه شده است، هم‌چنان از عواقب عمل و جابجایی سلیکون کارگذاشته شده رنج می‌برد.[۱۰۴]

مشاوره‌های نادرست، ناکافی و گمراه‌کننده

چنان که در بخش پیشین اشاره شد، ناتوانی مراجعین در تصمیم‌گیری برای انجام عمل جراحی یا انصراف از آن تا حدودی از محدودیت‌هایی قانونی نشأت می‌گیرد که هم‌جنس‌گرایان و ترنس‌سکشوال‌ها برای حضور اجتماعی در هیبت جنس مخالف از آن رنج می‌برند. اما عامل مهم دیگر، مشاوره‌های نادرست و گمراه‌کنندهٔ پزشکان در مورد عمل و عواقب آن است. این مشاوره‌ها غالباً در زمانی کوتاه و به‌عنوان نصیحت و یا هشدار به مراجعین صورت می‌گیرد. رفتار پزشکان، بدون در نظر گرفتن حقوق مراجعین و از موضع عدم پاسخ‌گویی دقیق به پرسش‌های آنهاست.

مواجه شدن با تصویری غیرواقعی از عمل جراحی و عواقب آن، وضعیتی است که بسیاری از افرادی که تحت عمل جراحی قرار گرفته‌اند تجربه کرده‌اند.

کیا، ترنس‌مردی که در سال ۱۳۸۳ توسط دکتر میرجلالی[۱۰۵] و بدون مجوز اقدام به عمل جراحی تخلیه پستان کرده است می‌گوید:

> اصل حرف میرجلالی این بود که تو بیا کمپلت [کلیه] کارهایت را بکن، بعد هم کاری ندارد دو تا سیلیکون هم هست می‌گذاریم آن جا،

---

۱۰۴ مصاحبه با وحید، شش‌رنگ و عدالت برای ایران.

۱۰۵ درخواست ما برای مصاحبه با دکتر بهرام میرجلالی و پاسخگویی به ادعاهای مطرح شده در مصاحبه‌های متعدد این تحقیق درباره ایشان، بی‌پاسخ ماند.

فلان‌دار [آلت‌دار] هم می‌شوی. گفتم فلان مگر همین است؟ فلان خیلی داستان دارد. تو چه آسان می‌گیری. گفت نه، آن خودش بزرگ می‌شود. خودش فلان می‌شود. در این حد هم احمق نبودم که مثلاً بروم باور کنم در این حد. البته احمق بودم. چرا دروغ بگویم؟ داشتم باور می‌کردم. تنها چیزی که جلوی من را گرفته بود این بود که من تو آن مقطع هم دانشجو بودم درسم تمام نشده بود و هم تو تیم [دخترانه] بودم و احساس می‌کردم اگر یک دفعه بزند و این را بگذارد و این [آلت جنسی مردانه] بزرگ بشود آن جا جواب چه بدهم؟ یعنی حتی حرف‌هایش باورم هم شده بود.[۱۰۶]

کاوه صالحی نیز مواجهه‌اش با دکتر میرجلالی را چنین به یاد می‌آورد:

دقیقاً روزی که رفتم یادم است. میرجلالی نشسته بود، روان‌شناس نشسته بود کنارش. من رفتم بغلش کردم، اشتباهی روان‌شناسش را بغل کردم. گفتم شما راه نجات من هستید، ان‌قدر خوشحال بودم. دو سه جلسه رفتم و آمدم پیش روان‌شناسش. پسر جوانی هم بود. آن موقع هم نمی‌دانستم اسمش چیست. فقط می‌دانستم تو مطب میرجلالی کار می‌کند. نمی‌دانم دانشجو بود آن جا کار می‌کرد، چی بود. یکی دو جلسه پیشش رفتم، در مورد سکسم پرسید، در مورد حسم پرسید، بهم گفت تو ترنس هستی، باید عمل کنی. من گفتم چطور به خانواده‌ام بگویم؟ خیلی بچه بودم. هجده سالم بود، [اما] اندازهٔ یک آدم هجده سالهٔ الان نمی‌فهمیدم. خیلی بچه بودم. خیلی. یعنی همیشه تو وادی فوتبال و ورزش بودم. هیچ وقت قاطی کسی نبودم. در مورد خانواده‌ام نپرسید، دو جلسه بود. دو جلسه نزدیک دو ساعت صحبت کردیم. گفت تو ترنسی، باید عمل کنی. یک جورایی انگار مشاور میرجلالی بود. من خودم با میرجلالی حال نکردم راستش. آدم خیلی پولکی [بود]. که حتی من یک سوال ازش می‌کردم بهش برمی‌خورد. خب تو دکتری، باید جواب من را بدهی. مثلاً می‌گفتم این عمل چطوری است؟ خطرناک نباشد من یکهو ناقص شوم، بمیرم، یا فلج شوم؟ بهش برمی‌خورد. گفت

---

۱۰۶ مصاحبه با کیا، شش‌رنگ و عدالت برای ایران.

> یعنی چی؟ من پروفسورم. می‌گویم باشد خب. من سوال می‌کنم، شما وظیفه‌ات است به من بگویی چطور عمل می‌کنی. من هیچ اطلاعاتی ندارم. تنها هم آمده بودم. چون دیده بود تنهام به خودش اجازه می‌داد هرجور دلش می‌خواهد رفتار کند.[۱۰۷]

کیا در مورد اطلاعات مربوط به شیوهٔ عمل و راهنمایی پزشک می‌گوید:

> پزشکان تصویر نسبتاً مطلوبی از وضعیت مراجعین پس از عمل ارائه می‌دهند که چندان با واقعیت خوانایی ندارد. در نهایت ممکن است جملاتی مثل "البته مرد طبیعی که نمی‌شوی" یا این که "قدرت جنسی‌ات مثل یک مرد طبیعی نخواهد بود" یا "هیچ وقت پدر نخواهی شد" به کرات و بدون توضیح دقیق معنایشان مطرح شوند، اما روشن است که این جملات در مقابل شور و هیجانی که برای عمل جراحی در فرد برانگیخته می‌شود قدرت چندانی ندارند و او را به درنگ بیشتر وادار نمی‌کنند. ضمن این که در مورد سایر عواقب و خطرات این عمل‌ها توضیح و مشاورهٔ دقیقی صورت نمی‌گیرد و متن موافقت‌نامه‌ای که مراجعین امضا می‌کنند، در اختیار آنها قرار داده نمی‌شود.[۱۰۸]

به روایت لیلا شیرازی، دکتر میرجلالی در جلسهٔ مشاوره به او چنین گفته است: "بله، نود درصد کسانی که من عمل کرده‌ام خیلی خوشبخت‌اند."[۱۰۹] این در حالی است که از سرنوشت بسیاری از کسانی که چنین عمل‌هایی را انجام داده‌اند اطلاعی در دست نیست. نه آمار دقیقی از خودکشی این افراد و یا میزان پذیرش آنها توسط خانواده و جامعه وجود دارد و نه هیچ پشتوانهٔ قانونی که پزشکان را در مورد خطاهایشان موظف به پاسخ‌گویی کند.

کیا که فقط عمل جراحی تخلیه پستان را نزد میرجلالی انجام داده است نیز چنین روایت می‌کند:

---

۱۰۷ مصاحبه با کاوه صالحی، شش‌رنگ و عدالت برای ایران.

۱۰۸ مصاحبه با کیا، شش‌رنگ و عدالت برای ایران.

۱۰۹ مصاحبه با لیلا شیرازی، شش‌رنگ و عدالت برای ایران.

در واقع میرجلالی می‌گفت بیا هر سه تا عملت را خودم می‌کنم و تو صد در صد اوکی می‌شوی. خدا را شکر من آن جا به‌خاطر این مسائل انجام ندادم وگرنه این کار را کرده بودم. من می‌رفتم نمونهٔ عمل‌هایش را هم می‌دیدم، بعد می‌گفتم خب پس این بخیه‌اش کو؟ پس چرا همین است؟ این که هیچ فرقی نکرده، این هیچی نیست. نه، این‌ها این جوری نیست، بعدش خودش رشد می‌کند می‌شود بیست سانت، دوازده سانت. بعداً ان‌قدر که رفتم سرچ کردم تو این مسئله وارد شدم، ان‌قدر دیگر تحقیق کردم که واقعاً رفتن من تو مطب دیگر برایشان خوشایند نبود و واقعاً هم این کار را کردم. هر دفعه که می‌رفتم مطب هر ترنسی که آن جا بود، چه ایرانی چه خارجی، رای همه‌شان را می‌زدم و اجازه نمی‌دادم آن جا عمل کنند. میرجلالی این پیشنهاد را داد و بعد گفت خودش بزرگ می‌شود. در واقع توضیح میرجلالی که آن موقع من به اسم پروفسور شناختم، این بود که سینه را در می‌آورم، رحم را در می‌آورم، بیضه را با دو تا سیلیکون درست می‌کنم، کلیتوریس هم خودش بزرگ می‌شود تا دوازده سانت.[۱۱۰]

کیا در مورد میرجلالی چنین ادامه می‌دهد:

سال اول هیچی در مورد کارآیی کلیتوریس نمی‌گفت. اوایل می‌فهمید که ما نمی‌فهمیم و خب همان را می‌گفت. البته همیشه می‌گفت به بدن خودت بستگی دارد. یعنی اگر من مثلاً رشد نکنم، مثل همان که می‌گفت گاز استریل را بدنت جذب نکرده [بعد از این که متوجه شد که گاز استریل را در سینهٔ من جا گذاشته که باعث عفونت شده بود]، می‌گفتم دکتر جمع کن. من احمق که نیستم نفهمم گاز استریل جذب نمی‌شود. می‌گفت این هم به بدن خودتان بستگی دارد، ولی تا دوازده سانت هم این خودش رشد می‌کند. سال‌های اول این بود. بعد از چند سال دیگر متدهایش را به‌روز کرده بود. می‌گفت شما سکس‌تان سکس طبیعی که فکر کنید نیست، ولی بخور و بلیس است دیگر.[۱۱۱]

---

۱۱۰ مصاحبه با کیا، شش‌رنگ و عدالت برای ایران.

۱۱۱ همان.

این روایت، فرهنگ هموفوبیک و لمپنی حاکم بر ادبیات مشهورترین پزشک تغییرجنسیت را در ارائه مشاوره به مراجعانش نشان می‌دهد که بی‌نیاز از هرگونه توصیف است.

دکتر بهنام اوحدی نیز تصویری بسیار مطلوب درباره وضعیت فرد پس از عمل ارائه می‌دهد: "میل جنسی این بیماران بعد از عمل تغییری پیدا نمی‌کند و نه کم می‌شود و نه زیاد؛ چرا که روی میل جنسی جراحی صورت نمی‌گیرد، بلکه ناحیه تناسلی درگیر عمل می‌شود... وضعیت ازدواج این افراد بعد از عمل کاملاً شبیه یک فرد عادی است و فقط بچه دار نمی‌شوند." [۱۱۲]

سپهر که عمل تغییر جنسیت را در سال ۸۸ پشت سر گذاشته است تجربهٔ مشابهی از مشاوره‌ها و توضیحات سطحی پزشک دیگری دارد:

> دکتر [فرزادی] به من گفت یه جلسه با خانواده‌ت بیا. چون منم خانواده‌ام اصلاً با این موضوع مشکل نداشتن یه جلسه مادرم رو آوردم و باهاشون صحبت کرد. به مادرم گفته بود می‌دونید که بچه‌دار نمی‌تونه بشه؟ که مادرم گفته بود خب، نشه. عموی خودش هم بچه‌دار نمی‌شد. خیلی از مردهای معمولی هم هستند که بچه‌دار نمی‌شن. اصلاً این موضوع مهمی نیست. بعد گفته بود که می‌دونید که هزینهٔ عمل سنگینه؟ مامانم گفته بود مسئله‌ای ندارم. من شده فرش زیر پام رو هم بفروشم چون بچه‌م رو دارم می‌بینم که داره سختی می‌کشه این کار رو می‌کنم براش. [۱۱۳]

بیژن تجربه دیدار خود با دکتر کهن‌زاد را چنین بازگو می‌کند:

> می خواستم برای هورمون‌تراپی پیش دکتر شهریار کهن‌زاد بروم ایشان من را به شرط چاقو می‌خواستند هورمون‌تراپی کنند. یعنی گفتند هورون‌تراپی به علاوه جراحی است. یعنی اگر با من جراحی نکنی

---

۱۱۲ "من یک تی اس هستم؛ من یک شهروند عادی هستم"، مهرخانه، ۲۲ اردیبهشت ۱۳۹۲، قابل دسترسی در:
http://mehrkhane.com/fa/news/6791/من-یک-تی-اس-هستم-من-یک-شهروند-عادی-هستم

۱۱۳ مصاحبه با سپهر، شش‌رنگ و عدالت برای ایران.

هورمون‌تراپی نداری. اصلاً من چشم‌هایم از حدقه بیرون زد و نتوانستم باهاش صحبت کنم بگویم من نمی‌خواهم ایران عمل کنم. خیلی من را ناراحت کرد. گفت هورمون‌تراپی بعد از جراحی است. کتابم را بخوان و اگر برای جراحی قانع شدی بیا پیش من. کتاب "برزخ تن" را. من گفتم من برای هورمون‌تراپی آمده‌ام. هیچی جواب من را نداد. سریع هم کار داشت و رفت بیرون.[۱۱۴]

در مواردی استثنایی پزشک یا روان‌شناس می‌کوشد تا با نوعی آینده‌نگری و توضیح دقیق موضوع با مراجعین برخورد کند. نمونهٔ این گونه رفتار را پگاه از دکتر الف[۱۱۵] روان‌شناس در شهر شیراز روایت می‌کند:

در حقیقت من به‌خاطر این که کسی کارم نداشته باشد رفتم دنبال مجوز. و قانون یک دفعه عوض شد و در آن زمان به من گفتند باید حتماً شش ماه روان‌کاوی را بگذرانی. دکتر الف آن موقع روان‌کاو من بود. دکتر بسیار عالی‌ای بود. یادم هست بهم گفت که تو می‌توانی به‌عنوان یک پسری که حالت زنانه دارد خواهان زیاد داشته باشی. چون خیلی از آقایان هستند که دوست دارند یکی را داشته باشند به این حالت، ولی اگر زن بشوی خیلی از آدم‌ها هستند، اکثر آدم‌ها، نود و نه در صد آدم‌ها، دوست ندارند با یک زنی باشند که قبلاً پسر بوده. ولی خیلی از همان‌ها، همان آدم‌ها خیلی برایشان جالب است که با پسری باشند که شمایل زنانه دارد. آن زمان شاید خیلی متوجه این صحبتش نشدم. بهم می‌گفت خودت را نده دست دکترها، اینجا همهٔ دکترها تو را مورد آزمایش قرار می‌دهند، چیز راحتی نیست این کار را انجام دادن. و خیلی به من پیشنهاد می‌کرد که از ایران دور شو و آن جا زندگیت را به‌عنوان یک مرد که دوست دارد آرایش کند و هر جور که دوست داری دوست‌پسر هم داشته باش، زندگیت را بکن، هیچ گناهی هم ندارد. یک

---

۱۱۴ مصاحبه با بیژن، شش‌رنگ و عدالت برای ایران.

۱۱۵ از آن جایی که مشاورهٔ این دکتر روان‌شناس به لحاظ ضوابط و آیین‌نامهٔ کار روان‌شناسان در ایران، عملی غیراخلاقی و مجرمانه تلقی می‌شود، از ذکر نام حقیقی وی صرف‌نظر می‌کنیم. نام وی نزد شش‌رنگ و عدالت برای ایران محفوظ است.

خرده به این موضوع فکر کردم. اتفاقاً به دو سه تا از بچه‌هایی که دخترهایی بودند که ترنس‌سکشوال بودند دوست داشتند پسر باشند من را معرفی کرد. گفت ببینید می‌توانید با هم ارتباط داشته باشید یا نه. که حالا آن ارتباط برقرار نشد و تصمیم‌گیری برای عمل خیلی ناگهانی بود. خیلی ناگهانی. یعنی احساس کردم که دیگر خسته شده‌ام. چون دوست دارم زن باشم، نه برای این که یک جفت پیدا کنم. دوست داشتم خودم باشم دیگر.[۱۱۶]

عمل‌های جراحی غیراستاندارد و عوارض آن

مجموعهٔ یافته‌های این تحقیق حاکی از آن است که عمل‌های تغییر جنسیت در ایران توسط پزشکان معدود و مشخصی انجام می‌شوند. تا چند سال پیش، اکثر عمل‌های جراحی در کلینیک میرداماد تهران و توسط دکتر بهرام میرجلالی، جراح عمومی و دستیارانش انجام می‌شد. در سال‌های اخیر، پزشکان دیگری هم به این بازار وارد شده‌اند که از معروف‌ترین آنها می‌توان به دکتر کهن‌زاد، دکتر اسکویی (جراح زنان و زایمان)، دکتر بقایی، دکتر اکبری و دکتر جعفرآبادی در تهران، و دکتر توکلی در مشهد اشاره کرد.

هیچ یک از این جراحان، در جراحی‌های تغییر جنسیت دارای تخصص نیستند. پس یکی از مهم‌ترین مشکلات تبدل‌خواهان جنسی این است که این عمل‌های بسیار مهم و سنگین را حلقهٔ کوچکی از پزشکان غیر متخصص انجام می‌دهند و در برخی موارد صدمات بدنی جبران‌ناپذیری به بیماران خود تحمیل می‌کنند که عوارض آن تا سال‌ها و حتی تاپایان عمر با آنهاست. به‌خصوص به دلیل اینکه بیشتر ترنس‌سکشوال‌ها، پول کافی برای انجام بافاصله عمل‌های تغییر جنسیت که استاندارهای پزشکی توصیه می‌کنند را ندارند و شرایط فرهنگی-اجتماعی نیز به آنها اجازه زندگی آزادانه در میان دوجنس را نمی‌دهد، مصاحبه‌های این تحقیق نشان می‌دهد که اکثریت کسانی که در ایران عمل یا عمل‌های جراحی تغییر جنسیت را انجام داده‌اند، از دردهای مزمن: قفسه سینه،

---

۱۱۶ مصاحبه با پگاه، شش‌رنگ و عدالت برای ایران.

کمر، کلیه، از دست دادن کنترل ادرار، جراحت‌های بدمنظره، فشار خون، مشکلات تنفسی و ضربان قلب، از دست دادن احساس جنسی، عفونت‌های ناتوان کننده، تکرر ادرار و از کارافتادن مجاری ادرار، پارگی ماهیچه میان مقعد و واژن یا یکی شدن مجاری ادرار و مدفوع و... رنج می‌برند.

براساس آن‌چه دکتر کهن‌زاد در کتاب خود نوشته است، وی برای انجام اولین عمل جراحی خود در اینترنت به تفحص می‌پردازد، بدون این که در این زمینه کمترین آموزشی دیده باشد. او خود در این باره می‌نویسد:

> ... در این جا با خوشحالی دخالت کرده، و با عنایت به این که در آن زمان تجربهٔ محدودی در این جراحی‌ها داشتم، از سوق دادن بیمار به این تصمیم‌گیری عاقلانه دفاع کردم. پدر بیمار با تبسمی مطمئن از ابراز تمایل همسرش در خصوص اجرای عمل در ایران توسط من حمایت کرد. این حمایت زمانی که خود بیمار تصمیم قطعی خویش را برای تن دادن به این عمل با وجود آگاهی کامل از محدودیت تجربی من ابراز کرد، نیروی مضاعفی یافت. اعتراف می‌کنم این اعتماد در کنار کم‌تجربگی آن زمان من تنم را لرزاند و تشویش لذت‌بخشی که انگار برای احساس آن ساخته شده‌ام را بر همه من تحمیل کرد.این بود که آن شب را نشستم و تمام اینترنت را کنجکاوانه و پر اشتیاق جستجو کردم. یک ماه آینده مرا به دورانی که برای قبولی دانشگاه درس می‌خواندم شبیه ساخت، و از من محصلی مشتاق، تشنه و با استعداد به‌در آورد تا در حد کفایت در این زمینه خود را از نو بسازم.[۱۱۷]

در واقع، پزشکان تغییر جنسیت، طی انجام همین عمل‌های جراحی است که "کار" را یاد می‌گیرند. یعنی مراجعین در حالی که منبع درآمد پزشکان هستند، به موضوعاتی برای کارآموزی هم تبدیل شده‌اند. در میان جراحان تغییر جنسیت، تنها دکتر توکلی متخصص ارولوژی و فلوشیپ فوق تخصصی جراحی‌های پلاستیک و ترمیمی دستگاه تناسلی است. وی در سابقه کاری خویش انجام بیش از ۴۰۰ عمل ژنیتوپلاستی تغییر جنسیت و بیش از ۳۰ عمل

۱۱۷ کهن‌زاد، همان، ص. ۱۹.

جراحی مجدد تغییر جنسیت که قبلاً در مراکز دیگر انجام شده را دارد.[۱۱۸] با این همه، برخی شهادت‌های این تحقیق حاکی از آن است که عمل‌های انجام شده توسط او نیز عوارض مرگباری داشته است. وحید در مورد خونریزی‌های دائم یکی از دوستانش پس از عمل تخلیهٔ رحم نزد دکتر توکلی[۱۱۹] و این که هفته‌ها با عفونت و خونریزی تا پای مرگ رفته و کسی پاسخ‌گو نبوده است، می‌گوید:

> دوستم پس از مرخصی از بیمارستان، خون‌ریزی شدید داشت و او را شبانه به اورژانس رساندیم. دکتر توکلی جواب تلفن‌های ما را نمی‌داد. تا این که در ساعت یازده صبح روز بعد یک اس‌ام‌اس به او دادم و گفتم که پدرم در نظام پزشکی است و او را تهدید به شکایت کردم و بلافاصله جواب داد. تازه بعد از این تهدید ساعت دو و نیم بعد از ظهر آمد و روز بعد دوستم را برای عمل مجدد به اتاق عمل بردند. پس از این عمل هم بارها عفونت شدید داشت و هیچ کس مسئولیتی نمی‌پذیرفت.[۱۲۰]

دکتر میرجلالی، آلت تناسلی و بیضه‌های لیلا، ترنس ام‌تواف را در حالی بیرون آورده که او به‌خاطر مشکلات مالی اصلاً هورمون‌تراپی نکرده بوده است. این پزشک بیضهٔ او را در یک عمل سرپایی خارج کرده است:

> موقع عمل جراحی، دکتر میرجلالی یک عمل سرپایی می‌کند برای بچه‌هایی که می‌خواهند بیضه‌برداری کنند. پنج ده دقیقه سرپایی تو اورژانس است. من را تو اتاق عمل بردند و یک ساعت، یک ساعت و نیم تو اتاق عمل بیهوش بودم. دکتر میرجلالی بسیار مرد خوب و دکتر خوبی است، اما خب شرایطش و محدودیت‌هایشان در آن حد بوده، بیش‌تر از آن نبوده. نه این که بگویم من را عمل بد انجام داده، بقیه را خوب انجام داده. نه؛ همه‌مان یکی بوده.[۱۲۱]

---

۱۱۸ بیوگرافی دکتر کامیار توکلی، قابل دسترسی در: http://tsts.ir/?page_id=639

۱۱۹ درخواست ما برای مصاحبه با دکتر کامیار توکلی طبسی و پاسخگویی به ادعاهای مطرح شده در مصاحبه‌های متعدد این تحقیق درباره ایشان، بی‌پاسخ ماند.

۱۲۰ مصاحبه با وحید، شش‌رنگ و عدالت برای ایران.

۱۲۱ مصاحبه با لیلا شیرازی، شش‌رنگ و عدالت برای ایران.

لیلا شیرازی که امروز در نروژ زندگی می‌کند هم‌چنان از درد و عفونت دائم واژن جدید رنج می‌برد و تحت مداوای پزشک است.

کیا که در سال ۱۳۸۳ عمل شده است می‌گوید:

> پس از عمل تخلیهٔ سینه‌ام توسط میرجلالی، دائم سینه‌ام باد می‌کرد و می‌گفت چیزی نیست. و شروع کرد به چرک و خونریزی. خودم از شدت درد و استیصال سینه را باز کردم و متوجه شدیم که بانداژ گاز استریل را در سینه‌ام جا گذاشته است، به مطب وی رفتم و وقتی جریان را فهمید بلافاصله روی تخت در همان اتاق سرد، سریع سینه‌ام را باز کرد و گاز استریل را از سینه‌ام خارج کرد. اما سینه‌ام دچار مشکل بود و دکتر اکبری مرا نجات داد و با یک عمل تصحیحی خطاهای میرجلالی را برطرف کرد.[۱۲۲]

مصاحبه‌شوندگان دیگری نیز تجربه چندین عمل دیگر به دلیل خطاهای جراحی‌های اولیه را دارند. وحید، ترنس‌مرد سی و سه ساله‌ای است که عمل تغییر جنسیت وی را دکتر محمدجواد فاطمی[۱۲۳]، فوق تخصص جراحی پلاستیک در سال ۸۸ انجام داده و در ادامهٔ جراحی‌ها، عمل تعبیهٔ آلت مصنوعی در سال ۹۰ بر روی او صورت گرفته است. پس از دو ماه و به دلیل بروز مشکل در پروتز تعبیه شده، به انجام "عمل تصحیحی" وادار شده است. او چنین روایت می‌کند:

> قرار بود یک عمل جراحی داشته باشم، ولی از اون جایی که این دکتر همه نوع روشی را روی من آزمایش می‌کرد یک‌سال بعد دوباره همین مشکل پیش آمد و پروتز جابجا شده و به پوستم فشار می‌آورد. دکترم دوباره روی من عمل انجام داد. یعنی دائم بیهوشی و آنتی بیوتیک و خرج بی‌جا. دوباره یک جراحی دیگر کرد که در اتاق ریکاوری ایست تنفسی به من دست داده بود و در باز تنفس من زبان کوچکم آسیب دیده بود. دائم خون بالا می‌اوردم و خون در ریه‌ام رفته بود. به هر

---

۱۲۲ همان.

۱۲۳ درخواست ما برای مصاحبه با دکتر محمدجواد فاطمی و پاسخگویی به ادعاهای مطرح شده در این مصاحبه درباره ایشان، بی‌پاسخ ماند.

صورت با اون وضع که خیلی هم خسته بودم مرا به بخش بردند. در جراحی آخر که انجام دادند مرا بیهوش نکردند و ترسیدند. متأسفانه دوباره این مشکل پیش آمده برایم. نمی‌دانستم که چیز سنگین بلند کنم دچار مشکل می‌شوم و الان دائم درد دارم. مسکن مصرف نمی‌کنم که دائم حواسم به حرکاتم باشد، والا ممکن است درد نفهمم یک حرکتی بکنم که وضعم بدتر شود.۱۲۴

فرناز در مورد یکی از دوستانش می‌گوید: "بعد از برداشتن رحم و تخمدانش و انجام کشیدن کلیتوریس تا ته [منظور عمل آزادسازی کلیتوریس است] دچار مشکل ادراری بود. خون ادرار می‌کرد یک مدت. یک ماه بعد از عمل همچنان تو ادرارش خون بود."۱۲۵

برخی از مصاحبه‌شوندگان افتوام، از آن جایی که از تماس پزشک مرد با اندام‌های جنسی‌شان احساس راحتی نمی‌کنند، پزشکان زن را که جراح عمومی هستند و تخصص کافی در عمل‌های تغییر جنسیت را ندارند، برای انجام عمل انتخاب می‌کنند. از جملهٔ این پزشکان می‌توان به دکتر اسکویی۱۲۶ اشاره کرد:

... دکتر مرد بود. با یکی از دوستانم رفتم، من رفتم تو. گفت من باید ببینم که چه کار باید بکنم. من هم با بدبختی [کش دور سینه‌ام] را باز کردم. کش را هم دوخته بودم، از این‌هایی که دولایه بود را دوخته بودم. پهنایش زیاد بود. از بالا می‌پوشیدم. اصلاً یک چیز افتضاحی. کل جاهایش تا چند وقت سیاه سیاه بود. بعد از چند وقت کم‌رنگ شد. رگ‌هایم کلاً پاره شده بود. گفت ببینم. هی دست می‌زد. گفتم خیلی خب دیگر. آدم اذیت می‌شود. گفتم آقا دیگر داری می‌بینی. گفت دراز بکش. گفتم نمی‌خواهم. بلند شدم سریع آمدم بیرون. ولی رفتم پیش اسکویی گفت فقط ببینم، من زدم بالا، دید گفت اوکی بیا پایین. دست زدن ندارد!۱۲۷

۱۲۴ مصاحبه با وحید، شش‌رنگ و عدالت برای ایران.
۱۲۵ مصاحبه با فرناز، شش‌رنگ و عدالت برای ایران.
۱۲۶ دکتر سودابه اسکویی درخواست ما برای انجام مصاحبه را پذیرفت و به سوالات ما پاسخ داد که از بخش‌هایی از آن در متن و هر کجا که لازم بوده است، استفاده کرده‌ایم.
۱۲۷ مصاحبه با کاوه صالحی، شش‌رنگ و عدالت برای ایران.

اما فرزام تجربهٔ بسیار تلخی از عمل تخلیهٔ پستان با دکتر اسکویی دارد. او که سه بار ناچار به تکرار عمل جراحی شده است، هم‌چنان از درد عضلانی شدید در این ناحیه رنج می‌برد. فرزام توضیح می‌دهد که چگونه این پزشک او را طوری ناقص کرده که حتی در زمان پناهندگی در ترکیه و در حال حاضر در کانادا، پزشکان قادر به حل مشکلات جسمی‌اش نیستند:

> من از طریق بچه‌ها می‌شناختمش و این که روی مطبش زده دکتر زنان. ولی خب زیر دست دکتر میرجلالی یاد گرفته. همین جوری که او جراحی می‌کرد این هم جراحی می‌کند. سلاخی می‌کند. ولی خب متأسفانه من کسی را نداشتم ازم حمایت کند. خودم تنها بلند شدم رفتم گفتم می‌خواهم عمل کنم. خودم تنها می‌رفتم و می‌آمدم. بعد او چندین عمل را روی من تجربه کرد، کارهایی که نمی‌کرد، روی کس دیگری تا حالا نکرده بود. مفصل است. من همهٔ عمل‌هایم را با هم انجام دادم، باز کردن و بریدن رحم، برداشتن سینه، برداشتن تخمدان‌ها و گذاشتن پروتز بیضه. همهٔ این‌ها را با هم انجام داد. ولی خب این همه عمل کردم و درد و ناقص شدن. ولی دوباره باید از اول همهٔ عمل‌ها را انجام بدهم. انگار نه انگار که من عمل کرده بودم. حالا جدا از همهٔ اینها ناقص شده‌ام. کمر درد دارم. سینه درد دارم. مثلاً سینهٔ من هنوز درد دارد. تازه جالبی‌اش چیست که سینهٔ من را زد داغون کرد، دیدم این باد کرده، گفتم این چرا بادش نمی‌خوابد؟ چرا گنده‌تر شده عملش کردم؟ گفت نه باد ساکشن است، خوب می‌شود. ماند ماند ماند، یک ماه، دو ماه، سه ماه، چهار ماه، دیدم همین جوری سفتی دارد تا زیر گردن من دارد کشیده می‌شد بالا. بعد من می‌رفتم پیشش این را درست کند، من را نمی‌دید. وقت به من نمی‌داد. به‌خاطر چی؟ به‌خاطر اینکه بهزیستی هنوز پولش را نداده بود. [بهزیستی] بهش نامه داده بود که این سند، ما پولت را بهت می‌دهیم. مثلاً یک ماه کارهای اداری است دیگر. یک ذره این ور و آن ور شد این من را عمل نکرد. یک سال ماند، کشید به همه جا. کمرم را داغون کرد، سینه‌ام را داغون کرد. سینه‌ای که الان هنوز هم که هنوز است یک باشگاه راحت نمی‌توانم بروم. سینه‌ام درد می‌گیرد. مثلاً نصفه‌شب بیدار می‌شوم به‌خاطر درد

سینه‌ام. به‌خاطر این که آن سینه‌ام که بعد از ساکشن سفت شده بود آمده این‌ها را بکند، زده ماهیچه‌هایم را هم کنده. یعنی به ماهیچهٔ سینهٔ من هم ضربه زده، و این قسمت غضروفی بین قفسهٔ سینه به آن هم ضربه زده که من دکتر رفتم گفتند هیچ کاری نمی‌شود کرد. خب بیضه‌ام هم مشکل دارد. بیضهٔ سمت راستم خیلی پایین است و درد دارد. یعنی مثلاً من رو صندلی‌ای که الان نشسته‌ام بنشینم، اگر این جوری بنشینم... الان اوکی‌ام. ولی دیگر عادت کرده‌ام، این درد همیشه باهام هست. رو دوچرخه که می‌خواهم بنشینم هست. که همهٔ این‌ها الان که آمده‌ام اینجا [کانادا] باید دنبال تعمیرش بروم. یعنی من را کرد قشنگ موش آزمایشگاهی. چندین چیز مختلف را روی من امتحان کرد و این که من یک سال پیش رفتم [در ایالت کبک در کانادا] پیش دکتری که یک جراح معروف کاناداست، و نگاه کرد گفت من می‌بینم کاری نمی‌توانم بکنم. من تو ترکیه درد خیلی شدیدی داشتم. بیمارستان آن جا رفتم. گفتند نمی‌شود کاری کرد. ولی من از دست دکترهای ترک عصبانی شدم، فکر کردم می‌خواهند از سرشان باز کنند، گفتم اگر شما نمی‌توانید کاری بکنید برای چه می‌گویید نمی‌شود؟ درست نمی‌شود. بگویید بلد نیستید. ولی خب دکتر این جا هم گفت من نمی‌توانم کاری کنم. ماهیچهٔ تو را کنده. به دندهٔ تو آسیب زده. من الان او د اس پی (خدمات معلولیت و ناتوانی جسمی در استان انتاریو) می‌گیرم، فقط به‌خاطر مشکلاتی که رو بدنم به‌وجود آمده. یعنی من قدیم‌ها یک یخچال را بلند می‌کردم، الان یک چیز کوچک را هم نمی‌توانم بلند کنم. بلند می‌کنم کمرم داغون می‌شود. فقط به‌خاطر این که چون می‌دانست کسی نیست بالا سرم، نه پدری، نه مادری.[۱۲۸]

دکتر اسکویی در مورد عمل‌های جراحی ناموفق بر روی افراد ترنس در ایران در مصاحبه با ما می‌گوید:

پیشنهاد من در این برنامه [یک مصاحبه تلویزیونی که توسط صدا و سیما در همان روزهای انجام مصاحبه ضبط شده بود] این بود که ما

---

۱۲۸ مصاحبه با فرزام، شش‌رنگ و عدالت برای ایران.

یک مرکز جراحی به نام ترنس‌سکشوال‌ها داشته باشیم که این بیچاره‌ها هر جایی هر کسی نگیرد این‌ها را سلاخی کند. چون من عکس جراحی این‌ها را دارم از همکارانی که به صورت تفریح با این‌ها برخورد کردند. کار اصلی من جراحی پلاستیک و زیبایی است و بچه‌های ترنس ممر درآمد من نیستند و نبوده‌اند و ورود من به این حیطه اصولا به درخواست خود بیمارانم بود در جوابی که می‌گرفتند در برخوردی که باهاشان می‌شد حالا چه برخورد انسانی چه رفتاری. منتها عین هر داستان دیگری که شما خودتان هم می‌دانید حتی در بیماران عادی هم وجود دارد و هر که بامش بیش برفش بیشتر. هرکسی جراحی بیشتری می‌کند عارضه‌ی بیشتری دارد به انضمام این‌که خب قسمت اعظمی از این‌ها به دلایل مشکلاتی که از بدو تولد برایشان وجود دارد تا می‌آیند به دست جراح برسند تمام مسائل‌شان را روی آخرین نفر پیاده می‌کنند.[۱۲۹]

عمل‌های نامناسب و غیراستاندارد، امکان برخورداری از یک زندگی معمول اجتماعی و روابط متعارف جنسی را هم از بسیاری از مصاحبه شوندگان این تحقیق سلب کرده است.

بسیاری از این جراحی‌ها، یعنی تخلیهٔ رحم، تخمدان و پستان‌ها در یک نوبت انجام می‌گیرد تا از این طریق خرج دکتر بیهوشی و اتاق عمل کاهش یابد. بسیاری از مراجعین پس از عمل نمی‌توانند در بیمارستان بمانند و به دلیل مخارج بالای بیمارستان مجبورند آن جا را ترک کرده، به پانسیون، خانهٔ دوستان و یا در موارد معدودی که امکان بازگشت به خانواده وجود دارد، به خانهٔ خودشان بروند.

لیلا، ترنس‌زنی که در سال ۱۳۹۰ عمل جراحی تغییر جنسیت را انجام داده است می‌گوید"

سینهٔ من دوبار عمل شد، به‌خاطر اینکه کسی نبود بالا سر من. من هر دو تا عمل [گذاشتن سینه و برداشتن آلت] را با هم انجام دادم، به‌خاطر

---

[۱۲۹] مصاحبه با دکتر سودابه اسکویی، شش‌رنگ و عدالت برای ایران.

این که پولش کم بشود، هزینهٔ مالی‌ام کم بشود و یک بار درد بکشم. دکتر میرجلالی هم لطف کرد برای رعایت حال مالی من این کار را کرد. ولی متأسفانه اشتباه کردم. برای این که از پایین ناقص شدم، از بالا هم ناقص شدم. به شدت درد [داشتم]. کسی را هم نداشتم. بیمارستان که خوابیدم من را ترخیص کردند با ماشین. من را انداختند پشت ماشین، رفتم مسافرخانه. سه روز اغما بودم. یعنی من را انداختند تو مسافرخانه، صاحب مسافرخانه هم در را باز نکرد ببیند من مرده‌ام یا زنده‌ام. می‌دانست که عمل کرده‌ام سنگین. به صدای زنگ تلفن من بلند شدم و خودم را غرق در خون دیدم و دیدم سینه‌ام باد کرده. سینهٔ من آمده بود تا این جای دماغم. که رفتم دکتر درجا نامه نوشت که برو آن جا بخواب. یعنی یک نفر رو تخت اتاق عمل بود، اتاق عمل آماده، یکی دیگر را عمل بکنند ولی ظرف سه دقیقه جایش عوض شد، من جایش خوابیدم. یعنی گفتند اگر چند ساعت دیر آمده بودی عفونت تو قلبت [رفته بود] مرده بودی.[۱۳۰]

بسیاری از کسانی که تن به این جراحی‌ها سپرده‌اند، از نتیجهٔ عمل و آثار آن بر بدن خود ناراضی‌اند. کیا که هنوز با عواقب این جراحی درگیر است می‌گوید:

از همان اولین قرصی که بابت مسائل جسمی خوردم که دچار شب‌ادراری شدم و خیلی اتفاق‌های دیگری که برایم افتاد تا برسد به جراحی که گاز استریل تو سینه‌ام جا گذاشتند هنوز که هنوز است سینهٔ من چسبندگی دارد. باز باید برای سومین بار جراحی بشود. باز برای سینه‌ای که من را مسخره می‌کردند، من اصلاً سینه نداشتم. این که می‌گویی اطلاعات نمی‌دهند به بچه‌ها، درست می‌گویی. برای این که من اصلاً لازم نبود جراحی کنم. من با یک ساکشن خیلی خیلی کوچک و با هورمون‌درمانی و با ورزش مشکلم برطرف می‌شد. اما یک دکتر اطلاعات را به من نداد و جراحی کرد و یک آسیب همیشگی به بدن من زده. درد این آسیب برای همیشه برای من باقی خواهد ماند. چرا؟ به‌خاطر این که نباید این اتفاق برایم می‌افتاد و او دکتر بود، او

---

۱۳۰ مصاحبهٔ لیلا شیرازی، شش‌رنگ و عدالت برای ایران.

اطلاعات داد. من یک جوان هفده هجده ساله بودم که پر از استرس و هیجان بودم و او بود که باید واقعاً مشاورهٔ درست به من می‌داد و با علمش به من کمک می‌کرد. ولی انصاف نداشت. این یکی از آن دردهایی هست که هم‌چنان هست. یا در مورد سینه هم لزومی نداشت من عمل باز انجام بدهم در آن مقطع. من می‌توانستم مثلاً یک مدل دیگر عمل می‌کردم که الان وقتی عطسه و سرفه می‌کنم تمام بدنم تیر نکشد. هنوز یک جسم سنگین نمی‌توانم بلند کنم، چون کاملاً بهم فشار می‌آید.[۱۳۱]

فرزام هم که عمل جراحی تخلیهٔ پستان و رحم را در ایران و نزد دکتر اسکویی انجام داده است می‌گوید:

بعد برای عمل که اقدام کردم، دوازده اردیبهشت هشتاد و شش، تنها تاریخی است که با این حافظه‌ام هیچ وقت یادم نمی‌رود، عمل اولم بود و همهٔ عمل‌ها را با هم در واقع انجام دادم. یعنی تخلیه و عمل آلت را با هم انجام دادم تو یک روز. ولی خب متأسفانه پیش دکتری هم که بودم یک مقدار موش آزمایشگاهی‌ام کرد. چون یک مقدار هزینهٔ عملم کم بود. یعنی تنها پولی که بهش می‌دادم پولی بود که بهزیستی می‌داد به ما. دکتر اسکویی بود. پنج شش میلیون از بهزیستی می‌گرفت. دوباره مجبور شدم سینه‌هایم را عمل کنم، چون سینه‌هایم را ساکشن کرده بود. گفتم چون می‌بستم کوچک مانده بود. گفت با ساکشن در می‌آید. ساکشن کرد ولی سینه‌هایم مثل سنگ سفت شده بود. هر چه هم می‌گذشت این سفتی داشت همه جای سینه‌ام را می‌گرفت. بعد از یک سال گفت اوکی، من باید سینه‌ات را باز کنم. سینه‌ام را یک مقدارش را باز کرد. بعد تخلیه کرد و باز هم نتوانست، برای بار سوم دوباره عمل کردم و باز هم نشد که الان باید باز دوباره یک عمل دیگر بکنم. یعنی بعد از سه بار عمل کردن هنوز باید سینه‌ام را عمل کنم، چون سینهٔ سمت راستم را درست عمل نکرده، ولی خب خوش‌بختانه تنها چیزی که بود به‌خاطر این که سینه‌هایم را می‌بستم، سینه‌هایم کوچک بود و

---

۱۳۱ مصاحبه با کیا، شش‌رنگ و عدالت برای ایران.

بخیه روی بدنم نیفتاده بود. دور این قهوه‌ای دور سینه‌ام بخیه بود. اصلاً نیپل [نوک] سینه‌ام را برده. نیم‌دایرهٔ پایین که هنوز هم چسبیده می‌بینی؟ به این روز افتاده‌ام، خب به‌خاطر این که دکتر، دکتر نبوده. من هنوزم که هنوز است نمی‌توانم بروم تو آب شنا کنم. با زیرپوش می‌روم تو آب. ۱۳۲

دکتر اسکویی در مورد خطاهای پزشکی‌ای که بر روی این مراجعین صورت می‌گیرد ضمن برگرداندن آن به "روحیه" این بیماران و "مشکلات روانی‌شان" به یکی دیگر از ضعف‌های نظام پزشکی در ایران اشاره کرده و می‌گوید:

چیز جالبی که در سیستم درمان ایران وجود دارد این است که چون من رشته‌ام جراحی عمومی است و دوره‌هایی که دیده‌ام تو جراحی زیبایی است و عضو انجمن جراحان زیبایی آمریکا هم هستم، یعنی ما با هم دائم در حال تبادل مقاله و رفتن به کنگره و این‌ها هستیم، ولی انجمن جراحان پلاستیک ایران کاملا مخالف هستند که جراحان عمومی عمل انجام بدهند به دلیل این‌که جراحان عمومی که این کارها را انجام می‌دهند و بسیار هم موفق هستند در ایران کم هم نیستند. و جراحان پلاستیک می‌خواهند این جراحی‌های زیبایی را در ایران بگیرند در دست خودشان. اگر بیمار ترنس‌سکشوال از عمل ترنس‌اش شکایت می‌کرد من مبرا می‌شدم. اما اگر مثلا می‌رفت می‌گفت پروتزم را خانم دکتر این‌جوری [ناتمام] بلافاصله جراح پلاستیک‌ها من را محکوم می‌کردند. چون دنبال این می‌گشتند که جلوی کار من را در جراحی‌های زیبایی بگیرند. هیچ وقت این اتفاق نیفتاد و نتوانستند این‌کار را بکنند چون داستان فقط این بود که من همان قدر که عمل ترنس انجام می‌دادم پنج برابر و ده برابر هم حسن شهرت داشتم به عمل‌های جراحی زیبایی که انجام می‌دادم.

به همین دلیل این مسئله خیلی جالب است اگر شما بخواهید بروید پیگیری کنید آن بیمار ترنس اگر می‌گفت خانم دکتر واژن من را خراب

---

۱۳۲ مصاحبه با فرزام، شش‌رنگ و عدالت برای ایران.

درست کرده می‌گفتند خیلی هم خوب است ولی اگر می‌گفت پروتز من را خراب درست کرده بلافاصله محکوم می‌شدم و این جالب‌ترین نکته‌ای بود که وجود داشت. یعنی این بیماران اگر برای همین هم هر موقع می‌خواستند شکایت کنند و به پولی برسند می‌رفتند از کارهای زیبایی‌شان شکایت می‌کردند نه از کار ترنس‌شان.[۱۳۳]

چنین رویکردی به شکایت مراجعین قطعاً نمی‌تواند به بهبود جایگاه حقوقی آنان انجامیده و رسیدگی بی‌طرفانه به شکایات آنان را تامین کند.

مرسده، ترنس‌زنی که در سال ۱۳۷۳ عمل تغییر جنسیت را انجام داده و از درد کمر و مشکلات دیگر ناشی از عمل رنج می‌برد چنین می‌گوید:

من زمانی که به تفاوتم با دیگران پی بردم خودم را گناهکار می‌دانستم. دکتر برایم توضیح داد که من ترنس‌سکشوال هستم. من اگر می‌دونستم که عمل جراحی چنین نتیجه‌ای دارد این کار را نمی‌کردم. حداقل می‌آمدم خارج و این کار را می‌کردم. دکتر میرجلالی همه را ناقص کرده است. ما خیلی ضربهٔ روحی بزرگی در نتیجهٔ این عمل‌ها خوردیم. من تمام تلاشم این است که جلوگیری کنم از به هدر رفتن بچه‌های دیگر در نتیجهٔ این عمل‌های جراحی.[۱۳۴]

حتی سپهر هم که از انجام عمل جراحی خود رضایت دارد این گونه روایت می‌کند:

خب حالا قضیهٔ عمل پیش اومده، ماها فشارهامون یه ذره کم‌تر شده، این عمل‌ها رو می‌کنن... درسته متخصص خاصی در این رابطه نداریم که حالا به نحو احسن این کار رو انجام بدن، ولی در حال حاضر ما این فشارهامون روی ما خیلی کم‌تر شده.[۱۳۵]

گفتهٔ سپهر نشان می‌دهد که آن افراد معدودی که از عمل جراحی خود احساس رضایت دارند، این احساس را بر مبنای وضعیت جسمانی جدید خود یا

---

[۱۳۳] مصاحبه با دکتر اسکویی، شش‌رنگ و عدالت برای ایران.

۱۳۴ مصاحبه با مرسده، شش‌رنگ و عدالت برای ایران.

[۱۳۵] مصاحبه با سپهر، شش‌رنگ و عدالت برای ایران.

رضایت از عملکرد پزشک جراح به دست نیاورده‌اند و در واقع به رهایی از آن فشارهایی اشاره دارند که پیش‌تر و در پروسهٔ کسب مجوز یا تغییر اوراق شناسایی و یا توسط خانواده و جامعه به آنها تحمیل می‌شده است.

علی راد در زمرهٔ کسانی است که از عمل جراحی خود اظهار رضایت کامل می‌کنند. با این حال، روایت او نشان می‌دهد که او هم به رغم قدردانی نسبت به پزشک معالجش (که دکتر معین، دستیار دکتر اکبری است)، همچنان از عواقب عمل رنج می‌برد. او در توضیح وضعیتش می‌گوید:

> من همیشه به بچه‌ها می‌گم. می‌گم بابا! شما دارید به این فکر می‌کنید تازه فهمیدید که می‌شه عمل کرد، این رو در نظر بگیرید که شما می‌رید سینه‌تون رو عمل می‌کنید، فکر نکنید که سینهٔ خیلی ردیف و خوشگلی براتون درمیادا. فکر نکنید سینهٔ فابریک براتون درمیاد، می‌تونید برید با دو سه سال بدن‌سازی ردیفش کنید. اصلاً همچین چیزی نیست. من الان یک ساله دارم بدن‌سازی می‌رم، سینه‌م یه خورده تغییر کرده. چون این آسیب دیده. یه بافت آسیب‌دیده است به سختی می‌شه سرپاش کرد، به سختی می‌شه زنده‌اش کرد. الان حتا پوستش هم حس نداره واسه من. یه پنج سال باید بگذره از عملت تا یه خورده حسش برگرده.[۱۳۶]

اما تنها جراحات و زخم‌های ناشی از خطاهای پزشکان نیست که بر بدن این افراد به یادگار می‌ماند. دردهای روحی و تحقیرهایی که در روند انجام جراحی و یا پس از آن بر بسیاری از مراجعین تحمیل می‌شود هم واقعیتی است که نه تنها کمتر از آن سخن گفته شده، بلکه به دلیل نهادینه شدن حس تحقیر در هم‌جنس‌گرایان و ترنس‌جندرها در جامعهٔ ایران، در بسیاری، از موارد اساساً یا توسط خود این افراد هم تشخیص داده نمی‌شود و یا به‌عنوان امری که حقوق آنها را نقض می‌کند با آن برخورد نمی‌کنند.

آن دسته از مصاحبه‌شوندگان که به دلیل مشکلات مالی مجبور به عمل جراحی در بیمارستان‌های دولتی شده‌اند، موارد بیشتر و شدیدتری از خشونت و آزار را

---

۱۳۶ مصاحبه با علی راد، شش‌رنگ و عدالت برای ایران.

از سوی کارکنان بیمارستان و افراد عادی تجربه کرده‌اند. کاوه، ترنس اف‌توام، که خود در بیمارستان خصوصی عمل کرده است، دربارهٔ تجربه دوستانش در بیمارستان‌های دولتی می‌گوید:

> دوستانم تو بیمارستان دولتی رفته‌اند، باید بروی بخش زنان و زایمان. خیلی بخش ضایعی است. شش نفر تو اتاقت هستند، همه‌شان مشکل زنانگی داشته‌اند. بعد می‌آیند با اسم قدیمی صدا می‌زنند. دوستم بوده خیلی اذیت شده. می‌گفت حاضر بودم بروم گدایی کنم، کار کنم، یک بار دیگر نروم تو آن جمع. انقدر که روحیه‌اش اذیت شده بود مدتی که تو بیمارستان بود.[۱۳۷]

اما یکی از خشونت‌بارترین تجارب را سامان در تهران بیمارستان فوق تخصصی البرز از سر گذرانیده است. او پس از این که در یک عمل جراحی طولانی، پستان‌ها، رحم و تخمدان‌هایش را درآورده، از سوی کادر پرستاری بیمارستان با چنین رفتاری مواجه شده است:

> متاسفانه من آن زمان برای این کار پول نداشتم. خانواده ساپورت نمی‌کرد. یک بنده خدایی کار خیرخواهانه انجام داد و هزینهٔ عمل جراحی من را پرداخت کرد و من رفتم بیمارستان. یعنی کسی بود که من را معرفی کرد به پزشک. آن پزشک من را معرفی کرد به بیمارستان دولتی چون آشنا بودند با هم، قبول کردند که من را جراحی کنند. یکی از بدترین خاطرات من و وحشت‌ناک ترین خاطرات زندگی من تو آن بیمارستان رقم خورد. تو بیمارستان دولتی بخش مردان، اسم قبلی من را نوشته بود بالای سرم [اسم دخترانه‌ام را]. من را بستری کرده بودند؛ یعنی با اسم زنانه تو بخش عمومی مردان. تمام نرس‌ها و پرستارها می‌دانستند من چه کار می‌خواهم بکنم. همه کنجکاو بودند. خوش‌بختانه آن زمانی بود که مادرم من را پذیرفته بود به‌عنوان این که فرزندش هستم و من دوباره توانسته بودم به خانواده‌ام برگردم، ولی هنوز جایگاهم تو خانواده محکم نشده بود. مادرم آمد بیمارستان برای

---

۱۳۷ مصاحبه با کاوه صالحی، شش‌رنگ و عدالت برای ایران.

جراحی من. فردای روزی که بستری شدم من را فرستادند تو اتاق عمل. تقریباً توی بخشی که می‌رفتم برای عمل آماده بشوم فکر کنم هم‌زمان یازده دوازده نفر را عمل می‌کردند. آدم‌های عادی بودند. تنها کسی که قرار بود برای این قضیه [تغییر جنسیت] برود من بودم. اول این که دکتر قبول نمی‌کرد من را عمل کند. من با چند تا دکتر زنان صحبت کردم برای این که قبول کند رحم من را خارج کند، قبول نمی‌کردند. یکی می‌گفت خدا خوشش نمی‌آید، یکی می‌گفت دست تو کار خدا می‌بری. می‌گفتم من مجوز پزشکی قانونی تو دستم است، پزشکی قانونی حکم داده که شما این کار را برای من انجام بدهید. هیچ کدام این کار را قبول نمی‌کردند. تا این که بالاخره یک خانم دکتری قبول کرد. آن هم با هزار تا سفارش. آقای دکتری که قبول کرد سینهٔ من را تخلیه کند، دکتر زیبایی بود. و خانم دکتر هم‌زمان رحم من را. یعنی در یک زمان دو تا عمل من انجام شود که معمولاً این کار را نمی‌کنند. برای این که خیلی عمل سنگینی است. تخلیهٔ تخمدان و رحم هم‌زمان با سینه. من رفتم تو اتاق عمل. وقتی از اتاق عمل بیرون آمدم، یادم است که هنوز تو بیهوشی بودم [و تختم هنوز در راهرو بخش بود]. نرس و دکتر و آدم عادی و هر چه آن جا بود می‌آمد پتوی من را باز می‌کرد ببیند که من مَردم، زنم، من هم تو آن حالت بی‌هوشی هیچ دفاعی از خودم نمی‌توانستم بکنم. آن زمان هیچ کس اجازه نداشت بدن من را ببیند. من حتی ازدواج هم کردم هنوز همسرم نمی‌تواند با خیال راحت بدن من را ببیند. ولی تو آن زمان شده بودم سینمای همه. یک سری می‌آمدند می‌خندیدند. مادرم می‌گفت انقدر دورت آدم جمع شده بود من می‌ترسیدم بیایم جلو بگویم این بچهٔ من, است. خجالت کشیده بود از این که این اتفاق دارد برای من می‌افتد تو آن حالت. من را بردند و خواباندند تو اتاق. دیگر کم کم داشتم به هوش می‌آمدم که به مادرم گفتند شما نمی‌توانید این جا بمانید. این جا بخش مردان است. بروید بگویید یک مرد کنارش بماند. متأسفانه من هیچ کس را نداشتم، پدرم هم که اصلاً نمی‌آمد. من تنها بودم آن شب. چیزی که نباید اتفاق می‌افتاد تو زندگی من، افتاد. سخت است گفتنش، ولی

دوست دارم مردم بدانند برای من چه اتفاقی افتاد. این جزو رازهای زندگی من است، برای هیچ کس این را تعریف نکرده‌ام. حتی همسرم هم نمی‌داند. ولی می‌خواهم با شما مطرح کنم تا بدانند ما سختی کشیده‌ایم.[۱۳۸] اگر یک پدر، یک برادر، یک دوست همراه من بود آن بلا آن شب سر من نمی‌آمد. من با بدترین نوع عمل جراحی، شما فکر کن اگر یک قسمت از بدن‌تان فاسد یا مسموم شده باشد و درش بیاورند شاید انقدر درد نداشته باشد تا این که یک عضو سالمت را دربیاورند. مثل قطع عضو می‌ماند. و من هم‌زمان سه تا قسمت بدنم یعنی دو تا سینه و تخمدان و رحمم را در آورده بودند. خون‌ریزی شدید و درد فراوان. آن وقت آقایی که قرار است بیاید سوند من را عوض کند، پرستار آن قسمت، می‌آید سوند من را تو... می‌چرخاند و می‌گوید خوشت می‌آید؟ تو چرا عمل کردی؟ حیف نبود؟ من دارم درد می‌کشم، ازم خون می‌رود. به‌خاطر این که کمی از دردم کم شود مجبور بودم ادرار کنم که یک قطره از درد من کم شود [بعد] سوند من را عوض نمی‌کرد. رختخوابم پر از کثافت. نرس‌ها می‌آمدند بالای سرم انگولک می‌کردند و می‌گفتند خوشت می‌آید؟ حیف نبود؟ من داشتم می‌مردم. می‌گفتم من آن شب از آن اتاق زنده بیرون نمی‌آیم. خشم، درد، سرکوب، توهین، همهٔ آن چیزهایی که فکر کنید آن شب سر من آمد. فردا صبح رفتم به رئیس بخش گفتم، گفت بهت تجاوز که نکردند؟ گفتم نه، تجاوز نکردند ولی این کار را کردند. گفت خب برو خدا را شکر کن بهت تجاوز نکردند. گفتم یعنی چه؟ گفت خودت خواستی عمل کنی. می‌خواستی نکنی. این جوابی بود که به من داد. چه کسی می‌خواهد به من کمک کند؟ چه کسی می‌خواهد دست من را بگیرد؟ [فکر می‌کنی] ساکت باش حداقل بگذار این که دارد می‌آید ملاقاتت، یعنی مادرت نفهمد این اتفاق برای تو افتاده. شاید او هم دیگر نپذیردت.[۱۳۹]

---

۱۳۸ بعد از انجام این مصاحبه، سامان به درخواست شش‌رنگ در یک مصاحبه رادیویی روایتش را بازگو کرد.

۱۳۹ مصاحبه با سامان، شش‌رنگ و عدالت برای ایران.

در این وضعیت، فقدان نهادهای حمایتی و عدم امکان رسانه‌ای شدن تجربیات ترنس‌ها از خطاهای پزشکی مزید بر علت می‌شود و امکان هر گونه انتقال تجربیات به سایر تبدل‌خواهان جنسی را سلب می‌کند.

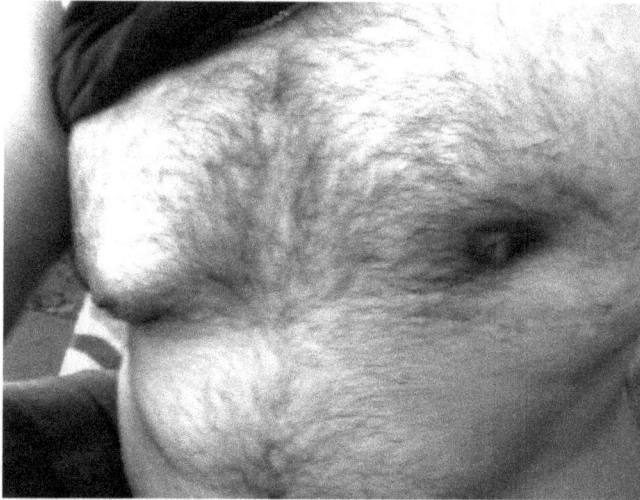

سند شماره ۱۸: تصویر بالاتنۀ سامان، ده سال پس از عمل جراحی تخلیه پستان.

مصونیت جراحان تغییر جنسیت

از میان مصاحبه‌شوندگان این پژوهش، تمام هجده نفری که عمل جراحی تغییر جنسیت را در ایران انجام داده‌اند پس از عمل با آسیب‌ها و پیامدهای ناگواری مواجه شده‌اند. همۀ آنها از خدمات پزشکی پس از عمل بی بهره مانده‌اند و امکان سخن گفتن با هیچ مشاور و روان‌شناسی را هم پیدا نکرده‌اند. در هیچ موردی از خطاهای پزشکان، امکان پی‌گیری قانونی وجود نداشته است. تخمین زده می‌شود که موارد مرگ بر اثر عفونت پس از عمل بسیار بیشتر از دو موردی باشد که به ما گزارش شده است. این مرگ‌ها در مطبوعات منعکس نمی‌شوند و مورد پیگرد قانونی هم قرار نمی‌گیرند. طبق شهادت برخی از مصاحبه‌شوندگان، شکایت از پزشکان این حوزه رو به افزایش است، اما آن‌ها کار خود را هم‌چنان به روال سابق انجام می‌دهند. هیچ نهادی که در این مورد خبررسانی و

اطلاع‌رسانی کند وجود ندارد و افشای این مشکلات تنها با نقل شفاهی تجربه‌های شخصی ممکن می‌شود. یکی از عواملی که پیگیری خطاهای پزشکی را نامکن می‌سازد، رضایت‌نامه‌ای است که جراحان، پیش از عمل از بیماران خود می‌گیرند و در آن، مسئولیت عواقب بعد از عمل را از دوش خود برمی‌دارند:

> فقط همان رضایت‌نامه را دادند امضا کنیم. یادم نیست توش چی نوشته بود. بلند است. یک خط نیست. یک نوشته شده که تو هی امضا می‌کنی. ما هم تو ایران می‌دانی کسی حق و حقوق نمی‌شناسد، من بخوانم ببینم چه نوشته. ولی خب مسلماً توش این است که هر اتفاقی می‌افتد همه‌اش با خودت است و مسئولش خودت هستی و رضایت داده‌ای که این جراحی انجام بشود و از این داستان‌ها. یک چیزی بهم داده بودند که چه چیزهایی برایت مصرف شده، ولی کپی رضایت‌نامه را ندادند. تو بیمارستان فقط نگه می‌دارند.[۱۴۰]

به گفته برخی از فعالان حقوق ترنس‌سکشوال‌ها، عده‌ای از بیماران دکتر میرجلالی می‌خواهند از او شکایت کنند. آنها از نتیجه عمل راضی نیستند و اظهار می‌کنند که این جراح آنها را تکه پاره کرده است، توان رابطه جنسی عادی را از آنان سلب کرده و آنها دچار عوارض وحشتناکی از جمله ناکارآمدی پروتز مردانه، بسته شدن واژن و بسته شدن مجرای ادرار شده‌اند.

با اینکه صدیقه زمان‌پور سرپرست اداره حمایت از حقوق زنان و کودکان قوه قضائیه می‌گوید: "این بیماران به‌عنوان شهروندان این جامعه حق دارند از پزشک جراح یا هر فردی که حقوق آنان را تضییع کرده در دادسرای جرایم پزشکی یا شورای حل اختلاف پزشکی شکایت کنند. اگر پزشک جراح پیش از عمل جراحی هر گونه رضایتنامه‌ای از این بیماران گرفته و در مقابل عوارض پس از عمل از خود سلب مسئولیت کرده این رضایتنامه به هیچ وجه حق شکایت این بیماران را تحت تاثیر قرار نمی‌دهد. در عین حال این اداره این امکان را فراهم کرده که برای آن گروه از بیماران که با گرایش مرد به زن،

---

۱۴۰ مصاحبه با سپهر، شش‌رنگ و عدالت برای ایران.

برخی اعمال جراحی‌شان را انجام داده و نامشان در شناسنامه به نام یک خانم تغییر کرده، وکیل رایگان بگیرد."[۱۴۱]

اما سانیا که از فعالان حقوق ترنس‌سکشوال‌ها در ایران است و خود را ترنس ام‌تواف معرفی می‌کند، در پاسخ به این سئوال که چرا شکایتی دربارهٔ مرگ‌های پس از عمل انجام نشده است، به روشنی توضیح می‌دهد که جراحان تغییر جنسیت در پاسخ‌گویی نسبت به خطاهای خود از نوعی مصونیت برخوردارند:

> تقریبا هیچ ترنسی از ایشان [دکتر میرجلالی] و جراحی‌های ایشان راضی نیست. کما این‌که یکی از بهترین دوستان من [در تابستان ۱۳۹۲] زیر دست ایشان فوت شدند. در وبلاگ‌های دوستان بخوانید از آقای میرجلالی کم ننوشتند. دوست من به علت بسته شدن واژن و عفونت فوت شدند. متأسفانه هیچ شکایتی هم نمی‌شود کرد. چون دوستان قبل ازعمل رضایت‌نامه پر می‌کنند که هیچ مسئولیتی گردن جراح نباشه. هیچ کس نسخه‌ای از این رضایت‌نامه رو نداره. نزد پزشک می‌مونه.[۱۴۲]

اما دکتر میرجلالی ضمن تأیید وجود شکایات فراوان، توجه قضات را به "مشکل روانی" این بیماران جلب می‌کند و در واقع می‌گوید: "دقت کنید که اینها بیمار روانی هستند" و به شکل غیرمستقیم ادعا می‌کند:" حرف اینها سندیت ندارد و از عقل و شعور کافی برای شکایت برخوردار نیستند. او می‌گوید: "من در حالی که شکایت این بیماران را به‌جا می‌دانم امیدوارم که قضات پرونده این بیماران هم نسبت به مسائل روانی این بیماری از آگاهی کافی برخوردار باشند."[۱۴۳]

فرزام که همچنان از درد کمر، دنده، و ماهیچهٔ سینه به شدت رنج می‌برد کوشیده است تا از دکتر اسکویی به مراجع قانونی شکایت کند:

> قبل از این که از ایران بیرون بیایم رفتم دنبال شکایت [از دکتر اسکویی]. چون دیدم ناقصم کرده، و کمرم را هم کاری کرده که الان

---

۱۴۱ "اختلال هویت جنسی در ایران"، مقالات جامعه شناسی، ۲۶ خرداد ۱۳۸۶، قابل دسترسی در: http://sociology82.blogfa.com/post-83.aspx

۱۴۲ مصاحبه با سانیا، شش‌رنگ و عدالت برای ایران.

۱۴۳ "اختلال هویت جنسی در ایران"، همان.

درد می‌کند. آمدم بروم از دستش شکایت کنم. هر جا می‌رفتم تو این دادگاه‌ها همین که قضیه را بهشان می‌گفتم می‌گفتند او پزشک است، راحت می‌تواند از زیر حرف تو در برود. تو نمی‌توانی او را گیر بیندازی یا بخواهی ازش شکایت کنی. یک ذره دوستان ترنس دور و برم هم بهم خندیدند. گفتند دکتر اسکویی؟ تو مگر می‌توانی از او شکایت کنی؟ پزشک است، چهار تا باج به این و آن و نمی‌توانی. به جایی نمی‌رسد. دیگر رهایش کردم. ولی خب تو فکر شکایت چند جا رفتم مثلاً دادگاه زیر پل صدر رفتم. چندین جا رفتم.[۱۴۴]

این مسئله که نهادهای قانونی، به جای پی‌گیری شکایت ترنس‌ها از پزشکان، آنها را از شکایت منصرف می‌کنند، در مصاحبه‌های دیگری نیز گزارش شده است. در واقع، شرایط به گونه‌ای است که ترنس‌ها که از حاشیه‌ای‌ترین اقشار اجتماع هستند و در اغلب موارد از حمایت خانواده هم محروم‌اند، در مقابل مجموعهٔ جراحانی که رابطهٔ بسیار خوبی با پزشکی قانونی و سیستم نظام پزشکی دارند، از هیچ گونه حمایت قانونی در مورد کیفیت و عواقب عمل‌های تغییر جنسیت برخوردار نیستند. این در حالی است که پزشکی قانونی قاعدتاً مسئول رسیدگی به تخلفات پزشکان است. مصاحبه‌شوندگان این تحقیق حداقل دو مورد مرگ پس از عمل جراحی را به ما گزارش کرده‌اند:

یکی از دوستان‌مان تو اصفهان بعد از این که جراحی کرده بود متأسفانه چون هیچ کس را هم نداشت از بیمارستان مرخصش کرده بودند. هیچ جایی هم نداشته برود. دوستانش می‌برند تو هتل می‌گذارندش. تو هتل تمام می‌کند، بعد از این که خون‌ریزی می‌کند. بر اثر عمل جراحی بد می‌میرد. او هم مثل من بوده؛ ترنس‌مرد (اف‌توام). بعد می‌خواستند تو قبرستان دفنش کنند، می‌برند تو مرده‌شورخانه. هیچ کدام نمی‌پذیرند این را بشویند. جنازه‌اش روی زمین می‌ماند. حالا کسی را هم نداشته که بالای سرش برود. بچه‌های خودمان بوده‌اند. بچه‌های خودمان می‌شویندش. قبرستان اصلاً نمی‌پذیردش. [غسالخانه زنان او را به واسطه بالا تنه و چهره‌اش مرد، و غسالخانه مردان او را به واسطه اندام

۱۴۴ "اختلال هویت جنسی در ایران"، همان.

جنسی‌اش که هنوز عمل نکرده بود، زن می‌دانسته و هیچیک حاضر به شستن او نبودند] آخر این چه عدالتی است که من باید نگران مردنم هم باشم؟ حداقل طبیعی‌ترین چیزی که همه دوست دارند راحت بمیرند. آرزوی همهٔ آدم‌ها این است که من تو بهترین شرایط بمیرم. کنار خانواده‌ام، تو رخت‌خوابم بمیرم. ولی باور کنید همهٔ ترنس‌مردها که جراحی آخرشان را انجام نداده‌اند که بیش از نود درصدند، بپرسید می‌گویند دوست داریم در اثر فاجعه بمیریم. خود من شخصاً می‌گویم کاش من را یا تریلی بهم بزند منفجر بشوم که جنازه‌ام را نتوانند ببرند بشویند. جمعش کنند گونی کنند بندازند برود، که حداقل کسی تف نیندازد به جنازهٔ من. چون همهٔ عمرم در تلاش این بودم که خودم را مخفی کنم. موقع مردنم هم دیگر آبرویم نرود.[۱۴۵]

۷- تغییر اوراق هویت

آخرین مرحلهٔ تغییر جنسیت، تغییر نام و گرفتن شناسنامه و اوراق هویتی جدیدی است که به فرد امکان می‌دهد سایر مدارک، از جمله گواهینامه و مدارک تحصیلی‌اش را هم تغییر دهد. برای این کار، فردی که عمل(های) جراحی را انجام داده، باید برای گرفتن حکم به دادگاه مراجعه کند، زیرا تنها با گرفتن حکم تغییر نام است که ادارات ثبت احوال برای فرد شناسنامه و کارت ملی جدید صادر می‌کنند. از نظر نظام قضایی ایران، تا زمانی که "زنانگی" (برای اف‌توام‌ها) و "مردانگی" (برای ام‌تواف‌ها) کاملاً از میان نرفته باشد، امکان تغییر اوراق هویتی و در واقع به رسمیت شناخته شدن تغییر جنسیت منتفی است. این در حالی است که در بسیاری از کشورها مقررات بسیار آسان‌تری برای تغییر اوراق هویت وجود دارد. در برخی از جوامع، همین که فرد ثابت کند در مسیر فرآیند تغییر جنسیت قرار دارد برای تغییر مدارک هویتی او کفایت می‌کند. مهیار تجربه خود از طی روند تغییر اوراق هویت در آلمان، چنین روایت می‌کند:

۱۴۵ مصاحبه با سامان، شش‌رنگ و عدالت برای ایران.

برای اسم پسرانه درخواست داده‌ام. از من برگهٔ روان‌شناس خواسته‌اند که نشان بدهم از کی روان‌درمانی می‌شوم و بعد هم ازم برگهٔ هورمون‌تراپی خواسته‌اند که نشان‌شان دادم و کپی شناسنامه بهشان داده‌ام. در آلمان فقط در صورتی که شما نشان بدهی تلاشی داری می‌کنی که تغییر جنسیت بدهی با همان قدم‌های اول، اسم را عوض می‌کنند.[۱۴۶]

در ایران سخت‌گیری‌های بیشتری وجود دارد. در سه سال اخیر، انجام عمل تعبیهٔ بیضه و یا انجام عمل کامل آلت تناسلی برای ترنس‌های افتوام و تعبیهٔ واژن برای ترنس‌های امتواف تقریباً در تمامی موارد به‌عنوان پیش‌شرط لازم برای تغییر اوراق هویت تعیین شده است. بنا بر گزارش‌ها، تعویض شناسنامه در شهرستان‌ها در مجموع ساده‌تر انجام می‌گیرد.

یافته‌های ما نشان می‌دهد که برخی از ترنس‌ها در این مرحله از روند تغییر جنسیت با رفتارهایی غیرانسانی مواجه شده‌اند. تحقیرآمیزترین رفتاری که بیشتر مصاحبه‌شوندگان از تجربهٔ مراجعه به دادگاه برای تغییر اوراق هویتی گزارش کرده‌اند، اجبار به لخت شدن در اتاق دادگاه و در مقابل چشم قاضی و سایر کارکنان آن شعبه و یا اجبار به لخت شدن در مقابل چشمان کمیسیون چند نفرهٔ پزشکی قانونی است. در واقع برخی از قضات دادگاه‌ها، تأییدیهٔ پزشک را که اثبات انجام عمل جراحی تغییر جنسیت است را کنار گذاشته و خود اندام جنسی شخص را رویت می‌کنند و یا رویت اندام جنسی را به پزشکی قانونی می‌سپارند. لیلا شیرازی، تجربهٔ خود را از دیدار با حجت‌الاسلام رازینی که در آن زمان از مقامات عالی‌رتبه دادگستری تهران بوده است چنین بیان می‌کند:

ما بارها رفتیم دیدن رازینی ازش کمک‌های مالی می‌خواستیم. از صد تا کاغذ یکیش عمل می‌کرد که صد تومان، پنجاه تومان به ما کمک بلاعوض بدهد. توی دادگاه هم از بس می‌رفتیم و می‌آمدیم یهو سرباز رو بیرون می‌کرد و بعد می‌گفت بکش پایین. اول سوال و جواب را می‌کرد، اعتماد را جلب می‌کرد، بعد می‌گفت بکش پایین ببینم چطوری است. با زن طبیعی چه فرقی دارد؟ که بعد ما هم می‌گفتیم

---

۱۴۶ مصاحبه با مهیار ضیایی، شش‌رنگ و عدالت برای ایران.

این طوری است، با زن طبیعی این مشکلات را دارد، اصلاً باید اول دارو بزنند، خودت پدرت را دربیاوری تا راه باز بشود و طرف بتواند. تازه اگر عملش خوب باشد، تازه اونی که مثل من عمل موفقیت‌آمیز داشته ظاهر خیلی زشت و زننده‌ای دارد. ما هم توضیح می‌دادیم و هدف‌مان از این نشان دادن تن‌مان این نبود که این با چشم حریص دارد نگاه می‌کند و به دیدهٔ منظور بدی نگاه می‌کند. همین طور که می‌گفت می‌خواهم تفاوت را ببینم من یکی به نوبهٔ خودم به این منظور نشان دادم که بگویم این مشکل است و شما به‌عنوان مسئول بدانید و کاری بکنید.[۱۴۷]

این تجربه که قضات یا کارمندان دادگستری یا ثبت احوال، بدون دلیل و مجوز خواستار دیدن اندام جنسی مراجعان برای صدور مجوز تغییرنام در شناسنامه و کارت ملی شده‌اند، از سوی برخی دیگر از مصاحبه‌شوندگان نیز گزارش شده است. کاوه چنین روایت می‌کند:

من برای شناسنامه گرفتن رفتم گفتند باید معاینه بشوی. گفتم نوشته عمل سینه کرده‌ام و لاپراسکوپی [روشی برای انجام عمل تخلیه رحم و تخمدان]. خب من خودم دارم می‌گویم پایینم را عمل نکرده‌ام چی را می‌خواهی ببینی؟ گفت نه، باید ببینیم. گفتم دوست داری ببینی بیا ببین. زن بودند. یک سری می‌گویند مرد بهتر است ولی به نظر من زن بهتر است. مردها احساس قدرت می‌کنند وقتی همچین چیزی می‌بینند. می‌خواهند دست بزنند. چون برایم اتفاق افتاده بود.[۱۴۸]

بسیاری از ترنس‌های اف‌توام، پس از عمل تخلیهٔ رحم و تخمدان و هورمون‌درمانی که صورت ظاهری آنها را هم مردانه می‌کند، برای تغییر نام به دادگاه مراجعه می‌کنند. اما انجام همهٔ این عمل‌ها هم برای نظام قضایی کافی نیست. یک ترنس اف‌توام دراین باره می‌نویسد:

---

۱۴۷ مصاحبه با لیلا شیرازی، شش‌رنگ و عدالت برای ایران.

۱۴۸ مصاحبه با کاوه صالحی، شش‌رنگ و عدالت برای ایران.

من تو شهرستان خودمون تاریخ ۱۵/۷/۹۰ اقدام کردم برای شناسنامه که بعد از کلی مسخره شدن توسط کارمند واحد ارشاد و منشی قاضی بالاخره تونستم پروندمو برسونم دست قاضی. اون جا بهم گفتند دو ماه باید توی نوبت بمونم، ولی چون تهران زندگی می‌کردم عجله داشتم و به منشی شعبه گفتم اگر ممکنه پروندهٔ منو جلو بندازه. اونم گفت اگر می‌خوای این کار بشه باید یه نامه بنویسی و بدی قاضی شعبه امضا کنه. خلاصه نامه رو نوشتم و خودم رو فرستادن پیش قاضی و وقتی قاضی حکم پزشکی قانونی رو دید گفت شما که مشکلی نداشتین که تغییر جنسیت دادین و مشکل شما روانی هست. اگر این جوری باشه که هر کسی می‌تونه بره تغییر جنسیت بده. اینو که گفت من شدم مثل یه گوله آتیش و گفتم آره اصلاً از سر بی‌کاری رفتم عمل کردم، تو هم برو بشو دختر، و پروندمو مختومه کردم، چون مطمئن بودم روز دادگاه این قاضی به من حکم بده نیست. بعد اومدم از طریق تهران مجتمع قضایی صدر شعبه ۴۱ اقدام کردم. البته شعبه انتخابی نبود و اجباراً منو انداختن شعبهٔ ۴۱ و تا حالا کسی از این شعبه رای نگرفته بود. خلاصه بعد از چند ماه بالاخره اسفند ۹۰ نوبتم شد که برم دادگاه و قاضی منو فرستاد پزشکی قانونی برای معاینه و تعیین آلت جنسی. رفتم پزشکی قانونی شعبهٔ میدان ونک. اون جا دو مرد و پنج زن منو معاینه کردن. اول ریشامو نگاه کردن و گفتن چند وقته ریش درآوردی؟ گفتم تقریباً سه هفته می‌شه. بعد سینه‌م رو نگاه کردن و چون سینه‌م رو خدا رو شکر دکتر اسکویی خوب عمل کرده بود فکر کردن اصلاً عمل نکردم و خود سینه‌هام این قدر صافه و ازم نامهٔ دکتر خواستن که بازم خدا رو شکر همراهم بود و بهشون نشون دادم و بعد فرستادند من رو بیمارستان امام خمینی که کل پروندهٔ عمل تخلیهٔ رحم و تخمدانم رو براشون بگیرم. منم رفتم گرفتم و برگشتم و بعد گفتند شلوارت رو دربیار تا آلتت رو ببینیم. گفتم اگه ممکنه نبینین. اونا گفتن اگه نبینیم نامه‌ای هم برات نمی‌نویسیم. بعد از کلی خجالت شلوارم رو کشیدم پایین نگاه کردن و گفتن ای بابا آلت که زنونست و بعد منو از اتاق بیرون کردن و گفتن نامه‌ات رو می‌زنیم برو پایین صدات می‌کنیم بیا

> بگیر. قبل از خارج شدن از اتاق گفتم من عمل آلت رو الان شرایط عمل کردن ندارم و دلایلم رو براشون گفتم، ولی سنگدل‌تر از این حرفا بودن؛ نامهٔ پلمپ‌شده رو بردم دادگاه و اون جا وقتی نامه رو باز کردن گذاشتن رو پرونده و وقتی چشمم به متن نامه افتاد انگار یه پتک صد کیلویی رو زده باشن تو سرم. حالم خیلی بد شد. توی نامه نوشته بودن: "جراحی سینه و رحم و تخمدان انجام شده، ولی آلت نمای زنانه دارد." با این که کلیتوریسم خیلی خوب رشد کرده ولی هیچ اشاره‌ای به این مسئله نکرده بودن عوضیا. و قاضی هم رای داد که مراحل تغییر جنسیت به صورت کامل انجام نشده و شناسنامه تعویض نمی‌گردد.[۱۴۹]

البته در مورد الزامی بودن انجام عمل تعبیهٔ آلت جنسی یا تعبیهٔ بیضه نیز رویهٔ واحدی بر دادگاه‌ها و پزشکی قانونی حاکم نیست. همان طور که رهام در "وبلاگ *اطلاع رسانی...*" اشاره می‌کند، قضات و دادگاه‌ها به شکل سلیقه‌ای برخورد می‌کنند:

> در ایران قاضی آزاد هست که هر چیزی که فکر می‌کنه صحیح هست را انجام بده وهیچ کس نمی‌تونه بهش خرده بگیره! به همین دلیل هست که با این مسئله به صورت سلیقه‌ای برخورد می‌شه. لازم نیست همتون بترسید و نگران باشید. این موضوع واسه همه پیش نمیاد و این از بدشانسی این دوست عزیزمون بوده که امیدوارم هرچه زودتر حل بشه. من و خیلی از بچه‌ها راحت شناسنامه گرفتیم. بعضی‌ها هم یکم به دردسر خوردند اما بالاخره گرفتند! بعضی از قضات نامهٔ پزشک معالج را می‌پذیرند و بعضی رویکردشان این هست که باید نامهٔ پزشکی قانونی که پزشک معتمد قوهٔ قضائیه هست باشه که در این مورد دوم متأسفانه پزشکی قانونی تهران (نه شهرستان‌ها) آئین‌نامهٔ داخلی داره که باید

---

۱۴۹ از وبلاگ *اطلاع رسانی پزشکی تخصصی عمل‌ها و مراحل تغییرجنسیت در ایران*.
اصل این وبلاگ که منبع ما در مرحله مطالعه ادبیات بود، به دستور کار گروه مصادیق محتوای مجرمانه، فیلتر و سپس حذف شده است. دارنده وبلاگ، محمد آسمانی، برخی از مطالب آن را بازیابی کرده و روی فیس‌بوک و نیز یک نشانی اینترنتی دیگر قرار داده است. اما بخش‌هایی از آن که بازیابی نشده است، با اینکه در این مطلب استفاده شده اما امکان ارجاع دادن به آن وجود نداشته است.

عمل تعبیهٔ بیضه انجام شده باشه. بچه‌ها توجه کنید: عمل بیضه نه عمل آلت تناسلی! که در این صورت اگر نمی‌خواهید این عمل رو انجام بدید باید پرونده را در آن شعبه مختومه کرده و روال را از ابتدا در محل دیگری انجام بدهید.[۱۵۰]

اما، برخی از مصاحبه‌های این تحقیق نشان می‌دهد رویهٔ رسمی دولت ایران در مورد تغییر جنسیت اف‌توام این است که بدون تعبیهٔ آلت تناسلی، تغییر جنسیت را برای تغییر اوراق هویت کافی و کامل نمی‌دانند. نسرین مادر مزدک ترنس اف‌توام که در آلمان تغییر جنسیت داده توضیح می‌دهد که سفارت ایران از صدور پاسپورت با نام مردانه برای وی خودداری کرده است، چرا که او نخواسته است عمل جراحی تعبیهٔ آلت جنسی مردانه را انجام دهد:

مزدک خیلی دوست دارد برود ایران. قبلاً چندین بار رفته بود ایران و خیلی خوشش آمده بود از رابطهٔ فامیلی و این چیزها. موقعی که رفتم به سفارت گفتم، [گفتند] که او باید خودش برود ایران، روسری به‌سر هم برود، آن جا تحت معاینات پزشکی پزشکان ایران باشد، تأییدیه را هم پزشکان ایران بدهند، بعد برود وزارت امور خارجه و این طور چیزها و عملش هم باید تو ایران انجام بشود. یعنی باید عمل جراحی همان آلت جنسی‌اش باید تغییر کند تا آن موقع این‌ها بهش تأییدیه بدهند که می‌تواند شناسنامه و پاسپورت را بگیرد. اصراری نداشتند که حتماً سینه‌هایش را عمل کرده باشد، ولی باید آلت را عمل کرده بود. تمام کارهای آلمانی‌اش انجام شده بود، پاسپورت آلمانی جدیدش را هم با نام جدید [پسرانه] گرفته بود. یعنی طبق قوانین آلمان اصلاً لازم نبود ایشان برود آلت جنسی مردانه داشته باشد.[۱۵۱]

به نظر می‌رسد این که برخی از شعب پزشکی قانونی یا دادگاه‌ها، تخلیهٔ رحم، تخمدان‌ها و پستان‌های فرد و هورمون‌درمانی را برای تغییر جنسیت او کامل نمی‌دانند، به این دلیل باشد که می‌خواهند مطمئن شوند که زنانگی فرد به طور کامل از او سلب شده است. در واقع با گذاشتن دو بیضه که چه در زندگی

---

۱۵۰ همان.

۱۵۱ مصاحبه نسرین (مادر مزدک)، شش‌رنگ و عدالت برای ایران.

جنسی و چه در زندگی اجتماعی فرد هیچ کارکردی ندارد، برای همیشه جنسیت مردانه به او تحمیل شده و از محدودهٔ امکان زندگی هم‌جنس‌گرایانه خارج می‌شود. به این ترتیب، زندگی وی به‌عنوان زن برای همیشه خاتمه می‌یابد. یعنی بیش از آن که منافع فرد در این رابطه محاسبه شده باشد امنیت اجتماعی مورد نظر دستگاه قانونی موجود تأمین شده است؛ امنیتی که تمام تلاشش در خدمت حفظ دوگانهٔ زن و مرد و حفظ مرزها و مقولات کلیشه‌ای جنسیتی است.

(بسمه تعالی)

تاریخ
شماره
پیوست

قوه قضاییه
سازمان پزشکی قانونی کشور

مرکز پزشکی قانونی استان

ریاست محترم: شعبه ۲ دادگاه عمومی

سلام علیکم
عطف به نامه شماره مورخه آقای /خانم
معاینه شد نتیجه بشرح زیر تعیین میگردد:
طبق نظر پزشک معالج نامبرده جنسیت مونث داشته و در تاریخ
تحت عمل جراحی قرار گرفته و به جنس مذکر تغییر جنسیت داده است. در حال حاضر سینه ها و رحم و تخمدانها برداشته شده و اقدامات جراحی نهایی ادامه دارد ./ب

دکتر لادن قویمی
معاون بالینی و تشریح پزشکی قانونی استان

سند شماره ۱۹: نامه پزشکی قانونی به دادگستری برای تأیید انجام عمل تغییر جنسیت و تغییر اوراق هویت.

داشتن شناسنامه‌ای که با جنسیت تازهٔ فرد هم‌خوانی داشته باشد، امکان برخورداری وی از حقوق اجتماعی مانند حق اشتغال و حق تحصیل را فراهم

می‌کند. آن دسته از ترنس‌ها که موفق به اخذ شناسنامهٔ جدید نمی‌شوند با مشکلاتی جدی مواجه می‌گردند. آنها مجبور می‌شوند دادگاه‌های شهرهای دیگر غیر از محل اقامت‌شان را آن قدر امتحان کنند که بالاخره یکی از این دادگاه‌ها با درخواست تغییر شناسنامه موافقت کند، چرا که ادارات ثبت احوال، شناسنامه را بدون حکم دادگاه تغییر نمی‌دهند:

> کارهای خوبی پیدا می‌کنم، ولی همه‌شون شناسنامه می‌خوان. الان توی شرکت یکی از آشناهامون کار می‌کنم که البته هیچ حقوقی بهم نمی‌ده. چون شرکت ورشکست شده و فقط یه اتاق بهم داده که شب‌ها بتونم راحت و بدون مزاحم توش بخوابم و در ازای اجارهٔ اتاق روزها براش یه مقدار کارای دفتری رو انجام می‌دم. بازم خدا رو شکر از تو پارک خوابیدن بهتره. الان رفتم از طریق یه شهرستان دیگه اقدام کردم و گفتم این جا دانشجو هستم که اونا هم بهم گفتن روز دادگاه کارت دانشجویی همراهت باشه و تنها به این امید دارم که قاضی روز دادگاه یادش بره از من کارت دانشجویی بخواد.[۱۵۲]

نداشتن شناسنامه، انجام کارهای اداری و یا صدور سایر اوراق هویتی را دچار مشکل می‌کند. مازیار توضیح می‌دهد که چگونه زمانی که پس از هورمون‌تراپی و با ظاهری مردانه به ادارهٔ گذرنامه رفته است، به این دلیل که اوراق شناسایی‌اش هم‌چنان با اسم دخترانه بوده‌اند، از مسئولین آن جا شنیده که باید برود و با مانتو و روسری برگردد:

> یکی از لحظه‌های تلخ زندگیم بود. برایم خیلی سخت بود، چون پس از هورمون‌تراپی سریع من ریش و سبیل و قیافهٔ زمختی گرفتم. با مدارکم رفتم ادارهٔ گذرنامه. گفتند باید با مانتو و روسری بیایی، و اِلا نمی‌تونیم. من هم اونقدر شرایطم سخت بود رفتم ریش و سبیل رو زدم و جلو در ادارهٔ گذرنامه مانتو و روسری را به حالت اعتراضی پوشیدم که بهشون

---

۱۵۲ سرگذشت ناموفق و برخورد بیرحمانه مسئولین برای تغییر شناسنامه یک ترنس‌کشوال FTM درایران، Iranian Transsexual (FTM & MTF) Support، ۵ آذر ۱۳۹۱، قابل دسترسی در: http://helpts.blogspot.co.uk/2012/11/ftm_350.html?zx=1bedec2b8f1b1943.

بگم خیلی کار زشتی کردید، و به محض پایان یافتن کار هم همان جا فوری مانتو و روسری را درآوردم.[۱۵۳]

کسانی هم که عمل جراحی خود را در جایی غیر از ایران انجام داده باشند، برای تغییر اوراق هویتی خود به مشکلاتی مشابه دچار می‌شوند. جراحی تغییر جنسیت در تایلند، در حال حاضر بین شش تا هشت هزار دلار هزینه دارد که البته بسته به پزشک انتخابی، قیمت و مقدمات قانونی آن متفاوت است. بعضی از پزشکان بدون مجوز قضایی هم حاضر به تغییر جنسیت هستند، عده‌ای از آنها به مجوز روان‌پزشک فرد اکتفا می‌کنند و عده‌ای تنها با گزارش و تأییدیهٔ پزشکی قانونی کشور محل سکونت بیمار حاضر به جراحی می‌شوند. در مجموع، رسیدن به مرحلهٔ انجام عمل جراحی در تایلند که بیش از سی سال در انجام چنین عمل‌هایی سابقه دارد، بسیار ساده‌تر از دیگر کشورهاست. به همین دلیل، سالانه عدهٔ زیادی از افراد ترنس از سراسر جهان برای انجام این جراحی به تایلند می‌روند. با این حال و در مورد مراجعین ایرانی، مشکل در تغییر مدارک شناسایی هنگام بازگشت به کشور باعث می‌شود آنها برای تغییر جنسیت راهی مشهد یا تهران شوند که سرشناس‌ترین جراحان این حوزه را دارند و هزینهٔ پایین‌تری نسبت به تایلند دارد.

دکتر میرجلالی، پرسابقه‌ترین جراح تغییر جنسیت، چندین بار در مصاحبه با روزنامه‌نگاران ایرانی و خارجی اعلام کرده است که در ایران، برخلاف سایر کشورها، برای این که مشکلی برای ترنس‌ها در جامعه پیش نیاید و هویت جنسی آنها مشخص نشود، نام قبلی آنها در شناسنامه درج نمی‌شود. با این وجود، بر اساس برخی از گزارش‌ها، بعضی از دادگاه‌ها به ادارات ثبت احوال دستور می‌دهند در صفحهٔ آخر شناسنامهٔ جدیدی که با نام و جنسیت جدید صادر شده است نام قبلی فرد ذکر شود. روشن است که این مسئله موجب افشای ترنس‌سکشوال بودن فرد می‌شود و پیامدهایی چون محرومیت از برخی امتیازات اجتماعی و مواجهه با رفتارهای تحقیرآمیز به همراه دارد. اخیراً در صفحهٔ پایانی شناسنامهٔ جدید جمله‌ای با این مضمون درج می‌شود: "بر اساس حکم دادگاه نام فرد تغییر یافته است". این جمله نیز در بسیاری موارد، با توجه

---

۱۵۳ مصاحبه با مازیار، شش‌رنگ و عدالت برای ایران.

به ظاهر فرد می‌تواند افشاگر تغییر جنسیت وی باشد. در ادامه، نمونه‌ای از این موارد را مشاهده می‌کنید.

پس از تغییر نام در شناسنامه و کارت ملی است که فرد می‌تواند سایر مدارک خود از جمله گواهی‌نامه یا کارت دانشجویی و یا مدارک تحصیلی را تغییر دهد و یا کارت معافی خدمت خود را دریافت کند.

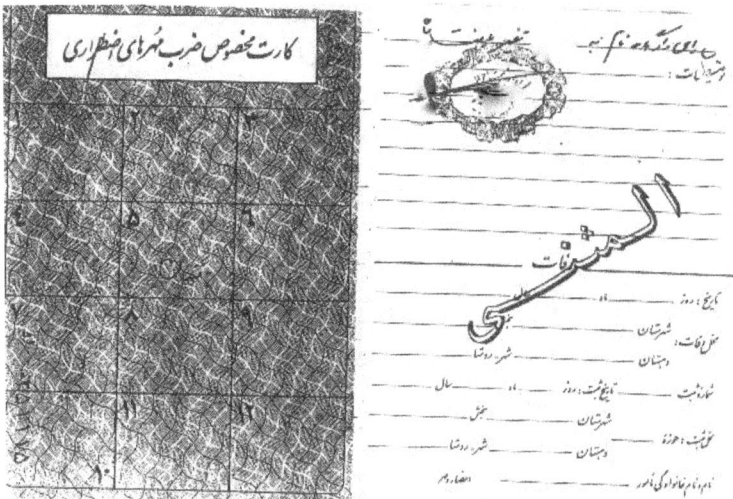

سند شماره ۲۰: تصویر صفحه آخر شناسنامهٔ یک فرد تغییر جنسیت داده که نام قبلی او را که جنسیت سابق او را روشن می‌کند ذکر نکرده است و تنها به این اکتفا شده "با رای دادگاه نام به ... تغییر یافت"

برخی از مصاحبه‌شوندگان این تحقیق، با یک وقفهٔ زمانی و بعد از چند ترم محرومیت از تحصیل با جنسیت جدید به دانشگاه برگشته‌اند:

> باید منتظر می‌موندم شناسنامه بگیرم، کارت ملی بگیرم. شناسنامه گرفتنم چهار ماه طول کشید. به محض این که شناسنامه رو امروز گرفتم، فردا رفتم قسمت اداری دانشگاه، مستقیماً با رییس دانشگاه‌مون صحبت کردم. گفتم این کارت دانشجویی منه. من دانشجوی این رشته بودم یک سال پیش. این اتفاق برام افتاد. این مجوزمه، این شناسنامه، و ایشون خواستن من قضیهٔ تی‌اس رو بهشون توضیح بدم. خیلی با حوصله و صبور، نشست. من توضیح دادم تی‌اس بودن رو. حالا سوال‌های سطح

پایین می‌کرد که اصلاً انتظار نداشتم که یه رییس دانشگاه این سوال‌ها رو سوال‌های خیلی سطح پایین بپرسه. مثل این که رنگت از اول این جوری سبزه بود؟ یا مثلاً موهات بلند نمی‌شد؟ گفتم چرا بلند نمی‌شد؟ شما موهات رو الان ول کنی بلند می‌شه، نری کوتاه کنی. من با حوصله جواب‌شون رو دادم بعد قرار شد که توی دانشگاه یه جلسه برقرار بشه، در رابطه با من صحبت بشه. یک هفته بیشتر طول نکشید. بعد از یک هفته من رفتم توی سایت. شمارهٔ دانشجوییم رو که وارد کردم دیدم اسمم عوض شده، ولی عکس همچنان همونه. عکس بردم. عکسم عوض شد. دو هفتهٔ بعد برام کارت صادر شد. یعنی خیلی خدا رو شکر خوب پیش رفت. خیلی خوب پیش رفت. بیشترین چیزی که توی اون مدرک عوض کردن اذیت شدم دیپلمم بود، چون آموزش و پرورش اصلاً با این قضیه آشنا نبود و اون کسی هم که به پست من خورده بود، از نظر شخصیتی آدم جالبی نبود. یعنی من هر چقدر که می‌گفتم بابا! این مدارک منه. اینا همشون توی عرض مثلاً چند ماه عوض شده. یه دیپلم می‌خواستی عوض کنی نمی‌فهمیدن. هفت ماه طول کشید دیپلم من عوض شه. بقیهٔ مراحل خوب پیش رفت.[۱۵۴]

باید در نظر داشت که تغییر اوراق شناسایی لزوماً باعث نمی‌شود جامعه به آسانی تغییر هویت جنسی شخص را بپذیرد. هیوا تجربه‌اش از یک هم‌دانشگاهی ترنس‌مرد خود چنین بازگو می‌کند:

یادم است یکی از بچه‌ها[یی که عمل کرده بود]، این ترم با ما شنا داشت با هم می‌رفتیم استخر و می‌آمدیم. تابستان شد و ترم بعد با پسرها می‌رفت سر کلاس. یک سری از بچه‌ها اعتراض کرده بودند به مدیر دانشگاه که خب این با ما می‌آمده استخر، ما را دیده. حالا چرا رفته با پسرها؟ مدیر دانشگاه گفت خب اجازه داشته. اجازهٔ رسمی داشته که عمل کند، اجازه را به ما نشان داده. ما نمی‌توانستیم بگوییم عمل نکن.[۱۵۵]

---

۱۵۴ مصاحبه با علی راد، شش‌رنگ و عدالت برای ایران.
۱۵۵ مصاحبه با هیوا، شش‌رنگ و عدالت برای ایران.

کوروش هم که در سال ۱۳۸۸ و در بیمارستان سینا عمل تغییر جنسیت را انجام داده است می‌گوید:

> من شناسنامه‌ام را بعد از یک سال و نیم دوندگی و به حکم دادگاه عوض کردم. توش هم ننوشتند که به دلیل تغییر جنسیت و فقط نوشته‌اند به حکم دادگاه. ولی علت خروجم از کشور این است که ما تو ایران هیچ جایگاهی نداریم.[۱۵۶]

۸- معافیت از خدمت نظام وظیفه

بر اساس قوانین ایران، همهٔ افراد مذکر بالای ۱۸ سال باید به مدت ۱۸ تا ۲۴ ماه، در دورهٔ خدمت نظامی اجباری (وظیفه) حاضر شوند. ابتلا به برخی از بیماری‌ها می‌تواند به معاف شدن فرد از خدمت وظیفه (سربازی) منجر شود. این قوانین، هم‌جنس‌گرایی و ترنس‌سکشوالیتی را به‌عنوان کژخویی‌هایی که مغایر با شئونات اجتماعی و نظامی است در زمرهٔ انحرافات اخلاقی و جنسی طبقه‌بندی کرده‌اند که مبتلایان به آن طی شرایطی از سربازی مستثنی می‌شوند. تاسال ۱۳۹۳، بر اساس بند ۸ مادهٔ ۳۳ آیین‌نامهٔ معاینه و معافیت مشمولان خدمت وظیفه عمومی، کسانی که دچار انحرافات اخلاقی و جنسی هستند، برای همیشه از خدمت نظامی (سربازی) که برای همهٔ افراد مذکر ایرانی بالای ۱۸ سال اجباری است معاف می‌شدند.

تا پیش از شهریور ۱۳۸۸، هم‌جنس‌گرایان مرد و ترنس‌سکسوال‌ها، هر دو به استناد همین بند از خدمت نظام وظیفه معاف می‌شدند و روی کارت معافیت از خدمت آنها نوشته می‌شد: "نوع معافیت: پزشکی، طبق بند ۸ مادهٔ ۳۳" (تصویر بالا). بند ۸ مادهٔ ۳۳ دو دسته افراد را از خدمت نظام وظیفه معاف می‌کند: مبتلایان به "اختلال رفتار (عدم تعادل عصبی و روانی) و کژخویی‌ها به طوری که مغایر شئونات نظامی باشد"، یا دارندگان "انحرافات اخلاقی و جنسی مانند ترانس‌سکسوالیسم". گرچه روی کارت معافیت ذکر نمی‌شود که دارندهٔ کارت به کدام به اصطلاح بیماری روانی مبتلاست، اما کارفرمایان با توجه به این که

---

۱۵۶ مصاحبه با کوروش، شش‌رنگ و عدالت برای ایران.

ویژگی‌های ظاهری بیشتر هم‌جنس‌گرایان و ترنس‌سکشوال‌ها با هنجارهای
مردانه و یا زنانه (تبدل‌خواهان جنسی‌ای که از زن به مرد تغییر جنسیت
می‌دهند هم باید به‌عنوان مرد معافیت سربازی دریافت کنند) که در جامعه
تعریف شده است هم‌خوانی ندارد، به محض این که حدس می‌زنند دلیل معاف
شدن طبق بند ۸ مادهٔ ۳۳ در اکثر موارد به دلیل هم‌جنس‌گرا یا ترنس‌سکشوال
بودن است، از استخدام فرد خودداری می‌کنند. سامان که ترنس افتوام است و
بعد از تغییر جنسیت و مرد شدن باید گواهی معافیت از خدمت سربازی را
می‌گرفته است می‌گوید: "حالا معاف می‌کنند ولی چه معافی؟ کارت قرمز بهت
می‌دهند. هیچ جای ایران نمی‌توانی بروی سر کار. تو کارتت بند هشت می‌خورد
که شما منحرف جنسی هستی. هیچ جا نمی‌توانی بروی سر کار." ۱۵۷

مصاحبه‌شوندگان این تحقیق هم‌چنین موارد مختلفی از آزارهای جنسی را در
جاهایی که ناگزیر به نشان دادن این کارت شده‌اند، گزارش کرده‌اند. به‌عنوان
مثال، پدرام که خود را گی معرفی می‌کند، در یک تظاهرات اعتراضی پس از
انتخابات ۱۳۸۸ دستگیر شده و پس از نشان دادن کارت معافیت خدمت خود
[که معافیت بر اساس بند ۸ در آن ذکر شده است] به ماموران نیروی انتظامی،
از سوی آنها به تجاوز تهدید شده است.

کوروش هم که در ۱۹ سالگی عمل کرده است می‌گوید: "حالا همهٔ این کارها
رو می‌کنی... شناسنامه و عمل و ... بدترینش معافیست. با اون معافیت جایی
استخدامت نمی‌کنن. می‌فهمن و هیچ جا بهت کار نمی‌دن." ۱۵۸

فراز نیز خاطرهٔ تلخ خود را در ادارهٔ نظام وظیفه چنین روایت می‌کند:

چون من بیضه گذاشته بودم تشخیص نمی‌داد. نمی‌دانست ترنس
چیست. وقتی رفتم آن جا [اداره نظام وظیفه] گفتم من تی‌اس‌ام، وقتی
بیضه‌ام را نشان دادم گفت خب پس چیزت کو؟ تخم‌هایت را داری آن
را نداری. اصلاً نمی‌فهمید. تا این که دکتری که من را دید برای من زد
فقدان آلت. هی می‌گفت ببینم. من حالا هی با عذاب هی که این را به این

۱۵۷ مصاحبه سامان، شش‌رنگ و عدالت برای ایران.
۱۵۸ مصاحبه با کوروش، شش‌رنگ و عدالت برای ایران.

نشان بدهم، خیلی اذیت شدم آن لحظه. همه می‌آمدند و می‌رفتند. یک پردهٔ کوچک زده آن جا، می‌گوید بکش پایین. همه هم می‌خواهند بیایند ببینند. هی دستم را می‌گرفتم، دست من را می‌زد کنار. خلاصه دید. زد فقدان آلت. این‌ها را رهام برایم قبلاً گفته بود، چون قبلاً همهٔ راه‌ها را رفته بود. اعتراض کردم گفتم تو الان برای من زدی فقدان آلت، من می‌خواهم از این کشور بروم باید کارت معافیت خدمت داشته باشم. بروم عملم را انجام بدهم و برگردم. زمانی که من برگردم عملم کامل است و آلت تناسلی دارم، در صورتی که این جا برای من زده‌ای فقدان آلت. شما باید بزنید دوجنسیتی. گفت تو نمی‌خواهد به من بگویی چی بزنم. داشت با من دعوا می‌کرد که جای من داری... گفتم نه عزیز من این کاری است که قبلاً شده، بچه‌ها قبلاً آمده‌اند گرفته‌اند. دوجنسیتی کاذب ما می‌شویم. خلاصه کلی باهاش صحبت کردم، برای من جفتش را زدند دوجنسیتی [و فقدان آلت]. ولی متأسفانه یک جای نهایی هم باید شما را ببینند، کمیسیون آخری که می‌روی برای نظام وظیفه. آن جا هم چهار نفر نشسته‌اند که باید تبصره‌ات را بدهند. یک دکتر است و سه تا نیروی انتظامی. افسر و سرهنگ و این‌ها. آن جا هم از دکتر بدتر، چون دکتر چهار تا آدم مشکل‌دار می‌بیند، ولی آن جا هرکسی برای یک چیزی آمده. یکی برای چشم آمده، یکی برای قلب آمده. یک همچین فضایی را فرض کن، یکی این جا نشسته، یکی این جا، دکتره این جا نشسته بود، یک تکه پرده این جا. ده نفر هم آن جا ایستاده‌اند صف کشیده‌اند و یکی یکی دارند جلو می‌آیند. می‌گوید بکش پایین. اگر بدانی این لحظه چقدر لحظهٔ بدی بود. خلاصه دید. بعد خودکارش را برداشته احمق، با خودکارش این جوری می‌کند، همین است؟ اوکی. حالا باز این خوب بود و زیاد نگاه نکرد. بعد تازه افسر می‌گوید من هم ببینم. گفتم شما چی را باید ببینید؟ افسر آن طرف بود، گفت نه شوخی کردم. گفتم من با شما شوخی ندارم. خیلی جدی بودم تو این قضیه. یک عمر است من این کار را می‌کنم. هیچ کس ندیده این عوض بشود تو می‌خواهی چی را ببینی؟ این لحظه‌ها لحظه‌های بدی بود.[۱۵۹]

---

۱۵۹ مصاحبه با فراز، شش‌رنگ و عدالت برای ایران.

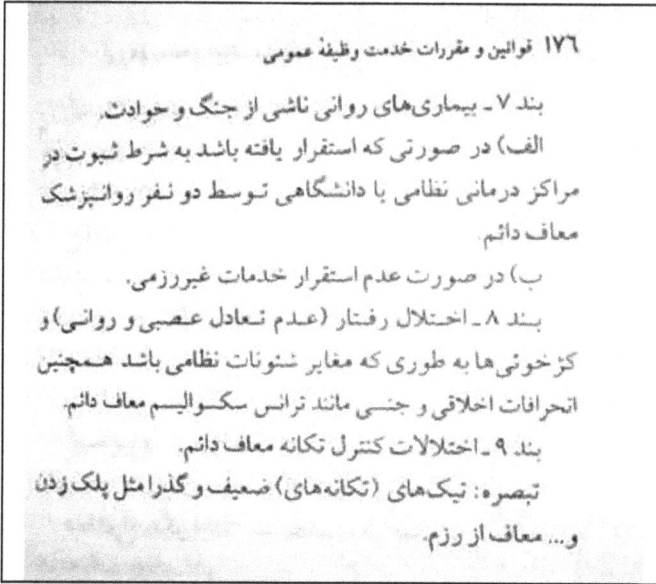

١٧٦ قوانین و مقررات خدمت وظیفه عمومی

بند ٧ ـ بیماری‌های روانی ناشی از جنگ و حوادث.

الف) در صورتی که استقرار یافته باشد به شرط ثبوت در مراکز درمانی نظامی با دانشگاهی توسط دو نفر روانپزشک معاف دائم.

ب) در صورت عدم استقرار خدمات غیررزمی.

بند ٨ ـ اختلال رفتار (عدم تعادل عصبی و روانی) و کژخویی‌ها به طوری که مغایر شئونات نظامی باشد همچنین انحرافات اخلاقی و جنسی مانند ترانس سکوالیسم معاف دائم.

بند ٩ ـ اختلالات کنترل تکانه معاف دائم.

تبصره: تیک‌های (تکانه‌های) ضعیف و گذرا مثل پلک زدن و... معاف از رزم.

سند شماره ۲۱: تصویر متن آیین‌نامه معافیت نظام وظیفه
که تا سال ۱۳۹۲ اعتبار داشته است.

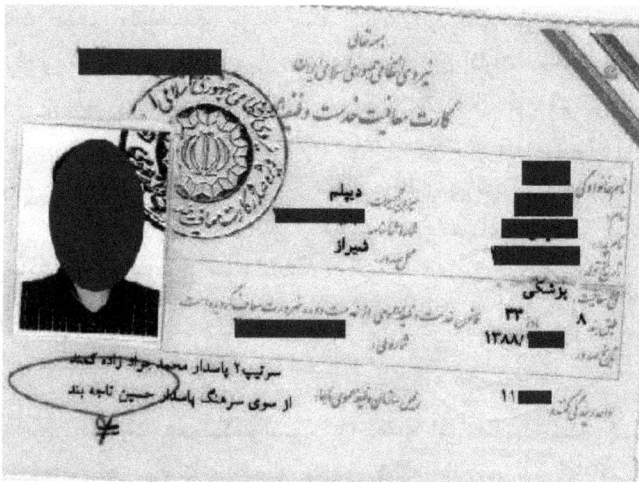

سند شماره ۲۲: کارت معافیت از خدمت که به دلیل
هم‌جنس‌گرا بودن فرد و بر طبق بند ٨ ماده ۳۳ صادر شده است.

مجموعه‌ای از عواملی چون محرومیت از اشتغال، آزارهای جنسی و کلامی در جامعه یا هنگام برخورد با نیروهای انتظامی و ماموران و مسئولین دیگر موجب شد گروه‌های مختلفی از ترنس‌ها، برای تغییر آن چه روی کارت معافیت خدمت آنها نوشته می‌شود، به نهادهای ذیربط از قبیل بهزیستی و سازمان نظام وظیفه مراجعه کنند. در نهایت، در شهریور ۱۳۸۸، رییس سازمان نظام وظیفه در بخش‌نامه‌ای به ادارات نظام وظیفه در سراسر کشور، دو تغییر در روند صدور کارت معافیت از خدمت برای هم‌جنس‌گرایان و ترنس‌سکشوال‌ها به وجود آورد: نخست این که به جای بند ۸ مادهٔ ۳۳، آنها را به‌عنوان "مبتلایان به بیماری‌های غدد مترشحهٔ داخلی" معاف کنند و دوم این که به جای صدور کارت معافیت دائم، یک کارت معافیت موقت شش ماهه به آنها داده شود و این شش ماه یک بار دیگر نیز قابل تمدید باشد. این اصلاحات در سال ۱۳۹۳، وارد آیین‌نامه شد که به موجب آن، معافیت دائم برای دارندگان انحرافات جنسی در اولین مراجعه حذف شد و به‌جای آن به مراجعان معافیت شش ماهه موقت داده می‌شود. براساس همین آیین‌نامه، اگر پس از شش ماه مراکز درمانی انحراف جنسی را تأیید کنند، معافیت دائم صادر می‌شود. در عین حال، به نظر می‌رسد آیین‌نامه جدید، بدون اینکه از ترنس‌سکشوالیتی نامی ببرد، آن را در زمره انحرافات جنسی طبقه‌بندی کرده است. اگر در این یک سال معافیت موقت، فرد مراحل تغییر جنسیت را طی کرده باشد، به وی کارت معافیت دائم داده می‌شود. در غیر این صورت، یعنی اگر در طول یک سال، فرد (ترنس اف‌توام) برای تغییر جنسیت هیچ اقدامی نکرده باشد، به صرف ترنس‌سکشوال بودن نمی‌تواند از خدمت وظیفه معاف دائم شود. به نظر می‌رسد در مجموع، شرایط در آیین‌نامه جدید برای گرفتن معافیت به استناد هم‌جنس‌گرایی یا ترنس‌سکشوالیتی، سخت‌تر شده است.

امیر آسمانی، از فعالان هم‌جنس‌گرای مقیم ایران، در پاسخ به سئوال ما درمورد نحوه اجرای قانون جدید می‌گوید:

> برای معافیت هموسکشوالیتی، پروسه به این صورت شده که وقتی شخص درخواست می‌ده و مراحل اولیه طی می‌شه یه کمیسیون پزشکی برگزار می‌شه توی اون کمیسون یا شخص معافیت ۶ ماهه می‌گیره و ارجاع داده می‌شه به یک روان‌شناس یا روان‌پزشک که باید

حتماً حدود ۱۰ الی ۱۵ جلسه بره می‌شه اون روان‌شناس و بعد از طی اون جلسات و گزارشی که روان‌شناس برای نظام وظیفه می‌فرسته یه کمیسون دیگه برگزار میشه که نتیجه نهایی مشخص میشه یا اینکه تو همون کمیسیون اول رد می‌شه درخواست شخص و هیچ مبنای علمی و قانونی نداره و تشخیص افراد حاضر در کمیسون هست صرفاً... در مورد اون روان‌شناسی که ارجاع داده می‌شه بهش، تا اونجایی که شنیدم دیدگاه همشون منفی هست به موضوع و دوست دارن که اینو به مراجع بفهمونن که اشتباه هست این گرایش؛ اما خب قطعاً وقتی پافشاری بچه‌ها و آگاهی بچه‌ها رو تو این زمینه می‌بینن نمی‌تونن کاری کنن جز تأیید این موضوع، هر از گاهی شنیدم که حتی تو جلسات آخر از مراجع می‌خواد که یکی از اعضای خانواده‌ش رو با خودش بیاره برای مشاوره... در مورد ترنس‌سکشوال‌ها، معافیت ۶ ماهه میدن و ارجاع میدن به روان‌پزشک تا حتماً هرمون‌تراپی بشن... اگر هرمون‌تراپی بشن و با آزمایشات مختلف نشون بده که این هرمون‌تراپی انجام شده و تغییر چشمگیری رو مشاهده کنن معافیت دائم میدن در غیر این صورت شخص باید بره خدمت...[۱۶۰]

تجربهٔ وحید نشان می‌دهد که معافیت از خدمت با این تبصره نیز محرومیت‌های اجتماعی را کاهش نمی‌دهد. او روایت می‌کند:

بعد از این که تمام عمل‌هایم و حتی تعبیهٔ آلت انجام شده بود و شناسنامهٔ جدید و معافیت از خدمت هم داشتم رفتم گواهینامه بگیرم، گفتند کارت معافیت یا پایان خدمت. نشان‌شان دادم. آنها گویا از نظام وظیفه استعلام کرده بودند که این بند ۸ به چه دلیل داده می‌شود و آنها گفته بودند که به خاطر ترنس‌سکشوال بودن است و به من گفتند چون به دلیل مشکل روانی است نمی‌توانیم گواهی‌نامه برایت صادر کنیم.[۱۶۱]

---

۱۶۰ مصاحبه با امیر آسمانی، شش‌رنگ و عدالت برای ایران.

۱۶۱ مصاحبه با وحید، شش‌رنگ و عدالت برای ایران.

ب) نوع خفیف : معاف از خدمات رزمی

بند۵ انواع نقیصه های عقلانی و کندذهنی ها (عقب ماندگی ها) :

الف) با ضریب هوشی زیر ۷۰ : معاف دائم

ب) با ضریب هوشی بین ۹۰ــ ۷۰ : معاف از خدمات رزمی

بند۶- اختلالات تکلم و لکنت زبان در صورتیکه علت روانی یا نورولوژیک داشته باشد :

الف) موارد شدید : معاف دائم

تبصره : برای دارندگان مدارک کارشناسی و بالاتر : معاف از خدمات رزمی

ب) در موارد متوسط یا خفیف : معاف از خدمات رزمی

بند۷ کژخوئیهایی که مغایر شئونات اجتماعی و نظامی (از جمله انحرافات جنسی و هموسکسوالیتی) باشد : شش ماه معاف موقت

تبصره - پس از شش ماه در صورت اثبات در مراکز درمانی ن.م. : معاف دائم

بند۸ اختلالات کنترل تکانه شدید : معاف دائم

بند۹ اختلالات سوماتوفرم در صورتیکه بیش از دو سال طول کشیده باشد به شرط ثبوت با مدارک پزشکی مستدل : معاف دائم

تبصره : برای دارندگان مدارک کارشناسی و بالاتر : معاف از خدمات رزمی

سند شماره ۲۳: تصویر متن قانون معافیت نظام وظیفه
که در سال ۱۳۹۳ تصویب شده و اعتبار دارد.

در عین حال، سازمان بهزیستی و دیگر نهادهای ذی‌صلاح برای محدود کردن استفاده از این مجوزها به طور دائم قواعد جدیدی وضع می‌کنند. محمد آسمانی، دارنده وبلاگ "اطلاع رسانی پزشکی تخصصی عمل‌ها و مراحل تغییرجنسیت در ایران" در این مورد می‌گوید:

> معمولاً کسانی که تو این جلسه [منظور جلسات مشاورهٔ بهزیستی در تهران است] می‌آمدند باید حتماً یک پرونده تو بهزیستی تشکیل می‌دادند. که مثلاً بگویند ما پرونده داریم. پرونده هم باید یک کپی از شناسنامه‌ات را می‌گذاشتی، کپی از کارت ملی، کپی از مجوز پزشکی قانونی اگر داری، اگر نداری یک کپی داشته باشی که نشان بدهد شما داری روند تغییر جنسیت را طی می‌کنی، داری پیش دکتر می‌روی، پیش مشاور می‌روی. که پرونده که تشکیل می‌دادند یک عده برای همین گرفتن مجوزشان هم می‌توانستند یک کمک هزینهٔ فکر کنم دویست تومانی از بهزیستی تهران بگیرند. فقط هم بهزیستی تهران. که بگیرند و نامه داشته باشند از پزشک‌شان که ما توی روند هستیم برای هزینه‌های مشاوره‌مان نیاز به یک مقدار پول داریم. فکر می‌کنم دویست تومان بهشان می‌دادند. ولی به همین دلیل یک بخش اعظمی از کسانی

که هم‌جنس‌گرا بودند، این‌ها آن دسته‌ایشان که نزدیک هستند به ترنس‌سکشوال‌ها، فکر می‌کنم گی‌بات باشد اگر اشتباه نکنم که خیلی به ام‌تواف‌ها نزدیکند. آرایش می‌کنند، خیلی اداهای دخترانه دارند. این‌ها چون خیلی مشخص‌تر هستند، بیشتر تو چشم هستند، تا نسبت به گی‌های دیگر که ظاهر مردانه‌ای دارند. این‌ها خیلی تو چشم هستند. به‌خاطر همین من خودم چند نفر از این‌ها را دیده‌ام که آمده‌اند و به‌عنوان این که ترنس‌سکشوال هستند رفته‌اند این مجوز را گرفته‌اند و گذاشته‌اند توی جیب‌شان که وقتی با کسی رابطهٔ جنسی برقرار می‌کنند، جایی پلیس می‌گیرد بگویند ما ترنس‌سکشوال هستیم. اگر بهشان بگویند چرا عمل نمی‌کنید، می‌گویند پول جراحی نداریم. این در رابطه با قبل بود، ولی دولت آمده یک کار جدیدی کرده. برای این که آمار تعداد کسانی که این مجوز را می‌گیرند توی پزشکی قانونی پایین بیاید آمده‌اند مجوزها را مدت‌دار کرده‌اند. یعنی شما از زمانی که مجوز پزشکی قانونی را می‌گیری فقط شش ماه فرصت عمل داری. بعدش دیگر مجوزت باطل می‌شود. این‌ها آمده‌اند این کار را کرده‌اند که این همه مجوزی که می‌دهند به بچه‌ها، خب یک بخش کمی‌شان می‌روند جراحی می‌کنند، همه نمی‌کنند، آمار تعداد مجوزی که می‌دهند را با این کار کم کرده‌اند. که خب وقتی اتفاق افتاد و این خبر منتشر شد یکی از کسانی بودم که واقعاً ناراحت شدم. این کار درستی نیست. چون درست است می‌خواهند آمار را کم کنند و مجوز را فقط به کسانی بدهند که ترنس هستند، ولی خب باید راهکار دیگری پیدا کنند. این ظلمی است به بچه‌های ترنس. به‌خاطر این که ترنسی که خانواده‌اش طردش کرده‌اند، کار ندارد، شغل ندارد، پولی ندارد چطور می‌تواند در عرض شش ماه این جراحی را انجام بدهد؟ تازه پول کمیسیونی که باید صد تومان، چقدر بدهند که پزشکی قانونی برایشان کمیسیون تشکیل بدهند. مشاوره‌هایی که هر جلسه‌اش بیست سی هزار تومان پولش است. این‌ها از کجا باید بیاورند؟ مسلماً یک ترنس

نمی‌تواند در عرض شش ماه جراحی کند. این واقعاً ظلم است. ولی خب متاسفانه این کار را کرده‌اند.[۱۶۲]

به این ترتیب، اگرچه ترنس‌سکشوال‌ها از این زمان به بعد از این مزیت برخوردار شدند که برخلاف هم‌جنس‌گرایان به انحراف اخلاقی جنسی متهم نشوند، اما برای دائمی کردن این مزیت ناچار شدند مراحل تغییر جنسیت را به طور کامل طی کنند. به نظر می‌رسد که این بخش از مصوبه در واقع برای جلوگیری از به اصطلاح سوءاستفادهٔ هم‌جنس‌گرایانی تدوین شده باشد که تظاهر به ترنس بودن کرده‌اند. اما پیامد دیگر آن، وادار کردن ترنس‌ها به کامل کردن مراحل تغییر جنسیت در یک محدودهٔ زمانی یک ساله است. خواهیم دید که نه تنها بسیاری از هم‌جنس‌گرایان، بلکه بسیاری از افراد ترنس‌سکشوال هم حتی بی‌آن‌که برای طی مراحل تغییر جنسیت به پزشکی قانونی رفته باشند، برای اخذ گواهی معافیت از سربازی به سازمان نظام وظیفه مراجعه کرده‌اند. اما با مصوبهٔ جدید، فردی که معافیت موقت را دریافت کرده است ناچار است ظرف یک سال به مرحله‌ای غیرقابل بازگشت در روند تغییر جنسیت برسد که در نظر سازمان نظام وظیفه مقبول افتد و منجر به صدور معافیت دائمی شود. همان طور که بعدتر خواهیم دید، در مواردی تشخیص روان‌پزشک یا پزشکان بیمارستان ارتش در مورد یک فرد هم‌جنس‌گرا این بوده که او را مبتلا به اختلال هویت جنسیتی دانسته‌اند و به این ترتیب، پس از صدور معافیت موقت، از سوی نهادهای رسمی برای طی روند تغییر جنسیت فراخوانده شده است. نمونهٔ اشکان در کرمانشاه ناظر بر یکی از این موارد است. او که خود را گی می‌داند می‌گوید:

بعد از آن مشکل سربازی برایم پیش آمد. باید من حلش می‌کردم. خیلی تحقیق کردم که از طریق هم‌جنس‌گرایی می‌شود اقدام کرد؟ می‌تواند خطرناک باشد یا نه؟ اقدام کردم. رفتم پیش روان‌شناسی که سال‌ها پیشش می‌رفتم و من را خیلی خوب می‌شناخت. گفت باید بروی پیش روان‌پزشک. متخصص مغز و اعصاب. بهم معرفی کرد و رفتم پیش روان‌پزشک. گفت باید چند ماه بیایی، سه ماه رفتم پیشش. گفت

---

۱۶۲ مصاحبه با محمد آسمانی، شش‌رنگ و عدالت برای ایران.

من الان مطمئنم می‌توانم بهت نامه بدهم که ببری نظام وظیفه و اقداماتش را انجام بدهی. نامه را ازش گرفتم، اختلال هویت جنسی تشخیص او برای من بود. وحشتناک‌ترین چیزی که می‌توانست برای من باشد. می‌توانست سرنوشت من را عوض کند. برگه را ازش گرفتم و فکر می‌کردم این یعنی همان هموسکشوالی. فکر نمی‌کردم این چیست بروم راجع بهش تحقیق کنم. بهش گفته بودم من هم‌جنس‌گرا هستم، ولی او برای من این را تشخیص داده بود. رفتم پیش کسی که توی نظام وظیفه بود. طرف من را دید و دید که چند نفر آن جا من را تهدید کردند که تو فلانی، بهمانی، آمدی از طریق کونی‌بازی معافیت بگیری. ماها نمی‌توانیم. کاش ما هم کونی بودیم. کونی آخرعاقبتش به خیر می‌شود. پسرهای دیگری که آن جا نشسته بودند [اینها را می‌گفتند]. رئیس آن جا این دفعه خیلی آدم خوبی بود، من را نشاند تو دفترش گفت فردا بیا برای کمیسیون پزشکی. سه تا پزشک بودند، من نامه را دادم، کارها را از قبل انجام داده بودم، هزارتا نامه را از قبل داده بودم این طرف و آن طرف امضا کنند. فرم‌های سربازی پر کردم، دفترچه داشت. به آن جا که رسیدم، برایم نوشتند معافیت. در عرض چهار دقیقه. کلاً من بیش از چهار دقیقه تو کمیسیون نبودم. دکترها نوشتند. فقط نامه‌ای که دکترم و روان‌شناسم داده بود را بهشان دادم. خب بعد از این که این اتفاق افتاد خوشحال بودم. می‌خواستیم برویم دنبال پاسپورت را بگیریم و از ایران خارج شویم، ولی منتظر بودیم درس پارتنرم تمام شود و با هم خارج شویم. آرزویمان بود. من کارتم هنوز هم نیامده. معافیت را گرفتم. من فقط یک برگه بهشان دادم. آمدیم بیرون. می‌خواستم پاسپورت بگیرم و خیالم راحت بشود که پارتنرم هم درسش تمام شد، معافیت بگیرد و با هم از ایران برویم. ولی چیز دیگری در انتظار ما بود. بعد از سه ماه که از معافیت من گذشت یک نامه آمد در خانهٔ ما که شما تا بیست و هشت مرداد فرصت دارید که بروی خودت را به ساختمان میرداماد در تهران معرفی کنی پیش آقای دکتر میرجلالی و هورمون‌تراپی‌ات را شروع کنی، نامهٔ هورمون-تراپی‌ات را برای ما بیاوری تا بتوانیم معافیتت را تمدید کنیم. چون

معافیت من شش ماهه بود. تا قبل از یک تاریخی هم باید می‌رفتم دادگاه و تو دادگاه نامه را از قاضی بگیرم که من تغییر جنسیت بدهم. این را به مادرم گفتم، فقط گریه می‌کرد و جیغ می‌کشید. دوستم می‌گفت اصلاً با عقل جور در نمی‌آید که بروی بگویی من هم‌جنس‌گرا هستم. بروی به قاضی بگویی من هم‌جنس‌گرا هستم؟ این قاضی دکتر نیست بگوید تو هم‌جنس‌گرایی، یک بیماری است، می‌توانی درمان شوی. دکترها می‌گویند می‌توانی درمان شوی، او قاضی است، می‌تواند برایت حکم بدهد. این یعنی این که داری اعتراف می‌کنی. خیلی خطرناک است. چه کار می‌توانستم بکنم؟ نمی‌توانستم بروم خودم را معرفی کنم، نامه بگیرم، تغییر جنسیت بدهم، زندگی‌ام را خراب کنم. من نمی‌خواستم تغییر جنسیت بدهم. نمی‌خواستم خودم را عوض کنم. از چیزی که بودم راضی بودم.[۱۶۳]

اشکان پس از دریافت این موضوع و بن‌بست پیش رویش به همراه دوست‌پسر خود ایران را ترک، و در ترکیه تقاضای پناهندگی می‌کند:

از چیزی که بودم راضی بودم. شاید من وقتی سی سالم بشود دیگر آرایش نکنم، کاملاً مردانه بگردم. حقش را داشتم که مرد باشم. حقش را داشتم. نمی‌خواستم زن باشم. نمی‌خواستم شریک و پارتنرم را از دست بدهم. نمی‌خواستم خانواده‌ام را از دست بدهم. با تغییر جنسیت هر چیزی را که داشتم از دست می‌دادم. خودم را توی خیابان‌ها آواره می‌کردم. مادرم دیگر من را نمی‌پذیرفت. هیچ کس نمی‌پذیرفت. باید از صفر خانواده می‌ساختم. زندگی را از صفر شروع می‌کردم. نمی‌توانستم ایران بمانم. با دوست‌پسرم آمدم بیرون؛ او پاسپورت نداشت، قاچاقی آمد.[۱۶۴]

مصاحبه‌شوندگان این تحقیق، موارد متعددی از آزار و توهین را در طی روند اخذ معافیت از سربازی گزارش کرده‌اند که به نظر می‌رسد به طور یکسان و به‌عنوان یک روند، چه در مورد ترنس‌سکشوال‌ها و چه در مورد هم‌جنس‌گرایان،

---

۱۶۳ مصاحبه با اشکان، شش‌رنگ و عدالت برای ایران.
۱۶۴ همان.

در ادارات نظام وظیفه و همین طور بیمارستان‌های ارتش که مسئول تأیید "بیماری" هستند، اتفاق می‌افتد.

دردناک‌ترین تجربه‌ای که توسط تعداد قابل توجهی از مصاحبه‌شوندگان ترنس گزارش شده، دستور مقامات نظام وظیفه برای لخت شدن کامل آنها یا رؤیت اندام جنسی‌شان و یا حتی لمس آن توسط افسران مسئولی بوده که صدور معافیت بدون موافقت آنها امکان نداشته است. مرور برخی شهادت‌ها به روشنی نشان می‌دهد که این دسته از مصاحبه‌شوندگان در روند اخذ معافیت مورد آزار جنسی روانی و حتی فیزیکی قرار گرفته‌اند. در این میان، ترنس‌های اف‌توام، که ظاهر بسیاری از آنها هنوز آن چنان که جامعه انتظار دارد "مردانه" نشده است، توهین‌ها و آزارهای جنسی بیشتری در فضای کاملاً مردانهٔ نظام وظیفه تجربه می‌کنند. کاوه تجربه تلخ خود را چنین بازگو می‌کند:

> رفتیم نظام وظیفه [کرج]، گفتند باید بروی میدان سپاه تهران برای معاینه. رفتم میدان سپاه تهران. با دوستم رفتیم و مسئولی که اون جا نشسته بود و گویا دکتر بود گفت باید معاینه بشوی. گفت بکش پایین. گفتم چی را می‌خواهی ببینی؟ گفت من باید ببینم که بتوانم گزارش بدهم که تو ترنس هستی. به تو معافیت بدهم. شورتم را کشیدم پایین از دور، گفتم بیا. آمد دست زد. خب من خودم به خودم دست نمی‌زنم، انقدر از خودم بدم می‌آید. بعد تو دست می‌زنی؟ گفتم چه کار می‌کنی؟ گفت ببینم چیست. گفتم چیز خاصی نیست. تا حالا تو زندگی‌ات ندیده‌ای؟ دعوا شد. دوستم آمد بیرون. من هم زود کنترلم را از دست می‌دهم، افتادم به لرزش... یک برگه گرفتم که ببرم نظام وظیفهٔ کرج. رفتم نظام وظیفهٔ کرج. نزدیک دویست نفر آدم بودیم. انقدر اذیت شدم. اولاً رفتم آن جا. اصلاً نمی‌دانستم کجا باید بروم. همه آن جا پسرند، اصلاً دختر تو نمی‌آید. مجبور بودم با مادرم بروم، چون وقتی می‌بینند بزرگتر همراهت است، کمی به کارت رسیدگی می‌کنند. بهش مادر مادر می‌گویند. خدا را شکر مادرم همیشه می‌آمد، حامی‌ام بود.... هیچ کس ترنس نبود. یکی مشکل قلبی داشت، یکی پایش مشکل داشت. هر کسی رفته دکتر میدان سپاه، نسبت به مریضی‌ای که دارد بهش همان قدر معافیت می‌دهند. یکی معاف دائم است، یکی معاف از رزم است،

این جور چیزها. کنار دیوار ایستاده بودیم، بیست و پنج نفر- بیست و پنج نفر صدا می‌کردند که برویم بالا. یک اتاقی اندازهٔ این اتاق [سه در چهار متر]. سه نفر نشسته‌اند، بقیه هم این جا ایستاده‌اند. چند نفر هم نشسته بودند روی صندلی. خب با این فاصله من صدای شما را می‌شنوم. از این فاصله یکی یکی صدا می‌کردند. آقای فلانی، همچین مشکلی داری. همین جوری می‌گفتند. مشکل قلبی داری، مثلاً سه ماه آموزشی نمی‌خوری. اصلاً این‌ها حق ندارند نگاه کنند. دکتر گذاشته‌اند تو میدان سپاه تهران که تو بروی آن جا، چک بشوی. نوشته ترنس‌سکشوال، مُهر دکتر هم خورده. تو دیگر چه حقی داری؟ تو یک سرداری، سرهنگی، هر چه هستی برای خودت هستی. بعد آمدم جلو. سه ساعت نشسته بودم تو حیاط. یه پسره گیر داده بود که معافیتت چیست. گفتم مشکل قلبی دارم. کلی خالی بستم. هم‌زمان این هم با من آمده بالا. خب نوشته اختلال هویت. با همین تُن صدا. ترنس‌سکشوآل. سخت تلفظش کرد. بغل دستی‌اش گفت ترنس‌سکشوال. یکی‌شان خیلی گاو بود. یکی‌شان درست‌تر بود. گفت یعنی چه؟ داد زد: یعنی این زن بوده مرد شده. یکهو همه: هووو... حرف می‌زدند که چه شده. رویم نمی‌شد برگردم. گفت یعنی چه؟ نمی‌توانم درک کنم. بغل دستی‌اش، مثل این که همچین موردی داشته بود، گفت این‌ها اختلال هویت دارند. گفت یعنی خودت خواستی مرد بشوی؟ مشکل جنسی نداشتی؟ گفتم ممکن است کمی آرام صحبت کنید؟ گفت مشکل داری برو بیرون. گفتم خب هیچی. چون من کارم گیر بود، یک ماه بعدش می‌خواستم بیایم استانبول، وقت دکتر گرفته بودم می‌خواستم به انگلیس برسم. می‌خواستم سریع کارتم بیاید دستم. گفت خب یعنی چه؟ خودت خواستی عمل کنی؟ گفتم بله، مشکل فکری و روانی است. دست خودم نبوده. از بچگی این طور بوده. سری تکان داد و گفت یعنی چه؟ نمی‌فهمم. خب ما از کجا مطمئن شویم تو ترنس هستی؟ گفتم خب مگر کسی که مشکل قلبی دارد شما متوجه می‌شوید که مشکل قلبی دارد؟ رفته دکتر. من را هم فرستاده‌اید دکتر. بعد یک پرده آن جا بود، گفت برو آن جا بکش پایین. گفتم چه چیزی را بکشم پایین جلوی

همه؟ همه دارند می‌بینند که می‌خواهم بکشم پایین. اصلاً مادرم را راه ندادند. نشسته بود دم در. وقتی نتیجه می‌خواهند بدهند زن راه نمی‌دهند. سینه‌ام را نشان دادم دید، گفت چرا این جوری است؟ بعد کشیدم پایین، گفت این که هنوز هیچ کاری نکرده، این که هنوز همان است. پس آمده‌ای چه معافی‌ای بگیری؟ اصلاً نیاز نیست بروی. مردم که بیرون حرف می‌زدند اصلاً دست و پایم می‌لرزید. اعتماد به نفسم چسبیده بود به کف زمین. اصلاً نمی‌توانستم کاری بکنم. بغل دستی‌اش گفت نه، این‌ها مشکل اختلال هویت دارند، باید بنویسیم که معاف دائم‌اند و فقط موقع جنگ باید بروند. آمدم بیرون. نقطه شدم، همه داشتند نگاهم می‌کردند. مادرم من را دید که آشفته‌ام و حالم بد است. هی می‌گفت چه‌ات شده؟ گفتم هیچی. تو این همه سال این جوری خرد نشدم که الان شدم. هی می‌گفت قوی باش. هر چیزی حدی دارد. قرار باشد من عمل کنم هی بیایم بکشم پایین جلوی این و آن، من اگر می‌خواستم بکشم پایین می‌رفتم این... جلوی تو چرا بکشم پایین؟ این همه آدم. دیگر دنبال کارهایم می‌رفتم. هنوز درست نشده بود. کلی ریش و پشم تو صورتم است. صدایم پسرانه شده. چون هنوز شناسنامه‌ام اوکی نشده بود هی صدایم می‌کردند خانم فلانی بیا. من بلند می‌شدم دنبالش می‌رفتم همه نگاه می‌کردند. پسر است یا دختر است؟[۱۶۵]

فرزام، ترنس اف‌توام هم روایت می‌کند که چگونه در صف گرفتن معافیت، در مورد علت درخواستش به مراجعان دیگر دروغ گفته است و چگونه بلافاصله پس از آن و در مقابل چشمان آنها توسط پزشک نظام وظیفه تحقیر شده است:

سپاه تهران یک جایی که وحشتناک است. با سربازها انگار که یک مشت حیوانند برخورد می‌شود. یارو مثلاً درجه‌داره، می‌آید یک‌دفعه می‌زند پس کلهٔ سربازه. داد می‌زند، چرا این‌جور ایستاده‌ای؟ چرا آن‌جوری کردی؟ خیلی بد رفتار می‌کنند با آدم‌های معمولی. حالا فکر کنید تو چنان جوی من رفته بودم ایستاده بودم، خب یک صف طولانی

۱۶۵ مصاحبه با کاوه صالحی، شش‌رنگ و عدالت برای ایران.

است. کسانی که مشکلات پزشکی دارند باید آن جا بایستند. من توی صف ایستادم. خب معمولاً توی صف با همدیگر بچه‌ها حرف می‌زنند. این می‌پرسد تو چی شده معافی گرفتی؟ می‌خواهند راه و چاه‌ها را یاد بگیرند. یک نفر از من پرسید که تو چطور معافی گرفتی؟ گفتم سه چهارتا پلاتین دارم. گفت راست می‌گویی؟ با سه چهارتا پلاتین که معافی نمی‌دهند. چطوری گرفتی؟ خلاصه تو صف من همین طور داشتم حرف می‌زدم با این‌ها. نوبت من رسید. یک نفر ایستاده بود پشت میز، یک دکتری هم تو اتاق آن پشت بود. بعد گفت پرونده‌ات را بیاور. پرونده‌ام را گذاشتم جلویش. گفت مشکلت چیست؟ نمی‌توانستم صف طولانی این همه پسر را آن هم... اصلاً نمی‌توانستم بگویم تو آن جمع تو ایران. دستم را گذاشتم رو کلمهٔ تغییر جنسیت. گفت مشکلت چیست؟ گفتم این است. این جا. بعد خب یارو هم تو آن جو آن شکلی با من حرف نزد که بگوید اوکی ببینم چه نوشته. داد زد گفت می‌گویم مشکلت چیست؟ برای چه این جا را نشان می‌دهی؟ هر چه من بیشتر بهش [کلمه تغییر جنسیت را] نشان می‌دادم این بدتر عصبانی می‌شد، بدتر سر من داد می‌زد. بعد دیگر یک دفعه آن جا را دید، نگاه کرد و یک دفعه داد زد گفت آقای دکتر فلانی یک مورد تغییر جنسیت است. برو تو اتاق شلوارت را بکش پایین. من هم تو صف بودم. گفتم وای خدایا. اصلاً سرم را انداختم پایین رفتم تو اتاق. بعد دیگر حالم هم خیلی بد بود که دکتر می‌خواهد ببیند. چون تازه عمل کرده‌ام. خب زیاد چیزی هم پیدا نبود، نداشتم. سر پا ایستادم، دکتر با زانو نشست زمین، یک ذره این ور آن ور کرد و او هم یک ذره سوال‌های شخصی‌اش را پرسید و چون تو ایران محدوده‌شان را نمی‌دانند. این را چطوری، اول این بوده یا آن بوده، نمی‌فهمید چه بود. دکتر جوانی بود که برخوردش هم بد نبود. یک ذره سوال‌های شخصی پرسید که معمولاً می‌پرسند. خب کنجکاوند. این چیز کمی هم هست. طرف کنجکاوی می‌کند، هر چند هم خوشایند نباشد. ولی دکتر برخورد بدی نداشت. برای خودم خیلی سخت بود که کشیدم پایین نشسته دارد دست می‌زند و نگاه می‌کند. من سرپا ایستاده بودم گفت بکش پایین. سرپا

ایستاده بودم قشنگ با زانو نشست رو زمین. گفتم اگر بگویم خجالت می‌کشم دیگر نمی‌توانم بکشم پایین. گفت بکش پایین، من هم کشیدم پایین. او هم این جوری نشسته بود جلوی من این جوری می‌کرد. ولی رفتار کسی که نشسته بود آن جا خیلی وحشتناک بود. یک درجه‌دار بود نشسته بود آن جا که مثلاً یک مورد تغییر جنسیت است. حالا هم معذبی من را می‌داند هم می‌داند هیچ موردی نیست که باید داد بزند جلوی همه بگوید. این جا [کانادا] فرق می‌کند با ایران.... خلاصه من به دکتر گفتم من می‌ترسم از اتاق بروم بیرون، داد زد گفت تغییر جنسیت. دکتر گفت بایست من بروم بیرون را نگاه کنم. رفت بیرون را نگاه کرد گفت نه، بیا برو، خبری نیست. آمدم بیرون و خوش‌بختانه انقدر این مسئلهٔ تغییر جنسیت چیز عجیب غریبی بود و همه کس نمی‌دانست متأسفانه یا خوش‌بختانه. یعنی اگر کسی با گوشش هم می‌شنید نمی‌فهمید قضیه چیست. خلاصه از آن جا آمدم بیرون و تمام شد و رفت. کارت معافی‌ام را گرفتم... بعضی موقع‌ها خیلی قلبم درد می‌گیرد. رفتم دکتر گفت عصبی است.[۱۶۶]

---

۱۶۶ مصاحبه با فرزام، شش‌رنگ و عدالت برای ایران.

بخش سوم: پس از تغییر جنسیت

کاش یا تریلی بهم بزند یا منفجر شوم
که جنازه‌ام را نتوانند ببرند بشویند!
(سامان)

عمل جراحی تغییر جنسیت، نقطهٔ نهایی آمال و آرزوهای بسیاری از ترنس‌هایی است که هنوز عمل نکرده‌اند. در ذهن بسیاری از آنها، اقدام به این عمل به معنای آغاز دوبارهٔ زندگی و تحقق تمامی رویاهایشان است. بیشتر این افراد در آرزوی تبدیل شدن به یک زن یا مرد "واقعی" که بنا به هنجارهای حاکم، یگانه مصداق انسان "طبیعی" است وارد جریان تغییر جنسیت می‌شوند؛ مجموعه‌ای از درمان‌های هورمونی و عمل‌های جراحی بسیار سنگین که آثاری زیان‌بار به همراه دارند. اما بنا به دلایل مختلف، فرآیند تغییر و تبدیل از یک ترنس به یک مرد یا زن در بیشتر موارد به طور کامل اتفاق نمی‌افتد و هویت جنسیتی این افراد همواره ترنس، یعنی وضعیتی میان زن و مرد باقی خواهد ماند. مصاحبه‌های این تحقیق نشان می‌دهد بیشتر کسانی که عمل کرده‌اند فاصلهٔ بسیار زیادی با رویاهای خود دارند. گرچه معدودی از مصاحبه‌شوندگان هم از زندگی‌شان "کاملاً" اعلام رضایت کرده‌اند. به‌عنوان مثال مهیار که به تازگی مراحل تغییر جنسیت از زن به مرد را در آلمان شروع کرده می‌گوید:

من هر چه فکر می‌کنم عمل جراحی آلت را به هیچ کس توصیه نمی‌کنم. خودم هم سینه‌ام را می‌خواهم بردارم و هورمون‌ها را استفاده کنم. الان لذت می‌برم تو آینه نگاه می‌کنم و ریش دارم. دوست دارم. هیچ دختری نیست الان نازم کند بگوید چه خوشگل شدی، بهتر شدی. هیچ کسی نیست حتی تو این موضوع تشویقم کند. یک چیزی است که خودم را راضی می‌کند. از خودم راضی‌ام و احساس خوبی دارم، که احساس می‌کنم تازه دارم بزرگ می‌شوم. من یک دورهٔ بلوغ نداشته‌ام و در این سن دارم بلوغ تجربه می‌کنم تو این درمان. یعنی گرایش شدید

جنسی داشتم و مثل یک پسر خیلی انرژی‌ام بیشتر شده بود و یک دوره‌ای کارهای پسرانه‌ای داشتم که خودم متوجه نمی‌شدم، ولی تو مدرسه که بودم معلم‌ها بهم می‌گفتند خیلی فرق کرده‌ای، متفاوت شده‌ای، درست مثل پسری که دارد بالغ می‌شود، برخوردهایت آن جوری است. فقط دلم می‌خواست ظاهرم درست باشد. یعنی ظاهری باشد که وقتی لباس می‌پوشم معلوم نباشد که سینه دارم. البته سینه‌ام هم خیلی کوچک است و خیلی معلوم نیست ولی همان مقدار هم خودم را اذیت می‌کند و ناراحتم می‌کند. دوست دارم ورزش کنم، هیکلم ورزشی باشد و درست باشد. جوری که خودم را که تو آینه می‌بینم از خودم لذت ببرم. بدنم سالم است، نه سیگاری‌ام، نه الکلی‌ام، نه هیچی. دوست دارم که یک روح و جسم سالم را با هم داشته باشم. متأسفانه گذشتهٔ خیلی خوبی نداشته‌ام. افسردگی گاهی وقت‌ها بهم هجوم می‌آورد، ولی من سعی می‌کنم طردش کنم و ازش دور شوم. با کار. بروم سر کار. سرم را گرم کنم، حتی یک موزیک بشنوم، دو خیابان پایین‌تر بروم و قدم بزنم.[۱]

در این فصل به بررسی مسائلی خواهیم پرداخت که پس از انجام عمل جراحی برای ترنس‌ها پیش می‌آیند. در نگاهی کلی می‌شود این مسائل را به سه گروه عمده تقسیم کرد: نخست، مشکلاتی اجتماعی از قبیل عدم پذیرش فرد از سوی خانواده و سایر افراد جامعه. دوم، دردها و مشکلات شدید جسمی که به نحوهٔ انجام جراحی در ایران و مراقبت‌های پس از آن برمی‌گردند. سوم، مشکلاتی در روابط عاطفی و جنسی که به زندگی خصوصی این افراد مربوط می‌شوند. در مجموع می‌شود چنین عنوان کرد که بسیاری از مشکلاتی که ترنس‌ها را به فکر تن سپردن به عمل جراحی می‌اندازند، پس از انجام عمل نیز به همان شکل سابق یا به صورت‌های جدید، زندگی آنها را تحت‌الشعاع قرار می‌دهند.

همان طور که در فصل مربوط به روند تغییر جنسیت به تفصیل بحث شد، جریان تغییر جنسیت و به خصوص عمل‌های جراحی افراد را برای همیشه عقیم (نازا) می‌کند. افزون بر این، شیوهٔ انجام این عمل‌ها در ایران فاصلهٔ زیادی

---

۱ مصاحبه با مهیار ضیایی، شش‌رنگ و عدالت برای ایران.

با استانداردهای بین‌المللی دارد و باعث بروز عوارض و دردهای طاقت‌فرسایی می‌شود؛ دردهایی که امکان داشتن یک زندگی عادی پس از عمل را از بسیاری از ترنس‌ها می‌گیرد.

علاوه بر این، واقعیتی که هستی در مصاحبه‌اش به آن اشاره می‌کند این است که وقتی فردی عمل‌های جراحی را شروع کرد، این روند دیگر نقطهٔ پایانی ندارد:

من از بدنم راضی نیستم. به هیچ عنوان. خیلی دلم می‌خواهد می‌توانستم، شجاعتش را داشتم، مشکلات بعدش وجود نداشت و این کار [عمل جراحی را] انجام می‌دادم. ولی متأسفانه الان باز هنوز با ذهن خودم درگیرم سر این مسئله که الان یک مشکل داری، بعداً ممکن است مشکلاتت بیشتر بشود. یک کم از این ترس... جدای از این ترس از عمل که واقعاً اصلاً بدجور است... دوست داشتم اگر که مثلاً قرار بود یک بار دیگر به دنیا بیایم شمارهٔ پایم سی و پنج باشد، دستم کوچک‌تر باشد، صورتم زنانه‌تر باشد، ولی آن که هست را به هیچ عنوان حاضر نیستم با عمل داغونش کنم. یعنی بچه‌ها می‌گویند برویم فکمان را عمل کنیم. الان بچه‌ها خیلی‌شان پروتز گذاشته‌اند. ری‌اکشن [عکس‌العمل] داده، سینه داغون شده، مجبورند تخلیه‌اش کنند. گونه‌شان را ژل تزریق کرده‌اند [حساسیت] داده، تخلیه کرده‌اند. دیگر هیچ وقت تمامی ندارد. هی باید پیش بروی با آن چیزها.[۲]

اما تحمل تمام این دردها، وقتی دشوارتر می‌شود که فرد ترنس، از حمایت و تأیید اجتماعی و خانوادگی بی‌بهره می‌ماند. زندگی کردن با هویت جنسیتی جدید، در جامعه‌ای که به شدت تحت تأثیر کلیشه‌های جنسیتی است و دختران و پسران روند اجتماعی شدن گوناگونی را طی می‌کنند، امر ساده‌ای نیست. فرد تغییر جنسیت داده مجبور است رفتارهایی را در بزرگسالی یاد بگیرد که دیگران در کودکی آموخته‌اند. نقش‌هایی به او محول می‌شود که آمادگی اجرای آنها را ندارد. انتظاراتی از او در زندگی شخصی و اجتماعی وجود دارد که گاهی حتی درکشان برایش بسیار دشوار است. این مسئله به‌ویژه در مورد ترنس‌های

---

۲ مصاحبه با هستی، شش‌رنگ و عدالت برای ایران.

اف‌توام گزارش شده است؛ افرادی که "مرد" شده‌اند و برای پذیرفته شدن در جامعهٔ مردان از آنها انتظار می‌رود مجری نقش‌های مردانه باشند:

> مرد بودن کار آسانی نیست. اگر مردی به‌صورت طبیعی مرد باشد، مشکلی نیست. ولی آدمی تو سن ۱۸، ۲۵، ۲۸ سالگی تازه می‌خواهد بیاید با محیط مردانه آشنا بشود، تازه می‌خواهد نوع حرف زدن‌شان را یاد بگیرد، نوع اجتماع‌شان را یاد بگیرد، نوع روابطشان را یاد بگیرد. می‌دانیم که محیط زنانه محیط امن‌تری است، محیط سالم‌تری است، محیط تمیزتری است. تویش نه دعوا هست، نه آن چنان کلاهبرداری هست، نه مسئولیت‌های آن‌چنانی، نه باربری و حمالی. ولی محیط مردانه این طور نیست. وقتی مرد می‌شوی توقع دارند بروی سر کار. توقع دارند پول دربیاوری، بار سنگین بلند کنی، دعوا کنی، از خانواده‌ات دفاع کنی و این کار آسانی نیست. این یک چیزی است که من متأسفانه تو خیلی از ترنس‌ها دیده‌ام که جراحی کرده‌اند و متأسفانه تو این قسمتش مشکل دارند و متأسفانه تعدادشان هم کم نیست. ما باید قبول کنیم که از نظر فیزیکی این آدم بصورت زن متولد شده. از نظر اندام، از نظر این که یک مرد شاید بتواند یک وزنهٔ صد کیلویی را خیلی راحت جابجا کند، ولی اندام زن نتواند این را تحمل کند. ولی وقتی مرد می‌شوی دیگر این توقع ازت می‌رود. دیگر هم فکر نمی‌کنند که تو جراحی کرده‌ای. تازه یک خرده کم‌تر... شاید یک زن طبیعی هم بتواند این کار را بکند، ولی تو جراحی کرده‌ای، هشت لایه شکمت پاره شده، دل و روده‌ات ریخته بیرون، همه جایت زخم و زیلی است.[۳]

این مشکل از آن جا ریشه می‌گیرد که در ایران و در اکثر موارد، فرد آزادی اجراگری "نقش جنس مخالف به صورت تمام وقت برای حدود یک تا دو سال"[۴] پیش از عمل جراحی را ندارد.

---

۳ مصاحبه با سامان، شش‌رنگ و عدالت برای ایران.

۴ صابری، مهدی و دیگران، "بررسی مقایسه‌ای روند ارجاع متقاضیان عمل جراحی تغییر جنسیت به کمیسیون پزشکی قانونی تهران با توجه به استانداردهای بین‌المللی"، مجله پزشکی قانونی، پاییز ۱۳۸۹،دوره شانزدهم، شماره ۳، صص ۲۰۸-۲۱۰.

جیکوب و مازیار هر یک در محیط کار خود با مشکلات و انتظارات مشابهی مواجه بوده‌اند و هستند. مهیار ضیایی نیز ورود به جامعهٔ مردان، به‌خصوص مردان ایرانی را مشکل یافته است و دنیای مردان از نظر او "قشنگ" نیست:

آقایان اصلاً نمی‌توانند موضوع من را قبول کنند. وقتی می‌فهمند می‌کشند کنار. دوست نمی‌شوند یا برایشان سخت است. مخصوصاً قبل از هورمون‌تراپی. الان که تراپی کرده‌ام خیلی بهتر شده. من اصلاً دوست مرد نداشتم، هیچ کس باهام دوست نمی‌شد. اگر هم دوست می‌شد بعداً پیشنهاد رابطه می‌داد. مثلاً فکر می‌کردند من دارم تلقین می‌کنم، دروغ می‌گویم. بعد اسمش را می‌گذاشتند کمک. می‌خواهم بهت کمک کنم. می‌گفتم من که به شما گفته‌ام ترنس هستم. با مرد نمی‌توانم. می‌گفت بابا عیب ندارد، بیا امتحان کنیم. مطمئن باش بهت خوش می‌گذرد. یعنی اکثر آقایان ایرانی همین جا تو آلمان با من این کار را کردند. توی این آقایان می‌روم که خودم را از آنها می‌دانم، ولی آنها به من پیشنهاد سکس می‌دهند. راستش را بخواهی خیلی برایم زننده بود. حتی آدمی که رویش حساب باز می‌کردم و می‌گفتم آدم خوبی است، حتی او به من این پیشنهاد را می‌داد. یعنی حالا شاید نمی‌گفت بیا رابطهٔ این جوری داشته باشیم، ولی همه‌اش پیشنهاد رابطه و دوست داشتن و عشق و نمی‌توانست قبول کند. هنوز این علم را خیلی از ایرانی‌ها ندارند که بفهمند این مشکل فیزیکی است. مشکل درونی یک فرد است. برای همین دوستان من اکثراً خانم‌ها هستند. من الان هیچ دوست‌دختری ندارم، ولی بالای ده تا دوست خانم دارم. بعضی‌ها اسم روی خودشان می‌گذارند که خواهرت هستم. بعضی‌ها می‌گویند مثل مادرت هستم، دوستتم، یکی می‌گوید مثل خاله‌ات هستم، هر کس یک صفتی دوست دارد. ولی همه‌شان خیلی من را خوب قبول کرده‌اند و پشت سرم حرفی نزده‌اند. اگر یک جا زمین خورده‌ام و مشکلی داشته‌ام آمده‌اند کمکم کرده‌اند. نجاتم داده‌اند. احساس می‌کنم خانم‌ها توی درک این موضوع برای من خیلی بهتر بوده‌اند تا آقایان. از وقتی هورمون‌تراپی کرده‌ام، آقایان، آنهایی که می‌دانند، چون عقل‌شان به چشم‌شان است من را کمی بیشتر به چشم

مرد می‌بینند و به اسم مهیار صدایم می‌کنند، اما تماسم را با آنها کمتر کرده‌ام و دوست‌های جدیدی گرفته‌ام که نمی‌دانند من دختر بوده‌ام. آنها با من دوستی می‌کنند، ولی تو دوستی‌شان من یک جاهایی کم می‌آورم، چون باهاشان دوستی نکرده‌ام نمی‌دانم تویشان چه چیزهایی بوده، چه چیزهایی باید باهاشان حرف بزنم که خوش‌شان بیاید. همه‌اش آنها حرف می‌زنند و گوش می‌دهم. به‌خاطر این که یک موضوعاتی دارند که من توی آن موضوعات نبوده‌ام. ولی حقیقتش دنیایشان را دوست ندارم. دنیایشان قشنگ نیست. من چون دوست دارم در مورد ماشین و مسابقه و کار و پول حرف بزنیم. ولی احساس کرده‌ام تو جامعهٔ آقایان دنبال هوس و خودخواهی خودشان و این که یک زن را نباید خیلی بهش دل ببندی و باورش کنی. این‌ها را می‌شنوم ناراحت می‌شوم و می‌گویم پس دنیای قشنگی نبود که من توی آن دنیا وارد بشوم. زده می‌شوم. الان دنیای خودم را دارم. برای خودم دنیایی ساخته‌ام که نه به آقایان تعلق دارد نه به خانم‌ها. یک چیزی است مال خودم، ولی اقلاً تویش این خودخواهی‌ها نیست، این کوچک کردن خانم‌ها نیست که فقط برای آن موضوع [سکس] ببینی‌شان. شاید من دوستی درستی بهم نخورده، ولی تا جایی که من با پسرها دوست شده‌ام این جوری بوده.[۵]

پرسا هم شهادت می‌دهد که دوستش پس از عمل، از آن جایی که ورود به جامعهٔ مردان برایش سخت بوده، تبدیل به موجودی تنها شده است:

یکی از کسانی که مثل خودم بود بعد از مدتی که تو فیس‌بوک داشتمش، صحبت کردیم. هیچ وقت فکر نمی‌کردم یک روزی بخواهد چنج [عمل تغییر جنسیت] بکند. به من گفت دارم چنج می‌کنم، خانواده را راضی کردم، مجوزم هم به زودی می‌آید، می‌روم برای عمل. گفتم شوخی می‌کنی؟ گفت نه اسمم هم اینست. گفت تو نمی‌خواهی عمل کنی؟ گفتم نه من چیزی که تو فکر می‌کنی نیستم. تو همه چیز را امتحان کردی، همه چیز را مطمئن شده‌ای و پرسیده‌ای؟ صحبت

---

۵ مصاحبه با مهیار ضیایی، شش‌رنگ و عدالت برای ایران.

کردی راجع بهش؟ گفت آره می‌خواهم پسر باشم. الان آن آدم وقتی هنوز باهاش صحبت می‌کنم آدم خوشحالی نیست. زنگ می‌زند صحبت می‌کنیم، عکس‌هایش را می‌بینم، ظاهر کاملاً پسر است ولی خوشحال نیست. به قول خودش آدم تنهایی است و ورود به جامعهٔ مردان برایش سخت بوده.[۶]

واقعیت این است که ترنس‌های اف‌توام، پس از تغییر جنسیت، روابط دوستانهٔ سابق خود را با زنان از دست می‌دهند. این مسئله به خصوص در جامعهٔ ایران که بسیاری از فضاهای اجتماعی در آن زنانه/ مردانه است و محدودیت‌های فرهنگی و اجتماعی زیادی برای دوستی زن و مرد وجود دارد، شکل پررنگ‌تری به خود می‌گیرد. از سوی دیگر، به دلیل تفاوت‌های فرهنگ رفتاری و مناسبات بین اشخاص در روابط مردانه، فرد ترنس که با این مناسبات بزرگ نشده و با آنها آشنایی ندارد، نمی‌تواند تنها با ایجاد تغییر در ظاهر خود در جمع‌های مردانه جایی پیدا کند.

بر مبنای یافته‌های این پژوهش، یکی دیگر از مشکلات جدی پس از عمل، توقعاتی است که پارتنرهای افراد ترنس از "مرد واقعی" یا "زن واقعی" دارند:

بچه‌های تی‌اس باید بپذیرن که ما شبیه مذکر می‌شیم؛ از نظر ظاهری. مثلاً عمل آلتی که انجام می‌دن؛ مثلاً همیشه به بچه‌ها می‌گم فکر نکنید که یه چیزی در میاد که شما می‌تونید باهاش حالا نزدیکی خاصی داشته باشید. اصلاً این طور نیست. شما تبدیل می‌شید به یک مردی که اگر مثلاً وارد استخر می‌شید... من نمی‌دونم خارجی‌ها بهش چی می‌گن... فکر می‌کنم بهش می‌گن شوروم [ویترین]. یعنی وقتی که شما عمل آلت تناسلی انجام می‌دید اگر وارد اتاق یا استخر می‌شید، وارد یه اتاق می‌شید و باید مثلاً شلوارتون رو در بیارید، وقتی شما رو یه نفر می‌بینه، نگه این که دختره! شما از نظر دید مردم از نظر دیداری شما یه مرد می‌شید ولی حالا تو سایز کمتر، اندازهٔ کوچیک‌تر. کارایی خاصی نداره. نه می‌تونید باهاش بچه‌دار بشید، نه می‌تونید باهاش رابطهٔ جنسی برقرار کنید. فقط این که یه چیزی هست.[۷]

---

۶ مصاحبه با پرسا، شش‌رنگ و عدالت برای ایران.
۷ مصاحبه با علی راد، شش‌رنگ و عدالت برای ایران.

با این حال او معتقد است لذتی که یک ترنس افتوام می‌تواند به پارتنر زنش بدهد، از توان مردانی که "به طور طبیعی" مرد بوده‌اند خارج است چون یک ترنس مرد، با زنها بزرگ شده و احساسات آنها را درک می‌کند. سامان در مقابل چنین عنوان می‌کند که "بسیاری از ترنس‌ها که در برخی موارد به اصرار پارتنرشان عمل کرده‌اند، پس از عمل و به دلیل ناتوانی در برآوردن انتظارات او ترک می‌شوند و تنها می‌مانند."[۸]

لیلا شیرازی نیز به‌عنوان یک ترنس امتواف، تجربهٔ عاشقانهٔ موفقی پس از عمل نداشته است:

پسر جوانی سر راه من سبز شد، این ارتباط یک رابطهٔ عمیقی بین من و او ایجاد کرد. دیگر من وابسته‌اش شدم. دیگر تو این رابطهٔ عاطفی و عاشقی دیگر نیازی به گفتن نیست که تلاطم و بالا پایین‌های خیلی زیادی بود. من دستخوش یک سری حوادثی از جمله سوءاستفاده‌ها [شدم]. تو هر مرحله‌ای از زندگی‌مان تو جامعه قربانی شدیم، سوءاستفاده شدیم، عشق و عاشقی‌اش هم یک مدلش بود، یک جورش بود. که من حتی الان هم با آن شخص ازدواج کردم و خودم هم می‌دانم، همگان هم می‌دانند که موقعی که دوست شد به‌خاطر خانه و زندگی من آمد. آن موقع هم که آمد ازدواج کرد، به‌خاطر این که نروژ بیاید. [در واقع] با نروژ ازدواج کرد. با اروپا ازدواج کرده نه با من. من می‌دانم بیاید هم ول می‌کند می‌رود. ولی به هر حال چون از من خواسته بود آینده‌اش به این بستگی دارد که بیاید این جا، آیندهٔ ایده‌آلی که خودش دوست دارد و تو ایران شرایطش را ندارد. من هم به‌خاطر عشق و علاقه و دوستی قدیمی‌ای که داشتیم، این تعهد را پذیرفتم که نه به‌خاطر خودم بیاید این جا، به‌خاطر خودش. که بیاید و ول کند. یعنی این را من با خودم حل کرده‌ام، پذیرفته‌ام.[۹]

محمد آسمانی در مورد مشکلات ازدواج و زندگی ترنس‌ها پس از عمل چنین می‌گوید:

---

۸ مصاحبه با سامان، شش‌رنگ و عدالت برای ایران.
۹ مصاحبه با لیلا شیرازی، شش‌رنگ و عدالت برای ایران.

متاسفانه وقتی اف‌توام‌ها عمل می‌کنند، بخش اعظم‌شان، می‌توانم بگویم نود درصدشان آلت تناسلی‌شان زنانه است و با همین وضع یک بخشی‌شان ازدواج می‌کنند و متأسفانه خب این خیلی زجرآور است برایشان. خب این بچه‌ها چطور می‌خواهند رابطهٔ جنسی برقرار کنند وقتی که آلت تناسلی مردانه ندارند؟ یا این که استخر می‌خواهند بروند، محل کارشان می‌خواهند بروند، به هر حال هیچ چیزی نیست آن پایین، آن پایین زنانه است و این خیلی زجرآور است... ازدواج بچه‌های ام‌تواف که واقعاً مشکل است. می‌توانم بگویم غیرممکن است. شاید زیر پنج درصد این‌ها بتوانند ازدواج موفقی داشته باشند. منظورم ازدواج دائم است نه چیزی که تو ایران بهش می‌گویند صیغه و این جور چیزها. چون برای گذران زندگی‌شان متأسفانه ام‌تواف‌ها مجبورند... من خودم با چشم [خودم] توی جلسات بهزیستی بارها و بارها دیده‌ام، خودشان گفته‌اند اصلاً که ما مجبوریم برای گذران زندگی بیزینس کنیم. یعنی تن‌فروشی، خودفروشی کنند برای این که بتوانند هزینهٔ جراحی‌های پلاستیک‌شان را بدهند. جراحی پلاستیک صورت، لیزر، جراحی‌های تکمیلی و گذران زندگی‌شان، اجارهٔ خانه‌شان و این جور مسائل. به‌خاطر همین ست که من می‌گویم باز بچه‌های اف‌توام از آنها خوشبخت‌ترند که مجبور به تن‌فروشی نمی‌شوند.[۱۰]

فرناز عقیده دارد زندگی جنسی ترنس‌ها بعد از عمل سراسر دروغ است:

اولاً این که به طرف مقابل‌شان نمی‌گویند چی هستند. چطوری سکس می‌کنند؟ برهنهٔ کامل نمی‌شوند. به طرف هم می‌گویند ما مردیم. این جوری هم خودشان را پرزنت [عرضه] می‌کنند. آنهایی که خیلی صادقند می‌گویند، تمام مدت باید دو طرف مخفی کنند که همچین چیزی هست. یعنی خانوادهٔ دختر حداقل نباید بداند طرف ترنس‌سکشوال است.[۱۱]

---

۱۰ مصاحبه با محمد آسمانی، شش‌رنگ و عدالت برای ایران.

۱۱ مصاحبه با فرناز، شش‌رنگ و عدالت برای ایران.

فراز هم توضیح می‌دهد که چگونه مجبور شده است هویت جنسی و زندگی گذشته‌اش را از پارتنرش پنهان کند:

من خیلی موقعیت پیدا کرده‌ام که با کسی دوست بشوم. بعد نگاه می‌کنم که اگر طرف بفهمد تو یک تی‌اس هستی چه عکس‌العملی دارد. من نمی‌توانم حتی اگر کسی را دوست داشته باشم، ازدواج کنم. چون مسئلهٔ سکس‌اش خیلی برایم مهم است. نمی‌توانم بپذیرم که الان داریوش [یکی از دوستان ترنس‌مرد فراز] تو این قضیه خیلی مشکل دارد. خانمش نمی‌بیندش. الان من می‌گویم انقدر با عشقم راحت بودم که من را می‌دید. البته این مال آن موقع است، الان نه. ولی مثلاً این هم با خانمش معذب است. منظورم این است که بدنش را نشان نمی‌دهد، تو سکس معذب است. چون آنی که می‌خواهد نیست. مسلماً یک زن هم خواسته‌هایی دارد دیگر...[۱۲]

در واقع و برخلاف تصور بسیاری از ترنس‌ها، مرور آن روایت‌هایی که صادقانه روایت می‌شوند نشان می‌دهد که برقراری روابط موفق عاشقانه پس از عمل بسیار دشوار است. پذیرش اجتماعی کمی در مورد ترنس‌سکشوالیتی وجود دارد و در عین حال، افراد هتروسکشوال ترجیح می‌دهند با فردی که از ابتدا مرد یا زن هتروسکشوال بوده است وارد رابطه شوند. شهرام تجربه‌اش را از طرح شفاف تغییر جنسیتش به زنانی که سر راه زندگیش قرار می‌گرفتند چنین بازگو می‌کند: "کسانی که قبلاً می‌آمدند من همان اول می‌نشستم برایشان تعریف می‌کردم. شاید خیلی به دلم نمی‌نشستند و دوست داشتم همین الان اگر می‌خواهد بماند و اگر نمی‌خواهد برود [و همه هم رفتند]."[۱۳]

شهرام هنگامی‌که با سوسن آشنا می‌شود، کمی مکث می‌کند تا پس از تعمیق رابطه موضوع را با وی در میان بگذارد. او اکنون با عشق در کنار سوسن زندگی می‌کند.

---

۱۲ مصاحبه با فراز، شش‌رنگ و عدالت برای ایران.
۱۳ مصاحبه با شهرام، شش‌رنگ و عدالت برای ایران.

درست به همین دلایل است که برخی از ترنس‌جندرها تن به تغییر جنسیت نمی‌دهند:

گیرم که من عمل کردم، پسر واقعی هم شدم، بعد این دختر هم از گذشتهٔ من اصلاً خبر ندارد. ولی گذشتهٔ من که هست. من می‌توانم گذشته‌ام را انکار کنم؟ مثلاً بگویم خب، من ورزشکار بودم، قهرمان بودم تو استان. خب کو؟ حکم را بیاورم یک اسم دختر است. عکس‌ها را بیاورم؟! انگار که دارم یک قسمتی از زندگی‌ام را رسماً می‌اندازم تو سطل آشغال. برایم قابل قبول نیست. تنها قوانین نیست. خیلی چیزها هست که با عمل کردن از بین می‌رود و خیلی چیزها شاید خراب شود. خیلی اقدام وحشتناک بزرگی است.[۱۴]

اما بسیاری از ترنس‌ها می‌پذیرند بخشی از زندگی خود را دور بیندازند و در عوض به آن جایگاه خانوادگی و اجتماعی که آرزویش را دارند نزدیک‌تر شوند. همان طور که در فصل‌های پیشین دیدیم، جنسیت نامعین یا آن چه خود ترنس‌ها به آن، "بدنی نامتجانس با جنسیت واقعی" می‌گویند، یکی از عواملی است که باعث طرد آنها از خانواده و جامعه می‌شود. به کرات مشاهده کردیم که چگونه بسیاری از خانواده‌ها پس از آن که با توسل به انواع روش‌ها می‌کوشند فرزندان ترنس‌شان را "نرمال" کنند و به سوی آن هویت جنسیتی و زندگی جنسی که با جنسیت بیولوژیک و تعاریف اجتماعی از جنسی که با آن بدنیا آمده‌اند، منطبق است بکشانند، در نهایت آنها را از خانه و خانواده طرد می‌کنند. لیلا شیرازی تنها یکی از نمونه‌هایی است که سال‌ها در قبرستان می‌خوابیده است. سامان هم مجبور شده سال‌ها در خانه‌های دوستانش زندگی کند و هیچ سرپناهی از خود نداشته باشد. بسیاری از ترنس‌ها، تغییر جنسیت و انطباق جنسیت ظاهری خود با جنسیت مطلوب‌شان و در واقع تبدیل شدن به یک مرد یا زن هتروسکشوال را راه‌حلی برای کسب پذیرش اجتماعی و خانوادگی می‌دانند.[۱۵] با این همه و در واقع، شرایط و جایگاه اجتماعی بسیاری از مصاحبه

---

۱۴ مصاحبه با آرمان، شش‌رنگ و عدالت برای ایران.

۱۵ ما در تحقیقمان به پنج مورد کسانی برخوردیم که خود را هوموترنس می‌دانستند؛ چهار هوموترنس مرد به زن، و یک مورد هوموترنس زن به مرد. در جامعه اقلیت‌های جنسی ایرانی،

شوندگان ما پس از عمل نه تنها تغییر نکرده، که گاه حتی وخیم‌تر شده است. فریبرز عقیده دارد نشاندن خود در موقعیت ترنس به معنای قرار دادن خود در پایین‌ترین هرمی است که وجود دارد، زیرا پس از تغییر جنسیت دیگر هیچ راهی وجود ندارد که فرد بتواند حتی به طور مقطعی یا موقت وانمود کند یک انسان هتروسکشوال است:

> دختری را می‌شناسم که یک بازیگر تقریباً معروف ایرانی است و عمل کرده و مرد شده، ولی به شدت مشکل دارد. خب وقتی تو موقعیت ترنس تو ایران می‌نشینی، یعنی پایین‌ترین هرمی که وجود دارد. چون یک گی یا یک لز [هم‌جنس‌گرای زن/ لزبین] می‌تواند در فضای اجتماعی گاهی تقیه کند. می‌تواند از اعتبار اجتماعیش استفاده کند. من می‌توانم موهایم را کوتاه کنم، آرایش نداشته باشم و کمی هم حرکاتم را درست کنم، پرووکاتیو [تحریک کننده] نباشم، می‌توانم بروم اداره‌ای دوبار هم خودم را هترو [دگرجنس‌گرا] جا بزنم و اسمش را بگذارم این یک مقاومت اجتماعی برای زیست و وجودم است. ولی او نمی‌تواند.[۱۶]

دیدیم که به رغم امیدواری بسیاری از ترنس‌ها به این که پس از عمل به چشم یک فرد "طبیعی" دگرجنس‌گرا نگریسته شوند، در بسیاری از موارد خانواده عملاً تحمل پذیرش جراحی را ندارد و هم‌چنان اصرار می‌کند که هویت جنسی و تغییر جنسیت فرزندش به آبروی خانوادگی آسیب لطمه زده است. فراز درست یک روز پس از انجام عمل جراحی، از سوی دایی‌اش مورد خشونت و آزار قرار می‌گیرد:

کسانی خود را هوموترنس می‌دانند که ضمن نارضایتی از بدن خود و تمایل به تغییر جنسیت، پس از عمل جراحی با هم‌جنس خود رابطهٔ عاشقانه برقرار می‌کنند. یعنی اگر مرد هستند و زن می‌شوند، پس از زن شدن به زنان علاقه و کشش جنسی دارند. یا اگر زنانی هستند که از بدن زنانهٔ خود رضایت ندارند، پس از تغییر جنسیت خود و مرد شدن با مردان وارد رابطه می‌شوند و این یعنی نه به یک مرد یا زن هتروسکشوال، بلکه به یک مرد گی یا زن لزبین بدل می‌شوند.

۱۶ مصاحبه با فریبرز، شش‌رنگ و عدالت برای ایران.

[گفتم] دیگر الان عمل کردم و خیال‌شان راحت شده که عمل کرده‌ام، دیگر باهام کاری ندارند. اما همان شب با دایی‌ام دعوایم شد. با آن حالتم که نمی‌توانستم راه بروم. از خانه بیرون رفتم و توی خیابان تو سرما قدم می‌زدم. دوباره برگشتم، ولی لحظهٔ خیلی بدی بود. تو جایم بودم نمی‌توانستم دستشویی بروم ولی از خانه بیرون آمدم تو سرما دو ساعت بیرون بودم. مادرم کلی به دایی‌ام فحش داده بود. بعدش هم رفتم خانه. دایی‌ام اگزوزساز بود، خیلی توی محل می‌شناختندش. می‌گفت تو آبروی من را برده‌ای، ننگ شده‌ای برای ما. هنوز عمل نکرده بودم، من را از خانهٔ پدربزرگم بردند. دایی و زن دایی‌ام من را سوار موتور کردند بردند ته باغ، من را کتک می‌زد می‌گفت می‌خواهی همین جا چالت کنم که هیچ کس هم نفهمد تو با آبروی من داری بازی می‌کنی؟ فکر کردی من بابای بی‌غیرت و معتادت هستم؟ می‌گفتم: من را ترور شخصیتی می‌کنی که هیچی، از آن طرف من را می‌زنی. جای سیلی خوب می‌شود، جای حرف هیچ وقت خوب نمی‌شود. بعد تحقیرم هم می‌کنی، بعد باز هم حرف خودت را می‌زنی. من بهش گفتم تو اگر راست می‌گویی باشد، من حرفت را گوش می‌کنم. برو دکتر ببین اگر من مشکلی نداشتم، باشد. هرچه تو بگویی. ولی من مشکل دارم.[۱۷]

مازیار نیز فردای انجام جراحی از سوی برادرش به‌شدت مورد خشونت واقع می‌شود و با بینی شکسته مجدداً راهی بیمارستان می‌شود.[۱۸]

مفهوم "آبرو" و نگاهی که بدن ترنس‌جندر را مایهٔ ننگ و بی‌آبرویی می‌داند، در اغلب موارد پس از عمل نیز از سوی خانوادهٔ ترنس‌ها به‌عنوان یک مسئلهٔ مهم طرح می‌شود؛ حتی زمانی که خود خانواده با تغییر جنسیت مخالفتی ندارد و با هویت جنسیتی فرزندش کنار آمده است.[۱۹]

اکثر افراد جامعهٔ ایران، نسبت به افرادی که از هنجارهای اجتماعی فاصله دارند به شکلی خشونت‌آمیز رفتار می‌کنند. این به افراد داخل ایران محدود نمی‌شود

---

۱۷ مصاحبه با فراز، شش‌رنگ و عدالت برای ایران.

۱۸ مصاحبه با مازیار، شش‌رنگ و عدالت برای ایران.

۱۹مصاحبه با امیرعلی، شش‌رنگ و عدالت برای ایران.

و در مورد بسیاری از ایرانیان خارج از کشور هم صدق می‌کند. نسرین، مادر مزدک، ترنس‌مرد، دربارهٔ فرزندش چنین می‌گوید:

> یک روز به من گفت ازت خواهش می‌کنم از من هیچ وقت نخواه تو جمع ایرانی‌ها بیام. چون من هر جا می‌رم با انگشت من را نشان می‌دهند. وقتی رویم را برمی‌گردانم می‌بینم تو این شهر هر جا دیسکو رفته‌ام، رستوران‌های ایرانی رفته‌ام، همیشه وقتی به پشت سرم برگشته‌ام دیده‌ام که با انگشت دارند من را به همدیگر نشان می‌دهند. از من نخواه که نه خانهٔ دوستانت بیایم نه مهمانی‌های خانوادگی. می‌خوام تنها باشم.[۲۰]

فراز معتقد است، ترس دائمی از برملا شدن هویت جنسیتی ترنس‌ها و انگشت‌نما شدن، یکی از دلایل نارضایتی ترنس‌ها پس از عمل است:

> این که بچه‌ها راضی نیستند به‌خاطر این است که تو جوی که زندگی می‌کنی اسماً مردی و ظاهر مردانه داری، ظاهری که هر آن ممکن است لو برود. یعنی شما نمی‌توانی استخر بروی، نمی‌توانی باشگاه بروی، تو هر محیطی نمی‌توانی کار کنی، چون متأسفانه تو ایران یک چیزی که باب است، شوخی بدنی است. شوخی دستی خیلی دارند. یک دفعه دستش لای پایت است. من سر کار بودم تو کیش، مشتری مست بود دستش را برد لای پای من. من هم مصنوعی گذاشته بودم، ولی خب تا بیاید من بفهمم یک دقیقه طول کشید. من اصلاً با مشتری‌ام شوخی نداشتم. خب من آن شب را رد کردم و به یارو هم گفتم دیگر مغازه‌ام نیا، ولی نمی‌شود. یا مثلاً در کرج که همه نوع قشر توش هست، اگر بفهمند، لفظ‌های بد به کار می‌برند. کون خوبی است... مثلاً...[۲۱]

نینا هم که مراحل کسب مجوز برای تغییر جنسیت را آغاز کرده و سپس بنا بدلایلی از انجام آن منصرف شده است چنین می‌گوید:

---

۲۰ مصاحبه با نسرین، شش‌رنگ و عدالت برای ایران.

۲۱ مصاحبه با فراز، شش‌رنگ و عدالت برای ایران.

به خاطر این‌که هر جوری که باشه یه‌ذره آموزش‌های اجتماعی لازم داریم که توی ایران اصلاً همچین چیزایی نیست. خودمون باید بریم دنبال این چیزا، یعنی خودمون باید بریم تجربه کنیم توی اجتماع. خب این زمان می‌بره، این‌که بتونی کار بگیری به‌عنوان کسی که عمل کردی. به هر حال ما هر چقدر هم هورمون و اینا بخوریم باز یه‌جورایی قابل تشخیص هستیم یا بعضی از موقع‌ها، خیلی راحت بگم، با هم‌جنس‌گراها اشتباه گرفته می‌شیم. به‌خاطر همین گرفتن کار بعد از عمل هم همچین کار راحتی نیست.[۲۲]

سامان بر این باور است که هویت جنسیتی ترنس‌ها حتی پس از مرگ هم به رسمیت شناخته نمی‌شود و هراس بسیاری از آنها این است که در زمان مرگ، رازهای پنهانی‌شان برملا شود:

ما تو زندگی‌مان خیلی چیزها را از دست دادیم. حق زندگی را از دست دادیم. برای این که یک زندگی طبیعی داشته باشیم عضومان را از دست دادیم، بدن‌مان را از دست دادیم. فکر می‌کنم همهٔ آدم‌ها به‌طور طبیعی حداقل هویت جنسی دارند. من بابتش خون داده‌ام، بابت چیزی که دیگران الان هستند درد کشیده‌ام، جراحی شده‌ام، زیر تیغ رفته‌ام، به‌خاطر این جراحی از عمرم کم شده، زجر کشیده‌ام، تا بشوم تازه آقای سامان. چیزی که بقیه بصورت عادی دارند. خیلی غیرمنصفانه است که من از مردنم هم بترسم. یعنی از زندگی‌ام که لذت نبردم، از زندگی‌ام که همه‌اش در حال جنگیدن بوده‌ام، تمام کودکی‌ام را جنگیده‌ام برای این که بگویم می‌خواهم این باشم. جوانی‌ام را درد کشیده‌ام برای این که این چیزی که هستم را پیدا کنم. چون وقتی من به دنیا می‌آیم تو سن بیست و دو سالگی یکهو می‌شوم سامان، خیلی طول می‌کشد بتوانم خودم را با آن جامعه هماهنگ کنم. تا کوچک‌ترین خطایی بکنی می‌گویند دیدی اشتباه کردی؟ دیدی اشتباه عمل کردی؟ باید همان می‌ماندی. در حالی که نمی‌گذارند، من تازه بیست و دو سالم است و وارد محیط جدید شده‌ام. من باید بخورم زمین، بلند شوم، دعوا ببینم،

۲۲ مصاحبه با نینا، شش‌رنگ و عدالت برای ایران.

کار کنم و تازه بفهمم دو دو تا چهار تا می‌شود. پسربچه‌ها تو مدرسه از صبح تا شب تو سر و کلۀ هم می‌زنند، راه می‌افتند، دعوا یاد می‌گیرند، حرف زدن یاد می‌گیرند. من بیست و دو سالم است. از یک محیط دیگر وارد یک محیط دیگر شده‌ام. به من فرصت تجربه کردن بدهید. جوانی‌ام را که دنبال تجربه کردن و استرس از این که نکند خطایی کنم، دیگران پوئنی که حالا تازه می‌خواهند به من بدهند را دیگر ندهند. آن پوئن فقط اکسپت شدن [پذیرفته شدن] از طرف خانواده است. یا دوست و نزدیکانت. بقیۀ عمرم نکند دیگران بفهمند من چه بوده‌ام؟ حالا دوستانی پیدا کرده‌ای، سر کاری می‌روی، حالا همه‌اش نگرانی که نکند مدیرم بفهمد من چی‌ام، چی بوده‌ام. نکند فلانی بفهمد من چی بوده‌ام؟ این قسمتش یادم رفت، هیچ وقت نمی‌توانی بدن کامل تو ایران داشته باشی. من دوازده سیزده سال است عمل کرده‌ام، شما تو ایران نمی‌توانی ترنس‌مردی پیدا کنی که از عملش راضی باشد. اصلاً بیش از نود در صد ما هنوز عمل آخرشان را انجام نداده‌اند. برای این که ما هنوز پزشکی نداریم که این کار را انجام بدهد. همه‌اش ما در حال پنهان کردن بدن‌مان هستیم هنوز. خب خیلی‌ها نمی‌دانند. خانواده‌ام نمی‌داند من هنوز عمل آخرم را انجام نداده‌ام، حتی خانوادۀ نزدیکم. دایی‌هایم نمی‌دانند، خاله‌هایم نمی‌دانند. نکند فلانی بفهمد؟ نکند فلانی بفهمد من چه بوده‌ام؟ نکند بفهمد من چی هستم؟ من دارم با ظاهر کاملاً مردانه می‌روم، نکند فلان جا لو بروم؟ همه‌اش در حال پنهان کردن. ازدواج می‌کنی، پنهان کردن از این، پنهان کردن از آن. مردنت هم باید استرس داشته باشی. اگر بمیرم چه می‌شود؟ من را کجا می‌خواهند بشویند؟ حالا حالم خوب است، بدنم را می‌پوشانم، کسی لخت من را نمی‌بیند. موقعی که مردم چطور؟ خب من را می‌برند تو مرده‌شورخانه بشویند، من را تو زن‌ها می‌شویند؟ تو مردها می‌شویند؟ فکر کن جنازۀ من را برده‌اند تو قبرستان، همه می‌خواهند گریه کنند، بعد بفهمند این قضیه چیست همه تف می‌اندازند رو جنازۀ من. همه این کار را هم می‌کنند. شما می‌دانید که این کار را می‌کنند.[۲۳]

۲۳ مصاحبه با سامان، شش‌رنگ و عدالت برای ایران.

اجبار به پنهان‌کاری در سطوح مختلف زندگی پس از تغییر جنسیت، یکی از مواردی است که در مصاحبه‌های متعدد به آن اشاره شده است. سامان برای این که هویت جنسی او به‌عنوان یک ترنس و گذشتهٔ او به‌عنوان زن از چشم خانوادهٔ همسرش پنهان بماند، مجبور به ترک ایران و اعلام پناهندگی در ترکیه شده است. به خصوص این که فشارهای خانوادهٔ همسرش برای بچه‌دار شدن آنها بسیار زیاد بوده است.[۲۴]

مادر مازیار، ترنس مرد ۲۸ ساله، با مراجعهٔ مکرر به دادگاه از او به‌عنوان هم‌جنس‌گرایی که دروغ می‌گوید و حقیقتاً ترنس نیست شکایت کرده و جان او را با توجه به قوانین ایران در خطر مرگ قرار داده است. او می‌گوید:

> به مادرم می‌گفتم شما می‌دانید اگر حرف شما را قبول کنند یعنی من هم‌جنس‌گرا هستم و مجازات مرگ در انتظارم است؟ مادرم می‌گفت مهم نیست. داری مرتکب گناه می‌شوی که موهایت را نمی‌پوشانی و بی‌حجاب به خیابان می‌روی.[۲۵]

بسیاری از ترنس‌ها، پس از عمل، از محله، شهر و یا حتی ایران، مهاجرت می‌کنند. برای بیشتر آنها، آیندهٔ روشن با فراموش کردن و پنهان کردن هر چه بیشتر گذشته گره خورده است. در بحثی که در وبلاگ *اطلاع رسانی...* پیرامون اطلاع‌رسانی دربارهٔ وضعیت و مشکلات ترنس‌سکشوال‌ها به راه افتاده بود، بسیاری از ترنس‌ها با هر نوع آگاهی‌بخشی که باعث شود جامعه حساسیت بیشتری نسبت به آنها پیدا کند و پنهان‌سازی زندگی گذشته و هویت جنسی‌شان مشکل‌تر کند به شدت مخالف هستند. یکی از آنها می‌نویسد: "ماها هم‌جنس‌گرا یا مبدل‌پوش نیستیم که قرار باشه همان چیزی که هستیم در جامعه پذیرفته بشیم. ما مشکلی داریم که تنها با پذیرفته شدن و فراموش کردن گذشته بعد از درمان حل می‌شه؛ چه از سوی خودمون چه از طرف دیگران!"[۲۶]

---

۲۴ همان.

۲۵ مصاحبه با مازیار، شش‌رنگ و عدالت برای ایران.

۲۶ از وبلاگ *اطلاع رسانی پزشکی تخصصی عمل‌ها و مراحل تغییرجنسیت در ایران*. اصل این وبلاگ که منبع ما در مرحله ادبیات بود، به دستور کار گروه مصادیق محتوای مجرمانه، فیلتر و سپس حذف شده است.

و نفر بعدی هم در تأیید او اضافه می‌کند: "چرا خیلی از تی‌اس‌ها مهاجرت می‌کنن در حالی که مشکلی با خانواده ندارن؟ چرا محل سکونت خودشون رو عوض می‌کنن؟ چرا وقتی با حجاب بیرون می‌رن آرایش غلیظ می‌کنن؟ [منظور او ترنس‌های مرد به زن است] نمی‌دونی؟! به‌خاطر این که کسی به گذشتهٔ این آدم پی نبره. چون این جوری خاطراتش دوباره واسش تداعی می‌شه.[۲۷]

ترنس دیگری می‌نویسد: "ما داریم به سختی تلاش می‌کنیم تا مثل آدم‌های دیگه عادی باشیم. مگه غیر اینه که ما می‌خوایم گذشتمونو پنهان کنیم و بهش افتخار نمی‌کنیم؟ حالا چرا باس همه جا جار بزنیم که نه، ما قبلاً این جوری بودیم، دل‌تون به حال ما بسوزه، یا مثلاً ما رو درک کنین!.."[۲۸]

و دیگری نتیجه می‌گیرد: "فقط کافیه بعد از عمل پوستهٔ قبلی رو کامل دور بندازیم و با هویت جدید وارد جامعه بشیم. اصلاً هم لزومی نداره که دور و اطرافیان بدونند!"[۲۹]

البته چنان که پیش‌تر اشاره کردیم، بسیاری از مصاحبه‌شدگان بر این باورند که به دلیل جایگاه بسیار بالاتری که جامعهٔ ایران برای مردان قائل است، خانواده‌ها هم فرزندان دختر خود را که پسر شده‌اند ساده‌تر می‌پذیرند:

> آن دختری که پسر شده خب خانواده این را پذیرفته. چرا که فرهنگ خانواده، این جا یک تفاوت فرهنگ خانواده فقط هست: آنهایی که پسر بوده‌اند دختر شده‌اند، خانواده طرد کرده، جامعه هم طرد کرده، ولی آنها برعکس که دختر بوده‌اند پسر شده‌اند، خانواده پذیرفته، بالطبع چون خانواده پذیرفته، جامعه هم پذیرفته که ما به جمع‌مان یک پسر اضافه شده. این تفاوت خیلی مهم است.[۳۰]

در روایت بسیاری از مصاحبه‌شوندگان ترنس‌مرد، بازهم مواردی از عدم پذیرش خانواده را شاهد بودیم. صرف ارتقاء صوری جایگاه اجتماعی، از زن به مرد،

---

۲۷ همان.

۲۸ همان.

۲۹ همان.

۳۰ مصاحبه با لیلا شیرازی، شش‌رنگ و عدالت برای ایران.

باعث نمی‌شود که در تمام موارد خانواده‌ها با تغییر جنسیت فرزندشان کنار آمده و آن را بپذیرند.

مجموعهٔ مشکلات جسمی و فشارهای عاطفی، خانوادگی و اجتماعی، در تعداد قابل توجهی از افراد بعد از تغییر جنسیت مشکلات روحی، روانی متعددی ایجاد می‌کند. شهادت یاشار، ترنس‌مرد که عمل تخلیه پستان و رحم را در ایران انجام داده و الان در کشور دیگری تقاضای پناهندگی داده است تنها یک نمونه از این واقعیت است که بسیاری، با وجود اینکه امید به داشتن یک زندگی عادی بعد از عمل داشته‌اند، مجبور به مهاجرت از ایران و یا پناهندگی می‌شوند:

> در سال ۸۷ در بیمارستان فیروزگر عمل تخلیه رحم کردم. عمل تخلیه پستان را هم پیش آقای میرجلالی انجام دادم و زدند داغون کردند. طوری که من با اینکه سینه‌ام رو در آورده ولی نمی‌توانم در مقابل کسی لخت شوم. من سینه‌ام رو پیش میرجلالی عمل کرده بودم و دائم تورم داشت. بعد از یک سال گفت باید دوباره عمل کنم. بدون بیهوشی شروع کرد تیغ جراحی رو به سینه‌ام کشید و اونقدر جیغ زدم، می‌گفت چیه بهت آمپول زدم که سِر شود. گفتم خب سِر نشده و دید من گریه می‌کنم و التماسش کردم، من رو برد تو اتاق عمل. ولی گفتم، اون‌قدر خراب عمل شده‌ام که نمی‌توانم جلوی کسی لخت شوم... در ایران هم خیلی در خیابان بهم توهین می‌شد و مسخره‌ام می‌کردند، می‌ترسیدم برم بیرون. موتورسوارها می‌آمدند اذیتم می‌کردند. گشت مفاسد اومد در خونه و من رو بردند و... یه سال داشتم در یک خیابان خلوت که هیچ ماشینی نبود رد می‌شدم. یک دفعه در بیمارستان به هوش آمدم. یک ماشین آمده بود زده بود به من و فرار کرده بود. الان سمت چپ بدنم پلاتین دارم و دائم درد دارم و سوزش و اصلاً شب‌ها نمی‌تونم بخوابم. من سه ماه روی ویلچر بودم. ماه‌ها با عصا راه می‌رفتم... این مسائل باعث شد از کشور خارج شوم.[۳۱]

---

۳۱ مصاحبه با یاشار، شش‌رنگ و عدالت برای ایران.

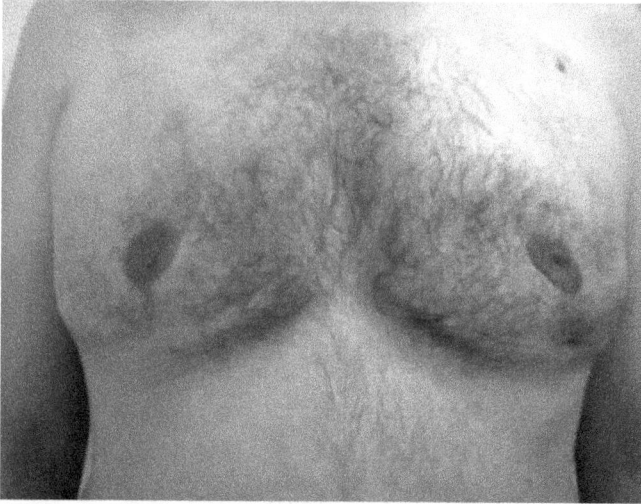

سند شماره ۲۴: تصویر بالاتنه یاشار، پس از عمل جراحی تخلیه پستان.

برخی از مصاحبه‌شوندگان از افسردگی دوستان‌شان پس از عمل جراحی روایت کرده‌اند.[۳۲] بهاره که به گفتهٔ خود با سینه‌هایش مشکل دارد و اگر پایش به یک کشور اروپایی برسد حتماً آنها را عمل می‌کند، تنها به دلیل هراس از عوارض روانی پس از عمل از تغییر جنسیت خودداری کرده است:

> من خیلی وقت پیش، شاید بگویم یازده دوازده سال پیش دنبال همین قضیه رفتم. از دکتر سوال کردم در مورد تغییر جنسیت و این حرف‌ها. ولی وقتی فهمیدم خیلی‌ها افسردگی می‌گیرند از نظر اعصاب و روان، کلاً این قضیه برایم منتفی شد. قضیهٔ تغییر جنسیت. حالا از لحاظ تغییر بالاتنه [سینه‌ها] که اگر برش داری. ولی پایین تنه را می‌دانم که مسائل خیلی زیادی بعدش هست، یعنی مشکلات زیادی بعدش هست، که نمی‌خواهم همچین مشکلاتی برایم پیش بیاید. سلامتی خودم برایم مهم‌تر است تا این که به آن چیز آنی برسم.[۳۳]

---

۳۲ پرسا، لیلا شیرازی و شیوا دلدار.

۳۳ مصاحبه با بهاره، شش‌رنگ و عدالت برای ایران.

شیوا دلدار نیز عقیده دارد که یکی از دلایل افسرده شدن ترنس‌ها پس از عمل این است که هیچ وقت چیزی نمی‌شوند که باید بشوند:

> به هر حال هیچ وقت چیزی نمی‌شوم که باید بشوم و این خیلی آزارم می‌دهد. سایه را دیدید چند وقت پیش تو کانادا خودکشی کرد؟ یکی از چیزهایی که اذیتش می‌کرد، دقیقاً ظاهر مردانه‌اش آزارش می‌داد. این چیزی است که ما هیچ وقت نمی‌توانیم حل کنیم.[۳۴]

داستان زندگی سایه (حسنعلی کاظمی)، که در ۲۶ سالگی در سال ۲۰۰۸ در تورنتو خودکشی کرد، یکی از تلخ‌ترین نمونه‌هایی است که نشان می‌دهد بیشتر ترنس‌ها پس از تغییر جنسیت هم به احساس سعادتی که انتظار داشته‌اند دست نمی‌یابند. آخرین مصاحبهٔ فارسی که از او در دسترس است زمانی انجام شده که در ترکیه به‌عنوان پناهنده زندگی می‌کرده و منتظر انتقال به کانادا بوده است. او در این مصاحبه می‌گوید:

> من، یک آدم له شده و مریض وارد کانادا می‌شم. من ضریب هوشی بالایی داشتم، درسم خوب بود، می‌تونستم دانشگاه برم، می‌تونستم خودم یک وکیل و یا سفیر بشم، می‌تونستم همون جراح بشم، اما جامعه به خاطر ناآگاهیش، همهٔ فرصت‌ها رو از من گرفته. فرصت من بودنم رو هم از من گرفته. من می‌تونستم خودم باشم، اما الان نیستم. اگر بخوام از اول زندگیم رو بسازم باید گذشته‌م رو فراموش کنم.[۳۵]

بر اساس اطلاعاتی که از زندگی سایه در دست داریم، او که از سوی خانواده و با برخوردهای خشونت‌آمیز پدرش طرد شده بود، بارها دستگیر شده بود و هم توسط مأموران نیروی انتظامی و هم از سوی مردان عادی مورد تجاوز قرار گرفته بود. او در ترکیه به تنهایی با شدیدترین مشکلات مالی مواجه شده بود.[۳۶] علاوه بر این، رابطهٔ عاشقانه او با افشین [یک ترنس‌مرد] همانطور که در فیلم "روز

۳۴ مصاحبه با شیوا دلدار، شش‌رنگ و عدالت برای ایران.

۳۵ پارسی، آرشام، اردیبهشت ۱۳۸۶، مصاحبه با سایه، دگرجنس‌گونه‌ی ایرانی، ماهنامهٔ چراغ، قابل دسترسی در: http://www.cheraq.net/28/03.htm.

۳۶ همان.

تولد"[۳۷] تصویر شده به شکل غم‌انگیزی به پایان رسیده بود. سرگذشت سایه، خلاصهٔ تمام دردهایی است که یک ترنس‌سکشوال می‌تواند در طول زندگی خود تجربه کند. تجربه‌ای که از تحمل فرد به قدری خارج است که او را در محیطی امن در تورنتو دوباره به دام تنهایی می‌کشد و به جانب خودکشی می‌برد.

اما افسردگی ناشی از تنهایی، طرد شدن و فشارهای جسمی و روحی پس از عمل جراحی، یگانه دلیل خودکشی کسانی نیست که تغییر جنسیت داده‌اند. تعداد قابل توجهی از مصاحبه‌شوندگان این تحقیق گفته‌اند که برخی از دوستان‌شان که به راحتی توانسته‌اند پاسخ مثبت روان‌شناسان را بگیرند، پس از عمل متوجه شده‌اند که هم‌جنس‌خواه هستند و پشیمان شده‌اند[۳۸] و چون راه بازگشتی وجود نداشته، خودکشی کرده‌اند:

---

۳۷ روز تولد "The Birthday" مستند، کارگردانان: نگین کیانفر و دیزی مور، محصول مشترک ایران و هلند ، ۲۰۰۶.

در پایان فیلم وضعیت شخصیت‌های داستان بیان می‌شود و متوجه می‌شویم که افشین و سایه از یکدیگر جدا شده‌اند و سایه به ترکیه رفته است.

۳۸ مصاحبه با سامان، شش‌رنگ و عدالت برای ایران.

خیلی‌ها هستند از روی نادانی مجبورند عمل کنند. من دور و بر خودم خیلی داشتم. دوستی داشتم که خودکشی کرده، چون عمل کرده ولی پشیمان شده. دختر بوده، پسر شده. یا یکی از دوستان دوستم شنیدم عمل کرده، بعد پشیمان شده و الان با پسر دوست است. عمل هم کرده، یعنی گی شده در اصل. گی هم نمی‌شود گفت. فقط سینه‌اش را عمل کرده. ریش دارد. سینه‌اش را عمل کرده. هیچی، رابطه دارد. حتی توی مترو بچه‌ها دیده بودنش با پسره دست تو دست همدیگر، فرار کرده بوده. تو متروی ایران. خیلی اتفاقات بدی برایشان می‌افتد، چون انستیتو واقعاً روان‌شناسان خوبی ندارند. من حاضرم یک نفر بیاید دختر کامل کامل باشد، باهاش صحبت کنم بگویم شما می‌روی این جا، این سوال‌ها را ازت می‌پرسند، این‌ها را جواب بده. امکان ندارد این‌ها اگر روان‌شناس باشند، از میمیک صورت تو یا از حالت‌های تو [باید] بفهمند تو راست می‌گویی یا دروغ.[۳۹]

تأکید بر این نکته لازم است که مشکلاتی مانند خودکشی، خودزنی و افسردگی در بین بقیه گروه‌های اجتماعی هم وجود دارد اما همانطور که در جای جای این کتاب به آن اشاره شد، میزان فشار، خشونت و بی‌توجهی که این گروه از اطرافیان خود تجربه می‌کنند، طبیعتاً به افزایش موارد خودکشی بین آنها می‌انجامد.

۳۹ مصاحبه با کاوه صالحی، شش‌رنگ و عدالت برای ایران.

سخن آخر

هم‌جنس‌گرایی در ایران، نه فقط از سوی نهادهای قانونی و سیاست‌گذاران بلکه از سوی بخش بزرگی از جمعیت و حتی بخش عمده‌ای از پزشکان و روان‌شناسان، نه یک ویژگی طبیعی که یک انحراف، جرم قابل مجازات و گناه محسوب می‌شود. هم‌جنس‌گرایان به شکل وسیعی در خانواده، از سوی هم‌سالان و در مدرسه، دانشگاه و جامعه، با الفاظی مانند "هم‌جنس‌باز" و "کونی" تحقیر می‌شوند، شدیدترین انواع خشونت‌های روانی و فیزیکی و حتی جنسی را از سوی عزیزترین کسانشان و یا افرادی که به حکم وظیفه خود مسئول امنیت جامعه هستند، تجربه می‌کنند و در نهایت و در بسیاری از موارد به ازدواج اجباری وادار می‌شوند. انتشار هرگونه اطلاعات یا هرنوع آموزشی درباره گرایش‌های جنسی متفاوت ممنوع است و متخصصان و مشاوران وظیفه دارند تنها در چارچوب آنچه در شرع مجاز دانسته شده، مراجعان خود را راهنمایی کنند. از دیگر سو، تمامی کسانی که با پوشش و رفتار خود کلیشه‌های متعارف جنسیتی را به چالش می‌کشند و ترجیح می‌دهند حضور اجتماعی‌شان در قالب ظاهر و رفتاری باشد که از تعاریف رسمی جنسیتی فاصله دارد و یا برای جنس مخالف تعریف و تثبیت شده است، صرف نظر از اینکه به هم‌جنس بیولوژیک خود گرایش جنسی دارند یا خیر، تحت عنوان مبتلا به اختلال هویت جنسیتی و ترنس‌سکشوال طبقه‌بندی می‌شود. در نگاه گفتمان‌های غالب در ایران، این افراد با تغییر جنسیت، و زن یا مرد "واقعی" شدن، درمان خواهند شد. یافته‌های این تحقیق، تأیید می‌کند که بستر سیاسی و حقوقی موجود در ایران، تنها هویت زن یا مرد دگرجنس‌گراست که مشروعیت دارد و سایر هویت‌های چندگانه، تا زمانی که به شکل یکی از این "دوتایی جنسیتی" درنیامده‌اند، نامشروع، ناجور، چندش‌آور و غیر قابل پذیرش هستند.

این کتاب، در مسیر سه ساله پاسخ به دو سئوال که تا چه حد هم‌جنس‌گرایان در ایران ناگزیر می‌شوند به تغییر جنسیت روی آورند و نیز، عمل‌های تغییر جنسیت در ایران چقدر با استانداردهای بین‌المللی بهداشت و درمان و حقوق بشر هم‌خوانی دارد، شرایط زیست اقلیت‌های جنسی در ایران را به دقت مورد بازبینی قرار داده است. هم‌چنین از رهگذر انجام ۱۰۷ مصاحبه که بیشتر آنها عمیق بوده و مرور ادبیات موجود، نشان می‌دهد که چگونه این مجموعه شرایط که به واقع می‌توان آن را "شرایط قهرآمیز" (coercive situation) توصیف کرد، امکان رسیدن به هرگونه رضایتی که واقعاً، و براساس اصول حقوق بین‌الملل، آگاهانه و مختارانه باشد را در کلیه تصمیم‌گیری‌هایی که فردی که در زمره اقلیت‌های جنسی به شمار می‌رود، سلب می‌کند. یافته‌های این تحقیق این نتیجه‌گیری را درمورد تصمیم‌گیری‌های اشخاص راجع به تغییر جنسیت هم تأیید می‌کند.

علی‌رغم تحولاتی که در چندین سال اخیر در حوزه قوانین مربوط به جنسیت در کشورهای مختلف رخ داده و این واقعیت که بسیاری از کشورها، هویت افراد ترنس‌جندر را به‌عنوان اشخاصی فرای نقش‌های جنسیتی آشنا، به رسمیت شناخته‌اند، و هرروز کشورهای بیشتری قوانین خود را به شکلی تغییر می‌دهند که ترنس‌جندرها بتوانند بدون اجبار به هورمون‌درمانی‌های غیرضروری و عقیم‌شدن‌های اجباری، اوراق هویت خود را مطابق با نام و جنسیت مطلوبشان تعویض کنند، در ایران، حاکمیت نظام حقوقی دوجنس‌گونه، نه فقط به انسان‌ها اجازه نمی‌دهد که به هم‌جنس خود عشق بورزند بلکه آنها را برای تبدیل شدن به زن یا مرد دگرجنس‌گرا تحت فشار می‌گذارد. به این ترتیب، این واقعیت که از یک‌سو در ایران هم‌جنس‌گرایی جرم است و از سوی دیگر ترنس‌سکشوالیتی آزاد است و بخشی از هزینه عمل‌های تغییر جنسیت توسط دولت پرداخته می‌شود، نه تنها پارادوکسیکال (در تضاد با یکدیگر) نیست بلکه در هماهنگی مطلق با گفتمان غالب قرار دارد. به بیان دیگر، از یک‌سو هم‌جنس‌گرایان، نه فقط تحت فشار خانواده، جامعه و ارزش‌های مذهبی و سنتی هستند و درصورتی که رابطه جنسی داشته باشند، در خطر شدیدترین مجازات‌ها، از جمله مرگ قرار دارند، بلکه آن‌گونه که این تحقیق ثابت می‌کند، از سوی نظام پزشکی و روان‌شناسی، تحت درمان‌های ترمیمی غیرانسانی مانند دارودرمانی و

شوک درمانی قرار می‌گیرند که گرایش جنسی‌شان را تغییر دهند و یا اینکه در چنان شرایطی قرار می‌گیرند که خود را به‌عنوان ترنس‌سکشوال هویت‌یابی کنند و با درونی کردن این هویت برساخته از نظام دگرجنس‌گرایی اجباری، مراحل دردناک تغییر جنسیت را یک به یک طی کنند. از سوی دیگر، در همین نظام است که افراد ترنس‌جندر (فراجنسیتی) نیز مجبور به انجام عمل تغییر جنسیت می‌شوند زیرا جنسیت، تمایلات جنسی، رفتار و ظاهر آنها، همان‌گونه که هست، نه تنها قابل پذیرش نیست بلکه غیرممکن است. به خصوص اینکه قوانین منتج از فقه شیعه در ایران، در بسیاری از موارد، کاملاً تابع جنسیت فرد است و حقوق و تکالیف متفاوتی را برای زنان و مردان پیش‌بینی کرده است. به دیگر بیان، فرد مسلمان در ایران، نمی‌تواند جنسیتی نامعین یا بینابینی داشته باشد زیرا حتی شیوه عبادت، یعنی خصوصی‌ترین امر زندگی‌اش نیز اگر زن یا مرد باشد، تفاوت خواهد داشت.

طی کردن مراحل تغییر جنسیت، اگرچه هم‌جنس‌گراها و ترنس‌جندرها را از داغ ننگ "هم‌جنس‌باز" بودن دور می‌کند و به زیست آن‌ها، وجهه مشروع می‌دهد اما جایگاه و منزلت آنها را در پیشگاه خانواده و جامعه، چندان تغییر نخواهد داد تا جایی که تعداد قابل توجهی از آنها، حتی پس از طی مراحل تغییر جنسیت، آن‌قدر شرایط را برای ادامه زندگی در ایران سخت می‌یابند که ناگزیر به ترک کشور و پناهنده‌جویی می‌شوند؛ در حالی که همانند همتایان خود در ایران، از دردهای مزمن و آثار سوء عمل‌های جراحی فاقد ابتدایی‌ترین اصول و استانداردهای پزشکی، که گاه آنها را کاملاً دچار نقص عضو و ناتوانی می‌کند، رنج می‌برند.

حقوق اقلیت‌های جنسی در ایران، که براساس تعهدات بین‌المللی دولت جمهوری اسلامی، لازم‌الاجرا هستند، به شکلی گسترده و در حوزه‌های متعددی نقض می‌شود. اصل بنیادین عدم تبعیض که مقرر می‌دارد که هیچ انسانی را نمی‌توان به صرف داشتن گرایش جنسی یا هویت جنسی متفاوت، از حقوق بشر محروم کرد، در قوانین مختلف به خصوص قوانینی که روابط جنسی هم‌جنس‌گرایانه، نداشتن حجاب اسلامی و نیز مبدل‌پوشی را قابل مجازات می‌دانند به شکلی آشکار، نقض می‌شود. در عین‌حال، درمان‌های ترمیمی که سال‌هاست در کشورهای گوناگون ممنوع شده است، نه تنها برای افراد بالغ بلکه

برای افرادی که کودک به شمار می‌روند، نیز اعمال می‌شود. این روش‌ها مصداق بارز شکنجه پزشکی محسوب می‌شوند. اعمال توهین و آزار و تحقیر کسانی که به اتهام هم‌جنس‌گرایی و یا به خاطر مبدل‌پوشی و بیان جنسیتی متفاوتشان بازداشت شده‌اند، نیز ناقض اصل ممنوعیت شکنجه است. بررسی شرایط زیست اقلیت‌های جنسی، اما، یک نکته را پررنگ‌تر از همیشه پیش روی ما می‌گذارد: افراد و نهادهایی که علیه اقلیت‌های جنسی دست به اعمال خشونت و شکنجه می‌زنند، شامل اعضای خانواده، روان‌پزشکان، مشاوران و کادر پزشکی و نیز، نیروهای انتظامی و سایر مسئولان رسمی در حوزه‌های مختلف، از مصونیت تقریباً مطلق برخوردارند. در تمامی موارد اعمال خشونت که در این کتاب، مستند شده است، حتی به یک مورد برنخوردیم که فرد یا نهاد مسئول، تحت پیگیرد قرار گرفته و پاسخگو شده باشد. این امر نشان از جایگاه بسیار فرودست و بی‌قدرت این قربانیان خشونت دارد.

اگرچه شرایط زیست هم‌جنس‌گرایان و ترنس‌جندرها در ایران، مانند آسمان شب تیره است، اما هنوز تک‌ستاره‌هایی در آن سوسو می‌زنند. تک‌ستاره‌هایی که در مقابل این شرایط مقاومت می‌کنند و سعی در تغییر آن دارند. استثنائاتی که گفتمان سرکوبگر موجود را به شیوه‌های مختلف به چالش می‌کشند. چه آنهایی که بدون قصد تغییر جنسیت، نهادهای رسمی را متقاعد می‌کنند که به آنها مجوز تغییر جنسیت بدهند تا بتوانند بدون حجاب یا با لباس و آرایش مطلوبشان در فضاهای عمومی ظاهر شوند؛ و چه آنهایی که از ازدواج اجباری یا سایر خشونت‌های خانگی گریخته و برای حفظ کرامت انسانی‌شان در آخرین چاره‌جویی از کشور خارج می‌شوند.

در کنار همه اینها، اما مبارزه و مقاومت سازماندهی شده و جمعی‌ای نیز در جریان است. گروه‌ها و محافل دوستی در بخش‌های مختلف جامعه شکل می‌گیرند و دوستی‌های مجازی به خانه‌ها کشیده می‌شوند تا قدرت و اتحاد جمعی و حمایت متقابل را تجربه کنند.

ما نیز ضمن فراخواندن هر چه بیشتر فعالین این حوزه به عمل جمعی و مقاومت در مقابل شرایط موجود و تلاش برای تغییر آن، این تحقیق و انتشار نتایج آن را گام مهمی در جهت تغییر گفتمان موجود می‌دانیم. در عین حال بر

این امر واقفیم که این تحقیق بایستی با تحقیقات دیگر و توسط دیگران تکمیل شده و جنبه‌های دیگر این موضوع مورد پژوهش و بررسی قرار گیرد.

بنیادی‌ترین خواسته‌ها و توصیه‌ها بر پایه نتایج تحقیق حاضر

۱. جرم زدایی کامل از روابط جنسی هم‌جنس‌گرایانه و لغو مجازات اعدام و شلاق برای روابط هم‌جنس‌گرایانه‌ای که با توافق دو طرف و بین دو فرد بزرگسال صورت می‌گیرد.

۲. پایان دادن به هرگونه تبعیض و خشونت نسبت به هم‌جنس‌گرایان و ترنس‌جندرها در قانون و سیاست عملی.

۳. حمایت افرادی که جنسیت آنها با الگوهای متعارف همخوانی ندارد، از هرگونه آزار و اذیت، بازداشت خودسرانه، شکنجه و سایر بدرفتاری‌هایی که توسط افراد دولتی و هم‌چنین نیروهای غیردولتی اعمال می‌شود.

۴. غیرقانونی اعلام شدن شیوه‌های درمانی همچون شوک الکتریکی و داروهای روانگردان برای تغییر گرایش جنسی و هویت جنسیتی.

۵. تدوین قوانینی که تغییر جنسیت تحمیلی را ممنوع، و محافظت از حق ترنس‌جندرها برای برخورداری از بالاترین استانداردهای سلامت و خودداری از اجبار آنها به انجام عمل جراحی تغییر جنسیت برای به رسمیت شناخته شدن هویت جنسیتی‌شان.

۶. تلاش برای بررسی و ممانعت از فعالیت جراحانی که بدون در نظر گرفتن رضایت آگاهانه ترنس‌جندرها اقدام به عمل جراحی تغییر جنسیت می‌کنند و به استاندارهای بین‌المللی در این زمینه بی‌توجه هستند.

۷. پاسخگو کردن مشاوران، روان‌پزشکان و پزشکان در برابر تصمیمات، اعمال و رفتارشان با ترنس‌جندرها و هم‌جنس‌گرایان، به خصوص زمانی که استانداردهای بین‌المللی و حقوق بشر را نقض می‌کنند.

۸. ترویج آزادی بیان، دسترسی به اطلاعات دقیق و ممنوع کردن نفرت‌پراکنی علیه افرادی با گرایش جنسی و هویت جنسیتی متفاوت که منجر به افزایش خشونت‌های خانگی، اجتماعی و سیاسی علیه آنها به‌عنوان یکی از به حاشیه‌رانده شده‌ترین گروه‌ها در ایران می‌شود.

جدول اسامی و مشخصات مصاحبه‌شوندگان (به ترتیب حروف الفبا)

- به جز اسامی که با * مشخص شده‌اند، سایر اسامی مستعار است. اسامی واقعی مصاحبه‌شوندگان نزد عدالت برای ایران و شش‌رنگ محفوظ است.

- هویت جنسیتی و یا گرایش جنسی تمامی مصاحبه‌شوندگان بر اساس تعریف خودشان در زمان انجام مصاحبه در جدول زیر ذکر شده است.

- به‌دلایل امنیتی، شهرهایی که مصاحبه‌های ایران در آن انجام شده را در مقابل نام مصاحبه‌شوندگان نیاورده‌ایم. مصاحبه‌های ایران در شهرهای تهران، شیراز، اصفهان، تبریز، سنندج، خرم‌آباد، زاهدان، کرج، کرمان، شاهرود، رشت، مشهد و بابلسر انجام شده است.

- به جز افرادی که مشخصاتشان در جدول آمده، با دکتر شاداب صالح‌پور، متخصص غدد و رشد کودکان و دکتر سودابه اسکویی متخصص جراحی عمومی از طریق تماس تلفنی و با زهرا بشردوست، روان‌شناس در ایران و نسرین، مادر یک ترنس افتوام در آلمان نیز مصاحبه‌های عمیق حضوری انجام داده‌ایم. بنابر این، مجموعاً ۱۰۹ مصاحبه برای این تحقیق، انجام گرفته است.

ردیف	نام مصاحبه شونده	هویت جنسیتی/ گرایش جنسی	توضیحات	محل زندگی در زمان انجام مصاحبه	نوع مصاحبه	شکل مصاحبه
۱	آدلر	ترنس‌جندر/ هم‌جنس‌گرا		ترکیه	عمیق	حضوری
۲	آرش بینش پژوه*	گِی		ترکیه	کوتاه	حضوری
۳	آرمان	ترنس‌جندر	قبلا خود را ترنس می‌دانسته	سوئد	عمیق	حضوری
۴	آکان محمدپور	ترنس‌جندر		ترکیه	عمیق	حضوری
۵	آناهیتا	لزبین		آلمان	عمیق	اسکایپی
۶	اشکان	مرد هم‌جنس‌گرا		ترکیه	عمیق	حضوری
۷	اشکان	ترنس‌مرد/ ترنس اف‌توام	عمل تغییر جنسیت را انجام داده است.	ایران	عمیق	اسکایپی
۸	الناز	لزبین		ترکیه	عمیق	حضوری
۹	الینا	لزبین		ترکیه	عمیق	اسکایپی
۱۰	امیر	مرد هم‌جنس‌گرا		ایران	عمیق	اسکایپی
۱۱	امیر آسمانی	مرد هم‌جنس‌گرا		ایران	کوتاه	کتبی
۱۲	امیرحسین	مرد هم‌جنس‌گرا		ترکیه	عمیق	اسکایپی

ردیف	نام مصاحبه شونده	هویت جنسیتی/ گرایش جنسی	توضیحات	محل زندگی در زمان انجام مصاحبه	نوع مصاحبه	شکل مصاحبه
۱۳	امیرعلی	ترنس‌سکشوال/ اف‌توام	عمل تغییر جنسیت را انجام نداده است.	ایران	عمیق	حضوری
۱۴	انسی	زن هم‌جنس‌گرا		آلمان	عمیق	حضوری
۱۵	انوشه	لزبین		ایران	عمیق	اسکایپی
۱۶	بهار	لزبین		ایران	عمیق	اسکایپی
۱۷	بهاره	ترنس‌جندر		کردستان عراق	عمیق	اسکایپی
۱۸	بهراد	گی		ترکیه	عمیق	حضوری و اسکایپی
۱۹	بیتا	ترنس‌جندر/ لزبین		ایران	عمیق	حضوری
۲۰	بیژن	ترنس‌سکشوال/ ترنس اف‌توام	عمل تغییر جنسیت را شروع نکرده است.	ایران	عمیق	اسکایپی
۲۱	پدرام	مرد هم‌جنس‌گرا		ترکیه	عمیق	حضوری
۲۲	پرسا	ترنس‌جندر		ترکیه	عمیق	حضوری
۲۳	پژاره	ترنس‌جندر/ لزبین	قبلا خود را ترنس می‌دانسته است.	ترکیه	عمیق	حضوری و اسکایپی
۲۴	پگاه	ترنس‌زن/ ترنس ام‌تواف	عمل تغییر جنسیت را انجام داده است.	کانادا	عمیق	حضوری

شکل مصاحبه	نوع مصاحبه	محل زندگی در زمان انجام مصاحبه	توضیحات	هویت جنسیتی/ گرایش جنسی	نام مصاحبه شونده	ردیف
اسکایپی وحضوری	عمیق	ایران و انگلیس		ترنس‌جندر/ هم‌جنس‌گرا	پونه	۲۵
اسکایپی	عمیق	ایران	عمل تغییر جنسیت را انجام نداده است.	ترنس‌سکشوال اف‌توام	تیام	۲۶
اسکایپی	عمیق	ترکیه	عمل تغییر جنسیت را انجام نداده است.	ترنس‌سکشوال اف‌توام/ بای‌سکشوال	جیکوب	۲۷
اسکایپی	عمیق	ترکیه		لزبین	دنیا موحد٭	۲۸
حضوری	عمیق	ترکیه		ترنس‌جندر/ هم‌جنس‌گرا	رایان	۲۹
حضوری	عمیق	ایران		ترنس‌جندر/ لزبین	رضوان	۳۰
حضوری	عمیق	کانادا		لزبین	رها	۳۱
اسکایپی	عمیق	ترکیه		لزبین	زهره	۳۲
اسکایپی	عمیق	ایران		لزبین	سارا فخرالدین	۳۳
حضوری	عمیق	ترکیه	عمل تغییر جنسیت را انجام داده است.	ترنس‌مرد/ ترنس اف‌توام	سامان	۳۴
کتبی	گفت‌وگوی تکمیلی	ایران		ترنس ام‌تواف	سانیا	۳۵
حضوری	عمیق	کانادا		لزبین	سایه‌اسکای	۳۶

ردیف	نام مصاحبه شونده	هویت جنسیتی/ گرایش جنسی	توضیحات	محل زندگی در زمان انجام مصاحبه	نوع مصاحبه	شکل مصاحبه
۳۷	سایه افضلی	ترنس‌سکشوال ام‌تواف	عمل تغییر جنسیت را انجام نداده است.	ترکیه	عمیق	حضوری و اسکایپی
۳۸	سپهر	ترنس‌مرد/ ترنس اف‌توام	عمل تغییر جنسیت را انجام داده است.	ایران	عمیق	حضوری
۳۹	ستایش	لزبین		آلمان	عمیق	اسکایپی
۴۰	سعیده	زن استریت		ترکیه	عمیق	حضوری
۴۱	سلماز	زن هم‌جنس‌گرا		ایران	عمیق	اسکایپی و حضوری
۴۲	سمیرا	لزبین		ترکیه	عمیق	اسکایپی و حضوری
۴۳	سوگند	لزبین		ایران و ترکیه	عمیق	اسکایپی
۴۴	سهراب	ترنس‌سکشوال/ اف‌توام	عمل تغییر جنسیت را انجام نداده است.	ترکیه	عمیق	حضوری
۴۵	سیا	ترنس‌سکشوال/ اف‌توام	عمل تغییر جنسیت را انجام نداده است.	آلمان	عمیق	حضوری
۴۶	شَمال	ترنس‌جندر/ لزبین	قبلا خود را ترنس‌سکشوال می‌دانسته است.	ایران	عمیق	اسکایپی
۴۷	شهرام	ترنس‌مرد/ ترنس اف‌توام	عمل تغییر جنسیت را انجام داده است.	ترکیه	عمیق	حضوری

ردیف	نام مصاحبه شونده	هویت جنسیتی/ گرایش جنسی	توضیحات	محل زندگی در زمان انجام مصاحبه	نوع مصاحبه	شکل مصاحبه
۴۸	شهرزاد	لزبین	قبلاً خود را ترنس‌سکشوال می‌دانسته است.	ایران	عمیق	اسکایپی
۴۹	شیدا سلطانی*	لزبین		ترکیه	عمیق	حضوری
۵۰	شیرین	لزبین		ایران	عمیق	اسکایپی
۵۱	شیوا دلدار	ترنس‌سکشوال/ ام‌تواف	عمل تغییر جنسیت را انجام نداده است. هموترنس	نروژ	عمیق	اسکایپی
۵۲	صبا	ترنس‌جندر/ لزبین		ایران	عمیق	حضوری
۵۳	صدف	ترنس‌سکشوال اف‌توام	عمل تغییر جنسیت را انجام داده است.	ایران	عمیق	اسکایپی
۵۴	طیبه	لزبین		ترکیه	عمیق	اسکایپی
۵۵	علی	گی		ترکیه	عمیق	حضوری
۵۶	علی راد*	ترنس‌مرد/ ترنس اف‌توام	عمل تغییر جنسیت را انجام داده است.	ایران	عمیق	حضوری
۵۷	فراز	ترنس‌مرد/ ترنس اف‌توام	عمل تغییر جنسیت را انجام داده است.	ترکیه	عمیق	حضوری
۵۸	فرزام	ترنس‌مرد/ ترنس اف‌توام	عمل تغییر جنسیت را انجام داده است.	کانادا	عمیق	حضوری

ردیف	نام مصاحبه شونده	هویت جنسیتی/ گرایش جنسی	توضیحات	محل زندگی در زمان انجام مصاحبه	نوع مصاحبه	شکل مصاحبه
۵۹	فرزانه	لزبین		آلمان	عمیق	حضوری
۶۰	فرشته	لزبین		انگلستان	عمیق	حضوری و اسکایپی
۶۱	فرناز	ترنس‌جندر/ لزبین		آلمان	عمیق	حضوری
۶۲	فریبا	ترنس‌سکشوال/ ام‌تواف/ هموترنس	عمل تغییر جنسیت را انجام نداده است.	ایران	عمیق	اسکایپی
۶۳	فریبرز	ترنس‌جندر		آلمان	عمیق	حضوری
۶۴	کاوه صالحی	ترنس‌مرد	عمل تغییر جنسیت را انجام داده است.	ترکیه	عمیق	حضوری
۶۵	کوروش	ترنس‌مرد	عمل تغییر جنسیت را انجام داده است.	ترکیه	عمیق	اسکایپی و حضوری
۶۶	کیا	ترنس‌مرد	عمل تغییر جنسیت را انجام داده است.		عمیق	اسکایپی
۶۷	کیارش	ترنس‌مرد	عمل تغییر جنسیت را انجام داده است.	ایران	گفت‌وگوی تکمیلی	کتبی
۶۸	کیانا	ترنس‌جندر/ بای‌سکشوال		ایران	عمیق	حضوری
۶۹	گلاره	کوییر/ لزبین		آمریکا	عمیق	اسکایپی
۷۰	گیلدا	لزبین		ترکیه	عمیق	اسکایپی

ردیف	نام مصاحبه شونده	هویت جنسیتی/ گرایش جنسی	توضیحات	محل زندگی در زمان انجام مصاحبه	نوع مصاحبه	شکل مصاحبه
۷۱	لیلا شیرازی	ترنس‌زن/ ترنس‌سکشوال ام‌تواف	عمل تغییر جنسیت را انجام داده است.	نروژ	عمیق	حضوری
۷۲	مارال	لزبین	خود را نه زن و نه مرد تعریف می‌کند Gender-neutra.	مالزی	عمیق	اسکایپی
۷۳	مازیار	ترنس‌مرد/ ترنس‌سکشوال اف‌توام	عمل تغییر جنسیت را انجام داده است.	ترکیه	عمیق	اسکایپی و حضوری
۷۴	مانی	ترنس‌مرد/ ترنس‌سکشوال اف‌توام هموترنس	عمل تغییر جنسیت را انجام نداده است.	ایران	گفت‌وگوی تکمیلی	کتبی
۷۵	محبوبه	لزبین		کانادا	عمیق	حضوری
۷۶	محمد آسمانی	ترنس‌مرد/ ترنس‌سکشوال اف‌توام	عمل تغییر جنسیت را انجام داده است.		عمیق	اسکایپی
۷۷	مرجان اهورایی	ترنس‌زن/ ترنس‌سکشوال ام‌تواف	عمل تغییر جنسیت را شروع کرده بود.	ترکیه	عمیق	حضوری
۷۸	مرسده	ترنس‌زن/ ترنس‌سکشوال ام‌تواف هموترنس	عمل تغییر جنسیت را انجام داده است.	کانادا	عمیق	اسکایپی وحضوری
۷۹	مریم	زن استریت		ترکیه	عمیق	حضوری

ردیف	نام مصاحبه شونده	هویت جنسیتی/ گرایش جنسی	توضیحات	محل زندگی در زمان انجام مصاحبه	نوع مصاحبه	شکل مصاحبه
۸۰	مریم	ترنس‌جندر/ لزبین		انگلستان	عمیق	حضوری
۸۱	معصومه	لزبین		ترکیه	کوتاه	حضوری
۸۲	مهتاب	ترنس‌جندر/ لزبین		ایران	عمیق	اسکایپی
۸۳	مهراد	ترنس‌سکشوال اف‌توام هموترنس	عمل تغییر جنسیت را انجام نداده است.	ایران	عمیق	حضوری
۸۴	مهرانه	لزبین		ایران	عمیق	وایبر
۸۵	مهرناز	ترنس‌جندر/ لزبین		ایران	عمیق	اسکایپی
۸۶	مهشید	لزبین		ایران	عمیق	حضوری و اسکایپی
۸۷	مهرنوش	ترنس‌جندر/ لزبین		کانادا	عمیق	حضوری
۸۸	مهوش	لزبین		آلمان	عمیق	حضوری
۸۹	مهیار ضیایی	ترنس‌مرد/ ترنس‌سکشوال اف‌توام	روند هورمون تراپی را شروع کرده است.	آلمان	عمیق	حضوری
۹۰	نازنین پ	لزبین		ترکیه	عمیق	اسکایپی و حضوری
۹۱	نازنین	لزبین		ترکیه	عمیق	حضوری
۹۲	نادر	ترنس مرد/ ترنس‌سکشوال اف‌توام	تغییر جنسیت را شروع کرده است.	سوئد	عمیق	اسکایپی

ردیف	نام مصاحبه شونده	هویت جنسیتی/ گرایش جنسی	توضیحات	محل زندگی در زمان انجام مصاحبه	نوع مصاحبه	شکل مصاحبه
۹۳	نسا	لزبین		ترکیه	عمیق	حضوری
۹۴	نسترن	لزبین		ترکیه	عمیق	اسکایپی
۹۵	نسیم مرادی	لزبین		آلمان	عمیق	حضوری
۹۶	نیما	ترنس‌مرد/ ترنس اف‌توام	عمل تغییر جنسیت را انجام داده است.	ایران	عمیق	حضوری
۹۷	نینا	ترنس- اف‌توام	از انجام عمل تغییر جنسیت منصرف شده است.	ایران	عمیق	حضوری
۹۸	نیوشا	لزبین		ایران	عمیق	اسکایپی
۹۹	وحید	ترنس‌مرد/ ترنس- اف‌توام	عمل تغییر جنسیت را انجام داده است.	ترکیه	عمیق	اسکایپی
۱۰۰	هانا	زن استریت		آلمان	گفت‌وگوی تکمیلی	حضوری
۱۰۱	هستی	ترنس‌سکشوال/ ترنس ام‌تواف	عمل تغییر جنسیت را انجام نداده است.	تورنتو	عمیق	حضوری
۱۰۲	هیوا	لزبین		ترکیه	عمیق	حضوری
۱۰۳	یاسمن	لزبین		ترکیه	گفت‌وگوی تکمیلی	حضوری

ردیف	نام مصاحبه شونده	هویت جنسیتی/ گرایش جنسی	توضیحات	محل زندگی در زمان انجام مصاحبه	نوع مصاحبه	شکل مصاحبه
۱۰۴	یاشار	ترنس‌مرد/ ترنس اف‌توام	عمل تغییر جنسیت را انجام داده است.	مالزی	گفت‌وگوی تکمیلی	اسکایپی
۱۰۵	یگی	مبتلا به سندروم ترنر/ اینترسکس		کانادا	عمیق	حضوری

منابع

منابع غیرفارسی

کتاب‌ها و متون آکادمیک

1. Butler, Judith P., Gender Trouble: feminism and the subversion of identity, Taylor & Francis e-Library, 2002.
2. Foucault, Michel, Der Wille zum Wissen, Sexualität und Wahrheit 1, übersetzt von Ulrich Raulff und Walter Seitter, suhrkamp taschenbuch wissenschaft, 2012.
3. Freund K, Nagler E, Langevin R, Zajac A, Steiner B, Measuring feminine gender identity in homosexual males, Archives of Sexual Behavior, Volume 3, Number 3/ May, 1974.
4. M. Nowak, What Practices Constitute Torture?, Human Rights Quarterly 28(2006).
5. Mahon, Michel, Foucault's Nietzschean Genealogy: Truth, Power, and the Subject, State University of New York Press, 1992.
6. Mason Meier, Benjamin, International Protection of Persons Undergoing Medical Experimentation: Protecting the Right of Informed Consent, Berkeley Journal of Inernatinal Law, Volume 20, Issue 3, 2002.
7. Najmabadi, Afsaneh, Transing and TranspassingAcross Sex-Gender Walls in Iran, Women's Studies Quarterly 36(3-4), 2008.
8. Najmabadi, Afsaneh, Verdicts of Science, Rulings of Faith: Transgender/ sexuality in Contemporary Iran, Digital Access To Scholarship At Harvard, September 29, 2014, available at:http://dash.harvard.edu/bitstream/handle/1/4905099/NajmabadiPaperFinal2.pdf?sequence=2

اسناد

1. Administrative High Court, No. 2008/17/0054, judgement of 27 February 2009.
2. American Psychological Association Resolution (APA) on Appropriate Affirmative Responses to Sexual Orientation Distress and Change Efforts (2009), available at: http://www.apa.org/about/policy/sexual-orientation.aspx.
3. APA Policy Statements on Lesbian, Gay, Bisexual & Transgender Concerns (2011), available at: http://www.apa.org/about/policy/booklet.pdf.
4. APSA, 2012 - Position Statement on Attempts to Change Sexual Orientation, Gender Identity, or Gender Expression, June 2012, available at: http://www.apsa.org/content/2012-position-statement-attempts-change-sexual-orientation-gender-identity-or-gender.
5. Commission on Human Rights resolutions on the question of death penalty, E/CN.4/RES/2004/67, April 21, 2004.
6. Committee against Torture, General Comment No. 2 (CAT/C/GC/2).
7. Committee on Economic, Social and Cultural Rights, General Comment No. 20, Non-Discrimination in Economic, Social and Cultural Rights (E/C.12/GC/20).
8. Committee on Economic, Social and cultural Rights, General Comment No. 14, the right to the highest attainable standards of health (E/C.12/2000/4).
9. Committee on the Elimination of Discrimination against Women, General Recommendation No. 28: The Core Obligations of States Parties under Article 2 of

the Convention on the Elimination of All Forms of Discrimination against Women (CEDAW/C/GC/28).

10. Committee on the Rights of the Child, General Comment No. 13 (CRC/C/GC/13).
11. DSM-5 Implementation and Support, APS, available at http://www.dsm5.org/Pages/Default.aspx.
12. ECLI:DE:BVerfG:2011:rs20110111.1bvr329507, avialable at http://www.bundesverfassungsgericht.de/entscheidungen/rs20110111_1bvr329507.html.
13. European Committee of Social Rights, *International Centre for the Legal Protection of Human Rights (INTERIGHTS) v. Croatia* (Complaint No. 45/2007).
14. Federal Constitutional Court, 1 BvR 3295/07, available at: www.bundesverfassungsgericht.de/entscheidungen/rs20110111_1bvr329507.html.
15. Human Rights Committee, Concluding observations on Austria (CCPR/C/AUT/CO/4).
16. Human Rights Committee, Concluding observations on Chile (CCPR/C/CHL/CO/5).
17. Human Rights Committee, Concluding observations on El Salvador (CCPR/C/SLV/CO/6).
18. Human Rights Committee, Concluding observations on Finland (CCPR/CO/82/FIN).
19. Human Rights Committee, Concluding observations on Greece (CCPR/CO/83/GRC).
20. Human Rights Committee, Concluding observations on San Marino (CCPR/C/SMR/CO/2).
21. Human Rights Committee, Concluding observations on Slovakia (CCPR/CO/78/SVK).
22. Human Rights Committee, Fedotova v. Russia, Communication No. 1932/2010 (CCPR/C/106/D/1932/2010).
23. Human Rights Committee, General Comment No. 14 (E/C.12/2000/4) (right to the highest attainable standard of health).
24. Human Rights Committee, General Comment No. 15 (E/C.12/2002/11) (right to water).
25. Human Rights Committee, *General Comment No. 16: Article 17 (Right to Privacy), The Right to Respect of Privacy, Family, Home and Correspondence, and Protection of Honour and Reputation.*
26. Human Rights Committee, General Comment No. 18 (E/C.12/GC/18) (right to work),
27. Human Rights Committee, General Comment No. 19 (E/C.12/GC/19) (right to social security)
28. Human Rights Committee, General Comment No. 34: Article 19, Freedoms of opinion and expression, CCPR/C/GC/34 (12 September 2011).
29. Report of the Special Rapporteur on the question of torture and other cruel, inhuman or degrading treatment or punishment, A/56/156 (3 July 2001).
30. Report of the Special Rapporteur on the right of everyone to the enjoyment of the highest attainable standard of physical and mental health, A/66/254 (3 August 2011).
31. Report of the Special Rapporteur on the right of everyone to the enjoyment of the highest attainable standard of physical and mental health, A/HRC/14/20 (27 April 2010).
32. Report of the Special Rapporteur on the right of everyone to the enjoyment of the highest attainable standard of physical and mental health, A/64/272 (19 August 2009).

33. Report of the Special Rapporteur on torture and other cruel, inhuman or degrading treatment or punishment, A/HRC/22/53 (11 February 2013).
34. Report of the Special Rapporteur on torture andother cruel, inhuman or degrading treatment orpunishment, Juan E. Méndez, A/HRC/22/53, 1 February 2013, P.19, available at http://www.ohchr.org/Documents/HRBodies/HRCouncil/RegularSession/Session22/A.HRC.22.53_English.pdf.
35. Report of the UN High Commissioner for Human Rights, Discriminatory laws and practices and acts of violence against individuals based on their sexual orientation and gender identity, A/HRC/19/41 (17 November 2011).
36. Report on the launch of the Yogyakarta Principles, Arc-International, available at http://arc-international.net/strengthening-capacity/yogyakarta-principles/report-yp-launch.
37. The Gender Recognition Act 2004 (GRA), available at http://www.pfc.org.uk/GRA2004.html
38. The Yogyakarta Principles on the Application of International Human Rights Law in relation to Sexual Orientation and Gender Identity, available at http://www.yogyakartaprinciples.org/principles_en.htm.
39. *Toonen v. Australia*, communication No. 488/1992 (CCPR/C/50/D/488/1992).
40. UN General Assembly, *Vienna Declaration and Programme of Action*, A/CONF.157/23 (12 July 1993).
41. Vom 10.9.1980 (BGBl. I, 1654), zuletztgeändertdurchGesetz v. 17.7.2009 (BGBl. I, 1978).
42. WMA Declaration of Tokyo - Guidelines for Physicians Concerning Torture and other Cruel, Inhuman or Degrading Treatment or Punishment in Relation to Detention and Imprisonment, Adopted by the 29th World Medical Assembly, Tokyo, Japan, October 1975 and editorially revised by the 170th WMA Council Session, Divonne-les-Bains, France, May 2005 and the 173rd WMA Council Session, Divonne-les-Bains, France, May 2006, available at http://www.wma.net/en/30publications/10policies/c18.
43. World Professional Association for Transgender Health, "Standards of Care for the Health of Transsexual, Transgender and Gender Non Conforming People," Seventh Version (2012), online: http://bit.ly/1fenZpR http://www.wpath.org/uploaded_files/140/files/Standards%20of%20Care,%20V7%20Full%20Book.pdf.

منابع دیگر

1. Berlin-Neukölln – Schwangerer Mann hat entbunden, Die Welt, 9 September 2013, available at http://www.welt.de/vermischtes/article119833916/Berlin-Neukoelln-Schwangerer-Mann-hat-entbunden.html.
2. Crimes of hate, conspiracy of silence, torture and ill-treatment based on sexual identity, 2000, AI index ACT 40/016/2007.
3. Homosexuellenverfolgung im "Dritten Reich", Alexander Zinn, Die Männer mit dem Rosa Winkel, 2008, available at http://www.rosa-winkel.de/index.php?option=com_content&view=article&id=4&Itemid=3.
4. India court recognises transgender people as third gender, BBC News, 15 April 2014, available at: http://www.bbc.com/news/world-asia-india-27031180.
5. IRAN: JOINT OPEN LETTER TO IRANIAN PRESIDENT ROUHANI, 20 December 2013, *Amnesty International*, available at:

http://www.amnesty.org/en/library/asset/MDE13/058/2013/en/f28e3e81-f329-48fc-8c7c-e23ea88dc750/mde130582013en.html

6. Iran: Wo die Geschlechtsumwandlung boomt, Handelsblatt, available at http://www.handelsblatt.com/politik/international/mann-und-frau-iran-wo-die-geschlechtsumwandlung-boomt-seite-3/3253180-3.html.

7. Iran's sex-change operations, Frances Harrison, BBC, 5 January, 2005, available at: http://news.bbc.co.uk/1/hi/programmes/newsnight/4115535.stm

8. Javadlarijani respond to UN rapporteur Ahmad Shaid: Homosexuality is a bad illness!, available at https://www.youtube.com/watch?v=8Wh0snjDCX0.

9. Khamenei attacks West: The big sin of homosexuality is considered as a value in the West!,published on 18.10.2012, available at: https://www.youtube.com/watch?v=SSR75T_gfjg.

10. Klinefelter syndrome, available at: http://www.klinefelter.at/information.html

11. Laijani, Sadegh: Without including Human Right , Geneva nuclear agreement is void, Published on Dec 18, 2013, available at: https://www.youtube.com/watch?v=JDqbEloVFiQ.

12. Littauer, Dan, Iran performed over 1,000 gender reassignment operations in four years, Gaystarnews, 04 December 2012, available at http://www.gaystarnews.com/article/iran-performed-over-1000-gender-reassignment-operations-four-years041212.

13. Malta Adopts Ground-breaking Trans and Intersex Law – TGEU Press Release, Transgender Europe, 1 April 2014, available at: http://tgeu.org/malta-adopts-ground-breaking-trans-intersex-law.

14. Netherlands Bans Forced Sterilization of Transgender People, HRC Blog, 19 December 2013, available at http://www.hrc.org/blog/entry/netherlands-bans-forced-sterilization-of-transgender-people.

15. Standards of Care for the Health of Transsexual, Transgender, and Gender-Nonconforming People", Version 7, at p. 32, published in International Journal of Transgenderism, Volume 13, Issue 4, 2012.

16. State-Sponsored Homophobia, ILGA, May 2014, 9th Edition, available at: http://old.ilga.org/Statehomophobia/ILGA_SSHR_2014_Eng.pdf.

17. Supreme Court recognizes transgenders as 'third gender', The Times of Indian, 15 April 2014, available at http://timesofindia.indiatimes.com/india/Supreme-Court-recognizes-transgenders-as-third-gender/articleshow/33767900.cms.

18. Sweden Repeals Forced Sterilization for Transgender People,Psycology Today, 25 January 2013, available at https://www.psychologytoday.com/blog/genetic-crossroads/201301/sweden-repeals-forced-sterilization-transgender-people.

19. Tait, Robert, A fatwa for freedom, The Guardian, 27 July 2005, available at http://www.theguardian.com/world/2005/jul/27/gayrights.iran.

20. Therapies to change sexual orientation lack medical justification and threaten health, 18 May 2012, Pan American Health Organization, available athttp://www.paho.org/hq/index.php?option=com_content&view=article&id=6803%3A%5C%22therapies%5C%22-to-change-sexual-orientation-lack-medical-justification-and-threaten-health-&catid=740%3Anews-press-releases&Itemid=1926&lang=en.

21. Trans[ition] in Iran, Rochelle Terman, World Policy Journal, Spring 2014, available at: http://www.worldpolicy.org/transition-iran.

22. Transsexualism, Service for the Transgender and Gender Diverse Community, March 2104, available at http://www.gendercentre.org.au/resources/fact-sheets/transsexualism.htm.

23. Transsexuelle verklagen Schweden, 24 June 2013, Queer.de, available at http://www.queer.de/detail.php?article_id=19494.

24. Turner-Syndrom, News Medical, 1 February 2011, available at http://www.news-medical.net/health/What-is-Turner-Syndrome-(German).aspx.
25. Unter dem Schutlz der Mullas: Transsexuelle im Iran, Auslandsjournal ZDF Television Channel (11 April 2012).
26. Vortrag von Dr. Burkhard Wiebel: Zwangssterilisationen im Faschismus – Ursachen und Folgen bis heute, VVN-BdA Bochum, 31 August 2014, available at http://vvn-bda-bochum.de/archives/10032.
27. Was ist das Ullrich-Turner-Syndrom?, available at http://www.tk.de/tk/krankheiten-a-z/krankheiten-u/ullrich-turner-syndrom/31250

منابع فارسی

اسناد

۱- جمع‌بندی‌های نهایی کمیتهٔ منع خشونت علیه زنان در کشور افریقای جنوبی (CEDAW/C/ZAF/CO/4)
۲- سالنامه آماری سازمان ثبت و احوال کشور، قابل دسترسی در https://www.sabteahval.ir/Upload/Modules/Contents/asset99/salname92.pdf.
۳- متن کامل قانون جرائم اینترنتی در وب‌سایت پلیس فتا قابل دسترس است: http://www.cyberpolice.ir/page/2431.
۴- مجمع عمومی سازمان ملل متحد، میثاق‌بین‌المللی‌حقوق‌مدنی‌و سیاسی،مصوب۱۶ دسامبر ۱۹۶۶ میلادی (مطابق با۲۵ /۱۳۴۵/۹ شمسی) مجمع عمومی سازمان ملل متحد (۳)، مادهٔ هفتم، قابل دسترسی در : http://www.unic-ir.org/hr/convenant-cp.htm.
۴- نظر شورای نگهبان (مغایرت) (دو شوری)، تاریخ سند : ۲۹/۱۰/۱۳۸۸، قابل دسترسی در: http://rc.majlis.ir/fa/legal_draft/state_popup/738552?fk_legal_draft_oid=720530.

کتابها

۱- مهرداد افتخار اردبیلی، روابط و مشکلات جنسی، تهران، تهران، نشر قطره، چاپ اول، ۱۳۸۷.
۲- اوحدی، بهنام، تمایلات و رفتارهای جنسی انسان، چاپ هشتم، تهران، انتشارات صادق هدایت، چاپ هشتم، ۱۳۸۵.
۳- خمینی، روح الله، ترجمه تحریرالوسیله امام خمینی، جلد چهارم، سیّد محمّد باقر موسوی همدانی، قم، موسسه فرهنگی و اطلاع‌رسانی تبیان، ۱۳۹۰، قابل دسترسی در: http://ketaab.iec-md.org/AHKAAM/tahrirolwasyla_imam_khomeini_jeld_4_28.html
۴- ریچ، آدریان و اودری لرد، قدرت و لذت، ترجمه شادی امین، آلمان، نشر آیدا، چاپ اول، ۲۰۰۶.
۵- صدر، شادی، مجموعهٔ قوانین و مقررات پوشش در جمهوری اسلامی ایران، گردآوری و تدوین، تهران، نشر ورجاوند، ۱۳۸۹.
۶- فوکو، میشل؛ مراقبت و تنبیه: تولد زندان، ترجمهٔ افشین جهاندیده و نیکو سرخوش، تهران، نشر نی، چاپ سوم، ۱۳۸۲.

۷- کاهانی، علیرضا و فخری شجاعی، پیمان، اختلال هویت جنسی (GID) دگرجنسیت‌جوها (TS)، تهران، موسسه فرهنگی انتشاراتی طبیب، ۱۳۸۱.
۸- کریمی‌نیا، محمد مهدی، تغییر جنسیت از منظ فقه و حقوق، قم، انتشارات مرکز فقهی ائمه اطهار، چاپ اول، ۱۳۸۹.
۹- کهن‌زاد، شهریار، برزخ تن، تهران، انتشارات کتاب سرا، ۱۳۸۸.
۱۰- مکارم شیرازی و همکاران، تفسیر نمونه، ، ج ۱۶، تهران، دارالکتب الاسلامیه، ۱۳۶۳.

مقالات

۱- اسکندری تربقان، محمد رضا، هم‌جنس‌گراها؛ ابهام جنسی یا ...؟، اندیشه جامعه، شماره ۳۰، خرداد ۱۳۸۲.
۲- امین، شادی، نقدی بر دگرباش و دگرباش جنسی،
۳- اوحدی، بهنام و دیگران، ویژگی‌های تصویربرداری مغز افراد دچار اختلال هویت جنسی در مقایسه با افراد سالم، تازه‌های علوم شناختی، سال ۹، شمارهٔ ۳، ۱۳۶۸.
۴- جواهری، فاطمه و کوچکیان، زینت، اختلال هویت جنسیتی و ابعاد اجتماعی آن: بررسی پدیدهٔ نارضایتی جنسی در ایران، فصلنامهٔ علمی پژوهشی رفاه اجتماعی، سال پنجم، شماره ۲۱، تابستان ۱۳۸۵.
۵- سبحانی، جعفر، تغییر جنسیت از دیدگاه فقه اسلامی، فقه اهل بیت، شماره ۶۹، بهار ۱۳۹۱.
۶- صابری، سیدمهدی و دیگران، بررسی مقایسه‌ای روند ارجاع متقاضیان عمل جراحی تغییر جنسیت به کمیسیون پزشکی قانونی تهران با توجه به استانداردهای بین‌المللی، دکتر سید مهدی صابری و دیگران، مجله علمی پزشکی قانونی، دوره شانزدهم، شماره ۳، پاییز ۱۳۸۹.
۷- ظهیرالدین، علیرضا و دیگران، روان درمانی موفقیت آمز چهار مورد اختلال هویت جنسی، مجلهٔ علمی پزشکی قانونی، سال ۱۱، شماره ۳۷، بهار ۱۳۸۴.
۸- عسگری، محمد ودیگران، شیوع آسیب‌های روانی در بیماران با اختلال هویت جنسی، دکتر محمد عسگری، دکتر سید مهدی صابری و دیگران، مجله علمی پزشکی قانونی، دوره ۱۳، شماره ۳، پاییز ۱۳۸۶.
۹- عطار، حمیدرضا و دیگران، تشخیص اولیهٔ اختلال هویت جنسی؛ گزارش موردی، دکتر حمیدرضا عطار، دکتر مریم رسولیان، اندیشه و رفتار، سال نهم، شمارهٔ ۳، زمستان ۱۳۸۲.
۱۰- گنجی، محمد علی، اختلال جنسیتی (ترنس‌سکشوال)ها، ادارهٔ کل آموزش و پژوهش معاونت سیاسی، ۸۷/۴/۳.
۱۱- مهرابی، فریدون، بررسی برخی از ویژگی‌های "تبدل خواهی جنسی" در بیماران ایرانی، اندیشه و رفتار، سال دوم، شماره ۳، زمستان ۱۳۷۴.
۱۲- موسوی بجنوردی، سید محمد، بررسی فقهی حقوقی در خصوص تغییر جنسیت با رویکردی بر نظر حضرت امام خمینی، پژوهش‌نامهٔ متین، شماره ۳۶، پاییز ۱۳۸۶.

۱۳- نراقی، آرش، قرآن و مسأله حقوق اقلیت‌های جنسی (قسمت دوم)، خبرنامه گویا، ۱۴ دی ۱۳۸۹، قابل دسترسی در: http://news.gooya.com/society/archives/115687.php.

۱۴- هاشمی، سیدحسین، فضل‌الله و تغییر جنسیت از منظر قرآن، پژوهش‌های قرآنی، سال هفدهم، شماره ۶۵-۶۶، بهار و تابستان ۱۳۹۰.

۱۵- هم‌جنس‌گرایی و تجدد (۵)،ریشه‌های هوموفوبیا، نوشته‌تامس هریسون، ترجمه عبدی کلانتری، قابل دسترسی در:
http://zamaaneh.com/nilgoon/2009/08/print_post_173.html

۱۶- یاسمی، محمد تقی و دیگران، تجربیاتی از درمان موفقیت آمیز هم‌جنس بارگی خودناپذیر، فرابارگی (پارافیلیا)، و تبدل‌خواهی جنسی با روش‌های شناختی-رفتاری، مجله علمی پزشکی قانونی، دوره ۱۲، شماره ۴، زمستان ۱۳۸۵.

منابع دیگر

۱- احمدی‌نژاد: در ایران هم‌جنس باز نداریم، ۱۶ اکتبر ۲۰۱۲، قابل دسترسی در:
http://www.youtube.com/watch?v=XHAL8rkne5I.

۲- اختلال در شناخت هویت جنسی، روزنامه جام جم، ۲۴ فروردین ۱۳۸۸، شماره ۲۵۳۲، صفحه ۱۱، قابل دسترسی در: http://www.magiran.com/npview.asp?ID=1834285.

۳- اختلال در هویت جنسی؛ من، نه منم!، هوای تازه، ۵ تیر ۱۳۹۰، قابل دسترسی در:
http://htnews.ir/article/view.aspx?id=116.

۴- اختلال هویت جنسی در ایران: نگاهی به وضعیت بیماران دچار اختلال هویت جنسی در ایران، مقالات جامعه‌شناسی، ۲۶ خرداد ۱۳۸۶، قابل دسترسی در:
http://sociology82.blogfa.com/post-83.aspx.

۵- اختلالات جنسیتی (ترانس‌سکشوال‌ها)، مشاوره ۸۸ دانشگاه بجنورد، آذر ۱۳۹۰، قابل دسترسی در:
http://moshavereh88ub.blogfa.com/post-14.aspx.

۵- از نظر فقهی چه تعریف یا ملاکی برای تشخیص جنس مذکر یا مؤنث وجود دارد؟، اسلام کوئست. نت، ۲۶ فروردین ۱۳۸۸، قابل دسترسی در:
http://islamquest.net/fa/archive/question/fa4986.

۶- اعتراف به قتل زن دوجنسی در جلسه دادگاه، سایت تابناک، ۴ دی ۱۳۹۲، قابل دسترسی در:
http://www.tabnak.ir/fa/news/366908/اعتراف-به-قتل-زن-دوجنسی-در-جلسه-دادگاه.

۷- اقلیت‌های جنسی در «بررسی ادواری وضعیت حقوق بشر ایران»، گفت و گو با شادی امین، رادیو زمانه، ۱۱ فروردین ۱۳۹۴، قابل دسترسی در:
http://www.radiozamaneh.com/212656.

۸- آمارهای تکان‌دهنده از ازدواج‌های به وصال نرسیده در ایران، دوماهنامهٔ سلامانه، ۱۰ اردیبهشت ۱۳۹۳، قابل دسترسی در:
http://www.salamaneh.com/page.php?news_id=9811.

۹- بازداشت گروهی در کرمانشاه به اتهام هم‌جنس‌گرایی، شش رنگ، ۲۳ مهر ۱۳۹۲، قابل دسترسی در: http://6rang.org/1243.

۱۰- بررسی دلایل، عوامل و چگونگی انتخاب عمل تغییرجنسیت، Iranian Transsexual (FTM & MTF) Support، ۱۰ شهریور ۱۳۹۲، قابل دسترسی در: http://www.helpts.blogspot.de/2013/09/blog-post.html?zx=d5334ce6b31d4761

۱۱- بعضی شهرستان‌ها در توضیحات شناسنامۀ نام قبلی را هم ذکر می‌کنند، چه کار باید کرد؟، Iranian Transsexual (FTM & MTF) Support، ۳ دی ۱۳۹۱، قابل دسترسی در: http://helpts.blogspot.co.uk/2012/12/blog-post_557.html?zx=be4ca77545c951b2.

۱۲- بیانات در دیدار جمعی از بانوان فرهیخته‌حوزوی و دانشگاهی، دفتر حفظ و نشر آثار آیت‌الله العظمی خامنه‌ای، ۲۱ اردیبهشت ۱۳۹۲،قابل دسترسی در: http://farsi.khamenei.ir/speech-content?id=22536.

۱۳- بیوگرافی دکتر کامیار توکلی، قابل دسترسی در: http://tsts.ir/?page_id=639

۱۴- پسر ۱۶ ساله به دلیل پوشیدن لباس عروس در تربت حیدریه بازداشت شد، رادیو زمانه، ۱۲ آبان ۱۳۹۲، قابل دسترسی در: http://www.radiozamaneh.com/107391#.Unpcfvk9J7o.

۱۵- تجربۀ زیستۀ ترنس‌سکشوال ایرانی: گزارشی از جلسۀ انجمن علمی جامعه‌شناسی دانشگاه تهران و دانشگاه علامه طباطبایی، شش رنگ، ۱۷ اردیبهشت ۱۳۹۳، قابل دسترسی در: http://6rang.org/1818

۱۶- تعداد افرادی که در ایران تغییر جنسیت می‌دهند، سایت خبری تحلیلی تابناک، ۲۲ مهر ۱۳۸۷، قابل دسترسی در: http://www.tabnak.ir/pages/?cid=21203.

۱۷- تعداد دوجنسی‌های ایران، شبکۀ خبری تحلیلی البرز،۴ فروردین ۱۳۸۸، قابل دسترسی در: http://www.alborznews.net/fa/news/7468

۱۸- تغییر جنسیت جنسی (پدیده قرن ۲۱) در ایران و جهان، انجمن علمی فقه و حقوق دانشگاه فردوسی مشهد، خبرنامۀ گروه فقه و مبانی حقوق اسلامی، قابل دسترسی در: http://www.aef.blogfa.com/post-18.aspx.

۱۹- توضیح دکتر هاشمیان درباره محرومیت هفت بانوی فوتبالیست، ایسنا، ۳۰ شهریور ۱۳۹۳، قابل دسترسی در: http://isna.ir/fa/news/92111812867/توضیح-دکتر-هاشمیان-درباره-محرومیت-هفت-بانوی.

۲۰- جلسات گروهی با حضور تراجنسی‌ها، محتا، قابل دسترسی در: http://www.mahtaa.com/1392/08.جلسات-گروهی-تراجنسی-محتا-بهزیستی/

۲۱- جواد لاریجانی: مثل آمریکا و انگلیس برای خلوت مردم دوربین نمی‌گذاریم/ دلایل ایران برای رد گزارش احمد شهید، ۲۵ خبرگزاری مهر، اسفند ۱۳۹۲، قابل دسترسی در: http://www.mehrnews.com/detail/News/2019222.

۲۲- جوان دوجنسی در انفرادی، رسا قاضی‌نژاد، روزآنلاین، دوشنبه ۲۰ اسفند ۱۳۸۶، قابل دسترسی در: http://www.roozonline.com/persian/archive/overall-archive/news/archive/2008/march/10/article/-c023e0c1a0.html.

۲۳- چراغ سبز برای دوجنسه‌ها، فاطمه رمضانیان، روزنامهٔ قانون، ۱۹ فروردین ۱۳۹۲، قابل دسترسی در:
http://ghanoondaily.ir/1392/01/19/Files/PDF/13920119-116-10-10.pdf.

۲۴- حراست چیست؟، پورتال وزارت کشور، ۸ مهر ۱۳۹۳، قابل دسترسی در:
http://moi.ir/Portal/Home/Default.aspx?CategoryID=540bf899-8c40-4982-954a-54e4be45272f

۲۵- حکم تغییر جنسیت چیست؟، افکار نیوز، ۳۰ آبان ۱۳۹۱، قابل دسترسی در:
http://www.afkarnews.ir/vdcawin6e49ni01.k5k4.html.

۲۶- دختری با کفش‌های پسرانه!، بهنام اوحدی، ماهنامهٔ زنان، جمعه ۱۸ فوریه ۲۰۰۵، قابل دسترسی در: http://zananmag.org/spip.php?article280.

۲۷- در فوتبال زنان ایران چه می‌گذرد؟!، شش رنگ، ۲۶ بهمن ۱۳۹۲، قابل دسترسی در:
http://6rang.org/1590.

۲۸- دکتر احمدی‌نژاد در مصاحبه با شبکهٔ تلویزیونی CNN آمریکا: دوران زورگویی و یکجانبه‌گرایی به سرآمده و همهٔ ملت‌ها به دنبال دوستی، منطق و انسانیت هستند، ریاست جمهوری اسلامی ایران، ۵ مهر ۱۳۹۱، قابل دسترسی در: http://www.president.ir/fa/42145.

۲۹- راهی بی بازگشت، فاطمه رمضان‌زاده، آفتاب، ۱ تیر ۱۳۸۴، قابل دسترسی در:
http://www.aftabir.com/articles/view/social/psychopathology/c4c1119451032p1.php/راهی-بی-بازگشت.

۳۰- زنگ خطر، نگاهی به ازدواج دختربچه‌ها در جمهوری اسلامی ایران، ، عدالت برای ایران، مهر ۱۳۹۲، قابل دسترسی در:
http://justice4iran.org/new4site4/wp-content/uploads/2013/10/JFI-Girl-Marriage-in-Iran-FA1.pdf.

۳۱- سالانه بیش از ۲۷۰ ایرانی تغییر جنسیت می‌دهند/ ۵۶ درصد متقاضیان می‌خواهند زن شوند، خبر آنلاین، ۱۳ آذر ۱۳۹۱، قابل دسترسی در:
http://khabaronline.ir/detail/260988/.

۳۲- سالانه حدود ۸۰ نفر در ایران تغییر جنسیت می‌دهند، نیاز روز، ۲۳ مهر ۱۳۸۷، قابل دسترسی در:
http://boro.niazerooz.com/hot-keys/سازمان-تأمین-اجتماعی.htm

۳۳- سرگذشت ناموفق و برخورد بیرحمانه مسئولین برای تغییرشناسامه یک ترنسکشوال FTM در ایران، Iranian Transsexual (FTM & MTF) Support، 5 آذر ۱۳۹۱، قابل دسترسی در:
http://helpts.blogspot.co.uk/2012/11/ftm_350.html?zx=1bedec2b8f1b1943.

۳۴- شش رنگ: محرومیت هفت فوتبالیست زن در ایران؛ تبعیض براساس هویت جنسیتی را متوقف کنید، شش رنگ، ۱۸ بهمن ۱۳۹۲، قابل دسترسی در: http://6rang.org/1563.

۳۵- صدای زنانه، عامل قرارداد نبستن با استاد دانشگاه، خبرآنلاین، ۱۱ اسفند ۱۳۹۳، قابل دسترسی در: http://www.khabaronline.ir/detail/402558/society/education.

۳۶- ضرورت استخراج منظومه فکری اسلام در مقوله آزادی/ واقعیت امروز آزادی غربی تبعیض، جنگ افروزی و برخوردهای گزینشی با حقوق بشر و مردمسالاری است، پایگاه اطلاع‌رسانی دفتر مقام معظم رهبری، ۲۴ آبان ۱۳۹۱، قابل دسترسی در:
http://www.leader.ir/langs/fa/index.php?p=contentShow&id=10132.

۳۷- طی ۳۰ سال؛ تجرد قطعی دختران ۹ برابر شده است، روزنامهٔ اعتماد، ۱۵ مرداد ۱۳۸۵، قابل دسترسی در: http://www.magiran.com/npview.asp?ID=1164485.

۳۸- فرق گناهان کبیره و صغیره در چیست؟ آیا هر دو با توبه بخشیده می‌شود؟، مرکز پاسخ‌گویی به سوالات دینی، قابل دسترسی در: http://www.pasokhgoo.ir/node/1621

۳۹- فقط در یک سال: ازدواج ۲۷۶ هزار دختربچه و زایمان ۱۰۹ هزار مادر نوجوان، عدالت برای ایران، ۲۴ دی ۱۳۹۲ قابل دسترسی در:
http://justice4iran.org/persian/reports/girls-marriage-statistics.

۴۰- قتل یک ترانس سکسوئل در تهران توسط دو برادر وی، سایت شبکه سراسری همکاری زنان ایرانی، قابل دسترسی در: http://shabakeh.de/sex/644.

۴۱- کالبدشکافی پدیده تغییرجنسیت؛ گناهی نابخشودنی یا درمانی ضروری، امیررضا پرحلم و ندا ریحانی، خبرگزاری سینا، ۱۷ شهریور ۱۳۸۳، قابل دسترسی در:
http://news.gooya.com/society/archives/015739.php.

۴۲- گفت و گوهای دی ماه - قسمت دوم، پریسای خسته، آوارگی‌های یک ترنس‌سکشوال M2F، ۱۱ بهمن ۱۳۸۶، قابل دسترسی در: http://pari-saa.blogfa.com/post-36.aspx.

۴۳- گم شدن فریاد بیماران اختلال هویت جنسی در هیاهوی جامعه، روزنامهٔ قانون، ۲۷ مرداد ۱۳۹۲، قابل دسترسی در:
http://ghanoondaily.ir/1392/05/27/Files/PDF/13920527-221-10-10.pdf.

۴۴- گم شدن فریاد بیماران اختلال هویت جنسی در هیاهوی جامعه، سلامت نیوز، ۲۸ مرداد ۱۳۹۲، قابل دسترسی در:
http://www.salamatnews.com/news/80598-گم-شدن-فریاد-بیماران-اختلال-هویت-جنسی-در-هیاهوی-جامعه

۴۵- لایحه ساماندهی بیماران مبتلا به اختلال هویت جنسی در وزارت تعاون، کار و رفاه اجتماعی، ایلنا، ۲۵ اسفند ۱۳۹۳، قابل دسترسی در:
http://www.ilna.ir-بخش-اجتماعی-۵/۲۶۰۴۳۴-لایحه-ساماندهی-بیماران-مبتلا-به-اختلال-هویت-جنسی-در-وزارت-تعاون-کار-رفاه-اجتماعی

۴۶- لواط، ۱ دی ۱۳۹۰، دایره‌المعارف اسلام‌پدیا، قابل دسترسی در:
http://islampedia.ir/fa/1390/10/%D9%84%D9%88%D8%A7%D8%B7.

۴۷- ما نسلی زنده به گور شده، دیده‌بان حقوق بشر، ۲۲ دسامبر ۲۰۱۲، قابل دسترسی در:
http://www.hrw.org/fa/node/103925/section/11.

۴۹- محرومیت فوتبالیست‌های زن ایرانی به بهانه ‹رفتار مردانه›، ۷اسفند ۱۳۹۲، شش رنگ، قابل دسترسی در: http://6rang.org/1690.

۵۰- محمد خاتمی: اعدام درمان هم‌جنس‌گرایی است، قابل دسترسی در:
https://www.youtube.com/watch?v=sKLiZ9yen9Y.

۵۱- مراحل دقیق گرفتن مجوز تغییر جنسیت در اصفهان، "جامع ترین وبلاگ اطلاع رسانی پزشکی تخصصی عمل‌ها و مراحل تغییرجنسیت در ایران|، ۲۶ فوریه ۲۰۱۲، قابل دسترسی در:
https://www.facebook.com/mohammad.asemani92/posts/195169397256316.

۵۲- مراحل گرفتن مجوز در تهران، تی اس عاشق، ۱۶ آبان ۱۳۹۰، قابل دسترسی در:
:http://neptoniom-ashegh.mihanblog.com/post/77.

۵۳- مصاحبه با سایه، دگرجنس‌گونه‌ی ایرانی، پارسی، آرشام، ماهنامهٔ چراغ، اردیبهشت ۱۳۸۶، قابل دسترسی در: http://www.cheraq.net/28/03.htm

۵۴- 'مصائب' دو دختر همجنس‌گرای ایرانی در ترکیه، شهرزاد معززی، بی بی سی فارسی، ۱۹ آذر ۱۳۹۲، قابل دسترسی در:
http://www.bbc.co.uk/persian/iran/2013/12/131210_nm_les_turkey_refugee_

۵۵- معرفی درمانگاه انستیتو روانپزشکی تهران، دانشکده پزشکی دانشگاه علوم پزشکی و خدمات بهداشتی درمانی تهران، ۱۵ اردیبهشت ۱۳۹۲، قابل دسترسی در:
http://medicine.tums.ac.ir/story.aspx?id=23372&p=575.

۵۶- من یک تی اس هستم؛ من یک شهروند عادی هستم، مهرخانه، ۲۲ اردیبهشت ۱۳۹۲، قابل دسترسی در:
http://mehrkhane.com/fa/news/6791/.من-یک-تی-اس-هستم-من-یک-شهروند-عادی-هستم

۵۷- نخستین کارگاه آموزشی تخصصی «هم‌جنس‌گرایی و دوجنس‌گرایی»، دکتر بهنام اوحدی، یک روان‌پزشک، ۱۶ آذر ۱۳۸۷، قابل دسترسی در:
http://www.1ravanpezeshk.blogfa.com/post-458.aspx.

۵۸- نقش تشخیص درست اختلال جنسیت در ایران/پزشکان قبل از عمل بیمار را کاملا آگاه کنند، خبرگزاری پانا، ۲ اسفند ۱۳۹۱، قابل دسترسی در:
http://www.pana.ir/Pages/Printable-News-56825.aspx.

۵۸- وجود ۴ هزار دو جنسی در ایران، عصر ایران، ۲۹ مهر ۱۳۸۶، قابل دسترسی در:
http://www.asriran.com/fa/news/27572.وجود-۴-هزار-دو-جنسی-در-ایران

مصاحبه‌ها

۱. مصاحبه با اشکان، شش رنگ و عدالت برای ایران.
۲. مصاحبه با الناز، شش رنگ و عدالت برای ایران.
۳. مصاحبه با امیر آسمانی، شش رنگ و عدالت برای ایران.
۴. مصاحبه با امیرحسین، شش رنگ و عدالت برای ایران
۵. مصاحبه با امیرعلی، شش رنگ و عدالت برای ایران.
۶. مصاحبه با انسی، شش رنگ و عدالت برای ایران.

۷. مصاحبه با آدلر، شش رنگ و عدالت برای ایران.
۸. مصاحبه با آرش بینش پژوه، شش رنگ و عدالت برای ایران.
۹. مصاحبه با آرمان، شش رنگ و عدالت برای ایران.
۱۰. مصاحبه با آکان محمدپور، شش رنگ و عدالت برای ایران.
۱۱. مصاحبه با بهاره، شش رنگ و عدالت برای ایران.
۱۲. مصاحبه با بهراد، شش رنگ و عدالت برای ایران.
۱۳. مصاحبه با بیژن، شش رنگ و عدالت برای ایران.
۱۴. مصاحبه با پدرام، شش رنگ و عدالت برای ایران.
۱۵. مصاحبه با پرسا، شش رنگ و عدالت برای ایران.
۱۶. مصاحبه با پژاره، شش رنگ و عدالت برای ایران.
۱۷. مصاحبه با پگاه، شش رنگ و عدالت برای ایران
۱۸. مصاحبه با پونه، شش رنگ و عدالت برای ایران.
۱۹. مصاحبه با جیکوب، شش رنگ و عدالت برای ایران.
۲۰. مصاحبه با دنیا موحد، شش رنگ و عدالت برای ایران.
۲۱. مصاحبه با رایان، شش رنگ و عدالت برای ایران.
۲۲. مصاحبه با زهرا بشردوست، شش رنگ و عدالت برای ایران.
۲۳. مصاحبه با زهره، شش رنگ و عدالت برای ایران.
۲۴. مصاحبه با سارا فخرالدین، شش رنگ و عدالت برای ایران.
۲۵. مصاحبه با سامان ، شش رنگ و عدالت برای ایران.
۲۶. مصاحبه با سانیا، شش رنگ و عدالت برای ایران.
۲۷. مصاحبه با سایه اسکای، شش رنگ و عدالت برای ایران.
۲۸. مصاحبه با سپهر، شش رنگ و عدالت برای ایران.
۲۹. مصاحبه با سعیده، شش رنگ و عدالت برای ایران.
۳۰. مصاحبه با سلماز، شش رنگ و عدالت برای ایران.
۳۱. مصاحبه با سوگند، شش رنگ و عدالت برای ایران.
۳۲. مصاحبه با سهراب، شش رنگ و عدالت برای ایران.
۳۳. مصاحبه با سیا، شش رنگ و عدالت برای ایران.
۳۴. مصاحبه با شَمال، شش رنگ و عدالت برای ایران.
۳۵. مصاحبه با شهرام، شش رنگ و عدالت برای ایران.
۳۶. مصاحبه با شهرزاد، شش رنگ و عدالت برای ایران.
۳۷. مصاحبه با شیدا سلطانی، شش رنگ و عدالت برای ایران.
۳۸. مصاحبه با شیوا دلدار، شش رنگ و عدالت برای ایران.
۳۹. مصاحبه با صبا ، شش رنگ و عدالت برای ایران.
۴۰. مصاحبه با صدرا، شش رنگ و عدالت برای ایران.
۴۱. مصاحبه با طیبه، شش رنگ و عدالت برای ایران.

۴۲. مصاحبه با علی راد، شش رنگ و عدالت برای ایران.
۴۳. مصاحبه با علی، شش رنگ و عدالت برای ایران.
۴۴. مصاحبه با فراز، شش رنگ و عدالت برای ایران.
۴۵. مصاحبه با فرزام، شش رنگ و عدالت برای ایران.
۴۶. مصاحبه با فرزانه، شش رنگ و عدالت برای ایران.
۴۷. مصاحبه با فرشته، شش رنگ و عدالت برای ایران.
۴۸. مصاحبه با فرناز، شش رنگ و عدالت برای ایران.
۴۹. مصاحبه با فریبا، شش رنگ و عدالت برای ایران
۵۰. مصاحبه با فریبرز، شش رنگ و عدالت برای ایران.
۵۱. مصاحبه با کاوه صالحی، شش رنگ و عدالت برای ایران.
۵۲. مصاحبه با کوروش، شش رنگ و عدالت برای ایران.
۵۳. مصاحبه با کیا، شش رنگ و عدالت برای ایران.
۵۴. مصاحبه با گلاره، شش رنگ و عدالت برای ایران.
۵۵. مصاحبه با لیلا شیرازی، شش رنگ و عدالت برای ایران .
۵۶. مصاحبه با مارال، شش رنگ و عدالت برای ایران.
۵۷. مصاحبه با مازیار، شش رنگ و عدالت برای ایران
۵۸. مصاحبه با محبوبه، شش رنگ و عدالت برای ایران.
۵۹. مصاحبه با محمد آسمانی، شش رنگ و عدالت برای ایران.
۶۰. مصاحبه با مرجان اهورایی، شش رنگ و عدالت برای ایران.
۶۱. مصاحبه با مرسده، شش رنگ و عدالت برای ایران.
۶۲. مصاحبه با معصومه، شش رنگ و عدالت برای ایران.
۶۳. مصاحبه با مهتاب، شش رنگ و عدالت برای ایران.
۶۴. مصاحبه با مهراد، شش رنگ و عدالت برای ایران.
۶۵. مصاحبه با مهرانه، شش رنگ و عدالت برای ایران.
۶۶. مصاحبه با مهرنوش، شش رنگ و عدالت برای ایران.
۶۷. مصاحبه با مهیار رضایی، شش رنگ و عدالت برای ایران
۶۸. مصاحبه با نازنین، شش رنگ و عدالت برای ایران.
۶۹. مصاحبه با نسا، شش رنگ و عدالت برای ایران
۷۰. مصاحبه با نسترن، شش رنگ و عدالت برای ایران.
۷۱. مصاحبه با نسرین، شش رنگ و عدالت برای ایران.
۷۲. مصاحبه با نسیم مرادی، شش رنگ و عدالت برای ایران.
۷۳. مصاحبه با نیما، شش رنگ و عدالت برای ایران.
۷۴. مصاحبه با نینا، شش رنگ و عدالت برای ایران.
۷۵. مصاحبه با نیوشا، شش رنگ و عدالت برای ایران.
۷۶. مصاحبه با وحید، شش رنگ و عدالت برای ایران.

۷۷.مصاحبه با هانا اکبری، شش رنگ و عدالت برای ایران.
۷۸.مصاحبه با هستی، شش رنگ و عدالت برای ایران.
۷۹.مصاحبه با هیوا، شش رنگ و عدالت برای ایران.
۸۰.مصاحبه با یاسمن، شش رنگ و عدالت برای ایران
۸۱.مصاحبه با یاشار، شش رنگ و عدالت برای ایران.

فهرست نام‌ها

Jensiyat X

(Gender X)

A Glance at the Situation of Transgender and Homosexual People in Iran

Shadi Amin

Published by:

Iranian Lesbian & Transgender Network
(6Rang)

And

Justice For Iran

2015